Fridrich Pfaff

Arnims Tröst Einsamkeit

Zeitung für Einsiedler

Fridrich Pfaff

Arnims Tröst Einsamkeit

Zeitung für Einsiedler

ISBN/EAN: 9783959131070

Auflage: 1

Erscheinungsjahr: 2017

Erscheinungsort: Treuchtlingen, Deutschland

Literaricon Verlag UG (haftungsgeschränkt), Uhlbergstr. 18, 91757 Treuchtlingen. Geschäftsführer: Günther Reiter-Werdin, www.literaricon.de. Dieser Titel ist ein Nachdruck eines historischen Buches. Es musste auf alte Vorlagen zurückgegriffen werden; hieraus zwangsläufig resultierende Qualitätsverluste bitten wir zu entschuldigen.

Printed in Germany

Cover: Kupferstich des deutschen Michel, Ludwig Emil Grimm

Arnims

Tröst Einsamkeit.

Herausgegeben

von

Dr. Fridrich Pfaff.

Mit 10 Abbildungen.

Freiburg i. B. und Tübingen 1883.

Akademische Verlagsbuchhandlung von J. C. B. Mohr.

(Paul Siebeck.)

Druck von Gebrüder Kröner in Stuttgart.

Einleitung.

Mit diesem Buche thut sich uns wieder eine ganz eigenartige, fast verschollne Zeit auf. Das Waffengeklirr der Kämpfe, von denen wir in der Zeitung für Einsiedler lesen, ist längst verhallt. Wie solche Kämpfe werden konnten, ist unsrer Zeit fast unverständlich; aber Wert und Unwert der Kampfpreise, der erstrebten Ziele, sind längst erkannt. Die große Richterin Zeit hat durch den Mund geistvoller Männer ihr Urteil gesprochen. Wer wäre, der jetzt noch seine Anerkennung weigerte? Und doch wissen nur Wenige über jene Zeit des Erwachens des historischen Sinns, jene sonderbare Reformationszeit zu Anfang unsres Jahrhunderts Genaueres zu berichten; weitaus die Meisten bringen unsichre Daten. Es ist nicht unwesentlich, daß eine so wertvolle Urkunde wie Arnims Tröst Einsamkeit so selten geworden. Sicher nur eine sehr geringe Anzahl von Litteraturfreunden bewahrt dies wunderliche Dokument. So darf es wohl die Zeitung für Einsiedler wagen, in neuem, wie ich hoffe, bequemerem Gewande sich wieder zu zeigen.

Ich nannte die Zeit, in der die Einsiedler in Heidelberg ihre Stimme erhoben, eigenartig: ich kann sie füglich traurig nennen. Niemand ist, der mit Lust die Geschichte dieser jammervollen Zeit läse. Nie war wohl Deutschland kläglicher zerrüttet. Die Kraft lag zerschlagen am Boden, das Mittelmäßige zog freiwillig und gezwungen im Gefolge des übermütigen Siegers, elende Kriecherei und verräterische Verhimmelung Napoleons waren an der Tagesordnung. Daneben nur geringe Anzeigen tapferer vaterländischer Gesinnung. Kein Wunder also, wenn in dieser Zeit unser größter Dichter wenige Hörer hatte; ja, ein Wunder, daß man ihn noch hörte; denn er war es nicht, der es versucht hätte mit kräftigem Troste das herzwunde Deutschland aufzurichten: dem deutschen Gedanken und seinen Trägern stand er fern und hatte leider kein Herz für die Not des Vaterlandes. Daß patriotische Worte aus einer solchen Zeit innerster Zerrissenheit noch heute nicht verklungen sind, begreift sich bei dem Eindrucke, den sie machen mußten, leicht; aber was von Anderm diese Zeit nicht verschlang, mußte wirklich von ewiger und unendlicher Bedeutung sein.

Dieses Jahr 1808 war es, zu dessen Ende der edelste Mann, der beste Deutsche, der tapferste Gegner Bonapartes, der Reichsfreiherr vom Stein, geächtet ward.

Damals flüchtete mancher, dem Mut oder Geschick zu offner Meinungsäußerung gebracht, in die stille Kammer der Wissenschaft und verarbeitete hier den Unmut und den Jammer, der in jedes Großdenkenden Brust brennen mußte. In der That hat auch schon diese Zeit wissenschaftlich viel geleistet. Und gerade die Stadt am Berge, dort wo das enge Neckarthal in die weite reiche Rheinebne ausmündet, von den romantischen Einsiedlern zur Klause erkoren, war durch eine erhebliche Anzahl wirklich bedeutender Männer belebt. Die Universität hatte nach ihrer Neugestaltung durch den edlen Karl Friedrich von Baden einen mächtigen unerhörten Aufschwung genommen. Die Ruperto-Carolina konnte Namen wie Thibaut, Fries, Creuzer, Böckh, Daub aufweisen, deren guter Klang wohl nie wird vergessen werden.

Neben der strengen Wissenschaft schien Heidelberg auch der Dichtkunst ein Mittelpunkt werden zu wollen, da es fast geglückt wäre, Ludwig Tieck eine Professur an der Universität zu verschaffen. Savigny, der verborgene Leiter der ersten glücklichen Berufungen für Heidelberg [1] hatte, von seinem Schwager Clemens Brentano lebhaft angeregt, Tieck wirklich eine Professur zugedacht.

Friedrich Creuzer [2] war geschäftig, den Vorschlag nach Kräften zu unterstützen. Ein Brief Brentanos aus Marburg i. H. vom 22. April 1804 erzählt die Einleitung des Ganzen. „Ohne zu wissen, ob es gelingt," schreibt Brentano an Tieck [3], „oder ob Sie einwilligen würden, wenn es gelänge, habe ich die Idee gefaßt, ob es nicht möglich sein sollte, Ihnen eine Professur der schönen Wissenschaften in Heidelberg zu verschaffen, wo es Ihnen so sehr gefallen hat". [4] Brentano war aber vom Gelingen seines Plans nicht völlig überzeugt, denn er bat Tieck, über das vielleicht eintreffende Fehlschlagen dieser Idee sich nicht zu betrüben. Ihm selbst, versichert er, sei Heidelberg der einzig taugliche Ort zur Ansiedelung. Ob nun freilich Savigny, der selbst nach Heidelberg berufen gewesen, aber bis zur Rückkehr von einer gelehrten Reise abgelehnt habe, bei seinen „eigenthümlichen Grundsätzen und Plänen" sein Ansehn beim Minister gebrauchen werde, ist ihm zweifelhaft. Savigny ging indessen darauf ein, und so fragte Brentano, der über das Ankommen jenes ersten Briefs unsicher war, am 28. Mai 1804 nochmals bei Tieck an und teilte ihm mit Savigny begehre dringend eine Erklärung von ihm. Obgleich es nun Tieck daran nicht fehlen ließ, zerschlug sich doch alles, vermutlich weil Savignys Vorschlag zu spät kam und schon ein andrer für die Professur der Aesthetik in Aussicht genommen war. Creuzers Bericht über den Stand der Angelegenheit, den Brentano seinem ersten Briefe an Tieck beigefügt hatte, sagt ja schon, er habe Savigny bereits geschrieben, der in Heidelberg viel thun könne, „aber er muß eilen, denn man empfiehlt hier rechts und links, und es ist auch bereits schon ein obskurer Mensch als Aesthetiker projektirt." [5] Dieser Obskure, nämlich Alois

[1] Vgl. K. B. Stark. Friedrich Creuzer. Prorektoratsrede. Heidelberg. J. C. B. Mohr. 1875. 4⁰. S. 12.

[2] Geb. 10. März 1771 zu Marburg, 1799 daselbst a. o. Prof. d. griech. Spr., 1804 Prof. zu Heidelberg, 1809 nach Leyden berufen, kehrt nach Heidelberg zurück, legte 1848 sein Lehramt nieder, † Feb. 1858.

[3] Vgl. „Briefe an Ludwig Tieck. Ausgewählt und herausgegeben von K. von Holtei." Bd. I. Breslau 1864. 8⁰. S. 97 f.

[4] Tieck war im Juni 1803 zum ersten Male in Heidelberg gewesen. Vgl. Karl Bartsch. Romantiker und germanistische Studien in Heidelberg 1804—1808. Prorektoratsrede. Heidelberg 1881. 4⁰. S. 7. 8.

[5] Briefe an Tieck. I. 100.

Schreiber, dem wir wieder begegnen werden, durfte auch wirklich den Lehrstuhl einnehmen.

War es nun auch Tieck nicht vergönnt, in Heidelberg sich anzusiedeln, so hatten sich doch dort mehrere junge Männer zusammengefunden, die berufen waren, der seit langer Zeit wenig genannten Neckarstadt eine ganz eigene Stellung in der litterarischen Welt zu geben. Es waren die drei „Romantiker" Arnim, Brentano und Görres. Alle drei angewidert durch die jämmerliche Seichtheit und Niedertracht der Zeit, empört durch die thörichte kritiklose Vergötterung des sogenannten klassischen Altertums, die manch gutes Talent dem Vaterlande völlig entfremdete; alle drei in gleicher Weise der Plattheit des jene Zeit beherrschenden Rationalismus von Herzen feind, wenn auch in verschiedener Stellung zur Religion; alle drei endlich der von der Unwissenheit als ganz roh und barbarisch verschrieenen deutschen Vorzeit freund und gewillt, das ihrige zur Wiedererweckung der mittelalterlichen Kunst beizutragen.

Als der erste war Clemens Brentano an den Neckar gekommen. Er war zu Thal Ehrenbreitstein am 8. Sept. 1778 geboren, Enkel der Schriftstellerin Sophie von La Roche [1], Sohn der Maximiliane von La Roche, des Fräuleins B. in Goethes Werther, und des Kaufmanns Peter Anton Brentano. Er ward in Koblenz erzogen. Nachdem verschiedne Versuche in der Kaufmannschaft, zu welcher sein Vater ihn bestimmt, mißglückt waren, ward es ihm vergönnt sich seiner Neigung zum Gelehrtenstande völlig hinzugeben. 1797 ging er nach Jena und dort knüpfte sich zuerst seine Verbindung mit den Häuptern der romantischen Schule. Nachdem er mehrere Jahre hindurch ein unstätes Leben geführt, heiratete er 1803 die geistreiche Sophie Mereau, geb. Schubert, die ihm aber leider schon am 31. Oktober 1806 starb. [2] Ende Juli 1804 war Brentano in Heidelberg angelangt und blieb nun mit Unterbrechungen durch Reisen bis zu Ende des Jahres 1808 dort. Der Tod seiner geliebten Frau hätte ihm fast Heidelberg verleidet, aber die Freundschaft für Arnim und Görres zog ihn nach kurzer Abwesenheit wieder dahin. Für seine fernern Schicksale scheint seine unter wunderlichen Umständen geschlossne zweite Ehe mit Auguste Busmann bestimmend gewesen zu sein. Beide Gatten machten sich durch alle möglichen Tollheiten das Leben herzlich sauer. Die „Furia", wie Brentano seine Gattin zu nennen beliebte, ward aber endlich seiner Meister und brachte ihn so weit, daß er davonlief. Eine Scheidung endete die romantische Ehe. Seine weiteren Schicksale gehören nicht hierher.

Brentanos hohe dichterische Begabung steht außer allem Zweifel. Unsre Tröst Einsamkeit bietet manch ansprechendes Lied und auch manche Probe seines Erzählertalents und schneidigen Witzes. Freilich schaden manche Wunderlichkeiten und seltsame Einfälle, die mehr verblüffen als angenehm überraschen, häufig dem Eindrucke des Ganzen. Jedenfalls sollten jedoch seine Erzählungen und Märchen [3] mehr gelesen werden.

In innigem Freundschaftsbunde mit Brentano stand Ludwig Achim

---

[1] Geb. 6. Dec. 1730 zu Kaufbeuern, † 18. Feb. 1807.

[2] Nekrolog in der badischen Wochenschrift vom 7. Nov. 1806. Sie war am 27. März 1761 geboren.

[3] „Die Märchen des Clemens Brentano herausgegeben von Guido Görres." 2 Bde. Stuttgart und Tübingen 1846. 8°. „Gesammelte Schriften" herausgegeben von Christian Brentano. 9 Bde. Frankf. a. M. 1852—55. 8°.

von Arnim. Dieser war am 26. Jan.[1] 1781 zu Berlin geboren, studierte in Halle und Göttingen [?] Naturwissenschaften. Schon früh ward er mit Tieck und Savigny bekannt und lernte auf des Letztern Gut Trages bei Hanau im Jahre 1800 Brentano kennen, der dann 1804 ihn in Berlin besuchte. Auch Arnim führte ein unstätes Wanderleben, das ihm Gelegenheit gab seiner Lust am Volksleben und besonders dessen Aeußerungen im Volksliede nachzugeben. Er scheint schon 1805 nach Heidelberg gekommen zu sein. Jedenfalls bezog er im Jahre 1806 mit Brentano zusammen eine lustige, luftige Wohnung im „faulen Pelz", der jedem Heidelberger Studenten bekannt ist[2], mit herrlicher Aussicht über die Stadt nach dem Heiligenberg auf dem andern Neckarufer.

Arnim trat bekanntlich später in noch engere Verbindung mit Brentano, indem er 1811 Bettina, Clemens Schwester, heimführte.

Ueber den Dichter Arnim ist noch kein wirklich abschließendes Urteil gefällt worden. Daß er nächst Tieck der Begabteste unter den Romantikern war, wie er ihm auch an Fruchtbarkeit kaum nachstand, steht freilich fest. Wir haben Gelegenheit in der Einsiedlerzeitung manche schöne Blüte seines Talents bewundern zu können; doch auch die Schwächen seiner Poesie können daneben nicht unbemerkt bleiben. Ein treffendes Urteil über Arnim hat Wilhelm Grimm ausgesprochen[3], wenn er ihn nennt „von einem lebendigen Geist und ausgezeichneten Gaben erfüllt, deren manchmal bizarre Anwendung meist Eindruck und Erfolg seiner Werke hindert."

Der Mensch Arnim erscheint in einem wahrhaft idealen Lichte. Körperliche und geistige Schönheit waren in ihm vereinigt wie nur in wenig Sterblichen, vielleicht nur noch in Goethe. Ehrlichkeit und Treue, Milde und fester Charakter, Begeisterung für das Schöne und Gute und reiche Begabung in seltnem Bunde machten ihn zu einem äußerst liebenswürdigen und sofort für sich einnehmenden Menschen.

Zu den beiden Dichtern Brentano und Arnim trat im Jahre 1806 ein dritter Mann, wie beide von eminenter Begabung und dabei von opferfreudiger Begeisterung für die Wissenschaft. Johann Joseph Görres war eine dichterisch angelegte Natur, mit überquellender Phantasie ausgestattet; aber sein Talent liebte es, nur in einer glänzenden Prosa sich auszuströmen.

Er war am 25. Januar 1776 zu Koblenz im Hause zum Riesen geboren. Kaum dem Gymnasium entwachsen, sah der junge Görres mit staunender Bewunderung die Siege der freiheitstrunkenen Heere der französischen Republik. Die neuen nach scheinbar so reinen, so herrlichen Idealen strebenden Freiheitsgedanken, für die der Boden in den Rheinlanden unter einem leicht erregten, lebhaften Volke längst bereitet war, fielen zündend in des jungen Mannes Seele und rissen ihn in den allgemeinen Taumel mit fort. Wer möchte ihn darum tadeln? Welche Männer müßten den gleichen Tadel mit hinnehmen! Aber andre waren bei aller Begeisterung ängstlicher und weniger für die Oeffent-

---

[1] Nach Goedeke Grundrisz zur Geschichte d. deutschen Dichtung III, 1. Dresden 1881. 8°. S. 37 am 26. Juni.

[2] Vgl. die aus einem Briefe Arnims an Tieck und dem litterarischen Nachlasse Eichendorffs [Paderborn 1866. 8°] gezogenen prächtigen Schilderungen bei Bartsch a. a. O. S. 8. 9.

[3] Vgl. J. v. Görres Gesammelte Briefe. Bd. 3. Freundesbriefe. Herausgeg. v. F. Binder München 1874. 8°. Bd. 9 der Gesammelten Schriften. S. 323.

lichkeit begabt wie Görres. Ein Kampf, in dem er Partei nahm, führte ihn stets in die vorderste Reihe der Streitenden. Das war sein Trieb und sein Schicksal, sein ganzes Leben beweist es. Und wie weit führte ihn die Begeisterung jener Zeit! Der junge Mann trat in Mainz, in Koblenz als Freiheitsredner mit stürmischer Beredsamkeit auf. Mit zwanzig Jahren ließ er seine erste Schrift: „Der allgemeine Friede“ ausgehn. 1797 gründete er das „Rothe Blatt“. Seiner unbedingten Freimütigkeit halber machte man in Paris Anstalt, diese Zeitung zu unterdrücken; aber Görres kam zuvor und gründete ein neues Blatt: „Rübezahl im blauen Grunde“. Ihm war das wahre Wesen der französischen Befreier nun bekannt geworden, er sah die Rheinlande in die Hände gewissenloser Prokonsuln gegeben, die der Freiheitsträume lachten und nur darauf bedacht waren, ihre weiten Taschen zu füllen. Beschwerden halfen nichts. Da mochte wohl schon ein gutes Stück der frühern Begeisterung verraucht sein. In den Rheinlanden war damals der Plan aufgetaucht eine von Frankreich und Deutschland unabhängige beide Reiche trennende rheinische Republik zu schaffen. Man beschloß deshalb und wegen der unerträglich schmählichen Verwaltung durch die französischen Beamten eine Gesandtschaft tüchtiger Leute nach Paris abgehn zu lassen. Zu einem von diesen Abgesandten ward Görres gewählt. Auf dieser Reise nach Paris im Jahre 1799 vollzog sich in Görres eine völlige Sinnesänderung. In Paris war aber unterdessen Napoleon Bonaparte an die Spitze des Staats getreten. Der erste Konsul hatte auf die Vorstellungen der Rheinländer keine andre Antwort, als daß er sie auf die „Gerechtigkeitsliebe des französischen Gouvernements“ hinwies. Sie mußten also ohne Hoffnung auf Besserung heimkehren. Görres hat in mehrern Schriften Rechenschaft über seine Sendung abgelegt. Nun sah er ein, daß die Revolution ihren Zweck verfehlt habe. Er gab seine politische Thätigkeit auf, wandte sich der Wissenschaft zu und erlangte eine Lehrstelle an der Sekundärschule in Koblenz. 1801 heiratete er Katharina v. Lasaulx aus Koblenz. Der Wirkungskreis, in dem er sich augenblicklich befand, konnte aber einen Görres nicht auf die Dauer befriedigen. Schon 1805 stand er in Unterhandlung mit dem Vorstande der bayerischen Akademie der Wissenschaft, von Aretin, der ihn zum Mitgliede dieses Instituts vorschlug. Görres wäre wohl gern darauf eingegangen. Eine solche Stellung sagte ihm mehr zu wie das „einseitig gelehrte Wesen“ auf den Universitäten. Dennoch zerschlug sich die Sache. Aber im folgenden Jahre erhielt er die venia in Heidelberg, nahm sich Urlaub in Koblenz und zog an den Neckar. Thibaut begrüßte ihn freudig als einen so ausgezeichneten Gelehrten. Bei seinen Zuhörern führte er sich durch die Ankündigung philosophischer und psychologischer Vorlesungen [1] ein, eine Art von Programm, die Schelling wahnsinnig fand. Charakteristisch ist freilich, daß der erste Punkt in dem auf S. 3 beginnenden Texte sich auf S. 5 findet. Für unsre Zwecke aber genügt es, die Schlußworte der Ankündigung mitzuteilen, worin Görres dem Wunsche Ausdruck gibt, dass es ihm gelingen möge, indem er vom Leben lebendig spricht, auch Leben im Lebensfähigen zu wecken und jene Begeisterung hervorzurufen, die allein des Wahnes wirre Missgestalten niederschlägt, und aus des Geistes tiefverborgenen Gründen kecke, kräftige, in sich gegründete Gebilde zu Tage zieht, die ihre Seele in sich selber haben, und nicht wie Automate

[1] Heidelberg zu finden bei Mohr und Zimmer. 8°. 8 Seiten. Datiert vom 6. Nov. 1806.

im fremden Geiste leben. Am 14. Nov. 1806 begann Görres seine Vorlesungen vor einem unerwartet großen Auditorium.

Die Zeit, in der Görres nach Heidelberg gekommen, war für Brentano eine Schmerzenszeit; denn wie ich schon anführte starb dessen erste Gattin gerade in diesen Tagen. Görres Freundschaft, die sich schon in früher Jugendzeit geknüpft hatte, stand Brentano treu zur Seite. Und aus diesen Tagen stammt Brentanos Anhänglichkeit und Liebe für Görres. Auch als Schüler lernte er ihn achten. Görres schreibt am 15. Jan. 1807 [1] „Auch Zimmer und Brentano sind unter meinen Zuhörern". Zimmer ist der Teilhaber der Verlagshandlung Mohr und Zimmer, die wir auf dem Titel unsrer Tröst Einsamkeit und noch so vieler Schriften der Heidelberger Romantiker kennen lernen, ein Mann, der den Geistesinteressen seiner Zeit lebhaft folgte. Von seiner Lesegesellschaft wird uns noch eine Notiz des Morgenblatts weiter unten Nachricht geben.

Wir besitzen das Zeugniß eines Zuhörers von Görres aus jener Zeit, das von der Begeisterung Kunde gibt, die Görres hervorzurufen im Stande war. Sein Wunsch hat sich demnach erfüllt. Der Zuhörer aber war Joseph Freiherr von Eichendorff [2], der damals in Heidelberg studierte. Mit beredten Worten schildert er die Eigentümlichkeit und das Packende von Görres Vortrag. Wohl sei dieser monoton und durchaus schlicht, selbst bis zum Extrem die unschuldigsten Mittel des Effekts verschmähend gewesen; doch habe er durch herrliche Gedankenblitze „überall gewaltig weckend und zündend fürs ganze Leben" gewirkt. Görres sprach ganz frei und ließ sich dann die Hefte seiner Zuhörer abschreiben. [3]

Ein ganz unverdächtiges Zeugniß für Görres' Docentenart gibt Heinrich Voß ab, wenn er in einem Briefe an Charlotte von Schiller [4] sich also über ihn ausläßt „Görres ist seit einem halben Jahre hier und liest mit Beifall; er ist ein wunderbarer Mensch, kalt von Herzen, aber mit glühender Phantasie, mehr originell als klar, mehr witzig als wahrhaft; denn einem Einfalle zu Liebe gibt er Deutlichkeit und Bestimmtheit preis. Wenn man ihn reden hört, so glaubt man, der innere Mensch sei ganz vom äußeren getrennt; er sitzt wie eine Sprechmaschine, keine Bewegung des Körpers, selbst sein Auge nicht entspricht dem, was er sagt." Dies Urteil aus einer Zeit, da noch keine Spannung zwischen Görres und dem Vossischen Hause bestand, kann unbedingt in den Hauptpunkten angenommen werden. Sicherlich liegt aber auch viel Wahres darin, daß Heinrich Voß meint, Görres' Zuhörer wüßten nicht anzugeben, warum ihnen ihr Lehrer gefalle, nicht nachzuerzählen, wovon er geredet habe. Später [5] nennt er ihn einen Arabeskenschriftsteller, der Witz und Phan-

---

[1] J. v. Görres Gesammelte Briefe. Bd. 1. Familienbriefe. Herausgegeben v. Marie Görres. München 1858. 8⁰. Bd. 7 der Gesammelten Schriften. S. 481.

[2] Geb. 10. März 1788 zu Lubowitz bei Ratibor, † ebenda 26. Nov. 1857. Vgl. „Aus dem literarischen Nachlasse." S. 306 f. Ferner Bartsch Romantiker S. 16. — Noch im Jahre 1828 schreibt Eichendorff an Görres „Hier [in Heidelberg] hatte ich das Glück, Ihr Schüler zu werden, und bin es mit unwandelbarer Treue geblieben durch alle Verwandlungen die seitdem mit mir und mit Ihnen vorgegangen." Görres Briefe, Bd. 3. S. 341.

[3] Görres Briefe, Bd. 1. S. 479.

[4] Vom 12. Feb. 1807. Vgl. Charlotte v. Schiller und ihre Freunde. 3. Bd. Stuttgart 1865. 8⁰. S. 213.

[5] A. a. O. S. 227.

tasie, aber gar keinen Geschmack besitze und den seine ungeregelte Phantasie wohl noch ins Narrenhaus bringen werde.

Hier in Heidelberg ward Görres zuerst auf das Altdeutsche hingewiesen. Die Raritäten des Sammlers Brentano ließen seinem Geiste eine ganz neue Welt aufgehen. Auch Görres Frau, „Kätz“ wie er sie scherzhaft nannte, die unterdessen nach Heidelberg nachgekommen war, beteiligte sich an seinen altdeutschen Studien und erlangte einige Gewandtheit im Verständniß der alten Denkmale.[1] Nachdem Görres in diesem Jahre 1807 nun auch die Resultate seiner Studien in einer größern Arbeit niedergelegt, von der ich sogleich reden werde, begann er im Jahre 1808 eine Vorlesung über altdeutsche Litteratur, „die erste in ihrer Art“.[2]

Die Hoffnung, mit der Görres sich trug, in Heidelberg eine feste Anstellung zu erringen, wollte sich nicht zur Wahrheit gestalten. Vielleicht daß man immer noch Bedenken hegte den jungen Himmelstürmer offen zu begünstigen, so sehr man auch seine Wirksamkeit als Docent anerkennen mochte; vielleicht daß Görres selbst es nicht verstanden hatte, die Verhältnisse zu nutzen und sich Gönner und Freunde zu schaffen. Noch näher liegt es freilich anzunehmen, daß der Einfluß der Vossischen Sippe ihn nicht aufkommen ließ. Brentano, der mit Savigny nach Landshut gezogen war, suchte Görres ebenfalls zur Uebersiedelung dahin zu bewegen. Es scheint, als ob sogar ernstliche Erwägungen über seine Anstellung in Landshut gepflogen worden wären. Aber es ward nichts daraus, und so zog es Görres vor im Oktober 1808 nach seiner rheinischen Vaterstadt die Schritte zurückzulenken, wo die Lehrstelle an der Sekundärschule für ihn offengehalten war.

Von den fernern Schicksalen, Meinungen und Thaten dieses merkwürdigen Mannes wäre so Vieles zu sagen. So sehr ich mich bemühte nur Umrisse seines Lebens vor und in der Heidelberger Periode zu geben, ich bin doch unwillkürlich weitläufiger geworden als gut ist. Wer könnte auch, mit Görres Schriften bekannt geworden, ohne tieferes Interesse bleiben! Die seltne Ueberzeugungstreue, mit der er seine Sache verficht, die wundersame Gedankenfülle seiner bald schneidigen, bald lieblich strömenden Rede müssen seine Erscheinung anziehend machen. Freilich ist nicht zu läugnen, daß seine wuchernde Phantasie oft beschwerliche Dunkelheit, ja etwas abstoßend Wirres hervorbringt, zumal er, in der Wahl seiner Beispiele nichts weniger als blöde, ohne gehörige Kritik da und dort bequem Liegendes zusammenrafft, ohne die Gedanken völlig auszudenken, die ihn zum Aufstellen dieses oder jenes Bildes anfänglich getrieben. Diese Mängel mußten sich am stärksten fühlbar machen, da er als Professor der Geschichte in seinen spätern Münchener Jahren mit derselben Methode oder Unmethode, seine Bilder des Geschehens und des Geschehnen entrollte. Man weiß, daß er diplomatische Geschichtsquellen zu durchforschen sich nie Mühe gab. Um die Wahl seiner Quellen war er nie verlegen. Und er kam dabei vom Hundertsten ins Tausendste.

Wie billig hat man diesem Manne, dessen Bedeutung Niemand bestreiten kann, in unsern Tagen wieder rege Aufmerksamkeit gewidmet. So ist sein Leben Gegenstand einer Reihe von Darstellungen geworden. Leider aber hat allzuviel die Partei darin das Wort geführt, und so besitzen wir immer noch

---

[1] Vgl. Görres Briefe, Bd. 1. S. 482; Bartsch a. a. O. S. 16.

[2] Vgl. Görres Briefe, Bd. 1. S. 506.

kein abschließendes Werk über Görres. Die beiden umfangreichsten und bedeutendsten Schriften aus dieser Reihe sind die von Galland[1] und Sepp.[2] So sehr man sich mit der Anlage und dem Plane des letztern Werks, wie er sich schon im Titel ausspricht, in Anbetracht der Materie einverstanden erklären muß, so sehr ist die Menge notorischer Unrichtigkeiten zu tadeln, die es enthält. Ich greife nur zwei Punkte heraus, die mit der Geschichte der Tröst Einsamkeit in Verbindung stehn und im Folgenden noch zur Sprache kommen werden. In Nr. 19 der Zeitung für Einsiedler sind Auszüge aus Briefen Schillers an eine junge Dichterin abgedruckt. Sepp [S. 83] erwähnt diese folgendermaßen „seine [Brentanos] Leidenschaft wandte sich der schönen Dichterin Sophie Schubert zu, welcher Schiller die schönen Briefe in der Einsiedlerzeitung widmete.“ Nun ist indessen längst bekannt, daß diese Briefe nicht an Sophie Schubert, sondern an Amalie von Imhof gerichtet wurden. Der andre Fall beweist noch drastischer, daß Sepp wie sein Lehrer Görres nicht genügende Quellenkritik übte. S. 98 schreibt er „W. Grimm, von Voß der Forgery beschuldigt, verlangte am 8. Dezb. 1808 Abbitte binnen sechs Wochen, da auf Mißbrauch des Worts „Betrug“ bürgerliche Strafe stehe.“ Wie wir sehen werden waren es aber Arnim und Brentano, die Herausgeber des Wunderhorns, denen Voß diesen Vorwurf machte, und war es Arnim, der an Voß das Verlangen der Abbitte richtete. Der Brief Arnims an Voß ist im Intelligenzblatt der Jenaischen Litteratur-Zeitung abgedruckt und ebenso unter Görres Briefen[3] zu finden. Eine Anmerkung an dieser Stelle besagt, daß eine Kopie des Briefs von W. Grimms Hand, aber mit Arnims Unterschrift als Vorlage gedient habe. Aus dieser Anmerkung also stammt Sepps verkehrte Notiz. Was hatte W. Grimm überhaupt mit Voß[4] zu thun?

Das Heidelberger romantische Kleeblatt, Arnim, Brentano, Görres, gedieh eine Zeit lang überaus wohl in dem pfälzischen Boden. Selten sind Männer zusammengetroffen, deren Streben sich so vielfach begegnete. Ihre Zusammenkünfte hatten einen eignen Reiz. Brentanos Gesang und Guitarrenspiel, seine Dramenvorträge, sein sprühender Witz in der Unterhaltung, trugen nicht wenig dazu bei. Aber auch andre Männer von Bedeutung schlossen sich den Dreien an. Bereits ist Creuzer genannt als Tiecks Freund. Er und August Böckh[5], der Philologe, waren tägliche Gäste im Kreise der Romantiker. Böckh hatte sich im Oktober 1807 in Heidelberg habilitiert und war im November desselben Jahres schon Extraordinarius geworden. Wir werden sehn, daß er auch in die Geschichte der Tröst Einsamkeit direkt verwickelt ist.

Von besonderm Interesse ist es, zu betrachten was die Heidelberger Romantiker für die Erweckung der ältern deutschen Litteratur leisteten. Wie schlimm es mit der Kenntniß des deutschen Altertums und Volkstums zu Anfang unsers Jahrhunderts aussah, bedarf keiner eignen Schilderung. Jedermann weiß es zu gut wie jung noch die deutsche Philologie ist.

---

[1] Joseph von Görres. Freiburg i. B. 1876. 8⁰. Sammlung historischer Bildnisse. Dritte Serie. VII.

[2] Görres und seine Zeitgenossen 1776—1848. Nördlingen 1877. 8⁰.

[3] Bd. 2. S. 40 f.

[4] Sepp nennt diesen Heinrich Voß, so heißt aber der Sohn, während Voß der Vater nur Johann Heinrich genannt werden darf. Solche Fehler sind durchaus nicht unwesentlich.

[5] Geb. 24. Nov. 1785 in Karlsruhe, ging 1803 als cand. theol. zur Universität ab. Bis 1806 in Halle, dann in Berlin. 1807—1811 Prof. in Heidelberg, dann in Berlin. † 3. Aug. 1867.

Volkslieder und Volksbücher waren es, die vorzugsweise zuerst die Aufmerksamkeit der Romantiker auf sich zogen. Mit einer Sammlung von Volksliedern war Herder vorangegangen.[1] Welchen Dank hatte er geerntet! Schon als er im Jahre 1773 in seinen Blättern von deutscher Art und Kunst mit begeisterter Beredsamkeit das Volkslied gepriesen, spottete ein Schloezer[2], Herder gehöre zu der neueren Race von Theologen, den galanten witzigen Herren, denen Volkslieder, die auf Straßen und Fischmärkten gesungen wurden, so interessant wie Dogmatiken seien.[3] Ach freilich, es kam ja so viel darauf an, daß diese Lieder von Schusterjungen auf der Gasse und auf Märkten, wo es nach Käse oder faulen Fischen riechen konnte, gesungen wurden! Wie lange mußten die Verständigen solche Thorheiten hören! Aber doch regte es sich da und dort, seit Herder den Anstoß gegeben. Elwerts Sammlung[4] blieb freilich ohne Erfolg. Erst das neunzehnte Jahrhundert und Heidelberg waren ausersehn, ein Werk von wirklich nachhaltiger Wirkung ans Licht zu bringen. Was bisher keinem gelungen, gelang Arnim und Brentano in der Zeit ihres Heidelberger Zusammenseins. Die Töne des Wunderhorns, die sie im Jahre 1806 zuerst in Deutschland hineinschallen ließen, weckten Widerhall an allen Enden. Freilich Lob und Lust allein war der Widerhall nicht. Es war nicht so wie der Recensent von Diels Brentanobiographie[5] in den historisch politischen Blättern[6] meint, da er das Wunderhorn „diese selbst von seinen [Brentanos] Gegnern nie bestrittene große litterarische That" nennt. Die Fehde der Einsiedlerzeitung mit dem Morgenblatt wird uns zeigen, wie ein Voß über das Wunderhorn urteilte. Und doch hatte derselbe Voß im Jahre 1773 seinen Freund Brückner wiederholt ermahnt, sich um alle Gassenhauer zu bemühn und sie zu sammeln.[7] Aber Partei! war die Losung. Die Romantik mußte gedämpft werden. Also vergaß der alternde Voß seine Jugend[8] und ward Vorkämpfer im Streite gegen die Wunderhornisten, die sich da unterfingen die Jerichomauern der Philisterei umblasen zu wollen, innerhalb deren es sich doch ganz behaglich hauste. Und eine Philisterei war es wirklich. Alles, was das gewohnte bequeme Mittelmaß übertraf, was es vorzog auf eigner Bahn zu gehn und die reizlosen ausgetretnen Straßen mied, war von der Tageskritik jener Zeit verfehmt. Und gerade das Wunderhorn war eine Erscheinung ganz eigner Art, an nichts Bekanntes sich anschließend. Schon der Titel mußte reizen oder abstoßen. Was konnte wohl der ästhetische Kritiker jener Zeit mit dem Knaben auf dem galoppierenden Rosse, mit dem glockenklingenden Wunderhorne anfangen? Der Druck seines Fingers schuf nicht das süße Klingen des Horns, dieser Zauber war ihm nicht kund. Und gar das Titelbild zum zweiten Bande, das Wunderhorn mit der Aufschrift

---

[1] „Volkslieder". Teil 1. 2. Leipzig 1778. 79. 8°. Später unter dem Titel „Stimmen der Völker in Liedern" bekannt.

[2] August Ludwig v. Schloezer, geb. 5. Juli 1735 zu Jagstädt im Hohenlohischen, † 9. Sept. 1809 zu Göttingen. Historiker.

[3] Vgl. Weimarisches Jahrbuch. III. Hannover 1855. 8°. S. 247.

[4] Ungedruckte Reste alten Gesangs nebst Stücken neuerer Dichtkunst. Gießen und Marburg 1784. 8°.

[5] J. B. Diel. Clemens Brentano. Ein Lebensbild nach gedruckten und ungedruckten Quellen. Ergänzt und herausgegeben von W. Kreiten. 2 Bde. Freiburg i. B. 1877. 78. 8°.

[6] Bd. 81. München 1878. 8°. S. 536.

[7] Vgl. Weim. Jahrb. II. 1855. 8°. S. 269.

[8] Vgl. unten S. 9.

o mater dei in der Reben- und Epheulaube [1], das mußte den Aufklärungsphilistern wie alles Phantastische gründlich mißfallen. Vossens rechtwinklicher Art konnte natürlich die Behandlung der Texte durch Arnim und Brentano nicht zusagen. Er wollte authentische Texte ohne jegliche Zuthat ediert haben. Aber, fragen wir uns, hätte einer Ausgabe nach Vossens Absicht, also einer rein gelehrten Arbeit mit Lesarten und steifleinenen Anmerkungen ein solcher Erfolg werden können, wie er dem Wunderhorn gerade in seiner unphilologischen Eigenart ward? Sicherlich nicht. Und so wäre auch all der segensreiche Einfluß auf die neue Litteratur ungeübt geblieben. Wir haben also allen Grund, gerade die philologischen Mängel des Wunderhorns zu preisen.

Keine Schrift der Romantiker hatte solchen Erfolg wie das Wunderhorn. Ein Hauptgrund dafür liegt wohl darin, daß hier so mancher zum ersten Male mit Sorgfalt gesammelt fand, was ihm längst lieb war. Hatte sich auch dem Gelehrten und Dichter der Aufklärung die Volksüberlieferung gänzlich entfremdet, so mußte doch auch unter der Zahl der Gebildeten, die glücklicher Weise nicht geradezu identisch war mit der der Aufklärer, eine stille lang gehegte fast unbewußte Neigung für das Volkslied den Bestrebungen der Romantiker begegnen. Im Wunderhorne war es gewagt auszusprechen, was ohne Zweifel mancher für sich gedacht. Nun war man in Stand gesetzt, mit seiner Neigung auch öffentlich sich zu zeigen. Das Publikum machte es genau so wie Arnim in der Vorrede unten S. 7 sagt, es wartete auf eine Autorität oder Kritik, um sein Urteil zu bestimmen. Fiel nun die durch das Wunderhorn am Volksliede geübte Kritik mit einer bisher unausgesprochenen Neigung zusammen, so konnte auch alles spätere Zanken und Streiten der Vossianer nichts mehr bewirken: der Erfolg war einmal gesichert. Und dieser Erfolg war ein ungeheurer. Wie rasch vergaß man die Poesie der Aufklärer! Was von ihr jetzt noch bekannt ist, verdankt diese Verbreitung nur einem autoritätsgläubigen Schulpedantismus.

Wie rasch bürgerte sich der naive Ton des Volkslieds bei uns ein! Stammt doch die ganze Terminologie unsrer neuern Lyrik aus dem Volksliede. Das Volkslied hat eine völlige Umkehr der Kunstdichtung bewirkt. Und diese Umkehr zur Natur verdanken wir dem Einflusse des Wunderhorns, verdanken wir Ludwig Achim von Arnim und Clemens Brentano.

Ich werde Gelegenheit haben auf die Geschichte des Wunderhorns noch zurückzukommen.

Ein Werk von durchaus nicht geringerer Bedeutung, freilich von unendlich geringerem praktischen Erfolge, das ferner noch aus dem Kreise der Heidelberger Romantiker hervorging, ist Görres' Schrift „Die teutschen Volksbücher“. [2] Vorbedingungen und Zwecke dieser Arbeit waren genau dieselben wie die des Wunderhorns: eine verachtete vortreffliche Litteratur sollte zu Ehren gebracht und an die Stelle gesetzt werden, die ihr innerer unvergänglicher Wert ihr anwies und aus der sie unrechtmäßiger Weise vertrieben war. Görres kommt freilich nicht das Verdienst zu diesen Litteraturkreis wieder erschlossen und entdeckt zu haben. Vor ihm hatte Tieck sich der Volksbücher

---

[1] Im Hintergrunde Heidelberg mit dem restaurierten Schlosse.

[2] „Nähere Würdigung der schönen Historien-, Wetter- und Arzneybüchlein, welche theils innerer Werth, theils Zufall, Jahrhunderte hindurch bis auf unsere Zeit erhalten hat .... Heidelberg. bey Mohr und Zimmer. 1807.“ 8°.

bemächtigt und ihren hohen Wert erkannt und gepriesen. Schon im zweiten Teile seines „Peter Lebrecht“ [1], der 1795 niedergeschrieben ward, sagt er die guten Worte „Die gewöhnlichen Leser sollten ja nicht über jene Volksromane spotten, die von alten Weibern auf der Straße für einen und zwei Groschen verkauft werden, denn der gehörnte Siegfried, die Heymonskinder, Herzog Ernst und die Genovefa haben mehr wahre Erfindung, und sind ungleich reiner und besser geschrieben, als jene Modebücher [die rührenden grausamen Ritterromane].“ Tieck hat dann eine ganze Reihe der vorzüglichsten Volksbücher bearbeitet und in Gestalt von Romanen und Dramen der Welt der Gebildeten wieder ans Herz zu legen versucht. Er hat die Heymonskinder, Magelone, Melusine, Fortunat, die Schildbürger umgedichtet. Den größten Eindruck aber machte die Erzählung von Kaiser Octavianus auf ihn. Im Jahre 1800 fand er das Volksbuch in Hamburg vermutlich bei einem wandernden Buchhändler an der Straße und las es gleich in einem Zuge aus. Im Jahre 1802 war das bedeutende dramatische Gedicht Octavianus [2] vollendet, das er mit dem allbekannten Spruche von der „mondbeglänzten Zaubernacht“ einleitete.

Unter den Romantikern, die für die Volksbücher etwas thaten, ist an zweiter Stelle Friedrich Schlegel zu nennen. Wie sein Bruder hatte er sich mit Begeisterung in die altdeutsche Litteratur versenkt. August Wilhelm Schlegel hatte im Jahre 1800 einen Teil von Gottfrieds Tristan umgedichtet. [3] Seine Vorlesungen in Berlin im Winter 1803—1804 enthielten einen Abriß der Geschichte der deutschen Sprache und Litteratur. Für eben diese Vorlesungen hatte er auch einen Teil des Nibelungenlieds übersetzt. [4] Noch im Jahre 1812 war er mit „einer vollständigen sowohl krit. als wort- und sacherklärenden Ausgabe des Liedes der Nibelungen“ beschäftigt und hatte schon Proben seiner Untersuchungen darüber in Friedrich Schlegels Deutschem Museum [5] gegeben. Die Ankündigung seiner bevorstehenden Ausgabe [6] schließt mit den stolzen Worten „Wir wollen der Nachkommenschaft beweisen, daß wir in diesem Zeitalter allgem. Verfalls und hoffnungslosen Unglaubens die erhabene Vorzeit mit tiefer Verehrung erkannt haben, und bemüht gewesen sind, ihr heilbringendes Andenken zu erneuern.“

Friedrich Schlegel gab eine Erneuerung des alten Romans Loher und Maller heraus [7], die er in den Jahren 1804 und 1805 zu Köln gefertigt hatte. „Das darin aufgestellte Bild der ritterlichen Freundschaft“ hat ihn besonders bestimmt „diesen Roman der Vergessenheit zu entreißen.“ Ohne den einfachen Stil zu ändern, hat Schlegel ähnlich wie Ludwig Tieck in seinen Prosabearbeitungen der Volksbücher es versucht, durch Auslassung allzu abenteuerlicher Episoden und modernere Motivierung die alte Geschichte dem Geschmacke der neuen Zeit anzupassen.

Görres' Buch ist im Jahre 1807 geschrieben. Er hatte ursprünglich nicht

---

[1] Schriften, Bd. 15. Berlin. 1829. 8°. S. 21.

[2] Schriften, Bd. 1. 1828.

[3] Vgl. poet. Werke, Bd. 1. Heidelberg 1811. 8°. S. 98 f.

[4] Vgl. Briefe an L. Tieck, Bd. 3. S. 290.

[5] Bd. 1. Wien 1812. 8°. Heft 7.

[6] Intelligenzblatt XIX und XX der Heidelb. Jahrbücher 1812. S. 149.

[7] Lother und Maller; eine Rittergeschichte aus einer ungedruckten Handschrift bearbeitet von Schlegel. Frankfurt a. M. 1806. 8°. Vgl. auch F. Schlegel's sämmtl. Werke, VII. Wien 1823. 8°. S. 189—324. — Alter Druck: Ein schöne warhaftige Hystory von Kaiser Karolus sun genant Loher u. s. w. Straßburg. Johannes Grieninger. 1514. 126 Bll. 4°.

die Absicht gehabt, ihm einen solchen Umfang zu geben, es „sollte Anfangs nur als abgerissener Aufsatz in einem periodischen Blatte seine Stelle finden“ [1]; aber die Sache riß ihn fort. Am 11. Mai 1807 schreibt er „Meine Volksbücher werden statt 7—8 15 Bogen.“ Im August war die Arbeit vollendet. [2]

Das Buch soll und will die Litteratur nicht erschöpfen. Nur eine beschränkte Büchersammlung „die des Herausgebers vom Wunderhorn“ [3] war seine Quelle. Wie der Titel zeigt, zog Görres auch Arzneibücher und Praktiken in den Kreis der Betrachtung. Niemand hat vor und nach ihm so schön über die Volksbücher geredet. „Wie sehen wir nicht“ sagt er im Anfange „jedes Jahr in der höheren Litteratur die Geburten des Augenblicks wie Saturn seine Kinder verschlingen, aber diese Bücher leben ein unsterblich unverwüstlich Leben; viele Jahrhunderte hindurch haben sie Hunderttausende, ein ungemessenes Publikum, beschäftigt; nie veraltend sind sie, tausend und tausendmal wiederkehrend, stets willkommen; unermüdlich durch alle Stände durchpulsierend und von unzählbaren Geistern aufgenommen und angeeignet, sind sie immer gleich belustigend, gleich erquicklich, gleich belehrend geblieben, für so viele, viele Sinne, die unbefangen ihrem inwohnenden Geiste sich geöffnet. So bilden sie gewissermaßen den stammhaftesten Theil der ganzen Litteratur, den Kern ihres eigenthümlichen Lebens, das innerste Fundament ihres ganzen körperlichen Bestandes, während ihr höheres Leben bei den höheren Ständen wohnt. Ob man wohlgethan, diesen Körper des Volksgeistes als das Werkzeug der Sünde so geradehin herabzuwürdigen; ob man wohlgethan, jene Schriften als des Pöbelwitzes dumpfe Ausgeburten zu verschmähen, und darum das Volk mit willkührlichen Beschränkungen und Gewaltthätigkeiten zu irren, das ist wohl die Frage nicht!“ Und nun untersucht er „ob diese Schriften bei ihrer äußeren Verbreitung wohl auch eine gewisse angemessene innere Bedeutsamkeit besitzen.“ Es gelingt ihm, der Sache überraschende Gesichtspunkte abzugewinnen. In den Abhandlungen über die einzelnen Volksbücher vermissen wir freilich genügende Litteraturkenntniß, doch enthalten sie des Wahren und der feinen Beobachtungen genug, um das Buch auch heute noch wertvoll und ersprießlich zu machen. Am Schlusse [S. 262] überblickt Görres noch einmal das Betrachtete und versucht das Mittelalter „das Eden der Romantik“ [276], in dem die geschauten Erscheinungen wurzeln, in seinem innersten Wesen darzustellen und mit besonderem Bezuge auf die Wanderungen und Wandelungen im Leben und Aufblühen der mittelalterlichen Litteraturen. Und nun unsre Zeit! „.... Leichenblässe liegt auf ihrem Angesicht, und Krämpfe durchzucken ihr Gebein; wie sollte sie Gesang und Saitenspiel mögen! Und es ist rührend, wie immer noch nicht die Sänger weichen wollen; alles Laub ist gelb geworden, jeder Windhauch löst mehr und mehr der dürren, verspäteten Blätter ab, und sie fallen langsam, traurig zu den andern Leichen nieder; immer aber sitzen Jene noch auf den kahlen Zweigen, und singen unverdrossen fort, und hoffen, harren, klagen, und immer tiefer sinkt die Sonne, länger weilt nach jedem Tag die Nacht, und die kalten dunkeln Nächte greifen immer tiefer in das Leben ein“ [298]. Aber in der Zerknirschung dieser Zeit werden wir „wieder achten lernen die Zeiten und die Geister, die vor uns

---

1 Volksbücher, S. 307.

2 Vgl. Görres Briefe, Bd. 1. S. 493. 498.

3 Volksbücher, S. 308.

gewesen." Aber die Zeit war trotz ihrer Leerheit hoffärtig, „es war ein so stolzes Gefühl mit den Ueberbleibseln dieser barbarischen Zeit [des Mittelalters] unser eigen Werk zu vergleichen, und das kindische Lallen der rohen, ungeschliffenen Naturmenschen anzuhören, und wie sie schwer und mit gebundenen Füßen nach der Schönheit giengen, die unsere Journale in kinderleichtem Spiel wegpflücken" [299]. Diese Hoffart aber kam zu Fall. Und nun, schließt Görres „wäre es daher verständig wohl, nicht ferner mehr so sehr zu pochen auf das was wir geleistet, und bey unsern Vätern anzufragen, daß sie in unserm Misere uns ihren Geist nicht vorenthalten, und uns erquicken in unserer Noth, mit dem was Gutes und Schönes sie gebildet" [300]. Ein wackrer patriotischer Geist spricht aus den nächsten Abschnitten. Wir sollen nicht einseitig die Werke unsrer Väter herabsetzen gegen griechisches Altertum. „Es würde kläglich sein, wenn je die Achtung und die Liebe für griechischen Sinn und griechische Kunst unter uns aussterben sollte, besonders itzt, wo beide Nationen sich wenigstens im Unglück gleich geworden sind: aber wenn wir selbst unsere Eigenthümlichkeit nicht geltend zu machen verstehen, dann laßt uns vor allem doch nicht so leichtsinnig das Andenken an Die hingeben, die recht gut die Ihrige zu vertheidigen wußten" [302]. Aus dem Geiste dieser Männer, dieser Zeit sind die Volksbücher hervorgegangen, sind „noch stehende Ruinen", Zeugen ihrer einstigen Blüte. Damals war die Begeisterung bis in die untersten Schichten des Volks gedrungen; „bis heute sind jene Gesangeswellen dem Volke nicht zergangen, während zu ihrer Schande, Jene die sich die Gelehrten nennen, rein das Andenken verloren hatten an die ganze Zauberwelt, in der ihre Vorfahren gewandelt waren" [303]. Dort also bei dem Volke sollen wir jene Litteratur suchen, wo sie noch lebt, oder in den Bibliotheken, wo sie seit Jahrhunderten den Winterschlaf hält. Einer kleinen Schamröte sollen wir uns nicht fürchten, wenn die Erscheinung des Gefundenen nicht mehr der Würde des Gegenstands entspricht und sollen vor Allem kein kindisches Affenspiel mit diesen ernsthaften Gestalten spielen. Görres wünscht daß Alle, denen die Hülfsmittel zur Hand sind, beitragen zu dem Werke der Aufklärung und Beleuchtung dieser merkwürdigen Litteratur.

Die Anzeige in Nr. II des Intelligenzblattes der Heidelbergischen Jahrbücher [1] rühmt: es sei ein besserer Keim rege geworden, und man schäme sich nicht mehr des Hausgerätes der Väter, weil die Formen desselben weder antik noch modern sind. Diesen Sinn noch mehr zu beleben, sei die Absicht des vorliegenden Werks. Geradezu rührend ist es, wenn wir allenthalben unter den vaterländisch Gesinnten jenes von mir im Anfange schon hervorgehobene Abwenden von der Teilnahme an öffentlichen Dingen in jener politisch elenden Zeit bemerken. So regt sich auch der bittre Schmerz in dem Schlusse der Ankündigung: „Wer geängstigt oder unbefriedigt aus der Gegenwart flüchten möchte, um in sich selbst wenigstens ein würdiges Leben auszubilden, und wer sich angesprochen fühlt von den wunderbaren Tönen der Vergangenheit, ohne sie deuten zu können, der achte auf die Worte dieser Schrift, denn es sind Worte der Weihe aus der Verheissung".

Görres selbst hat noch einmal im Jahre 1808 in der Sache der Volksbücher das Wort ergriffen. Der Hauptzweck dieser Besprechung in den Heidel-

---

[1] 1807. S. 23. 24.

bergischen Jahrbüchern [1] ist, zur Ergänzung und Abrundung seiner Schrift beizutragen. Sehr schön wieder beginnt er „Fernab von dem Kreise höherer Literatur, und ihrem vornehmen Thun und Treiben, hat unscheinbar und wenig gekannt bis auf die letzten Zeiten die Volksliteratur bestanden; die feinere Schwester hat ihrer niedern Abkunft sich geschämt, und hat's nicht geliebt, viel Redens von ihr zu machen, und sie immer nur halb spöttisch von der Seite angesehen, damit sie nicht unbescheiden sich an sie drängen möge. Da vieler Hochmuth in dieser Zeit zu Fall gekommen, so ist zu hoffen, daß auch diese Ziererey ihr Ende gefunden hat. Das angezeigte Buch wollte die Versöhnung zwischen den Beyden, die obgleich aus einem Stamm hervorgegangen, doch einander so fremd geworden waren, begründen, und es scheint, als ob es ihm zum Theil gelungen sey."

Einen längern Abschnitt des Aufsatzes widmet Görres dem Volksbuche von den Heymonskindern, der besonders dadurch interessant wird, daß er nach einer von Glöckle in Rom genommenen Abschrift Anfang und Ende des altdeutschen Gedichtes von den Heymonskindern aus der Pfälzer Handschrift 399 mitteilt. Görres nimmt an, unser landläufiges Volksbuch [2] sei „eine freye Abkürzung des Altdeutschen Gedichtes", während es doch nur eine ziemlich genaue Uebersetzung des niederländischen Volksbuchs van de vier Heemskinderen darstellt, ebenso wie jenes Gedicht nur eine schlechte Verhochdeutschung des niederländischen Renout. Die Geschichte der Heymonskinder mit ihren unzweifelhaft höchst bedeutenden Zügen übte auf die aus der Romantik herausgebildeten Germanisten einen großen Einfluß. Der Briefwechsel Görres' und Jakob Grimms zeugt von diesem lebhaften Interesse. Man wollte vor allem das Gedicht herausgeben; doch ist nichts daraus geworden, und das Gedicht blieb bis heute unediert. [3]

Wenn man Görres' Worten Glauben schenken darf, so fand das Buch über die Volksbücher allgemeinern Beifall. Es liegt freilich in der Natur der Sache, daß dieser Beifall kein so lebhafter sein konnte wie der dem Wunderhorne gespendete; mußten doch an sich schon Volkslieder weit beliebter sein als Volksbücher. Volkslieder hatten von jeher Liebhaber da und dort, Volksbücher nur sehr selten einen oder den andern. Weitaus der größte Teil der Volkslieder gehörte der Lyrik an, war einfach und natürlich und mutete der Phantasie und dem Glauben der Leser nichts Großes zu — gegen die Abenteuerlichkeiten, Riesen-, Zwerg-, Drachen- und Zaubergeschichten der Volksbücher sträubte sich der Sinn der Verständigen gewaltig, wie schon Cervantes beweist. Ferner trägt nicht wenig zu der allgemeinen Verachtung der Volksbücher bei, daß diese fast nur in den Jahrmarktausgaben mit schlechten Typen auf schlechtes Papier gedruckt mit elenden Bildern geziert zu haben waren. Wer kümmerte sich um alte Drucke! Man liebte, wie auch heute noch, ein zierlich ausgestattetes Buch, das man, ohne sich schämen zu müssen, in die Hand nehmen konnte. Schämt sich doch noch heut zu Tage der Gebildete an den mit bäurisch bunten Bildern geschmückten Jahrmarktstand zu treten und ein so schlechtes Büchlein für ein paar Pfennige zu kaufen. Man belächelt noch heute den

---

[1] I, 5. S. 409—427.

[2] Nicht der alte Siemerner Druck.

[3] Meine längst vorbereitete Ausgabe desselben für den litterarischen Verein in Stuttgart wird bald vollendet sein. Ich handle in der Einleitung ausführlich über Görres', Grimms und von der Hagens auf das Gedicht gerichtete Absichten.

Käufer, der Verkäufer schämt sich noch heute für seine schlechten Bücher vor dem städtisch Gekleideten und wundert sich über so sonderbare Neigungen, da dem Wohlhabenden doch teurere schöne Romane zur Verfügung stehn.

Man kannte zu Görres' Zeit die Volksbücher nicht, man verachtete die nicht gekannten als abgeschmackte schmutzige Pöbellektüre gründlich, ja, man glaubte Gefährliches dahinter wittern zu müssen. Wenn im Jahre 1569 durch ein Edikt Philipps II.[1] Volksbücher wie Reynaert de Vos, Ulenspieghel, Virgilius, Bruder Rausch u. a. unter die libri prohibiti gestellt wurden, wundert man sich wenig; wenn aber wie Nepomuk von Ringseis erzählt, ums Jahr 1810 zu Schwarzhofen in der Oberpfalz „altherkömmliche Volsbücher wie die harmlosen Vier Haimonskinder" den Krämern weggenommen wurden[2], so ist auch das gewiß bezeichnend für die Richtung der Zeit.

Am 2. April 1805 schrieb Jakob Grimm an Wilhelm aus Paris[3] „Ich habe hier neulich in einer deutschen Lesebibliothek eine Partie derselben [der Volksbücher] in den gemeinen deutschen neuen Ausgaben schön eingebunden gesehn, mit dem Titel: Pöbelromane." Dieses schändliche Wort spricht so vollständig wie irgend möglich das Urteil der gebildeten Kreise über die Volksbücher aus.

In nur scheinbarem Gegensatze zu der fast allgemeinen Verachtung dieser Litteraturgattung steht die zur gleichen Zeit wuchernde Liebe zu Ritter-, Räuber- und Schauerromanen der schlimmsten Art. Was in den Volksbüchern mit naiver anspruchsloser Natürlichkeit auftritt, zeigt sich in diesen Romanen mit fataler Absichtlichkeit. In den Volksbüchern gibt es keine hohle Sentimentalität, gibt es nie jenes abscheuliche Wohlgefallen am Grausigen, an Blut und Geisterspuck. Aber das große Publikum hat von je her solche gepfefferte Speise geliebt, wenn sie nur in feiner Schale aufgetragen ward. Hier trieben große Leidenschaften ihr Spiel und schienen sich über die sonst so flache Litteratur durch ihre Bewegung emporheben zu wollen. Ob eine innere Notwendigkeit sie heiligte, danach fragte man nicht: man wollte ja nur gerührt oder von einem wohlthätigen Grausen geschüttelt sein.

Für die Schalksstreiche jenes naiven Humors, der in den Schildbürgern, im Bruder Rausch, im Eulenspiegel u. a. sich tummelt, hatte das große Publikum vollends keinen Sinn.

Aber dieser Sinn für die Volksbücher konnte wieder geweckt werden. War das möglich, so war der Weg, den Görres einschlug, durchaus der richtige. Mit Unrecht schreibt Arnim am 3. Dec. 1807 an Tieck[4] „Ein solches unnützes Buch hat Görres über die Volksbücher geschrieben statt eins herauszugeben"; mit Unrecht nennt Görres in einem Briefe an Jean Paul[5] selbst seine Schrift „ein zwar überflüssiges Buch". Was in der Sache der Volkslieder gut und ersprießlich war es nicht für die Volksbücher. Die Sammlung von Volksliedern konnte man beliebig aufschlagen, um ein ansprechendes Lied zu finden, dessen Eindruck dann für die Beurteilung des Ganzen bestimmend blieb. Aus den meisten der Volksbücher ließ sich dagegen kein zufällig aufgeschlagenes Stück mit Genuß aufnehmen: nur das Ganze konnte von Wirkung sein. Dies Ganze

---

[1] Vgl. Hoffmanns Horae Belgicae, XI. Hannover 1855. S. IV.

[2] Hist. polit. Blätter. 76. 1875. S. 9.

[3] Briefwechsel aus der Jugendzeit. Weimar 1881. 8°. S. 34.

[4] Briefe an Tieck, I. 12.

[5] Görres Briefe, II. 28.

aber zu lesen, erforderte eine Anstrengung, deren Wenige zu jener Zeit fähig waren: handelte es sich doch um eine Erscheinung, der man von Anfang an mißtrauen zu müssen glaubte. Ein paar zufällig gelesene gute Verse eines Volkslieds konnten mit einem Male das Mißtrauen dahinwerfen; ein paar Sätze aus einem Volksbuche dagegen nicht. War also dem Publikum kein Eifer in der Lektüre solcher Volksromane zuzutrauen, so war es auch nur möglich ein Interesse dafür durch eine packend geschriebene Abhandlung zu erwecken. Und alle nötigen Eigenschaften dazu besaß Görres Buch, „welches sich nicht beschränkte auf eine trockene literarische Uebersicht unserer größtentheils verschollenen Volksbücher, sondern sie mit mächtigen Worten ins Leben hervorruft, daß sie sich erheben aus dem dunkeln Staub der Jahrhunderte, und wandeln in der Glorie der Auferstehung“. [1]

Görres Schrift hat keinen allgemeinen Eindruck gemacht, sonst wäre sicherlich nicht das Verlangen nach einer Sammlung von Ausgaben der Volksbücher ausgeblieben. Als dann zwei Jahre darauf noch das langweilige „Buch der Liebe“ von Büsching und von der Hagen [2] nachgehinkt kam, blieb man völlig kalt. Diese Ausgabe war freilich auch nicht angethan ein allgemeineres Interesse zu erwecken. Schon die Wahl der darin abgedruckten Volksbücher — Tristrant, Fierabras, Pontus — war ungünstig. Eine Fortsetzung unterblieb. Hatte Görres Schrift nicht gezündet, so mußte diese Ausgabe ganz ohne Wirkung bleiben.

Görres Buch war und ist der großartigste Versuch der Popularisierung dieser Litteraturgattung. Später hat es ein Mann, dessen Verdienste und Erfolge in der Weckung eines allgemeinern Interesses an der altdeutschen Litteratur unbestreitbar sind, Karl Simrock, versucht auf Görres Bahn weiterzugehn. Eine umfangreiche Sammlung von Volksbüchern erschien. [3] Viele begrüßten das Auferstehn dieser Litteratur mit Freuden. Ich hebe Gaston Paris Ankündigung hervor. Aber Simrocks Sammlung hat ihre Zwecke nicht erfüllt. Nicht einmal die angestrebte Popularisierung ist gelungen. Simrocks durchaus unkritisches Verfahren kann nicht scharf genug getadelt werden. Es ist eine ganz bedeutungslose Phrase, wenn auf dem Titel behauptet wird, die Volksbücher seien in ihrer ursprünglichen Echtheit wiederhergestellt. Die ältesten Drucke sind zum großen Teile gar nicht benutzt, willkürliche Aenderungen finden sich allenthalben, und was das Schlimmste ist: Volksbücher Simrockischer Fabrik liefen mit unter. Diese Sammlung hat nur so lange Wert, als keine andere bessere daneben besteht, die uns wirklich urkundliche Texte bietet oder — hat sie etwa gleichfalls den Zweck der Popularisierung — wenigstens auf die ältesten Drucke zurückgeht. Die Sache wäre es schon wert, den Versuch zu machen, ob das Volksbuch nun noch für die gebildete Welt gerettet werden könne, nun da es daran ist, auch für die Ungebildeten verloren zu gehn. Gewissenlose Sudler haben die Jahrmarktausgaben völlig verderbt. Schon ist ein kläglich schwülstiger Stil, eine jämmerliche Sentimentalität eingedrungen.

---

[1] Intelligenzblatt II der Heidelbergischen Jahrb. 1807. S. 24.

[2] Berlin 1809. 8°. Der Titel ist von dem im Jahre 1587 zu Frankfurt a. M. bei Sigmund Feyerabend in Fol. erschienenen Buch der Liebe herübergenommen.

[3] Die deutschen Volksbücher. Gesammelt und in ihrer ursprünglichen Echtheit wiederhergestellt von Karl Simrock. Mit Holzschnitten. Bd. 1—13. Frankfurt a. M. 1845—1867. 8°. — Die Marbachischen Ausgaben können füglich übergangen werden.

Schon werden unsittliche nichtsnutzige Schriften mit diesen Verwässerungen der alten Volksbücher ausgegeben. Noch gefährlicher fast ist die Verderbniß des Geschmacks, die einreißen muß, wenn Sammlungen elender Indianergeschichten, schlechter Räuber- und Verbrecherromane sich unter dem empfehlenden Titel „Volksbücher" einschleichen. Eine der schönsten Aufgaben wäre es, eine neue gehaltvolle Volkslitteratur zu schaffen, wenn nun einmal die alten Volksbücher keine Zukunft mehr haben.

Die Schrift über die Volksbücher ist Görres' erheblichste Leistung auf dem Gebiete der Germanistik. Er hatte zwar noch mancherlei Plane; doch scheint nach seiner Abreise von Heidelberg sein Interesse im Ganzen schwächer geworden zu sein, obgleich sein Briefwechsel mit den Brüdern Grimm sich noch zum großen Teile auf Dichtungen des deutschen Altertums bezieht. Görres' größter Plan war die Ausgabe einer Sammlung altdeutscher Gedichte unter dem Namen Bibliotheca Vaticana. Die Heidelberger Handschriften waren bekanntlich bei der Einnahme Heidelbergs im Jahre 1622 vom Kurfürsten Maximilian von Bayern dem Papste Gregor XV. geschenkt worden und wanderten wirklich 1623 nach Rom, wo sie der unterdessen nachgefolgte Urban VIII. als eine gesonderte Sammlung aufstellen ließ. Viele Handschriften sind bei diesem Raube abhanden gekommen. So fand die bekannte Pariser Liederhandschrift, die sogenannte Manessische, damals auf noch unergründete Weise ihren Weg in die Pariser Bibliothek. Manche Handschriften vergaß der päpstliche Legat Leo Allatius, nahm aber dafür andre aus Gruters und andern Heidelberger Bibliotheken mit. Nach langem Exil kamen endlich im Jahre 1816 826 meist deutsche Handschriften aus Rom zurück. Noch im Jahre 1881 sind drei griechische Handschriften, die gerade zur Zeit der Entführung der Bibliothek ausgeliehen waren, nach Heidelberg zurückgekehrt.

Ferdinand Glöckle, ein in Rom lebender Deutscher, hatte es durchgesetzt an der Vaticana als Secretaire des langues du Nord angestellt zu werden und benutzte nun die gute Gelegenheit um durch Mitteilung von Kopien die Pfälzer Handschriften wieder für Deutschland zugänglich zu machen. Er stand mit Görres in Verbindung, und dieser faßte nun den Plan alles Gute aus diesen Handschriften in seiner Bibliotheca herauszugeben. Seine Ankündigung im „Anzeiger zu Idunna und Hermode" von Gräter [1] gibt völlige Auskunft über die Anlage der Sammlung. Sie war danach auf 4 Bände 8° berechnet. Deren erster sollte die Gedichte des „Gothischen und Lombardischen" Kreises enthalten, der zweite die des Normännischen Kreises, „darunter vor allen die Krone dieser Dichtungen, Reinold von Montalban, bekannt unter dem Namen der Heymonskinder, ein Werk in 15000 Versen, das nie genug gelobt werden kann, und die äußere Form ausgenommen, sonst in allem würdig den Nibelungen zur Seite tritt, die Odysse neben der Iliade." Ogier der Däne und der Zauberer Malagiß sollen sich anschließen „und endlich das der Form nach älteste und uranfänglichste von Allen, das merk-

[1] Nr. 19. 8. Oct. 1812. Gräters Alterthumszeitung erschien zuerst zu Breslau in 4°. Eine Verwechslung liegt zu Grunde, wenn in der Anm. zu S. 326 des 2. Bandes von Görres Briefen gemeldet wird die Anzeige der Bibliotheca sei in Nr. 19 des Intelligenzblattes der Heidelb. Jahrb. 1812 erschienen. Allerdings verweist Görres in einem Briefe an J. Grimm vom 2. Mai 1812 auf das nächste Heft der Jahrbücher, und in der That findet sich die Ankündigung auch in dem den Jahrbüchern beigegebnen Allg. Bericht von neuen Büchern und Kunstsachen, 6. Jahrg. 1812. Nr. 5. S. 119—122.

würdige Gedicht von Roland und Karl dem Großen." Wir erfahren, daß diese Gedichte alle schon in Abschriften bereit liegen. Den Inhalt der folgenden Bände sollten Bearbeitungen altgriechischer und lateinischer Dichtungen, religiöse Poesien, Romanzen, Novellen, Schwänke bilden. Görres sagt „Dieser in der Nation wieder erwachte Sinn für ihre Vergangenheit ist ähnlichen Unternehmungen, wie die Unsrige, hülfreich entgegen gekommen, die sonst an der Trostlosigkeit der Zeit nothwendig gescheitert wären; es ist zu hoffen, daß auch die Gegenwärtige ungeachtet aller Bedrängnisse eine freundliche Aufnahme finden werde." Er hofft, da dem Unternehmen keine Geldspekulation zu Grunde liege, werde es an dieser Teilnahme nicht fehlen, „damit eine Nationalunternehmung im Gebiethe der Litteratur möglich werde, wie sie sich für Deutschland schickt, das obgleich äußerlich getheilt, doch in gemeinschaftlicher Gesinnung seine allgemein anerkannte Einheit findet." Mohr und Zimmer in Heidelberg erklären die Sammlung verlegen zu wollen. Gräter hat die Ankündigung mit einer „Aufforderung an edle Teutsche" eingeleitet, in der er schon von einer im Druck begriffnen germanistischen Arbeit von Görres redet, nämlich der Ausgabe des Lohengrin, die dann 1813 erschienen ist.[1]

Die allgemeinere Teilnahme, die Görres unter allen Ständen zu finden hoffte, scheint sich doch nicht gezeigt zu haben, und so unterblieb die Ausgabe der Bibliotheca Vaticana. Zu Anfang 1817 schreibt Görres an W. Grimm, daß die Sache aufgegeben sei.[2] Wie der Text des Lohengrin uns überzeugt, haben wir nicht nötig, das Scheitern dieses Plans zu beklagen.

Die Schrift über die Volksbücher hat eine Annäherung zwischen Görres und den Brüdern Grimm bewirkt, welche die Quelle eines reichen und für die Geschichte der deutschen Philologie äußerst wertvollen Briefwechsels ward. Jakob Grimm war freilich schon etwas früher mit Görres in Berührung gekommen. Im Jahre 1805 hatten sie sich in Koblenz zufällig getroffen. „Wen Sie vor einigen Jahren" schrieb Jakob Grimm später[3] „von uns gesehen haben, das bin ich, ich hatte Sie aber nur kurz gesehen, nur bei einem Mittagessen und weiß bloß noch, daß ich Sie über den damals erschienenen Lother und Maller fragte und was Sie darauf antworteten." Zu dem Inhalte dieses Gesprächs will die Jahrzahl der Begegnung scheinbar schlecht passen: wir haben ja oben gesehn, daß Friedrich Schlegels Lother und Maller im Jahre 1806 erschien. Doch steht nichts im Wege anzunehmen, daß dieses Buch schon im Jahre 1805 mit der Jahrzahl 1806 ausgegeben worden sei. Es ist sicher bemerkenswert, daß gerade ein Volksbuch schon damals den ersten Anknüpfungspunkt für Görres und J. Grimm bot. Als später Görres' teutsche Volksbücher erschienen, zeigte sich Jakob Grimm ganz durchdrungen von dem Werte dieser Schrift, die auch nicht ohne innern Einfluß auf ihn blieb. Er hat auch, da eine ungeschickte Kritik sich an das Buch wagte, die Verteidigung auf sich genommen. Der rastlos kramende von der Hagen hatte es nämlich für nötig gehalten in seinem „Museum für Altdeutsche Literatur und Kunst"[4]

[1] Lohengrin, ein altteutsches Gedicht nach der Abschrift des Vaticanischen Manuscriptes von Ferdinand Glöckle. Herausgegeben von J. Görres. Heidelberg, bey Mohr und Zimmer. 1813. 8⁰.

[2] Vgl. Görres Briefe, Bd. 2. S. 509. — Die hier angekündigten andern Arbeiten Görres' können wir übergehn.

[3] Am 17. Mai 1811. Vgl. Görres Briefe, Bd. 2. S. 201.

[4] Herausgegeben von v. d. Hagen, Docen und Büsching. Bd. 1. Berlin 1809. 8⁰. S. 238. 239.

einen Beitrag zur Geschichte und Litteratur der Deutschen Volksbücher zu geben, der eine Ergänzung und Berechtigung von Görres' Schrift sein sollte. Von der Hagen meint, so wahr und treffend auch Görres Sinn und Bedeutung der deutschen Volsbücher in einzelnen Zügen geschildert habe, so sei doch im Ganzen die Art und Weise, wie hier über diese Werke gesprochen wird, nicht zu loben. „Sie ist, wie in den übrigen Schriften des Verfassers, und hat in der Darstellung voll (Bilder-) Sturm und Drang etwas Krampfhaftes, Unbehagliches; dies letzte hier um so mehr, da sie an so schlichte einfältige Gegenstände, wie diese Volksbücher, gewendet ist, und öfters mit dem mäßigeren Berichte von und aus ihnen und den literarischen Notizen darüber hart absticht." Diese Schreibart, die an „gewisse frühere Vorbilder" erinnere und jetzo so verbreitet sei, trage überall den nicht erfreulichen Stempel der Zeit, der sich auch in der Art ausdrücke wie das Buch aufgewachsen sei: „vergleichbar einer Pflanze, aus der Wurzel des alten Stammes lustig und wucherlich emporgeschossen, und ihn neu umgrünend, zwar mit eigenem Laube".

Dagegen nun Jakob Grimm [1]: „An sich mag man über dieses ausgezeichnete Werk immer urtheilen, daß es zu früh construiren und aus ungleicher Grundlage mit gleicher Sicherheit folgern wolle, welches vielen eine ängstliche und manchmal unangenehme Empfindung verursachen kann. Nur urtheile man so aus einem andern Grunde, als hier Hr. v. d. H. thut. Es fragt sich, ob es ihm zugestanden, die reiche Gabe dieses Schriftstellers mit der ‚Familienähnlichkeit eines unerfreulichen Stempels der Zeit' abzufertigen, und mit dem bloßen Tadel einer überschwenglichen Schreibart anzustoßen. Das ist vielmehr das Verkehrteste mit in der Zeit, daß sie das Treffliche nicht rein ehren kann, sondern ihren Tadel daran für weit höher hält." Görres sei in kurzer Zeit, ohne Vorarbeiten, in die Wahrheit alter Poesie hineingedrungen. „Andere" fährt Grimm mit scharfem Hieb auf den Kritiker fort „hätten vermuthlich durch eine Menge von Citaten und Noten noch nicht so hell auf den Grund gesehen." Die litterarischen Nachweise wären bei diesem Buche wohl besser ganz bei Seite geblieben, denn sie störten im Lesen. Zu Berichtigungen und Zusätzen aber scheine das Buch gar nicht gemacht, obgleich sein Verfasser selbst darauf angetragen, denn dazu gehöre ein äußerer fester Plan und gerade dieser sei die schwächste Seite des Werks. Grimm macht sich anheischig, ebenso viel fleißige neue Anmerkungen dazu zu geben wie von der Hagen, aber dann müsse ja dieser wohl wieder ein Supplement zu diesen Anmerkungen machen.

Görres waren von der Hagens Anmerkungen zu den Volksbüchern gar nicht zu Gesichte gekommen. Erst Jakob Grimms Recension hatte ihm an die Hand gegeben in welcher Weise von der Hagen sich über das Buch ausgelassen. Ein Brief Görres' an Grimm ist hier mitteilenswert. Görres schreibt am 25. April 1811 [2] „Das Februarheft der Jahrbücher erinnert mich an den Dank, den ich Ihnen schuldig bin, daß Sie mich gegen von der Hagen vertreten. Ich sehe darin zum erstenmale, was sie mir eigentlich vorgeworfen. Diese Vorwürfe haben mich nun eigentlich nicht beleidigt, was dem Einen ‚überschwenglich', ist dem Andern gerade recht, und der ‚unerfreuliche Stempel der Zeit' ist mir ein lächerlicher heraldischer Ausdruck. Aber die Fuchs-

---

[1] Heidelb. Jahrb. 4, 1. 1811. Nr. 10. S. 157. 158.
[2] Briefe, Bd. 2. S. 200. 201.

schwänzerei und die Feigheit in diesen Sachen hat mich entrüstet. Es ist alles so darauf angelegt, um ein Lob des Morgenblattes oder irgend eines andern Wisches der Parthei sich damit zu verdienen, wie er denn überhaupt allen den Kutzen streicht. So hatte er, als ich noch in Heidelberg war, eine lange Brühe an Zschokke [1] für die Miscellen eingeschickt, und in einem Briefe dabei die Schweizer über alle Maßen herausgestrichen als Mäcene der alten Literatur, um sich auch diese Trompete zu verschaffen. Zschokke schickte uns den ganzen Plunder mit einem spöttischen Brief für den Einsiedler. Ihr Urtheil über mein Buch ist mein eigenes."

Ein Beweis dafür, daß Görres' Schrift doch auch in weitern Kreisen Beifall fand, läßt sich aus einem Briefe Brentanos [2] gewinnen, worin er erzählt „In München hat Franz Baader [3] eure Volksbücher mit großer Freude gelesen." Brentano bemerkt dabei „daß Hagen sie in seinem Journal so schändlich rezensirte, hat uns sehr geärgert."

Schon vor J. Grimm hatte A. W. Schlegel in den Heidelberger Jahrbüchern [4] den Volksbüchern hohes Lob erteilt. Er besprach das Buch der Liebe, fand das Unternehmen lobenswert und forderte die Herausgeber auf ihre Arbeit ja fortzusetzen. Bei dieser Gelegenheit betont er, daß Görres' Schrift in den Jahrbüchern nur „vom Verf. selbst, also nur mit Berücksichtigung einiger eingeschlichenen Versehen, und nicht mit dem gebührenden Lobe angezeigt worden." „Ueber manches einzelne" fährt er fort „kann man anderer Meinung seyn; im Ganzen ist die Ansicht echt und durchdringend, und an seiner belebten Schreibart besitzt der Verf. eine Fülle von Zauberformeln, um die in jenen Dichtungen lebende Phantasie wieder aus ihrem Grabe heraufzubannen."

Supplemente, Anmerkungen, Zusätze und Ausgaben über Ausgaben das war von der Hagens Art. In seinen Arbeiten steckt eine Fülle von Gelehrsamkeit. Es hat wohl kein Mensch so viel Litteratur zusammengespeichert wie er. Aber leider liegt alles als wüster ungeordneter Haufe vor dem Beschauer, der nur zu leicht achselzuckend mit allzuverächtlichem Urteil an solchen Arbeiten vorübergeht. Nur dem unendlichen Fleiße und Spüreifer von der Hagens verdankt die deutsche Philologie wirkliche Förderung, nicht den Erfolgen einer von ungewöhnlicher Begabung unterstützten methodischen wissenschaftlichen Forschung. Es will fast sonderbar erscheinen, daß ein so trockner Gesell wie von der Hagen auch zu den Romantikern gezählt werden muß. Leute wie er paßten noch nicht in die Zeit, in der er zuerst als Germanist auftrat. Wenn einmal durch das epochemachende Eingreifen eines hochbegabten Mannes, dem vor allem die richtige Kritik zu Gebote stand, die deutsche Philologie sich von der Romantik losgerissen, wenn die richtigen Wege der jungen Wissenschaft einmal vorgezeichnet waren, dann waren zum Fortbau auf sicherem Grundsteine Leute wie von der Hagen am Platze. Sich selbst und seinem unklaren

[1] J. H. D. Zschokke, geb. 22. März 1771 zu Magdeburg, seit 1796 thätiger Bürger der Schweiz. † 27. Juni 1848. Gab heraus „Miscellen für die neueste Weltkunde", Jahrg. 1—7. Aarau 1807--1813. 4⁰.

[2] Görres Briefe, Bd. 2. S. 82

[3] Geb. 27. März 1765 zu München, 1826 Honorarprof. für Philosophie und spekulative Theologie an der neuen Universität München. 1838 wurden ihm Vorlesungen über Religionsphilosophie untersagt, weil er scharf gegen den päpstlichen Absolutismus aufgetreten war. † 23. Mai 1841. Namhafter Philosoph, Verehrer Jakob Böhmes.

[4] 1810. 5. Abt. S. 97—118. Falsch citiert in Görres Briefen, Bd. 2. S. 89. Anm.

Eifer für alles was altdeutsch überlassen, konnte dieser Mann nur unverhältnißmäßig geringen Nutzen stiften. Daß es vor allem nötig war, ein allgemeineres Interesse für das deutsche Altertum zu wecken, und daß Schriften wie Görres' Volksbücher dazu besonders geeignet sein mußten, das begriff ein von der Hagen nicht. Mit Herausgeben und mit Anhäufen gelehrten Wustes schien ihm alles gethan. Es findet sich in seinen Arbeiten auch mancher fruchtbare Gedanke, das kann nie in Abrede gestellt werden; doch es wäre auch wirklich traurig, wenn sich aus solchen Zusammenstellungen nicht da und dort ein sauberes Resultat ergeben wollte.

Aus dem Heidelberger Zusammenleben Arnims und Brentanos war also als eine der wichtigsten Urkunden der jüngern Romantik und ihrer Bestrebungen, das Wunderhorn, entstanden. Da nun in Görres sich ein tapfrer Bundesgenosse hinzugefunden, tauchte wohl in dem Vereine der Gedanke auf durch eine Zeitschrift den Versuch zu machen in weniger einseitiger Weise als es im Wunderhorn geschehen war auf größere Kreise im Sinne der Romantik zu wirken. Die erste Spur dieser Absicht findet sich vielleicht darin, daß Görres am Schlusse seiner Schrift über die Volksbücher [S. 307] bemerkt, diese habe anfangs nur als abgerissner Aufsatz in einem periodischen Blatte ihre Stelle finden sollen. Görres selbst hat die Verhältnisse, aus und unter welchen dann die Zeitung für Einsiedler erwuchs, treffend genug geschildert, da er im Jahre 1831 in Wolfgang Menzels Literatur-Blatt seinem geschiednen Freunde Arnim einen Nachruf widmete.[1] „Die Zeit, in der wir damals in Heidelberg uns begegnet" beginnt er seine Erzählung „war .... jene, die zunächst auf die Jenaer Schlacht gefolgt; der Ehrentempel deutscher Nation war weit aufgethan, das damals blühende Geschlecht hielt seinen feierlichen Einzug durch die offenen Pforten, und es war ein ungemein erquicklicher Anblick dem Zuge, der auch ein Leichenzug gewesen, zuzusehen, wo Deutschland sein altes Kaiserthum nicht zur Krönung, sondern zu Grabe geleitete." Durch diesen Zug, den die Herolde des Eroberers anführten, der gebildet war aus Vasallen und Diplomaten, den Heeren „unter fremden Fahnen dem Pfade ihrer Ehre folgend", Poeten und Rhetoren „die sangen und sagten die Rede von dem Weltüberwinder", endlich den Massen des Volks — „einige tanzend und jubilirend, die meisten niedergeschlagen, schweigend und verzagt und wie betäubt" — ging ein Raffen und Reißen um eignen Besitz, mitten auch ein Drängen nach abfallenden Brocken, ein Biegen und Schmiegen, ein behagliches sich Eingewöhnen in die Unterwürfigkeit, „unten endlich Stumpfheit und Gleichgültigkeit, kaum mehr eine dunkle Erinnerung in den Massen, daß es je so etwas, wie ein Vaterland gegeben, dabei Noth und Verderben überall." „Nur verhältnißmäßig Wenige" heißt es weiter „durch die Menge zerstreut, schienen die Schmach zu fühlen, und wo man sie entdeckte, wurden sie als überspannte Phantasten verschrien und angefeindet. Die Journale und Zeitungen, flach, trivial und geistlos über die Möglichkeit hinaus, wetteiferten der Mehrzahl nach in der Niedertracht .... Die Gelehrten hatten die Hände voll zu thun die täglichen Veränderungen in Statistik, Geographie, Gesetzgebung, Politik in ihren Kompendien einzutragen, und freuten sich der gangbaren Meßartikel; Andre die dort keine Beschäftigung gefunden, hezten sich ab um romantische und klassische Poesie, und ähnliche unschuldige Gegenstände." „Wir" fährt Görres mit der-

[1] Nr. 27—30. S. 104—117.

selben Bitterkeit fort „die wir uns an den Ufern des Neckars zusammengefunden, und unseres Zeichens jenen überspannten Phantasten angehörten, hatten nicht Lust, in das fröhliche Tirilir jener patriotischen Sangvögel einzufallen, und sahen, daß auch manche Andere gleicher Stimmung waren. In Zeiten einer allgemein herrschenden Seuche vermag der Einzelne nur wenig gegen das Verderben . . . . Aber wie wenig auch immer auszurichten, und wie ungleich der Kampf seyn möge, es ziemt sich nicht, ihm aus dem Wege zu gehen . . . . Das bedachten wir, und trugen am Fuße des Jettenbühels [1] ein wenig Reißig und Holz zusammen, um ein kleines Feuer dort zu zünden, an dem wir uns in der kalten, neblichten Zeit einigermaßen erwärmen könnten, und an dem der übelriechende Heerrauch, der die Sonne trübte, sich lichten und zerstreuen möchte. Das Wesen alter Zeit, wie es in den Dichtungen der Vergangenheit fortlebte, schien mit Recht Arnim am tauglichsten, um die erstarrte Gegenwart wieder einigermaßen zu erwärmen und zu beleben, und die Volkspoesie, wie sie keinem der früheren Jahrhunderte noch ihren Dienst versagt, schien auch hier willfährig sich zu bieten, um das Volk wieder zu sich selbst zu bringen." In diesem Sinne hatten Arnim und Brentano sich zur Herausgabe des Wunderhorns geeint, hatte Görres über die Volksbücher geschrieben. Demselben Zwecke sollte auch die Zeitung für Einsiedler dienen. Wie es scheint ging die Anregung dazu von Arnim aus. Wenn gleich die Ankündigung [2] von der „Gesellschaft Herausgeber" unterzeichnet ist, so war doch Arnim der Leiter des Ganzen. Er nennt auch da und dort das Blatt seine Zeitung und hat es endlich unter dem Titel Tröst Einsamkeit als Buch herausgegeben. Görres sagt ausdrücklich [3], Arnim habe die Herausgabe der Einsiedlerzeitung unternommen, „um vielfach getheilte und zerstreute Kräfte zu einem Zwecke zu vereinigen." Der „Einsiedler" also, der als Redakteur des Blattes an manchen Stellen eine Notiz oder Anmerkung beifügt, ist Arnim. Hält man sich an die Unterschrift der Ankündigung, so kann man in dieser „Gesellschaft" doch nur Arnim, Görres und Brentano erblicken. Ich bemerke dies ausdrücklich, da in manchen Werken auch Jakob Grimm als Herausgeber genannt ist.[4]

Görres berichtet über Arnims Redaktionsnöte [5] „So heiter und fröhlich scherzhaft mit tiefem, sinnigem Ernst ohne allen Leichtsinn, kam er jedesmal an Tagen, wo sein Blatt erschien, um es, wie er sagte, meiner Frau zu Füßen zu legen. Er hatte jedesmal viel Unglück mit den Druckfehlern, die sich vor seinen Augen in dem reichen Aufwuchs seiner Gedanken unterdrückten; bei jedem vorigen Blatte schon hatte ich meine Bemerkungen gemacht, und er war beim Folgenden immer ganz vorzüglich aufmerksam gewesen; aber immer wieder kamen mir gleich die Böcklein entgegengesprungen, er merkte auf meine Mienen, und wenn der Mundwinkel ironisch sich verzog, dann wußte er schon was fehle, und sah verdrießlich vor sich hin, und versprach neuerdings mit den Augen gute Besserung." Leider ists mit der Besserung nicht weit her gewesen, denn der Originaldruck der Einsiedlerzeitung wimmelt von Druckfehlern. Es ging bei der Korrektur offenbar etwas romantisch zu. Komisch ists, wenn Arnim

---

[1] D. h. in Heidelberg.

[2] Unten S. 4.

[3] A. a. O. S. 107 a.

[4] Z. B. Clemens Brentanos ges. Schriften, Bd. 8 (Briefe 1). Frankf. a. M. 1855. 8⁰. S. 43 unter „Biographisches". — Sepp, Görres u. s. Zeitgenossen. S. 81.

[5] A. a. O. S. 108 b.

den versificierten Stoßseufzer, der ihm an einem lustigen Junitage beim leidigen Korrekturlesen entfuhr, als Anmerkung zu des Teufels Erzählung vom Schlaraffenland in der Bärnhäutergeschichte [1] mit abdrucken läßt.

Wenn Görres die Journale und Zeitungen jener Zeit „flach, trivial und geistlos über die Möglichkeit hinaus" nennt, so kann man ihm wohl beistimmen. In dieser Periode der Aufklärung war der sogenannte „gesunde Menschenverstand" oder eigentlich die ödeste Mittelmäßigkeit überall obenauf. Man glaubte es herrlich weit gebracht zu haben und beweihräucherte sich gegenseitig aufs schönste; jede Erscheinung aber, die einigermaßen von dem gewohnten Schema abwich, die etwas über das Mittelmaß hinausragte, ward sogleich mit allgemeiner Verdammung überschüttet. Es ist kaum glaublich wer damals die Helden des Tages waren. Eine klägliche Klatscherei bildete einen großen Teil des Inhalts auch der hervorragendsten Zeitschriften. Nicht mit Unrecht heißt es im Uhrmacher Bogs [2] „Aber es erhob sich plötzlich eine solche Klatscherei, als wären alle Hände des Publikums deutsche Journale, und alle Finger Mitarbeiter." Wie es scheint hatte man versucht, Görres für eine dieser Zeitschriften zu gewinnen, nämlich für Cottas Morgenblatt, von welchem wir noch viel hören werden. Görres aber schreibt am 10. Feb. 1807 [3] „In Cottas schlechte Zeitung schreibe ich nichts, und wenn er mir das doppelte Honorar gibt, ich mag nichts mit demselben zu schaffen haben."

Es kann nicht genug hervorgehoben werden, daß die Zeitung für Einsiedler aus den reinsten und edelsten Absichten hervorging. Sie war kein Buchhändlerunternehmen wie so viele andre und in unsrer Zeit die meisten: die Verleger Mohr und Zimmer haben wohl kein Glück damit gemacht. Vaterlandesliebe heißt der klare Quell, aus dem Arnim den Gedanken seiner Zeitung geschöpft. Und dieses geliebte Vaterland, von dem man dem Volke wieder erzählen wollte, heißt nicht Preußen und nicht Baden, sondern schlichtweg ohne Nebengedanken Deutschland, das arme zerrißne zu Boden getretne Deutschland. Wenn ein jugendlicher Heißsporn wie Nepomuk Ringseis in einer der letzten Nummern der Zeitung seinen bayrischen Patriotismus aussprudelt, so hat das mit ihrem eigentlichen Wesen gar nichts zu thun. Besonders hoffte man durch die Darstellung der Herrlichkeit früherer deutscher Litteraturperioden den vaterländischen Sinn wieder zu wecken. Und diese alte Litteratur, alle Denkmale alter deutscher Kunst sollten in Abschrift oder gedruckt in einem deutschen Fürstensitze gesammelt werden, darauf sollte die Einsiedlerzeitung zugleich hinarbeiten. [4] „Die hohe Würde alles Gemeinsamen, Volksmäßigen" [5] sollte erklärt werden, um den Gedanken einer innern Zusammengehörigkeit unter den Deutschen wieder anzuregen, das war die oberste Absicht, und die Verteidigung dieser hohen Würde gegen den ewigen Erzphilister, der nur begreift was ihm zunächst im Staube kriecht, sollte damit Hand in Hand gehn. Ein großer Teil dieser Herrn, auf die der Name Philister nicht übel paßt, hatte sich die Nachtmütze tief über die Ohren gezogen, sah und hörte nichts von Deutschland und seiner Not und glaubte alles Heil nur beim klassischen fernen Altertum

---

[1] Unten S. 225.

[2] Entweder wunderbare Geschichte von BOGS dem Uhrmacher .... oder die über die Ufer der badischen Wochenschrift als Beilage ausgetretene Konzert-Anzeige. 1807. 8⁰. S. 29.

[3] Görres Briefe. Bd. 1. S. 484.

[4] Vgl. unten S. 43. Anm.

[5] Vgl. unten S. 12.

zu finden. Niemand war ferner davon, die Hoheit des klassischen Altertums zu verkennen, als die Romantiker; aber sie sahen auch auf welche Abwege es führen mußte und schon geführt hatte diese einzelne Gruppe von Aeußerungen des Volksgeistes allein als das Schöne und Richtige anzubeten; sie sahen die lächerliche Unkenntniß, die vom „dumpfen Mittelalter" und von „Pfaffentrug" faselte und sich unbedingt vor einem noch unbekannteren Götzen hinwarf. Von diesen Oberflächlichen, die sich so tiefsinnig dünkten, war nichts für Deutschland zu hoffen, ihr Einfluß mußte abgeschwächt, ihre Doktrin bekämpft werden.

Joseph von Eichendorff, der alles miterlebt hat, sagt von unsrer Einsiedlerzeitung[1] „Das selten gewordene Blatt war eigentlich ein Programm der Romantik; einerseits die Kriegserklärung an das philisterhafte Publikum, dem es feierlich gewidmet und mit dessen wohlgetroffenen Porträt es verziert war; andrerseits eine Probe- und Musterkarte der neuen Bestrebungen: Beleuchtung des vergessenen Mittelalters und seiner poetischen Meisterwerke, sowie die ersten Lieder von Uhland, Justinus Kerner[2] u. a. Die merkwürdige Zeitung hat nicht lange gelebt, aber ihren Zweck als Leuchtkugel und Feuersignal vollkommen erfüllt". „Viele Richtungen, die dort angeregt" sagt derselbe Eichendorff an andrer Stelle[3] „manche Namen, die hier zum erstenmal auftauchen .... sind seitdem ausgeführt, sind seitdem berühmt geworden, und der deutsche Michel lebt noch immer fort, aber die Zeitung ist längst aus seinem Andenken verschwunden."

Mit scherzenden Worten sagten die Herausgeber ernsthafte Dinge, deren rechtes Verstehen sie den empfänglichen Gemütern überließen. „Nehmt alles ernsthafter, als wir es euch sagen und ihr werdet den wahren Sinn fassen" heißt es in der Ankündigung unten. In einem Briefe Arnims an Tieck[4] erklärt jener „So leicht meine Zeitung aussieht und beginnt, ich wünsche viel ernsthaftes damit und fühle mich rein von leerer Sonderbarkeit und parteyischer Begrenztheit". „Kritik allein" fährt Arnim fort „gestatte ich nur als Scherz oder über Zeiten, die vor unseren Augen durch veränderte Sprache und Seltenheit der Ueberbleibsel fast verschlossen. Neuigkeiten erscheinen eben so nur als Scherz und mit sympathetischer Tinte geschrieben, die nicht jedem erscheint." Gern hätte Arnim auch Tieck zur Mitarbeiterschaft gebracht. „Meinen Wunsch" sagt derselbe Brief „aus der Fortsetzung des Sternbald, aus dem Faust eine recht sonnenbeleuchtete Stelle zu besitzen, habe ich, denk ich, in meinem letzten Briefe ernstlich vorgetragen; ich bitte nicht für mich allein, ich bitte mit für viele Freunde ihrer Werke und Sie haben hier sehr viele. Es wird manche fromme Erzählung aus alten Chroniken folgen, ich würde Ihre ernsten musikalischen Gedichte wohl anbringen, daß der Nachbaren Handwerk Sie nicht störte ..... auch Arbeiten Ihrer Freunde ..... werden mir willkommen seyn, was Sie billigen ist mir gerecht." Aber Tieck besaß damals eine principielle Abneigung gegen die Mitarbeiterschaft an fremden Zeitschriften. Dies spricht er im Schlußwort zu Band 20 der Schriften[5] mit klaren Worten aus: „Ich hatte mich niemals bewogen gefunden für Almanache

---

[1] Aus dem literarischen Nachlasse, S. 309.

[2] Die ersten Lieder dieser beiden nicht gerade, denn sie hatten schon in Seckendorfs Musenalmanach von 1807 und Uhland im Morgenblatt desselben Jahres sich dichterisch versucht.

[3] Geschichte der poet. Literatur Deutschlands, Bd. 2. 3. Aufl. Paderborn 1866. 8⁰. S. 56.

[4] Briefe an Tieck, Bd. 1. S. 13.

[5] Berlin 1846. 8⁰. S. 460.

oder Taschenbücher Beiträge zu liefern, wie sehr mich auch früher schon Jean Paul, Friedrich Schlegel und andre Freunde dazu aufgefordert hatten."

Es hatte im Plane der Herausgeber gelegen, noch so Vieles in der Zeitung zu bringen, das schließlich bei deren so frühem Aufhören unterbleiben mußte. An vielen Stellen wird auf zukünftige Beiträge verwiesen. Lieder sollten in Musik gesetzt, Bilder erklärt werden. Ich hielt es bei dem fragmentaren Charakter des Ganzen nicht für nötig, an all diesen Stellen das Ausbleiben der in Aussicht gestellten Stücke zu notieren.

Das wunderschöne Märchen vom Machandelboom, das seit seiner ersten Publikation in der Tröst Einsamkeit mit Recht eine Berühmtheit erlangte, sollte nur den Anfang einer Reihe ähnlicher Stücke bilden. So schrieb Görres anfangs Mai 1808 [1] „Franz [Brentano] soll Arnold [später Professor in Straßburg] in meinem Namen bitten, daß er einige der Elsasser Volkssagen aufschreibt und sie mir für den Einsiedler schickt." Für das Märchen hatten ja die Romantiker eine besondre Vorliebe und ihre eignen Märchendichtungen werden immer zu den Besten der Art gezählt werden. Ja, Hettner spricht ohne weiters den Satz aus [2] „Die einzig wahrhaft naturgemäße Dichtungsart ist ..... das Märchen." So war es auch später noch Clemens Brentanos Absicht, eine Sammlung von echten Volksmärchen herauszugeben. In diesem Sinne schrieb er 1810 an Runge [3], den Aufzeichner unsres Machandelbooms „Ich gehe jetzt damit um, Kindermärchen zu sammeln. Zimmer wird sie, wenn ich fertig bin, drucken. Ihr trefflich erzählter Machandelboom und Buttje [4] werden auch dabei sein, wenn Sie es erlauben, und Sie theilen mir wohl noch mit, was Sie sonst haben, in gesunder Zeit. [5] Ich denke es in klein Folio oder groß Quart drucken zu lassen mit deutlichen, großen, bunten Bildern in Holzschnitten. Vielleicht macht Ihnen einmal die Sache Freude und Sie zeichnen einige Bilder dazu." Brentano hatte sich schon im Jahre vorher an die Grimm gewandt, um Beiträge von ihnen zu erhalten, die ihm auch nicht vorenthalten worden wären, denn Jakob schreibt am 14. Aug. 1809 [6] an Wilhelm „Der Clemens kann die Sammlung von den Kindermärchen herzensgern haben"; aber dieser Vorsatz Brentanos ward so wenig ausgeführt, wie viele andre. Es ist dieser Thatsache gegenüber unbegreiflich, wenn der Herausgeber des Briefwechsels der Brüder Grimm in der Anmerkung zu der angezognen Stelle sagt [7] „Sie [die Kindermärchen nämlich] erschienen erst spät: Die Märchen des Clemens Brentano. Herausgegeben von Guido Görres ....", da es sich hier doch um eine Sammlung von Volksmärchen handeln soll, während die von Hinrichs genannten eigne Dichtungen Brentanos sind.

Was Brentanos unstäte Lebensweise ihm unmöglich machte, haben später die Brüder Grimm in der herrlichsten Weise ausgeführt, so daß ihre Kinder

---

[1] Briefe I, S. 506.

[2] Die romant. Schule in ihrem Zusammenhange mit Göthe und Schiller. Braunschweig 1850. 8⁰. S. 72.

[3] „Gesammelte Schriften", V, S. 161.

[4] Das bekannte Märchen „Von dem Fischer un syner Fru". Vgl. Grimm K. u. H. M. 8. Aufl. I. 1864. 8⁰. S. 100.

[5] Runge war krank und sollte leider von dieser Krankheit nicht mehr aufstehn. Vgl. Anm. S. 279.

[6] Vgl. Briefwechsel, S. 150.

[7] S. 508.

und Hausmärchen [1] für alle Zeit als mustergültige Leistung anzusehn sind. Kein Zweifel, daß auch dazu die Anregung von Seiten der Romantiker herkam. So ist bekannt, daß zuerst Tiecks „Minnelieder aus dem Schwäbischen Zeitalter", die 1803 zu Berlin erschienen, Jakob Grimm auf diese Welt von Dichtung aufmerksam machten.

Es ist sicher nicht ohne Interesse, eine Stimme aus dem Vossischen Kreise über die Grimmsche Sammlung zu vernehmen, die uns noch dazu einer Auseinandersetzung über die Auffassung der altdeutschen Litteratur bei diesen Leuten enthebt. „Einige darunter" rühmt Heinrich Voß von den Märchen „sind ungemein schön, voll tiefen Sinnes, und einfach und gut erzählt. Die meisten aber sind wahrer Schund .... Mit solchen Sachen, wie überhaupt mit der sogenannten altdeutschen Poesie .... wird heut zu Tage eine wahre Abgötterei getrieben." All das habe nur historischen Wert. Musäus lobt er dagegen hoch. Ein rein aus dem Volksmunde aufgefaßtes Märchen in der Grimmschen Sammlung erscheint ihm neben Musäus' Bearbeitung „wie ein Skelett neben einem Danneckerschen Schiller"; aber jetzt, meint er, seien einmal die Worte einfach, kindlich, natürlich an der Tagesordnung. [2]

Man kann das Wesen des Märchens nicht schlimmer verkennen wie hier Heinrich Voß. Heut zu Tage darf glücklicher Weise der Satz allgemeine Gültigkeit beanspruchen, daß nur ein poesieloses Gemüt von der köstlichen Naivetät der meisten Grimmschen Märchen ungerührt bleiben kann. Wenige Bücher haben sich so rasch eingebürgert wie diese Sammlung, die ein Hausbuch im besten Sinne genannt werden muß. Der Grund dieses Erfolgs ist ganz derselbe, wie der schon fürs Wunderhorn im Gegensatze zu Görres' Volksbüchern erörterte.

In der Liebe zur alten Litteratur also berührten sich die Brüder Grimm mit den Romantikern; aber gerade wieder hierin zeigten jene sich selbständig und schlugen den Weg ein, der seitdem als der einzig richtige und zum Guten führende gilt. Wilhelm Grimm wich zuerst noch bedeutend vom Bruder ab in seinen Ansichten und zwar nach der Seite der Romantiker hin. Auch er hatte noch die Meinung, die alten Dichtungen müßten als reine von der Zeit unabhängige Kunstwerke zur Wirkung auf die jetzige Welt gebracht werden. In diesem Sinne dichtete er altdänische Volkslieder um. Mit in der That großem Erfolge war später Karl Simrock sein Nachfolger auf dieser Bahn.

Aber Jakob Grimm, in dessen Begabung eine Hauptstelle der historische Sinn einnahm, dachte anders und hat auch den Bruder zu seiner Ansicht bekehrt. Besonders lehrreich in Bezug auf die Stellung, die Jakob gegenüber den Herausgebern des Wunderhorns einnahm, ist ein Brief an Wilhelm vom 17. Mai 1809 [3]: „Dieser Geist von Sammeln und Herausgeben alter Sachen ist es doch, was mir bei Brentano und Arnim am wenigsten gefällt, bei letzterm noch weniger, Clemens' anregende Bibliothek hat wohl alles das hervorgebracht. Die Auswahl [der Volkslieder im Wunderhorn] ist gewiß vortrefflich, die Verknüpfung geistreich, die Erscheinung für das Publikum angenehm und willkommen, aber warum mögen sie fast nichts thun als compiliren und die alten Sachen zurecht machen. Sie wollen nichts von einer historischen genauen

---

[1] Zuerst erschienen 1812.

[2] Briefe v. H. Voß an Chr. v. Truchseß, S. 37. 41. 42. Vgl. unten S. 306.

[3] Briefwechsel, S. 98.

Untersuchung wissen, sie lassen das Alte nicht als Altes stehn, sondern wollen es durchaus in unsre Zeit verpflanzen, wohin es an sich nicht mehr gehört, nur von einer bald ermüdeten Zahl von Liebhabern wird es aufgenommen. So wenig sich fremde edle Thiere aus einem natürlichen Boden in einen andern verbreiten lassen, ohne zu leiden und zu sterben, so wenig kann die Herrlichkeit alter Poesie wieder allgemein aufleben, d. h. poetisch; allein historisch kann sie unberührt genossen werden .....“ Auch noch im Jahre 1814[1] äußert sich Jakob wenig erbaut über „des Clemens sein Wesen, seine Kramerei in Seltenheiten, seine scharfsinnige Ungelehrtheit.“

Brentano besaß eine große Anzahl von alten Drucken, fliegenden Blättern und ähnlichen Raritäten, zu deren Aufstöberung er ein besondres Geschick hatte. Ich selbst habe im Jahre 1880 den Tristrantdruck von 1498 der Berliner königlichen Bibliothek benutzt, der aus Brentanos Sammlung stammt. Ein Glück, daß es solche Sammler gab! Wie viel wäre uns nun ohne sie verloren! Aber wir bedauern es freilich nicht, daß Brentano mit seiner Märchensammlung nicht Ernst machte. Genug, daß er im Vereine mit Arnim im Wunderhorn, daß Tieck in den Minneliedern, daß Görres in den Volksbüchern einen reichen Quell der Anregung mit dem Zauberstabe poetischer und patriotischer Begeisterung aus dem dürren Felsen geschlagen. Die Leitung und Führung dieses Quells sollten fleißigere und kundigere Hände übernehmen.

Brentano hat sich sogar in harmloser Weise, aber recht witzig über die eifrigen Bestrebungen der beginnenden Germanistik lustig gemacht. So läßt er im Märchen vom Müller Radlauf[2] den Wassermann auf die Frage des weißen Mains was das sei, der Nibelungen Hort, antworten:

„Es ist ein Schatz, der hier versenket,
Der Rhein, der selbst nicht mehr gedenket,
Wer ihm denselben Schatz geschenket;

Doch leben noch vier alte Greise,
Macht ihr zu ihnen eine Reise,
So werdet ihr hierin gar weise.

Der Erst edieret an der Spree,
Er sagt der Schatz kam über See,
Er heißt der Doktor Hagene.

Der Zweit' notieret an der Isar,
Wer ist weitläufiger als dieser?
Und Docen vom Doeiren hieß er.

Der Dritt' und Viert' sitzt an der Fuld,
Grimm heißen sie, doch voll Geduld
Studieren sie an einem Pult.

Willst einen um den Schatz du fragen,
So werden alle vier dir sagen,
Daß sie ihn nicht in Rhein getragen.

Und werden drei von ihnen sterben,
So wird der Viert' die Weisheit erben,
Den ganzen Schatz und alle Scherben.“

Es waren ihm also doch nur „Scherben“, aus denen sich zur Not ein buntes nettes Allerlei recht gut zusammenleimen ließ, die man aber schließlich doch wieder wegwarf.

---

[1] Briefwechsel, S. 369.
[2] Märchen, I. S. 140.

In Uebereinstimmung mit Brentano in der dritten Strophe sagt Wilhelm Grimm von demselben „Hagene", d. h. von der Hagen [1] „sein Treiben und seine Wissenschaft besteht in diesem Ediren."

Es ist eine eigentümliche Erscheinung, daß der Hauptgegner der Romantiker, J. H. Voß, sich in der Liebe zur altdeutschen Litteratur mit ihnen berührte. Voß las viele altdeutsche Dichtungen, ja, er hat, durch Walther und Ulrich von Liechtenstein angeregt, selbst ein Minnelied im alten Stile gedichtet.[2] Ferner feierte er in einer Ode Der deutsche Gesang An Miller und Hölty [3] das Auferstehn der Pariser Liederhandschrift, die nach der Zerstreuung der Heidelberger Bibliothek in die des Königes von Frankreich gerathen, woher sie Bodmer mit grossen Anstrengungen zum Druck beförderte. Auch an einem Wörterbuche dachte sich Voß zu versuchen und seine Sammlungen und Vorarbeiten dazu zeugen von großem Fleiße und guter Sorgfalt. Einen Teil seiner Beobachtungen legte er in den Anmerkungen zu seinen Gedichten nieder und spricht da mit nicht geringer Anmaßung die fabelhaftesten Dinge aus.

Ein seltsames Geschick hat in den Jahren, denen die Zeitung für Einsiedler entwuchs, in Heidelberg die Romantik und ihren grimmigsten Feind, Johann Heinrich Voß[4], vereinigt. Schon im Herbst des Jahres 1804 war Voß mit seiner Ernestine in Heidelberg gewesen. Eine Reise nach Ulm zu Miller hatte ihn über Würzburg geführt. Dort bot man ihm und seinem Sohne Heinrich unter günstigen Bedingungen an die Leitung des philologischen Seminars in Würzburg zu übernehmen. In Bayern war nämlich nun auch die Aufklärung befohlen, und man hoffte scheints von Vossens Einfluß in diesem Sinne mancherlei. Voß war dem Plane anfangs sehr geneigt; aber Heinrich hatte Bedenklichkeiten: seine unselbständige Natur schien vor dem akademischen Lehramt zurückzuscheuen. Später stiegen auch in Voß dem Vater Bedenken auf: es mochte ihm doch zu gewagt dünken als Pionier der Aufklärung in die katholische Wildniß dieser Gegend einzudringen und gar mitten darin sein Haus zu bauen. So zerschlug sich dies Projekt.

In Heidelberg zeigte Creuzer dem Vossischen Ehepaare alle Herrlichkeiten der wunderschönen Landschaft und beide waren entzückt. Als Voß dann auf der Weiterreise in Karlsruhe sich aufhielt, knüpften sich durch Weinbrenner schon Verbindungen mit dem Kurfürsten Karl Friedrich von Baden an. Wie Frau Ernestine erzählt[5], hatte Voß schon früher dem Kurfürsten seine Dienste angeboten, aber ohne Erfolg. Als Voß dann nach Jena zurückgekehrt war, traf im Frühling 1805 ein Ruf nach Heidelberg ein, durch welchen sich Vossens Herzenswünsche ganz und gar zu erfüllen schienen. Ein anständiges Gehalt, freier Umzug nach Heidelberg war ihm angeboten, und keine Verpflichtung zum Kolleglesen auferlegt. Er sollte durch seine Gegenwart von außen her auf die neu ausgerüstete Universität anregend wirken. Voß schlug freudig ein und schied am 8. Juli 1805 von Jena, um nun in dem farbenreichern Süden in den Bergen sich anzusiedeln. Allein erst ziemlich genau zwei Jahre später kam

---

[1] Briefwechsel, S. 178.
[2] Vgl. Sämmtl. Gedichte von J. H. Voss. Bd. IV. Königsberg 1802. 8⁰. S. 24.
[3] Sämmtl. Ged. IV. S. 44. 45 und Anmerkung S. 292.
[4] Geb. 20. Feb. 1751 zu Sommersdorf unweit Wahren in Mecklenburg.
[5] Briefe von Ernestine Voss an Rudolf Abeken, mit erl. Anm., herausg. v. F. Polle. 2. Hälfte. Schulprogramm. Dresden 1883. 4⁰. Anhang. S. 25.

er in den Besitz einer eignen ihm genügenden Häuslichkeit, als sich ihm Gelegenheit bot, ein in der Nähe der Peterskirche gelegnes altes Gebäude mit großem Garten zu erwerben. Noch jetzt steht dies turmähnliche hohe Haus im Hofe der Volksschule in Heidelberg auf einem der Stadt gehörigen Grundstücke an der Ecke der Plöckstraße und Sandgasse. Ernestine erzählt[1] der Kurfürst habe auf das Gerücht Voß wolle sich gern ankaufen, weil er keine ruhige Mietwohnung finden könne, zum Ankaufe 800 Gulden geschenkt. Es wird sich wohl so verhalten, daß der Kurfürst diese Summe beim Ankauf des Hauses, das der Universität gehörte, erlassen hat. Hier richtete sich Voß für sein Leben behaglich ein.

Heinrich Voß, der in Weimar bei Goethe geblieben war, kam im August 1806 auch nach Heidelberg, doch nur zu kurzem Besuche. Durch Creuzers Einfluß gelangs, ihn auch an die Universität zu ziehn, Ende Nov. 1806 kam er wieder und ward im Februar 1807 als außerordentlicher Professor angestellt. Im September 1806 schreibt Heinrich Voß[2] „Creuzer ist ein gar herzlicher Mann", aber schon ein halbes Jahr später erklärt er[3] „Creuzer ist ein recht wackerer und geistreicher Mann; allein Zutrauen kann ich nicht zu ihm gewinnen. Sein Charakter ist versteckt und zurückhaltend, was ich anfangs für eine Art von Blödigkeit hielt". Es ist klar, man hatte unterdessen im Vossischen Hause gemerkt, daß Creuzer sich nicht nach Gefallen leiten ließ, wie der alte Voß wohl anfangs geglaubt haben mochte. Aber man verstand Creuzers Zurückhaltung falsch, die keinen andern Grund hatte als die durchgreifende innere Verschiedenheit von seinem und Vossens Wesen und Ansichten, und Heinrich Voß stand nicht an, Creuzer Falschheiten zuzutrauen. Da später zwischen dem alten Voß und Creuzer ein heftiger Streit losbrach, kam es doch zu keiner öffentlichen Trennung mit Heinrich Voß. Die beiden hielten sich immer auf leidlichem Fuße, was ihre Stellung am Heidelberger Seminar ja sehr wünschenswert machen mußte. Creuzer beklagte sich zwar anfangs über den „schnellen Uebergang zu bitterm Haß von dem zuvorkommenden Wohlwollen" auf Seiten Vossens, war aber dann mit der gesellschaftlichen Trennung von Voß ganz zufrieden, denn er wollte die Wissenschaft lieber mit eigenen Augen sehn, als durch das Glas, welches man ihm vorzuhalten so geschäftig gewesen.[4] Später hat er sich doch wieder herbeigelassen, für den alten Voß die Kollation einiger Tibullhandschriften in Leyden zu besorgen. Heinrich vermittelte die Sache. Aber Creuzer wollte doch nicht wieder in nähere Beziehungen zu Voß treten: die Scheidewand zwischen ihnen beiden war ihm zu lieb geworden, um sie mutwillig wieder einzureißen[5].

Da die Romantiker sich in Heidelberg ansiedelten, bestand noch kein äußerer Gegensatz zwischen ihnen und Voß. Anfangs verkehrten sie völlig unbefangen mit einander. Im November 1806 schreibt Görres[6] „Der alte Voß hat uns ganz liebgewonnen, ich helfe ihm Haus und Garten einrichten, die er sich bauen will". Arnim hielt am längsten im freundlichen Verhältnisse mit Voß aus und gerade Arnim war es, der am heftigsten mit Voß in Streit kam.

---

1 A. a. O. S. 25.
2 Charlotte v. Schiller u. i. F., Bd. 3, S. 206.
3 A. a. O. S. 214. 215.
4 Vgl. Aus F. H. Jacobi's Nachlaß. Hg. v. R. Zoeppritz. Bd. 2. Leipzig 1869. 8°. S. 23. 24.
5 Vgl. Görres Briefe, Bd. 2. S. 100.
6 Briefe, Bd. 1. S. 477.

Es war natürlich, daß der Friede zwischen einer so pedantischen befangnen Natur und romantisch überfreien Heißspornen nicht ewig dauern konnte. Was unmittelbar den ersten Anstoß zu Verstimmungen und Reibereien gegeben, läßt sich nicht ermitteln. Görres erzählt in seiner schneidigen Schreibart darüber Folgendes[1] „J. H. Voß war .... von der Regierung nach Heidelberg berufen worden, um ihr im gelehrten Wesen mit Rath und That an die Hand zu gehen; er aber hatte gemeint, es sey um den Hexameter einzuführen, und seine enge Schulpedanterie am Rheine auszubreiten. Aber das Wesen wollte dort, wo die Brust schon in tieferen Zügen athmet, gar nicht gedeihen; das hatte seine leicht reizbare Eitelkeit verlezt, und seine Hausschmarotzer hatten den Zorn des sich über die Gebühr Ereifernden vollends angeblasen. ..... Clemens Brentano und ich hatten gemeinsam in einer Anwandlung muthwilliger Laune den Uhrmacher Bogs geschrieben, eher uns gegenseitig als sonst jemand anders ironirend; der Uhrmacher war nach seiner Einbildung wieder er selber, sogar vorn im Bilde glaubte er sich zu erkennen. In den Schriftproben von Peter Hammer[2] hatte ich, mit keinem Gedanken an ihn denkend, meinem Zorn über die damalige politische Niederträchtigkeit der Zeit Luft gemacht, und der Sarcasm gab sich nur wenig Mühe zu verbergen, was er im Auge habe; er aber deutete auch hier wieder Alles aufs Künstlichste auf sich und sein Treiben; sogar der Marcus Junius Brutus im zizzernen Nachtwamms des tollgewordenen Epilogus[3] war kein Anderer als er selber, und wer konnte der Schulmeister seyn, der mit der Brille ausgegangen um Schweine zu kaufen, und nun Ferklein nach Hause brachte, weil die Brille zu stark vergrößerte, wer konnte es anders seyn als eben J. H. Voß?" Dazu kam noch, wie auch Görres erzählt, daß Voß wie einst Nicolai nach Jesuiten spürte. Görres und Brentano waren Katholiken; die neue romantische Richtung in der Poesie begünstigte schwärmerische Religiosität und Mystik, wandte sich sogar an die Mystik des Mittelalters — da schien dem alten Voß schon der Boden zu brennen und er griff nach dem Löscheimer. Ohne Zweifel sucht Görres mit Recht einen Grund zu Vossens Verstimmung und späterer Feindschaft gegen die Romantiker und Genossen in verletzter Eitelkeit. Voß hatte sich durch eigne Kraft aus den engsten Verhältnissen emporgearbeitet: eine nicht alltägliche Leistung! Was er war, war er durch sich selbst, durch seinen Fleiß, durch seine Ausdauer und Standhaftigkeit. Gelingt das einem Menschen von einseitiger Begabung, so pflegt er sich für unfehlbar zu halten und verachtet fortan jede andre Meinung, jeden andern Weg zum Guten. Einige Gedichte waren Voß leidlich gelungen, seine Idyllen hatten die schreiende Bewunderung des mittelmäßigen Publikums gefunden: genug, um ihn auf den Wahn zu bringen, er sei ein ganzer Dichter von Gottes Gnaden. Unter vielen Mühen, unter langwierigem Feilen und Drechseln hatte er seine Verse gemacht und ihnen die glatte Form gegeben; wenn nun andre Begabtere leichtfließende Verse hinwarfen, wenn sie es verschmähten die lockere Form, die der gute Augenblick gegeben, zurechtzuschneidern zu tadelloser Glätte, so schien ihm das Frevel und Sünde. Seinem Einflusse ist es leider gelungen, den Hexameter auf einige Zeit zum epischen Versmaße in Deutschland zu machen. Wie sehr glaubte er

---

[1] Menzels Literatur-Blatt. 1831. S. 107.
[2] 1808. 4⁰.
[3] S. 22.

auf seinen Nachahmer Goethe herabsehn zu können, wie sehr verwunderte er sich naiver Weise über die etwas andern Urteile der Kunstverständigen! „Man sieht“ sagt Schiller [1] „daß er auch keine entfernte Ahnung von dem innern Geist des Gedichts und folglich auch keine von dem Geist der Poesie überhaupt haben muß, kurz keine allgemeine und freie Fähigkeit, sondern lediglich seinen Kunsttrieb wie der Vogel zu seinem Nest und der Biber zu seinen Häusern.“ Das sind Worte von unbeschränkter Gültigkeit zur Bezeichnung von Vossens Kunsterkenntniß, Wesen und Dichten.

Ganz vortrefflich legt Görres einen Hauptgrund von der Verbissenheit des gealterten Voß dar, wenn er sagt [2] „Seine Jugend war in jene windstille langweilige Zeit gefallen, wo wenn irgend ein nur einigermaßen begabter Geist in der Leine oder Pleiße plätscherte, der Schall von der Nordsee bis zu den Alpen vernommen wurde, und sogleich ganz Deutschland die Ohren reckte.“ Damals fand Voß Lob und Unterstützung genug. Daß aber dann die Zeiten sich änderten, daß seine Stimme vor so vielen andern, die sich stürmisch erhoben hatten, dann überhört werden mußte, davon hatte er nichts gemerkt. „Voß nahm wenig Notiz von dem Spektakel; er hatte den Hag um sein Gut so hoch angelegt, daß die Winde übergiengen, und er von dem, was außen vorgieng, wenig erfuhr, als was Hausgenossen, Freunde und Schmarotzer ihm zutrugen: er predigte daher unverdrossen in Prosa und Versen fort, und forderte von Deutschland dieselbe Aufmerksamkeit und Folgsamkeit, wie in den frühern Tagen.“ Da nun der Erfolg ausblieb, setzte sich allmählich in ihm der Glaube an einen mitternächtig dunkeln Bund gegen Licht und gegen ihn selbst fest, und nun war es ihm Gewissenssache sich dareinzulegen, und er hob an um sich zu schlagen. „So entstanden“ fährt Görres fort „seine vielen Streithändel gegen allerlei Leute, in denen das Gutmüthige, das in seinem Charakter lag, allmählich versauerte, das Beißige und Bissige aber die Oberhand gewann.“ Voß ging es wie so manchem großen Herrn, der in der Stille sitzt und von der Welt wenig sieht. Zugetragne Nachrichten bestimmen seine Handlungen. Erfährt er zufällig etwas von einem Tadel, der auf ihn fiel, so ist die Umgebung geschäftig, ihn zu überzeugen, das sei eitel Bosheit, wenn er auch selbst vielleicht einmal daran war nachzudenken darüber, ob nicht am Ende doch der Tadel nicht ganz ohne Berechtigung gewesen. Lob und Schmeichelreden haben niemand mehr geschadet als Voß. Ohne die Gesellschaft von Anbetern, die ihn in Heidelberg umgab, hätte die Ruhe eines freundlichen, endlich sorgenfreien Hauswesens in der schönen Gegend vielleicht das Beste in ihm bewirkt. Zufriedenheit hätte ihn in die schönern Stimmungen seiner Jugend zurückleiten, hätte sein Urteil mildern, sein Gemüt für die Erkenntniß einer andern ihm bisher unbekannten Kunstschönheit öffnen können. Frau Ernestine, seine treue Gattin, hatte auch so viel Gutes von dem Heidelberger Leben für ihren Voß gehofft. Aber nichts von alledem! Seine Homerübersetzung war in die Himmel erhoben worden: also nun Uebersetzungen auf Uebersetzungen. Sein Auftreten in öffentlichen Streitigkeiten hatte den vollen Beifall der hinten herumstehenden Hetzer gefunden, die selbst sich nicht herauswagten: also nun Skandale über Skandale, und zwar immer einer häßlicher als der andre.

---

[1] Briefwechsel zw. Schiller und Goethe. 4. Aufl. Bd. 2. Stuttg. 1881. 8⁰. S. 39.

[2] J. H. Voß und seine Todesfeier in Heidelberg; von J. Görres. 8⁰. S. 2 f. Vgl. auch Katholik, Jahrg. 6. Bd. 21. 1826. S. 208—239.

Von Vossens Uebersetzerthätigkeit wäre viel zu sagen. Ich glaube mit andern, daß man den Homer besser übersetzen könnte, als wie Voß es gethan, obgleich ich nicht behaupten möchte, daß bisher ein größerer Fortschritt über Voß hinaus gemacht worden wäre. Hier sagt Knebel schon im Jahre 1819 ganz richtig [1] „Es ist ein eigenes Geschlecht um das Voßische. Es ist, als wenn sie von Meister Grobschmied wären gehämmert worden. Alle Züge ihres Charakters sind so hart ausgedrückt. Dieß ist auch in seinen Schriften und vorzüglich in seinen Uebersetzungen. Auch die zarten und feinen Züge in seinen Originalien drückt er so hart und vorstehend aus, daß sie fast alle Grazie verlieren. Wer den Homer nur aus seiner Uebersetzung kennt, kennt ihn nicht ganz. Den Virgil noch weniger. Bei diesem ist er unausstehlich. Und wie hat er den Horaz zugerichtet! Das ist eine Sünde."

Nachdem nun schon der Vogs und die Schriftproben den alten Voß gereizt gemacht hatten und er wie wir hören werden im Morgenblatt, das ihm huldigte, heftig und ungeschickt über die Romantik hergefallen war, gaben die Romantiker in Heidelberg gar eine eigne Zeitung heraus, von der für ihn und seine Richtung nichts Gutes zu erwarten stand. Wieder hatte Arnim durchaus nicht an Voß gedacht, als er die Zeitung für Einsiedler mit dem freyen Dichtergarten einleitete. Voß aber war beleidigt. [2] Arnim mied damals schon Vossens Haus, und dieser faßte das Gedicht als einen Ausdruck der Feindseligkeit, als einen schändlichen Hohn auf ihn, der die jungen Leute freundlich in seinem Hause aufgenommen und mit seiner Weisheit genährt hatte. Im Januar 1808 schreibt Görres noch [3], Arnim besuche den Alten von Zeit zu Zeit und bringe immer „eine Hand voll Federn" mit. Durch Arnim war es auch bekannt geworden, daß Voß die Schriftproben auf sich bezog. An andrer Stelle erzählt Görres [4] über die seltsame Thatsache, daß Arnim, trotz der zwischen seinen Freunden und Voß aufgestiegnen Feindschaft, doch noch den Alten besuchte. „Arnim hatte die Sache ganz in seiner freien, unbefangenen, edel wohlwollenden Weise genommen, und gieng noch lange ab und zu im Hause des Alten, als wir es schon lange gemieden, er schien zu denken, wir Andern hätten es ihm angethan. Und in der That, wenn Voß, frei von seinen Paroxysmen, im Schlafrocke an seinem Tische saß, die Dose zwischen dem Daumen und Zeigefinger drehend .... über Kunst und gelehrte Gegenstände redete, dann erschien er, wie ihn Gott gemacht, ein ernster, verständiger, wohlunterrichteter, nicht eben geistreicher, aber gutmüthiger Mann, ein anständiger Philister im bessern Sinne des Wortes; man konnte ihm gut zuhören, und ich hätte eben so leicht wie der Freund mich mit ihm auf Lebenszeit vertragen, hätte er sich nur mit mir vertragen wollen. Aber wenn der Anfall kam, dann zog mit dem bösen Feinde auch die Tücke ein, und es war dann nicht schön, mit ihm zu leben. Erst als Arnim sich davon überzeugen mußte, brach auch er mit ihm." Vielleicht hat für Arnim Vossens im Morgenblatt erschienene traurige Parodierung des Dies irae den Ausschlag gegeben; denn wie wir hören werden, empfand Arnim den Mangel an Pietät, den Voß hier bewies, besonders tief. So viel steht jedenfalls fest, daß zur Zeit des Erscheinens der Einsiedlerzeitung alle Ver-

---

[1] Charlotte v. Schiller u. i. Freunde, Bd. 3. S. 411.
[2] Vgl. unten.
[3] Briefe, Bd. 1. S. 500.
[4] Menzels Lit.-Bl. 1831. S. 108.

bindung mit Voß aufgehört hatte. Kaum war nun eine Nummer der Zeitung erschienen, so war man in Vossens Hause schon mit dem Urteile fertig. Schon am 5. April 1808 schrieb Heinrich Voß [1], der stets ganz und gar seines Vaters Ansichten vertrat und nur aus dessen Sinne heraus redete, an Schillers Witwe von den überschwänglichen Gedichten in der Einsiedlerzeitung. Ja, er läßt sich über das Treiben und Wesen der Romantiker noch also vernehmen: „Diese Leute studieren gar nicht, spiegeln sich nie in fremden Formen, sondern beschauen nur sich und ihr kleines Gemüth, das ihnen ein unendlicher Abgrund dünkt. Und dann machen sie's wie die Spinne, die ja auch ihr Netz aus ihrem eigenen Gemüthe heraushaspelt, und wozu das? — um nachher Fliegen zu fangen. Es gibt deren, die sich entsetzlich über diesen Unfug ärgern; zu denen gehöre ich nicht, wenigstens dauert bei mir der Aerger in der Art nicht über ein paar Minuten, desto mehr erscheint es mir komisch. Man lasse die Leute treiben und thun, was sie nicht lassen können. Durch solchen Unsinn hindurch angeblickt mag das bischen Geist sich immerhin ein wenig für das Auge vervielfältigen und brechen. Diese Menschen werden gewiß nicht bedeutend ins Rad der Zeit eingreifen."

Wie mir scheint, kann es kein besseres Zeugniß für die Einseitigkeit und Beschränktheit des Vossischen Urteils geben, als gerade dies. Ist es denn richtig? spiegelten sich die Romantiker wirklich nicht in fremden Formen? Einer solchen Behauptung gegenüber bedarfs keiner Widerlegung. Heinrich Voß hielt offenbar gleich seinem Vater nur antike Formen für studierens- und nachahmenswert. In seiner Unselbständigkeit schien es ihm Frevel und Thorheit die bisher allgemein geltenden Kunstanschauungen über Bord werfen zu wollen und aus sich selbst ohne Anlehnung an Autoritäten seine Principien zu bilden. Heinrich Voß hat nicht Wort gehalten, wenn er seine Absicht aussprach, die Romantiker ihres Wegs gehn lassen zu wollen. Zwar hat er sich nicht öffentlich zu denen geschlagen, die wie Görres erzählt [2] „das unaufhörliche Geschrei über den drohenden Einbruch wilder Genialität" erhoben, „wenn einigen Schwachen die Ideen berauschend zu Kopfe steigen, oder hier und da ein Starker einmal sich die Zügel schießen läßt, auch etwa ein Satyr einige wilde Sprünge macht"; noch weniger war der unbehende Mann geneigt selbst den „Butzenmann" zu machen, der mit der Trommel umgehn muß und „den Brandmarsch im weiten Reiche schlagen, damit die ganze Philisterschaft unter die Waffen tritt, und mit ihren Wassereimern herzugelaufen kommt." Dergleichen Waffenthaten überließ er seinem leidenschaftlichern Vater. Aber er hat sich den billigen Spaß gemacht, an einer Sammlung von Spottgedichten auf die Romantiker mitzuarbeiten, doch ohne daß er seinen Namen dabei genannt hätte. Vielleicht war, wie wir noch hören werden, seine Hand auch bei der Abfassung einer andern ähnlichen Sammlung im Spiele.

Johann Heinrich Voß blieb sein Leben lang ein Feind der Romantik. Von dem heftigen Streite, den er und seine Anhänger mit ihr führten, gibt unsre Zeitung für Einsiedler allenthalben Zeugniß. In Voß und seinen Worten ist alles Haß und Zorn; wo er es versucht den Ton leichten Spottes anzuschlagen, mißlingt es ihm gründlich. Arnim und Görres hatten nur Spott

---

[1] Ch. v. Schiller u. i. Freunde, Bd. 3. S. 238. 239.
[2] J. H. Voß und seine Todesfeier, S. 28.

und Lachen für Vossens tolles Gebahren, und ihnen gelangs, denn beide waren hier auf ihrem Gebiete. Als dann der ernsthaftere Streit mit Arnim begann, war die Zeitung für Einsiedler bereits eingegangen. Ende Juni 1808 hatte Brentano, der unstäte, der schon vor einem Jahre es nicht mehr in Heidelberg aushalten wollte und wirklich auf einige Zeit weggereist war, die Neckarstadt verlassen. Im Oktober 1808 zog Görres ab. Nun blieb auch Arnim nicht länger. Ihm scheint Heidelberg trotz Voß und litterarischer Streitigkeiten recht lieb geworden zu sein, denn es klingt doch wie ein Ton der Klage und des Bedauerns aus den Worten, die er am 10. November an Görres richtete[1]: „In ein paar Tagen sehe ich diese röthlichen Berge nicht mehr, auf denen heute sich die Sonne noch einmal recht lustig zeigt.“ Nun kam der Winter, die Singvögel waren davongezogen. So schreibt Creuzer am Adventsonntage an Görres[2] „Arnim ist auch weg, und was poetische Ader hatte, hat das kalte Neckarloch verlassen, über das, fürchte ich, der bösen Dünste wegen bald ebenso wenig poetische Vögel mehr fliegen werden, wie über den Avernusschlund wirkliche. Wie lange man das Dagewesensein poetischer Naturen in den Jahrbüchern verspüren wird, hängt von dem ab, was Sie und Arnim und Richter[3] uns zufliegen lassen werden.“ Aus den Heidelberger Jahrbüchern wurden aber bald diese bösen Geister, wenigstens Arnim und Görres, ausgetrieben. Creuzer sehnte sich offenbar auch schon aus dem „kalten Neckarloch“ weg. Wie wir wissen, hat er wirklich im Jahre 1809 den Versuch gemacht, sich in einem fernen Lande anzusiedeln; aber es blieb bei dem Versuche. Er mußte die Annehmlichkeit mit Voß und seinem Anhang nahe zusammen zu hausen am ausgiebigsten durchkosten. Noch im Jahre 1826, in Vossens Todesjahre, schreibt Arnim an Görres[4] „Am Neckar herrschen noch die alten Streitereien“, er müsse immer noch sein scherzendes Gemisch von der Nachahmung des Heiligen schreiben und werde so zu einem alten Weisen. Und als dann am 29. März 1826 Voß gestorben war, erhoben sich über seinem Grabe wieder streitende Stimmen. Der Kirchenrat H. E. G. Paulus, Vossens Freund und Gesinnungsgenosse, „der Todfeind aller Lehren, welche irgend über den platten Verstand hinausreichten“, wie Treitschke scharf aber treffend sagt[5], F. C. Schlosser, der Historiker, und der Mediziner Tiedemann auf der einen Seite — der redegewaltige Görres auf der andern. Nie ist mit schwülstigerer Phrasenhaftigkeit über Voß geredet worden wie von Paulus in den von ihm herausgegebnen Lebens- und Todeskunden über Johann Heinrich Voss[6], nie sind über Voß treffendere Worte, wahrere in Lob und Tadel ausgesprochen worden, wie von Görres in seiner Schrift „J. H. Voß und seine Todesfeier“.[7] Paulus hat die Todesanzeige der Familie, einen Brief an den Herzog von Oldenburg, Vossens Schrift Abriss meines Lebens, seine eignen Erinnerungen und Empfindungen, F. C. Schlossers Worte wie sie an J. H. Voss Grabe sollten gesprochen werden, Tiedemanns wirklich am

---

[1] Görres Briefe, Bd. 2. S. 38.
[2] Görres Br. Bd. 2. S. 45 f.
[3] Jean Paul.
[4] Görres Br. Bd. 2. S. 220.
[5] Deutsche Geschichte im 19. Jahrhundert, Bd. 2. Leipzig 1882. 8⁰. S. 87.
[6] Heidelberg 1826. 8⁰. Ein komisches Mißgeschick führte in Herbsts Voßbiographie II, 2. S. 334. Anm. zu S. 221, Z. 15 die Lesart Todesstunden ein.
[7] Katholik, Bd. 21. Straßburg 1826. 8⁰. S. 208—239. Auch separat erschienen.

1. April an Vossens Grabe gesprochne Worte, und endlich ein Verzeichniß der Schriftdenkmale nach der Zeitfolge, wie der Vossische Geist in seinem Fortschreiten sie sich allmählich selbst setzte zu einem Bändchen gesammelt. Ich kann hier nicht näher darauf eingehn, bin aber überzeugt, daß jeder, der es über sich gewinnt Paulus' Schrift durchzulesen, sie mit dem unbehaglichen Gefühle aus der Hand legen wird, daß ihm selbst nun der Geschmack an Voß, den er vielleicht nicht genau kennt, und selbst an dessen Dichtungen auf längere Zeit gründlich verdorben ist. Görres hat die Kritiklosigkeit von Paulus' Anschauung, das Läppische und Thörichte in seinen Worten und den schlechten Stil gehörig gerügt. Ich denke, es bedarf keiner ferneren Belege, wenn die Geschmacklosigkeit in der Ueberschrift des letzten Abschnitts von Paulus' Schrift ins Auge springt. Anders Schlossers Anteil. Auch über ihn sagt Görres die wahrsten Worte. Wenigstens ist hier nicht Mangel an Geschmack oder an gutem Stile vorzuwerfen, aber der schwerere Vorwurf kritiklosen Verfahrens bleibt bestehn. Lächerlich sind Vergleiche zwischen Lessing, Luther und Voß, aber Wahrheiten liegen in den Worten über die Romantiker, S. 88, 89 und 90. Hierher stammt Görres' oben citiertes Wort vom „Einbruch wilder Genialität", den die Aufklärer, um ihres Vorkämpfers Grab geschart, wohl fürchten konnten.

Görres' Schrift sollte jeder lesen, den Voß und seine Zeit anzieht. Mit Verwunderung wird er treffende Worte über Voß vernehmen, die, ohne daß Görres' Name dabei genannt würde, als allgemeingültig überall im Umlaufe sind. Mit dem größten Rechte hat man diese Schrift für eine der Besten von Görres erklärt.

Der Name unsrer Romantikerzeitung erklärt sich unschwer. Guido Görres leitet ihn aus Brentanos Lust an einsiedlerischem Treiben ab.[1] Das Verachten der Wege des großen Haufens lag nun freilich in der Art aller drei Herausgeber der Zeitung; aber in die Einsamkeit mußten ja ihre Wege nicht unbedingt führen, wenigstens war das nicht ihre Hoffnung und ihr Zweck. Freilich haben die Gegner über die „geheime" Zeitung gespottet; aber eine Zeitung wendet sich doch gerade an das große Publikum, und durch sie wollten die Romantiker diesem ein Interesse für ihre Bestrebungen einflößen. Es ist eine Resignation von Anfang an, wenn die Zeitung für Einsiedler geschrieben erschien. Man hoffte, aber nicht zu viel: darum die Beschränkung. Außerdem hatte die Gestalt eines weltentsagenden Einsiedlers ein poetisches Interesse, das auch bei der Erfindung des Namens mitgewirkt haben mag. Oft genug treten Einsiedler in den Dichtungen der Romantiker auf.

Die Zeitung erschien in unregelmäßigen Zwischenräumen, doch in rascher Folge, bis am 30. Juli 1808 eine längere Pause eintrat. Die Nummer 36 erschien erst am 27. August. Wahrscheinlich hatte man in der Zwischenzeit über das künftige Schicksal der Zeitung sich entschlossen. Man wollte nur noch das Nötigste thun, und so endete sie mit Nummer 37 und der Beilage am 30. August ihr Leben von fünf Monaten. Der wesentlichste Grund zum Aufgeben der Zeitschrift ist offenbar darin zu suchen, daß sie, ihrem Titel entsprechend, nur von wenigen Einsiedlern gekauft und gelesen ward; es lag freilich auch in der Art der Romantiker nichts zu Ende zu führen. Immer kamen sie zu früh ohne gehörige Voruntersuchung, ohne genügende Erprobung

[1] Hist. polit. Blätter, Bd. 14. München 1844. 8°. S. 184 f.

ins Theoretisieren, dann verrannten sie sich; wußten sie endlich keinen Ausweg mehr aus ihrem Irrgarten, so sprangen sie über die Mauer und waren aller Sorge los. Dies Abspringen ward ihnen zur andern Natur und läßt sich allenthalben bei ihnen spüren.

Die Mitarbeiter der Einsiedlerzeitung sind Männer, deren Namen wir mit Ehrfurcht und Liebe nennen. Obenan steht Jakob Grimm. Sein Aufsatz „Gedanken, wie sich die Sagen zur Poesie und Geschichte verhalten" [1], ist eine seiner ersten Arbeiten auf dem Gebiete, das vor und nach ihm kein andrer mehr in gleichem Umfange beherrscht hat. Wilhelm Grimm schließt sich mit den Uebersetzungen dänischer Heldenlieder würdig an. Mit Freuden erblicken wir Ludwig Uhlands poetische Beisteuer. Nicht daß diese Romanzen schon den Höhepunkt seiner Dichtung bezeichneten; aber wir erkennen aus jedem Verse schon seine Liebe zum alten Volksliede, die uns später mit der herrlichen Sammlung [2] beschenkte. Auch Justinus Kerner gehört zu den poetischen Mitarbeitern. Ebenso haben beide Schlegel Gedichte geliefert. [3]

Tieck kann als Mitarbeiter nicht genannt werden, so wenig wie Maler Müller oder gar Schiller, denn die von diesen herrührenden Stücke waren nie für die Einsiedlerzeitung bestimmt, sondern sind nur durch die Machtvollkommenheit Arnims eingeführt worden. [4] Man könnte mit demselben Rechte Jakob Böhme, Tauler oder Königshoven Mitarbeiter an der Zeitung für Einsiedler nennen.

Mit Recht rühmt Görres [5] „viel wackre Leute schlossen sich an, und das Blatt war ohne Zweifel weit das Beste von Allen, die damals erschienen."

Unter den Zeitschriften, die sich der Romantik besonders abhold zeigten, nimmt das Morgenblatt für gebildete Stände unbedingt die erste Stelle ein. Die andre, die etwa noch zu nennen wäre, ist der „Freimüthige oder Ernst und Scherz", herausgegeben von A. v. Kotzebue [6] und Garlieb Merkel. [7] Sie erschien in Berlin 1803 bis Juni 1806 in 4°. Dann im Jahre 1809 ward sie wiedererweckt von A. Kuhn unter dem Titel „Der Freimüthige oder Unterhaltungsblatt für gebildete unbefangene Leser." So lebte sie weiter bis 1829, änderte dann unter der Redaktion von W. Häring [ps. Wilibald Alexis] wieder den Titel und ward von A. G. Gentzel und J. Lasker fortgeführt.

Kotzebue hatte sich dies Organ geschaffen um, Goethe und der Romantik feind, wider die „Zeitung für die elegante Welt" zu Felde zu ziehn, die, zuerst von Karl Spazier, dann von Aug. Mahlmann und endlich von L. Methus. Müller redigiert, durch die Jahre von 1801—1831 bestand und zu Leipzig in 4° erschien. Uebrigens hat der Freimüthige nicht Farbe gehalten,

---

[1] Unten S. 199 f.

[2] Alte hoch- und niederdeutsche Volkslieder. Abt. 1. 2. Stuttgart u. Tübingen 1844. 2 Bde. 8°.

[3] S. 79. 330 Es ist dieser Thatsache gegenüber unbegreiflich wie Scherer in seiner Schrift „Jacob Grimm", Preuß. Jahrb., Bd. 14. Berlin 1864. 8°. S. 674 behaupten kann „Die Schlegel lieferten keine Beiträge."

[4] Scherer sagt a. a. O. „In Heidelberg arbeiteten Clemens Brentano und Joseph Görres mit. Von Kassel her beide Grimm. Dazu traten aus Schwaben Hölderlin, Uhland, Kerner." Konnte Hölderlin, der bereits im Jahre 1806 dem Wahnsinne verfallen war, 1808 noch an der Einsiedlerzeitung mitwirken?

[5] Menzels Lit. Bl. 1831. S. 107 a.

[6] Geb. 3. Mai 1761 zu Weimar, von Sand ermordet 23. März 1819 zu Mannheim.

[7] Geb. 1776, † 1850 in Liefland.

sondern ging allmählich ganz ins andre Lager über wie auch das Morgenblatt.

In der „Ankündigung der allgemeinsten Zeitung“ unten S. 4, nennen die Herausgeber als „unwillkührliche Mitarbeiter“ noch außer den angeführten Zeitschriften das Sonntagsblatt, den Anzeiger der Deutschen, die musikalische Zeitung und die Teutona, die sich offenbar alle den Hohn aller Männer von wirklich tiefern Interessen verdient hatten. Der vollständige Titel der ersten Zeitschrift lautet: „Das Sonntagsblatt oder Unterhaltungen von Thom. West“ [J. Schreyvogel]. Sie erschien in dem Jahre 1808 zu Wien in 8°. „Der Anzeiger der Deutschen“ erschien schon 1791 und 1792, dann bis 1806 unter dem Titel „Reichs-Anzeiger“, dann wieder unter dem alten Titel zu Gotha in 8°, redigiert von J. F. Hennicke und herausgegeben von F. G. Becker. Ferner ist gemeint die „Allgemeine musikalische Zeitung“, die seit 1798 von F. Rochlitz zu Leipzig herausgegeben in 4° erschien. Eine Teutona habe ich nicht auftreiben können. Sollte die „Teutonia eine Zeitschrift herausgegeben von F. K. J. Schütz“, von der nur der Januar zu Berlin 1804 in 4° erschien, gemeint sein?

Dem Morgenblatte war ein langes Leben beschert. Es erschien zuerst im Jahre 1807 zu Stuttgart bei Cotta in 4° und ist erst im Jahre 1865 ausgegangen. Zur Zeit, da es mit der Einsiedlerzeitung die heftigste Fehde führte, die ich im Folgenden eingehender zu betrachten gedenke, waren Friedrich Christoph Weisser[1], dann Reinbeck und Haug Redakteure des Morgenblatts. Es folgte Therese Huber[2] und dieser der bekannte Wilhelm Hauff.[3] Vielen unsrer Generation wird noch heute das Morgenblatt als eine angenehme Familienzeitung, zu welcher es sich in seinen späteren Jahren emporgearbeitet hatte, in guter Erinnerung sein.

Schon in Nummer 4 des ersten Jahrgangs des Morgenblatts wird der Anfang der Fehde mit der Romantik gemacht. Recht bezeichnend ist es, daß nicht etwa das Wesen und der Geist der romantischen Dichtung die strenge Kritik in die Waffen ruft, nein, nur das arme Sonett muß herhalten. Wir werden sehn, wie weiblich man diese arme Strophenform noch zauste. Doch im Jahre 1807 war man noch unparteiischer, und so konnte noch in Nr. 110 H. J. v. Collin[4] eine Apologie des Sonetts wagen.

Wer den Jahrgang 1808 kennt, mag sich billig wundern, wenn das Morgenblatt von 1807 in Nr. 49 noch unter dem Titel „Der Winter 1807 in Heidelberg“ eine Korrespondenz über die Lesegesellschaft des Buchhändlers Zimmer bringt, in der es heißt „Hier findet man am Abend die besten Heidelberger Köpfe, — Professoren und Akademiker. Ich kann Sie versichern, daß hier oft Ideen gewechselt werden, bedeutender als die in manchen Büchern, die auf Velinpapier gedruckt sind.“ Auch der später geschmähten Erzieherin Karoline Rudolphi wird ein Blümlein gestreut. Voß ist natürlich nicht vergessen. Vor den Ideen der Mitglieder dieser Lesegesellschaft zeigte später das Morgenblatt gewaltiges Grauen.

---

[1] Ein Stuttgarter, geb. 7. März 1761, † 1834.

[2] Geb. Heyne, Witwe Georg Forsters, Gattin von Ludwig Ferd. Huber, geb. 7. Mai 1764 zu Göttingen, † 15. Juni 1829 zu Stuttgart.

[3] Geb. 29. Nov. 1802, † 18. Nov. 1827 zu Stuttgart.

[4] Geb. 26. Dec. 1771 zu Wien, gestorben daselbst 28. Juli 1811. Bekannt als Dramendichter. Seine sämmtl. Werke gab sein Bruder Matth. v. Collin heraus, 6 Bände, Wien 1812—14. 8°.

Wie harmlos, wie durchaus sachlich klingt noch das Urteil in Nr. 150 über die neue Ausgabe von Herders Stimmen der Völker! Da sagt noch Bernhard Docen[1], dem wir ja auch in unsrer Einsiedlerzeitung [S. 195] begegnen, „Wie wenig wir über Armuth an schönen alten nationalen Liedern zu klagen haben, bewiesen unter allen Vorgängern bisher am nachdrücklichsten die Herausgeber des Wunderhorns ..... Ihre Sammlung verdient um so mehr unsern Beyfall, je weniger unser deutsches Volkslied in verschiedenen Rücksichten den Reichthümern anderer Nationen gleichkommt."

Auch die Recension [Nr. 228] von J. G. Büschings und F. H. von der Hagens Sammlung deutscher Volkslieder [Berlin, 1807. 12°] nennt noch das Wunderhorn geistreich und lieblich im Vergleiche mit der treuern und zuverlässigern Sammlung der beiden.

Was aber vor allem den Anstoß zu langwährendem Streite mit Heidelberg geben sollte, waren die Klatschereien, die G. Reinbeck[2] unterm Titel „Bruchstücke aus einer Reise durch Deutschland, die nächstens im Drucke erscheinen wird" im Morgenblatt[3] in einzelnen Briefen, doch ohne Nennung seines Namens, veröffentlichte. Im dritten Briefe heißt es „Vor Allen strahlt unser Voß." Im folgenden bricht Reinbeck geradezu die Gelegenheit vom Zaune um allerlei hämische Bemerkungen über das Institut der Dichterin und Erzieherin Karoline Rudolphi[4] und das des Kirchenrats Schwarz zu machen. Von dem letztern sagt er „In seinem Garten erblickt man Balancirstangen, Voltigir-Gerüste, hohe Maste zum Klettern. — Der physischen Natur scheint es nicht an Mitteln zur Entwicklung zu fehlen. — Und der intellektuellen und moralischen? — Ich kenne die Anstalt nicht genau, und enthalte mich also billig aller Urtheile."

Auch von Sophie Mereau, deren „letzter Gemahl" bekanntlich Clemens Brentano war, weiß er unmittelbar nicht zu berichten; steht aber nicht an einige Bemerkungen über das jetzige Streben unsrer Schönen, die Anlagen der weiblichen Natur zur höchsten Entwicklung zu bringen ohne ersichtlichen guten Grund anzureihen und fährt fort „Es ist nichts Wahres an ihnen .... Welch ein wohlthätiger Genius entreißt mir die Feder!"[5]

Daß solche hämische und, da Reinbeck selbst zugesteht, sie nicht direkt begründen zu können, niedrige Angriffe in Heidelberg gerechten Zorn wecken mußten, ist begreiflich. Karoline Rudolphi fand später ihren Verteidiger in dem mitangegriffenen Schwarz, der in einem Zusatze zu ihrem schriftlichen Nachlasse[6] sagt „Nur Eine Feder — sie war in Galle getunkt — ergoß sich in Redensarten wider die Rudolphischen Gemälde[7] und ihre Erziehungsanstalt, und wählte dazu ein vielgelesenes Blatt."

Aber die unmittelbare Folge der Reinbeckischen Jämmerlichkeiten war eine

---

[1] Geb. 1. Okt. 1782 zu Osnabrück, † 21. Nov. 1828 zu München.

[2] Geb. 11. Okt. 1766 zu Berlin, lebte 1808 in Heidelberg und Mannheim, übernahm 1808 mit Haug die Redaktion des Morgenblatts, † 1. Jan. 1819 zu Stuttgart.

[3] Nr. 277. 279. 293. 295. 296. 305. 309.

[4] Geb. 1750 oder 54, kam am 18. Aug. 1803 nach Heidelberg, wo sie 1811 starb. „Gedichte" von ihr erschienen zu Berlin 1781 und zu Braunschweig 1787—88. Die erste Ausgabe veranstaltete der in unsrer Zeitung oft genannte Musiker Reichardt. Eine „Neue Sammlung von Gedichten" erschien zu Leipzig 1796. „Schriftlicher Nachlaß", Heidelberg bei J. C. B. Mohr 1835. 8⁰.

[5] Andere Behauptungen Reinbecks bespricht Arnim unten S. 11.

[6] S. 63.

[7] Gemälde weiblicher Erziehung v. C. Rudolphi, zwei Teile. 3. Ausg. Heidelberg 1838. 8⁰.

geharnischte „Erklärung" in Nr. 98 des Rheinischen Bundesblattes.[1] Darin nennen 18 Heidelberger Gelehrte alles über die Institute für boshafte grundlose Verleumdungen und alles über Heidelberger Personen und Oertlichkeiten gesagte für alberne abgeschmackte Klatschereien. Verleger und Redaktion des Morgenblatts seien Hehler und Pfleger der Verleumdung.

Nun steckte sich die Redaktion des Morgenblatts[2] hinter Reinbeck, der ja nicht ihre, sondern seine Ansichten vorgetragen habe. Aber auch Reinbeck tritt mit einer „Gegen-Erklärung" in die Schranken und bezüchtigt seine Gegner der unverschämtesten Verleumdung und fordert sie auf in seinen Briefen nur ein boshaftes Wort, nur irgend eine alberne abgeschmackte Klatscherei nachzuweisen. Sogar Cotta, der Verleger, versuchte eine Reinigung, die aber so ungeschickt ausfiel, daß sie den Gegnern nur weidlich zu lachen gab.[3]

Heinrich Voß erzählt die Sache folgendergestalt.[4] „Ein gewisser Reinbeck, der von Weimar zu uns gekommen ist, ... hat vier abgeschmackte Briefe über Heidelberg ins Morgenblatt einrücken lassen. Das hat uns Heidelberger verdrossen. Achtzehn Männer, Jünglinge und Knaben sind hierauf aufgetreten und haben Reinbeck, Cotta und die Redaktoren des Morgenblatts auf ihre Ehre, auf Gewissen und aus Pflicht für ehrlos erklärt. Reinbeck hat schon geantwortet, bieder und brav, und hat den Ausspruch der Ehrlosigkeit den Heidelbergern zurückgeschoben." Voß meint, Cotta werde einen Injurienprozeß anfangen und als Sieger daraus hervorgehn. Nicht mit Unrecht fragt er „Geht das nicht zu weit?" Allerdings seien Reinbecks Briefe zum größten Teile „in einem abgeschmackten Tone vorgetragen und mit einigen unsaubern Klatschereien versetzt." Wir erfahren durch Voß, daß Görres der Verfasser der „Erklärung" war, „er, in dem alle Teufel zu wohnen scheinen, die ehemals die Gergesener Heerde beseelt haben." Görres sei besonders durch zwei beißende Epigramme im Morgenblatte zu diesem Ausfalle gereizt worden. In der That, die Hitze der Heidelberger Erklärung ist nicht zu erklären und nicht zu billigen. Mit Recht nennt H. Voß dieses Auftreten unbesonnen, ja aufgeblasen. Abgeschmackt und albern und jämmerlich waren gewiß Reinbecks mit vieler Erhabenheit vorgebrachte Neuigkeiten; aber Klugheit hätte ihn mit einem Witzworte abgefertigt oder auch ganz unbeachtet gelassen. Es bedeutet für die Heidelberger eine Niederlage, da sie auf Reinbecks „Gegen-Erklärung" nichts mehr sagen konnten. Ihr war der Schaden und Reinbecks der Nutzen, denn nun gewann dieser Mann und seine Richtung einen verderblichen Einfluß. Darum sagte Heinrich Voß, nachdem er erzählt Reinbeck gehe nach Stuttgart[5] „Wehe den Heidelberger Achtzehnern, wenn er Sitz und Stimme im Morgenblatt bekommt." Wie wir oben sahen, trat wirklich Reinbeck in die Redaktion ein. Heinrich Vossens Aeußerung ist vom 5. April 1808. Anfang April 1808 sagt auch Görres[6] „Die Vossische Clique hat übrigens die Redaction ihrer Süßigkeiten übernommen", indem er für jetzt noch mit Unrecht Voß und Reinbeck zusammenwirft. In Nr. 309 des Morgenblatts er-

---

1 Das seit 1. Juli 1807 zu Heidelberg erschien.

2 Vgl. Nr. 306.

3 Vgl. Görres Briefe, Bd. 1. S. 500.

4 In einem Briefe an Schillers Witwe vom 23. Dec. 1807. Vgl. Charlotte v. Schiller und ihre Freunde, Bd. 3. S. 235. 236.

5 Charlotte v. Schiller u. i. Freunde, Bd. 3. S. 241.

6 Görres Briefe, Bd. 1. S. 505.

schien nun der neunte Brief der Reise durch Deutschland mit seinem Namen, und als später seine Schrift „Heidelberg und seine Umgebungen im Sommer 1807“ erschien[1], erinnerte das Morgenblatt[2] an „die kräftige urbane Vertheidigung eines rechtlichen Mannes gegen Egoisterei und Kabale“ und in der Jenaischen Literatur-Zeitung ward jene Schrift als ein Meisterstück an Form und Inhalt herausgestrichen.[3] Es ist übrigens zu beachten, was das Morgenblatt urban und was Heinrich Voß bieder und brav nennt.

Nach diesem Streite war es im Morgenblatte aus mit Romantik und Volkspoesie, die in Heidelberg gepflegt wurden. Und sogleich in den Nummern 308 und 310 [1807] läßt sich ein Brief „Ueber Herders Stimmen der Völker in Liedern und die neuere Volks-Poesie“ folgendermaßen vernehmen. „Sammelt man nicht alles zu Hauf, was je nur auf den groben schmutzigen Blättern der fahrenden Hausirer, oder aus Spinnstuben, Wachstuben, Ställen, Straßen und Märkten, und wo immer gesungen wird, bis in die Zirkel der herrlichen Studenten[4] aufzubringen ist, und entblödet sich nicht, damit der Poesie eines Ramler, Uz u. A. Hohn zu bieten? Wer wird läugnen, daß auch hier manche naive gute Stücke anzutreffen sind? Aber ob die Deutschen überhaupt vorzüglichen Reichthum daran dürften gehabt haben, ob die Sache selbst so viel Aufhebens, so viel Lärm und Geschrey verdiene, als ob es die wichtigste Angelegenheit des Menschen gälte, solche Gedichte, zumal ohne sorgfältige Wahl, vom Untergange zu retten, darüber, mein Freund, zweifeln Sie wohl selbst mit mir ...... Ob unsre neue Poesie befruchtet, höher getrieben, geistiger, poetischer werden dürfte durch die Nachbildung des Tons und der Darstellungsweise solcher alten deutschen Volkslieder? —“

Auf diese Frage hat die Zeit eine tönende Antwort gegeben: Ramler und Uz sind vergessen, aber die sich am Volksliede bildeten, leben und werden ewig leben, so lange Deutschland von Poesie weiß.

Das Jahr 1808 verschärfte den zwischen den Romantikern und dem Morgenblatt bestehenden Gegensatz noch um ein Erhebliches. In Nr. 10 dieses Jahrgangs nimmt ein Anonymus die bisher übliche Polemik auf und bringt „Proben der neuesten Poesie“, die an Witzlosigkeit nichts zu wünschen übrig lassen.

Aber in dem Morgenblatte vom 14. Januar tritt nun der Mann zuerst auf, der es sich zur Aufgabe gemacht hatte die Romantik Schritt für Schritt zu bekämpfen, und der auch dieser Aufgabe, freilich ohne ausreichenden Witz, doch mit genügender Derbheit nach Kräften gerecht ward. In dieser Nr. 12 nämlich gibt Johann Heinrich Voß einen Aufsatz „Für die Romantiker“ und geht dem „Schwarm junger Kräftlinge“[5], der sich unterfing „nicht nur unsere edelsten Dichter, jene tapfern Anbauer und Verherrlicher des deutschen Geistes, sondern sogar die großen, seit Jahrtausenden bewunderten Klassiker, mit Verkleinerung und Hohn zu behandeln.“ „Den reinen Naturformen, in welchen des Alterthums freyer Genius sich verklärt darstellt, wurden die unförmigen Vermummungen[6] des dumpfen von Hierarchen und Damen abhängigen

---

[1] Tübingen 1808. 8°.

[2] 1808. Nr. 139.

[3] 1809. Nr. 265. 266. Vgl. Görres Briefe, Bd. 2. S. 61.

[4] Eine Anmerkung verweist auf die Abhandlung am Schlusse des 1. Wunderhornbands. Vgl. d. S. 448.

[5] Vgl. unten Anmerkung *) zu S. 235.

[6] Nicht „Verneuerungen“ wie Herbst, J. H. Voss, II, 2, S. 119 schreibt.

Rittergeistes . . . vorgezogen." Um nun „feinsinnige Jünglinge", die in den „Veitstanz" mit fortgerafft werden, zu warnen, teilt Voß als Heilmittel eine Parodie mit. „Ihnen die mit inniger Religion und Andacht ihre Sprünge zu machen vorgeben, empfehle ich diese Gabe des Morgenblattes zur nüchternen Morgenandacht." Nun folgt A. W. Schlegels Verdeutschung des Dies irae [1], dessen Texte Voß allen poetischen Wert abspricht und dem er die Parodie „Bußlied eines Romantikers" [2] an die Seite setzt. Voß hat sein Möglichstes gethan. Die alleinseligmachenden Klassiker und das dumpfe in Pfaffenwahn und Thorheit versunkne Mittelalter sind gehörig ins Feld geführt. Dann braucht er das Wort „Religion" zu einem Hiebe auf die Romantiker. F. Schlegel hatte daraus ein Stichwort für die Anhänger der Schule gemacht, die nun alles „bis zur Religion trieben". Schon Tieck hatte in seinem Poetischen Journal I, S. 130 f., 136 f; 138 über diesen allerdings lächerlichen Mißbrauch gespottet. Und dann diese Parodie! Ich verzichte gern darauf nur eine Zeile davon wiederzugeben.

Görres schreibt über Vossens heftigen Angriff [3] „Voß ist nun übrigens vollends toll geworden, er hat den Vogel Greif [4], der seit sechs Jahren geladen war, im Morgenblatt gegen die Romantiker losgeschossen, und jedermänniglich hat geglaubt, nun werde die Welt den jüngsten Tag sehen. Indessen ist doch alles fest stehen geblieben."

Mit der Parodie hatte sich Voß auf ein Gebiet begeben zu dessen Anbau er kein Talent besaß. Feiner Witz und gewandter Gebrauch der Rede waren seiner Begabung durchaus fremd. Ein kräftiges Pathos stand ihm wohl an; aber dem Sarkasmus und dem Reichtume an Einfällen, über den seine Gegner verfügten, konnte er nur mit Grobheit und häßlichem Hohne begegnen, der weit übers Ziel hinausschoß und ihn selbst zu fatalen Konsequenzen führte. Diese Beobachtung wird sich noch an manchen Stellen machen lassen.

Schon die nächste Nummer des Morgenblatts [13] bringt eine Fortsetzung der Fehde. Ein Anonymus „G." läßt den Geist und den gesunden Menschenverstand ein Gespräch halten. Der gesunde Menschenverstand bietet dem Geiste Wiederaussöhnung an, aber dieser verschmäht stolz und eilt auf eine berühmte hohe Schule, wo ihm jenes alberne Trauergestalt wohl nicht aufstoßen werde. Es folgen „Rand-Glossen" in Nr. 18, in denen das Genie als das stillstehende, das Talent als das sich bewegende unstäte bezeichnet wird. Ueber unstäte Nomadenseelen, deren Zigeunerwesen leider auch von wohlgeordneten Menschen Genialität genannt werde, gehts her; aber in solcher Beurteilung zeige sich deutlich die Virtuosität der Flachheit.

In diese Zeit nun fällt die Ankündigung unsrer Zeitung für Einsiedler. Auch das Morgenblatt bringt sie im Intelligenzblatt Nr. 8 und macht selbst in seiner Nr. 57 unter „Notizen" einige Bemerkungen über das Bevorstehende. „Eine Gesellschaft (von zwey Personen, wie Fama raunt) ist willens eine wunderliche Zeitung für Einsiedler herauszugeben. Sie beginnt (sehr ominös!) mit dem 1. April. Von dem (nicht Kern-, sondern Gern-Witze [5],

---

[1] Erschienen in A. W. Schlegels und Tiecks Musenalmanach. Vgl. A. W. Schlegels Werke Bd. 3. S. 191 f.

[2] Nach Herbst, J. H. Voss, II, 2. S. 119 schon 1801 gefertigt.

[3] Briefe 1, S. 500 f.

[4] So hieß die größte Kanone Ehrenbreitsteins. Vgl. unten S. 401. 405.

[5] Vgl. das Bild S. 250.

der in der Ankündigung übersprudelt" wird auch ein Pröbchen vorgewiesen. „Sind Liscow und Lichtenberg [1] wieder auferstanden? Kein Mirakel, wenn beyde sich wenigstens in ihrem Grab umwälzen .... Damit aber ja Niemand den abenteuerlichen Prolog als ein bloßes Kindermärchen betrachte, mußte die Buchhandlung Mohr und Zimmer in Heidelberg feyerlich bescheinigen, daß es mit Herausgabe dieser Zeitung wirklich Ernst sey. — Ernst? — Wirklich? —" Das ist die Anzeige, die auf Seite 31 unsrer Tröst Einsamkeit „traurig" genannt wird, und ich denke mit Recht. Görres hat sich weidlich auf der ersten Spalte des Maiheftumschlags gerächt. Zum Verständniß seiner Ausfälle sei erwähnt, daß in Nr. 61 des Morgenblatts in einem „Schreiben eines Studirenden auf der Universität — — — an seinen Vater" unter allerlei Herrlichkeiten auch vorgebracht wird, ein Professor der Aesthetik habe in seiner Vorlesung gesagt „deutsche Kunst und Wissen seyen in unsrer Zeit so kalt und naß — wie eine Hundsschnauze", auch habe er gelernt die Baukunst sei „gefrorne Musik". Mystik stehe zwar nicht im Lektionsverzeichnisse — um dem mit Blindheit geschlagenen Volke keinen Stoff zu nichtsnützigen Bemerkungen zu geben — es trage sie aber Professor ..... in seinen philologischen Vorträgen „beyläufig" und der angesiedelte Professor ... besonders in seiner Aesthetik „wesentlich" vor.

Aber ich gehe auf die Nummer 55 des Morgenblatts zurück. Diese nämlich führt uns ein ganz sonderbares Schauspiel vor. Ein F .... A ..... [Albers?] wendet sich hier in einem Aufsatze „Ueber klassische und romantische Poesie" heftig gegen die Romantiker und stellt den Guido des Isidorus Orientalis als die wahre echte Romantik in Gegensatz zu jenen. Dieser Roman erschien im Jahre 1808 in Mannheim. Der Verfasser ist Otto Heinrich Graf von Löben, geb. 18. Aug. 1786 zu Dresden, lebte einige Zeit bis 1807 in Heidelberg, später bei Fouqué und starb 4. April 1825 zu Dresden. Eichendorff hat ein treffendes Urteil über ihn gefällt. In seiner Schrift „Halle und Heidelberg" läßt er sich folgendergestalt über ihn aus. [2] „Man sieht die Romantik war dort [in Heidelberg] reich vertreten. Allein sie hatte auch damals schon ihren sehr bedenklichen Afterkultus. Graf von Löben war in Heidelberg der Hohepriester dieser Winkelkirche. Der alte Goethe soll ihn einst den vorzüglichsten Dichter jener Zeit genannt haben. Und in der That, er besaß eine ganz unglaubliche Formengewandtheit und alles äußere Rüstzeug des Dichters, aber nicht die Kraft, es gehörig zu brauchen und zu schwingen. Er hatte ein durchaus weibliches Gemüth mit unendlich feinem Gefühl für den salonmäßigen Anstand der Poesie, eine überzarte empfängliche Weichheit, die nichts Schönes selbständig gestaltete, sondern von allem Schönen wechselnd umgestaltet wurde .... Er hatte in Heidelberg nur wenige sehr junge Jünger, die ihn gehörig bewunderten; aber die Gemeinde dieser Gleichgestimmten war damals sehr zahlreich durch ganz Deutschland verbreitet." Eichendorff schreibt dem Treiben dieser Hyperromantiker „den schmählichen Verfall der

---

[1] Beide tüchtige Satiriker. Chr. Ludw. Liscow, geb. Ende April 1701 in Mecklenburg-Schwerin, † 30. Okt. 1760 zu Berg bei Eilenburg. Geo. Chr. Lichtenberg, geb. 1742 zu Ober-Ramstadt bei Darmstadt, † 1799. Liscows sämmtl. satyr. Schriften gab heraus K. Müchler, Berlin 1806. 3 Bde. 8⁰. Lichtenbergs vermischte Schriften erschienen in 9 Bänden, Göttingen, 1800—1806. 8⁰.

[2] Vgl. „Aus dem literarischen Nachlasse Joseph Freiherrn von Eichendorffs." Paderborn 1866. 8⁰. S. 311 f.

Romantik vorzüglich“ zu. Wer es über sich gewinnen mag Eichendorffs Roman „Ahnung und Gegenwart“ zu lesen, der übrigens an den gleichen Fehlern krankt wie der Guido, der wird unschwer in jener Salonscene die gut charakterisierte Gestalt des Grafen von Löben erkennen. Dem Guido widmet das Morgenblatt in den Nummern 107—113 später noch eine eingehende Besprechung, die ihn einen mißlungenen Versuch nennt, aber anerkennt, daß viel Herrlichkeit aus dem mißratnen Gusse hervorstrahle. Görres schreibt darüber [1] „Graf Löbens Roman will hier nicht Glück machen, die jungen Flaumfedern wollen nicht recht den corpus tragen, und da flattert er so hin. Die Lobsprüche im Morgenblatt haben nicht viel zu bedeuten, jeder Lebkuchenbäcker macht einem für zwei Kreuzer ein süßes Maul.“

Ein glücklicher Zufall spielte mir den Guido in die Hände, und so durchblätterte ich dies vergeßne Buch. Er ist mit Recht vergessen. Was soll man sagen, wenn auf S. 10 einer der beliebten Greise seinen Silberbart „aufthut“ und zu reden beginnt, oder wenn S. 28 von einem Mädchen erzählt wird „Ihr Erröten glich der weißen Rose, die das Morgenrot umflüstert,“ wenn S. 46 Roms „blaue Citronenluft“ erwähnt wird. Noch eine Probe! Der Graf von der Ilsenburg, einer jener stets eisengerüsteten, guitarrespielenden auf seiner Burg einsiedelnden Ritter im eisgrauen Barte thut [S. 118] dem Helden Guido sein Herz folgendermaßen auf: „des ganzen langen Lebens Leiden und Freuden — der Jugend quellender Morgen, des Alters graue dämmernde Ferne, Gram des Herzens, weiches Gemüth der Minne, wilder eisgelockter Thaten unendlicher Schall, sie haben sich verloren in die klingende Glorien-Luft eines Waldhorns.“ In ähnlichem Stile redet jede Seite des Romans. Ueberall dieselbe klägliche Verschwommenheit, überall derselbe süßliche Gefühlsnebel, überall dieselbe zwecklose unendliche Sehnsucht nach dem Karfunkel, der — ein andrer Stein der Weisen — ewig dem Helden vorschwebt. Vergebens sucht man nach einem festen Punkte, vergebens nach einer scharfumrissenen Gestalt, die das Interesse faßte. Scheinbar geistreiche Bemerkungen wie die auf S. 62 über das fruchtbare Feld der Betrachtung der Sprachen können nicht entschädigen. Und dennoch muß ich Eichendorff beistimmen, der in Löben ein Dichtertalent erkennt. Löbens Begabung schloß ihn im Grunde von dem Gebiete des Romans aus und wies ihn auf die Lyrik. Daß er dies verkannte und daß seine Eitelkeit ihm verbot sich an Andere anzulehnen, sondern ihn selbst als eine Größe an die Spitze einer eignen Schule träumte, ist zu beklagen. Eine Sammlung von Gedichten Löbens [2], die mir vorliegt, zeigt klar seine guten Seiten. Wer es verstand den „Eintritt ins Heidelberger Thal“ [S. 33 f.] so schön zu schildern, daß die ganze Landschaft durch wenige Worte gebannt dem Leser erscheint, dessen Talent steht wohl außer Zweifel.

> Und ploezlich geht das Thal zu Ende,
> Wie ich drauf die gesenkten Augen wende,
> Da fall ich nieder, da seh ich hinaus,
> Und rufe: Vater! ich bin zu Haus.
> Da lag die Stadt, die reine, meine,
> So goldig am Berg, im rothen Scheine,
> Es sprühte der letzte Sonnenstral
> Einen Funkenbogen über das Thal.

---

[1] Briefe, Bd. 1. S. 505. Anfang April 1808.

[2] Blaetter aus dem Reisebüchlein eines andaechtigen Pilgers. Von Isidorus. Mannheim 1808. 8⁰.

Clemens Brentano, der wandernde Student war die Bergstraße herabgekommen von Handschuchsheim her, Löben, der es freilich nicht verstand sich in das volkstümliche Gewand des Studenten zu kleiden, vom Stift Neuburg durchs Neckarthal herab. Die überraschende packende Gewalt dieser herrlichen Landschaft hat beide Dichter in ihren Bann gezogen, und beide haben es verstanden das Geschaute treffend zu schildern. Vielleicht hat Brentanos „Lied von eines Studenten Heimkehr" auf Löben einen Einfluß geübt. Manche Stellen bei Löben scheinen mir anzuklingen. Wir werden später sehn, daß er auch Anregungen durch Gedichte Arnims spüren läßt.

Das Morgenblatt hat dieser Gedichtsammlung auch eine Besprechung gewidmet.[1] Der Recensent hebt besonders hervor, daß 35 „Klingklang-Gedichte" [Sonette] darin seien, von denen drei an Tieck gerichtet und andre „an die Dichter (wen dieser Name bezeichnet, wissen wir)."

Der Graf von Löben hat nie zu dem engern Kreise der Heidelberger Romantiker gehört, aus dem die Zeitung für Einsiedler hervorging, und sein haltloses Wesen fand auch bei ihnen keinen Anklang. Obwohl dies in die Augen springen mußte, warfen die Gegner, und besonders die Helden des Morgenblatts ihn stets mit jenen in einen Topf, und jeder Schlag, den sie auf ihn führten, galt auch den Romantikern, die in bewußtem Gegensatze zu Löben standen. Ich werde bei Gelegenheit der Schilderung eines spätern heftigen Angriffs auf die Romantik noch auf Löben zurückkommen.

In der 58. Nummer des Morgenblatts läßt sich Voß wieder vernehmen. Er dichtet ein Sonett an Goethe diesen warnend zurückzugeleiten von der abwärts zur Romantik führenden Bahn, auf welcher er ihn, der nun auch die Sonettform angewandt hatte, bereits zu sehn glaubte. Daß Voß sich so erhitzt gegen eine Form wandte, ist leicht begreiflich, denn ihm galt die Form alles. Wie wir hören werden hat er sich noch deutlicher darüber ausgesprochen. Ich nehme keinen Anstand einen Teil dieses Sonetts an Goethe auch an dieser Stelle zu geben, obgleich Herbst in seinem Buche Johann Heinrich Voss[2] denselben schon abdruckte; besonders deshalb nicht, weil in Herbsts Text sich eine falsche Lesart eingeschlichen hat, wie man sich leicht überzeugen kann.

Voß redet Goethe an:

„Laß, Freund, die Unform alter Truvaduren,
Die einst vor Barbarn, halb galant, halb mystisch,
Ableierten ihr klingelndes Sonetto;

Und lächle mit, wo äffische Naturen
Mit rohem Sang' und Klingklang' afterchristisch,
Als Lumpenpilgrim, wallen nach Loretto."

Goethe hat sich in zwei Briefen an Zelter[3] über Vossens Thorheit ausgesprochen. Die Worte sind so gut und in jeder Hinsicht bezeichnend, daß sie jedes Kommentars füglich entbehren können.

„Was sagen Sie denn zu Vossens Sonett? Wenn mir einfällt, daß er sich bey Verfertigung dieses Spasses die Knebel zerstoßen und etliche Zähne stumpf gebissen hat, die ihm so leicht nicht wieder wachsen werden, so muß

---

[1] Nr. 165. 166.

[2] II, 2. Leipzig 1876. 8⁰. S. 119.

[3] Vgl. „Briefwechsel zwischen Goethe und Zelter in den Jahren 1796 bis 1832." Hg. v. Riemer. Theil 1. Berlin 1833. 8⁰. S. 311 und 326. 327. Herbst hat in seinem oben genannten Buche dieser Worte Goethes nicht Erwähnung gethan.

man lachen je weniger man den Witz versteht. Ratten und Mäuse vergiften, ist das auch ein Handwerk für Poeten? Gespenster, dächt ich, vertrieben sich von selber, wenn man nicht daran glaubt."

„Wenn Ihnen das Vossische Sonett zuwider ist, so stimmen wir auch in diesem Punkte völlig überein. Wir haben schon in Deutschland mehrmals den Fall gehabt, daß sehr schöne Talente sich zuletzt in den Pedantismus verloren. Und diesem geht es nun auch so. Für lauter Prosodie ist ihm die Poesie ganz entschwunden.

Und was soll es nun gar heißen eine rhythmische Form, das Sonett z. B., mit Haß und Wuth zu verfolgen, da sie ja nur ein Gefäß ist, in das jeder von Gehalt hineinlegen kann was er vermag. Wie lächerlich ist's, mein Sonett, in dem ich einigermaßen zu Ungunsten der Sonette gesprochen, immer wiederkäuen, aus einer ästhetischen Sache eine Parteysache zu machen und mich auch als Parteygesellen heranzuziehen, ohne zu bedenken, daß man recht gut über eine Sache spassen und spotten kann, ohne sie deswegen zu verachten und zu verwerfen."

Goethe hatte allerdings in dem Sonette, das in den Gedichten unter „Epigrammatisch" die erste Stelle einnimmt, die Form des Sonetts für sich abgelehnt, indem er sagte

„So möcht' ich selbst in künstlichen Sonetten,
In sprachgewandter Maaße kühnem Stolze,
Das Beste, was Gefühl mir gäbe, reimen,
Nur weiß ich hier mich nicht bequem zu betten,
Ich schneide sonst so gern aus ganzem Holze,
Und müßte nun doch auch mitunter leimen."

Goedeke [1] erzählt von diesem Sonette Am 2. April 1800 legte es Goethe einer Sendung an W. Schlegel als ‚erstes der famosen Sonette' bei und versprach nach und nach die übrigen folgen zu lassen; ‚über dem Portal steht das gegenwärtige wol nicht unbedeutend'. Die Folge der Sonette unterblieb. Die Sonette von 1807 haben mit diesem ‚famosen', das unter den epigrammatischen Gedichten jetzt das erste ist, keinen Zusammenhang. Goedeke bezieht auch auf dies Gedicht, was Schiller am 7. Dec. 1799 [2] aus Weimar an Goethe schrieb: „Das bekannte Sonett hat hier eine böse Sensation gemacht". [3] Wie soll nun aber Goethe dazu kommen diese gegen die Sonettform gerichteten Verse an die Spitze einer Reihe von Sonetten stellen zu wollen? Wie soll der ganz harmlose Spott dieser Verse im Stande sein, eine „böse Sensation" hervorzurufen? Es ist wohl kein Zweifel, daß die von Koberstein [4] citierten Worte Adam Müllers „Die ziebingschen Titanen [Tieck war 1802 auf Einladung seines Freundes Burgsdorff nach Ziebingen gezogen] liegen ohnmächtig und gelähmt unter der Last des goethischen Sonetts da, das über sie hingewälzt ist, wie der Aetna über den Typhon" — daß diese Worte auf dasselbe Sonett zu beziehn sind, das auch Schiller im Auge hat. Koberstein fragt, welches Sonett wohl gemeint sei, etwa

---

[1] Grundrisz, Bd. 2. 829.

[2] Nicht am 2. Dec. wie a. a. O. zu lesen ist.

[3] Briefwechsel zw. Schiller und Goethe in den Jahren 1794 bis 1805. 3. Ausg. Bd. 2. Stuttg. 1878. 8⁰. S. 261.

[4] Grundriss. 5. Aufl. Bd. 4. Leipzig 1880. 8⁰. S. 919. Anm. 19. Aus einem Briefe an Fr. Gentz, 20. Febr. 1803.

„Natur und Kunst"?[1] Allerdings scheint mir hier das Richtige getroffen zu sein. Nicht nur, daß mit diesem Gedichte recht wohl eine größere Sammlung von Sonetten würdig eingeleitet werden konnte, auch die „böse Sensation" und die Lähmung der „ziebingschen Titanen" erklärt sich aus diesen Versen ohne Mühe. Wen anders kann Goethe im Auge haben als die extremen Romantiker, wenn er sagt

„Vergebens werden ungebundne Geister
Nach der Vollendung reiner Höhe streben.
Wer Großes will, muß sich zusammenraffen;
In der Beschränkung zeigt sich erst der Meister,
Und das Gesetz nur kann uns Freiheit geben."

Koberstein irrt freilich, wenn er die Entstehung dieses Sonetts ins Jahr 1802 legt. Da wäre es ja auch unmöglich, daß Schillers Worte sich darauf beziehen könnten. Goethe hat aber selbst angegeben, daß das Gedicht im Jahre 1799 entstanden ist. Oder könnte die Bemerkung zu diesem Jahre uber Natur und Kunst, die Goedeke[2] mitteilt, etwas anders bedeuten? Das Datum von Schillers Brief würde zu dieser Datierung des Sonetts vorzüglich stimmen.

Wie sehr gerade das richtige Verhältniß zwischen Natur und Kunst, dessen Wesen er in der Beschränkung erblickte, Goethe am Herzen lag, läßt sich aus einem Briefe an Zelter[3] ersehen, der im wesentlichen genau dasselbe ausspricht wie das Sonett. „Die Kunstwelt" heißt es da „liegt freylich zu sehr im Argen, als daß ein junger Mensch so leicht gewahr werden sollte, worauf es ankömmt. Sie suchen es immer wo anders, als da wo es entspringt, und wenn sie die Quelle ja einmal erblicken, so können sie den Weg dazu nicht finden. — Deswegen bringen mich auch ein halb Dutzend jüngere poetische Talente zur Verzweiflung, die bey außerordentlichen Natur-Anlagen schwerlich viel machen werden, was mich erfreuen kann. Werner, Oehlenschläger, Arnim, Brentano und andere arbeiten und treibens immerfort; aber alles geht durchaus ins Form- und Charakterlose. Kein Mensch will begreifen, daß die höchste und einzige Operation der Natur und Kunst die Gestaltung sey, und in der Gestalt die Specification, damit ein jedes ein Besonderes, Bedeutendes werde, sey und bleibe. Es ist keine Kunst, sein Talent nach individueller Bequemlichkeit humoristisch walten zu lassen; etwas muß immer daraus entstehen ..."

Wenn also Goethe hier mit solchem Eifer für die Sache eintritt, die jenes Sonett schon darzulegen versucht, wenn er gar die Namen hervorragender romantischer Dichter dabei nennt, so scheint mir kaum ein Zweifel daran möglich zu sein, daß das Sonett „Natur und Kunst" es sei, auf welches sich Schiller und Adam Müller beziehen.

Nach Koberstein[4] wäre das Sonett, das mit dem Verse „Sich in erneutem Kunstgebrauch zu üben" beginnt, im Jahre 1802 gedichtet. Hätte dies Gedicht wirklich auf die Anhänger romantischer Anschauungen wirklich so üblen Eindruck gemacht, so wäre wohl der bedeutendste Kritiker unter den Romantikern nicht dafür eingetreten. Aber Friedrich Schlegel nennt es in seiner berühmten

---

[1] Goethes Werke in 3 Bänden, Bd. 1. Stuttgart 1869. 8⁰. S. 99, unter „Epigrammatisch".
[2] Grundrisz, Bd. 2. S. 891.
[3] Briefwechsel, Bd. 1. S. 340. 341. Weimar 30. Okt. 1808.
[4] Grundriss, Bd. 5. S. 243. Anm. 156.

Recension von Goethes Werken[1] „ein Wort recht zu seiner Zeit; eine vortreffliche Parodie der vielen holprichten und sinnlosen Sonette, womit uns die letzten Jahre, seit A. W. Schlegel diese Gattung wieder einführte, die Schaar der Nachahmer überschwemmt hat." Er sucht den Grund zu dieser Ueberschwemmung in einem Instinkte, der aufs Einzelne und diejenigen Formen „die dem Vereinzeln günstig sind", gerichtet ist. Wenige umfassende Gedichte in Terzinen und Hexametern seien aufzuzählen, dagegen viele in Form von Sonetten und Distichen.

Das Morgenblatt setzt nach kurzem Schweigen seine Fehde fort. Zinserling macht in Nr. 95 Vorschläge und empfiehlt die Anlage eines Parks für Liebhaber des Mittelalters. Dazu sei denn nötig „Ein Strich Landes, von einigen Meilen, verwüstet, ein metallnes Menschengeschlecht erlesen aus Karrenschiebern, damit es saftvoll und kräftig sey, einige romantische Bänkelsänger — gibt es etwas Reizenderes für einen modernen Herold des Mittelalters?" Aber Herrn Zinserling scheint es des Kampfs wider die Romantik schon zu viel geworden zu sein. Wozu auch streiten? Die Thorheit richtet sich selbst! In diesem Sinne wünscht er am Schlusse die Beantwortung der Frage „ob es auch gut sey von der Narrheit Notiz zu nehmen?" Aber das Morgenblatt ließ sich das nicht gesagt sein. Eine Fortsetzung der Fehde gab ja bei der so schrecklich flauen Zeit einen äußerst erwünschten Stoff zu Witzeleien, für die ein großer Teil des Publikums von jeher ungemeine Vorliebe zeigte. Und so ward denn munter weitergefochten.

Nicht eigentlich in den Rahmen dieser Fehde gehört der Mann, dessen wirklich rein sachlichen Bemerkungen wir in Nr. 97 begegnen. Es ist Bernhard Josef Docen[2], der hier im Gegensatz zu einer Stelle in Görres' teutschen Volksbüchern [S. 15] die Volkslieder für Kunstwerke erklärt, obgleich sie ohne theoretische Kunstkenntniß gedichtet seien. Auch in Nr. 101 bringt er eine „Notiz" über den gelehrten Streit im Neuen literarischen Anzeiger[3], der sich zwischen J. Grimm und von der Hagen über das Verhältniß des Minnesangs zum Meistergesang erhoben. Grimm hatte Identität beider behauptet, dagegen war von der Hagen aufgetreten. Auch Büsching nahm an dem Streite Teil, ohne sich jedoch für eine der beiden Ansichten zu entscheiden.

Wir kommen nun zu der Zeit des ersten Erscheinens unsrer Zeitung für Einsiedler. Das Morgenblatt bietet in der Folge einen fortlaufenden Kommentar eigner Art, und da einmal also ein solcher Kommentar besteht, so möge es mir gestattet sein, in Anlehnung an mein Referat darüber auch die Bemerkungen geeigneten Orts einzufügen, die ich etwa zu dem Texte der Tröst Einsamkeit zu machen haben werde.

Alle Feinde der Romantik hatten sich nun im Morgenblatt gesammelt, und nun dauerten „die litterarischen Balgereien", wie sich Görres ausdrückt, zwischen beiden Zeitschriften durch das ganze Leben der Einsiedlerzeitung fort. Görres, für den im Morgenblatt stets „Gespülicht und Bitterkeiten" gebraut wurden, konnte, wenn er im allgemeinen von Gegnern sprach, wohl sagen

---

[1] Heidelb. Jahrb. 1. Jahrg. 5. Abth. 1808. S. 257 f.

[2] Geb. 1. Okt. 1782 zu Osnabrück, seit 1803 in München, wo er bei der Reorganisation der Bibliothek verwandt ward. † 21. Nov. 1828. Vgl. unten S. 195.

[3] Erschien 1808 zu Tübingen in 4⁰, redigiert vom Freiherrn J. C. v. Aretin.

„Im Morgenblatt könnt ihr immer lesen, was die Herren in ihrer Sudelküche kochen". [1] Wir können uns die Mühe sparen noch andre Zeitschriften in den Bereich unsrer Betrachtung zu ziehn.

Nr. 104 des Morgenblatts bringt eine Anzeige von „Heidelberger Zeitschriften", in der es den neuen „Rheinischen Boten" und die „Zeitung für Einsiedler oder die allgemeinste Zeitung" bespricht. Aus den Ankündigungen beider Zeitschriften werden Stellen ausgehoben, um sie zu charakterisieren. Es ist jener F....... A..... wieder, der schon einmal in Nr. 55 den Guido in den Himmel erhebend die andern Romantiker verdammte, der nun hier auftritt. „Heidelberg beginnt die Aufmerksamkeit des gebildeten Theils der Bewohner Europas auf sich zu ziehen. Ein weiser Regent hat diesen Musensitz, einen der ältesten Deutschlands, aus seiner Verfallenheit in ein neues kräftiges Leben zurückgerufen. Hochherzige und patriotisch gesinnte Staatsdiener, von dem Geiste des Landesvaters beseelt, unterstützen mit redlichem Eifer die Absichten ihres Fürsten. Die literarischen Erzeugnisse Heidelbergs verdienen also schon in dieser Beziehung in die Annalen der Zeit eingetragen und mit kritischer Strenge gewürdigt zu werden. Daher haben wir uns verpflichtet gehalten, sogar die Ankündigung zweyer zu gleicher Zeit beginnenden Heidelberger Zeitschriften umständlich, und zwar um der Beurtheilung überhoben zu sein, als Satz und Gegensatz mitzutheilen. Ueber den Inhalt der bisher erschienenen Blätter werden wir uns in unserm nächsten Blatte vernehmen lassen." So wird denn nun in Nr. 105 das Probeblatt des „Rheinischen Boten" vom gleichen Recensenten besprochen und gelobt. In der folgenden Nummer kommt die Zeitung für Einsiedler daran. Schon das Motto des ersten Stücks „Alle gute Geister loben Gott den Herrn!" gibt Anstoß. Durch die Wahl dieser Exorcismusformel haben die Herausgeber schon deutlich den Ausschluß gewisser ihnen feindseliger Elemente bezeichnet und offenbar auch zugleich andeuten wollen, daß ihnen und ihrer Richtung das Lob Gottes nichts Fremdes sei. Das größere Gedicht gleich im Anfange „Der freye Dichtergarten" mußte freilich Aufsehn erregen, denn allerdings enthält es ein vollständiges Programm der Bestrebungen, die in der Zeitung für Einsiedler ihren Ausdruck finden sollten. [2] Das ward auch sogleich verstanden; doch man ging in der Deutung weit über die Absicht Arnims hinaus. „Die moderne Poesie" schreibt der Recensent „hat der ältern den Hals gebrochen, und wer möchte darüber klagen? — Man höre nur einige von den jubelnden Stimmen, die sich hier erheben, und denke dabey noch, wenn man kann, an die verschollenen Namen von Haller, Kleist, Klopstock, Ramler, Hölty, Bürger, Schiller, Wieland, Voß und — Goethe, mit dem es doch nun auch auf die Neige geht. — Es lebe das Reich der neuen Dichterfreiheit!" Mit Recht entrüstet über solchen Unverstand sagt Arnim auf Seite 10 in seinem Vorworte „An das geehrte Publikum": „vor allem empörte mich die schändliche Auslegung des Dichtergartens", und fertigt die Zumutungen des Morgenblatts in der gehörigen Weise ab.

Besonders scheint Voß sich getroffen gefühlt zu haben und demnach könnte die soeben besprochene Recension sehr wohl von ihm herstammen. Görres, der Augen- und Ohrenzeuge und Mitkämpfer in den Heidelberger Litteratur-

---

[1] Briefe, Bd. 1. S. 505. 506.

[2] Vgl. unten das Vorwort „An das geehrte Publikum", S. 10.

händeln erzählt in seinem Nachrufe an Arnim folgendermaßen.[1] „Als Arnim die Zeitung mit dem freien Dichtergarten eröffnete, in dem er ohne eine Beziehung auf ihn oder irgend eine andere Persönlichkeit, blos nach seiner Weise die Befreiung der freigeborenen Kunst von der Hörigkeit, in der die erstarrte Regel sie zurückzuhalten sich bemühte, angekündet, da beredeten sie ihn [Voß], oder er beredete auch sich selbst, er sei der kranke König, dem sie mit den wilden Rossen das eiserne Gitterthor vor dem Garten weggefahren, und bildete sich ein, es sey darauf abgesehen, seine im Taxus geschnittenen Zwerge, Pfauen und Trutthähne zu zerstören und die holländischen Tulpenbeete und Erbsenfelder zu zertreten."

Von einer Stelle des Dichtergartens, „Fünfte Stimme", S. 19, hat Clemens Brentano einen besondern Gebrauch gemacht. In seinem Märchen von Müller Radlauf[2] läßt er nämlich das Goldfischchen dem Fischer Petrus und seiner Frau Marzibille von ihrem Töchterchen Ameley erzählen, das unten im Wasserschlosse des alten Vaters Rhein ist, und in dieser Erzählung kommt folgende bemerkenswerte Stelle vor. „Ein Schifflein zog oben [an dem Hause der Frau Lureley hin] und darauf fuhren zwei Knaben, der eine freudig mit braunen Haaren, der andre traurig mit schwarzen Haaren, als sie an dem Fels waren, riefen sie:

‚Lureley! Lureley!
Es fahren zwei Freunde vorbei.' —"

Der Schwarze singt ein trauriges trübes Lied. „Und dann sang der Braune:

‚Die Sonne geht auf,
Wonne, Wonne still in Schauern
Dich umfangen frische frische Luft;
Sinnend auf die Strahlen lauern
Spielend in dem Morgenduft;
Lieben und geliebt zu werden
Ist das Einzige auf Erden,
Was ich könnte, was ich dächte, was ich möchte,
Daß es mir nur könnte werden,
Lieben und geliebt zu werden.'[3]

Und nun sprach Frau Lureley ihm siebenmal zurück: ‚Lieben und geliebt zu werden!' und sie schwammen hinab." —

Aus der Wahl gerade dieser Strophe, die übrigens Brentano wie die Aenderungen erweisen nach dem Gedächtnisse citiert, geht deutlich hervor, daß der Dichter in den beiden Sängern in schwarzen und braunen Haaren sich und den Freund Arnim zeichnen wollte. Ihm selbst gegenüber, der von Schwermut und schwerem Geschicke gedrückt sich neigt, hebt sich prächtig die schöne Gestalt des begeisterten Arnim.

Auch ein andrer Dichter hat von dem Liede, zu welchem jene Strophe gehört, seinen Gebrauch gemacht. Es ist Isidorus, der Graf von Löben. Die erste Strophe seines Gedichts Minnewarts Frühlingsgruss[4] schließt mit den Versen

„Eins nur wünsch' ich auf der Erden:
Lieben und geliebt zu werden."

---

[1] Vgl. Menzels Literatur-Blatt. 1831. Nr. 27. S. 107.

[2] Vgl. „Die Märchen des Clemens Brentano herausgegeben von Guido Görres". Stuttgart und Tübingen 1846. 2 Bde. 8⁰. Bd. 1. S. 146.

[3] Wie ich nachträglich bemerke hat Minor im Vorwort zu Arnims Hollin [Heidelberg 1883. 8⁰.] dieselbe Stelle benutzt. Ich verstehe nur nicht wie das falsche Citat auf S. XVI „Was ich könnte, was ich dachte, was ich möchte, daß es nie nur könnte enden . . ." zu Stande kam.

[4] Vgl. Blaetter aus dem Reisebüchlein etc. S. 156.

und mit wenigen Variationen bilden diese Verse den Kehrreim sämmtlicher Strophen dieses Gedichts, wie wenigstens der zweite der Verse bei Arnim. Daß wir hier eine Entlehnung aus Arnims Gedicht vor uns haben, ist kaum zu bezweifeln. Eins aber könnte dies doch fraglich machen. Die Blætter aus dem Reisebüchlein erschienen nämlich ebenfalls im Jahre 1808 wie unsre Zeitung für Einsiedler. Somit könnte also unter Umständen auch Löben die Priorität zufallen. Doch erinnern wir uns, daß jene Gedichtsammlung erst in den Nummern 165 und 166 des Morgenblatts recensiert ward, so will es doch scheinen als ob Arnims Gedichte der Vorrang gebühre. Jedenfalls ist eher vorauszusetzen, daß Löben Arnims Strophen in der Zeitung für Einsiedler las, die doch in seinem Wohnorte Heidelberg erschien und sicherlich dort Aufsehn genug machte, als daß Arnim Löbens Gedichtsammlung benutzte.

Der Recensent im Morgenblatte fährt fort und bespricht „Tiecks Be- Ver- und Zerarbeitung des Heldenbuchs, die auch nach Erlösung vom Preßbengel seufzt, obgleich mit Unrecht, da wir von Berlin her eine korrekte Ausgabe des unvertieckten Originals[1] zu erwarten haben."

In der Anmerkung zu Golo und Genovefa, unten S. 128, wird eine tüchtige Antwort auf diesen Ausfall erteilt, so daß in dieser Hinsicht nichts darüber zu sagen übrig bleibt. Es ist übrigens klar, der Lapsus der Recensenten, der den Rother ins Heldenbuch versetzte, stammt aus dem Mißverstehn der Schlußworte von Arnims prosaischer Einleitung zum Rotherfragment [S. 34]. Weitere Kenntnisse von diesem Gedichte gingen dem Recensenten offenbar ganz ab.

Wie es kam, daß diese Bruchstücke der Rotherübersetzung in der Zeitung für Einsiedler ihre Stelle fanden, verdient erwähnt zu werden. Ein Brief Arnims an Tieck, datiert vom 31. März 1808, Heidelberg[2] gibt darüber Aufklärung. „Ich überschicke Ihnen, geehrter Freund" schreibt Arnim „die ersten Bogen meiner Zeitung; auf Zimmers Verantwortung habe ich ein Stück aus dem Rother genommen, das mir gar wohl gefiel, er hat es auch übernommen den schuldigen Ehrensold dafür zu entrichten." Es will danach scheinen als ob Tieck eine vollständige Uebersetzung des Rother gefertigt[3] und beabsichtigt habe sie bei Mohr und Zimmer erscheinen zu lassen, so daß Zimmer schon im Besitze des Manuskripts war. Die prosaische Einleitung spricht ja auch deutlich die Hoffnung aus, daß bald die Ausgabe des Ganzen angezeigt werden könne [S. 33]. Wir wissen, daß Tieck im Jahre 1805 in Rom eine vollständige Abschrift der Pfälzer Rotherhandschrift, die sich damals noch im vatikanischen Exile befand, genommen hat. Nach dieser Abschrift hat dann von der Hagen im Jahre 1808 seine Ausgabe in den deutschen Gedichten des Mittelalters ins Werk gesetzt.[4] Auch von der Hagen spricht den Wunsch aus, daß Tiecks „Bearbeitung dieses trefflichen alten Gedichtes dasselbe recht bald noch kräftiger und lebendiger verbreiten möge".[5]

---

[1] Im Jahre 1808 erschien der Rother in „Deutsche Gedichte des Mittelalters herausgegeben von F. H. von der Hagen und J. G. Büsching". Bd. 1. Berlin. 4°.

[2] „Briefe an Ludwig Tieck. Ausgewählt und herausgegeben von Karl von Holtei." Bd. 1. Breslau 1864. 8°. S. 13.

[3] Köpke, Ludwig Tieck I. Leipzig 1855. 8°. S. 336 nennt auch Tiecks „früher angefertigte Bearbeitung des ‚König Rother'."

[4] Vgl. a. a. O. König Rother. Einleitung. S. XII.

[5] In der Anmerkung 32 verweist er auf die Zeitung für Einsiedler. Unser Rotherfragment findet sich bei v. d. Hagen S. 20—26.

Nun gibt aber Tieck in der Ausgabe seiner Schriften, Band 13, S. 171 denselben Abschnitt einer Rotherübersetzung, der danach 1806 verfaßt ist, mit der Bezeichnung „Fragment". Ich glaube in der That nicht, daß er den ganzen Rother oder auch nur einen größern Abschnitt desselben bearbeitet hat. Etwas mehr als das in der Tröst Einsamkeit abgedruckte Stück mag es wohl gewesen sein. Er würde vielleicht auch dies nicht veröffentlicht haben, wenn es nicht ohne seinen Willen durch Arnim geschehn wäre. Da es nun einmal bekannt geworden war, so hat er es auch in die Sammlung seiner Schriften aufgenommen. Wenn Köpke an der oben in der Anmerkung angezognen Stelle von der „Bearbeitung" des König Rother redet, die Tieck von der Hagen überlassen habe, so ist das ungenau: Abschrift und Bearbeitung sind zu scheiden.

Mit gutem Geschicke ist in unserm Fragmente eine wirklich ansprechende, ja wohl die schönste Stelle des alten Spielmannsgedichts, das heute noch manchem viel zu raten aufgeben wird, ausgehoben. Tiecks Uebersetzerart ist freilich für unsre Zeit nicht mehr genießbar. Das Beibehalten verschollner Wörter, längst geschwundner Flexionsendungen, veralteter Satzfügungen entspricht nicht mehr unsern Anschauungen von Uebersetzungskunst. Zudem sind die Mißverständnisse, die Tieck unterliefen, für uns doch zu störend. Wenn er zotragin = zertragen für zu tragen [2138], dar = dahin für der, auf das vorhergehende schal bezüglich [2158], lût für Laut [2162] u. s. w. nimmt, so sind dies offenbare Fehler, die sich freilich durch die Mangelhaftigkeit seiner Vorlage erklären lassen. Dennoch ist die Ausgabe dieses Stücks eine litterarische That von Bedeutung in einer Zeit, da man den König Rother nicht einmal mehr dem Namen nach kannte.

Tieck trug sich, wie schon oben angedeutet, mit so manchen Planen, die auf die Wiedererweckung unserer mittelalterlichen Litteratur hinausgingen. So ist es bekannt, daß er an einer Erneuerung des Nibelungenliedes arbeitete, von der jedoch nur der erste Gesang spät im Druck erschien.[1] Die begierige Erwartung der Romantiker, die auf diese Arbeit Tiecks gerichtet war, ist nie befriedigt worden. Vielleicht daß das Zuvorkommen der Nibelungenausgabe von der Hagens ihm die Lust dazu benahm, wie es höchst wahrscheinlich auch mit dem Rother gegangen war. Uebrigens hat sich Tieck gegen von der Hagen äußerst freundlich gezeigt. Nicht nur daß er ihm sein Rothermanuskript zur Abschrift überließ: wie von der Hagen selbst erzählt, hat Tieck sogar noch beide Abschriften genau mit einander verglichen.

Arnim spricht in jenem Briefe Tieck direkt um einen Ueberblick seiner Untersuchungen über die Nibelungen an. Und er fährt fort „Von Görres folgen in den nächsten Blättern merkwürdige Resultate über denselben geschichtlichen Kreis, denken Sie wieviel Vorarbeiten Sie den Freunden der alten Literatur ersparten, wie die dann lustig auf Ihrem Grunde fortbauen könnten; die schlimmsten Sünden in unserer Zeit sind die Unterlassungssünden." Damit kommen wir zu Görres' unten S. 43 beginnenden Abhandlungen über das Nibelungenlied und seine Sage. Die Einsiedlerzeitung sollte wie die Anmerkung S. 43 mitteilt noch die Untersuchungen zweier Gelehrten über dieselbe Materie bringen, nämlich die J. Grimms neben denen Tiecks; aber Tieck hat mit seiner Arbeit ganz zurückgehalten, J. Grimm bei andrer Gelegenheit

---

[1] Bd. 10 des Neuen Jahrbuchs der Berlinischen Gesellschaft für Deutsche Sprache und Alterthumskunde. Herausgegeben von F. H. von der Hagen. Leipzig 1853. 8⁰.

sich ausgesprochen. Im Jahre 1808 hat Wilhelm Grimm in den Studien von Daub und Creuzer[1] großentheils denselben Stoff besprochen. Es ist mir ferne an diesen Schriften hier Kritik zu üben, denn das würde zu weit führen, weit über den Rahmen einer Einleitung zur Tröst Einsamkeit hinaus. Diese Arbeiten haben für uns nur noch historischen Wert. Wer eine Geschichte des Nibelungenlieds schriebe, dem müßte ihre Beurteilung und eingehende Besprechung zufallen. Und weil Görres' Abhandlungen nur diesen historischen Wert besitzen, habe ich es auch unterlassen sie mit genauern litterarischen Nachweisen zu versehn, was ja ein Leichtes gewesen wäre. Der Freund der deutschen Philologie, der Kenner der Nibelungensage und ihrer Wandlungen und Darstellungen ist es, für den Görres' Schrift hier erscheint, der allein einen Genuß daraus zu schöpfen vermag, und für ihn sind hier Anmerkungen unnötig.

Es ist schon von verschiedenen Seiten gebührend hervorgehoben worden, daß Görres die später von Holtzmann aufgegriffne und ausgesponnene Idee vom großen Gesammtepos, „in dem die Nibelungen nur ein Gesang gewesen sind"[2], zuerst ausgesprochen hat. Es leuchtet dabei ein, daß die cyklische Darstellung in der Thidrikssage in Görres diese Vorstellung hervorrief.[3] Man kann ebenso bei Tieck die Keimidee der Lachmannschen Liedertheorie nachweisen. Bemerkenswert ist, daß Görres der erste war, der die nordische Prosa, der das persische Epos zur Vergleichung heranzog. Wir müssen Görres' riesenhafte Belesenheit bewundern, und zwar um so mehr, als zu seiner Zeit die Quellen durchaus nicht so bequem zur Hand waren wie jetzt, da wir doch noch großenteils von den Citaten und Vorarbeiten der Romantiker leben. Es wird schwer richtig zu schätzen was es heißt so ganz auf eignen Füßen zu stehn wie ein Görres mußte. Nun war ein großes fast unabsehbares Gebiet geöffnet. Aber Görres' Aufgabe war auch erfüllt. Es ist kein Schade, wenn er fürderhin keine größere Arbeit auf diesem Gebiete mehr unternahm, denn mit seiner Art wird man sich nur schwer befreunden können. Goethe hat ein wahres Wort gesprochen, wenn er sagte „ . . . wahrlich die modernen Liebhaber desselben [des Nibelungenlieds], die Herren Görres und Consorten, ziehen noch dichtere Nebel über die Nibelungen, und wie man von andern sagt, daß sie das Wasser trüben um Fische zu fangen, so trüben diese Land und Berg um alle gute kritische Jagd zu verhindern".[4] Goethe war freilich selbst nicht auf dem richtigen Wege zur guten kritischen Jagd. Immerhin verdient bemerkt zu werden, daß er damals das Nibelungenlied in seinem Kreise vorlas und sich mit allerlei Planen darüber trug.

Sehn wir nun auch was das große Publikum mit einer Arbeit wie die Görres' zu jener Zeit anzufangen wußte! Der geistreiche Recensent des Morgenblatts weiß in der Nummer 106, aus der ich schon einiges angeführt habe, nichts darüber zu sagen als „in Nr. 5 [der Zeitung für Einsiedler] kommt . . . der Anfang eines, so Gott will, durch das ganze Leben des Einsiedlers fortlaufenden Aufsatzes über den hörnerbegabten Siegfried und die Niebelung [sic!], vom Herrn Professor Görres. Man kennt die Manier

---

[1] Bd. 4. Heidelberg, bey Mohr und Zimmer. 1808. S. 75—121. 216—288. Vgl. den Aufsatz von Jakob Grimm unten S. 199 f. Vgl. Anm. zu S. 44.

[2] Vgl. unten S. 118.

[3] Vgl. Bartsch, Romantiker und germ. Studien. S. 19.

[4] Goethe an Knebel, Weimar 23. Nov. 1808. Vgl. Briefwechsel, Bd. 1. Leipzig 1851. 8°. S. 338.

dieses Kunstrichters bereits . . ."[1] Ohne Zweifel hat der Recensent [Weißer?] also keine Zeile des Aufsatzes gelesen: das wäre ja freilich zu viel verlangt. Er weiß nicht einmal wovon eigentlich die Rede ist, denn er versteht offenbar in allem Ernst „gehörnt" als „hörnerbegabt", gerade wie im alten Drucke des Volksbuchs dem Helden Siegfried ganz ernstgemeinte Hörner angesetzt wurden. Daß er das Nibelungenlied nicht aus eigner Anschauung kannte, wäre in Anbetracht der Zeit verzeihlich; aber irgend ein Zufall hätte ihm wohl auch das Volksbuch vom gehörnten Siegfried, das heute noch auf Messen und Märkten zu kaufen und allenthalben unterm Volke beliebt ist, in die Hände spielen können. Wohl; aber wer wird von einem aufgeklärten Gebildeten verlangen, daß er solche Dinge, die in den vielleicht nicht ganz saubern Händen des Handwerkers umgehn, nur einer nähern Betrachtung würdige! Für den nicht durch die Weisheit und erhabne Pracht des klassischen Altertums geläuterten Sinn konnte etwa solches Zeug noch genügen, und auch dem hätte man es lieber noch geraubt. So dachte der Mann des Morgenblatts, und so dachte die große Menge der Gebildeten jener Zeit. Und so seltsam, ja so thöricht uns solches Gebahren erscheinen mag, wir können es ihnen nicht verübeln. Die tiefere Erkenntniß des Wahren, Schönen und Großen, das selbst aus der oft fratzenhaften Vermummung späterer Ueberlieferung der Motive unsrer alten Dichtung hervorschimmert, war damals erst sehr wenigen aufgegangen, und es sollte noch lange Jahre dauern bis da und dort die verwehten Samenkörner, die die Romantiker freigebig ausgestreut, aufgingen und Wurzel schlugen und endlich Blumen brachten und Früchte trugen zur Labung der Kinder einer geistesfreiern Zeit.

Auch *Brentano*, der in Nr. 5 der Zeitung für Einsiedler zuerst mit einem Gedichte „Der Jäger an den Hirten" auftrat, ist nicht ganz vom Morgenblatte vergessen; wenigstens wird der kleine Druck des Gedichts hervorgehoben, und so schließt mit Citat einer Stelle aus Görres' Schriftproben der Aufsatz.

Im Umschlag zum Maiheft unsrer Zeitung[2] hat Görres in seiner phantastischen anspielungsvollen Weise sich gerächt.

Schon der Titel „Correspondenznachrichten aus Bädern und Brunnenorten" ist Satire, ein Hohn auf die ähnlich betitelten Rubriken im Morgenblatte und ähnlichen Zeitschriften, die das begierige Publikum mit dem neuesten Klatsch zu befriedigen bestimmt waren. Wir erinnern uns, daß *Reinbeck* im Morgenblatt allerlei über Heidelberg geschrieben hatte und daß eine Anzahl von Heidelberger Gelehrten heftig gegen ihn aufgetreten war. Er ist der „Schneider von Profession", der von der literarischen Polizei ausgestäupt und gebrandmarkt worden, von dem Görres [S. 90] redet. Er und seine Compagnie vom Morgenblatt ist es, die aus jedem Loche heraus Ausfälle macht. Unter dem berühmten Hundeliebhaber [S. 91], dessen hohe Meinung von der eignen Bedeutung Görres so drastisch zu schildern weiß, ist kein andrer als *Voß* zu verstehn. Vielleicht ist mit Absicht auf dem Bilde [S. 94], das Görres' Einfälle illustriert, rechts der Abhang des Geisberges als züngelnder Hundskopf dargestellt, denn am Fuße dieser Vorhöhe des Königsstuhls, nahe der Peterskirche in Heidelberg wohnte Voß. Wer unter Simia dem Affen zu verstehen

---

[1] Wohl Anspielung auf Görres' Besprechung von Runges Zeichnungen „Die Zeiten" in den Heidelbergischen Jahrbüchern, 1. Abt. 5. S. 261 f.

[2] Unten S. 90—96.

ist, leuchtet nicht recht ein; vielleicht wieder Reinbeck oder der Herausgeber des Morgenblatts, denn er „hockt in der Expedition.“ Zur völligen Gewißheit wird die Beziehung auf das Morgenblatt und seine Leute, wenn Görres [S. 95 unten] die „Geschnauzten“ höhnt, die mit schlechter Brühe und Gespühlig jeden Morgen abgefüttert werden.

Im 10. Stück der Zeitung für Einsiedler [S. 99] begegnen wir dem ersten Abschnitte der Uebersetzungen aus Froissarts Chronik. Gerade der Teil, der seinen Aufenthalt beim Grafen Gaston III. von Foix, genannt Phöbus, und die Erzählungen des Messire Espaing du Lion enthält, mit welchem Brentano die Zeitung für Einsiedler schmückte, ist das Beste von Froissarts ganzem Werke. Die Chronik erfreute sich stets einer allgemeinen Beliebtheit, das beweist schon die Menge der Handschriften, welche sie überliefern. Zu einer gewissen Berühmtheit kam die Breslauer Handschrift, da im Jahre 1806 bei der Uebergabe Breslaus an die Franzosen ihr Besitz im Vertrage der Stadt gesichert ward.

Jean Froissart war in der Jugend, einigermaßen gegen seinen Willen, zum gelehrten geistlichen Stande bestimmt worden. Frühe schon kam seine Dichterbegabung zu Tage. Seine ersten Balladen und Virelais besangen das Lob einer Dame, die sein junges Herz entzückt hatte. Wie es scheint brachte ihn diese Liebe in Widerstreit mit den Planen, die sein Leben der Kirche weihen wollten. Diesem Widerstreite zu entfliehen zog er in früher Jugend aus und begab sich an den Hof des englischen Königs Eduard III., dessen Gemahlin Philippa von Hennegau ihn besonders wohl empfing und stets seine Schutzherrin blieb. Nachdem er später auf kurze Zeit wieder Frankreich besucht hatte, kehrte er nach England zurück. Es ist bekannt, daß er der Philippa bei diesem zweiten englischen Aufenthalte ein Buch überreichte, das wahrscheinlich mit Liedern zum Ruhme der Schlacht bei Crecy gefüllt war. Seine ersten größern Gedichte, deren Namen wir kennen, sind der „Maienhof“ und das „Jugendwäldchen“. Da ihn Erzählungen von Kriegsthaten besonders anzogen, begab er sich mit Philippas Unterstützung auf die Suche. Dann lebte er wieder einige Jahre in England am Hofe des Prinzen von Wales. 1368 begleitete der unruhige Mann Eduards III. zweiten Sohn, den Herzog Lionel von Clarence zur Hochzeit mit Galeazzo Viscontis Tochter nach Mailand. Von da zog er nach Rom. Nachdem im Jahre 1369 Philippa gestorben war, kehrte Froissart nach Frankreich zurück. Um diese Zeit erhielt er zu Lestines im Hennegau nahe dem Schlosse Beaumont eine Pfründe und hob nun an das viele Gesehene und Gehörte in einer Chronik niederzulegen. Aber die Ruhe dauerte nicht lange. Herzog Wenzeslaus von Böhmen und Brabant zog ihn an seinen Hof. Hier fand Froissart reichlich Anerkennung. Der Herzog war selbst Dichter und ließ durch den kunstreichen Froissart dessen und seine eignen Lieder in einer Art von Roman, Meliador[1] genannt, vereinigen, der uns aber verloren ist. Der zweite Abschnitt unsrer Uebersetzungen enthält gerade Froissarts Bemerkung, die sich auf den Meliador bezieht. Als nun auch

[1] Vgl. unten S. 101. Es ist fraglich ob die Form Meliader als Druckfehler aufzufassen ist. Buchon [Les chroniques de sire Jean Froissart. Tome II. Paris 1835. 8°. S. 399 a. Im Panthéon littéraire. Littérature française. Histoire.] schreibt Méliadus und bemerkt dabei Melliades, suivant d'autres manuscrits. Hing dieser Roman wohl mit dem Meliadus de Leonnoys von Rusticien de Pise zusammen, der im 13. Jahrhundert gedichtet ward und sich an den Cyklus der Tafelrunde anschließt?

Wenzeslaus gestorben, zog er zu dem Grafen Guido von Beaumont, der ihm ein Kanonikat zu Chimay zuwendete. Aber Froissart kam nie völlig zur Ruhe. Die Lust am fahrenden Leben und der Trieb zum Schauen und Lauschen jagten ihn bald wieder auf. Diese Reise zum Grafen von Foix, welche er nun unternahm, ist es, die das in unsrer Tröst Einsamkeit mitgeteilte Stück des dritten Buchs seiner Chroniken erzählt. An die Reise nach Ortez schlossen sich noch weitere Züge Froissarts bis in die Niederlande. Im Jahre 1395 war er wieder in England und überreichte dem König Richard II. ein sorgfältig geschriebnes und schön geziertes Buch mit seinen Schriften. Er kehrte nach Frankreich zurück und scheint zu Anfange des fünfzehnten Jahrhunderts zu Chimay gestorben zu sein. Wenigstens wird erzählt, daß er in der Annenkapelle der Kirche zu Chimay begraben sei.[1]

Von diesen Mitteilungen aus Froissarts Chroniken, deren schönen Fluß, deren anschauliche Darstellung wir auch in der Uebersetzung bewundern müssen, meldet natürlich das Morgenblatt kein Wort. Sehr wahrscheinlich war die Quelle dieser Uebersetzung ganz unbekannt. Uns aber gibt die Aufnahme dieser Stücke in die Einsiedlerzeitung recht Ursache den feinen Sinn der Herausgeber zu loben. Noch heute ist leider Froissart von gar wenigen gekannt und geliebt.

Das Seelied, S. 124 unsrer Tröst Einsamkeit, konnte ich keinem bestimmten Verfasser zuweisen. So manche Eigenheiten, die Assonanzen und die Unterschrift B. könnten auf Brentano schließen lassen; doch sehe ich nicht ein was Brentano zur Verschweigung seines Namens hätte bewegen können.

„Lieber herzlich verehrter Tieck! Sie erhalten die beyden ersten Hefte meiner Zeitung [April und Mai]; es würde mir Freude machen, wenn Sie nicht mißbilligten, was mir nach ruhiger Uebersicht wohlgefällt; wie lange ich die ganze Sache fortsetze hängt von dem Absatze auf dieser Messe ab. Pr. L'Epigue[2] gab mir den Müller[3], der ritterlich thätige Schluß des Stücks veranlaßte mich besonders zur Mittheilung, es perlt darin wie in siedendem Wasser und er vergleicht sich darin so leicht mit der ruhigen Erhebung, in welcher ihr Werk[4] schließt. Brentano .... wird ins nächste Heft ein gar lustiges Werklein, die Geschichte des Bärenhäuter einrücken .... Die Zeitungen sagen mir von einem Romantischen Journale, das Sie herausgeben[5], ich freue mich dessen, es muß den Bienen der Honig genommen werden, daß sie wieder arbeiten und ich bescheide deswegen meine Bitte um Beyträge von Ihnen noch nicht. Görres Untersuchungen über die Nibelungen finden Sie fast beendigt, von Grimm erwarte ich schöne Resultate. Es geht so unendlich viel zugrunde, lassen Sie Ihre Untersuchungen nicht darum schweigen, weil der eine oder andre vielleicht schon einiges davon berührt hat .... Eben erhalte ich einen Brief von Hagen, der mir schreibt, daß er zu den Nibelungen Ihre Unterstützung erhalten, es freut mich dies glückliche Verständniß, es scheint jetzt ein

---

[1] Vgl. G. Weber. Jean Froissart und seine Zeit. Historisches Taschenbuch. Fünfte Folge. Erster Jahrgang. Leipzig 1871. 8⁰. S. 181 f.

[2] D. h. Le Pique, ein Pfälzer, reformirter Prediger. Tieck hatte ihn 1803 in Erlangen kennen gelernt.

[3] D. h. das Schauspiel Golo und Genovefa von Maler Müller. Unten S. 127 f.

[4] Tiecks „Leben und Tod der heiligen Genovefa". Vgl. Schriften, Bd. 2. Berlin 1828. 8⁰.

[5] Es kann nicht wohl etwas anders gemeint sein als Tiecks Poetisches Journal, das aber nur ein Jahr lang, 1800, in Jena in 8⁰ erschien.

allgemeiner Sturm zu werden gegen die tückische Bosheit falscher Kritik ....“ So schreibt Arnim Ende Mai 1808 an Tieck.[1]

Ueber das Verhältniß der beiden Genovefendramen zu einander wäre viel zu sagen wozu hier der Raum mangelt. Wesentliche Punkte hebt Arnim bereits in der Anmerkung zu Seite 127 hervor. Friedrich Müller, der Maler, hat sein Schauspiel bereits in den Jahren 1775—81 gedichtet. Das Manuskript machte mannigfache Wanderungen bis es endlich auch in Arnims Hand kam, der es in der Einsiedlerzeitung zum ersten Male teilweise mitteilte. Dr. von Ringseis, der Mitarbeiter unsrer Zeitung, den wir weiter unten näher kennen lernen werden, erzählt in seinen Erinnerungen in den historisch politischen Blättern[2] etwas burschikos nach Müllers eignem Berichte über dessen Beziehungen zu Tieck in Rom. Aber gerade der Umstand, daß Müllers eigne Angaben Ringseis Quellen sind, erregt Bedenken, denn es ist bekannt, der Maler war etwas ruhmredig und nahm es mit der Wahrheit nicht zu genau, wenn er durch eine kleine Verschiebung der Thatsachen der Wirkung seiner Erzählungen aufhelfen konnte. Ringseis hat Müllers Mitteilungen durchaus als baare Münze genommen. Für uns ist wichtiger was Köpke über die Beziehungen Tiecks zu Müller erzählt.[3] Müllers Golomanuskript hat beide einander genähert. Der Maler hatte es seinem Freunde dem Hamburger Waagen mitgegeben um einen Verleger dafür zu suchen. Waagen teilte es im Jahre 1797, als Tieck in Hamburg war, diesem mit, und Tieck, der den Wert des Schauspiels erkannte, studierte es eifrig. Der Stoff und der eigne Ton von Müllers Darstellung und Behandlungsweise ergriffen Tieck so sehr, daß auch er endlich daran ging ein Genovefendrama zu schreiben. Das war im Jahre 1799. Wie die Vorzüge, hatte er auch die Mängel von Müllers Gedicht erkannt, und so suchte er vor allem wie Arnim schon andeutet der Handlung einen historischen Hintergrund und historische Färbung zu geben. Tiecks feine Künstlerhand hat alles gerundet; dennoch glaube ich wird jeder, der sich über Müllers Kraftgeniestil hinwegzusetzen vermag, mehr Gefallen an des Malers Werk finden, und nicht ohne Grund. Schon der Titel von Tiecks Gedicht zeigt die leichte Verschiebung in der Auffassung des Stoffs an. Müllers Schauspiel heißt Golo und Genovefa, Golos Name steht an der Spitze, Golo ist die Hauptperson, die das größte Interesse auf sich sammelt: der leidenden Genovefa konnte natürlich nicht die Heldenrolle zugeteilt werden. Hätte Tieck dies Letztere versucht, so war sein Titel Leben und Tod der heiligen Genofeva richtig. Er hat nun zum Glück diesen Versuch nicht gewagt; aber Golo hat bei ihm unendlich verloren, ohne daß eine andre Gestalt die Handlung beherrschend in den Vordergrund getreten wäre. So ist das Ganze blasser geworden. So manches Fratzenhafte ja Greuliche, das Müllers Darstellung hat, mißt man gern, aber ungern die Lebendigkeit der Handlung und Frische des Tons, die sie vor der Tiecks voraus hat. Des Malers Werk ist mit einem Worte wirklich ein Drama, Tiecks Werk ein dramatisches Gedicht, ein Lesedrama.

Der Unterschied beider Darstellungen läßt sich an dem Gololiede prüfen.

---

[1] Vgl. Briefe an L. Tieck, Bd. 1. S. 15. Bartsch a. a. O. S. 42, Anm. 30 setzt diesen Brief richtig Ende Mai.

[2] Bd. 80. München 1877. 8⁰. S. 177. 178.

[3] Ludwig Tieck, Bd. 1. S. 242 f. 323 f.

Tieck hat das Motiv, das dem Ganzen eine so eigne schwermütige Stimmung verleiht, aus Müllers Schauspiel herübergenommen. Bei Müller lautet das Lied

„Mein Grab sey unter Weiden
Am stillen dunkeln Bach!
Wenn Leib und Seele scheiden,
Läßt Herz und Kummer nach.
Vollend' bald meine Leiden,
Mein Grab sey unter Weiden
Am stillen dunkeln Bach."

Tieck braucht drei Strophen, deren erste jedoch, da sie dem Sinne nach völlig Müllers Gololiede entspricht, hier genügen wird.

„Dicht von Felsen eingeschlossen,
Wo die stillen Bächlein gehn.
Wo die dunklen Weiden sprossen,
Wünsch' ich bald mein Grab zu sehn.
Dort im kühlen abgelegnen Thal
Such ich Ruh für meines Herzens Quaal."

Wie im Ganzen so hier der Unterschied im Einzelnen. Tiecks Verse sind glatter, ausgebildeter; aber er führt weitläufig aus was Müller nur andeutet. Die beiden folgenden Strophen klagen verschmähte Liebe. Müller hat den Grund des Leides, das aus seinen paar Versen hervorklingt, nur angedeutet; es hat mit dem Herzen zu thun. Aber gerade das nur Andeutende, die schwermütige dunkle Stimmung des Gololieds bei Müller in ihrer Zurückhaltung entspricht unendlich mehr dem Charakter des Golo, und zwar bei Müller und bei Tieck. Gerade dadurch, daß Müller dem Leser etwas nachzufühlen übrig läßt, erreicht er eine viel höhere Wirkung und nähert sich der Art des Volkslieds. Tiecks Lied erscheint zu sehr gerade für den Fall gedichtet. Man kann dem Schäfer Heinrich nicht glauben, daß er es ohne bestimmte Beziehung auf Golos Herzenssache vorbringe.

Ein ungerechter Vorwurf ist es übrigens, wenn man behauptet Tieck habe Müllers Gololied herübergenommen und überhaupt sich wesentlich an Müller angeschlossen. Als Ringseis seine Erinnerungen niederschrieb, war er ein sehr alter Mann und hatte wohl die beiden Dramen längst vergessen, wenn er sie überhaupt beide jemals gelesen. Es ist übrigens auch nur zu verständlich, daß der etwas derbe Ringseis, der eifrige Bayer, dem feinen glatten Tieck, dem Berliner, gern einen kleinen Hieb versetzte. Unter dem ungünstigen Einfluß dieser schiefen Stellung leidet Ringseis ganze Erzählung.

Als Tieck im Jahre 1805 mit seiner Schwester nach Italien und Rom kam, suchte er Müller auf und wußte sich so zu diesem zu stellen, daß der Maler längere Zeit hindurch täglicher Gast bei ihm ward. Freilich blieb das Verhältniß nicht ohne Trübung, wie Ringseis sehr drastisch zu erzählen weiß. Im folgenden Jahre untersuchte Tieck in Mannheim noch die dort im Manuskript ruhenden übrigen Dichtungen des Malers Müller und veranstaltete endlich im Jahre 1811 in Verbindung mit dem Prediger Le Pique die erste Ausgabe von Müllers Werken.[1] Man hatte sie früher erwartet. Arnim schrieb schon zu Anfang Dezember 1807 an Tieck „Haben Sie Müllers Schriften geordnet? Alles wartet sehnlich auf die Herausgabe, die Ihnen keine Mühe machen

[1] Sie erschien in 3 Bänden 8⁰ in Heidelberg, nicht 1814 wie Köpke [vgl. Kleine Schriften. Hrsg. v. Kiessling. Berlin 1872. 8⁰. S. 763] angibt.

kann, da in Müller seiner ganzen Anlage nach, nichts zu ändern sein kann".[1]

Mit Tieck hatten die Brüder Riepenhausen sich nach Italien gewandt, von denen Arnim in der *) Anmerkung S. 127 redet. Franz und Johannes Riepenhausen, geb. 1786 und 1788 zu Göttingen, die Söhne des Universitätskupferstechers Ernst Ludwig Riepenhausen, verbrachten ihr Leben in engstem Vereine, äußerlich und innerlich durchaus den gleichen Zielen zustrebend. Beide leisteten als Maler und Kupferstecher Erhebliches, zuerst im Geiste der Antike, dann als Bahnbrecher der romantischen Schule in der Malerei. Tiecks Genovefa begeisterte sie zu einer Reihe von Zeichnungen, die dann im Jahre 1806 zu Frankfurt in Folio erschienen. Die kunstfertigen Hände der Brüder schufen eine große Anzahl bedeutender historischer und religiöser Bilder, daneben auch Kompositionen zu Goethes Faust, zu Schillers Taucher, zum Kampf mit dem Drachen und andern bekannten Gedichten. Im Jahre 1831 schied der Tod die Unzertrennlichen: Franz starb zu Rom am 3. Januar. Johannes ward erst 29 Jahre später Ende September 1860 aus seinem kunstgeweihten Leben abgerufen.

Einen höchst merkwürdigen Abschnitt unsrer Tröst Einsamkeit bilden die Auszüge aus Briefen Schillers an eine junge Dichterin[2], die ich bei Gelegenheit der Besprechung von Sepps Buch über Görres schon einmal erwähnte. Leider hat es nicht gelingen wollen über die Art wie diese Briefe in die Einsiedlerzeitung kamen irgend etwas zu ermitteln. Wenn nun auch nicht anzunehmen ist, daß durch Briefe, zwischen Schiller und einem jungen Mädchen gewechselt, der Litteraturgeschichte eine wesentliche Förderung gewährt werden könne — bezieht sich doch alles was wir von diesen Briefen durch die Ausgabe in der Tröst Einsamkeit kennen ausschließlich nur auf die Schriften dieser nun fast vergeßnen Dichterin — so ist es doch unendlich zu bedauern, daß nur diese Auszüge und nichts weiter von diesem Briefwechsel übrig geblieben. Die sechs Nummern der Auszüge sind gar wenig, und wer sie liest möchte doch wohl noch mehr vernehmen. Die liebevolle fast väterliche Teilnahme, die Schiller Amalien von Imhof entgegenbringt, zieht ungemein an und zeigt des Dichters Sinn von der liebenswürdigsten Seite. Mit Feinheit lenkt er die Aufmerksamkeit der jungen Dichterin auf die wirklich guten Seiten ihrer Begabung, die sie anpflanzen und pflegen soll. Er weiß, daß wo wirklich Talent vorhanden ein mildes Lob nicht schadet, wenn ein ebenso milder Tadel es begleitet. Arnim stellt mit Recht solche Kritik als Muster auf.

Der sechste Teil der Auszüge allein gibt Beziehungen zur Zeitlitteratur. Amalie von Imhof plante eine Zeitschrift. Schiller kannte aus eigner Erfahrung die Klippen zwischen denen hindurch der Leiter einer Zeitschrift, die wirklich etwas sein sollte und wollte, sein Schiff zu steuern hatte. Man sagt im Scherz: Redaktionsgeschäfte verderben den Charakter; aber es liegt eine Wahrheit in diesen scherzenden Worten. Wie nachteilig konnte solche Thätigkeit auf einen unfertigen Charakter, ein erst werdendes Talent wirken! Dazu war auch nicht die Not zur Gründung einer neuen Zeitschrift vorhanden: Wielands Neuer Teutscher Merkur[3], der seit 1790 zu Weimar in 8° er-

---

[1] Briefe an L. Tieck, Bd. 1. S. 12.
[2] Unten S. 196—199.
[3] Der Teutsche Merkur war in den Jahren 1773—1789 erschienen.

schien, die Flora[1], Teutschlands Töchtern geweiht von Huber, Schillers Horen[2] konnten der Dichterin die beste Gelegenheit zur Ausgabe ihrer Poesie geben. Im Musenalmanach[3] ward dann auch wirklich ein größeres Gedicht von ihr gedruckt.[4]

Wir haben in dem Briefe Arnims an Tieck gelesen, daß die Fortsetzung der Einsiedlerzeitung schon zweifelhaft geworden war, obgleich diese erst zwei Monate hindurch bestanden hatte. So wird wohl die „Notiz für Einsiedler" im Morgenblatt, Nr. 125 nicht so ganz unrecht haben, wenn sie sagt „Der gute fromme Einsiedler scheint sich aus diesem Jammerthal dieser bösen verderbten Welt je mehr und mehr zurückziehen zu wollen." Das Morgenblatt wird nun in seiner Polemik sogar poetisch, denn der „Notiz" ist die Anmerkung beigefügt „Obige eingesandte Notiz fordert unsre Unpartheilichkeit zur Mittheilung des Folgenden auf, zum Beweise, weil die Zeitung für Einsiedler um sich greift:

„Kauft und les't!" gebieten
Männer von Talenten.
Ha, sie mögen wüthen,
Unsre Recensenten! — —
So viel Eremiten,
So viel Abonnenten!"

Auch in Nr. 137 weiß ein „J. G. J." [Jacobi?] in Versen allerlei über die „Neueste Poesie" zu sagen, deren Neigung zur Frömmigkeit ihm besonders anstößig zu sein scheint. Das Gedicht schließt mit den Versen

„Es stellen sich von Neuem ein
Die alten Kreuzluftvögelein."

Eine Anmerkung zu dem letzten Worte sagt es sei „Ein Ausdruck aus einem vormals sehr bekannten mystischen Gesangbuche." Ich führe dies an, weil Arnim auf S. 256 unsrer Zeitung in dem zweiten Sonette dies Wort mit Beziehung gebraucht.

Aber noch schlimmeres berichtet ein Anonymus [„B—o."] kurz darauf im Morgenblatt [Nr. 142] in einer „Notiz über den Einsiedler." Dem Einsiedler sei's nämlich in seiner Zelle zu langweilig geworden, er habe bunte Jacke, Kappe und Schelle angelegt und sei in die erste beste Kneipe gegangen. Aber die „Kernspässe und Unfläthereyen", die von ihm ausgehen, seien den Männern des Morgenblatts zuwider: die Leser würden also wohl nicht mehr von dem Einsiedler hören, denn man könne ja nur in der Zelle oder der Kneipe mit ihm noch zusammenkommen, beides Orte wo „wir uns nicht treffen lassen".

Leider hat indessen das Morgenblatt diese angenehme Hoffnung zu Schanden gemacht, denn schon in Nr. 146 werden bei Gelegenheit der Zweck-Recension von Philipp Desportes Beytrag zur Geschichte der Sonette gewaltige Ausfälle gegen die „Sonettschmiedenden Kunstjüngerlein" gemacht, „welche in Eifer und Wuth gerathen, gegen Zurechtweisung, — gegen Zurechtweisung und Belehrung von Männern, in deren Werken allein noch die deutsche National-

---

[1] Sie erschien 1793—1803 zu Tübingen in 8⁰, von 1804 ab fortgesetzt unter dem Titel „Vierteljährige Unterhaltungen".

[2] Eine Monatsschrift für die Jahre 1795—97. Tübingen. 8⁰.

[3] Musen-Almanach für das Jahr 1796. Herausgegeben von Schiller. Neustrelitz. 12⁰. Die fernern Jahrgänge 1797—1800 erschienen zu Tübingen.

[4] Vgl. die Anm. unten S. 197. Ein Urteil Goethes über Amalie von Imhof findet sich in seinem Briefwechsel mit Knebel, Teil 1. Leipzig 1851. 8⁰. S. 222.

ehre ihre Rechte behaupten kann, der deutsche Geschmack seine Stütze hat, deutsche Kunst und deutsche Wissenschaft einen sichern Halt finden können ..... dieses Gauklervölklein, das in ihm eigenen Blättern mit den plattesten Gemeinheiten, in den Umschlägen zu diesen Blättern aber mit den pöbelhaftesten Aeußerungen vor dem Publikum zu erscheinen schamlos genug ist." Auch die Redaktion benützt die Gelegenheit um in einer Anmerkung dazu wütend gegen das „After-Genie" und sein „elendes hohles Reimgeklingel" loszufahren. Und nicht genug! Nr. 156 bringt ein Poem, das ich um diese Morgenblattpoesie und seine Satire ins rechte Licht zu rücken ganz mitteilen will.

„Rabiosi votum scriptum.
(Wörtlich abgedruckt.)
Konsorten! hört was mich erschreckt:
Ach, unsre mystischklare Zeitung,
Voll Minnesang und Fabeldeutung,
Dem Mittelalter nachgeheckt,
Sie ging, statt ander'n vorzuschreiten,
Den Krebsgang, den vermaledeiten.
Dahin ist Lucrum und Respekt.
Mein Schoßkind seh'n wir ohne Zweifel
Bald sterben und uns arme Teufel
Zum Deficit noch schwer geneckt. — —
Auf! — Pasquillirt und sprudelt Zoten!
Dann wird das kühne Blatt verboten,
Und unsre Ehre bleibt gedeckt."

Auch die natürlich sehr abfällig urteilende Recension der „Schriftproben von Peter Hammer" in den Nummern 159, 160 wird benutzt um gegen „unsre Dutzend-Sonettdichter" einen Hieb zu führen. Und nun wird noch ein Mann vorgenommen, von dem an dieser Stelle bisher nicht die Rede war. Friedrich Ast, geb. 1778 zu Gotha, seit 1805 Professor der klassischen Litteratur in Landshut[1], hatte im Jahre 1808 eine „Zeitschrift für Wissenschaft und Kunst" ins Leben gerufen. Deren Anzeige war bereits in Nr. 40 des Morgenblatts lächerlich zu machen versucht worden und im Intelligenzblatt z. Mgbl. Nr. 5, S. 20, hatte man mit offenbarem Hohne die Nachricht gebracht Ast zeige an, daß im 2. Hefte seiner Zeitschrift die gebührende Antwort auf die Schnödigkeiten über die „jungen Kräftlinge" in Nr. 12 des Morgenblatts an die „alten Schwächlinge" erteilt werde. Gemeint ist jene Stelle, wo Voß die schmähliche Parodie auf das Dies irae und andre Kraftleistungen, die schon besprochen wurden, hatte ausgehn lassen. Nun wird denn versucht die Auslassungen Asts und Rottmanners gegen Voß zu bekämpfen. Die Redaktion nennt sogar Vossens Parodie einen „trefflichen und treffenden Scherz" und giftige Aeußerungen gegen Ast im Mbl. Nr. 22 „nur eine leichte Persiflage."

Doch ich habe bereits vorgegriffen. Das Morgenblatt hat schon in Nr. 146 von den Sonettenschmiedenden Kunstjüngerlein geredet, die sich keine Zurechtweisung und Belehrung von seiten berufener Männer wollten gefallen lassen. Solcher Art war nämlich Voß aufgetreten, indem er in der Jenaischen allgemeinen Litteratur-Zeitung[2] bei Gelegenheit einer Besprechung von Bürgers Sonetten „in den letzten Ausgaben der Bürgerschen Gedichte, 1789, 1796 und 1803" einen Kampf auf Leben und Tod gegen das verhaßte Sonett unter-

---

[1] Seit 1826 in München, Mitglied der Akademie, † 1840.
[2] 1808, Nr. 128—131, Sp. 409—440.

nommen. Es ist eine höchst trockne, vielfach auch grobe Abhandlung im echten Schulmeisterton. Auch nur die Form von Bürgers Sonetten wird behandelt. Vossens philologische Gründlichkeit tritt übrigens löblich hervor, denn er versucht sich im Anfange mit einer historischen Einleitung über das Sonett, seine Entstehung und seinen Gebrauch. Voß eifert gegen diese Form, die bald zu eng bald zu weit dem Gedanken keine Anpassung gönne [S. 419]. Und dieser undankbaren Mühseligkeit soll der Deutsche sich unterziehn, dem seine Ursprache, was allen romantischen Bastardinnen verboten ist, in den geisthebenden Künsten der mannigfaltigsten rhytmischen Bewegung Wettstreit mit den Griechen erlaubt? Und nun stellt Voß Musterverse auf, deren Wohlklang er dem italienischer Verse vorzieht. Man kann sich kaum des Eindrucks erwehren, daß es unter Beobachtung der hier von Voß gegebnen Wohllautsregeln ganz leicht sein müsse rein auf dem Wege des Nachdenkens ohne dichterische Begeisterung die schönsten Gedichte zu schaffen. Von dem Dichter Bürger ist wie schon gesagt gar nicht die Rede und von dessen Sonetten auch nur insofern als Voß meint [Sp. 409]: Nicht Bürger eigentlich, sondern nur sein hinschwebender Schatten, war der Hersteller des verschollenen Klinggedichts. Am Schlusse endlich [Sp. 440] wendet sich Voß im Wunderklange einer überkünstlichen Klingsonate an die andächtigen Kunstjüngerlein.

Das also war es „was halb mit Spott und halb mit Knirschen Altmeister Voß gepredigt“ wie Uhland in der 1814 gedichteten „Bekehrung zum Sonett“ [1] sich ausdrückt, die an den Redakteur des Morgenblatts, Weißer gerichtet ist. Wohl hatte Uhland auch noch das Sonett an Goethe dabei im Auge.

Das also war die Sonettenschlacht bei Eichstätt, von der unsre Zeitung für Einsiedler in Nr. 26, S. 253 so erschreckliches berichtet. Görres spielendem Witze hat es gefallen den Namen des Redakteurs der Jenaischen allgemeinen Literatur-Zeitung, des Professors der Beredsamkeit und Dichtkunst und Oberbibliothekars Eichstädt in Jena zur Ortsbezeichnung für die „Sonettenschlacht“ zu benutzen. Daß übrigens Görres der Verfasser des Stücks in der Einsiedlerzeitung ist, hat er selbst berichtet. In dem Nachrufe an Arnim in Nr. 27 von Menzels Literatur-Blatt 1831, S. 108b sagt er „Voß hatte im Zorn seines Herzens ins Land der Zwerge einen Kriegszug vorgenommen, und mit den Soneten die bekannte Feldschlacht geschlagen ..... ich schrieb das Bulletin dieses Zuges.“

Das griechische Sonett, das in Arnims wunderlicher Geschichte „Der Einsiedler und das Klingding“ [255] sich meldet, ist schon im Jahre 1806 für Christian Schneider in Berlin von August Böckh gedichtet und zuerst als fliegendes Blatt gedruckt worden. Arnim nennt es S. 258 offenbar mit Anspielung auf den alten Namen von Böckhs Familie Böcklin, ein „Böcklein“. [2]

Arnim hat von Vossens Recension einen lustigen Gebrauch gemacht. Schon die Ausdrücke „kunter-bunter Wunder-Zunder“ und „einer Dunstkunst-Brunst“

---

[1] Gedichte und Dramen, Bd. 1. Stuttgart 1880. S. 167.

[2] Mein Gewährsmann ist der leider verewigte Karl Bernhard Stark. Vgl. Verhandlungen der 26. Versammlung deutscher Philologen in Würzburg 1868. Leipzig 1869. 4⁰. S. 88, auch Starks von G. Kinkel herausgegebne Vorträge und Aufsätze, Leipzig 1880. 8⁰. S. 423. — Vossens Biograph Herbst hat das griechische Sonett dagegen fälschlich Creuzer zugeschrieben und setzt es dabei noch unrichtig in die „Geschichte des Herrn Sonet und des Fräuleins Sonete“. Vgl. J. H. Voss. II, 2. Leipzig 1876. 8⁰. S. 125. 312.

in der Einleitung des eben erwähnten Stücks [S. 255] stammen daraus, wie „Juchhei und Heiderlei" aus Vossens Gedichten. Aber auch die Anmerkungen des Recensenten in Arnims „Geschichte des Herrn Sonet" [S. 349 f.] sind zum großen Teile wörtlich aus Vossens Recension entlehnt. Es ist leicht, auch ohne daß die Jenaische Literaturzeitung zur Hand wäre, die Stellen auszufinden. Besonders fallen Vossens Musterverse auf. Ich mache im übrigen auf die Stellen von S. 351—359 aufmerksam. Die Anmerkungen verweisen auf die Quelle. Zu der Recension des 56. Sonetts [381] bemerke ich noch, daß die Zeitung für Einsiedler nur dem Titel nach in Nr. 66 [Sp. 568] des Intelligenzblatts der Jen. allg. Lit.-Zeitung angeführt und sonst nicht genannt ist.

Wir begegnen auf unsrer Reise durchs Morgenblatt nun einem seltsamen Machwerk, dessen Verfasser bis jetzt noch unbekannt ist. Das Büchlein scheint selten geworden zu sein, es hat mich wenigstens einige Mühe gekostet es aufzutreiben. Um so mehr scheint es geboten zu sein ein wenig darauf einzugehn, zumal es mit der Geschichte der Einsiedlerzeitung in engem Zusammenhange steht. In der Nummer 192 des Morgenblatts findet sich nämlich die Besprechung der Comoedia divina mit drey Vorreden von Peter Hammer, Jean Paul und dem Herausgeber. Es ist ein kleines Oktavbändchen von 150 Seiten, das im Jahre 1808 wohl zu Heidelberg[1] erschien. Der Titel zeigt das Motto Inspicere tanquam in speculum et ex aliis sumere exemplum sibi. Die Schrift beginnt mit einer Asklepiadeischen Ode Die Weihe, die das Streben der Romantiker schildern soll. Besonders ist Görres darin angegriffen. Die gewisse Ankündigung philosophischer Vorlesungen die S. 5 citiert wird, ist eben die seine. S. 7 beginnt die Erste Vorrede von Peter Hammer alias Goerres, eine Blumenlese aus den Schriftproben.[2] Darauf folgt S. 9 die Zweite, fragmentarische Vorrede von Jean Paul, aus dessen drei Vorlesungen in Leipzig. Görres' Aphorismen über die Kunst werden zur Illustration herangezogen. Jean Paul sagt hier den Romantikern derb die Wahrheit, aber es muß auch zugestanden werden, daß manche gute Wahrheit wirklich dabei ist. Komisch sind zwar Uebertreibungen wie der Ausruf Ich will das Jahr als mein frohestes preisen, welches 12 Monate hat, wo ich kein Sonnet sehe und höre [S. 15]. Der Herausgeber der Comoedia nennt sich am Schlusse der dritten Vorrede W. G. H. Gotthardt und datiert Basel am 1. Mai 1808 [S. 24]; dieser Name ist jedoch nicht authentisch. Görres und Friedrich Schlegel sind es besonders, gegen welche sich die Spitze dieser dritten Vorrede kehrt. Von höherm Interesse für uns ist die jene Vorreden begleitende Erklärung des Titelkupfers [S. 25], das hinzugedacht werden muß. Hier wird nämlich das Bild zum Maiheftumschlage der Einsiedlerzeitung [S. 94] auf eigne Weise kommentiert. Der Meister, welcher das Kupfer zur Comoedia schaffen sollte, war gerade im Helldunkel mit einem andern Meisterstücke für die Einsiedlerzeitung beschäftigt, vorstellend einen berühmten romantischen Philosophen, der die Welt erschafft. Oben schwebt die bereits fertige Kugel mit Adam und Eva, in Flammen, anzudeuten die überschwengliche Liebesglut der frommen mystischen Schule; — zur Rechten blasen die Freunde der Philosophen auf Nachtwächterposaunen und verkündigen das neue Wunder; zur Linken kommt der

[1] Aber nicht bei Mohr und Zimmer wie Heinsius und Kayser angeben.
[2] S. 9. 10. 21. 24.

Gott sey bei uns, und lacht sie aus nach seiner hämischen Art. Unten erscheint die Stadt am Neckar, wo die Weltschöpfung vor sich geht bei einem Glas Bier, und im Vordergrunde sitzt ein Affe mit der Theorie des Klangs beschäftigt, eine höchst sinnreiche Idee, da unter allen Wesen mit vier und zwei Beinen und ohne Beine dieses humoristische Geschöpf für den treuesten Repräsentanten der Romantik gelten kann, indem sich in ihm eben so wie das Naive gestaltet, zum Beispiel, wenn es Nüsse knackt, oder Burzelbäume schlägt, als das Sentimentale, welches sich hauptsächlich dadurch erweist, dass bei dem Affen die Poesie abwärts durch Musik (bekanntlich sind die Affen vortreffliche Tänzer und Lautenschläger), und durch den Wohlgeruch in den Geschlechtstrieb übergeht. Eine Anmerkung kennzeichnet die letzten Worte als eine Stelle aus Görres' Aphorismen. Das zur Comoedia gehörige Titelkupfer aber soll folgendes darstellen. Apoll schützt eine Muse vor dem geharnischten christlichen Romantiker in der Mönchskutte, der auf der Sau des heiligen Einsiedlers Antonius heransprengt und mit einem Folianten — vermuthlich die Werke Jakob Böhms — droht. Aus den Fenstern eines zerfallnen Ritterschlosses schauen die vier Haimonskinder, Tiecks Genovefa und Kaiser Octavianus, der gehörnte Siegfried, nebst anderm romantischen Volke, auf den wunderbaren Kampf herab. — Nun beginnt die eigentliche Comödie, Die Leipziger Messe [S. 31]. Der zipperleingeplagte Jupiter langweilt sich auf seinem Olymp, da macht ihm Merkur den Vorschlag die Leipziger Messe zu besuchen. Gesagt, gethan. Die Messe läßt sich mit ihrem Gewühle und ihren romantischen Ausrufern so unsinnig an, daß Jupiter fragt Ist denn alles rein toll geworden . . .? Ein Junge kommt mit einem Guckkasten und begleitet seine Bilder mit naturphilosophischen Erklärungen, so daß Jupiter wiederum fragt Habt ihr denn kein Tollhaus hier? Und der Junge antwortet Ach Herr, die Universitäten kosten so viel [S. 41]. Die Götter beschließen nun den Schriftsteller Novalis Octavianus Hornwunder zu besuchen, den sie beim Flicken seines Ueberrocks antreffen, denn Das Leben ist lang und das Honorar kurz [S. 44]. Im Gespräche mit Hornwunder werden besonders Friedrich Schlegel in der Lucinde und Görres in den Aphorismen gegeißelt. Nachdem nun der Schriftsteller die Götter mit Erfrischungen aus dem „Dichtergarten" gelabt, verwandelt ihn Jupiter in eine Gans, damit ihn die Polizei nicht ins Tollhaus bringe. Ein Buchhändler sucht den Hornwunder und bemüht sich sofort als eifriger Jünger Galls auf phrenologischem Wege zu ermitteln ob etwa einer der beiden Gäste der Gesuchte sei. Durch die groben Wahrheiten, die der Phrenologe vorbringt, erbittert, verwandelt ihn Jupiter in einen Fuchs, und dieser erwürgt sofort die Gans. Zur Erholung von diesem traurigen und ärgerlichen Erlebniß begeben sich nun die Götter ins Theater wo Der Sündenfall [S. 59] aufgeführt wird. Die Handlung dieses Schauspiels ist kurz folgendermaßen. Dem einsamen Adam ist's in seinem Paradiese etwas langweilig geworden, er fängt an zu philosophieren, „Gedanken zu machen." Da sich endlich das Gelüst bei ihm spüren läßt selbst einmal etwas zu schaffen, und zwar etwas Menschliches, so gibt ihm Gott die Macht dazu, und er schafft aus sich selbst die Eva, die ihm dann Gott Vater antraut. Nach einer Rede des Satan treten dann Adam und ein Engel auf. Der Engel muß Neuigkeiten aus dem Himmel erzählen, wobei Adam erfährt, daß Chorsingen und Vorlesen der Zeitung für Einsiedler dort die Hauptbeschäftigungen sind. Trotz der Warnungen, die der

Engel vorm Abfliegen noch ausgesprochen, folgt nun der Sündenfall von philosophischen Reden im Sinne der Aphorismen begleitet. Gott Vater erkennt an Adams tollen Reden, daß er vom Apfel gefressen und läßt die Menschen vom Cherub aus dem Paradiese jagen. An der Thür des Paradieses gehen nun Adam, der vorher auf jeden Vorwurf des Gott Vater eine kecke zuversichtliche romantische Antwort hatte, und Eva die Augen auf; aber der Cherub treibt die Beiden hinaus mit den Worten [S. 84]

> Viel zu spät kommt euer Bekehren,
> Narren muss man mit Kolben lehren.

Das Nachspiel dieser Tragödie, unter dessen Personen sich besonders Der Teufel als Einsiedler auszeichnet [1], inauguriert einen allgemeinen Zug nach dem Karfunkel an den Ganges. Sogar der Nachtwächter schließt sich an, denn er meint Nothfalls kann ich auch am Ganges blasen.

An dieses Nachspiel schließt sich [S. 105] eine nette romantische Quellensammlung Des Dichters Küchengarten. Novalis, die beiden Schlegel, Isidorus und Görres sind besonders unter den Autoren der vorgeführten Stücke hervorzuheben. Den Ton der eingestreuten Hohngedichte des Verfassers der Comoedia charakterisieren die beiden „Drillinge" eines an Karl Rottmanner gerichteten Sonetts [S. 136]

> In die Rechte nimm des Dreschers Flegel,
> Mit der Linken schwing den Rosenkranz,
> Und beginne keck den Heldentanz!
> Sprich das Credo nach von Friedrich Schlegel,
> Und Apoll wird scheu mit Luther flieh'n,
> Und Lucinde keusch ins Bett dich zieh'n.

Ich gedenke noch zweier Stellen, die unsre Einsiedlerzeitung näher angehn. In einer Anmerkung werden zur Verspottung der laxen Metrik einiger in Rostorfs Dichtergarten erschienener Gedichte, Bergkuppen und Schluchten als geschleifte Töne aufgeführt wie auf der Kutte des Einsiedlers mit mehrerem zu lesen ist. Dies bezieht sich auf Görres' im Maiheftumschlage [2] mitgeteilte sonderbare Einfälle. Mit dem Einsiedler schließt auch die ganze Schrift, und zwar gerade wieder mit einer Beziehung auf den Maiheftumschlag. Es heißt da In Merians Todtentanz ist ein Blatt, welches das Bildniss eines stattlichen Romantikers vorstellt, mit einem Knebelbart und einer schönen Halskrause; kehrt man das Bild um, so ists ein fletschender Todtenkopf, der seine Beschauer angrinzt, wie der Berichterstatter im Einsiedler. Dieser Berichterstatter ist natürlich Görres.

Wie im antiromantischen Lager die Comoedia aufgenommen ward zu beurteilen setzen uns zwei ausführliche Recensionen im Morgenblatt [3] und in der Jenaischen allgemeinen Literatur-Zeitung [4] in Stand. Besonders das Morgenblatt begeistert sich gewaltig für die Comoedia: keine Schrift der neuesten ästhetischen Litteratur verdiene größere Aufmerksamkeit. Die Jenaische

---

[1] Egidio und Laura, zwei ebenfalls hier auftretende Personen, sind mit Bezug auf das in Rostdorfs Dichtergarten erschienene Trauerspiel von Tiecks Schwester Egidio und Isabella gewählt, der Hanswurst sehr wahrscheinlich mit Bezug auf den in Tiecks gestiefeltem Kater [1797] wieder zu Ehren gebrachten Hanswurst.

[2] Unten S. 92.

[3] 1808. Nr. 192.

[4] 1809. Nr. 18.

bezeichnet als Zweck der Schrift den ekelhaften Mysticismus einiger Schwächlinge .... durch ein in ähnlichen Fällen erprobtes Mittel niederzuschlagen. Die gewählte Form scheint uns sehr zweckmässig, und schon die von dem Vf. gebrauchte Mischung der griechischen und christlichen [!] Mythen deutet neben dem Komischen, welches dadurch entstehet, auf eine der lächerlichsten Verirrungen unserer fieberhaft phantasirenden Kunstjüngerlein. Die Erklärung des Titelkupfers und des Kupferstiches in „einer gewissen Winkel-Zeytung", welche die Jenaische ein verlorenes Blatt nennt, wird ganz besonders gelobt, ja das Morgenblatt meint sogar „Lichtenberg's Geist hat sie dem Verf. in die Feder dictirt." Der Ausspruch des Cherubs am Schlusse der Sündenfalltragödie: Narren müsse man mit Kolben lehren, scheint dem Morgenblattrecensenten allerdings das beste Mittel gegen die christlich-romantischen Philosophen und Dichterlein anzudeuten. Zum dritten Teile der Comödie bemerkt der Kritiker „Moritz[1] hatte einmal den Vorsatz ein Journal des Schlechten in unserer Literatur herauszugeben, er fand aber, als er mit der Ausführung sich beschäftigte, doch nicht Materialien genug, um mehrere Hefte mit ausgezeichnetem Schofel zu füllen. Dermalen wäre das Unternehmen nicht bloß für einige Journalhefte, sondern für mehrere Folianten ausführbar. Unser Verf. hat aus einer solchen Schofel-Sammlung seinen Küchengarten bepflanzt, und, wie billig, bey jedem Gewächse den ursprünglichen Besitzer, welcher es durch seine Kunst zu Tage gefördert, angezeigt .... Aus einem gewissen Journale, wie aus eines gewissen Dichters genialem Werke, hat der sinnvolle Gärtner Frühlingsblumen geholt." Diesen sei ein Spiegel gegenübergestellt, in dem man „mittelst eines romantischen Wunders" die Blumen und ihre Schöpfer belebt und beleibt erblicke. Befriedigt schließt der Recensent „Wir gestehen es, uns hat diese wundervolle Erscheinung unserer Schriftstellerlinge in ihrer wahren und herrlichen Gestalt sehr gerührt." Weniger befriedigt ist der Kritiker in der Jenaischen.[2] Von Görres' Aphorismen scheint er nichts zu kennen als was in der Comödie mitgeteilt wird, aber schon das genügt ihm in Verbindung mit sittlicher Entrüstung über den von Jean Paul angeführten Ausspruch eines berühmten protestantischen Kirchenlehrers zu dem Schlusse hier bleibt der Kritik nichts übrig, als es laut auszusprechen: dass ihr die Geissel der Satyre bey weitem nicht geeignet scheine, solchen Unfug, wie er es verdient, zu behandeln.

Ich will nicht unterlassen noch eine Kraftstelle über das Sonett aus dieser Recension mitzuteilen. Der Unfug des Klingklangs und des erbärmlichen Schellengeläutes des unserer Literatur aufgezwängten poetischen Fremdlings, ist bereits in diesen Blättern von der kräftigen Hand des Meisters nach Werth behandelt worden. Wer dieser Meister ist haben wir bereits erfahren.

So wenig wie über diesen Recensenten ist über den im Morgenblatte sicheres zu ermitteln; doch läßt sich der Letztere in der Person Weißers oder auch Reinbecks vermuten.

---

[1] K. Ph. Moritz, geb. 1757 zu Hameln, hatte merkwürdige Schicksale, war längere Zeit als Lehrer thätig, lebte 1788 bei Goethe, 1789 Professor an der Akad. d. Künste zu Berlin, ward Mitglied der Akad. d. Wissenschaften, † 1793. Das Morgenblatt erzählt allerlei Anekdoten von diesem sonderbaren Manne.

[2] Er unterzeichnet X** K***. Wer das sein kann, habe ich nicht in Erfahrung bringen können.

Die Frage nach dem Verfasser der Comödie kann ebenso bis jetzt nicht beantwortet werden. Man hat an Heinrich Voß gedacht, und in der That hat diese Vermutung auch etwas für sich, da er wie wir sehen werden mit Jens Baggesen und andern zwei Jahre später den Klingklingelalmanach verfertigte, eine Schrift, die im wesentlichen dieselben Ziele verfolgt wie die Comödie, nur mit noch etwas weniger Geschick und Witz.[1] Zwar hat er von Rostorfs Dichtergarten, gegen welche Sammlung sich die Comödie vorzüglich richtet, gesagt[2] „Mir ist es, als wenn die Gergesener Säue mit einer ganzen Legion von Teufeln darin herumwühlten"; aber nach allem was man von Heinrich Voß weiß, lag es seiner Natur durchaus fern eine so schneidige Polemik auf eigne Hand zu unternehmen. Ferner ist kein Grund vorhanden ihm den wenn auch nicht reichen Witz zuzutrauen, den der Verfasser der Comödie beweist. Ein Vergleich mit Baggesens Klingklingelalmanach fällt bedeutend zu Gunsten der Comödie aus. Wir werden sehn, daß Baggesens Schrift wesentlich gegen das Sonett als Kunstform gerichtet ist; während doch die Comödie viel tiefer in das Wesen der Romantik und ihre wunderlichen und lächerlichen Auswüchse eingeht, überhaupt eine viel genauere Bekanntschaft mit der Romantik verrät. Eine Bemerkung des Morgenblatts in Nr. 305 unter „Korrespondenz-Nachrichten" kann vielleicht zur Aufhellung etwas beitragen. Hier heißt es nämlich die Comödie, dieses „Meisterwerk" sei in Heidelberg entstanden und habe einen der achtbarsten Gelehrten zum Verfasser, der besonders in der Unterhaltung über Kunst und Bibliographie excelliere. Wieder ein Grund von der Vermutung, die sich auf Heinrich Voß lenkte, abzusehn.

Aus dem Vossischen Kreise muß die Comödie wohl hervorgegangen sein, denn alles was den Romantikern entgegenarbeitete hatte sich um den alten Voß gesammelt. Ich weiß nur einen Mann auf den die Notiz des Morgenblatts passen könnte und von dem man weiß, daß er sich aktiv an dem Kampfe gegen die Romantiker beteiligt hat. Dieser Mann ist Alois Schreiber[3], der im Jahre 1805 die einst Tieck zugedachte Professur der Aesthetik in Heidelberg besetzte. Schreiber gehörte mit Heinrich Voß zu den Verfassern des Karfunkels oder Klingklingelalmanachs. Schreiber stand endlich dem alten Voß stets nahe und war mit Heinrich Voß eng befreundet. So dürfte also die Vermutung, daß er der Verfasser der Comödia sei, zum mindesten einige Wahrscheinlichkeit für sich haben. Ich gestehe freilich, daß die innern Bedenken, die gegen Heinrich Vossens Urheberschaft ins Feld geführt werden können, fast in demselben Maße Alois Schreiber gegenüber bestehn. Indessen stände wohl nichts im Wege ihn als den Herausgeber der höchst wahrscheinlich von mehrern verfaßten Comödia anzusehn. Ich habe freilich keine Reihe von Andeutungen gefunden, durch deren Verbindung man auf Schreiber hingewiesen würde; merkwürdiger Weise schweigen alle von mir zu Rat gezogne Quellenschriften über die Comödia; es ist indessen vielleicht nicht ohne Bedeutung, wenn Arnim kurz vor seiner Abreise von Heidelberg an Görres schreibt[4] „Voß, Schreiber und der Jude [?] möchten mit gebogenen Knien um Verzeihung

---

[1] Ich werde unten ausführlich darüber berichten.

[2] Charlotte v. Sch. u. i. Freunde, S. 238.

[3] Geb. 12. Okt. 1763 zu Kappel bei Windeck, 1813 zum Hofrat und Hofhistoriographen ernannt, 1826 pensioniert, lebte dann in Baden, wo er am 21. Okt. 1841 starb. Schreiber ist besonders bekannt als Herausgeber des Taschenbuchs Cornelia.

[4] Görres Briefe, Bd. 2. S. 38.

bitten, ich zeigte ihnen den Rücken." Was hatte Arnim mit Schreiber, wenn nicht einen litterarischen Streit? und welchen? Ich hebe hervor, daß Schreiber mit Voß zusammen genannt ist.[1]

Schon zu oft mußte Rostorfs Dichtergarten erwähnt werden: diese Gedichtsammlung hat ja dem Verfasser der Comödia zum größten Teile den Stoff zu seiner Satire gegeben; ich kann deshalb nicht ganz schweigend daran vorübergehn, um so weniger als Rostorf, oder wie sein wirklicher Name lautet Karl Gottl. Andreas von Hardenberg in der Einsiedlerzeitung[2] als Dichter auftritt.

Der „Dichtergarten. Herausgegeben von Rostorf. Erster Gang. Violen." erschien 1807 zu Würzburg in 8°. Unter den Dichtern, die darin Ihre Werke mitteilen, sind außer dem Herausgeber Friedrich Schlegel und Sophie B[ernhardi]., Tiecks Schwester hervorzuheben. Die Dichterin hat hier ein dreiaktiges Trauerspiel veröffentlicht, das ich schon oben [S. LXIV] in einer Anmerkung nannte. Es dürfte wohl am besten den Zwecken dieser Abhandlung genügen, wenn ich mitteile was ein berufener Kritiker, dabei Freund der Poeten des Dichtergartens, was A. W. Schlegel in einer Kritik dieser Sammlung gesagt hat.[3] Diese Worte haben für uns den Vorzug, daß sie es ersparen auf Einzelheiten einzugehn. Sie schildern treffend die Vorbedingungen der romantischen Dichtung und verschweigen auch nicht die Verirrungen, zu denen einseitige Befolgung ihres Kunstprincips die Romantiker führte.

Wenn nüchterne Beschränktheit, beginnt Schlegel, sich der Poesie anmasst, wenn die gemeinen Ansichten und Gesinnungen, über welche uns eben die Poesie erheben soll, aus der Prosa des wirklichen Lebens sich verkleidet und unverkleidet wieder in ihr einschleichen, ja sich ganz darin ausbreiten, durch ihre Schwerfälligkeit ihr die Flügel lähmen und sie zum trägen Element herunterziehen: dann entsteht das Bedürfniss das Dichten wiederum als eine freye Kunst zu üben, in welcher die Form einen vom Inhalt unabhängigen Werth hat. Der Phantasie werden aber die grössten Rechte eingeräumt, und sie verwendet die übrigen Kräfte und Antriebe der menschlichen Natur zu sinnreichen Bildungen gleichsam nur in ihrem Dienst und mit keinem andern Zweck, als sich ihrer grenzenlos spielenden Willkür bewusst zu werden. Diese Richtung liess sich vor einigen Jahren in Deutschland spüren. Man ging den kühnsten und verlorensten Ahndungen nach; oft wurde mehr eine ätherische Melodie der Gefühle leise angegeben, als dass man sie in ihrer ganzen Kraft und Gediegenheit ausgesprochen hätte; die Sprache suchte man zu entfesseln, während man die kühnstlichsten Gedichtformen und Sylbenmasse aus anderen Sprachen einführte oder neue ersann: man gefiel sich vorzugsweise in den zarten, oft auch eigensinnigen Spielen eines phantastischen Witzes. So vielen Nutzen das auch brachte, Die Ansartungen in eine leere mühselige Gaukeley, sind gleichfalls nicht unterwegs geblieben. Wir sehn Schlegel redet allgemein von Allgemeinem, doch sind diese

---

[1] Stand vielleicht Martens, von dem wir beim Klingklingel-Almanach hören werden, mit der Sache in Verbindung? 1810 schreibt Creuzer an Görres „Martens ist an hiesiger Schule, schnuppert noch in den Häusern herum; seit der Abreise der Romantiker aber gibt es gar zu wenig Wildpret." Vgl. Görres Briefe, Bd. 2. S. 91.

[2] S. 275.

[3] Jen. allg. Lit. Zeitung. 1807. Nr. 220. Sp. 545—552.

Worte durchaus auf den Inhalt des Dichtergartens anzuwenden und auch wohl in dieser Absicht gesagt. Es ist demnach nicht richtig, wenn Heinrich Voß behauptet Wilhelm Schlegel erhebe den Dichtergarten bis zu den Wolken.[1] Freies anmutiges Spiel eines geistreichen Witzes, Einkleidung in die fremdartigsten Formen, leere Gaukelei und recht viel Schwächliches findet sich im Dichtergarten neben einander. Fast ist des Tadelswerten mehr als des Lobwürdigen. Demnach kann dem Verfasser der Comödia sein Recht der Kritik nicht bestritten werden.

Die Heidelberger Romantiker gaben auf die in der Comödia gegen sie gerichteten Angriffe kräftig Antwort. Arnim und Görres haben es unternommen sich und ihre Genossen zu rächen. Der alte Voß ward als der Urheber angesehn, und gegen ihn besonders richtete sich die Polemik. Arnim schrieb die „Geschichte des Herrn Sonet"[2] und ließ jedem der Sonette, aus denen diese Geschichte besteht, bis zum 59. eine Recension folgen deren Mehrzahl wie schon gesagt nichts anders als Citat aus Vossens Sonettenschlacht-Recension ist. In der Geschichte selbst wird erzählt wie Vater Hexameter und Mutter Pentameter zwei Kinder Sonete und Terzine haben, die beide „Verachten schon des Vaters toll Gebrause, Der schweren Steine Poltern auf der Zung", die statt „Sylbenstecherey" den Schwung lieben. Der romantische Knabe Sonet verliebt sich in die Sonete, die aber schon einem andern bestimmt ist. Sonet gibt sich um der Geliebten nahe zu sein bei dem Maler Hexameter in die Lehre, und so spinnt sich die Geschichte durch Lust und Leid romantisch hin. Das Bild des alten Voß, das Arnim zu Anfang im Auge hatte, ist in der Folge ganz verlassen, und Meister Hexameter zeigt außer dem Namen keine Beziehungen mehr zu jenem. Die Recensionen der Sonette enthalten eine bestimmte Anspielung darauf, daß man J. H. Voß als den Verfasser der Comödia ansah. Nachdem der alte Recensent die achtzehn ersten Sonette bekrittelt und ein Reimschema herunterschnarchend eingeschlafen, tritt „Unsers verehrten Mannes Adjudant" für ihn ein. Aber dieser sowohl wie sein Nachfolger „der zweyte Adjudant" arbeiten nicht nach Wunsch der Redaktion, und auch ein andrer „alter Mensch", den man glücklich zum Dienst gepreßt, „kann diesmal mit keiner Parodie zu stande kommen, er läßt also das Original unverändert abdrucken, das giebt eine göttliche Komödie." Da will sich der alte Recensent „gar selber darüber machen, eine Comödie gegen das neue Unwesen zu schreiben", aber „der Alte hat kein Geschick dazu, es wird zu steif und geistlos, auch kennt er vom Neuen eigentlich nichts." Alle Mittel helfen nicht, „der Alte ist . . . wie besessen . . . da schmiert er an seiner Komödie." Der währenddem recensierende Adjudant meint es sei für den hochverdienten Veteran besser „aus seinem Wörterbuche allerley kräftige Ausdrücke zusammen zu leimen." „Ach weh, ach weh! . . . das Schauspiel wird ganz unverständlich, und leer bleibts, und wenn er auch noch so viel Spässe von andern hinein stiehlt . . . und die Parodien enthalten auch nichts, als was man Retourchaisen nennt." Schließlich meint der Recensent man könne ja durch die Verdrehung solcher d. h. romantischer Schriften mehr wirken, „wir setzen uns da Abends zusammen freundschaftlich hin, schneiden die Sätze in Stücken, da sehn sie ganz anders aus, darum machen wir dann die Regierungen aufmerksam,

[1] Charlotte v. Schiller u. i. Freunde, Bd. 3. S. 238.
[2] Unten S. 349 f.

wie gefährlich sie aussehen.“ Das ist die Art auf welche offenbar die Comödia entstanden ist. Ganz analog ist die Fabrikation des Klingklingel-Almanachs. Es wäre somit weniger von einem Verfasser als von einem Herausgeber der Comödia zu reden, der die einzelnen von seinen Freunden verfaßten Teile sammelte und verband. Daß der alte Voß nicht dieser Herausgeber war, ist kaum zweifelhaft, denn schon die Anonymität der Schmähschrift spricht durchaus gegen seine Beteiligung. Wir werden sehn, daß „Der Verfasser der Comoedia divina“ im Morgenblatt sich bemüht diesen auf Voß gelenkten Verdacht zu zerstreuen. Der Ausdruck Verfasser hat übrigens wenig zu bedeuten.

In Arnims „Geschichte des Herrn Sonet“ schließt die göttliche Komödie unter Blitz und Donner mit Fausts Geist als Epilog, welcher der Vossischen Gesellschaft in seinem Famulus Wagner die gute Anweisung gibt in ihrem naturgemäß engbeschränkten Kreise Gutes zu schaffen.

Die Sonette selbst enthalten mit Ausnahme der schon hervorgehobenen Beziehungen auf Voß im Anfange nichts mehr, das die Litteraturkämpfe der Zeit berührte. Es scheint als ob Arnim einen zu Anfang gefaßten Plan im Flusse der Dichtung verlassen habe um sich ganz und mit Lust und ohne Nebenabsicht dem Spiele seiner Phantasie hinzugeben. Nur noch die Namen der handelnden und redenden Personen verraten die frühere Absicht. Arnim that wohl daran: man freut sich sicherlich lieber des Reizes anmutiger Dichtungen wie sie die Sonette enthalten, als der Sprünge eines derben oder schillernden Witzes.

Kräftiger als Arnim ließ sich Görres vernehmen. „Des Dichters Krönung. Eine dramatische Idylle“ [1] ist seine Antwort auf die Angriffe in der Comödia. Auch sie ist besonders gegen den alten Voß gerichtet. Wäre es möglich die Anspielungen völlig zu verstehn, so könnte man in den ersten Zeilen Herausgeber und Mitarbeiter der Comödia erkennen. „Ein Duckmäuser, Lebküchler von Profession, zugleich Wirth aus Nr. 2 in Pompeji mit dem bekannten Schilde [?], zwey Pflastertreter, eine Lumpenpuppe und ein aus dem Griechischen übersetzter Bauernbube“ — eine dunkle Gesellschaft bis auf den Letzten, in dem man leicht Voß erkennt. Wenigstens bewährt sich durch Görres' Worte, daß die Comödia nicht das Werk eines Einzelnen, sondern einer Gesellschaft war. Unwahrscheinlich ist, daß der alte Voß in hervorragender Weise dabei beteiligt gewesen wäre. Möglicher Weise gab er den Anstoß dazu. Jedenfalls aber war er die geeigneteste Person für die Angriffe der Romantiker. Traf man ihn, das Haupt, so waren alle Gegner geschlagen. Darum also auch in dieser Sache die heftige Polemik gegen ihn.

Und nun der Schauplatz auf dem sich die Idylle abspielt! Der romantische Carfunkelberg im Hintergrunde darf nicht fehlen, und die von Voß jämmerlich erschlagnen Sonette ziehn als goldne Wölkchen an ihm auf und nieder. Im Gegensatze zu diesem romantischen Hintergrunde wird der Vordergrund als eine Haide geschildert: das ist Vossens Gegend. Allerhand Vossische Gestalten beleben diese kahle Ebene. Die Flachsmädchen mit ihrem Gesange „Plauderinnen regt euch stracks“ sind Vossens Liede „Beim Flachsbrechen“ entnommen, die Drescher seinem „Drescherlied“, die Heuernte dem „Heureigen“,

---

[1] Unten S. 398 f.

mit dem Voß bekanntlich das Volkslied „Es hatte ein Bauer ein schönes Weib“[1] verdrängen wollte. Kurz, der ganze Aufsatz besteht fast nur aus Citaten Vossischer Gedichte, natürlich nur solcher, welche die Mängel der Vossischen Poesie schlagend darthun. Besonders konnte aus den „ländlichen“ Gedichten eine reichliche Blumenlese zusammengepflückt werden. Voß hat das Wesen des Volkstümlichen so wenig zu erfassen gewußt und die Art des Volks so sehr mißkannt, daß seine ländlichen Lieder, die er gern aus dem Munde des Volks wieder vernommen hätte, uns nur wie eine Parodie, wie ein kläglicher Spott auf das Volkslied erscheinen. Es ist freilich nicht zu verkennen und zu vergessen, daß Voß in guter Absicht sündigte: er wollte so manches Rohe und Abgeschmackte im Volksliede durch Besseres ersetzen. Aber er ward selbst abgeschmackt und flach und verstand besonders nicht die gesunde Sinnlichkeit, die sich im Volksliede da und dort einen tollen Sprung erlaubt. Versucht dann Vossens Muse als Bauernmädchen schlecht vermummt einen Kirchweihtanz, so werden ihre Sprünge nicht toll, sondern gewagt. Im Munde des verstandesgemäßen pedantischen Voß wird jeder derbere Scherz fatal und bedenklich, weil er kühl beabsichtigt erscheint. Und der Gott, den Voß in seinen Liedern nennt, die personificierte Natur oder auch der abstrakte λόγος, ist nicht der Gott des Volks, ist nicht der „liebe Gott“, zu dem das Volk mit lächelndem Vertrauen aufblickt. Von dem Jesus, den das Volk trotz alles Geredes noch liebt und dessen Leben und Leiden es noch singt, weiß Voß nichts. Vossens Gebet ist Begeisterung, nicht stiller frommer Glaube. Das ist nicht zu übersehn.

Bei diesem gänzlichen Mangel des naiven Elements konnte der Eindruck von Vossens Liedern nur gering sein und konnte sich vor allem niemals auf die Kreise erstrecken, für welche diese Gesänge gerade bestimmt waren. Wie trotz des alten Otfrids Bestrebungen der sonus rerum inutilium forthallte und der laicorum cantus obscoenus in der alten Weise auch fernerhin erklang, so hat auch Vossens ländliches Lied nicht das eingewurzelte blühende fröhliche Unkraut Volkslied verdrängen können.

In treffendster Weise hat Jakob Grimm Vossens Lyrik bezeichnet, wenn er in einem Briefe an den Bruder die Bauart Würzburgs und Cassels vergleichend sagt „Die alte Bauart verhält sich zu der modernen wie ein Volkslied mit ungewußtem und doch gewissem Rhythmus zu einem neuen steif und regelrechten Vossischen Gedicht“.[2]

Ein Görres, dessen feiner Sinn für das Volkstümliche sich in dem Buche von den Volksbüchern und der Wunderhornrecension bethätigt hatte, mußte die Unnatur der Vossischen Volkspoesie besonders stark empfinden, und so hat er sie denn durch seine Auswahl auch besonders heftig gegeiselt. In Bezug auf die einzelnen Nachweise möge man die Anmerkungen zu dem betreffenden Teile des Texts vergleichen.

Der „hyperborische[3] Horribiliscribifax“ — so variiert Görres den Namen des Gryphius'schen Helden — auf dem Turme im Vordergrund des Schau-

---

[1] Vgl. Wunderhorn, Bd. 1, 1806, S. 345. 346 und dazu Voss, Sämtl. Ged. Bd. IV. 1802. S. 300.

[2] Vgl. Briefwechsel a. d. Jugendzeit. S. 348.

[3] Ich lese so und nicht hyperboreische, weil Görres an der einen Stelle wo er das Wort ausschreibt, S. 400, diese Form gebraucht, die auch Voß geläufig ist; vgl. Sämtl. Gedichte 1802, III. 139, 144, 171, 198.

platzes [S. 400] ist Voß.[1] Dem Messalinus Cotta begegnet der Leser schon in Brentanos Bärenhäutergeschichte [S. 237 f.]. Hier ist er als Adebar, der Bringer der Geisteskinder noch näher bezeichnet. Besonders ergötzlich ist das Auftreten des Uhrmachers Bogs [S. 403], der den Sonetten Frieden zu erbitten kommt und den der Hyperborische mit der Feder von Erz horribel zu Schanden hauen will. Das Losschießen des Vogel Greif [S. 405], das Adebar, also Cotta, besorgt, ist die Veröffentlichung jenes Aufsatzes „Für die Romantiker" in Nr. 12 des Morgenblatts von 1808. Der Ruf „o Tag des Zoren", der oben in den Lüften schallt, ist jener Parodie des dies irae entnommen [vgl. unten]. Die Krönung endlich [S. 407] macht einen Vorgang in Vossens Hause bei Gelegenheit seines Geburtstags lächerlich.[2] Görres hat eine herrliche Speisekarte aus dem Vossischen „Abendschmaus" zusammengesetzt. Aber am Schlusse tritt er noch einmal selbst als Peter Hammer auf und erklärt die Absichten, die er in dem Aufsatze verfolgte.

Das Morgenblatt konnte natürlich auf solchen Angriff nicht schweigen. Im Intelligenzblatt 21 folgt also eine „Anzeige". Darin heißt es „Herr Jakob [!] Görres, Professor in Koblenz und Privatdocent in Heidelberg, geberdet sich in einer Beylage zu der eben entschlafnen Einsiedlerzeitung gar jämmerlich gegen die Comoedia divina .... Da inzwischen die unschuldige Einsiedlerzeitung bis zu ihrem seligen Ende von Niemanden gelesen worden, als von den Herrn Verfassern und ihren lieben Angehörigen, so halte ich es für Schuldigkeit, das deutsche Publikum in dieser sparsamen Zeit auf diesen sansculottischen Burzelbaum aufmerksam zu machen, und zugleich die Versicherung zu geben, daß Herr Jakob Görres und Konsorten über den Verfasser der Comoedia divina auf ganz falscher Fährte seyen." Die Ausfälle gegen einen Mann, dem die Romantiker nicht wert seien die Schuhe zu putzen, seien schändlich. Aber nächstens werde erscheinen „Die rothe Mütze an Peter Hammer, eine Heroide". Die erfreuliche Aussicht auf dies künftige Rachewerk soll also einstweilen trösten.

Charakteristisch ist, daß der Mann, der hier redet, sich nur als „Der Verfasser der Comoedia divina" unterzeichnete. Er besitzt also nicht den Mut, selbst da ein andrer an seiner Stelle angegriffen ward, sich zu nennen, während doch Görres seinen Namen nicht vorenthält und auch durch den Epilog die „Schriftproben" als sein Werk anerkennt.

Ob die angedrohte Racheschrift wirklich erschienen ist, habe ich nicht in Erfahrung bringen können. Der Titel „rothe Mütze" ist nur mit Rücksicht auf Görres' frühere Begeisterung für die französische Revolution und sein „Rothes Blatt" gewählt. Darum auch wird von dem „sansculottischen Burzelbaum" geredet. Das ist die billige Art der Polemik des Unfähigen, alte Fehler, die längst als solche anerkannt und abgebüßt sind, zur Verdächtigung des Gegners wieder ans Licht zu ziehn. So scharf und heftig auch Görres sein konnte, einer solchen Erbärmlichkeit hat er sich nie schuldig gemacht. Sein Schlag gegen Voß ward natürlich von den Romantikern mit großer Freude aufgenommen. So schreibt Arnim am 22. Okt. 1808 an Görres, der damals wieder in Koblenz weilte, „Die beiden Chöre: ‚Doch sprechen sie von Päpsten [sic!] und von geheimen [sic!] Vätern; frisch trommelt auf den Tisch!

[1] Vgl. Bartsch a. a. O. S. 19.
[2] Vgl. Charlotte von Schiller und ihre Freunde, Bd. 3. S. 215. 216.

und jenes andere: ‚Das sind nur dumme Jungen‘ haben allgemein gefallen.“

Doch ich kehre zurück zur Befolgung des chronologischen Princips, das ich der Betrachtung der Fehde des Morgenblatts mit unsern Romantikern zu Grunde legte.

Das Erscheinen der zweiten Auflage [Zürich 1808] der sämmtlichen Werke von J. G. Jacobi[1] bot einem Satelliten des Morgenblatts Gelegenheit zur Anstellung von Vergleichen zwischen diesem nun auch fast verschollnen Dichter und den Romantikern. Hat auch Jacobis Lyrik in der spätern Zeit seines Dichtens sich von der süßlichen Tändelei entfernt, die sie früher liebte, so würde doch jetzt ohne Zweifel Jacobis Name ohne seine Verbindungen mit fast allen litterarisch bedeutenden Männern seiner Zeit ganz vergessen sein, denn Lebenskraft und frische Bewegung ist in seiner Poesie nicht zu finden. Wie mir scheint stammt die Recension des zweiten Bandes von Jacobis Werken in Nr. 197 des Morgenblatts von Voß. Kaum ein andrer hat sich einer ähnlichen Derbheit des Ausdrucks beflissen.

Die „neuesten Assonanzenhascher, die sprachverderblichen Filippe Zesen[2], die Jacob Böhm'schen Allegorienjäger, die reimlustigen Spee- und Wehsänger“ waren freilich nicht nach seinem Geschmacke; aber in Jacobis Werken „scherzt und belehrt, lächelt und begeistert die holde jungfräuliche Muse“, während „hier widert und schreckt das grelle Schauspiel einer geistlosen afterpoetischen Klingklangparforcejagd.“ Daß der Recensent gerade Zesen und Böhme nennt spricht für die Richtigkeit meiner Vermutung, denn unter den Männern des Morgenblatts mußte Voß besonders, in Folge seiner Beschäftigung mit der älteren deutschen Sprache, mit Zesen bekannt sein und ebenso mußte seine religiöse Anschauungsweise ihn besonders zum Gegner eines Böhme und aller Mystik und eines Jesuiten Spee machen. Böhme[3] hat bekanntlich in der Entwicklungsgeschichte unsrer Romantiker eine bedeutende Rolle gespielt. Die Tiefe seiner Anschauungen, seine reiche Diktion hatten auf Tieck einen ganz erheblichen Eindruck gemacht, so daß er mit Begeisterung Böhmens Evangelium predigte. Auch Novalis wandte sich Böhmen mit ganzer Wärme zu und feierte Tieck als den „Verkündiger der Morgenröthe“. Ferner sind Friedrich Schlegel und Zacharias Werner als begeisterte Verehrer Böhmens zu nennen. Das Urteil Wilhelm Grimms in dem Briefe vom 21. April 1809 an Jacob[4] „Die Morgenröthe .... ist von wunderbarer Tiefe und Göttlichkeit und auch ganz verständlich“ hat auch für uns noch volle Gültigkeit. Aber unserm Voß erweckte schon das Wort Mystik Grauen, und seine Voreingenommenheit gegen das Katholische konnte ihm natürlich nur des frommen Spee Nachtigallensang verleiden. Der Gebrauch des Worts „Klingklangparforcejagd“ in der Recension deutet ebenfalls auf Vossens Urheberschaft. Ein andrer, den wir bald

---

[1] Geb. 2. Sept. 1740 zu Düsseldorf. † zu Freiburg i. B. 4. Jan. 1814.

[2] Philipp von Zesen, geb. 8. Okt. 1619 zu Priorau in Sachsen, † 13. Nov. 1689 zu Hamburg. Durch seine „Hoochdeutsche Spraachübung“ [Hamburg 1643. 8⁰.] und andre Schriften suchte er Reinhaltung der deutschen Sprache und Unterdrückung der Sprachmengerei zu bewirken, ging aber in seiner puristischen Einseitigkeit zu weit. Vielleicht war ihm Voß besonders darum feind, weil Zesen dem anderen Teil seines Helikons ein „Klingendes“, d. h. Sonett an den „kunst- und gunst- geneugten Leser“ voranstellt und überhaupt das Sonett ausführlich behandelt.

[3] Vgl. Zeitung für Einsiedler, Stück 7, unten S. 60.

[4] Briefwechsel S. 87.

kennen lernen werden, hat freilich Voß später in der Verhöhnung der romantischen Poesie unter der Bezeichnung „Klingklang" noch überboten. Eines könnte Vossens Urheberschaft in Zweifel stellen: die besprochne Recension entbehrt nämlich der Unterschrift, und es ist doch durchaus nicht Vossens Art sich zu verstecken. Mangel an Mut konnte ihm keiner seiner Gegner vorwerfen. Indessen kann auch irgendwelcher Zufall das anonyme Erscheinen des Artikels bewirkt haben, und ich halte darum an meiner Behauptung fest.

Ob in dem Gedichte Bruder Claus, unten S. 300, ein altes Original oder nur eine Neudichtung in altertümlicher Sprache zu sehn ist, läßt sich nicht entscheiden. Allerdings möchten manche Reime für die erstere Ansicht sprechen. Bruder Claus, mit seinem vollen Namen Nikolaus von der Flüe war eine sehr beliebte Persönlichkeit. Seine Geschichte ist bekannt genug. Dieser merkwürdige Mann ist im März 1417 in Underwalden ob dem Kernwalde Kirchspiels Saxlen geboren. Da er über fünfzig Jahre alt war, im Herbste 1467, verließ er Weib und Kinder und erwählte sich einen einsamen wilden Ort, den Ranft im Melchthale zur Wohnung. Dort lebte er in Gebet und Kasteiung allen seinen Rat Suchenden stets bereit bis zu seinem Tode am 21. März 1487. Seine allgemeine Beliebtheit wird durch die große Litteratur erwiesen, die in Prosa und Versen sein Leben beschreibt. Mir liegen allein vier solcher Lebensbeschreibungen aus den Jahren 1598—1732 vor. Die älteste, von der ich Nachricht bekam, ist schon im Jahre 1488[1] zu Nürnberg bei Markus Ayrer in 4° erschienen. Unser Gedicht beginnt mit dem Gebete, das nach Uebereinstimmung der Quellen Bruder Claus wirklich täglich vollbrachte. Eines der bekanntesten schweizerischen Chronikwerke „Gemeiner loblicher Eydgnoschafft Stetten, Landen vnd Völckeren Chronickwirdiger thaaten beschreybung. Durch Johann Stumpffen"[2] zeigt in dem Abschnitte, der von Bruder Claus handelt, eine merkwürdige oft wörtliche Uebereinstimmung mit unserm Gedichte, die nicht zufällig sein kann. Stumpfs Worte „Er was ein mann grads vnd gestaltigs leybs, doch dürr, mager vnd außgeschöpfft, allein von Haut, adern vnd gebein zesamm geschmuckt .... Sein farb was brun, das haar schwartz, ein wenig mit grawem vermischet. Er hatt ein bart nit gar lang, von wenig haar, in zwey teil gespalten. Schwartze klare Augen .... Die aadern des halß vnd der kälen, so er redet, wurdent geachtet nit mit blůt sonder mit lufft erfüllet. Er gebraucht sich eines ainigen kleids oder rocks einfaltig biß auff die färsen. Das haupt vnd die füß hielt er allzeyt bloß" — diese Worte stimmen in der That fast vollständig genau zu den Versen 17—30 unsres Gedichts. Und diese Uebereinstimmung geht weiter fast durch das ganze Gedicht hindurch. Zu diesen wörtlichen Anklängen kommt aber noch, daß in dem Gedichte erzählt wird

„Doch lebet er für sich allein,
Von Wurzeln und von Kräuterlein",

ganz wie der reformierte Stumpf sagt „etlich wöllend er habe wurtzlen geessen", während sämmtliche katholische Zeugnisse über Clausens Leben ausdrücklich hervorheben er habe alle Speise verachtet und sei durch die Möglichkeit solcher Enthaltung auf Erden schon den Engeln nahe gerückt worden.

---

[1] 1478, wie Grässe Trésor II. Dresde 1861. 4°. S. 196a angibt, ist wohl Druckfehler.
[2] Zürych 1548, Fol. Teil II, S. 194 b.

Eine fernere Uebereinstimmung, und zwar eine im Fehler, findet sich darin, daß unser Gedicht wie auch Stumpf Claus im Jahre 1502 sterben läßt.

Stumpf bezieht sich am Schlusse des Abschnitts auf Heinricus Wöffle [lies Wölffle], einen gelehrten Mann und Chorherrn zu Bern, der weitläufiger über Claus gehandelt habe. Auch andre spätere Biographen des Waldbruders nennen Heinrich Wölflein oder Lupulus. Es kann nun angenommen werden, daß Stumpf aus der Schrift des Wölfle Stellen wörtlich herübernahm und daß diese Schrift ebenso dem Verfasser des Gedichts als Vorlage gedient hat. Daß Stumpfs Chronik nicht unmittelbar die Quelle für unser Gedicht war, läßt sich daraus schließen, daß Stumpf Clausens tägliches Gebet, das die ersten sechs Verse unsers Gedichts bildet, nicht vollständig mitteilt. Wölfles Schrift ist mir nicht zugänglich. Die übrigen Biographien des Bruder Claus in Prosa und Versen, die ich kenne, zeigen keine Verwandtschaft mit unserm Texte. Es ist immerhin doch möglich, daß unser Gedicht nicht in der romantischen Werkstatt entstand.

Die nächsten Nummern des Morgenblatts bringen nichts, das in direkter Beziehung zu unsrer Zeitung stünde. Erst als diese zu erscheinen aufgehört hatte und also nicht mehr antworten konnte, beginnt die Anfeindung in Prosa und Versen von neuem. Bevor ich jedoch zu diesem Abschnitte übergehe, möchte ich noch einige Worte über eine Reihe von Gedichten sagen, deren Aufnahme in die Zeitung für Einsiedler immerhin seltsam erscheint, da sie erheblich in Form und Inhalt von den übrigen poetischen Aeußerungen, und nicht zu ihrem eignen Vorteil, abweichen. Ich meine die in Nr. 33 abgedruckten Gedichte der beiden Ringseis, Löws, Amans und Loës. Die unreine Form dieser Gedichte, Unklarheit des Ausdrucks und ungeregelte Leidenschaft lassen auf den ersten Blick in den Verfassern junge Leute erkennen. Aber wir wissen auch Näheres. Es waren Landshuter Studenten, die wohl durch den dort an der Universität lehrenden Ast und durch das Lesen der Zeitung für Einsiedler romantisch begeistert es gewagt hatten ihre poetischen Erstlinge an Görres zu senden. Görres hat, obwohl er sicher den geringern poetischen Wert der Gedichte erkannte, offenbar in der Absicht anregend zu wirken, und weil er einen guten Kern in der etwas tollen Begeisterung der Studenten erkannte, die Aufnahme der Verse in Nr. 33 bewirkt und Arnim hat sie mit dem schwungvollen „Rundgesang gegen Unterdrücker des Werdenden in der Literatur" begleitet. Als der Abdruck der Gedichte in der Zeitung für Einsiedler bekannt ward, sandten zehn Landshuter Studenten, darunter die fünf Dichter und Karl von Rottmanner einen begeisterten Dankbrief an Görres. In diesem Briefe [1], der vom 22. August 1808 datiert ist, heißt es „Mit Jubiliren, Jauchzen und Hüteschwingen haben wir am 18. Aug. das 33. Blatt der Einsiedlerzeitung gelesen. Ein schöneres, höheres, glänzenderes Schicksal dieser Gedichte wagten wir nie zu erwarten ..... Hochmächtig hat uns die Brust erhoben, und im tiefinnersten Grunde der Seel' uns erschüttert die Auszeichnung, unter solchen Männern zu stehen, und eine Flamme und einen Enthusiasmus in uns entzündet, der nicht verglimmen wird in alle Ewigkeit!" Arnims Rundgesang haben sie mit Begeisterung „nicht gelesen, sondern gesungen, gejubelt, verschlungen, in Geist und Leben verwandelt."

Die in den Bänden 75 und 76 der „Historisch-politischen Blätter für das

[1] Vgl. Görres Briefe, Bd. 2. München 1874, S. 31 f.

katholische Deutschland“ herausgegeben von Jörg und Binder, München 1875, 8° erschienenen „Jugenderinnerungen des k. bayr. Geheimraths Dr. Joh. Nep. von Ringseis“ setzen uns in die Lage in die Entstehungsgeschichte dieser Gedichte einen tiefern Einblick zu thun. Der im Jahre 1875 neunzigjährige fast erblindete Nepomuk Ringseis gibt hier eine gelungne Selbstbiographie wie man sie von jedem gleich bedeutenden Manne erwünschen möchte. Er erscheint durchaus so wie ihn Jakob Grimm in dem letzten Stücke des Briefwechsels aus der Jugendzeit [S. 491] schildert: „Er ist ein durchbraver, frommer Mensch, den man gleich lieb hat.“ Die schlichte, ehrliche Erzählungsweise, der frische kräftige Ton der Jugenderinnerungen, die überall den Mann von ernstem Streben, von klarem Blick und mannhafter Geschlossenheit der Gesinnung zeigen, müssen wohl jedem Leser diesen Mann von so reichem Geistesleben lieb machen. Ich muß mich daher wundern diese Jugenderinnerungen ganz übergangen zu sehn.[1] Besonders hätten die Herausgeber des Grimmschen Briefwechsels darauf verweisen sollen.

Nachdem Ringseis in gelungner Weise die heftige, freilich unklare Begeisterung seines Landshuter studentischen Freundeskreises geschildert [B. 75, S. 744 f.], erzählt er von dem Unmute, der in so vielen Bayern zu jener Zeit törichten Aufklärungseifers entglommen und fährt unmittelbar zur Geschichte jener Verse überlenkend fort [S. 837 f.] „Dazu kam die verhaßte napoleonische Tyrannei, die in innigster Wechselwirkung stund mit dem bureaukratisch-liberalen Fanatismus. Der Ingrimm, der in mir kochte, machte sich Luft in etlichen Gedichten, welche, ungelenk von Gestalt, jugendlich unausgegohren von Gedanken und fast ungeberdig vor brausender Ueberschwänglichkeit, hervorsprudelnd aus einem wahren Krater von Begeisterung, in religiösem und patriotischem Selbstgefühl, auch nicht ohne persönliches Kraftbewußtseyn die ganze schlechte Welt mit ihrem übelbegründeten Hochmuth und ihrem Wühlen in der Materie herausforderten, wie ich mich ausdrückte, ‚auf den röthlichen Sand.‘ [Vgl. unten S. 310.] Ich dachte dabei an keine Veröffentlichung, aber Aman [S. 314], dem ich die Gedichte mitgetheilt hatte, sandte sie — wohl mit anderen Produkten unseres Kreises — nach Heidelberg an die von Arnim und Brentano herausgegebene Einsiedlerzeitung. Die beiden gewiegten Dichter, sowie Joseph Görres, mögen gelächelt haben über den ungefügen germanischen Riesen- und Reckenzorn, aber sie fühlten das Wahrhafte und Berechtigte der Empfindung und Gesinnung heraus und ließen mit einer poetischen Einführung durch Achim von Arnim, in der es unter anderm heißt: ‚Jugend hat heißes Blut [S. 315]‘, die Gedichte zu meiner höchsten Ueberraschung wirklich erscheinen.“ Und Ringseis bekennt, daß er selbst den Brief an Görres geschrieben, aus dem ich oben einige Stellen mitteilte, und fährt fort [S. 841] „Die Gedichte verursachten ihres Inhalts wegen einen Höllenspektakel. Von allen Seiten erhielt ich Zuschriften, theils zustimmende (vorzüglich aus Bayern), theils bekämpfende (so bis aus Hamburg).“

Ein wichtigeres Ergebniß für Ringseis war, was er wie folgt erzählt. „Es mag um's Ende von 1808 gewesen seyn, als ein Mann von charakteristisch ausgeprägten schönen Zügen, mit geistreichem stechendem Blick, zu mir ins Zimmer trat mit den Worten: ‚Ich bin Clemens Brentano‘.“ Im Laufe

---

[1] Nachträglich finde ich eine Besprechung in v. Sybels historischer Zeitschrift, 49 [N. F. 13], München und Leipzig 1883. 8°. S. 92 f.

des Gesprächs erklärte dieser: „Ich habe mich ..... nach euch erkundigt, was ihr für Kerle seid und habe gehört, daß ihr tapfer drauf los studirt und überhaupt etwas taugt; wär't ihr berufslose Schwärmer, so hätt ich euch nicht aufgesucht; denn das Elend der Berufslosigkeit kenne ich aus eigener Erfahrung."

Durch Brentano ward nun Ringseis bei Savigny eingeführt und blieb fernerhin stets in herzlicher Verbindung mit dem großen Rechtsgelehrten. „An einem der ersten Abende bei Savigny" erzählt Ringseis [1] „nannte mich dieser der Gesellschaft ..... mit den scherzenden Worten: ‚Hier stelle ich Ihnen den gewaltigen Ringseis vor, der den ganzen Norden auf den röthlichen Sand herausgefordert hat'. .... Mehrmals noch kam es vor, daß bei Nennung meines Namens der Eine oder Andere Savigny beiseite zog, ihn zu fragen, ob ich jener rabbiate Ringseis, der die bekannten Gedichte in der Einsiedler-Zeitung gemacht. ‚Ei', lächelte Savigny, ‚lernen Sie ihn nur kennen, Sie werden sehen, daß es so bös nicht gemeint war'."

Unter den Angriffen, die Nepomuk Ringseis, oder „Muckel" wie ihn später sein hoher Freund König Ludwig von Bayern zu nennen liebte, durch seine unbändige poetische Kraftleistung hervorrief, nenne ich an erster Stelle, ob auch zeitlich der im Morgenblatt voraufging, die Ausfälle in der Jenaischen allgemeinen Literatur-Zeitung von 1810. Es lohnt nicht der Mühe den ganzen Handel zu verfolgen, wir können uns mit Ringseis Erklärung [2] begnügen, die zugleich Zweck und Sinn seines Gedichts „Herausforderung" [3] darlegt. Lassen wir ihn selbst reden!

In der Recension der Schrift: die Plane Napoleons und seiner Gegner [4] (Jen. A. Lit.-Zeitung 1810. No. 12) werde ich eines kleinen Gedichtes wegen, betitelt: Herausfoderung (und gedruckt in: Tröst Einsamkeit Col. 259) beschuldigt: „mit einigen Bayern es übel genommen, und Hintansetzung und Verkennung des vaterländischen Guten und Trefflichen darin gefunden zu haben, dass Bayerns edler Beherrscher so manche ausländische Gelehrte, die Jakobi, Sömmering, Schelling u. a. m. an die Institute des Landes versammelte;" beschuldigt ferner: „dass ich in dem genannten Gedichte den „Kampf der Süd- gegen die Norddeutschen eröffnet habe." Jenes Gedicht sollte, und soll noch zur Stunde ein beleidigtes Gefühl und gerechten Unwillen schlechterdings nur gegen solche aussprechen, welche wie in Journalen und Zeitungen, und auf andere Weise geschah, Bayerns Söhne zuerst verachteten, und wohl gar Sinn und Talent für Höheres ihnen absprachen, und noch absprechen möchten; keineswegs aber eine weise Regierung tadeln, welche achtungswerthe Gelehrte berief, noch diese fremde Gelehrte, als solche herausfodern .... Das zweyte ist: der schlechte im Jen. Intell. Bl. No. 16 unter meinem Namen eingerückte, und von München datirte, Aufsatz, welcher eine Herausfoderung, und zwar des genannten Recensenten läppisch mir nachäfft. Da dieses Falsum erschien, befand sich Ringseis gar nicht in München, sondern in Landshut wo er als ärztlicher Gehülfe in der Klinik thätig war.

---

[1] B. 76, S. 581.
[2] Vgl. Intelligenzbl. d. Jen. allg. Lit. Zeit. 1810. 4°. Nr. 24 u. 25, S. 200.
[3] Sp. 259.
[4] Von Christian Aretin.

Ringseis „Herausforderung" rief auch einen Nachhall in den schon oben genannten „Korrespondenz-Nachrichten" des Morgenblatts 305 hervor. Nachdem gemeldet worden die romantische Mystik sei doch nicht recht heimisch in Landshut, wird dort erzählt man habe den Gegensatz zwischen Süd und Nord in Deutschland übel benutzt: „einige junge Leute forderten mit lächerlichem Uebermuthe die Norddeutschen auf ihren Boden, um sie dort ohne weiters todzuschlagen." Auch der Däne Baggesen, von dessen „Klingklingel-Almanach" ich später reden werde, fand sich bewogen gegen Ringseis aufzutreten, und in Nr. 307 des Morgenblatts erschien eine Strophe des Epigrammatikers Haug[1], die wohl auf Ringseis zu beziehn ist.

„An Musaget.
Was kümmert das Pasquill
Des Reimers dich Poeten? —
Ein Lilliputer will
Den Brobdingnager tödten."

Da die Zeitung für Einsiedler mit dem Stücke 37 vom 30. August nach einem kurzen Leben von fünf Monaten ein Ende nahm, widmete ihr das Morgenblatt [236] in Gestalt eines Sonetts folgende „Todesanzeige."

„Ach unser Schmerz stöhnt in gewohnten Weisen,
Die Siedlerzeitung hat der Tod entnommen!
Schon zwanzig Freyer waren angekommen, *)
Umsonst, sie mußte in den Rasen beißen.

Zwar wollte uns der Arzt noch Trost verheißen,
Als der Sonette neunzig ihr entschwommen;
Doch mocht' sie nicht mehr zu sich selber kommen,
Des Käses Maden werden sie nun speisen.

Sonett und Schwesterchen sind nicht zu trösten, **)
Es tönt ihr Schmerz wie Schellen an dem Schlitten,
Weil Mütterchen so früh schon mußte sterben;
Am Trübsalfeuer wird der Gram sie rösten.
Das Beyleid müssen wir frankirt erbitten,
Der Heimgegangnen tiefbetrübte Erben.

*) Die Einsiedlerzeitung hatte bereits 20 Abonnenten.
**) Die letzten Blätter enthalten in 90 Sonetten die Liebesgedichte Sonett's und des Fräuleins Sonette."

Und bald darauf [Nr. 255] folgt ein „Klingdistichon" von „B—o", das dem „Karfunkel-Gemunkel" allen Gehalt abspricht. Der unvermeidliche hinkende Bote krückt dann auch der Besprechung einer Erzählung in Schreibers Heidelb. Taschenbuch von 1809 nach, deren Verfasser die mangelnde Ausarbeitung durch seine Krankheit entschuldigte: „Unsere Romantiker von Profession werden diese Bescheidenheit gewiß ganz unbegreiflich finden." Am wütendsten aber wurden die Angriffe, da das Erscheinen der „Kinderlieder, Anhang zum Wunderhorn. Heidelberg bey Mohr und Zimmer, 1808." 8° den Gegnern wieder Anhaltspunkte bot. Zunächst in Nr. 268 erhebt ein poetischer Anonymus die Stimme:

„Heil dem Romantiker NN,
Den wir leider nicht kennen! —
Was Mägde, Kinder und Ammen
Gefabelt und gestammelt,
Hat Er als olympische Flammen
Großmüthig gütig zusammen
Für große Kinder gesammelt."

---

[1] Joh. Christph. Friedr. Haug, geb. 9. März 1761 in Niederstotzingen, † 30. Januar 1829 in Stuttgart. War mit Schiller auf der Militärakademie.

Purer Nonsens, Spreu und Kehricht sei hier mit Kastrirung der Zoten in einen Strauß gewunden. Rec. benutzt allerhand Bruchstücke aus Kinderliedern zu giftigem Spotte und erzählt dann er wolle selbst ein Schauspiel bereiten, ein Kinderconcert im Gasthaus zum grauen Ochsen; dort wolle er rohe Kinder von Schneidern, Webern und Schustern als Muster aufstellen. Wer ein Lied dichten könne wie das bekannte „Hans ist in Brunnen gefallen; ich hab' ihn hören plumpen", für den sei die Entree frei.

„Kommt, und ihr entscheidet gelinder,
Und gesteht, wenn das Schauspiel beginnt,
Daß Romantiker wahre Kinder,
Und Kinder Romantiker sind. N. T. Görrasto."

Das war nun scharf und heftig genug sollte man meinen; aber noch schlimmeres ist zu berichten. Der verrannte Voß läßt sich nämlich bald darauf [Nr. 283, 284] in einer Weise vernehmen, die wirklich alles bisher Geschilderte dahinten läßt. Er liefert die Kinderlieder gleichfalls besprechend einen

„Beitrag zum Wunderhorn."

Der zusammengeschaufelte Wust, voll mutwilliger Verfälschungen, sogar mit untergeschobenem Machwerk sei mit zwei ansehnlichen Haufen vermehrt worden, einem „heillosen Mischmasch von allerlei buzigen, truzigen, schmuzigen und nichtsnuzigen Gassenhauern, samt einigen abgestandenen Kirchenhauern." Dann redet Voß von dem „wütigen Kauderwelsch jenes Gottlob! seinen Rausch nun ausschlafenden Einsiedlers" und von dessen „ganzer unflätiger Versoffenheit." Und nun folgt ein „Lied der Romantiker an ihren Herrgott", an den „Ehrwürdigen, den sie vor der Hand noch einzig als Herrn bekennen, und dessen unsterblichen Namen sie oft mit unreinen Lippen entweiht haben, um ohne Sorge zu sein, daß er nicht einst im Unwillen über die anhündelnde Zudringlichkeit die Zuchtrute ergreife," an Goethe, dem die Herausgeber des Wunderhorns am Schlusse des dritten Bands ihren Dank abgestattet hatten.

Vossens Lied ist die Contamination eines Lieds aus dem „Porstischen Gesangbuche[1] Berlins vor den Zeiten der leidigen Aufklärung .... in dienlicher Aufstutzung."

Ich unterlasse gern den Abdruck dieses Poems, das man — wenigstens zum Teile — bei Herbst, J. H. Voss II, 2. S. 129 f. nachlesen kann. Es ist traurig die Verirrungen eines in so mancher Beziehung unzweifelhaft verdienten Mannes berichten zu müssen; doch sie gehören einmal zu dem Bilde des alternden Voß, der in seiner Einseitigkeit und Einsamkeit mehr und mehr „versteinerte".

Habent sua fata libelli das läßt sich, wenn von irgend einem Buche, vom Wunderhorn, dem viel gescholtnen, viel gerühmten, noch heute beliebten und in Wahrheit bedeutenden mit allem Rechte sagen. Hoffmann von Fallersleben, einer jener nun fast völlig ausgestorbnen Romantiker unter den Germanisten hat es unternommen diese fata in einem Aufsatze des Weimarischen Jahrbuchs[2] zu schildern. Alle Anzeigen und Recensionen, alle Gegenerklärungen der Herausgeber des Wunderhorns sind dort zum Teile

---

[1] „Geistliche und Liebliche Lieder, welche der Geist des Glaubens durch Doctor Martin Luthern u. s. w. gedichtet .... Nebst einigen Gebeten und einer Vorrede von Johann Porst". Berlin 1780. Vgl. das Urteil Jacob Grimms im Briefwechsel zw. J. u. W. Grimm, S. 485.

[2] Bd. 2 Hannover 1855. 8°. S. 261—282.

ganz und gar, zum Teile im Auszug mitgeteilt, so daß sich ein ziemlich vollständiges Bild von der Aufnahme, die das Wunderhorn bei den Wortführern der Litteratur fand, gewinnen läßt.

Goethes feinsinniges und klares, aber auch nicht gelehrtes Urteil[1] trug nicht wenig dazu bei dem vom großen Publikum so wie so schon mit vieler Freude begrüßten Unternehmen den Weg zu bahnen. In jedem Hause wo frische Menschen wohnen und in den Händen des Meisters der Tonkunst wollte er das Wunderhorn sehn und munterte die Herausgeber zur Fortsetzung ihrer Arbeit auf. Gegen die Herstellung des Fragmentarischen und Verderbten hatte er nichts einzuwenden; wohl aber mahnte er die Herausgeber „ihr poetisches Archiv rein, streng und ordentlich zu halten."

Entschieden am bedeutendsten ist die Recension in den Heidelbergischen Jahrbüchern[2], deren Verfasser Hoffmann nicht nennt. Die Inhaltsverzeichnisse der beiden Hefte, welche die Recension enthalten, nennen ihn nur ꝓ—ꞅ, er ist aber sicher kein andrer als Görres.[3] Solch bilderreiche schwungvolle Sprache führte kein andrer. „Des Knaben Horn schweigt, die Glocken verklingen, die Töne sind gestillt, das Liederspiel ist geschlossen; die das wundersame Klingen gehört, treten zusammen und besprechen was sie vernommen." Das ist Görres Stil. Vielleicht hat er seinen Namen aus dem Grunde verschwiegen, weil er fürchten mußte als Freund der Herausgeber in dieser parteitollen Zeit nicht für einen unparteiischen Richter angesehn zu werden. Und doch fühlte er sich wohl am ersten verpflichtet bei Zeiten ein gutes Wort über das Buch zu sagen, da er sah wie sehr es noch ringsum mit dem Verständniß für Volkstum und Volkspoesie im argen lag. In seiner regen Brust weckte der Eindruck jedes vollendeten schönen Werkes das Mitschwingen und Tönen gleichgestimmter Saiten, und sein lebhafter phantasievoller Geist führte dann die einfachen volltönenden Motive zur unendlichen Melodie aus. Allem Werden ging er mit Liebe und Begeisterung nach und entwickelte es dann im Ueberschwange seiner wundervollen Rede. Da war das Volkslied der rechte Stoff für ihn. Wie schön charakterisiert er die Kinderlieder[4]: „Vom ersten einsilbigten Lallen der Poesie an, vom ersten Flügelschlage der Phantasie noch in der Mutter Neste bis zur Zurückbildung der gereiften Kraft in die erste Einfalt und Unschuld früher Jugend in spielender Naivetät, ist der ganze bunte Wechsel der ersten morgenrothen Lebensstunden hier dargestellt." Und ferner[5]: „Wir wüßten nicht daß irgend eine andere Nation einen solchen Reichthum von goldenen Spielpfennigen und solche Kinderlust und Jubel besäße, wie denn auch in jener kindischen Plastik Nürnberg in der Mitte von Deutschland zur Metropole seit Jahrhunderten sich erhoben hat." Die fortlaufende Charakterisierung einer Reihe von Liedern aus dem Wunderhorn hält wohl den Vergleich mit der Goethes aus; ja sie hat sogar das so zu sagen theoretische historische Verständniß für das Volkslied an sich vor der Goetheschen voraus, welche letztere mehr

---

[1] Jen. allg. Lit. Zeit. 1806. 4⁰. Nr. 18. 19.

[2] Jahrg. 2. Abteilung 5. Heidelberg bey Mohr und Zimmer. 1809. 8⁰. S. 222—237 und Jahrg. 3. Band 2. 1810. S. 30—52. Wie es scheint haben allerhand Intriguen den frühzeitigern Abdruck des zweiten Teils von Görres' Recension gehindert. Vgl. Görres Briefe, Bd. 2. S. 60. 63. 89.

[3] Joseph Görres.

[4] A. a. O. 1809, S. 233. 234.

[5] S. 235. 236.

vom allgemeinen ästhetischen Standpunkte aus die Lieder betrachtet. Auch Görres spricht den Herausgebern das Recht zu das Fragmentarische zu ergänzen und auf ihre Art zu ordnen; rät ihnen aber bei einer neuen Auflage zur Beruhigung der Aengstlichen auch die Linien der Restauration anzugeben. Auch später ist Görres nochmals öffentlich für Arnims Recht eingetreten „alte zersungene Lieder, die Allen aber keinem Einzelnen mehr einzeln angehören, wieder herzustellen." Dabei wird freilich zugegeben „Es mag seyn, daß er es damit manchmal leichter als räthlich und nöthig war, genommen", aber auch versichert, „daß gerade die Lieder, die Goethe als die volksmäßigsten gerühmt, diejenigen gewesen, an denen er und Brentano das Meiste gethan".[1]

Wilhelm Grimm nennt Görres Recension, wenigstens ihren ersten im Jahre 1809 erschienenen Teil „so hell und anmüthig gehalten, wie weniges von ihm." Der kritischere Bruder nennt sie wohl auch „herrlich", aber auch „eine Abhandlung über die Volkspoesie, worin freilich nicht Alles auf das Wunderhorn und seine Herausgabe paßt".[2] Arnim dankte Görres in einem für die Geschichte des Wunderhorns interessanten Briefe[3] für alle gute Gesinnung, die er der Sammlung in der Literaturzeitung bewährt habe. Er freut sich besonders, daß Görres dieselbe Ansicht von dem Unternehmen zeige, die er selbst oft so sauer gegen Brentano verfochten, „der alle acht Tage, nachdem er sechs Tage daran gearbeitet, das streng Historische daraus zu vernichten, am siebenten behauptete, es solle eigentlich eine Historie des Volksliedes sein, und ein Paar Verse wieder ausstrich, die übrigen aber stehen ließ." Die übrigen Recensionen des Wunderhorns können durchaus nicht denen Goethes und Görres' an die Seite gestellt werden, stehn auch durchaus dem Zwecke dieser Abhandlung fern; ich kehre daher zum Morgenblatt und zu Voß zurück.

Die groben Angriffe, die Voß coram publico auf die Herausgeber des Wunderhorns gemacht hatte, konnten nicht unbeantwortet bleiben. Diesmal war es Arnim, der dem Groben zu Leibe ging. Er richtete von Kassel aus, wohin er sich unterdessen begeben hatte, an Voß einen Brief, der im Intelligenzblatt der Jenaischen Literatur-Zeitung[4] abgedruckt ward, und sagte ihm derb aber nicht ungerecht die Meinung. Arnim erklärt Vossens Behauptungen, die Herausgeber des Wunderhorns hätten heimlich eigne Arbeit als alte Lieder eingeführt, für erlogen, denn er selbst habe in der Anzeige des ersten Bandes[5] ausdrücklich gesagt diese Lieder seien von den Herausgebern „gesammelt, geordnet und ergänzt". Weil Voß sie nun auch der forgery beschuldigt[6] und behauptet habe sie hätten eine Recension in der Jenaer Zeitung[7] erschlichen, verlange er von Voß öffentliches Bekenntniß, daß er sich geirrt, oder stelle ihm gerichtliche Verfolgung in Aussicht. Arnim fährt fort „Herzinnig ist mir aber alles Griecheln und Kunsttändeln verhaßt, als welches vom eigenthümlichen Griechensinn und von der Kunst gleichweit entfernt ist." Arnims pietätvoller Sinn konnte auch die elende Parodierung eines Kirchenlieds, die sich Voß hier

---

1 Menzels Literatur-Blatt, 1831. S. 108 b. 109 a.

2 Vgl. Briefwechsel aus der Jugendzeit, S. 89. 90.

3 Görres Briefe, Bd. 22. S. 55.

4 Jahrgang 1809, Nr. 3, Sp. 22–24. Nach einer an Görres mitgeteilten Kopie von W. Grimms Hand mit Arnims eigner Unterschrift mitgeteilt in Görres Briefen Bd. 2, S. 40–44.

5 Intelligenzbl. d. Jen. Lit. Zeit. 1805, Sp. 891.

6 In der Anmerkung zu dem Morgenblattartikel.

7 Die Goethesche.

und schon früher erlaubt hatte, nicht übergehn und so ruft er ihm zu „scheuen Sie sich wenigstens, alte Lieder, die durch einen heiligen Gebrauch (selbst wenn sie nicht nach Ihrem Geschmacke sind) tausend Unglücklichen in einer bedrängten Zeit Trost und Kraft verleihen, durch witzlose Parodien zu schänden, wozu sie noch obenein den Stoff aus einer in höherem Sinne gedachten Satyre meines Freundes Görres (Tröst Einsamkeit, Umschlag zum Mayheft) entnehmen und verderben mußten; denken Sie doch, daß keines Ihrer Lieder je einen Menschen so erbaut hat, wie die verspotteten Tausende."

Wir bewundern die Mäßigung Arnims den maßlosen geradezu niedrigen Angriffen Vossens gegenüber. Arnim war eine durchaus noble Natur, das beweist dieser Brief und die ganze Behandlung des Falls aufs schlagendste. Vielleicht hat ihn die gegen ihn selbst geschleuderte unflätige Grobheit des Gegners weniger gekränkt und erzürnt, als die Parodierung des Kirchenlieds. Es ist für Arnim charakteristisch, daß er, der persönlich Angegriffene, es nicht unterlassen kann, dem wütenden Gegner sein pietätloses Handeln vorzuhalten.

Vossens Antwort blieb nicht aus. Schon in Nummer 4, auf Sp. 31. 32 desselben Blattes fragt er, auch nicht ohne Berechtigung, warum man denn nur in einer verlorenen Anzeige und nicht auf dem Titel des Buchs von Ergänzungen geredet habe? Er widerruft nicht und empfiehlt noch für das Wunderhorn den korrektern Titel Alte deutsche Lieder und Schnurren auf Glauben zusammengerafft, umgearbeitet und ausgeflickt; zugleich mit neuen Liedern, auch eigenen, untermengt, von N. N.

Da riß denn auch Arnim die Geduld, und er ließ eine kräftige Entgegnung im selben Blatte[1] erscheinen, in der er zum Schlusse Voß aufforderte ein Lied anzuzeigen, dem kein älteres Fragment oder Sage zu Grunde liegt, oder eine Aenderung, für die ich keinen Grund anzugeben wüsste, aus höherer Kritik oder allgemeiner Verständlichkeit.

Hoffmann mag Recht haben, wenn er annimmt[2] die Herausgeber seien durch Vossens Angriffe ihrem Unternehmen entfremdet worden, sagt doch Arnim in seiner Entgegnung selbst Mich ergreift hier ein entsetzlicher Ekel gegen die ganze Verhandlung. Spricht auch noch Brentano in der Anzeige betreffend die altdeutsche Liedersammlung: des Knaben Wunderhorn[3] die Absicht aus eine gedrängte Geschichte der Volkslieder, mit möglicher Zeitbestimmung, wie auch eine Kritik der ächten und zweifelhaften Stücke unserer Sammlung, nach einiger Zeit folgen zu lassen, um auch das literarische Bedürfniss zu befriedigen, so ist doch nichts davon zu Wege gekommen — und wir beklagen das nicht, wenn es auch noch heutiges Tags an einer umfassenden Arbeit auf diesem Gebiete fehlt.

Das Wechseln von Streitworten in der Jenaischen Zeitung hatte genau genommen weder Zweck noch Erfolg. Recht war auf beiden Seiten, der größere Teil des Unrechts freilich bei Voß, und zwar besonders des niedrigen Tons wegen, den er angeschlagen. An ein Ueberzeugen des Andern aber konnte keiner der Gegner denken. Sie waren klug genug es in der Folge dabei zu lassen und nicht mehr in öffentlichen Blättern einander zu befehden. Befriedigt schrieb

[1] Nr. 13. Sp. 103. 104.
[2] A. a. O. S. 271.
[3] Int. d. Jen. Lit. Zeit. 1809. Nr. 19. Sp. 147.

Jakob Grimm am 7. Mai 1809 an den Bruder „Arnim läßt den Streit mit Voß gewiß nun liegen".[1]

Brentano, der so gut oder so schlimm wie Arnim beleidigt war, hatte für Voß keine direkte Antwort; aber er hat es ihm auch nicht vergessen und widmet Voß in dem schon einmal citirten Märchen vom Müller Radlauf[2] eine höchst ergötzliche Stelle, die ich bei der leider fast allgemeinen Verschollenheit dieser wundersamen Märchendichtungen nicht erwähnen mag ohne in möglichster Kürze darüber zu berichten.

Dort erzählt der verzauberte Biber dem Mädchen Murmeltier wie der alte Müller Kampe mit dem deutschen Erdfräulein Wurzelwörtchen vermählt einen Sohn hat, den Voß, der von stiller tiefsinniger Natur gern alles ausspintisierte. Einst sitzt Kampe mit der Gattin im Garten und macht gerade neue Worte, da liest ihm Voßchen jählings 300 000 neue deutsche Worte vor, „an die der gute Meister Kampe nie gedacht hatte", und daran stirbt Kampe und wird von Wurzelwörtchen mit unter die Erde genommen. „Voß machte sich nicht viel daraus; er arbeitete immer darauf los und ward täglich finsterer und menschenscheuer; ja, je weiter er in die Sprache kam, je mehr hütete er sich, sie zu sprechen, um sie nicht zu verderben oder zu beschmutzen." Wer in die Mühle kam und hatte kein neues Wort, den hängte der grausame Voß im Kornsack in den Rauch. Wenn nun Murmeltier zur Mühle komme, so solle sie nicht anklopfen, sondern nur sagen: „Ins Heu, ins Heu, ins Heuderlei." Und vor allem hüte sie sich ein undeutsches Wort zu brauchen und statt Sack solle sie Beutel sagen. Auf dem Wege zur Mühle fand das Mädchen zwei Männer im Streit darüber, ob die Louise oder die Dorothea schöner sei; der Eine schrie, die Louise hat schönere Füße, der Andere sagte, Dorothea hat eine schönere Seele. Da schrie der Erste: „Aber man geht nicht auf der Seele, man geht auf den Füßen", und darauf sagte der Zweite: „Man denkt auch nicht mit den Füßen, man denkt mit der Seele". Louise hat immer mit den Hühnern zu thun, und Dorothea läuft immer zum Brunnen.

Auf dem fernern Wege tötete Murmeltier durch eine Berührung mit dem Schäferstabe einen buntjackigen Affen und befreite so ein Kind aus seiner Gewalt. Vor der Zauberformel „Ins Heu" u. s. w. öffnete sich das Thor der Mühle. Der Müller schrie ihr entgegen: „Wer hat dich gelehrt unangemeldet zu treten ins gastfreie Haus, glänzt der Hammer doch blank gescheuert am reinlichen Thor." Das gerettete Kind aber war Vossens Abrahamchen, und der besänftigte Müller dankt dem Mädchen: „Herzlichen Dank verdienst du, o Freundin! Du schlugst meinen Feind, den Affen Sonetto, den lumpengeflickten, und ich nagle den Schelm nun an den Baum des Gartens, daß er mir scheuche die Vögel, die Diebe der lachenden Kirschen." Da nun Murmeltier immer in ähnlichem Stile antwortete, sagte Voß befriedigt: „Gut ist die Sprache mein Kind! .... doch sage, wer lehrt dich zu meiden ausländisches Wort und den Sack nicht zu nennen, dem doch die sprechenden Völker alle gegeben das Recht der Heimat bei sich?"[3] Das verhalf dem Biber von seinem

---

[1] Vgl. Briefwechsel a. d. Jj. S. 97. 98.

[2] Vgl. „Die Märchen des Clemens Brentano herausgegeben von Guido Görres. Stuttgart und Tübingen." Bd. 1. 1846. 8°. S. 378 f.

[3] Vgl. unten S. 80.

Banne, darein ihn Voß gethan, weil er einen Handel getrieben hatte mit neuen Wörtern und Redensarten, die der Müller im Teiche verloren, da er sie vom Kleienstaube hatte reinigen wollen. So verläuft also Murmeltiers Reise zu Voß aufs beste; wie aber nun die böse Murxa denselben Weg unternimmt, verdirbt sie zuerst einer „reinlichen Jungfrau“, die beim Feuer an einer schönen Quelle sitzt und Kaffee kochen will, ihre Kaffeefreude, dann erlöst sie die buntscheckige Katze Canzone, die der vermaledeite Müller mit dem Schwanze in einen Baum geklemmt hatte. Den Müller findet sie am Pulte stehn wie er mit den Worten „dalderal, dalderal, dalderal“ die Schläge seiner Mühle nachtrommelt. Ihre Grobheit verträgt Voß noch; da frißt aber die böse Katze ihm einen lieben Vogel, und Louise seine Tochter kommt und klagt über den zerschlagenen Kessel und weggetrunkenen Kaffee. Murxa kommt schließlich braun und blau geprügelt davon.

Die Anspielungen sind klar und bedürfen keiner Erläuterung. Brentano bietet hier ein gelungenes Gegenstück zu „Des Dichters Krönung“ von Görres. Sicher ist der Müller Voß eine unendlich harmlosere Verkleidung wie der hyperborische Horribiliscribifax; doch Görres wollte ja auch „Hiebe“ austeilen wie er als Peter Hammer am Schlusse erklärt. Görres' Schrift ist wohl spitziger aber auch unzweifelhaft ungleich witziger wie die Brentanos; es ist freilich nicht zu vergessen, daß die Letztere einem Märchen entnommen ist, das nicht dazu bestimmt war vor allem der Polemik zu dienen.

Hatte schon das Aufhören der Zeitung für Einsiedler die Poeten des Morgenblatts zu einer „Todesanzeige“ in Sonettform begeistert, so forderte ihr neues Auftreten als Buch unter dem Namen Tröst Einsamkeit auch wieder der Gegner dichterische Kraft heraus. Auch diesmal mußte das vielgeschmähte Sonett die Form zu einer Auslassung abgeben. In Nr. 276 des Morgenblatts erschien folgendes Sonett

„Tröst Einsamkeit.

Ein neues Wunder sey von uns gepriesen!
Der fromme Siedler war des Tods verblichen
Und, als Sonett, die Seele ihm entwichen,
Schon wollt' sich ihm das dunkle Grab erschließen:

Da hat die Mystik ihre Macht erwiesen,
Mit ihrem Wort, wie von Tarantelstichen,
War schnell der Tod von seiner Stirn entwichen,
Und Einsamkeit konnt' er sich neu erkiesen.

Tröst Einsamkeit, so heißt das hohe Wort,
Und herrlich mag er nun im Staube wallen,
Und singen, klingen, daß die Saiten springen.

Zwar einmal muß er freylich wieder fort,
Doch bis ihm einst des Himmels Hörner schallen,
Mag er sich doch ein christlich Grab ersingen.“

Eine Anmerkung, die diesem in jeder Beziehung mäßigen Sonette anhängt, erklärt „Tröst Einsamkeit ist der Titel der eingegangenen Einsiedlerzeitung die jetzt als ein besonderes Werk verkauft wird.“

In etwas anderm Stile macht sich ein „Moralis“ in der gleichen Nummer des Morgenblatts über die Tröst Einsamkeit lustig. Er liefert einen

„Beytrag zu Jung's Geisterkunde.[1]

Nach Jacob-Böhm'scher Deutung
Muß die arme Einsiedler-Zeitung

[1] „Theorie der Geisterkunde, in einer Natur- Vernunft- und Bibelmäßigen Beantwortung

Zur Strafe so vieler Sünden
Im Aetzen, Reimen und Drucken
Noch als Tröst-Einsamkeit spucken,
Ach, nirgends Erlösung finden,
Und mit Wehklagen und Zucken
Trostlos noch einmal verschwinden!!"

Aber nicht genug mit solchen betrüblichen Prophezeiungen! Apoll selbst mußte in Nr. 280 ein Verbannungsedikt erlassen.

„Apolls Edikt.
Ich gebiete langmutvoll,
Daß der neue Klingklangtroß
Ewiglich verbannt sein soll
Vom Parnaß und meinem Schloß'.
Unterschrieben: Gott Apoll.
Weiter unten: Voß. Lep."

Voß wird hier also zu des Musenbeherrschers Kanzler gemacht. Es ist schwer begreiflich wie man ihn, der sich kurze Zeit vorher in so unschöner Weise hatte vernehmen lassen, dem Gotte des Schönen zur Seite stellen mochte; aber es charakterisiert die blinde Parteiwut des Morgenblatts hinreichend.

Man sollte wol annehmen, daß Vossens grobe und heftige Angriffe auf die Heidelberger Romantiker kaum überboten werden könnten, war doch schon selbst im Gebrauche gewöhnlicher Schimpfwörter das möglichste geleistet; aber Vossens traurige auf diesem litterarischen Schlachtfelde errungne Lorbeeren ließen einen andern nicht ruhn, dessen dichterische Begabung noch weit hinter der ohnehin kaum mehr als mittelmäßigen des Dichters der Luise zurückstand.

Die bereits oben angezognen „Korrespondenz-Nachrichten" in Nr. 305 des Morgenblatts melden aus Frankfurt der Däne Baggesen sei noch dort und werde bald einen neuen Faust herausgeben „der das luftige Gesindel romantischer Alpe und Kobolde wol ganz aus den Regionen des Lichts in ihre dunkeln unterirdischen Wohnungen verbannen wird." Mit dem frommen Stoßseufzer „Quod Dii velint" schließt der Korrespondent, in dem man vielleicht Reinbeck erblicken dürfte. Dieser Jens Baggesen, geb. 15 Febr. 1764 zu Korsöer auf Seeland [1], trat schon frühzeitig als Dichter in dänischer Sprache auf. Durch längern Aufenthalt in Deutschland und der Schweiz gewann er genügende Kenntniß der deutschen Sprache um auch als deutscher Dichter sich zeigen zu können. Sein unstätes Leben hatte ihn auch im Jahre 1795 nach Eutin zu Voß geführt. Voß richtete eine Ode „An Jens Baggesen".[2] In den Jahren 1808 und 1809 lebte er meist in Heidelberg, hatte also die beste Gelegenheit das Treiben der Romantiker durch die verzerrende Brille Vossischer Anschauungen aus nächster Nähe zu betrachten. Als Vossens tapfrer Bundesgenosse schrieb er im Jahre 1808 das dramatische Gedicht „Der vollendete Faust oder Romanien in Jauer"[3], das in die Abschnitte zerfällt „Die Philisterwelt oder Romanien im Wirthshause, Komödie als Vorspiel" und „Die romantische Welt oder Romanien im Tollhause, Komi-Tragödie in 7 Aufzügen."

---

der Frage: Was von Ahnungen, Gesichten und Geistererscheinungen geglaubt und nicht geglaubt werden müsse. Von Dr. Johann Heinrich Jung, genannt Stilling." Nürnberg 1808. 8⁰.

[1] Gest. 3. Okt. 1826 zu Hamburg.

[2] Vgl. Sämmtl. Ged. v. J. H. Voss. Königsberg 1802, Bd. 3, S. 210—213.

[3] Vgl. „Poetische Werke in deutscher Sprache herausgegeben von [seinen Söhnen] K. und A. Baggesen," Bd. 3. Leipzig 1831. 8⁰.

Charakteristisch auch für ihn ist, daß sein äußerster Eifer, seine ganze Erfindungsgabe sich damit beschäftigten das Sonett zu bekämpfen, das nach Bürgers und A. W. Schlegels Vorgang von den Romantikern eifrig kultiviert ward. Auch ihn zählte das Morgenblatt zu seinen Mitarbeitern. In der Nummer 310 läßt er sich in „Janhagel-Prosodie oder Wettgesang der neun Aftermusen. An Voß.“ vernehmen und sagt von der Romantiker Spuck, der den rechten Gipfel des Blocksbergs umschwirre.

Seine erheblichste Leistung auf dem Gebiete der antiromantischen Polemik ist „Der Karfunkel oder Klingklingel-Almanach. Ein Taschenbuch für vollendete Romantiker und angehende Mystiker. Auf das Jahr der Gnade 1810. [Sonettschema.] Herausgegeben von Baggesen. Tübingen in der J. G. Cotta'schen Buchhandlung.“ 8°.

Daß Baggesen etwas der Art im Schilde führe und einen großen Schlag gegen die Romantiker zu thun gedenke, war schon 1809 bekannt geworden, denn Jakob Grimm schreibt am 15. April dieses Jahrs an den Bruder „Voß .... ist vertraut mit Baggesen, der sich dort herumtreibt und bei Cotta gegen die Romantiker heftig schreiben wird“. [1]

Dieser Karfunkel scheint in der That selten geworden zu sein, wenigstens nennt ihn Herbst in seinem Buche über J. H. Voß, Bd. 2, Abt. 2, S. 315 eine große Seltenheit, und dann deuten auch die meist unrichtigen Citate in den Litteraturgeschichten dahin. [2] Herbst hatte selbst kein Exemplar des Almanachs in Händen. Ich fand glücklicher Weise ein solches auf der Freiburger Universitätsbibliothek, die ihre ganz eignen Schätze besitzt.

Verdient nun auch dies mit Recht vergeßne Buch seines poetischen Gehalts wegen nicht das Hervorziehn, so hat es doch genügendes litterarisches Interesse um einer Besprechung wert gehalten zu werden. Besonders der Umstand, daß die Zeitung für Einsiedler und ihre Herausgeber darin vielfach berührt sind, bestimmt mich etwas näher auf Baggesens Schrift einzugehn.

Schon das aus Sternchen, Kreuzen, Strichen und Buchstaben zusammengesetzte Sonettschema auf der Titelseite zeigt die Hauptrichtung der Polemik an. Die Rückseite des Titelblatts weist das Motto auf

„Schlossenregen
Ströme dieser Brut entgegen!“ Goethe.“

Mit dem „Vorbericht des Herausgebers“ beginnt dann die Erzählung. Der Herausgeber lernt einen jungen Mann namens Danwaller [3] kennen, der ihm offenbart [S. IV] „Freund! ich besitze den Karfunkel, den Stein der Weisen (der Liederweisen nehmlich) das Arcanum der Sonette, mit einem Wort: das ganze Geheimniß der einzig möglichen und einzig wirklichen ächtpoetischen Poesie.“ Er kann „Sonette aller Art durch eine äußerst leichte Handbewegung mechanisch in der größten Schnelligkeit“ hervorbringen und hat schon eine Sonettfabrik angelegt. Sie vereinigen sich dahin, daß Danwaller die Sonette, d. h. Proben davon liefern und eine Geschichte der Sonetten-

---

[1] Vgl. Briefwechsel a. d. Jugendzeit, S. 83.

[2] So bei Koberstein [5. Aufl.] III, 272, Anm. 38 unrichtig Karfunkel- ..... Almanach. Auch Druckort und Format sind unrichtig als Stuttgart 16 angegeben. Den falschen Bindestrich nach Karfunkel hat auch Goedeke III, 1, S. 69. Auch Herbst teilt unrichtig Kling-Klingel-Almanach. Nach S. IX des Vorberichts wo Baggesen den „Inhalt des Karfunkels“ mitteilt, soll der Almanach also „Karfunkel“ heißen.

[3] Baggesen selbst.

fabrik schreiben solle, Herausgeber wolle dann das herausgeben und thut es hiermit.

Nun folgt [S. 1] die „Karfunkelgeschichte einer neu-errichteten Sonettenfabrik. Oder Darstellung der allerneuesten genialischen, romantischen, und mystischen Entwickelung eines nicht unbeträchtlichen Universums. In drei klingenden Epoken. Nebst Lieferungen von den Producten jener Entwickelung. Abgefaßt und eingefaßt von Danwaller." Als Motto trägt Seite 2 den

„Klingklingel.

„Nicht die Leyer nur hat Sayten,
Sayten hat der Bogen auch!" Goethe."

Und dann beginnt die „Erste Klingklingel-Epoke. Veranlassung und Stiftung der Gesellschaft. Rohe Versuche. Polemisches Verfahren. Ringen der angebohrnen Genialität mit der angewohnten Philisterei. Genialische Periode."

In Heidelberg hat sich nämlich ein Schwarm junger Dichter angesiedelt; „Sie gaben ..... eine Zeitung für Einsiedler heraus, in welcher oft bis siebzig Sonette von einem einzigen Mitarbeiter in einer Woche erschienen. Die Zeitung, die als Tagblatt, oder Nachtblatt nebenher die Bestimmung hatte, das Morgenblatt zu stürzen, machte in der That sogleich ein unglaubliches, ganz unerhörtes Aufsehen unter allen Einsiedlern Deutschlands. ...... Wenn sie jetzt ganz und gar vergessen ist, rührt es nur daher, daß die Verfaßer und Herausgeber entweder alle nach Landshut oder Indostan gegangen, oder sonst gestorben sind. Dem sey, wie ihm wolle, die Welt hat noch nie eine solche Zeitung gesehen und wird sie schwerlich je wieder zu sehen bekommen." Ein wunderbarer fremder Bursch namens Faust gerät in die „unbekannte heilige Einsamkeit" der Einsiedler. Dort sieht er Dinge, die ihn zwingen sich deutlich gegen die Einsiedler zu äußern, und er wird auf Sonette gefordert. In Heidelberg aber kannte er auch einige Bursche, die nicht Einsiedler waren und die er durch Vorlesung seiner Tragödie „Der vollendete Faust. Oder Romanien in Jauer. Ein doppeltes Bockspiel in zwei Dramen" sich gewonnen. Unter den in diesem Drama auftretenden Personen, die S. 7—9 angegeben sind, sind hervorzuheben „Lucinde, Mädchen im Irrhause, Jakob Böhm, Ein Knabe mit einem Wunderhorn".

Faust trifft die vier Freunde auf der Neckarbrücke und beschließt mit ihnen der Tröst Einsamkeit gegenüber eine Trost-Gesellschaft zu gründen [S. 10]. „Wir können [sic!] doch auch das Nibelungenlied, lieben Goethe, bewundern Shakespear, hassen Kotzebue, und verachten die Welt. Warum sollten wir nicht auch Sonette machen können? Sind wir auch nicht ganz kannibalisch wild, ganz kamtschadalisch grob, ganz hottentotisch schweinisch, ganz pescheräisch läppisch; so sind wir doch alle ganz germanisch natürlich; und in dieser Natur liegt das übrige entwickelt." Man geht also frisch ans Werk, setzt sich um einen Tisch und schneidet zunächst die nötigen Oktavblätter. Die Bedenklichkeiten, die den Genossen noch aufsteigen, beschwichtigt Faust-Danwaller [S. 14] „Ist euch nicht bekannt, wie leicht es unsern [S. 15] deutschen Sonettendichtern ward, Sonette zu machen? Hat einer von ihnen bewiesen, daß er sonst was machen könne? Bürger! sagt ihr — da erinnert ihr mich eben an das alte Lied: David und Salomon, sie waren alte Sünder" u. s. w. Zur Probe macht nun Faust geschwind ein Sonett. Erst schreibt er die vierzehn Reimworte rechts an, und füllt dann das leere aus. Das ist denn der ganze Kunstgriff.

Es bleibt nun noch übrig, daß die Genossenschaft sich neue romantische mystische Namen gebe [S. 22]. Einer nennt sich Pseudo-Isidorus, weil sich der Name Isidorus so gut unter einem Sonett ausnehme.

Nun folgt eine Reihe von Sonetten bis auf S. 71 anbricht die „Zweite Klingklingel-Epoke. Wunderbare, und doch natürliche Wendung der Sache. Erweiterung der Gesellschaft. Anlegung neuer Fabriken außerhalb Heidelberg. Vervollkommnung sowohl der Materie als der Form der Produkte. Die Evangelisten werden allmählig reine Romantiker. Faust bekehrt, als Apostel, auf seiner Reise viele klassische Philister. Romantische Epoke." In diesem Abschnitte geht mit „Pseudo-Isidorus" die bedeutsame Wandlung in „Orthisidorus" vor sich. S. 109 bringt die „Dritte Klingklingel-Epoke. Vollkommnes Durchbrechen der karfunkelirenden Gnade, während der sonettirenden Manipulation. Indische, theils östliche, theils westliche, Verklärung der Gesellschaft. Andacht, Liebe, Glaube — Seligkeit. Mystische Periode", welcher schließlich die Krone aufsetzt [S. 145] „Allgemeiner Hymnus an den Karfunkel. Oder Klingklingel-Kyrie-Eleison". Angehängt sind noch [S. 148] „Eiszapf und Frostblume. Oder der in einen Phönix verwandelte Karfunkel. Ein romantischer Roman in 27 Sonetten" und [S. 175] „Frosch und Kröte. Oder der in einen Urkarfunkel verwandelte Phönix. Ein mystischer Roman in 12 Sonetten".

Die ganze Leistung besteht aus 142 Sonetten. Wie Herbst[1] nach ungedruckten Quellen [einem Briefe von Heinrich Voß an den Conrector Wolff vom 23. Juli 1814] mitteilt ist diese Sammlung von Baggesen, Aloi's Schreiber, Martens[2] und H. Voß in acht Tagen hergestellt worden. Sie ward dann unter dem Namen „Der Karfunkel" ausgegeben um Baggesen, dessen Verhältnisse recht fatal waren, zu unterstützen. Dies wird durch einen andern Brief von Heinrich Voß aus der Entstehungszeit des Karfunkels vollkommen bestätigt. Voß erzählt[3] „Als er [Baggesen] zuletzt hier war, beschäftigten wir uns viel mit bouts-rimés — nämlich Baggesen, Schreiber, Martens und ich. Es war unser Spiel Abends nach Tische, Sonette nach Endreimen zu dichten, und aufgegebenem Inhalt — wer zuerst fertig war, wurde Sieger genannt. Diese Sonette hat Baggesen in einem sehr launigen Almanach drucken lassen, der eben anfängt viel Lärm zu machen. Baggesens Einleitungen sind vortrefflich, und bei aller Laune so durchaus gutmütig."

Der Philosoph Friedrich Heinrich Jacobi, Bruder des Dichters J. G. Jacobi, urteilt in einem Briefe an den alten Voß[4] über den Almanach „Den Kling Kling Almanach habe ich gelesen und den Eingang und die ersten Sonette vortrefflich gefunden. Weiter hinein ermüdet das zu viel, weil der Leser nicht liest, wie die Verfasser gearbeitet haben."

Uns muß der Karfunkel von besonderm Interesse sein, da Baggesen an verschiednen Stellen gerade unsre Tröst Einsamkeit, ihre Herausgeber und darin auftretende Dichter angreift. Von einem ausführlichern Referate muß ich jedoch hier absehn: zudem geht schon aus den mitgeteilten Summarien der einzelnen

---

[1] J. H. Voss. II, 2. S. 315.

[2] Otto Martens, 1809 Professor am Gymnasium zu Heidelberg, Uebersetzer des Sophokles. Vgl. Görres Briefe, Bd. 2. S. 50. 91.

[3] Charlotte v. Schiller u. i. Freunde, Bd. 3. S. 247. 24. Okt. 1808.

[4] Aus F. H. Jacobi's Nachlaß. Hrg. v. R. Zoeppritz. Bd. 2. Leipzig 1869. 8°. S. 43. Brief vom 8. Dec. 1809.

Abschnitte klar genug Geist und Art des Ganzen hervor. Einiges jedoch sei noch herausgegriffen.

Der erste unter den Romantikern, den Baggesen mit Namennennung angeht, ist Werner. Seite 38 des Karfunkels bietet ein Sonett „An Werner, den Sonettiker (Nach seinen eigenen Endreimen.)" Auf der folgenden Seite wird Arnim bedacht. Arnim „Name eines unbekannten Einsiedlers, der allem Classischen ungemein gram sein soll" [Anm.] wird herbeigewünscht um voll „Aergerniß und Mißgunst" den Jubel über die glückliche Operation des Nasenpolypen eines Freundes zu hören. Pseudo-Isidorus wünscht ihm schlimmes, nämlich in seine Nase

„eine Zwiebel,
Als ein Symbol der eingehüllten Welten,
Die er erschafft für seinen eignen Schnabel,
Und deren Embryon' in seinem Giebel
Wie Zwiebelhäute stecken. Ey, poz Velten!
Da kömmt er schon mit der Sonettengabel!"

Zwei Seiten weiter faßt folgendes Sonett colla coda „Die sieben und zwanzig Romantiker" [„Es sind deren eigentlich 270". Anm.] zusammen.

„Horcht auf! ich muß euch hohe Dinge sagen:
Mit Eis die Brust umpanzert singt Ringseis
Auf Friedrich Schlegelsch durch romantschen Steiß;
Ihm applaudiren Chamisseau, van Hagen.

Rottmanner, Giesebrecht, Bernhardi, jagen
Mit Kleist, dem dritten, um den Dichterpreis;
Armin [sic!] und Görres speisen Indus-Reis;
Lasseaux trägt bunte Jacken ohne Kragen.

Fromm singen Isidorus, Ast und Tieck;
Fromm klingen Rostorf, Loë, Loew, und Brauser:
Fromm springen Florens, Lacrimas, Sylvester,
Wie vor der Bundeslade König Pieck.
Auch Christian Schlosser, der romant'sche Sauser,
Und Pellegrin, und Tieks geistvolle Schwester
Erhebend mit Brentano ihr Gequieck —
Dann baut noch Adam Müller, der Kalmauser
Für alle diese Sänger Vogelnester."

Das folgende Sonett besingt denselben Stoff in etwas andrer Verteilung und noch etwas gröberem Tone.

Mehr aber wie Alle hat der junge Nepomuk Ringseis, der schon in dem mitgeteilten Sonette an erster Stelle genannt ist, mit seinen „Offenbarungen des Neuen" [S. unten S. 308] und seiner „Herausforderung" [S. 310] Baggesens Zorneifer erregt. Der Herausgeber des Karfunkels erzählt [S. 45] „Die Einsiedler (sey's, daß Faustens Gegenwart ihnen Heidelberg widerlich machte, oder daß sie mit ihrer Einsiedler- und Einsamkeits-Zeitung ihren Zweck noch vor'm Ende des ersten Jahrgangs schon erreicht hatten, oder weil sie der Einsamkeit und Verborgenheit überdrüßig geworden) hatten sich indeß in aller Stille davon gemacht, einige nach Osten, andere nach Westen, die mehrsten (wie es heißt) nach Landshut. Daß sie etwas Wind von Faustens Tragödie, vielleicht sogar von der errichteten Sonettenfabrik bekommen haben, scheint folgendes Gedicht, welches sie unter sich in ihrer Zeitung cirkuliren ließen, wahrscheinlich zu machen ...... Irgend eine Offenbarung müssen sie, wie gesagt, von der neuen Sonettenanstalt gehabt haben; denn daß der Verfasser böse ist, scheint aus manchem Ausdruck hie und da, troz der Zurückhaltung und dem Verschließen des Dranges, mehr zu sagen, hervorzuleuchten." Es folgt nun der Abdruck von Ringseis' Gedicht ohne die letzte Strophe der Abteilung 2. Aber der Zorn hat Baggesen so weit fortgerissen, daß er einen erheblichen Fehler seines Abdrucks nicht merkt und sogar an seine falsche Lesart grobe Ausfälle anknüpft. Er liest nämlich

„Gebürge wollt' ich stürzen ein, und Länder,
Und schlügen Millionen todt:" —

und sagt in einer Anmerkung zu „schlügen" „Schlagen scheint ihm hier vermuthlich nicht stark genug". Er schiebt also Ringseis die löbliche Absicht unter Gebirge einstürzen und Millionen totschlagen zu wollen, während Ringseis nur den Zornwunsch thut Gebirge möchten einstürzen und Millionen erschlagen. In dem Gebrauche der Form schlügen, wie Baggesen meint für schlagen, sieht dieser ein grausames Verhunzen und Zugrunderichten der Sprache. Nach diesem Lapsus kann sich Baggesen ferner nicht versagen den Namen des jungen romantischen Strebers zu einem Wortspiele zu benutzen, das bedenklich an die schöne Gegend von Kalau erinnert. „An einem Baierer, sagt er, der sich eisern declamirt[1] hat, und Ringseis heißt, ist eine solche Empfindlichkeit und Hitze außerordentlich befremdend." Und er fährt fort „Wenn sie außerhalb der Zeitung für Einsiedler laut geworden, und in's Publicum gekommen wäre, würde die Welt gewiß an der frommen christlichen Sanftmuth dieser neuen Klausner irre geworden seyn." Die „geheime Zeitung" der Romantiker habe aber auf S. 250 [richtig 259] noch das Manifest „Herausforderung" gebracht, das Baggesen als besonders auf ihn gemünzt ansieht. Auch dies Gedicht wird [S. 50] vollständig abgedruckt und ihm die poetische Glosse angehängt

„Grob simmir genug! das weiß ja von je!
Juh! Juchhe! — Witte! watte! we!
Gelobt sey der Christel und Salome!"

Wie man sieht macht Baggesen von allerlei Versen aus landläufigen Studentenliedern einen ausgiebigen Gebrauch.

Auch Arnims Name hat herhalten müssen. In dem Sonett „Der Marktschreier" [S. 60] wird nämlich den Leuten unter andern romantischen Heilmittelchen auch Arnimswurzel angepriesen, und eine Anmerkung dazu erklärt die Sache folgendergestalt „Arnica montana L., die auf Apothekerbüchsen ARNI. M. gezeichnet ist. In kleinen Dosen genommen, erregt sie Schläfrigkeit, in großen Erbrechen. Gegen das Rattengift der Philisterei wird sie von Zigeunern, Marktschreiern, und romantischen Poeten besonders empfohlen." Daneben dünkt es den Marktschreier auch empfehlenswert von Trösteinsamkeit zu kaufen eine Unze, „Daß nicht der Satan eu'r Gemüth verhunze", wozu eine Glosse besagt „Ein Name, unter welchem die Einsiedlerzeitung sich einzuschleichen suchte, die übrigens einen Freipaß auf ewige Zeiten besitzt. Sie ist verfaßt von einem hypersthenischen Philosophen, einem asthenischen Poeten, und einem schwarzäugigen Italiener; mehrerer Beiträge nicht zu gedenken, die von jüngern Freunden der Kunst, namentlich Landshutern herrühren."

Dann geht Faust in dem Sonette „an die Wunderhornisten" [S. 99] mit dem Motto Quos ego — den Herausgebern der Liedersammlung zu Leibe.

[1] Vgl. „Offenbarungen des Neuen", 1. Str. 5, 3.

Schließlich sei noch erwähnt „Landshuts romantische Weihe" [S. 100] mit dem Motto „Herr, vergönne, daß wir unter sie fahren", nämlich unter „Landshuts Musenschweine".[1]

Bei den Romantikern scheinen Baggesens Plattheiten nur die verdiente Nichtachtung gefunden zu haben. Brentano nannte ihn kurzweg „Baggesel".[2] Görres sagt nur nebenbei „Als wir längst von Heidelberg schon weggewesen, hat das erboste Geschrei in Klingklingelalmanachen und allen Versmaßen uns nachgetönt".[3]

Wir haben die Polemik der Zeitung für Einsiedler und ihrer Gegner an einer langen Reihe von Beispielen vergleichen können. Das Urteil, das wir aus dieser Vergleichung ziehn, fällt sicherlich bedeutend zu Gunsten der Romantiker aus. Bei ihnen ist überlegener Witz, Gestaltungsgabe, kurz dichterische Kraft. Und die Zwecke, die sie in der Zeitung für Einsiedler verfolgten, waren gut rein und groß. Die Zeitung hätte wohl ein andres beßres Loos verdient gehabt; es ist aber Thatsache, daß sie in kurzer Zeit völlig vergessen war. Wie wenig man sich kurze Zeit nach ihrem Anfang und Ende um sie kümmerte läßt sich daraus schon schließen, daß Jakob Grimm in einem Briefe vom 10. Juli 1809[4] dem Bruder mitteilt er habe in einer Göttinger Auktion „die ganze arme Einsiedlerzeitung" für 7 Groschen gekauft.

Zu Anfang 1810 hatte Brentano Gelegenheit mit Goethe über die Zeitung zu reden. Er erzählt die Begegnung also[5]: „In Jena fand ich Goethe beim Mittagessen, ich trank ein Glas Wein mit ihm und er gab mir ein Stück Käse dazu. Er war sehr freundlich und sprach mit ungemeiner Hochachtung von der Einsiedlerzeitung". Goethe hat sich meines Wissens schriftlich nirgends über die Tröst Einsamkeit ausgelassen.

Ich kann nur von Einem sagen, von dem es fest steht, daß er die Einsiedlerzeitung in späterer Zeit noch las, und von diesem gerade rede ich nicht ohne Bedenken. Heine nämlich hat auf der Göttinger Bibliothek im Jahre 1824 die Tröst Einsamkeit und das Wunderhorn benutzt.[6]

Wie selten die Zeitung für Einsiedler geworden berichtet Hoffmann von Fallersleben[7], welchem das aus der Meusebachischen Bibliothek stammende Exemplar der Berliner Bibliothek nicht geliehen werden konnte. Auch ich habe das Exemplar der Frankfurter Stadtbibliothek, in deren verschwenderisch weitem Treppenhause Clemens Brentanos Büste allerdings Goethes Standbilde gegenüber, aber sonst in merkwürdiger Gesellschaft steht, nur unter Protest und tausend Schwierigkeiten nach Hause bekommen, worüber ich mich freilich nicht sonderlich wundern konnte. Die Seltenheit der Tröst Einsamkeit hat auch wohl die vielen falschen Angaben hervorgerufen, die sich allenthalben über die Zeitschrift finden. Es ist vielleicht nicht ohne Wert, wenn ich einige der wichtigern von mir bemerkten hier zusammenstelle.

---

[1] Dies scheint von Heinrich Voß herzurühren, denn er gebraucht dies schöne Bild öfter. Vgl. Charlotte v. Schiller u. ihre Freunde, Bd. 3. S. 236. 238.

[2] Vgl. Görres Briefe, Bd. 2. S. 79.

[3] Vgl. Menzels Literatur-Blatt, 1831. Nr. 27. S. 108.

[4] Briefwechsel, S. 122.

[5] Görres Briefe, Bd. 2. S. 77.

[6] Vgl. Goedekes Grundrisz, III, 1. S. 449.

[7] Weim. Jahrb., Bd. 2. S. 261 f.

Koberstein im Grundriß [5. Aufl.], Bd. 4, S. 669. Anm. 144 setzt unsre Zeitung ins Jahr 1806, Hoffmann in seinem Aufsatze übers Wunderhorn im zweiten Bande des Weimarischen Jahrbuchs in das unglückliche Jahr 1807; Guido Görres im Vorwort zu Brentanos Märchen, Bd. 1, S. XXIX läßt sie gar „1809, drei Jahre später als das Wunderhorn" erscheinen. Nach Goedekes Grundriß, Bd. 3, 1. S. 30 ging die Zeitung durch die Monate Januar bis August 1808, S. 39 gar 1806, ebenso nach Christian Brentano im Bd. 8 von Clemens Brentanos gesammelten Schriften, S. 43, wo die Verleger auch Mohr und Zimmermann heißen. Nach J. Galland, Joseph Görres [Freiburg 1876. 8°], S. 118. Anm. erschien die Zeitung in 12 Heften gr. 8° und ward von Arnim fortgesetzt unter dem veränderten Titel: Trösteinsamkeit; nach Sepp, Görres und seine Zeitgenossen [Nördlingen 1877. 8°], S. 81 setzte Arnim die Einsiedlerzeitung fort in seiner Tröst-Einsamkeit, die von Januar bis August 1808 erschien. K. B. Stark nennt in seinen Aufsätzen über Creuzer und Böckh die „Zeitschrift" und „Zeitung von und für Einsiedler", Vorträge und Aufsätze [Leipzig 1880. 8°], S. 339. 423.

Es ist noch übrig, daß ich ein Wort über meine Arbeit an dieser Ausgabe rede. Ich bin überzeugt eine schwere Aufgabe auf mich genommen zu haben und bin ebenso überzeugt, daß diese Aufgabe nur in mangelhafter Weise gelöst ist. Man wird und soll mir nachweisen, daß ich dies und jenes, ja wohl manche wichtige Quelle übersehn habe. Nach den Quellen zu arbeiten war nötig, das wird mir jeder Kenner dieser Epoche einräumen, und ebenso, daß diese Quellen da und dort zerstreut vielfach nur durch einen glücklichen Zufall sich entdecken. Diesem Fundglück verdanke auch ich manche wichtige und neue Notiz. Es konnte aber auch nicht umgangen werden schon anderwärts verarbeiteten Stoff hier nochmals vorzubringen. Alles erklären zu wollen, darauf mußte ich von Anfang an verzichten, wie ich auch nur einen Teil meiner Sammlungen hier verarbeiten konnte. Und wie ist doch diese Einleitung angewachsen! Manches einzelne habe ich erklärt, zu vielem den Weg gewiesen; manches hat aber allen Erklärungsversuchen hartnäckigen Widerstand entgegengesetzt. Darum hoffe ich auf Ergänzung und Berichtigung meiner Arbeit von seiten solcher Männer, die länger und eingehender den unendlich reichen Stoff durchforschten. Meine Arbeit ist nichts völlig Abgeschlossenes. Ich mußte es dem Leser überlassen sich über die Theoreme der ältern Romantik in rein litterarhistorischen Werken Rat zu holen, und bin zufrieden in dem Gedanken, daß ich wenigstens ein Scherflein zur Beleuchtung dieser merkwürdigen Zeit und eines ihrer interessantesten Denkmäler beigetragen habe.

Den Text der Tröst Einsamkeit habe ich mit größter Sorgfalt behandelt. Die Druckfehler sind korrigiert. Sie einzeln zu verzeichnen schien nicht nötig. Die alte Interpunktion ist thunlichst beibehalten. Die einzige stärkere Aenderung habe ich in der ersten Strophe der nahen Stimmen im freien Dichtergarten, unten S. 26 vorgenommen. Hier las das Original

„Was jeden beglücket
Macht sorgenfrey alle,
Uns alle beglückt
Und löst sich im Schalle."

Eine Vergleichung mit S. 25a ergibt, daß sich hier wohl schon unter Arnims Hand falsche Lesarten eingeschlichen. Konjekturen sind, wenn nur irgend möglich, vermieden. So scheint es mir kaum zweifelhaft, daß in Vers 3 der

Strophe 10 des Gedichts von Rostorf S. 275a zu lesen ist „Machten mit dem Schwerdt die Runde"; die Lesart des Originals ist jedoch beibehalten. Auch die Orthographie ist unverändert. Man wird bemerken, daß Arnim besonders manche Fehler unterliefen. Sein heimischer Dialekt hinterließ auch Spuren wie in „Fuscher" S. 362.

Die Anmerkungen unterm Text sind möglichst beschränkt. Ich habe mich bestrebt das meiste in die Einleitung zu verweben. Unwesentliches mußte ich übergehn.

Das erste hier sogleich folgende Register ist ein genaues Inhaltsverzeichniß des Originaltexts von Seite zu Seite, das zweite am Schlusse enthält die Personennamen des alten Texts in alphabetischer Ordnung und mit den gehörigen Nachweisen.

Zusätze von mir im Texte sind durch eckige Klammern [ ] bezeichnet — so die Spaltenzahlen des alten Drucks —, meine Anmerkungen mit Zahlen versehn.

Die Verlagsbuchhandlung hat die Ausstattung in würdiger Weise herstellen lassen. Das unbequeme Quartformat mußte dabei in das handlichere Oktav geändert werden, doch wird das Bild des alten Drucks so weit möglich nachgeahmt. Die Bilder machten Schwierigkeiten. Es war nötig sie beizubehalten, denn sie gehören zum Wesentlichen des Buchs. Wer den Originaldruck kennt wird bezeugen, daß die Nachbildungen gelungen sind, und darunter wirklich vorzüglich das „geehrte Publikum" S. 6. Die Bilder bringen leider die Ungelegenheit mit den Preis des Buchs etwas zu erhöhn. —

Freundliche Unterstützung ist mir von so vielen Seiten zu Teil geworden, daß ich leider nicht den einzelnen hier danken kann, sondern meinen herzlichen Dank auf diese Weise an alle gütigen Helfer zugleich aussprechen muß.

Ich glaube von der Zeitung für Einsiedler mit keinem bessern Spruche Abschied nehmen zu können als mit dem Arnims [unten S. 71, Anm.], durch welchen er bewies, daß er gerecht dachte, einen weiten Blick und echt historische Anschauung besaß, denn dieser Spruch lautet „Der blinde Streit zwischen sogenannten Romantikern und sogenannten Classikern endet sich; was übrig bleibt, das lebt . . . ."

Freiburg im Breisgau 1883.

Inhaltsverzeichniß.

Ankündigung der allgemeinsten Zeitung.

Zeitung für Einsiedler

herausgegeben

von einer Gesellschaft.

[I. II] Auf Befehl der großen Langeweile vieler sonst unnütz beschäftigter Leute, welche die Veränderungen der letzten Jahre aus ihrem Amte, Familien-Kreise, Ueberflusse herausgerissen, erscheint wöchentlich diese wunderliche Zeitung. Die Lese-Cabinette als wahre Sammelplätze dieser neuen Einsiedler, welche die strenge Buße des Müßiggangs treiben, müssen sie schon kaufen, aber auch andre Leute werden wohl daran thun, welche an den Begebenheiten der wirklichen Welt gar zu persönlichen Antheil nehmen, sie werden hier Begebenheiten finden, noch viel größer und bedeutender als die uns umgebenden, Stadtgeschichten und neue Moden die viel interessanter als die miterlebten, Theaterneuigkeiten, Akademien, Kunst und Wissenschaften, und gelehrte Familiengeschichten, wie wir das noch sobald nicht unter uns aufzuweisen haben, Erfindungen neu fabricirter Thiere, Physiologie gemachter Blumen, Entdeckungsreisen in sehr unsichere Gegenden u. s. w. Für andre Leute werden Gedichte aller Art darin stehen und auf astronomische Beobachtungen und Gelegenheits-Gedichte ist es besonders abgesehn; sollte es durchaus verlangt werden auch Kritiken, Idealismus und Epigramme, auch technologisch-ökonomische Erfindungen, um in sehr kurzer Zeit reich zu werden, sonst meinten die Herausgeber hätte die gelehrte Welt allenfalls genug daran. Kauft ihr lieben Einsiedler, ihr Gelehrten, ferner ihr Hohe und Niedre auf Pension, in so fern diese ausgezahlt wird, ihr Landprediger und Förster, Nachtwächter und Krankenwärter, wir versprechen euch im voraus Eulenspiegels Nachtblat, euch Liebhaber rede ich aber besonders an, weil hier mehrere der ausgemachtesten Liebhaber ihr Glück und Unglück bekannt zu machen gedenken. Und wer ist einsamer als Liebende, ihr seyd die wahren Einsiedler, für die wir schreiben, nehmt alles ernsthafter, als wir es euch sagen und ihr werdet den wahren Sinn fassen; wendet euch nur an die nächste gute Buchhandlung, sie wird euch sagen, daß es mit dieser Zeitung wirklich Ernst sey, sie kostet jährlich 4 Rthlr. 12 gr. (8 fl. 6 kr.), sie beginnt mit dem ersten April und ist doch kein [III. IV] Aprilspas. Was hättet ihr davon, wenn wir sie anpriesen als ein großes Mittel zur Beförderung der Humanität, Aufklärung, Uebersetzung, Religion und Begeisterung, wollt ihr es aber, so zeigt es uns in einem gelesenen Blatte an und wir versprechen promte Bedienung, denn das Dramatische ist besonders unser Augenmerk. Diese Anzeige sollte eigentlich nur dienen, die ganz ernsthaften Leute stutzig zu machen, die Argwöhnischen wegen geheimer Verbindungen in Verlegenheit zu setzen, die Aesthetiker aber zweifelhaft zu lassen zu welcher Schule wir uns bekennen, über alle geht aber das Pflichtgebot des Absatzes, auf den wir allein mit Sicherheit treten und fortgehen können. — Pränumeriren ist besser als Subscribiren. — Sollte es verlangt werden, so lassen die edlen Herausgeber sich geneigt finden die Namen der Pränumeranten jedem Blatt vorzudrucken. Wer die Zeitung nicht in frankirten Briefen abbestellt, dem wird sie zugeschickt und der muß sie halten. Aufgeschnittene Exemplare werden nicht zurückgenommen, doch erscheint sie der Bequemlichkeit wegen wöchentlich zweymal in halben Bogen in Quart. Von beschmutzten Exemplaren wollen wir aus Achtung gegen das Publikum nicht reden. — Wer zehn Exemplare nimmt darf gegen Erlegung der Einrückungsgebühren Aufsätze einschicken, Gegenbemerkungen zahlen das Doppelte, aber diese zu vermeiden, machen wir im voraus bekannt, daß wir ausstreichen können, wenn wir wollen. — Um unserm Institute einiges Ansehen zu geben nennen wir als unwillkührliche Mitarbeiter an unsrer Zeitung durch Aufnahme alles Besten aus der ganzen Welt den Freymüthigen, das Morgenblatt, das Sonntagsblatt, den Anzeiger der Deutschen; endlich damit auch die zarte weibliche Hand nicht vermißt werde, die musikalische Zeitung, die Zeitung für die elegante Welt und die Teutona und alle übrigen, die für Geld zu haben sind. Alles ist uns eins, und eins wird aus allem.

Die Gesellschaft Herausgeber.

Daß es mit der Herausgabe dieser Zeitung wirklich Ernst sey bescheiniget die unterschriebene Buchhandlung. Sie erscheint mit dem 1sten April wöchentlich zweymal und wird in dem Formate dieser Ankündigung aber in gespaltenen Kolumnen gedruckt seyn. Der jährliche Preis ist 4 Rthlr. 12 ggr. oder 8 fl. 6 kr., für die neun Monate dieses Jahres 1808 also 3 Rthlr. 9 ggr. oder 6 fl. 4 kr. Bestellungen kann man auf allen löblichen Postämtern und bey allen Buchhandlungen machen. Erstere können sich an das löbliche Postamt in Heidelberg wenden.

Vielleicht wird mancher vieles von dem oben Angezeigten nicht darin finden, dagegen manches, was von den Herausgebern zu erwähnen vergessen worden.

Heidelberg im Januar 1808.

Mohr und Zimmer.

An das geehrte Publikum.

[V] Ich ziehe meine Einsiedlermaske ab, und möchte dir geehrtes Publikum die Geschichte dieser Maskerade, dieses Buchs und aller darin erlebten und gemachten Spässe erzählen, zugleich möchte ich das lästige den Herausgebern zukömmliche Wir mit dem bequemeren Ich vertauschen. Ja wir waren wirklich eins, und Einer wird aus allen, wie meine Ankündigung versicherte; aber wie soll dieser Eine nun sein geehrtes Publikum sich denken, um den rechten anständigen Ton zu treffen, denn die Maskenfreiheit hört jetzt auf. Siehe mein Leiden, geehrtes Publikum, da blätterte ich schon drei Tage in allerley alten und neuen Bildnissen herum, und konnte das Deine nicht finden, bis endlich ein sehr wunderbarer Zufall mir diesen beiliegenden Kopf in der dicken Nachtmütze zuführte*). Es

*) Hierzu die Kupferplatte.

Der Auctor von den miscellaneis observationibus M. Korte, hat eine weitläuftige Recension gemacht von Gelehrten, die sich gerne haben wollen mahlen oder in Kupfer stechen lassen, desgleichen auch Hr. Theo. Knank. Es fragt sich demnach: Ob sie Raison dazu gehabt, und die, so sie haben mahlen lassen, oder noch thun, solches haben erlauben können? — Nun be-

würde dir äußerst unterhaltend seyn, die Geschichte dieses Funds zu erfahren, und wie dich [VI] ein eigensinniger Grabstichel nicht des Todtengräbers, sondern des Kupferstechers mehrmals zu untergraben drohte, doch das alles sey dir künftig erzählt in einer Geschichte der Entstehung und des Verfalls des Publikums, mit der ich an allen Festtagen beschäftigt bin. Treffend ist die Aehnlichkeit deines Bildes, geehrtes Publikum, dieses listige Lauern; dieser schiefe Mund, der auf eine Autorität oder Kritik wartet, um sein Urtheil zu bestimmen; die steifen Locken, die sich aus der Nachtmütze drängen, wie alte verrostete Gedanken, die du immer wieder hören möchtest; nach einer Seite ist sie aufgeschoben, denn auch Du hast einmal gedacht, und dir die Stirne gerieben, und weist es noch recht gut und meinst, daß die Verfasser von Dir erst denken und fühlen lernen sollten. Hat Dir meine Zeitung Sorge gemacht, ich sehe es an Deinen bedenklichen Augen? [VII] Du willst es nicht sagen, wenn Dir einer in die Augen sieht, lächelst Du immer und magst deine Meynung nicht sagen. Eine Hand wäscht die andre, so will ich es auch keinem sagen, daß Deine Nachtmütze darüber an Deinem Sparlichte beim Lesen anbrennte; ich weis es recht gut, worauf Du die Funken fallen sahest vor Deinen Augen, und in Gedanken Feuer riefest in die ruhige Welt. Aber mit einem Schlage auf Deinen Kopf, war das Feuer gelöscht, und meine Zeitung war aus, denn du fürchtetest sie und wolltest in der Angst sie zerreißen. Verehrtes Publikum! wäre der Kaffee nicht so theuer geworden, Du könntest sehr glücklich wieder leben in Deinem Kaffeehause, oder wo es vornehm hergeht, in Deinem Kasino; denke Dir, wir treffen jetzt zum erstenmal zusammen, hätten wir uns eher gekannt, Du läst mit Dir sprechen, und bist sehr verständig, sobald Du jemand persönlich kennst, nun machst Du gleich dein Bedauern kund, daß Dein Einsiedler mit Todte abgegangen, oder vielmehr ein wahrer Einsiedler geworden sey. Darauf antworte ich: Mein Unternehmen lebt noch, wenn es in dir einen so neuen sinnreichen Ausdruck erzeugen kann; deinen eingeschlummerten Witz anzuregen war mein Zweck. Dein Beifall, geehrtes Publikum! ist mein Glück, und so sehe ich mit dankbarer Zufriedenheit

---

merke ich freilich, daß man selbst nach dieser Ehre nicht allzu eifrig trachte, und sich nicht gleich in Kupfer stechen lassen müsse, wenn man kaum einen Tractat von zwei Alphabeten, oder einen Jahrgang über die Sonn- und Festtagsevangelien in die Welt fliegen lassen. Wann man aber von den Seinigen, von guten Freunden, von Beichtkindern, von den Verlegern einiger Schriften ersuchet und öfters angetrieben, sein Bildniß ihnen zu gönnen und seinen Schriften vorsetzen zu lassen, so kann ich noch nicht sehen, wie ich solches abschlagen, oder mir von andern für einen Hochmuth ausgeleget werden könne. Denn warum soll ich Bedenken tragen, meine Visage, die mir Gott gegeben, nicht jedermann vorzuweisen? — Ein Wort zur rechten Zeit, welches Apin in seiner Anleitung, wie man die Bildnisse berühmter und gelehrter Männer mit Nutzen sammeln und dagegen gemachte Einwendungen gründlich begegnen soll, gesagt hat. Nürnberg 1728 S. 95.

auf diesen Versuch, ich machte ihn mit dem Vorgefühle unter dem Versuche allein gelingen. — Das Publikum nickt mit dem Kopfe und sagt zerstreut: Freilich, sie haben sich einen angenehmen Spaß gemacht! — Ich machte meinen Versuch so lehrreich wie möglich für mich und andre. Dem verständigen Leser wird sich vielleicht durch den Inhalt sowohl wie durch die Aufnahme dieser Blätter ein großer Theil von Deutschland näher entwickeln; ja ich meine so, daß sie sich noch lange Zeit durch den sichern Ton als Stimmflöte gebrauchen ließen, um zu beurtheilen, wie sich die allgemeine Stimmung verhalte. Das Gewohnte hat uns nicht bezwungen, und das Auffallende nicht verführt; frei von den Tagsneuigkeiten, unter denen auch das Beste wie die geraubte Princeß des Rübezahl, unter dem welkenden Sommerhoflager, das er ihr aus Rüben [VIII] geschnitten, verschmachtet. Auch das Leichteste in dieser Sammlung war kein leichtsinniger Lückenbüsser, mein Einsiedler-Archiv möchte vielleicht noch für mehrere Jahre Stoff geben: aber ich fühle jetzt erst, nun ich die Maske abgenommen, wie unangenehm warm mir darunter geworden, durch dieses Anheften an einen Fleck, und den Druck des ewigen Drucks. Während ich gegen die Kritik schrieb, zog ich mir ein kaltes Fieber zu, von der Art, wie es einem geehrten Publikum oft zustößt, und wie es eben davon befallen zu seyn scheint; ich zog in das Bad, die Correcturbogen mir nach, so wurde die Ausgabe der Zeitung unterbrochen. — Bedaure recht sehr, antwortet das Publikum, habe so vieles schon müssen verlieren; aber sehn sie, ich habe auch jetzt wenig Geld, ich weis nicht wo es steckt, die Neuigkeiten hätten sie nicht vergessen sollen, ach Gott, ich hoffe alle Tage auf gute Nachrichten, zum Fühlen und Lernen habe ich eben nicht mehr Zeit, ich habe Einquartierung. — Deutschland, mein armes, armes Vaterland, und da liefen uns beiden, mir und dem Publikum, die Thränen von den Augen, und ich konnte nicht mehr scherzen. Also, gutes Publikum, Du siehst wohl, ich wollte keines der gelesenen Blätter nachahmen, da ich den wesentlichsten Bestandtheil, die Tagsneuigkeiten ausschloß; wer thut gern etwas Ueberflüssiges, und von jener Art haben wir schon so viel, daß sie wie Spinnen statt des Spinnens lieber einander auffressen, was aller Spinngewebfabrikation im Großen sehr hinderlich ist. Hätte ich es wohl vor mir (vor Dir geehrtes Publikum recht gut, denn Du hast ein kurzes Gedächtniß) rechtfertigen können, der ich diese Anstalten telegraphische Bureaus aller literarischen Misere (des Knaben Wunderhorn I. 460) nannte, wenn ich selbst etwas der Art unternommen. Freilich hat sich vieles seit der Zeit verändert, und im Spätherbst siehst du geehrtes Publikum meine rothe Hanbutte so gern wie eine rothe Rose im Frühling, nur wir beide bleiben uns treu, ich habe Deinen Untergang Dir wohl gesagt, aber des Rechts war überall zu viel, der Thaten zu wenig, wohl uns beiden, wenn wir die Ueberzeugung im sichern Herzen tragen, daß wir nicht [IX] helfen konnten. Der Nachrath ist eine Art Nachrichten, den wollen wir beide versparen, bis einmal Geschichte möglich seyn wird, da mag er seine Gerechtigkeit üben, und wir unsre Darstellung. — Während ich also das Reingeschichtliche so wie die Tagsneuigkeit aus meinem Kreise verbannte, wünschte ich gern das Künftige der Geschichte in den Strebungen der verschiedensten Art kennen zu lernen und vorzulegen; ich wollte einmal öffentlich zeigen, wie viel oder wie wenig sich in diesen Jahren äußerlicher Veränderung innerlich zugetragen habe; keinen Fleiß hab ich in mannigfaltigen Briefen gespart, auch ist mancherley eingegangen, theils was ich mittheilte, theils was zur Fortsetzung bestimmt bleibt. Das Empfehlen ist gegen meine Art, wer nicht ein Bedürfniß hat zu lesen, und eigne Empfänglichkeit auf diesem Wege auch ergriffen zu werden, dem mag freilich alles eben so gleichgültig erscheinen, als manchen Theologen die prophetischen Bücher der Bibel, die damit Riemchenstechens spielen, und freilich selten genug in den Kreis treffen. Leute, die mit sich und mit der Welt fertig worden sind, die es sehr bedauern, daß die Gewitter nicht klar sind, und andrer Leute dunkle Augen brauchen, um sich im Spiegel darin zu sehen, taugten nicht zu Mitarbeitern, sie sind vermieden worden; viele, die ich unter uns gewünscht hätte, waren lässig, wie das in Deutschland bei allen Unternehmungen der Fall ist, da mancher meint, er hätte noch nicht sein hochzeitlich Kleid an. Auf diese Art Lässigkeit der Bessern mache ich jeden meiner Nachfolger in solchem Unternehmen aufmerksam, während Furcht und Gewohnheit die Schlechten immerfort bethätiget. Die einzelnen Absichten, die ich nicht als Herausgeber, sondern als Mitarbeiter hatte, habe ich in dem freien Dichtergarten deutlich bezeichnet, welcher diese Schrift eröffnete: über die Mißdeutungen, und wie die Bestien da umhergetanzt und getaumelt sind, bis sie vor Mattigkeit niedersanken, und mein Spas daran, wird weiterhin gesprochen werden. Was ich darin wünschte, fröhliche Erzeugnisse des jugendlichen Lebens, befreyt von dem Schulbanne einiger veralteten Männer, die ihre Jugend vergessen haben, [X] das ist mir geworden, und so ließ ich schon zutraulich, nachdem das eiserne Thor harter Seelen gesprengt war, allerley Lieder eingehen, allerley Stimmungen und Vorstimmungen vom Guten und Schlimmen der Zeit, Sehnsucht nach dem Alten, und ihr endliches Hinführen zu einer gemeinschaftlichen Jugend und Wahrheit, die wir Andacht und Religion nennen. Es mußte sich diese Darstellung, wie die Ankündigung, zu einem Scherze mit der Wahrheit hinneigen, denn ernsthaft konnte ich doch nicht meinen, den Inhalt einer Zeit und einer Zeitschrift auf ein Paar Blättern zu erschöpfen. Beiden aber wurde im Morgenblatt lügenhafte Deutung gegeben [1], vor allem empörte mich die schändliche Auslegung des Dichtergartens, und ich lese noch mit Wohlgefallen das folgende Blatt, welches ich damals zu meiner Vertheidigung in den ersten Frühlingstagen schrieb: „Gott weiß es am besten, der diesem wunderbaren Frühlinge in wenigen Tagen so viele Blätter schenkte, zum Duften und Leuchten, daß ich weder Zeit noch Lust habe, dieses trockne altkluge Morgenblättlein, das unter meinen Füssen anrauscht, niederzutreten; was geht mich das vorige Jahr an, es war ein unseliges Jahr, und es mag damals recht grün gewesen seyn, und mancher Ausgezeichnete mochte sich damit schmücken, wir haben nicht miteinander zu thun. Welche Thorheit, ich wollte mehrere der größten Dichter und einige Gelehrte niedertreten; ist denn wohl einer von ihnen so thöricht gewesen, den Dichtergarten schließen zu wollen, sie wissen wohl selbst, daß Dichter nicht darum geboren werden, damit wir sie in Compendien abzählen und gegen Ausländer damit pralen, sondern daß sie wie Strahlen höheren Lebens die Tiefen erwecken, daß jedes Glück seine Haltung finde, sie zeigen die Wege und die Abgründe zugleich. Der Himmel verzeih dir diese Lüge gegen mich wie gegen das Andenken dieser großen Männer, aber das schändliche Wort kann ich dir nicht verzeihen, als wenn es mit dem ewig jugendlichen Geiste Göthes zur Neige ginge, wie Du in Deiner Sprache Dich gemein ausdrückst. Will er etwa den Hofmeistereyen der unberufenen Leute nicht gehorchen, macht er gegen euren Be-[XI]fehl Sonette? Findet sich wohl gar etwas Christliches in seinem Faust? Habt ihr denn jemals geglaubt, daß der, welcher seine Zeit so ganz ergriffen, die Vorzeit und ihre Geschichte mißverstehen konnte? Lernt ihr erst fühlen in diesem Frühling, und statt ihm Regeln und Gesetze vorzuschreiben, statt ihm zu rathen, werft euch vor ihm nieder und reinigt euch in seinem Anschaun. Ich wende mich gezwungen von seinem Bilde zu meinem unbedeutenden Gedichte zurück. Es ist längre Zeit, daß ich es schrieb, während des Abdrucks bemerkte ich die Deutung, die es gegen Voß erhalten könnte, aus der erscheinenden Rechtfertigung Körtes gegen Voß (Halberstadt Grosse 1807) die mich sehr lebendig überzeugte von der tückischen Verdreherey seines Gegners, der mit hämischer Besonnenheit auf alles Werdende und Wachsende den plumpen starren Fels seines literarischen Rufes stürzt, um es durch den Staub den Augen der Welt zu entziehen, während die Bedroheten wahrnehmen, daß er auf eine ganz falsche Seite gefallen; am Ende läuft ein Füchslein aus

[1] Vgl. Morgenblatt 1808, Nr. 104. 106.

dem Felsen heraus, sucht in manchen furchtsamen Sprüngen eine schwache Seite abzulauern, und zeigt ihnen hundert schwache Seiten, macht aber dabei wiederum viel Staub. Schreib- und Druckfehler waren genug da zu eurer Nahrung, warum packt ihr nur ein Paar, alles Uebrige ist nicht für euch, laßt es liegen, ihr fördert gegen euern Willen den Absatz, an dem es allem Wohlmeinenden in der Welt, also auch der Zeitung für Einsiedler leicht fehlen kann, schaden könnt ihr mir nicht, denn jedermann erkennt, auch wenn ich kein Wort zur Antwort sagte, eure Bosheit und meine Güte. Uebrigens habe ich größeres Verderben gesehen, als dieses literarische unsrer Zeit, diese Unfähigkeit zu genießen, dieser Drang zum Beurtheilen, und dieses ganze Unwesen ist immer noch sehr unschuldig gegen Schinderhannes, gegen den schwarzen Peter, Hampelholimp und besonders gegen Pape Döne, von dem Hilscher folgendes erzählt: Zwischen Hamburg und Lübeck soll in einem Gehölze eine Grube seyn, daselbst vordem einer mit Namen Pape Döne sich bettlersweise aufgehalten und viel Leute, so vorübergegangen, mit [XII] List um ihr Leben bracht, derer Hirnschädel er an einer Schnur reihenweise zusammengehenkt, und wenn er einmal sich eine Freude machen wollte, hat er die Schnur gezogen, daß sich die Hirnschädel daran beweget und an einander geschlagen haben, dabei er gesungen: „Tanzet meine lieben Söhne, das heißt euch der Pape Döne! Eine recht traurige Musik, doch geht es auch beim Todtentanz nicht lustiger zu, und wird dabei kein andrer Klang als von Knochen und Hirnschädeln gehört.“ — Darum klappert nicht voraus und schlagt nicht aneinander die Hirnschädel verstorbener großer Menschen wie Kleist und Haller, wenn ihr nicht berufen seyd, den großen Todtentanz aufzuführen; die leeren Blätter euch zu füllen, lassen sich die heiligen Reliquien nicht lange gefallen. — Nicht wahr, geehrtes Publikum! das war billig und ernst, aber ich unterließ damals den Abdruck, weil bald noch ärgere Lügen in die Welt kamen. H. Reinbeck behauptet in seiner Reise, daß Hr. Zimmer die Unterschrift hiesiger Professoren gegen ihn befördert habe, um seiner Zeitung für Einsiedler zum Nachtheil des Morgenblatts Absatz zu schaffen. War ich doch damals viele Meilen weit von Heidelberg, und meine Zeitungsidee noch viel weiter von mir. Und endlich was haben beide Zeitungen mit einander Gemeinschaftliches? Kann sich H. Reinbeck gar nicht denken, daß es noch Städte giebt, die eine gemeinschaftliche Ehre mit allen ihren Mitbürgern theilen. Doch genug und schon mehr als zu viel von dieser wunderlichen Geschichte, die wie ein Prüfstein zeigte, was wahr oder falsch gewesen in dieser Stadt. Spätere Lügen gegen diese Zeitung, als ob sie eingegangen wäre u. a. m. will ich nicht erwähnen. Du siehst mich mit einer Art

Verlegenheit an, geehrtes Publikum: nicht wahr, Du hast das alles ganz anders gedacht und ganz anders ist es erzählt worden. Vom Inhalte dieses Buchs weißt Du auch wohl wenig? Lies einmal, gieb dir die Mühe, nur noch ein Wort über das Ganze: Es sucht die hohe Würde alles Gemeinsamen, Volksmäßigen darzustellen. Von den ältesten Heldensagen geht es aus, von den Nibelungen, König Rother u. s. w. wandelt durch die geschichtlichen vom Her- [XIII] zog von Foix, durch die scherzenden im Bärnhäuter zu den geheimnißvollen Kindersagen im Mahandelbaum. Begleitend geht damit ein Aufsatz über die Nachahmung des Heiligen, der die sichere Verzweiflung in allem, was den Einzelnen losreißt von dem Allgemeinen in unsrer Zeit ausspricht, eben dahin deuten die dramatischen Gedichte und viele einzelne Lieder, die unendliche Größe jedes Volkscharakters, und die Leerheit jeder in sich selbst pralenden Vaterlandsliebe darzustellen. Im Dom zu Cölln wurde in der blühendsten Zeit von Deutschland das köstliche steinerne Tabernackel weggeschlagen, um einen [XIV] glatten glänzenden Altar zu setzen, der nicht zum Bau des Ganzen gehört, unsre Zeit sieht die einzelnen zerstörten Stücken jenes Tabernackels mit Bewunderung, und erärgert sich über die neue Arbeit; dies betrachte wohl du Eitelkeit der Einzelnen, wie des wohlhabenden, lesenden Publikums, das ich in meiner Anrede und in meinem Bilde vor Augen hatte und nicht mein Volk, das ich ehre und vor dem ich mich demüthig als der geringste Diener niederwerfe, mit dem ich nimmer zu scherzen wage.

Ludwig Achim von Arnim.

[Umschlag.]

Zeitung für Einsiedler.

April-Heft

1808.

Mit drey Kupfertafeln.

Heidelberg
bey Mohr und Zimmer.

Ankündigung.

Der Rheinische Bote, 1—4 Stück. Heidelberg in der Expedition des Rheinischen Boten.

In unsrer Einsiedeley ist wöchentlich dieser freundliche Bote angekommen, wir danken ihm hier öffentlich für sein zeitfreyes redliches Bemühen, und für die gute Unterhaltung, wir wünschen ihm Glück auf den Weg und allgemeine Beherzigung seiner wohlwollenden Gesinnung. Sehr rührend war uns der Anfang über die Ehre, welche den Todten gebührt, ein Wort zur rechten Zeit, denn unsre Erinnerung ist voll von Greueln der Art, wie sie da erzählt werden; nur Völker, die sich selbst nicht achten, können verächtlich mit den Gebeinen ihrer Voraltern verfahren, wie herrlich vertheidigt der Rheinische Bote die Ehre seines Volkes durch die öffentliche Rüge solcher Vernachlässigungen. Ehre sey auch den literarischen Verstorbenen, der abgebrochenen Badischen Wochenschrift, als deren Fortsetzung der Rheinische Bote sich ankündigt, sie wurde aus Mangel an Absatz geschlossen. Bey Zeitschriften bestimmt diesen oft Titel, berühmte Namen, vor allem literarische Klatscherey, die Badische Wochenschrift dachte zu bieder für diese letztere, sie wollte nicht berühmte Namen, sondern gute Werke, der Titel schadete ihr, weil die Ausländer sie meist für ein Provinzialintelligenzblatt hielten, doch hatte sie zahlreiche Leser im Lande, und wer mag entscheiden, ob sie oder das Morgenblatt mehr gewirkt haben. Eine Zahl bedeutender Aufsätze verdiente aus dem Untergange errettet zu werden, in den sie leicht für die Nachwelt versinken könnte, besonders gar manches über ältere deutsche Geschichte. Wir finden auch hier in der schönen Erzählung von Kaiser Otto eine Fortsetzung dieser Denkmahle, während hier auch die bedeutendern politischen Ereignisse unsrer Zeit erzählt werden, Naturkunde, Ackerbau und

Gewerbe werden gut bedacht. Wir wünschen, daß jedes gute Wort in den Lesern zur That werden möge.

Herausgeber der Zeitung
für Einsiedler.

Diese Zeitung erhält man für den vierteljährigen geringen Preis von 40 Kreuzern.

[Es folgt die Anzeige „Neue Verlagsbücher von Mohr und Zimmer in Heidelberg Jubilate-Messe. 1808." Darunter „Richter, Jean Paul Fr., Friedenspredigt an Deutschland. 8. — Schlegel, F. von der Sprache und Weisheit der Indier. 8. — Schriftproben von Peter Hammer. 4. — Zeitung für Einsiedler. 1808. Nr. 1. — April bis December."]

Zeitung für Einsiedler. April-Heft 1808. Inhalt:

1. Stück: Der freye Dichtergarten, von L. Achim von Arnim.
2. St. Kosmogonie, aus dem Indischen, von Fr. Schlegel.
   Der freye Dichtergarten (Beschluß.) Als Beylage zur Bewillkommung ein frommes altdeutsches Ehepaar, die Erklärung folgt künftig.
3. St. Kosmogonie, aus dem Indischen von Fr. Schlegel.
   Denksprüche aus einer Friedenspredigt an Deutschland von Jean Paul Fr. Richter.
   Nachschrift dazu über literarischen Krieg, mit einem Kupferstiche von Faust und Mephistopheles.
   König Rother zieht einer Jungfrau die Schuhe an. Von Ludwig Tieck. Einleitung.
4. St. Parabel, einer Jugendarbeit des Meisters aus der Erinnerung nacherzählt.
   König Rother, von Ludwig Tieck (Fortsetzung.)
5. St. Der Jäger an den Hirten, von Clemens Brentano.
   König Rother, von Ludwig Tieck (Beschluß.)
   Der gehörnte Siegfried und die Nibelungen, von J. Görres.
   Zusatz der Herausgeber über den Plan ihrer Zeitung.
6. St. Malespini. Nacherzählt von C. B. Des Löwen und König Dieterichs Kampf mit dem Lindwurm. Aus dem Dänischen von Wilhelm Grimm.
   Warnung und Ermunterung. Von L. Achim von Arnim.
7. St. Wahrsagung von unbekannter Hand.
   Scherzendes Gemisch von der Nachahmung des Heiligen.
   Als Beylagen dazu:
   Entstehung der Indischen Poesie, übersetzt von Fr. Schlegel.
   Entstehung der neupersischen Poesie, von Fr. Wilken.
   Entstehung der heiligen Poesie, von Haman.
   Entstehung der Verlagspoesie.
8. St. Heimweh des Schweizers, von J. C. Nänny.
   Der gehörnte Siegfried und die Nibelungen, von J. Görres. (Fortsetzung.)
   Zusatz der Herausgeber über den Plan der Zeitung.
9. St. An den Ufern des Mayns, von Fr. Schlegel.
   Elegie aus einem Reisetagebuche in Schottland, von L. Achim von Arnim.
   Beschreibung einiger christlicher Basrelieffe und einer Gemme, von Clemens Brentano.
   Uebersetzung des italiänischen Volksliedes la Zingara, von Clemens Brentano.

Hiebey ein Kupfer.

Zeitung für Einsiedler.

1808. — 1 — 1. April.

Alle gute Geister loben Gott den Herrn!

[1] Der freye Dichtergarten.

Kranker König laß nicht schließen
Mit der Eisengitterthür
Deinen Garten, wo uns grüßen
Edle Hirsch und Tannenthier,
Wo die goldnen Fische spielen
In dem letzten Sonnenstrahl,
Wo sich goldne Aepfel kühlen
In des Sees Spiegelthal,
Wo sich Goldfasanen brüsten
Unter wildem Rosenglanz,
Wo die stolzen Pfauen rüsten
Hell den Tausend-Augen-Kranz,
Wo die türkschen Enten rauschen,
Fast gedeckt von Schaum und Fluth,
Und die lichten Schwäne lauschen
Auf den Kreis von rothem Blut:
Laß den Mädchen manche Blume,
Laß den Kindern manchen Zweig,
Ihrem Schatz ist die zum Ruhme,
Dieser wird zum Schwerdt sogleich!
Und mit solchen muth'gen Kindern,
Und mit Buhlen keck und kühn,
Kann dein Glück die Welt nicht hindern,
Kannst du in die Schlachten ziehn.

Bürger kommen an dem Abend,
Wie es die Gewohnheit ist,
Zu der Thüre, wo so labend
Frischer Duft sich still ergießt,
Treten an in frohem Tanze,
Von der Arbeit die beglückt;
Zwitschernd aus dem Blätterkranze
Der Canarienvogel blickt,
[2] Zu des Abends lust'gem Reihen
Macht er die Musik so gern,
Kranich selber, tanzend schreien
In dem Duft der Wiese fern.
Doch die Thüre ist geschlossen,
Die der Freude offen schien,
Alle Bürger stehn verdrossen,
Und die Frauen klagen kühn:
„Wird der Garten uns genommen,
„Dieser Fluß, der kühl uns faßt;
„Wo wir frischend oft geschwommen,
„Wer ertrüg der Arbeit Last?
„Will der König uns versperren?
„Stehn wir hier vor Feindes Land?
„Machte Gott ihn da zum Herren,
„Uns vom Paradies verbannt?"

Zu des Volks empörten Sinnen
Flimmernd durch das Gitterthor
Schöne Flammenbäche rinnen,
Dürstend steht das Volk davor!
Hoch des Springbrunns Tropfen spritzen,
Himmlisch wird ihr Zeugenchor,
Hoch als Himmelsstern sie blitzen,
Durstend steh das Volk am Thor.
Nachtviole giebt ein Zeichen,
Und ein Irrlicht steiget leis,
Und die Leuchtgewürme streichen,
Suchen in dem lichten Kreis,
Leuchten, daß der Schwimmer kehre
Heim ins liebe grüne Land,
Daß der Hellespont nicht störe,
Was die Liebe fest verband.
Doch die dunklen Reben weinen,
Klagend steigt die Nachtigal,
[3] Kein Begegnen in den Hainen,
Nirgend ist ein Liebesmahl.
Schweigt ihr Blätter, Flüsterstimmen
Von versäumter Liebesstund,
Wollet ihr das Volk ergrimmen,
Seyd ihr im geheimen Bund?

Wiehernd kommt ein Zug von Rossen,
Viere, schwarz und kraus heran,
An die Thüre, die geschlossen
Spannt sie an ein Bürgersmann;
Und die Thüre stürzet krachend
Bey dem ersten Peitschenhieb,
Und die Bürger ziehen lachend
In den Garten doppelt lieb.
Doch die Rappen von dem Knalle,
Hintennach das Eisen schallt,
Rissen aus und zogens alle
Durch die Straßen mit Gewalt;
Wie ein Geist auf ihre Füße
Schlug vom Pflaster hoch das Thor,
Und sie traten aus wie Flüsse,
Muth und Angst in ihrem Chor.
Und der König kam gegangen,
Dieser Stromwuth nicht entging,
Blind sie auf den Kranken drangen
Wußte nicht wies ihm erging;
Nieder wurde er getreten,
Seine Räthe allzugleich,
Keiner konnte beichten, beten;
Frey ist nun das ganze Reich.

Erste Stimme. Selbstbescherung.

Alles aus einem Gemüthe,
Alles aus einer Brust,
Springet mein Geblüte,
Singet meine Lust.

Vieles ihr möget tadeln,
Vieles sei ehrenwerth,
Alles ums zu adeln
Wird es mir beschert.

Hell mir die Christnacht klinget,
Thür auf, Thür zu die Welt
Und ein Kindlein bringet,
Was mir wohlgefällt.

[4] Alles was abgeleget,
Was es in Luft verbraucht,
Was es sorgsam heget,
Weil es mir nun taugt.

Zweite Stimme. Selbstbeschwerung.

O süßer Mai,
Der Strom ist frei
Ich steh verschlossen
Mein Aug' verdrossen,
Ich seh nicht deine grüne Tracht,
Nicht deine buntgeblümte Pracht,
Nicht dein Himmelblau,
Zur Erd' ich schau;
O süßer Mai,
Mich lasse frei,
Wie den Gesang
An den dunkeln Hecken entlang.

Dritte Stimme. Selbstberuhigung.

Wie übers Meer die Schiffe
Zu heitrer Ferne ziehn,
Schlag an der Laute Griffe
Dir selber zu entfliehn.

Die Ruder schlagen helle
In die krystalne Fluth,
Es springet Well auf Welle,
Ein junges Blut thut gut.

Wie alle Segel schwellen,
Wie schäumt der muntre Kiel,
Mit Schäumen sich erhellen
Der dunklen Wellen viel.

Nun ruhet euch ihr Arme,
Ihr Ruder tröpfelt ab,
Ich fühle ein Erwarmen,
Das ich mir selber gab.

Die Winde sich versuchen,
Wies in der Laute tönt,
Wers Leben will versuchen,
Der ist zur Stund versöhnt.

Im Schrecken zu genießen,
Schau um im raschen Blitz,
[5] Verlorne Freuden grüßen
Dich neu im Menschenwitz.

Vierte Stimme. Das Wort.

Mein lieber Sohn,
Du starker Ton,
Du trägst mich fort,
Mich schwaches Wort.

Die Wiege dein,
Die enge Brust,
Ist dir zu klein,
Du springst in Luft.

Ja wie ein Blick
Hoch himmlisch trägt,
Um mich Musik
Die Flügel schlägt.

Ein Luftschiff baut
Sie mir behend
Aus goldner Laut
Ich streck die Händ.

Glück auf mein Sohn,
Heb mich zum Thron,
O selge Stund,
Zu ihrem Mund.

Fünfte Stimme.
Lieben und geliebt zu werden.

Lieben und geliebt zu werden
Ist das Einzige auf Erden,
Was ich könnte, was ich möchte,
Was ich dächte,
Daß es mir noch könnte werden,
Lieben und geliebt zu werden.

Lieben und geliebt zu werden
Lehrt ihr mich ihr muntern Heerden,
Wenn gehörnte Böcklein springen,
Muß ich singen:
Lieben und geliebt zu werden
Wünsch ich mir, es wird mir werden.

Lieblich um geliebt zu werden
[6] Treibt des Abends Gold die Heerden
Mit dem frohen Sängergruße
Zu dem Flusse;
Könnt ich meinen Sinn erkühlen,
Auszuströmen, auszufühlen.

Liebend auch geliebt zu werden,
Ach wer trug da nicht Beschwerden,
Seht die Stiere scharf sich drängen;
Leichte Gänge!
Streitend möcht ich für sie sterben,
Für sie leben, sie erwerben.

Liebe, die ich lieben werde,
Ich die glücklichste der Erde,
Und sie muß mir bald begegnen,
Mich zu segnen;
Denn noch nie mit süßerm Schallen
Schmetterten die Nachtigallen.

Liebe trit mir bald entgegen,
Wie dem Frühling warmer Regen,
Grüne Blätter und von allen
Tropfen fallen:
Und kein Tropfen soll verkommen,
Warum war ich doch beklommen?

Liebend um geliebt zu werden,
Lauscht der Wald dem Trit von Pferden!
Kommt Sie da? Ich hör im Düstern
Vögel flüstern!
Nein, es jagen sich die Füllen,
Kinder lieben nicht im Stillen.

Lieb ich um geliebt zu werden,
Still genügen mir Geberden,
Vor mir leise reden, lachen,
Sie umwachen!
Mein vertrauter Luftgefährte
Wär der Traum auf ihrer Fährte.

Liebend um geliebt zu werden
Reis' ich um die grüne Erde;
Ach wo wird der Blick mich finden,
Der mich bindet?
Und an welchem frommen Heerde
Bleib' ich um geliebt zu werden?

[7] Lieben und geliebt zu werden,
Lieblich Daseyn, lieblich Werden,

Heimlich Wesen und verstohlen,
Wo sie holen?
Ach in welchen öden Mauern
Mag sie lauern, mag sie trauern.

Liebend gleich geliebt zu werden,
Letzte Abendröth beschecre,
Löse auf der rothen Schleifen
Himmelsstreifen:
Sinkt des Auges helle Wonne,
Mir im Herzen steigt die Sonne.

Wie mein Auge sich verklärte,
Alles flüchtet, was beschwerte,
Wie auf Wiesen Lüftlein zittern
Hell zu flittern:
Flitterwoche wird mein Leben;
Wird dann hell in Nacht verschweben.

Liebend so geliebt zu werden,
Ach zu arm ist diese Erde,
In die Lüfte muß ich küssen,
Sie zu grüßen:
Nur der Ueberfluß der Sterne
Giebt mir Zeichen aus der Ferne.

Liebend wieder liebt zu werden
Lieget ruhig liebe Heerden,
Laßt euch nicht im Schlafe stören,
Mich zu hören!
[8] Hört ich muß nur Luft mir machen,
Singend in das Feuer sehn und wachen.

Sechste Stimme. Bund.

Wenn des Frühlings Wachen ziehen,
Lerche frisch die Trommel rührt,
Ach da möchte ich mitziehen,
Ach da werd ich leicht verführt;
Handgeld, Druck und Kuß zu nehmen,
Und ich kann mich gar nicht schämen.

Wie die Waffen helle blinken,
Helle Knospen brechen auf,
Hohe Federbüsche winken,
Die Kastanie hält was drauf,
Blühen, duften, wehen, fallen,
Und ich muß so lockend schallen.

Wie gefährlich sind die Zeiten
Wenn die Bäume schlagen aus,
Nachtigal schlag drauf bey Zeiten;
Schießt Salat und macht sich kraus,
Kinder ihr müßt ihn bestehen,
Die im Grünen sich ergehen.

Schwinge nur die bunten Fahnen
Apfelblüt im Morgenschein,
Ja wir schwören beyd und bahnen
Einen Weg, der uns verein;
Was im Frühling treu verbunden
Lebt zusamm für alle Stunden.

(Die Fortsetzung im folgenden Stücke.)

Consiliis hominum pax non reparatur in orbe.

Und Gott sprach: Es werde Licht! Und es ward Licht.

(Hiebey eine Kupfertafel nach einem alten Holzschnitte; die Erklärung davon in einem der folgenden Stücke.) [1]

[1] Die versprochne Erklärung dieses Bilds ist ausgeblieben, wie so vieles, das diese Zeitung noch bringen sollte. Das Bild gibt einen Holzschnitt des Hans Schäufelein wieder, der 1493 zu Nürnberg geboren ward und 1540 zu Nördlingen starb. Es stellt ein Hochzeitstänzerpaar dar. Vgl. Kulturgeschichtliches Bilderbuch. Herausgegeben von G. Hirth. I. Leipzig und München [1882]. Fol. S. 41, Nr. 74.

Z.f.E. Tab. I.

Zeitung für Einsiedler.

1808. — 2 — 6. April.

Von vielgestaltigem Dunkel umkleidet, ihrer Thaten Lohn
Endes bewußt sind diese all mit Freud- und Leid-Gefühl begabt.
Diesem Ziel nach nun wandeln sie, aus Gott kommend, bis zur Pflanz herab
In des Seyns schrecklicher Welt hier, die stets hin zum Verderben sinkt.

Aus dem Indischen des Monu,
von Fr. Schlegel.[1]

[9] Der freye Dichtergarten.

(Beschluß.)

Kritik.

Ein recht Gemüth
Springt mit den Nachtigallen
Auf jede Blüth,
Und freuet sich an allen!
Von diesem Zweig
Will Jener einzeln schallen,
Nicht allzugleich
Wie Saat der Menschen wallen.

Doch was vermag
Ihr wallend Herz zu stören?
Nicht Trommelschlag!
Zum Trotz sie schlägt in Chören.
Nicht Kukuksruf,
Von Kindern oft befraget,
Kein Schlag vom Huf,
Der über Wiesen jaget.

Nichts störet sie,
Nur heller muß sie singen,
Da höret sie
Den Wiederhall erklingen;
Ist voll das Herz
So geht der Mund wohl über,
Und Lust und Schmerz
Wird da unendlich lieber.

Und nur zu bald
Vergißt sie sich im Schlagen,
Sich und den Wald,
Fort kann der Falk sie tragen;
Doch sieh den Falk,
Er hört ihr zu betroffen,
[10] Der lose Schalk,
Und hält den Schnabel offen.

Krankheit.

„Wehe, wehe, daß dem Schlechten
„Macht gegeben übers Beste!"
Mit den Göttern ist kein Rechten,
Flehe nur für dich das Beste,
Daß sie dir dein Hälschen kühlen,
Von der Fiebergluth verenget,
Welche sonst die Ohren fühlen,
Wenn dein Sang sie schwellend dränget.

Denkt doch Götter, wem gehöret
Diese Stimme? Euer Leben
Nicht mit solchem Muthwill störet,
Wer kann sie euch wiedergeben?

---

[1] Vgl. „Ueber die Sprache und Weisheit der Indier. Ein Beitrag zur Begründung der Alterthumskunde von Friedrich Schlegel. Nebst metrischen Uebersetzungen indischer Gedichte. Heidelberg, bei Mohr und Zimmer. 1808." 8°. S. 279. 280. Vgl. auch Friedrich v. Schlegels sämmtl. Werke, Bd. 10, S. 230. — Friedrich Schlegel ist geb. 10. März 1772 zu Hannover, † 11. Jan. 1829 zu Dresden.

Hat doch jeder jetzt zu denken
Schon genug, wer wird euch preisen,
Und mit lieblichen Geschenken
Euren Himmelsraum durchkreisen?

Zeit.

Hiebevor als wir Kinder waren,
Beyde, beyde in den Jahren,
Daß wir liefen auf den Wiesen,
Von jenen hernieder zu diesen,
Und unsre Stunden
In Veilchen wunden,
Da sieht man nun so hinein.

Sieht so hinein, tief wie durch Bäume
Jene goldne Berge scheinen,
Soll der Abend denn schon dunkeln;
Da dauert noch ferne das Funkeln!
Kein Eichhorn springet,
Kein Vogel singet,
Die Nachtluft haucht schon herein.

[11] Wohl ich gedenk noch, daß wir saßen
In den Blumen bis zur Nasen,
Und es lispelten die Mayen,
Erschien da ein Kindlein im Freyen,
Geht mit dem Kranze
Im Sonnenglanze,
Also geht auch die Zeit von hinnen.

Meinten nicht einmal, dies sey gewesen
Unser Kranz, den wir gelesen,
Lobten ihn und Beeren suchen
Bey Tannen und rauschenden Buchen,
Da rief ein Weiser
Uns durch die Reiser,
Wohl Kinder geht nun hinein.

Sahen uns nicht um nach seiner Weise,
Sammelten die schwarze Speise,
Und er ging mit schwarzem Munde,
Wir lachten es schallte im Grunde;
Er hat gegessen,
Was wir gelesen,
Also geht auch die Zeit von hinnen.

Farbig schien da in dem Kraute
Eine Schlange, die ich schaute,
Und ich nahm sie auf verlegen,
Hat Blumen und Frucht nicht zu geben!
Die Schlang sich schwinget,
Zum Ring sich schlinget;
Also geht auch die Zeit von hinnen.

Freundschaft.

Der Blinde schleicht am Wanderstabe,
Weiß nicht, daß schon die Sonn' im Meer,
Er trägt an seiner Last so schwer,
Die Last ist seine letzte Habe.

Er trägt so treu zum sichern Grabe
Den Knaben, der ihn führt bisher,
Der fiel, denn Hunger drückt so schwer,
Der bettelte für ihn um Gaben.

Wird er den sichern Schooß nun finden,
Der seinen Liebling sanft umfaßt,
Doch was uns liebt und was uns haßt,
Kann sich dem Blinden auch verkünden.

[12] Ich trug der Einsamkeit Vertraute,
Die Laut zerschmettert noch mit mir,
Mein Herz war träumend ganz in ihr,
Als ich vor mir ein Mädchen schaute.

Die sang vor sich und meine Laute
Tönt heller wieder aus dem Mund,
Er that mir alles wieder kund,
Ich hörte wieder die Vertraute.

Der Laute Ton ist heller funden,
Ich fingre prüfend um den Hals,
Ich freue mich des süßen Schalls,
Und heller schlagen mir die Stunden.

Den Finger legt sie auf mein Auge,
Ein Wunder thut der Liebe Hand,

Gar herrlich scheinet nun das Land,
Durch tiefe Nächte kann ich schauen.

Die Laute ist mir da entfallen,
Ganz still im Gras sie liegen blieb,
Wem alle Welt einmal nicht lieb,
Wird tröstend in die Hand sie fallen.

So ist der Freundschaft ahndend Wesen,
Daß sie in sich zurücke trit,
Wenn sie gehört der Liebe Trit,
Sonst wär es Freundschaft nicht gewesen.

Die Kunst. Sonnet.

Das Jagdhorn schallt, es blinkt der Wald von Rossen,
Und wer es hört, den zieht es mit im Zuge,
Die Bienen folgen so der Königin im Fluge,
So folgen auch der Kunst die Kunstgenossen.

Wo Frühling schien im bunten Vögelzuge,
Viel bunte Blumen scheinen gleich entsprossen,
Wo er die Welt hat klingend angestoßen,
Da beben an die Wesen zu der Fuge.

O Frühlingsschein, du Kunst mir fern und nahe,
Im Herzen glüht es mir, dir unterm Herzen,
In dir ich mich und alle Welt umfahe.

Was du geboren mir in hohen Scherzen
Wird fremd, wenn ichs in deinem Arm nicht sahe,
Da mag ich gern auch fremde Kinder herzen!

[13] Dichter Wald der Dichter. Erste Stimme. Die Verzweifelnde.

Könnet ihr nur wiederhallen
Dunkle Wälder meinen Ruf,
Müsset ihr wie ich auch fallen,
Meine Klage Sturm erschuf:
Auf die umgestürzten Stämme
Werf ich mich verzweifelnd hin,
Und der Schmerz bricht durch die Dämme,
Ueberfliest den dürren Sinn.

Wie des wilden Weines Reben
Klammre ich mich an euch fest,
Nie werd ich mich wieder heben,
Denn zerschmettert ist mein Nest;
Horchend lieg ich auf dem Boden,
Auf der Ameis Trümmerreich,
Und es zieht ein milder Odem,
Eine Stimme hold und weich!

Ferne Stimmen.

Wie sind wir erschlossen
Im Sange so freundlich,
Und alle Genossen,
Und keines mehr feindlich.

Zweyte Stimme. Die Liebende.

Ach ihr ernsten kühlen Winde,
Wendend, prüfend jedes Blat,
Wendet nur mein Schiff geschwinde,
Denn ich fühle mich schon mat:
Eine Heerde Schmetterlinge
Treib ich nun durch Büsche hin,
Ehe ich sie zu euch bringe
Naschen sie mit klugem Sinn.

Aber mir bleibt ungenossen
Ohne dich der Wiesen Glanz,
Mancher Bach kommt angeflossen,
Durstend flecht ich dir den Kranz;
Liebe führt mich wie die Fehe,
Spannt zwey Schmetterlinge an,

Daß ich dich du Süßer sehe,
Den ich lang schon hören kann.

[14] Ferne Stimmen.

Wie sind wir erschlossen u. s. w.
Was jeden gedrücket
Macht sorgenfrey alle,
Und alles beglücket
Und löst sich im Schalle.

Dritte Stimme. Die Besorgte.

Hat der Liebste nicht geschrieben,
Wein' ich mit dem Abendthau,
Hohe Felsen muß ich lieben,
Weil ich gern zur Ferne schau.
Ist er mit dem Roß gestürzet,
Oder wohl aus Gram erkrankt?
All mein Leben wär verkürzet,
Und mein Schritt schon zitternd wankt.

Wenn das meine Mutter wüste,
Ach sie grämte sich zu todt,
Daß so jung ich sterben müste,
Heute roth und morgen todt!
Ach sein Sonnenschirm mich decket,
Und die Sonne scheint nicht mehr!
Seine Stimme fern erschrecket,
Er ist nah und lachet sehr!

Ferne Stimmen.

Wie sind wir erschlossen u. s. w.
Wie eilen die Schritte,
Als wär es ein Tanz,
Es tanzt in der Mitte
Der Abend mit Glanz.

Vierte Stimme. Die Müßige.

Ach was hat man vom Spazieren,
Grün ist überall doch grün,
Und wohin wollt ihr mich führen,
Meine Füße, ihr seyd kühn.
Nein der Tag soll nicht versinken
Unachtsam und unbemerkt,
Sehnsuchtsvoll die Wälder trinken
Aus dem Strahlenmeer gestärkt.

Doch ich wollt ich wär am Ziele,
Wollte, daß ich hätt' ein Ziel,
Doch es giebt so viel Gefühle,
[15] Und es wird schon etwas kühl;
Ey das paßt sich ja recht prächtig,
Allerliebst ist dieser Sang,
Der so heimlich, der so mächtig
Aus dem dunkeln Walde drang.

Ferne Stimmen.

Wie sind wir erschlossen u. s. w.
Die Blumen umschlingen
Die Füße mit Kränzen,
Sie glänzen dem Singen,
Sie duften den Tänzen.

Fünfte Stimme.
Die Studierende.

Wie die Bäume vor dem Fenster
Funkeln, rauschen hin und her,
Und die Schwalben wie Gespenster,
Pfeilschnell schießen kreuz und quer;
In den Büchern wirds so trübe,
Aller Sinn mir fast vergeht,
Zwielicht scheut der Weisheit Liebe,
Lieb' im Freyen sich ergeht.

Ach was hör ich für ein Singen,
Doch da fehlet meine Stimm,
Kinder wie nun zu euch dringen,
Daß ich mit zum Himmel klimm;
Bald so nah und bald so ferne
Auf des Felsens Schlangengang,
Seyd ihr meinem Sinn wie Sterne,
Nah dem Herzen, fern dem Drang.

Ferne Stimmen.

Wie sind wir erschlossen u. s. w.
Der Waldglanz versinket
Beym nächtlichen Gang,
Und spiegelnd uns winket
Viel heller der Sang.

Sechste Stimme. Die Wirthliche.

Alle sind mir fortgelaufen,
Keine sorget für den Tisch,
Denn die Erdbeer, roth im Haufen
Ladet sie zum Walde frisch;
Wenn sie dann nach Hause kommen
Fragen sie nach Labung gleich,
Eine hat sich müd geschwommen,
Jene kletternd durch den Zweig.

[16] Wenn ich auch so denken wollte,
Wie bestände da das Haus,
Lieber wär mirs auch ich holte
Statt der Kräuter einen Straus;
Was sie da wohl wieder singen?
Ach das klingt doch gar zu schön,
Mag die Katz das Essen bringen,
Ich muß hin zu dem Getön.

Nahe Stimmen.

Wie sind wir erschlossen
Im Sange so freundlich,
Und alle Genossen
Und keines mehr feindlich;
Was jeden gedrücket
Macht sorgenfrey alle,
Und alles beglücket
Und löst sich im Schalle.

Wie eilen die Schritte
Als wär es ein Tanz,
Es tanzt in der Mitte
Der Abend mit Glanz,
Die Blumen umschlingen
Die Füße mit Kränzen,
Sie glänzen dem Singen,
Sie duften den Tänzen.

Der Waldglanz versinket
Beym nächtlichen Gang,
Und spiegelnd uns winket
Viel heller der Sang,
Dies Bächlein noch rauschet,
So träumend wir grüßen,
Die Nachtigal tauschet
Mit luftigen Küssen.

Wie sind wir verbunden
Im Sange so freundlich,
Die feindlichen Stunden
Sind allen vereinlich,
Wie wird hier erschlossen
Ein Wiederhall prächtig,
Der nimmer genossen;
Wir werden andächtig!

Ludwig Achim von Arnim.[1]

(Die Melodieen dieser Lieder von Sr. Durchlaucht dem Fürsten Radziwil, von H. Kapellmeister Reichardt und D. Louise Reichardt erscheinen in der Folge.)

---

[1] Vgl. L. A. v. Arnims sämmtliche Werke, Bd. 22 [6. des Nachlasses], Weimar 1856. 8⁰. S. 48—67. Das Sonett „Die Kunst“ [Seite 24] fehlt an dieser Stelle, findet sich aber S. 191 desselben Bandes, etwas geändert im zweiten Quatrain.

Als geschaffen dieß All hatte, der sich undenkbar entwickelt stets,
Sank zurück in sich selbst wieder, Zeit mit Zeit nun vertauschend, Er.
Während der Gott nun wachend ist, da regt strebend sich hier die Welt,
Doch wenn ruhigen Sinns er schläft, sodann schwindend vergeht es all.
So mit Wachen und Schlaf wechselnd, dies All was sich bewegt was nicht
Bringt zum Leben er stets hervor, vertilgt es selbst unwandelbar.
Zahllose Weltentwicklungen giebts, Schöpfungen, Zerstörungen,
Spielend gleichsam wirket er dies, der höchste Schöpfer für und für.

Aus dem Indischen des Monu, von Fr. Schlegel.[1]

[17] Denksprüche
aus einer Friedenspredigt an Deutschland von Jean Paul Fr. Richter.[2]

Der Krieg hat über Deutschland ausgedonnert. Die Römer feierten einen Tag des Donners heilig, und die Bezirke, in die er geschlagen, wurden von der gemeinen Erde geschieden. Wie viele Tage und Länder sind in diesem Sinne uns jezt geheiligt, eine Ungerechtigkeit, die nun an verwundeten Völkern begangen wird, schreiet mit zwei Stimmen gen Himmel. — In jeder Sünde wohnt der ganze Krieg wie in jedem Funken eine Feuersbrunst: Mancher aussen unbescholtene Mann ist vielleicht in nichts von einer Geissel Gottes verschieden, als im Mangel des Ruhms und des Geisselgriffs; der Krieg ist nur der vergrössernde Hohlspiegel der Wunden, die wir so leicht machen, nur das Sprachrohr und Sprachgewölbe der Seufzer, die wir einzeln auspressen. — Laßt uns also richtiger und ruhiger die Schwärze wie den Glanz des Krieges ins Auge fassen, und wenn wir auf der einen Seite oft den Siegeshelden nur als ein Sternbild aus den hellen Thaten einer Menge zusammengesetzt beobachten, so wollen wir auch auf der andern uns seinen Schattenriß nicht aus den Thatflecken seines Herzens zusammenmalen, oder seinen Namenszug in den Steppenfeuern seines Volks erblicken. — Gab es eine Tag- und Nachtgleiche für Fürsten, worin sie selber entscheiden, was nach ihr erfolgen soll, ob ein Frühling, oder ein Herbst, ob ein Gang in warme fruchtbringende Zeit, oder in eine kalte Blat und Frucht verlierende: so ist es diese Zeit jezt — Napoleon rette

---

[1] Vgl. Ueber d. Spr. u. Weish. d. Indier. S. 280. 281. 283. Friedrich v. Schlegels sämmtl. Werke, Bd. 10. S. 230. 231. Unser Text weicht etwas ab.

[2] Jean Paul Friedrich Richter, geb. 21. März 1763 zu Wunsiedel, † 14. Nov. 1825 zu Baireuth. Seine „Friedenspredigt an Deutschland“ erschien Heidelberg, bei Mohr u. Zimmer 1808. 8⁰. Vgl. auch „Sämmtliche Werke“, Berlin 1826—28. 8⁰. XXXIV, S. 1—18.

die letzten Deutschen und forme die übrigen! — Man kann überall geboren werden, auch in Bethlehem, aber nicht überall gepflegt; die Erhaltung eines Genius ist wie in der Theologie die zweite Schöpfung und so hat die Wiedergeburtsstadt Weimar die Ehre die Geburtsstadt von vier grossen Dichtern zu seyn, so [18] wie Jena die Ehre einer Entbindungsanstalt mehrerer Philosophen. Was ist nun politisch das, worauf die deutsche Masse, nicht der Einzelne seine Nazionalehre und Liebe gründet? Rechtlichkeit, sie verknüpft die Deutschen — eigentlich die Menschen — und Wehe dem, der das Band durchschneidet, woran die Welt hängt und er selber, und Heil dem Fürsten, dem die Geschichte den neuen Beynamen des Rechtlichen gewähren kann. — Bis hieher wurde das deutsche Volk wie eine vergoldete Silberstange durch immer engere Löcher durchgetrieben um verfeinert zu werden; aber eben wie die dicke Stange lang und dünn ausgezogen, doch noch den Goldbelag behält, so haben wir unser Gold der Weltseitigkeit und Treue fortbewahrt. Es scheint darum ordentlich, da wir geistige Gütergemeinschaft mit allen Völkern haben, und so wie die Franzosen die Herren des Landes sind, die Engländer die des grösseren Meeres, wir die der beyde und alles umfassenden Luft sind.

Wenn in der ganzen Geschichte die gebildete Nazion die ungebildete Nazion auflöst, gleichgültig ob siegend oder besiegt, so ist hier zwischen zwey gebildeten Nazionen keine historische Möglichkeit eines nazionellen Vertilgungs-Friedens. — Weniger über die politische als über die Religionsfreiheit können wir am gewissesten seyn, die Verstandeskraft der Zeit, die Gewalt und der Glanz grosser Beispiele und Gesetze, ganze mit Licht bedeckte Länder und selber der Mangel an Religionsfeuer sagen dem Religionslichte die alte Fortbreitung zu; löscht heute den Fixstern-Himmel aus, er leuchtet noch viele Jahre in unsre Nächte hinein, blos weil sein Licht schon so lange unterwegs ist. — Hingegen die politische Freyheit? Aus dem Kriege als aus einem Loosezíehen der Gewalt und des Faust-Unrechts, trägt man leicht ein Stück dieser willkührlichen Gewalt in den Anfang des Friedens aus Gewohnheit hinein; zu oft ist der Friedensschluß selber nur die letzte Schlacht und die Taube mit [19] dem Oehlblat gleicht den zwey Tauben, die man in England den Verwandten nach der Hinrichtung zufliegen läßt, zum Zeichen, daß der Ihrige keine Gnade gefunden. Der Krieg verfälscht mit seinen Gewaltsbewegungen auf einige Zeit die Gewissens-Regungen, wie das Erdbeben die Magnetnadel irrig und lügend macht. Aber wie der zufällige Wind nur den ersten Faden des Spinngewebes anklebt und bestimmt und darauf an diesen das Kunstthier die andern ganz geometrisch knüpft, so kann, was die Gewalt gründet, nur das Gesetz bewahren; ein geistig Großer und geistig Gefürsteter kehrt ewig zum Gesetz zurück. Die Kraftlosigkeit liebt Gesetzlosigkeit, denn nicht die Schwäche nur die Kraft will dasselbe, und dasselbe heißt Gesetz. — Zur politischen Freiheit gehört die Preßfreiheit. Unten an hereinhängenden Lauwinen wird jedes laute Sprechen, das sie herunter wälzen kann, verboten; aber soll man denn auf dem ganzen Wege schweigen, auf den Ebenen des Friedens? Muß ein Staat erst todt sein, ehe man ihn zergliedern darf, und ists nicht besser durch dessen Krankheitsberichte die Sekzionsberichte abzuwenden? Oder soll den Bürgern eines Staats erst ein Feind desselben, der die Hände bindet, die Zunge lösen? Man kann jezt der Wahrheit nur den Hof verbiethen, nicht Stadt und Land, hinter den stummen Lippen werden die Zähne knirschen. Man kann Bücher und Autoren an Ketten legen, aber nicht Minen und Gedanken. Man kann, wenn man jenes thut, denselben Stoff, der sich als Licht mild und still umhergegossen hätte, zu einer Flamme verdichten, die brausend fortfrißt und niederreißt.

Zum Glücke darf man sagen, daß schon in einigen neugegründeten Staaten der Friede sich immer mehr vom Kriege reinigt, und die Fürsten gleich der Gerechtigkeit nach dem Einstecken des wilden geschwungenen Schwerdtes mit stillerer Hand die Wage halten. — Wann wäre es leichter als jezt, daß ganze deutsche Gesellschaften — deutsche zu höherem als Wörterzweck — höhere Heilandsorden auferständen und zusammenträten. — Himmel, wie wohlfeil ist das Leben, wenn man nur froh seyn, es nicht scheinen will! Wie viel mehr kostet die fremde Meinung uns täglich Geld und Sünde, als die eigne! Das reissende Unthier des Luxus kann kein Einzelner, sondern nur eine Menge bezwingen. Fürsten reichen, wenn nicht in der Verfassung selber die Münzstädte der spartischen Nothpfennige ist, mit ihren Prachtgesetzen nicht weit! Ihr könnt alle voraussehen, daß dieser Knochenfraß des Staates, da er niemals innen halten kann, noch weit mehr eure Kinder aushölen und verzehren muß, wenn ihr nichts bessres dagegen vorkehrt als ein Paar Lehren, euch nicht nachzuahmen, und [20] wenn ihr nicht durch Entsagungsgesellschaften ihnen das entgegengesetzte Beispiel der schlechten Vielheit gebt. — Verarmung thut wie dem Gemeinwesen, so noch mehr dem Einzelwesen so viel Abbruch, als Armuth Vorschub[1]; diese sperrt den Luxus mit seinen guten und seinen bösen Kindern zugleich aus, jene wirbt durch die Bösen um den Vater an. — Eine Zeitlang werden die Deutschen aus Unmuth und Geld-

---

[1] „Friedens-Predigt" S. 31 gibt diesen Satz wesentlich anders: „Verarmung thut wie dem Einzelwesen, so noch mehr den Völkern so viel Abbruch . . . ." Vgl. Sämmtl. Werke XXXIV, Berlin 1827. S. 18.

mangel verschwenden; Schätze sparen heißt Gegenwart opfern und verschwenden; dazu muntert aber nicht gefürchtete Zukunft auf, sondern gehoffte. — Aber wer soll helfen? Die Männer sind den weiblichen Prachtordnungen unterthan; die Weiber sind die ewigen Thierwärterinnen des Raubthiers des Luxus, die Schutzheiligen dieses verwüstenden Sünders und am Ende die Seeleneinkäuferinnen für Amerika, wohin und worunter die Noth hinweht und treibt, welche ähnlich der Strafe des Kielholens, die den Verbrecher unten um das Schiff herum zieht, eben so andre um die Erdkugel herumschleppt. Aber an wen wend ich mich denn? An die Mütter. Aber wie kann es geschehen? Nicht durch eine Mutter, sondern durch Mütter und der Himmel und die Ehemänner mögen sie uns bescheren. — Das zweite Unglück ist, daß wie die Männer überhaupt durch Weichlichkeit weit mehr verlieren als die Weiber, jene sich durch Wollust in dem Grade abstumpfen, als diese sich dadurch verfeinern. Und dann weiß Deutschland seine Zukunft. Die letzte Stufe des Wachsthums der Pflanzen ist die letzte der Verhärtung. Bei Staaten ists die letzte der Erweichung. Was gegen dieses Entnerven der höhern Stände, welche gerade die Ruderstangen Deutschlands in Händen haben, vorzukehren ist, weiß niemand weniger als ich. Zucht und Ehrbarkeit ist Sitte oder Religion. Bessere Gesetze holen die schöne Sitte nicht zurück, doch bahnen sie ihr ein wenig den Rückweg. Irgend eine begeisternde Idee hülfe vielleicht am meisten, — und allerdings ist diese da für Menschen, welche Deutsche sind. Ein zweites Gegengift haben die Dichter in Händen, so wie das Gift auch, es ist heilige Darstellung der höhern Liebe, welche, wenn nicht den Mann, doch den Jüngling lange beschirmt. Zeit bei der Jugend gewonnen, folglich Alter, ist alles gewonnen, denn die Jugend ging nicht verloren. In dieser Hinsicht haben wir unsern empfindsamen Romanen mehr zu verdanken, als die Franzosen ihren frivolen, unsre geben vom Lebensbaum, ihre höchstens vom Erkenntnißbaume. Aber welche schreibende Hand dem Beispiel mit dem Buche, der Sündenprose mit der Sündenpoesie zu Hülfe kommt, und welche die Verwundeten der Zeit vergiftet, nie werde diese Hand von der eines Freundes gedrückt oder von der eines Weibes angenommen. — O [21] rechnete und lebte nur jeder nach der Sternenzeit eines geheiligten Herzens, so würde er die rechte Stunde auch aussen treffen, da das gemeine Aussen mit seinen Stadt- und Länderuhren sich doch am Ende nach jener regeln muß. —´ Schafft und hofft; euch helfen und bleiben Gott und Tod! —

(Es schien uns wichtig und erfreulich aus dieser beruhigenden Friedenspredigt, die jedem Einzelnen seinen Antheil am Frieden in der Befriedigung seines inneren höheren Daseyn zuspricht, einiges so früh wie möglich zu zeitigen, die Auswahl ist immer schwer im Auserwählten, wenn uns auch die künftigen Leser des Ganzen zürnen, so werden doch die jezigen Leser dieser Denksprüche zufrieden seyn; des Verfassers Erlaubniß dazu war gewiß ein gutes Zeichen für unsre Zeitung, möge diese Friedenspredigt wie das Oehlblat der Taube ihr auch Frieden bringen von dem Morgenblatte und andern Blättern, von denen sie angefochten worden, noch ehe ihre Zeit kommen. Zwar haben wir rechte Lust zum Fechten, denn weil wir Frieden wollen, müssen wir den Krieg verstehen, aber zum Kriege gehört ein Feind und wir können nicht dazu kommen uns zu waffnen vor Lachen, wenn unsre Gegner mit Proklamationen ausrücken, worin immer das Beste vergessen, was gegen uns gesagt werden konnte; darum können wir auch deinen Wunsch, lieber Freund, nicht erfüllen, als du uns schriebst: „Laß der lustigen Zeitungsanzeige einen ernsten Aufsatz folgen, der dir alle trefliche Gemüther gewinnen muß, zeige klar, herzlich und warm die Mishandlung, unter welcher das Vortrefliche und Geniale unsrer Literatur und Kunst immer nur langsam hervordringen kann, und durch welche das göttliche Kind oft wie Hunde verschlagen wird, und muthlos stirbt; hiebey wäre anzuführen, wie alles Junge und Muthige auf dem Platten in seiner Zeit, worüber es hinausstrebt, leicht ausgleitet, wie viele Zeitungen danach gestrebt als versteinerte Geister tödtlich dagegen zu wirken; dann zeige die fruchtlosen Bemühungen gegen Lessing, gegen Göthe, gegen Tieck, gegen Schlegel, gegen Fichte u. s. w. von Gottschedianern, Nikolaiten, Merkelumpen, zeige wie die Zeit endlich armselig nach muß, wie die gutmeinenden Kindermörder endlich selbst zu Kreutz kriechen und, wie sie sich bezeichnen mit dem Kreutze um neue zu erschlagen. Wie traurig ist die Anzeige im Morgenblatte gegen den Einsiedler.“ [1] — Nun, nun, lieber Freund, nicht zu hoch mit uns heraus, da stehen gewaltige Namen, was wir wollen macht aber keinen Namen, denn es macht deren zu viele; wir möchten jedes gesunde Erzeugniß in der literarischen Welt fördern und die Kritik vernichten, die gleich bemüht ist, das Kind der Liebe lebendig zu seziren, um es in Spiritus scheinbar zu erhalten, oder in Wachs für ihre aesthetischen Vorlesungen nachzumachen. Aber wir wollen euch heilige Scheu lehren vor dem Lebendigen, wir wollen euch ein Kindermährchen erzählen, daß euch davor grauen soll, ich meine das

---

[1] Mbl. 1808. N. 57 unter „Notizen“. Vgl. die Einleitung.

von dem Kinde, das vor das Bette des Anatomen alle Nacht trat und ihm vorklagte: Wo hast du mein Herz, wo hast du mein Auge? bis er alles zum Begräbniß herausgegeben. Bey der Leichenpredigt eines solchen literarischen Kindes würden wir die herrlichen Worte eines Freundes zum Text nehmen: „Wie ein Paternosterwerk von blinden Eseln ge-

Faust und Mephistophiles

triében, so steigts immer herauf und hinunter, was die Liebe in der Tiefe geschöpft, das gießt der Haß emsig oben aus in den Koth. — Schriftproben.[1] Heidelberg, bey Mohr und Zimmer. S. 10. — Nach der Predigt würde ich beyliegendes altes Bild zur Warnung an die

[1] Görres' „Schriftproben von Peter Hammer, Heidelberg, bey Mohr u. Zimmer 1808." 4⁰.

Kinder vertheilen: Fama zieht oben im Drachenwagen zum Mephistophiles, dem [22] Verleger aller höllischen Zeitungen, ihm verschreibt sich Faust der Verfasser, er deutet mit den Fingern: Es ist nichts mit der Literatur, nimm mich hin, wozu ich tauge, wenn mir nur wohl dabey wird! — Fauste, Fauste, rufe ich dir zu, bekehre dich da es noch Zeit ist, siehe dein Haus hinten in Flammen, so wird deine Seele einst brennen müssen! — Mephistopheles fragt ihn aber ruhig und zeigt gen Himmel: Ob er auch Gott nicht mehr fürchte? — Faust bleibt dabey: Es ist nichts mit der Literatur, also auch nichts mit Gott! — Wehe, wehe, wehe! ruf ich dir durch die verschlossene Thüre zu, wie wirds dich noch unter Gottes freyen Himmel treiben und du wirst da keine Luft kriegen. —)

König Rother zieht einer Jungfrau die Schuhe an.

Fragment aus einer alten Handschrift, bearbeitet von Ludwig Tieck. [1]

König Rother sendet zwölf Grafen zum König Konstantin nach Konstantinopel, um dessen Tochter zu werben; er giebt ihnen beym Abschiede drey Weisen auf der Harfe an, woran sie ihn erkennen könnten, wenn sie in Noth kämen. König Konstantin läßt sie in einen Kerker werfen. Rother rüstet sich zu einer Fahrt um sie aufzusuchen, nimmt aber den Namen Dietherich an, ihn begleitet ausser mehreren andern auch Asprian mit seinen Riesen, deren einer wegen seines Zorns gebunden mitgeführt wird. Dieses furchtbare Gefolge setzt alles in Schrecken zu Konstantinopel, Asprian trit bey der Audienz bis ans Knie in den Boden und zerschmettert des Königs Löwen an der Wand, der ihm etwas von seinem Teller nahm; Dietherich giebt sich selbst für einen von Rother vertriebenen Ritter aus, und sein Gefolge für die Schwächsten des Landes, weil ihm alle Tapfern erschlagen. Die Königin bedauert, daß sie nicht Rother zum Eydam bekommen. Dietherich gewinnt viele Ritter durch seine Geschenke, man wird durch allerley Verhältnisse an die Kreutzzüge erinnert, deren doch das Gedicht nicht eigentlich erwähnt. Des Königs Tochter erbittet von Ihrem Vater eine dreytägige Hochzeit, um des Reiches Pracht zu zeigen, eigentlich um Dietherich ihre Liebe bekannt zu machen, mit dem Schlusse der Hochzeit fängt das Fragment an, wir hoffen recht bald die Ausgabe des Ganzen und mancher anderer Bear-

[1] Ludwig Tieck, geb. 31. Mai 1773 zu Berlin, † 28. April 1853 zu Berlin. Vgl. „Schriften“, Bd. 13. Berlin 1829. 8⁰, S. 171—192. Den Urtext vgl. in Rückerts Ausgabe des König Rother, Leipzig 1872, 8⁰ [Deutsche Dichtungen des Mittelalters, hg. von Bartsch, Bd. 1.], V. 1925—2529. Tieck arbeitete wohl nach einer Kopie der Heidelberger Handschrift 390. Sein Verständniß des Altdeutschen war noch mangelhaft, wie sich durch Vergleichung des Urtexts in den Versen 2013, 2138, 2158, 2162, 2168, 2353 erweist.

beitungen ungedruckter Heldengedichte aus dem Kreise des Heldenbuches und die Ausgabe des Heldenbuches selbst von der Meisterhand unsres verehrten Freundes Tieck anzeigen zu können.

In der Kammer ward es stille,
Da sprach die Königinne:
O weh, Fraue Herlind,
Wie groß meine Sorgen sind
Um den Herren Dietheriche,
Den hätt' ich sicherliche
Verstohlen gern gesehn,
Und möcht' es füglich geschehn
Um den tugendhaften Mann,
Fünf Ringe lustsam
Die möchte ein Bothe schier
Um mich verdienen,
Der den Held balde
Brächte zu meiner Kammer.
[23] In Treuen sprach Herlind:
Ich will mich heben geschwind,
Ich geh zu der Herbergen sein,
Es bringe Schaden groß oder klein,
Doch pfleget er solcher Zucht
Daß wir sein dürfen ohne Furcht.

Herlind ging balde
Zu einer Kammer
Und nahm ein theuerlich Gewand,
Wie manche Fraue hat,
Darin zierte sie den Leib,
Da ging das listige Weib
Zu dem Herrn Dietheriche.
Er empfing sie frommliche,
Viel nahe sie zu ihm saß,
Dem Recken sie in das Ohre sprach:
Dir entbietet holde Minne
Meine Frau, die Königinne,
Und ist dir mit Freundschaft unterthan,
Du sollt hin zu ihr gahn,
Dorten will die Magd
Dich selber wohl empfahn,
Nur um deine Ehre,
In allen Treuen, Herre.
Du magst das wohl gewiß sein
An der Jungfrauen mein.

Also redete da Dietherich:
Fraue du versündigest dich
An mir elenden Manne,
Ich bin auch zu Kammern gegangen
Hievor da das mochte sein,
Warum spottest du mein?
Leider, so that man dem Armen je,
Eure Fraue gedacht der Rede nie,
Hie sind so viele Herzogen
Und Fürsten in dem Hofe,
Daß ihr mit einem anderen Mann
Euren Scherz möchtet han,
Des hättet ihr minder Sünde,
Ihr verdienet die Abgründe
Daß ihr mich so thöricht wolltet han,
Ich bin ein so armer Mann,
Doch ehemals ich war
Daheim ein reicher Graf.

Herlinde sprach dem Herren zu,
Sie konnte ihre Rede wohl thun:
O nein, mein Herre Dietherich,
Nicht verdenke du also mich,
[24] Ich habe dieses, weiß Gott, nicht gethan,
Mich hieß meine Fraue hieher gahn,
Es nimmt sie großes Wunder,
Daß du so manche Stunde
In diesem Hofe seiest gewest
Und sie doch niemals wolltest sehn,
Daß ist doch selten nur gethan
Von einem so stattlichen Mann,
Nur verweist mir die Rede nicht,
Der Königinne wäre lieb
Welche Ehre dir gescheh
Wie du sie auch nie gesehn,
Wolltest du aber hingehn
So thätest du nichts übeles daran.

Dietherich zu der Frauen sprach:
(Er wuste wohl, daß es ihr Ernst war)

Hier sind so viele der Merker,
Wer behalten will seine Ehre
Der soll mit Klugheit gahn,
Es wähnet der elende Mann
Daß er nimmer so wohl thu,
Daß sie es alle für gut
Halten, die in dem Hofe sein;
Nun sage der Jungfrauen dein
Meinen Dienst, will sie ihn nehmen
Ich mag sie jetzt nicht sehen
Vor der Helle des Tages,
Ich fürchte, daß es erschalle
Lästerlich uns Beiden,
So verbietet mir das Reiche
Constantin der Herre,
So muß ich immermehre
Flüchtig sein vor Rothere
Und mag mich nirgend erretten.
Herlind wollte von dannen gahn.
Der Herre bat sie da bestahn
Und hieß schnell seine Goldschmiede
Zween silberne Schuhe giessen,
Und zween von Golde.
Als er sie geben wollte
Da bat er Asprianen,
Daß sie nur zu einem Fuße kamen,
Daß er die beiden nehme
Und sie der Frauen gebe,
Und einen Mantel viel gut,
Zwölf Ringe Gold roth:
So soll man wohl belohnen
Einer Königinne Bothe.

(Die Fortsetzung folgt.)

(Hiezu ein Kupferblat.)

Eine Zeder wuchs auf zwischen Sträuchen, sie theilten mit ihr Regen und Sonnenschein, und sie wuchs und wuchs über ihre Häupter und schaute weit ins Thal umher. Da riesen die Sträucher: Ist das der Dank, daß du dich nun überhebest, dich, die du so klein warst, dich, die wir genährt haben? Und die Zeder sprach: Rechtet mit dem, der mich wachsen hieß! — Und um die Zeder standen Sträuche. Da nun die Männer kamen vom Meer, und die Axt ihr an die Wurzel legten, da erhub sich ein Frohlocken: Also strafet der Herr die Stolzen, also demüthigt er die Gewaltigen. — Und sie stürzte und zerschmetterte die Frohlocker, die zertreten wurden unter dem Reisig. Und sie stürzte und rief: Ich habe gestanden und ich werde stehen! Und die Männer richteten sie auf zum Maste im Schiffe des Königs und die Segel wehten von ihr her und brachten die Schätze in des Königs Kammer. — Indessen war die junge Zeder, die aus ihr entsprossen, schlank aufgewachsen, und ein Held kam und hieb sie nieder sich zur Lanze wider die Riesen, da riefen die Sträucher: Schade! Schade!

Einer Jugendarbeit des Meisters aus der Erinnerung nacherzählt. [1]

---

[25] König Rother zieht einer Jungfrau die Schuhe an.

Von Ludwig Tieck.

(Fortsetzung.)

Da sprang die fröhliche
Von dem Herren Dietheriche.
Herlind kam balde
Zu ihrer Frauen Kammer
Und sagete ihr von dem Herren,
Er pflege seiner Ehren
Sehre fleißigliche:
Das wisset wahrliche,
Ihm ist die Huld des Königes lieb,
Er mag dich darum sehen nicht,
Weil es sich nicht will fügen,
Nun schaue an diese Schuhe,
Die gab mir der Held gut
Und that mir auch Liebes genug,
Und einen Mantel wohlgethan,
Wohl mir, daß ich je zu ihm kam,
Und zwölf Ringe die ich han,
Die gab mir der Held lustsam,
Es mochte nie auf der Erden
Ein schönerer Ritter werden
Als Dietherich der Degen
Gott laß es mich erleben,
Ich gafft ihn an ohn' danken,
Daß ich mich des immer mag schämen.

Es scheint wohl, sprach die Königinne,
Daß ich nicht seliglich bin,
Nun er mich nicht will sehen
Magst du die Schuh mir geben,
Um des Herren Hulde,
[26] Schnell ward der Kauf gethan,
Sie zog den goldenen an,
Dann nahm sie den silbernen Schuh,
Der ging an denselben Fuß.
O weh! Sprach die schöne Königinn
Wie wir nun gehöhnet sind,
Denn mit den Schuhen lustsam
Ist ein Missegriff gethan,
Ich bringe ihn nimmermehr an,
In Treuen du mußt zurücke gahn

---

[1] „Des Meisters" d. h. Goethes. Vgl. „Der junge Goethe", Bd. 3, Leipzig 1875, 8⁰, S. 500. 501. Bernays scheint diesen Abdruck, der allerdings ein wenig von der Fassung in der Ausgabe von 1861 [vgl. a. a. O. S. 713] abweicht, nicht zu kennen.

Und bitten Dietheriche
Sehre gezogenliche,
Daß er dir den anderen Schuh gebe,
Und mich auch sehen wolle selber
Wenn er unter seinen Verwandten
Je gut Geschlecht gewanne.
O weh, sprach Herlind,
Wie doch der Schade nun ist
Fraue unser beiden,
Nun wisset es in Treuen
Sollt' ich immer Schande han
Ich muß wieder zurücke gahn.
Da hub die Fraue wohlgethan
Ihr Kleid lustsam
Hoch auf an die Knie.
Denn sie gedachte der Zucht nicht,
Fraulichen Ganges sie vergaß,
Wie schnelle sie über den Hof gelaufen was
Zu dem Herren Dietheriche,
Er empfing sie frommliche
In allen den Geberden
Als wenn er sie nie gesehen,
Da wußte der Held wohlgethan,
Warume sie zurücke kam.
[27] Herlind sprach zu dem Herren:
Ich must immermehr
In Bothschäften gahn,
Mit dem Schuh ist Missegriff gethan,
Sie sind der Königinne
Gegeben um deinetwillen,
Noch sollten wir den einen haben,
Das heißt dich meine Fraue mahnen,
Daß du ihr den andern Schuh wolltest geben,
Und sähest sie auch selber,
Wenn du unter deinen Verwandten
Je gutes Geschlecht gewannst.

Ich thät' es gerne, sprach Dietherich,
Nur die Kammerere die melden mich.
Nein, sprach Herlind,
Mit Freuden sie in dem Hofe sind,
Die Ritter schießen den Schaft
Da ist großen Spieles Kraft,
Ich will hin vor dir gahn,
Nun nimm zween deiner Mann
Und hebe dich viel balde
Nach mir zu der Kammer,
Mit dem großen Schalle
Vermissen sie dein alle.
Herlind wollte von dannen gahn,
Da sprach der listige Mann:
Nun warte des Kammerers,
Ich will nach dem Schuhe fragen.
Schnelle kam Asprian,
Er sprach: O weh, was habe ich dir gethan,
Die Wege ich nicht erleiden mehr mag,
Du bemühest mich diesen ganzen Tag
Immer mit neuen Mähren,
Mehr als du sonst thatest, Herre,
Ihrer war hier ein großer Theil geschlagen,
Die haben die Knechte zu tragen,
Nimm nach deinem Gefallen,
Ich bringe sie dir alle.
Da nahm Asprian
Die anderen Schuhe lustsam,
Und einen Mantel sehr gut,
Und auch zwölf Armkränze roth,
Und gab alles der alten Bothin,
Da ging sie also verstohlen
Viel sehre fröhliche
Von dem Herren Dietheriche,
Und sagete auch schnelle
Ihrer Frauen liebe Mähre.

Des Mägdleins Schauen war sehnlich.
Sich berieth der Herre Dietherich.
[28] Mit Berther, dem alten Mann,
Wie es mit Fuge möchte gahn.
Verständig sprach der Herzoge:
An dem versammelten Hofe
Will ich machen großen Schall,
Der zieht die Leute überall,
So bemerket dich kein Mann.
Er hieß die Riesen ausgahn,
Selber bedeckt er sein Roß,
Sich hub der Laut da auf dem Hof,

Da führte der alte Jüngeling,
Tausend Ritter in den Ring,
Widolt mit der Stangen
Fuhr her mit Klange
In aller der Geberde,
Als ob er thöricht wäre,
Da überwarf sich Asprian,
Der war der Riesen Spielmann,
Grimme hin zwölf Klafter sprang,
So thaten die anderen alle mit sammt,
Er griff einen ungefügen Stein,
Daß von den Merkeren kein
Mann Dietherich vernahm,
Da sie begunnten umher gahn.

In deme Fenstere die junge Königinne stund,
Schnelle kam der Held jung
Ueber Hof gegangen.
Da ward er wohl empfangen
Mit zween Rittern herrlich,
Hin ging der Recke Dietherich,
Da wurde die Kammer aufgethan,
Darein ging der Held wohlgethan,
Den hieß die junge Königinn
Selber willkommen sein,
Und sprach was er dort geböte
Daß sie das gerne thäten
Nach ihrer beider Ehren:
Ich habe dich gerne, Herre,
Um deine Biederkeit gesehn,
Und um etwas anderes ist es nicht geschehn,
Diese Schuhe lustsam
Die sollt du mir ziehen an.
Viel gerne, sprach Dietherich,
Nun ihr es geruhet an mich.
Der Herre zu ihren Füßen saß,
Viel schöne seine Gebärde was,
Auf sein Bein satzte sie den Fuß,
Es wurde nie Fraue besser beschuht.
Da sprach der listige Mann:
Nun sage mir, Fraue lustsam
[29] Mähre auf die Treue dein
So wie du Christin wolltest sein,
Dein hat nun gebeten mancher Mann,
Wenn es in deinem Willen sollte stahn,
Welcher unter ihnen allen
Dir am besten gefalle.

Das saget er, da sprach die Fraue:
Viel ernstlicher in Treuen
Herre, auf die Seele mein,
So wahr ich getaufet bin,
Der aus allen Landen
Die theuren Wigande
Zu einander hiesse gahn
So würde doch nie kein Mann
Der dein Genosse möchte sein,
Das nehm ich auf die Treue mein
Daß niemals eine Mutter gewann
Ein Kind also lustsam,
Darum mit Züchten Dietherich
Mag ich lieben und ehren dich,
Denn du bist in Tugenden ein ausgenommner Mann,
Sollte ich aber die Wahl han;
So nähm' ich einen Helden gut und stark
Dessen Bothen kommen her in dies Land,
Die noch hie leben
In meines Vaters Kerker,
Der ist geheissen Rother
Und sitzet westlich über Meer,
Ich will auch immer Jungfrau gahn
Mir werde denn der Held lustsam.

Als das Dietherich vernahm,
Da sprach der listige Mann:
Willt du Rother minnen,
Den will ich dir balde bringen,
Es lebet in der Welt kein Mann,
Der mir so Liebes hätte gethan,
Er minderte ofte meine Noth,
Das lohne ihm noch Gott,
Wir genossen fröliche das Land
Und lebeten fröliche mitsamt,
Er war mir immer gnädig und auch gut,
Es hat mich auch nie vertrieben der Held gut.

In Treuen, sprach die junge Königinn,

Ich verstehe nicht die Rede dein,
Dir ist Rother also lieb,
Er hat dich auch vertrieben nicht,
Von wannen du auch fähreſt Held stark,
Du bist ein Bothe hergesandt,
Dir ist des Königes Huld lieb,
Nun verheele mir die Rede nicht,
[30] Was du mir heute wirst anzeigen,
Das will ich immer verschweigen
Bis an den jüngesten Tag.
Der Herre zu der Frauen sprach:
Nun stell' ich alle meine Ding
In Gottes Gnade und bei dir,
Ja, es steht dein Fuß
In Rotheres Schooß.

Die Fraue sehre erschrack,
Den Fuß sie aufzog
Und sprach zu Dietherich
Sehre freundlich:
Nun war ich doch nie so ungezogen,
Mich hat mein Uebermuth betrogen,
Daß ich meinen Fuß
Sazte in deinen Schooß,
Und bist du Rother so hehr
So möchte kein König nimmermehr
Bessere Tugend gewinnen,
Der ausgenommenen Dinge
Hast du von Meisterschaft List,
Welches Geschlechtes du aber auch bist,
Mein Herze [war] sehnend,
Und hätte dich Gott nun hergesendet
Das wäre mir inniglicher lieb,
Aber ich mag dir doch vertrauen nicht
Du bescheinest mir denn die Wahrheit,
Und wär' es dann aller Welt leid
So räumte ich sicherliche
Mit dir das Reiche,
So ist es aber ungethan,
Doch lebet kein Mann
So schöne, den ich dafür nähme,
Wenn du der König Rother wärest.

Also redete da Dietherich,
Sein Gemüthe war sehre listig:
Nun hab' ich Freunde mehre,
An denen armen Herren
In dem Kerker,
Wann die mich sähen,
So möchtest du daran verstahn,
Daß ich dir wahr gesaget han.
In Treuen, sprach die Königinn,
Die erwerb' ich von dem Vater mein
Mit adelichem Sinne,
Daß ich sie aus gewinne,
Er giebet sie aber keinem Mann,
Er muß sie denn auf den Leib han,
Daß ihrer keiner entrinne,
Bis man sie wieder bringe
[31] In den Kerker,
Wo sie waren in Nöthen.

Des antwortete da Dietherich:
Ich will sie nehmen über mich
Vor Constantine dem reichen
Morgen sicherliche
Wann er wird zu Hofe gahn.
Die Fraue also lustsam
Küßte den Herren,
Da schied er von dann mit Ehren
Aus von der Kammern
Zu der Herbergen balde,
So wie Berther das ersah,
Wie schnell der Ring zerlassen war.
Da sagete der Herre Dietherich
Die Mähre also wunniglich
Dem theuerlichen Herzogen,
Des begunnten sie beide Gott loben.

Die Jungfraue lag über Nacht
Daß sie in vielen Gedanken war,
Als es zu dem Tage kam,
Einen Stab sie nahm
Und kleidete sich in ein schwarz Gewand,
Als wollte sie pilgern über Land,
Eine Palme sie auf ihre Schulter nahm
Als wenn sie aus dem Lande wollte gahn,
So hob sie sich viel balde
Zu ihres Vaters Kammer
Und klopfete an das Thürlein.
Auf that da Constantin,

Als er das Mägdelein ansach
Wie listiglich sie zu ihm sprach:
Nun lebet wohl, Herr Vater mein,
Mutter, ihr sollt gesund sein,
Mir träumte in der Nacht
Es sende des hohen Gottes Gewalt
Seinen Bothen mir herab,
Ich muß in den Abgrund gahn
Mit lebendigem Leibe,
Daran ist gar kein Zweifel,
Dessen mag mich Niemand erwenden,
Ich will nun das Elende
Bauen immermehre
Zum Troste meiner Seele.

Traurig sprach da Constantin:
O nein, liebe Tochter mein,
Sage mir, was du wöllest,
Dich davon zu erlösen.
Vater, es bleibt immer [un-]gethan,
Mir würden denn die gefangenen Mann,
[32] Die will ich kleiden und baden,
Daß sie Genade müssen haben
An ihrem armen Leibe
Ettelicher Weile,
Ich begehre sie nur auf drei Tage,
Dann sollst du sie wieder haben
Zu deinem Kerker.
Constantin der edle
Sprach, daß er das gerne thäte,
Wenn sie einen Bürgen hätten,
Der die auf den Leib dürfte nehmen
Und sie ihm wieder möchte geben,
Daß ihrer keiner entrunne.
Da sprach die Magd, die junge:
Ich bitt' es heute so manchen Mann
Daß sie ettelicher muß bestahn
Des Leib ist also tugendhaft
Deme du sie mit Ehren geben magst.
Da sprach Constantin:
Das thu ich gerne, Tochter mein.
Es war die Stunde
Nunmehr gekommen
Daß Constantin zu Tische ging,
Dietherich nicht unterließ
Er kam mit seinen Mannen
Vor den König gegangen.
Da man das Wasser nahm
Die Jungfraue lustsam
Ging um den Tisch flehend
Mit heissen Thränen,
Ob sie jemand so liebes hätte gethan,
Der die gefangnen Mann
Auf den Leib durfte nehmen;
Ihr keiner durfte sie des gewähren.
Die Herzogen, die reichen,
Entzogen sich allgeleiche,
Bis sie zu dem Recken kam,
Mit dem der Rath war gethan.
Da sprach die Magd herrlich:
Nun gedenke, Held Diethrich,
Aller deiner Güte
Und hilf mir aus den Nöthen,
Nimm die Bothen auf dein Leben,
Die heisset dir der König geben,
Verzaget sind meines Vaters Mann,
Sie dürfen sich des nicht unterstahn,
Doch soll die Edelkeit dein
Mit samt mir getheilet sein,
Daß ich der geniesse,
Und wenn dus gerne liessest,
So erläst es dir nicht dein tugendhafter Muth,
Du sollst mir das gewähren Held gut.
Gerne, sprach Dietherich,
Was du geruhest an mich
Das gehe mir nur an meinen Leib,
Doch werde ich dein Bürge schönes Weib.

(Der Beschluß folgt.)

Zeitung für Einsiedler.

1808. — 5 — 15. April.

Der Jäger an den Hirten.

Durch den Wald mit raschen Schritten
Trage ich die Laute hin,
Freude singt, was Leid gelitten,
Schweres Herz hat leichten Sinn.

Durch die Büsche muß ich dringen
Nieder zu dem Felsenborn,
Und es schlingen sich mit Klingen
In die Saiten Ros' und Dorn.

In der Wildniß wild Gewässer
Breche ich mir kühne Bahn,
Klimm' ich aufwärts in die Schlösser,
Schaun sie mich befreundet an.

Weil ich alles Leben ehre,
Scheuen mich die Geister nicht,
Und ich spring durch ihre Chöre
Wie ein irrend Zauberlicht.

Haus' ich nächtlich in Kapellen
Stört sich kein Gespenst an mir,
Weil sich Wandrer gern gesellen,
Denn auch ich bin nicht von hier.

Geister reichen mir den Becher,
Reichen mir die kalte Hand,
Denn ich bin ein frommer Zecher,
Scheue nicht den glühen Rand.

Die Sirene in den Wogen,
Hätt sie mich im Wasserschloß,
Gäbe, den sie hingezogen,
Gern den Fischer wieder los.

Aber ich muß fort nach Thule,
Suchen auf des Meeres Grund
Einen Becher, meine Buhle
Trinkt sich nur aus ihm gesund.

Wo die Schätze sind begraben
Weiß ich längst, Geduld, Geduld,
Alle Schätze werd ich haben
Zu bezahlen alle Schuld.

Während ich dies Lied gesungen,
Nahet sich des Waldes Rand,
Aus des Laubes Dämmerungen
Trete ich ins offne Land.

Aus den Eichen zu den Myrthen,
Aus der Laube in das Zelt,
Hat der Jäger sich dem Hirten,
Flöte sich dem Horn gesellt.

Daß du leicht die Lämmer hütest,
Zähm ich dir des Wolfes Wuth,
Weil du fromm die Hände biethest,
Werd ich deines Heerdes Gluth.

Und willst du die Arme schlingen
Um dein Liebchen zwey und zwey,
Will ich dir den Fels schon zwingen,
Daß er eine Laube sey.

Du kannst Kränze schlingen, singen,
Schnitzen, spitzen Pfeile süß,
Ich kann ringen, klingen, schwingen
Schlank und blank den Jägerspieß.

Gieb die Pfeile, nimm den Bogen,
Mir ists Ernst und dir ists Scherz,
Hab die Senne ich gezogen,
Du gezielt, so trifts ins Herz.

Clemens Brentano.[1]

(Die Melodie wird in der Folge nachgeliefert.)

[33] König Rother zieht einer Jungfrau die Schuhe an.

Von Ludwig Tieck.

(Beschluß.)

Die Bothen gab da Constantin
Dietheriche auf den Leib sein,
Der Herre sie da übernahm,
Da folgeten ihm des Königes Mann
Zu dem Kerker,
Wo sie waren mit Nöthen,
Die elend Verhaften
Lagen in Unkräften
Und lebeten erbärmliche.

[1] Vgl. „Clemens Brentanos gesammelte Schriften“ hg. v. Christian Brentano, Frankfurt a. M. 1852, 8⁰, Bd. 2, S. 385—390, wo dies Gedicht unter dem Titel „Jäger und Hirt“ steht. Strophe 4 fehlt, nach 5 sind 2 weitere eingeschoben, nach 6 ebenso 5, nach 7 ebenso 5; 8 in andrer Lesart, danach 2 Strophen eingeschoben; 9 in andrer Lesart, ebenso 12. 13. Am Schlusse sind 2 Strophen zugesetzt.

Berther der reiche
Stund und weinete,
Da er den Schall erhörete.
Den Kerker man aufbrach,
Darein schien da der Tag,
Schnelle kam ihnen das Licht,
Des waren sie gewöhnet nicht.
[34] Erwin war der erste Mann
Der aus dem Kerker kam,
Als ihn der Vater ansah,
Wie groß seine Herzens-Reue war,
Herum er sich kehrte
Und rang seine Hände,
Er durfte nicht weinen
Und war ihm doch nie so leide
Seit ihn seine Mutter trug.
Erwin der Held gut
War von dem Leibe gethan,
So wie mit Recht ein armer Mann.
Sie nahmen die Grafen zwölfe
Her aus dem Kerker,
Und jegelich seine Mann,
Die Ritter sonst so lustsam,
Sie waren beschmuzt und schwarz,
Von grossen Nöthen bleich gefarbt,
Leopold der Meister
Der hatte keine Kleider
Als nur ein dünnes Schürzelein,
[35] Das wand er um den Leib sein,
Da war der edele Mann
Zum Erbarmen gethan,
Zerschunden und zerschwellt.
Dietherich der gute Held
Stund traurig von Leide
Und wollte doch nicht weinen
Um die gefangnen Mann.
Berther, der alte Mann
Ging allenthalben
Die Gefangnen betrachtend,
Da reuete ihn keiner hier
Mehr als seine schönen Kind.
Dietherich der Herre
Hieß die Bothen edel
Führen zu den Herbergen sein,
Nur Leopold und Erwin
Die ließ man alleine gahn,
Zurücke blieb kein Mann.
Da sprach Erwin der edle:
Leopold, traut Herre,
Sahst du einen grauen Mann
Mit dem schönen Barte stahn,
Der mich beschauete
Und viel trauerte?
Herum er sich kehrte
Und rang seine Hände,
Er durfte nicht weinen
Und war ihm doch nie so leide;
Vielleicht daß Gott der gute
Durch seine Barmunge
Ein groß Zeichen will begahn,
Daß wir kommen von dannen.
Das ist wahr, Bruder mein,
Es mag wohl unser Vater sein.
Da lacheten sie beide
Von Freuden und von Leide.

Die elenden Gäste
Waren frei nicht länger
Bis an den anderen Tag.
Die Jungfraue ihren Vater bat
Daß er sie dahin gehen liesse,
Sie wollte ihnen selber dienen.
Urlaub ihr der König gab,
Wie schnelle sie über den Hof hintrat
Zu dem Herren Dietheriche.
Da hieß man allzugleiche
Die fremden Ritter ausgahn,
Darinne blieb kein Mann
Als der Bothen Magen,
[36] Die über Meer waren gefahren.
Denen gefangnen Mann
Legete man gut Gewand an
Und kleidete sie fleissigliche,
Das kam von Dietheriche,
Der Tisch war bereitet,
Berther der reiche
War Truchsaße,
Die weile seine Kind aßen.

Als nun die Herren saßen,
Ihres Leides ein Theil vergaßen,
Da nahm der Recke Dietherich
Ein Harfe, die war herrlich,
Und schlich hinter den Umhang,
Wie schnell eine Weise daraus klang.
Wellicher begunnte trinken,
Dem begunnt' es nieder sinken,
Daß er's auf den Tisch vergoß, welcher
aber schnitt das Brod,
Dem entfiel das Messer durch Noth,
Sie wurden vor Freuden sinnelos,
Wie mancher sein Trauern verlohr.
Sie saßen alle und hörten
Woher das Spiel zu ihnen kehrte.
Laute die eine Weise klang,
Leopold über den Tisch sprang
Und der Grafe Erwin
Sie hiessen ihn willkommen sein
Den reichen Harfner
Und küßten ihn sehr.
Wie rechte die Fraue da sah,
Daß es der König Rother war.

Der gehörnte Siegfried und die Nibelungen.

Von J. Görres.

In meiner Schrift über die teutschen Volksbücher*) hatte ich bey Gelegenheit des gehörnten Siegfrieds ausgesprochen, nach [37] Norden und dem

*) In dieser Schrift (Heidelberg, bey Mohr und Zimmer 1807) finden wir Herausgeber eine Einsiedeley beschrieben, die wir uns sehnlich wünschen. (S. 246) „Eine stille einsame Kapelle in tiefer Waldeseinsamkeit, der Poesie, der Treue, der Ergebung gebaut, um die rund umher sich eng verschlungnes Dickicht zieht, über der alte Eichen in heissem Sommertages Brand flüsternd sich bewegen, durch deren Zweige gebrochen dann das Licht durchstreift, und ein Schattengewölke über die Wände gießt und spielend an ihnen auf und nieder zittert, während von innen halbdunkle Kühle, erfrischende Stille herrscht, und hinten in der Nische das Bild der Heiligen dämmernd und freundlich durch das Gitter blickt, vor der Waldblumen halbwelkend niederhängen und unten auf der [37] Steinstufe der bekannte Alte betend kniet, während Vogelsang eindringt durch die offene Thüre und Waldgerüche und kühles Luftgesäusel und grüner Schein und Baches Rauschen und alles feyerlich und betend rund umher, bis auf die Wolken, die einzeln wie Pilger, hell in innerem Verlangen erglänzend auf blauer Himmelsbahn hinwandeln zum Lande der Verheissung und die Winde, die wie Stumme der Natur nur im Hauche beten." — So wird keiner bey dem Werke ohne eigne Anregung bleiben, sey auch die historische Ansicht noch so verschieden, so verstehen sich Völker von den verschiedensten Sprachen in der Leidenschaft! — Um in das Historische dieses nach unsrer Ueberzeugung wichtigsten und lange vernachläßigten Durchbruchs unserer Poesie nach allen Richtungen einzudringen, den Gegenstand möglichst zu erschöpfen, damit künftige Bearbeiter dieser Gedichte sich unbesorgt ihrer Erfindung überlassen dürfen, hoffen wir in der Folge noch die Untersuchungen zweyer Gelehrten hierüber mittheilen zu können. Hätte nicht die Heimlichkeit mancher Literatoren mit ihren Entdeckungen, die recht im Gegensatze zu der Leichtfertigkeit der Physiker steht, die Furcht durch spätere Untersuchung widerlegt zu werden, der Stolz immer das Bedeutende in dicken Bänden leerer Weitläuftigkeit zu ertränken, um ein Buch zu schreiben, wäre nicht überhaupt diese Liebe zum Leeren im Gegensatze des horror vacui in der Natur, unmöglich wäre es bey so vielen deutschen Akademien, daß noch nicht alle Denkmale alter deutscher Kunst, sey es in Abschrift oder gedruckt, in einem deutschen Fürstensitze gesammelt wären. Könnten wir einen solchen Plan irgendwo durch diese Blätter fördern, so wäre es uns doch lieber als alles scherzende Gemisch, warum wir von den Lesern unsrer Zeitung angesprochen werden, doch soll auch dies künftig seinen Platz finden, unsre Correspondenz füllt beynahe schon unsre Einsiedeley.

eisernen Heldenlande deute diese Dichtung samt dem mit ihm verbundenen großen teutschen Epos hin. Es war Ahndung mehr als historische Ueberzeugung, die mich dabey geleitet hatte; ich vermuthete wohl, daß die erste Quelle dieses großen poetischen Stromes dort sich finden müsse, wo auch die Quelle der Völker geflossen, unter denen das Gedicht gelebt; indessen hatte ich nicht Gelegenheit, damal genauer die Denkmale alter krauser Heldenzeit zu erforschen, die das Geheimniß wohl bewahren mußten. Da mich indessen seither Untersuchungen anderer Art auf diesen Gegenstand zurück geführt, so theile ich gegenwärtig mit, was sich mir dabey zur Ergänzung meiner dortigen Untersuchungen ergeben. Da ich durch die Geschlossenheit des Gegenstandes, den jene Schrift behandelt, die Verbindlichkeit übernommen, das so Umschriebne auch nach innen soviel möglich zu erschöpfen, so habe ich geglaubt, was ich gefunden, sobald es gereift, öffentlich machen zu müssen, ohne eine absolute Vollständigkeit zu verlangen, die theils die Sache selbst dem Einzelnen nicht erlaubt, theils nur durch die Benutzung aller der Handschriften, die durch die dänischen, schwedischen und isländischen Bibliotheken zerstreut sind, annähernd erreicht werden mögte. Die Aufmerksamkeit, die eine neue Ausgabe der Nibelungen [1] auf diesen Gegenstand gelenkt, läßt hoffen, daß diese Erörterung auch einiges Interesse bey dem großen Publikum finden werde, daher wollte ich sie in diesen Blättern niederlegen.

Unter den klugen Zwergen, die endlich über die Riesen der Vorwelt durch Geistesmacht gesiegt, geht die Sage alter starker Zeit, selbst eine Hünenjungfrau, um, und erzählt Wunderdinge, und will führen zu dem Lande und dem Brunnen, wo die Adern der Erde, Metalladern und Wasseradern, zusammenfliessend die Starken hervorgebracht, die nach und nach heraufgestiegen; und wer ihr [38] folgt, den bringt sie durch Jahrhunderte, wie durch tiefe dunkle Thäler durch, wo dem Reisenden alles fremder und immer fremder wird, grauer immer und undeutlicher und doch größer, bis zu dem großen Steinmeer hin, in dem die Wellen seit dem letzten Sturme nicht mehr schlagen, weil sie in heller rauher Winternacht auf immer gestanden sind. Bemooste Runenmale stehen die Felsen rund umher, seltsame Zeichen sind wie verloren ausgestreut, Schwerdter stehen im Steine wie in Scheiden, die keines Menschen Kraft herausziehen mag, Harnische vergraben unter den Wellen und Lanzensplitter, Roßhufe oben eingedrückt, Kampfkreise mit Granitblöcken bezeichnet, alte Heldengräber mit den Drachenknäulen, in der Mitte der Brunn, geschlossen und gesiegelt,

---

[1] „Der Nibelungen Lied, herausgegeben von Friedrich Heinrich von der Hagen." Berlin 1807. 8⁰. Vgl. die Grimmsche Recension in den Heidelberger Jahrbüchern, Jahrgang 2, Abt. 5, Bd. 1, 1809. 8⁰. S. 179—189. 238—252.

und Geister sitzend, die ihn bewachen. Wo ist der Pilger angekommen nach langer, dunkler Fahrt, wo viele Zeiten viele Berge sich hinter ihm geschlossen haben? Er steht auf altem gothischen Boden, die Zeit hat sich ein festes Schloß gebaut nach ihrer Weise, und einen Wald herumgepflanzt, und wie sie weiter gezogen, hat sie das Haus mit allem Geräthe zurückgelassen, und die Waldgeister haben es unter ihre Hut genommen, von dem Schloß im Meer, dem Brunnen und den Denkmälern geht immer noch halblaute Rede unter den Enkeln um. Auch Siegfrieds Rüstung ist in dem Schlosse aufgehängt, und die der Nibelungen, Hagenes Lanzenstoß ist tief noch in der Mauer sichtbar, und zerschrotenes Gewaffen von der Blutrache liegt umher.

Einen Berg hatten die Götter in den Milchsee gestürzt, und mit der Schlange als einem Bande die Masse umschlingend sie umgetrieben in dem Meere, und nach unsäglicher Anstrengung mogt es ihnen erst gelingen, die Ambrosia der Unsterblichkeit zu gewinnen. So scheint es auch um die Poesie zu seyn, sie bricht dann nur recht lebendig und Leben gebend aus dem gemeinen Leben heraus, wenn heftige, gewaltsame Bewegungen es im Grund aufregen, und die milde Milch der Gewöhnlichkeit in geistige Gährung setzen. Die Völkerwanderung war wie Bergessturz in Völkersee, es schlugen große Wellen und die Poesie war Windsbraut, die die Elemente sich gewannen. Die Völkerwanderung trieb Helden, tüchtige Kämpfer regten tüchtige Begeisterung, wenn die Schwerdter ruhten, tönten Heldenlieder, und wenn sie schwiegen, war wieder Schwerdtschlag selbst Stahlgesang. War der Arm in Metall gefaßt, auch die Brust war darin gewappnet, und der Ton mußte durch Erz hindurch, und klingt wie Trompetenruf in ferne Zukunft hin. So waren die Heldengesänge eigen dieser Zeit, wie die Pflanze dem Himmelsstriche eigen ist; sie verbanden sich mit denen, die noch frühere Geschlechter diesen als Erbe zurückgelassen, und die Trümmer, die, weil sie allzuderb und fest, spätere polirende Jahrhunderte nicht zerreiben konnten, sind alle dieser Formation. Die Nibelungen sind gewachsen auf diesem Boden, der gehörnte Siegfried, ihr Achilleus, hat sich gehärtet in dem Drachenblute dieser wilden Jahrhunderte. Nicht ganz so sehr hat sich die Tradition verloren, aus der er hervorgegangen, als man glauben sollte, wenn man blos, was die neuere Kunstgeschichte in kurzem Gedächtniß aufbewahrt, betrachtet. Glücklicher Weise hat in den nordischen Sagen und Dichtungen, das Andenken früherer Poesie sich aufbewahrt, die der übrige Welttheil größtentheils undankbar untergehen lassen. Später erst in die Regel neuerer Cultur geschlagen, hat dort die Erinnerung früherer Vergangenheit ungetrübter sich bewahrt, und die Schriftsprache hat durch günstige Zufälle eben in dem Momente noch dem Gedächtnisse das Niedergelegte abgenommen und aufgefaßt, wo sie gerade durch den Untergang der Tradition in Schrift mit gänzlicher Vernichtung bedroht gewesen.

[39] Die älteste bekannte historische Erwähnung des Helden dieses poetischen Kreises mögte wohl jene seyn, die sich im Flateyischen Codex aus dem vierzehnten Jahrhundert findet, worin Gunlög erzählt, wie am Hofe des Königs Olaf Tryggvin, der in Norwegen zuerst das Christenthum einführte, um das Jahr 1000 die Gedichte der Edda, die zweyte Ode des Sigurd, der den Schmied getödtet, dann das Gedicht Helreid Brynhildar, ferner Gudrunar Quida, alle drey in der Sämundischen Edda noch übrig, endlich Gunnari (Giuckungi) Melos gegenwärtig verloren, zur Lyra gesungen worden seyen. Alle diese Gedichte ruhen auf dem Boden der Nibelungen, und beziehen sich wieder auf die Sigurd Fafnisbani saga zurück. Hier ist Brynhildis die Amazone Tochter des Budlo, oder Budla nach Warnefridi und der Wolsungasaga, König in Sachsen und Frankenland; sie wohnt nach Brynhilldarquida und Helreid der 73 Fabel der Snorroischen Edda im einsamen Schlosse, das rund um das Feuer Vafrloga umbrennt; sie ist wie der Walkyren Eine, wie Eine der Schlachtjungfrauen, die selbst gegen Odin und die Seinigen kämpft, bis der Gott durch einen tiefen Schlaf, den er über sie sendet, ihrem kriegerischen Eifer Gränzen setzt. Sigurd Fafnisbani aber, der Treue ihr gelobt, ist eben der teutsche gehörnte Siegfried, weil der sie aber dem Gunnar, Günther dem Bruder der Chrimhildis freyen mögte, darum sucht er Beyde einander zu näheren. Aber das Feuer will den Zutritt zu ihrem Schlosse nicht erlauben, und keiner als Sigurd darf es wagen, durch die Flamme durchzubrechen, und kein anderes Pferd als Sigurds Grana, und weil dieses niemand als seinen Herren auf dem Rücken leidet, darum tauscht er, um Beyde Brynhildis und das Pferd zu täuschen, Miene und Aussehen mit Gunnar. Wie der teutsche Siegfried aber tödtet dieser den Schmied Mimer, und den Drachen Fafner, und nachdem er das Drachenherz gegessen, versteht er die Vögelsprache. Sein Geschlecht aber entwickelt Warnefridi, daß er des Königs Sigmund von Hunnenland und der Hiordisa, Elima Sohn gewesen sey, und daß er zur Gattinn Brynhildis und Gudruna Grimhild, König Giuckes Tochter aus Niflungaland gehabt habe; seine Tochter Aflög aber, die Craca in Regner Lodbrogs Saga war Gemahlin dieses Königs, wodurch denn als Sigurds Zeitalter die erste Hälfte des achten Jahrhunderts bestimmt wird, ob ihn gleich wieder das Hyndlu Lioth, (Edda Mag. p. 331) zum Zeitgenossen des Ermanrich und also des Dieterichs von Bern

macht. Auch Hagene und die andern Nibelungenhelden kommen darin vor, die wie dieselbe Genealogie bezeugt, gleichfalls ein scandinavischer Stamm sind, der seinen Namen von Näsill, einem der neun Söhne des alten Haldan, Königs von Norwegen, erhalten. Als vierten Abkömmling dieses Haldans nennt sie Giuko, und dessen Söhne sind Gunnar, Hognar, Godrunar, Godnyar, Godbrandar; Warnefridi blos Gunnar, Hogner, Guttonner und Godruna Grimhild.

An diese schließt sich eine andere gleichfalls positiv historische Erwähnung des Gedichtes, in einer Form, die näher an die Nibelungen gränzt, aus dem Ende des eilften oder vielmehr dem Anfang des zwölften Jahrhundert, etwa 1130 bei Saxo Grammaticus, der seine dänische Geschichte um 1200 schrieb. Magnus der jüngere Sohn des dänischen Königs Nicolaus, bildet eine Verschwörung gegen seinen ältern Bruder Canut, um ihm die Thronfolge abzugewinnen, und läßt ihn durch einen der Mitverschwornen, einen sächsischen Sänger, an einem bestimmten Tage einladen zur geheimen Unterredung, um ihn dann im Walde zu ermorden. Der Sachse, der Canut als Freund seiner Nation und ihrer Sitten kannte, hatte Mitleiden mit ihm, und versuchte ihn auf eine Weise [40] vor der Gefahr zu warnen, die den Zweck erreichte, ohne daß er darum selbst eidbrüchig werden dürfte. Er sang also in einem wohl gesetzten Gedichte die weltbekannte Verrätherey der Grimhilda an ihren Brüdern, um durch das Beyspiel des berüchtigten Truges die Ahndung von Aehnlichem in ihm zu wecken. Es ergiebt sich aus der Natur der Sache, daß die Begebenheit als Volkslied oder Romanze in allgemeinem Umlauf, auch in dieser Form hier vorgebracht wurde. Wirklich existiren auch noch drey alte nordische Gedichte, die der dänische königliche Historiograph Andreas Vellefus nebst mehreren andern alten nordischen Heldensagen gesammelt und in der Centur. Cant. Danic. 1695 herausgegeben hat, die Chrimhildis Rache zum Gegenstande haben. Das Folgende ist der summarische Inhalt dieser Gedichte. Im baltischen Meere zwischen Scandia und Seeland, gleich weit von Beyden entfernt, liegt die Insel Hvena, großer Dinge und wichtiger Vorgänge wegen berühmt. Von der Riesin Hvenilda aber, die sie bewohnte, hat sie ihren Namen erlangt. Ehemals war sie wegen vier Schlössern berühmt, von denen nichts mehr als die Fundamente übrig sind. Süderburg wurde das südliche genannt, gegenüber Nordburg, nach Winters Aufgang Carlshoi, nach der andern Seite Hammera. Auf dieser Insel, geht die Sage, habe einst ein berühmter Held Nögling, mit dem Beynamen Niding, gewohnt, der mit seiner Gattin Botilda, Grimilda gezeugt, eine Jungfrau edel zwar von Geburt, aber von der schlimmsten Gemüthsart, in jedem Zuge und Truge geübt. Sie hatte zuerst den trefflichen Siegfried Horn zum Gatten, dessen Andenken berühmt ist in der teutschen Heldenhistorie. Nach dem Tode desselben lud Grimilda, zur neuen Ehe schreitend, ihre Brüder Haquin seiner Thaten wegen der Heldenmüthige genannt, und Falquard wegen seiner Fertigkeit auf der Zyther unter dem Namen der Fiedler bekannt, auf die Insel zur Hochzeit ein. Wie sie erschienen zum Feste, ließ sie die stärksten unter den vielen Kämpfern, die sie unterhielt, treulos über sie herfallen, um sie die da keinen Betrug ahndeten, unversehens zu ermorden. Aber Hacquin, unbesiegbar in Muth und Kraft, tödtete bis auf den Letzten alle, die ihn anfielen, und entzog sich so dem ihm zugedachten Loose. Aber sein Bruder Falquard, gleich muthig kämpfend, erlag endlich, nachdem er alle, die ihn ermorden wollten, hingestreckt, selbst in ehrenvollem Tode, ob zwar die alten Hvenensischen Chroniken berichten, er habe, nachdem er fälschlich von Haquins Tod durch die Nordburger Kämpfer berichtet, durch das Trinken eines Hornes gefüllt mit dem Blute der Gebliebenen, sich selbst freywillig vergiftet. Grimilda aber, nachdem sie erfahren, daß Haquin, nachdem er alle Gefahr abgewendet, noch am Leben sey, eilte wüthend in der Seele, aber scheinbar freundlich und vergnügt nach Nordburg, und schloß mit dem Bruder Bund und Freundschaft, unter der Bedingung jedoch, daß wenn einer ihrer Kämpfer ihn einmal zu Boden werfen würde, er dann nicht mehr auf den Füssen, sondern auf den Knien sich vertheidigen wolle. Nachdem Haquin diese Bedingung eingegangen, ließ das verschmitzte Weib die Gegend des Kampfes mit feuchten Ochsenfellen belegen, damit auf dem schlüpfrigen Boden der Verrathene nur unsichern Schrittes gehen möge. Drei der stärksten Kämpfer fielen nun auf einmal über ihn her, und warfen den Gleitenden leicht auf die Erde nieder. Alle aber, obgleich er vorher selbst tödtlich verwundet, wurden sie von seinem Schwerdte hingestreckt. Kurz zuvor aber hatte er, mit Grimildas Vorwissen, eine edle Jungfrau Hvenilda zur Gattin genommen, und mit ihr einen Sohn Rancko erzeugt, der dann den Tod seines Vaters auf folgende Weise gerochen: Er beredete Grimilda nämlich, im Hügel beym Schlosse Hammera sey ein großer Schatz vergraben, dessen Obhut und die Schlüssel zum Verschliessen der Vater sterbend ihm anvertraut habe. Da sie nun, um den Schatz zu heben, sich von ihm in den Berg führen ließ, schloß er die Thüren hinter ihr fest mit dem Riegel und Erde, und sie mußte bald dort im Hunger und Kummer elendiglich verderben.

(Die Fortsetzung im nächsten Blatte.) [1]

---

[1] Folgt erst in Nr. 8, Sp. 57.

Zeitung für Einsiedler.

1808. — 6 — 20. April.

Rezensieren, kritisieren
Soll dir aus dem Kopf spazieren,
Wenn ich sag es bleibt dabey,
Es leb die edle Jägerey.

Uhrmacher Bogs [1], S. 30.

Denn schwer ist, zu tragen
Das Unglück, aber schwerer das Glück,
Ein Weiser aber vermocht es
Vom Mittag bis in die Mitternacht,
Und bis der Morgen erglänzte,
Beym Gastmahle helle zu bleiben.

Hölderlin. [2]

[41]

Malespini. [3]

Nacherzählt von C. B.

Als die königliche und prächtige Hochzeit des Herzog Wilhelm mit Eleonora von Oestreich ausgerichtet werden sollte, gab der Gouverneur von Mailand, Marchese di Pescara, dem berühmten Ritter Lione Aretino, Bildhauer des Königs von Spanien, den Auftrag, sich nach Mantua zu begeben, und dieses Fest mit irgend einer ausserordentlichen Erfindung zu verherrlichen. Er reiste hin, schlug mancherlei vor, und endlich wählte man das Schloß der treuen Liebenden, welches im Amadis von Gallien beschrieben ist, auf einem Platze des Palastes auszuführen, der La mostra hieß, und zu dergleichen geräumig und wohl gelegen war. Da wurden über 200 Menschen an das Werk gestellt, überdieß 20 Hauptmeister, die Aretino von Mailand kommen ließ, ausnehmend erfahrne Leute in dergleichen Sachen. Ich will hier nicht die ausserordentlichen Anstalten, noch die verschiedenen Statüen von der eignen Hand des Ritters, noch die herrlichen Gemälde, die unzähligen Kronleuchter, welche in der Luft hingen, ohne daß man sah woran, noch alle die andern wunderbaren Einrichtungen beschreiben, das hieße nie enden wollen, genug kein König der Welt konnte sich dergleichen herrlicher träumen, vielweniger ausführen lassen. Verschiedene lateinische und italienische Verse zu dichten, welche das wunderbare Gebäude zieren sollten, wurde Lukka Contile, ein geist-

[1] „Entweder wunderbare Geschichte von BOGS dem Uhrmacher, u. s. w. oder die über die Ufer der badischen Wochenschrift als Beilage ausgetretene Konzert-Anzeige". O. O. 1807. 8°. Vgl. auch Cl. Brentanos ges. Schr. 5, 351. Angezeigt im Intelligenzblatt 3 zum „Morgenblatt für gebildete Stände", 1808, S. 12.

[2] Friedrich Hölderlin, geb. 29. März 1770 zu Lauffen a. N., † 7. Juni 1843 zu Tübingen. Das hier gegebne Bruchstück konnte ich in der mir vorliegenden Ausgabe von Hölderlins sämmtlichen Werken von Schwab nicht finden.

[3] Vgl. Ducento Novelle del Signor Celio Malespini, II, Nr. 11. Die Novellen, deren eine hier Brentano in ziemlich treuer Uebersetzung wiedergibt, erschienen 1609 zu Venedig in 4°.

reicher Kopf an Künsten und schönen Tugenden herrlich, erwählt, wo es noth that, half auch er dem Aretino mit seinen Erfindungen. Da sie beyde den unzähligen Dingen doch nicht gewachsen waren, schrieben sie dem Marchese nach Mailand, er möge ihnen den Ritter Malespini, einen Diener des Königs Philipp, ihren vertrauten Freund, schicken. Malespini eilte auf Begehren des Marcheses nach Mantua, und weil er nie dort gewesen, brachte man ihn dahin, wo ihn jene Herrlichen erwarteten. Sie unterrichteten ihn von allen ihren Anstalten, und baten ihn von seiner Seite das Fest auch mit irgend einer Erfindung zu verschönen, und da er ihnen seine Meynung gesagt, so pakten sie ihm nicht weniger als die Sorge und Last von der ganzen Hölle auf. Wahrhaftig einer der wichtigsten und gefährlichsten Theile des Festes, weil da eine ungeheure Menge von Feuerwerken zu veranstalten und zu leiten war, wozu noch ein ganzer Teufel voll andern Zeugs kam. Er mußte einmal den Kelch austrinken, wenn gleich wider Willen; da er aber den Ritter mit seinen Statüen und tausend andern Sachen sehr in der Klemme sah, so unterzog er sich der Sache mit Freuden. Alles arbeitete mit der [42] größten Schnelle, denn der Herzog trieb alle Stunden. Sie hatten deswegen befohlen, keinen Menschen, er sey auch wer er wolle, hereinzulassen; nichts destoweniger fanden sich alle Augenblicke vornehme Herrn und Damen ein, die man nicht abweisen konnte. Das war diesen zwey Edelleuten nun ganz fatal, denn sie wollten nicht nur begleitet seyn, sondern man sollte ihnen auch noch alles ganz weitläuftig erklären. Aretino ward dessen endlich überdrüssig und pakte die ganze Last dem Malespini auf, der endlich auch müde ward, und sich immer versteckte, wenn vornehme Leute kamen, um die Geschichte nicht millionenmal zu wiederholen. Sie hatten in Venedig eine große Menge Gläser bestellt, das Ganze zu erleuchten, weil es aber so schnell gehen sollte, begehrten sie dort so viel Geld dafür, daß man sie beynahe dafür hätte von Silber machen können. Der Marchese kam nach Mantua, und Aretino erzählte ihm diesen unangenehmen Zufall mit den Gläsern und sagte ihm, wenn er den Malespini nach Mailand schicken wolle, der habe einen großen Vorrath in seinem Haus, die übrige könne er dort leicht machen lassen. Der Malespini eilte wie ein Blitz auf der Post nach Mailand, ließ alle seine Gläser und die des Ritters in Kisten einpacken, und war 2 Tage vor dem Fest schon wieder in Mantua mit allem was nöthig war, was dem Marchese sehr gefiel, denn diese gesegneten Gläser waren zu diesem Feste sehr nöthig, und hätten leicht unterweges zerbrechen können. Malespini ging also wieder an seine Höllenlast, und prügelte die faulen Arbeiter so viel als möglich, denn wahrhaftig da waren einige Schlingels, wenn man ihnen den Rücken drehte, legten sie die Hände in den Schooß oder spielten auf der Maultrommel. War Malespini oder Aretino aber da, auf deren Schultern das ungeheure Werk ruhte, so gaben sie den Kerls einige Hiebe und diese arbeiteten. Contile hatte alle seine Verse schon gemacht, da er aber von der andern Arbeit nichts verstand, so war er immer hinter dem Herzog her, und dieser hinter Aretino, und der wieder hinter den faulen Bengels, die auch gar nicht aus der Stelle wollten. Aretino kam in solche Wuth über einige derselben, daß er sie umzubringen und zu entfliehen beschloß, und immer lag er seinem Gehülfen in den Ohren, dieß teuflische Vorhaben zu unterstützen. Dieser aber, der wohl sah, daß er Ursache, Muth und Gelegenheit dazu habe, sagte ihm, wie er mit der Hölle zu viel zu thun, um in solche Teufelsanschläge sich noch zu mischen. Sie beschlossen also Tag und Nacht in ihrer Gegenwart arbeiten zu lassen, und brachten in kurzer Zeit die Sache der Vollendung nahe. Der Ritter hatte eine große Menge Wasser aus dem Teich in den Kanal vor der verzauberten Insel bringen lassen, über welche man nicht ohne die Brücke konnte, an welcher alle die Ritter ankommen mußten, nachdem sie mit aller Art von Waffen, mit Piken, Aexten, [43] Kolben, Hellebarden und Degen gefochten, und die Vertheidigung des Schlosses besorgt hatten, welche der Marchese di Pescara, sein Bruder Don Giovanni D'Avalos und Don Giorgio Mariquez waren, 2 Amazonen führten sie zu dem Kanal, aus welchem eine kleine hölzerne Brücke hervorstieg, die hinter ihnen wieder hinabsank. Wenn sie nun unter den Bogen der treuen Liebenden gekommen waren, so blies eine Statue von Bronze, welche auf dem Bogen stand, zur Ehre des Siegers, und warf viele Blumen über ihn, weiter kam er in ein großes Gewölbe, wo man von beyden Seiten mit vielen Degen nach ihm stach, ohne daß er sah, wer es that, dann packte ihn eine große Hand und führte ihn in einen Saal, der Saal des Apollidons und der Krimanessa genannt, oder das bezauberte Gefängniß, verlor aber der Ritter im Streit, so führten ihn die beiden Amazonen dahin, wo die Brücke nicht in die Höh stieg und die Statue goß Feuer und Flammen aus ihrer Trompete, worauf er von den Teufeln in des Malespini Hölle geschleppt wurde. Die Brücke aber, welche aufsteigen und wieder untersinken mußte, kostete ein gut Stück Arbeit, und Aretino hatte mit vielen geschickten Leuten manche Stunde darüber zugebracht. Da das Kunstwerk zu seiner Vollkommenheit gelangt war, banden sie's unter dem Wasser mit einigen Stricken, bis einige eiserne Schrauben fertig wurden, die es in Sicherheit halten sollten, Aretino aber war sehr ermüdet, und bat daher den Malespini damit er ein wenig ausruhen könne, die fernere Arbeit zu betreiben, vor allem aber band er ihm jene Brücke auf die Seele, daß ja niemand sie belaste, denn sie würde sonst in tausend Stücken zerspringen, alle Federn würden zerbrechen und er müsse dann morgen den letzten Tag vor dem Feste alle seine Arbeit wiederholen. Malespini, der für diesen Abend die Wache hatte, sagte ihm schlafen zu gehn und für nichts zu sorgen. Unermüdet, mit einem Stück Holz in der Hand, strich er unter den Arbeitern umher und sagte: Courage, Courage, meine Brüder, hinunter mit dem Stückchen Arbeit, was noch übrig ist, und dann beschleunigte er sie dann und wann, wie es einmal der Gebrauch geworden war, mit dem Stücke Holz. Es mochte ungefähr 2 Uhr des Nachts seyn, als plötzlich auf dem Theater eine Menge brennende Fackeln erschienen, und hinter ihnen viele Fürsten und Herrn. Der Malespini in höchster Angst, abermals erzählen zu müssen, was er schon tausendmal wiederholet, versteckte sich hinter die Hölle. Unter diesen Herrn war der Cardinal Matruggio, der Herzog von Parma, der von Mantua, der Marchese di Pescara, und viele andere. Nachdem sie alles gesehen, begaben sie sich nach dem Kampfplatz, und unterhielten sich miteinander. Nicht weit von ihnen blieb der Herzog Wilhelm mit einigen andern Herrn zurück, und ging hinter die Gittern eines Säulengangs, der gerade an dem Fluß hinlief, wo sich die kleine Brücke befand. Nun weiß ich nicht, wie es ihm in den Sinn kam, einen von jenen Stricken, mit welchen sie angebunden war, zu ziehen, und sie aus dem Wasser hervorsteigen zu lassen. Da er aber von ohngefähr einen zog, der gar nicht nöthig war, so brach und platzte alles auseinander, und die Brücke fuhr so ungestümm in die Höh, daß sie das Wasser weit um sich her schmieß. Malespini, der das Geräusch hörte, lief in einer Todesangst hin. Die Brücke war aus dem Wasser, alle die mühsamen Federn waren zerbrochen, alles was ihm der Aretino so sehr auf die Seele gebunden, war zerstört. Dieses erfüllte ihn mit solchem Zorn und mit einer solchen Wuth, und da er niemals den Herzog gesehen und ihn auch nicht gekannt hatte, und da er einen jungen bucklichten Menschen, dem das Kleid auf die halben Beine hing, blos mit 2 oder 3 Begleitern sah, so glaubte er es sey vielleicht irgend ein Diener jener Prälaten, oder jemand anders aus der Stadt, der sich mit diesen Fürsten und Herrn, wie es denn [44] oft geschieht, in den Theatern hineingedrängt habe, wüthend hob er das Stück Holz in die Höh, das er in der Hand hatte, und sagte, da er ihn unbärtig sah: Du ruppiger Hundejunge, ich weiß nicht, wer mich hält, daß ich dir nicht mit diesem Holz deinen spitzen Kopf einschlage, daß du und der die schwere Noth kriegten, der dich hieher gebracht! Und ist es wahrlich ein groß Wunder, daß er nicht drauf losgeschlagen, aus zwei Ursachen: erstens weil die Sache so wichtig war, zweitens weil er eine sehr flinke und leichte Hand zum prüglen an obgenannten faulen Schlingeln erhalten hatte. Der Herzog und seine Begleiter steckten diesen Gruß stillschweigend ein, und waren froh, noch so weg zu kommen; er aber ging brummend und zischend, wie eine giftige Schlange, zum Marchese, den er an der Stimme erkannt hatte, und sagte, ihm den Bucklichten zeigend: Nun seht, gnädiger Herr, was für eine Art Leute man hier her läßt, kommt mit und seht, wie sie eine Brücke, das künstlichste Werk bei der ganzen Anstalt, in tausend Stücken zerbrochen, und da will der Herzog dann immer, man soll fertig werden. Während er so sprach, kam der Bucklichte heran, und die ganze Gesellschaft beugte sich so tief vor ihm, daß er der Alleransehnlichste unter ihnen war — o armer Malespini — ihr könnt euch denken, wie ihm zu Muthe war, als er sah, wie er den Herzog einen Hundejungen, und das höchste Haupt einen Spitzkopf genannt. Ich weiß wohl, wie ihm zu Muthe war, wie er erbleichte, wie sich die ganze bezauberte Insel mit ihm herumdrehte; er stand da ganz vernichtet, und das Blut gerann ihm in den Adern. Als der Herzog unter den Fürsten und Edelleuten sich sicher glaubte, und den Malespini noch immer mit seinem Stück Holz in der Hand neben dem Marchese stehen sah, sprach er: Wahrhaftig meine Herren, ich dürfte immer morgen ein Tedeum singen lassen, daß ich jenem dort mit heiler Haut entkommen bin; denn ich hatte große Angst, er möge mich mit seinem Stück Holz an der verfluchten Brücke heute so zudecken, daß mir alles Kämpfen auf morgen und ewig überflüssig gewesen wäre. Dann sprach er zu dem halbtodten Malespini: Verzeiht mir Bruder, ich muß gestehen, das Unrecht ist ganz auf meiner Seite. Malespini stammelte einige Worte, und der Herzog klopfte ihm freundlich auf die Schulter und sagte ihm nochmals, er verzeihe ihm, worauf die Herrn scherzend sich nach dem Schloß begaben. Malespini blieb dennoch sehr erschrocken, erzählte dem Aretino die Sache, und da dieser die Brücke leicht herzustellen fand, Malespini aber gar nicht zu trösten war, gieng der Ritter vor den Herzog und sprach: Eure Excellenz hat mehr an dem armen Malespini zerbrochen, als an der Brücke, er ist nicht zu trösten, und ist mir bange um ihn. Da ließ ihn der Herzog rufen und sagte: Aretino sagt mir, daß ihr noch immer zornig auf mich seyd, wahrlich ich hatte Unrecht, ich kenne die Last, die auf euch liegt, ihr habt es mit den Teufeln zu thun; verzeiht mir, und laßt uns Friede halten, Friede, Friede. Malespini heulte beynah, und bat nochmals sehr um Verzeihung, und sodann gingen sie beyde, das Wenige, was noch zu verrichten blieb, anzuordnen.

Das Fest begann, die kühnen Ritter hatten tief in die Nacht gekämpft, und der Marchese Pescara bereits drei in den Sand gestreckt, unter diesen nun war ein Edelmann von Ferrara, der als Besiegter von den Teufeln garstig empfangen, und in die Hölle geschleppt wurde; er hatte einen solchen Schlag auf den Helm bekommen, daß sie ihm schier die Nase abrissen, um ihm den Helm abzunehmen, und da er von dem Marchese besonders empfohlen war, wurde er durch den schlimmsten Eingang in die Hölle gestossen, unsäglich waren die Qualen und Neckereyen mit Kunstfeuern und Knallen, und Schießen, die ihn fort trieben, bis er unversehens in den Rachen Plutons stürzte, wo er sicher erwartete, den Hals [45] zu brechen, aber er kam auf dem vielen unten liegenden Stroh mit der Angst davon. Während dem Kämpfen, hatte man das Rad Irions, Sisiphus mit dem Stein, Tantalus mit den Aepfeln und alle übrigen Ficktionen der Hölle vorgestellt, zugleich fuhr Charons Nachen mit vielen hundert Seelen, die in den verschiedensten und prächtigsten Kleidern erschienen, immer hin und her, und das Alles unter unaufhörlichem tausendfachem Krachen und Blitzen der prächtigsten Feuerwerke. Nun kam auch Ludwig Gonzaga, des Herzogs natürlicher Bruder, als Sonnenritter; er war in weissem mit Goldflammen gesticktem Sammt gekleidet, mit einer karmoisinen, golddurchwürkten, seidenen Schärpe, die durch und durch mit dem treflichsten Weingeist befeuchtet war, diese steckte er in Brand, als er aus der Hölle trat, und ging ganz von Feuer umgeben nach dem Saal des Apollidons, um die dort bezauberten Gefangenen zu befreyen.

Dem Malespini aber begegnete ein wunderlicher, sehr gefährlicher Umstand. Er hatte sich und seinen Leuten zur Herzstärkung eine Anzahl Flaschen mit Wein bei Seite gestellt, diese vermischten sich durch Versehen mit einer Menge mit Weingeist und Kampfer u. dgl. angefüllten Flaschen, dessen sich Teufel zum Feuerspeien bedienten. Nun lagen an der selben Stelle eine Menge der köstlichsten Kleider und Waffen, in welchen die verstorbenen Seelen, die Charon hin und her fuhr, abwechslend erschienen, und man hatte, den Diebstahl zu vermeiden, einige deutsche Soldaten hingestellt, und diese hatten fleissig bei den Flaschen zugesprochen, und alles durch einander gebracht. Der arme Malespini, der seine Wimpern, Augenbraunen und sein bischen Knebelbart gar verbrannt hatte, müd, halbtod vor Durst, da das Fest schier zu Ende war, glaubte eine der Weinflaschen zu nehmen, setzte die Flasche an den Mund und leerte ein Guttheil des dreymal rektifizirten Weingeistes aus, eh er es bemerkte. Er konnte sich aber da nicht lange besinnen, und mußte einen Lastträger als Teufel verkleiden, der mit einer ungeheuren leinenen durch Weingeist brennenden Weltkugel auf dem Nacken auf den hohen Thurn der künstlichen Stadt, bis zu dessen Spitze eine Schneckenwinde aussen herumführte, hinauflaufen, und von da die brennende Welt in die Hölle hinabwerfen sollte, statt sich selbst aber einen Strohmann, der oben in selber Kleidung bereit lag, worauf er sich verstecken mußte. Nun war aber der Kerl auf keine Art dazu zu bringen, denn sein niedriges und böses Gewissen hatte eine unendliche Angst vor den Teufeln, die freylich hundertweise, mit dem abscheulichsten Spektakel da herumtobten. Als der Kerl weder mit Gutem noch Bösem zu bewegen war, und die Zeit herannahte, daß die Scene vorsich gehen mußte, schlug Malespini den Lümmel hinter die Ohren, und jagte ihn fort. Aber entschlossen alles, was auf ihm ruhte, bis auf ein Jota auszuführen, steckte er sich selbst so schnell als möglich in die Teufels-Kleider, packte die brennende Kugel auf, und lief wie ein Satan um den Thurn hinauf an die Spitze, warf die Welt hinunter, und sprang in seinem wüthenden Eifer statt des Strohmanns selbst hinter drein, und zwar in Kraft der geleerten Weingeistflasche.

Es war dieses ein Sprung von wenigstens vier Stockwerken, zwischen unzähligen Dekorationen und brennenden Gerüsten durch, und erregte ein solch Ueberraschen und Erstaunen, daß man nachher über keinen Vorfall des Fests sich so lang unterhielt. Besonders war Aretino ganz ausser sich, denn er meinte, es habe der Lastträger und nicht Malespini sich da den Hals brechen wollen. Malespini kam durch Gottes Gnade heil und gesund auf dem Stroh unten an, und war mit dem Sturz der Weingeist in seinem Thermometer sehr gefallen, er war ganz nüchtern geworden. — Nach dem nun Alles zu Ende war, und die folgenden Tage noch man-[46]cherley andre Vergnügungen vorgenommen worden, rüstete sich jeder wieder zu seinem Abzug. Nun hatte Aretino auf gutem Wege erfahren, daß der Herzog eine Goldkette von dreyhundert Thalern für ihn und eine von zweyhundert für den Malespini bereit hielt, und Gott weiß aus welcher Caprise drang er in diesen, die Kette nicht anzunehmen, wie er selbst sie nicht annehmen werde. Da sie sehr vertraute Freunde waren, erhielt er endlich dies Versprechen von ihm, dem es übrigens doch sehr toll von dem Ritter vorkam, daß er ein solches wohlverdientes Andenken eines so großen Fürsten schnöde ohne Ursache ausschlagen sollte. Als sie sich den Herzogen empfahlen, und dieser sah, wie übel Malespini an Haar und Bart versengt war, sagte er nach vielen Artigkeiten: Eure Teufel hatten es so gut bey euch, und haben euch so übel gelohnt. Worauf er antwortete: Herr, wer sich unter die Kleie mischt, den fressen die Schweine, wer Ohrfeigen pflanzt, dem wachsen sie, aber ein gebranntes Kind scheut das Feuer, und es soll mich niemand mehr in die Hölle kriegen, daß Gott sich unser aller erbarme! Der Herzog lachte, und begrüßte sie, worauf sie ein Edelmann hinaus begleitete, der ihnen vor den herzoglichen Gemächern im Namen seines Herrn die beyden Goldketten reichte, aber sie schlugen sie beyde aus, und Aretino sagte, sie seyen Diener des Königs von Spanien, und die Gnade des Herzogs belohne sie genugsam, u. dgl.; denn er war wirklich ein so schildkrötener, wiederborstiger Kopf, wie häufig so ausgezeichnete große Künstler zu seyn pflegen. Kurz er zwang den Malespini, die Kette nicht anzunehmen. Der Herzog ließ diesen noch einmal rufen, um ihm 200 Thaler für die mayländischen Arbeiter zu geben, dabey fragte er ihn sehr freundlich, warum sie die Ketten nicht angenommen? Dieser sagte ihm, daß es keineswegs ein Verschmähen seiner Gabe seyn solle, sondern daß Aretino ein eigensinniger hartnäckiger Mann sey, auch habe ihn Piedemonte, des Herzogs Geschäftsträger, in der Sache dieser Erfindungen sehr aufgebracht, weil er ihn überall gestört und aufgehalten, und ihm den Neid der mantuesischen Künstler unterstützend, stets eine Menge störender Menschen in seine Arbeit hineingejagt, über dergleichen nun erzürnt, habe er sich entschlossen, die Gabe auszuschlagen, und ihn als seinen Freund zu demselben beredet. Der Herzog sagte lächlend: Ihr habt die Wahrheit gesprochen, und weil sein verkehrtes unwilliges Gemüth das Geschenk gar nicht verdient, so nehmet hier die Ketten alle beyde, und somit entließ er ihn freundlich. Malespini, überaus vergnügt, hängte sie beyde um, und ging ohne etwas davon zu sagen mit dem Gelde zu dem Aretino, worauf sie mit einander nach Mayland ritten, dort bezahlten sie den folgenden Tag alle jene Meister, und da von den 200 Thalern noch 46 übrig blieben, sagte Aretino zu dem Malespini: Dieses wenige ist für euch, nehmt damit vorlieb, bis ich euch besser belohnen kann, daß Ihr mir zu lieb die Kette des Herzogs ausgeschlagen. Nicht lange nachher ging Malespini prächtig gekleidet mit dem Ritter frühstücken; er hatte eine dieser Ketten auf der Brust und da der Ritter sie sah, zog er sie ihm mit den Worten aus dem Wammes: Ey was für eine schöne Kette habt Ihr da? Er antwortete: Ich habe sie von dem Herzoge von Mantua; es ist dieselbe, die Ihr nicht gewollt habt; worauf er ihm alles erzählte. Der Ritter lachte von Herzen, und sagte: Ihr seyd bey Gott gescheiter gewesen als ich, auch ist mir recht lieb, daß Ihr sie alle beyde habt, und somit frühstückten sie fröhlich, und da an diesem Tag ein öffentliches Fest gefeyert wurde, setzten sie sich zu Pferd und ergötzten sich an dem Anblick der schönen Damen und Ritter, die sich dort versammelt hatten.

---

[47] Des Löwen und König Dieterichs Kampf mit dem Lindwurm.

Altes deutsches Lied aus dem Kreise des Heldenbuchs und der Nibelungen, aus dem Dänischen übersetzt von Wilhelm Grimm[1] in Cassel.

Der König Meister Dieterich, der wollt
von Bern ausreiten,
Einen Löwen und Lindwurm fande er da,
die standen in furchtbarem Streiten.
Sie streiten einen Tag, sie streiten
zwei, am dritten Tage zur Nacht,
Da hat der ungestalte Lindwurm den
Löwen zur Erde gebracht.
Da schrie der Löwe in der Noth, da
er den König sah reiten,
Hilf mir Herr König Dieterich, hilf
mir in diesen Leiden.
Um deiner allerhöchsten Macht, befrei
mich Herr Dieterich so mild,
Befrei mich um des vergoldeten Löwen,
den du führst in deinem Schild.
Komm mir zum Trost König Dieterich,
hilf mir bei deinem Namen gut,
Da ich stehe gemahlt in deinem Schild,
so flammend wie Feuers-Glut.
Lang stand der König Dieterich, das
dünkt ihm wohl gethan:
Ich will helfen dem armen Löw', wie
es auch möge ergahn.
Das war der König Dieterich, auszog
er das Schwert so gut,
Er kämpft mit dem Lindwurm ungestalt,
sein Schwert stand tief im Blut.
Nicht säumen wollt sich der gute Herr,
wie kämpfet er da mit Muth!
Tief stieß er das Eisen hinein, da zer-
sprang sein Schwert so gut.
Der Lindwurm zog ihn auf seinen Rück,
das Roß unter seine Zunge,
So drängt er sich in den Berg hinein,
zu seinen elf kleinen Jungen.
Das Roß warf er den Jungen vor, in
eine Höhle den Mann,
Eßt nun das kleine Stück, ich will zu
schlafen gahn,
Eßt nun die geringe Beut, ich will zu
schlafen gahn,
Wann ich wieder vom Schlaf erwach,
sollt ihr den Mann greifen an.
Der König Meister Dieterich, sucht in
dem Berg zur Hand,
Da fand er das gute Schwert, das
Adelring ist genannt.
Da fand er so stark ein Schwert, und
vergoldete Messer zwei:
Gott gnade deiner Seel, König Sieg-
fried, hier hast du gelassen deinen Leib.
Ich bin gewesen in manchem Kampf,
in Herren Fahrt mit dir,
Nie hab' ich die Zeit gewußt, wo du
bist blieben hier.
Da wollt der König Dieterich prüfen
des Schwertes Kraft gut,
Er hieb in den harten Fels, daß der
Berg stand all in Glut.
Da der junge Lindwurm stehn den Berg
in Flammen sach:
Wer hat Schwert Zwietracht gethan aus
seinem eignen Gemach?
Er sagts den Lindwürmern all, zur
Höhle sie hingehn:
Weckst du unsere Mutter auf, wie schlimm
soll dirs ergehn.
Da sprach der König Dieterich, sein
Haupt schwer in Unruh:
Ich will wecken deine Mutter aus dem
Schlaf, einen Traum ihr rufen zu.

---

[1] Wilhelm Grimm, geb. 24. Feb. 1786 zu Hanau, † 16. Dec. 1859 zu Berlin. Vgl. „Altdänische Heldenlieder, Balladen und Märchen, übersetzt von Wilhelm Carl Grimm“, Heidelberg bei Mohr u. Zimmer. 1811. 8⁰. S. 13—17. Dort etwas anders, ohne den hier abgedruckten Schluß.

Deine Mutter schlug den König Siegfried, den hochberühmten Mann,
Das will ich an euch allen rächen, mit meiner rechten Hand.
Auf wacht da der alte Lindwurm, ihm ward dabei so bang:
„Wer macht mir solch Unruhe? was ist das für ein Klang?"
Das bin ich König Dieterich, mich lüstet zu reden mit dir,
Gestern, unter deinem geringelten Schwanz, zogst du mich zum Berg hierher.
[48] „Du tödt' mich nicht König Dieterich, hier ist mein rothes Gold:
Das ist viel besser gethan, wir bleiben dir treu und hold."
Ich traue nicht deiner falschen List, du willst mich gewißlich bethören,
Du hast ermordet so manchen Held, das geziemt sich nimmermehre.
„Hör du König Dieterich, o schlag zu todt mich nicht,
Ich zeig dir deine verlobte Braut, die versteckt im Berge liegt.
Zu oben bei meinem Haupte, da liegen die Schlüssel klein,
Zu nieden bei meinen Füßen, da kannst du gehen ein."
Zu oben bei deinem Haupte, da will ich greifen an,
Zu nieden bei deinen Füßen, da will ich lassen ab.
Erst schlug er den Lindwurm, und dann seine elf Jungen,
Doch konnt er nicht aus dem Berg, vor giftigen Würmer Zungen.
Da grub er so tief eine Höhle, vor seinem linken Fuß,
Daß er nicht da umkomme, in giftigem Würmer Blut.
Da flucht zuerst König Dieterich, er ward dem Löwen so feind,
Verwünschet sey der Löw', ihn treffe Fluch und Pein.
Da betrog mich der listige Löw', Gott bring in Unglück ihn,
Wär er nicht gemahlt in meinem Schild, mein Roß hätt' mich getragen dahin.
Da das hörte der Löwe gut, wie der König so sehr sich beklagt:
„Steh fest du König Dieterich, ich grabe mit starker Macht."
Der Löwe grub, König Dieterich schlug, der Berg in Feuer sprang aus,
Er hätt' sich gegrämet zu todt, hätt' der Löw' nicht gegraben ihn aus.
So ging er aus dem Berg heraus, mit Panzer, Schild und Schwert
Und da er nun gekommen hervor, da trauert er um sein Pferd.
„Hör du König Meister Dieterich, du sollt nicht seyn so in Leid,
Du setz dich auf, ich trage dich sanft, auf meinem Rücken breit."
Da reit't er über das tiefe Thal und über die Wiese grün,
So frei mit ihm der gute Löw dringt durch den Wald dahin.
Der Löwe und König Dieterich, die blieben zusammen beid,
Der eine hatt' den andern befreit von Kummer und vielem Leid.
So oft der König zu Land ausritt, lief neben ihm der Löwe groß,
Wenn er aber stille saß, legt er das Haupt in seinen Schooß.

— — — —

(Der Leser wird gebeten, das unter uns noch sehr gewöhnliche Volksbuch von Heinrich dem Löwen [1] hiemit zu vergleichen, um sich eine lebendige An-

[1] Vgl. die deutschen Volksbücher. Gesammelt von K. Simrock. Bd. 1. Frankfurt a. M. 1845. 8⁰.

schauung zu verschaffen, wie dieselbe Erfindung, wenn sie ächt aus dem Volkssinne hervorgegangen, sich immer wieder an spätere Namen und Begebenheiten anschließt, und so sich gegen Untergang bewahrt.) Einsiedler.

Warnung und Ermunterung.

Siehst du in den hohen Spiegel
Deine Locken gleich zu ringeln,
Scheint ein Bübchen, das hat Flügel,
Dich mit Blumen zu umzingeln:
  Dann erscheinen in dem Spiegel
  Noch der holden Mädchen drey,
  Binden dieses Knaben Flügel,
  Anmuth bindet Lieb und Treu.
Wilt du freundlich gern sie sehen,
Bleiben freundlich sie ergeben,
Wilt du dich nur spiegelnd sehen,
Mögen sie wohl frey vorschweben!
  Klage nicht, daß Schönheit fliehet,
  Schneller flieht das Irrlicht dann,
  Bind es nicht durch Kunst, es glühet,
  Was uns wärmt auch brennen kann.
Sonnenstrahl wie warm und helle,
Kannst die Wange bald versengen!
Ey wer siehts im Tanz so schnelle,
Alle Farben da sich drängen:
  Amor schwingt die Fackel helle,
  Sieht so listig auf den Grund,
  Sieht so leicht die falsche Stelle,
  Schminke küsset nicht sein Mund.
Wer sich Amor kann verstecken,
Kann auch nimmer selig lieben,
Wer ihn aus dem Schlaf kann wecken,
Kann das Kindlein hart betrüben:
  Sey auch Lieb durch Schönheit flüchtig,
  Wir entfliehen ja mit ihr,
  Blühe Wein und trage tüchtig,
  Schönre Kinder bleiben hier.
Statt des einen Amor viele,
Viele Amors ohne Flügel
Kränzen Grazien im Spiele
Und du siehst dich ohne Spiegel:
  Siehst du deine Schönheit wieder
  In den Kindern, die einst dein,
  Schlage nicht die Augen nieder:
  Ach wie schön, so schön zu seyn.

L. Achim v. Arnim.[1]

---

[1] Vgl. Sämmtl. Werke, Bd. 22, S. 230—231.

Zeitung für Einsiedler.

1808. — 7 — 23. April.

Wahrsagung.

Hie kannst du nun verstehen, wie das Herze Gottes die Wurfschaufel in der Hand hat, und wird einmal seine Tenne fegen: welches ich hiemit ernstlich anmelden thue als in Erkenntniß im Lichte des Lebens, wo das Herze im Lichte des Lebens durchbricht, und verkündet den hellen Tag.

Wie nun die Tiefe oder das Haus dieser Welt ist ein finster Haus, da sich die Leiblichkeit ganz dicke, finster ängstlich und halb todt gebäret, und nimmt von den Planeten und Sternen sein Wallen, welche den Leib in der äußersten Geburt anzünden, davon der Elementen Beweglichkeit entstehet, sowohl das Figürliche als Creatürliche Wesen; also ist auch das Fleischhaus des Menschen ein finster Thal, da zwar die Aengstlichkeit zur Geburt des Lebens innen ist, und sich immer hoch bemühet, in willens sich ins Licht zu erheben; weil sich aber das Herze Gottes im Kerne verbirget, so kann es nicht seyn.

Jak. Böhmens [1] Morgenröthe im Aufgang 20. Kap.

Wahrsagung.

Und immer näher rückt die Zeit heran, wo dieser Welt Himmel und Erde sich enger mit einander verbinden werden, freundlich oder feindlich sich berühren müssen; große, wichtige Naturerscheinungen werden das künftige Zeitalter characterisiren, höchster Zwiespalt und innigste Einigung werden wechseln, und Gott wird halten das Ganze, damit seine Wesen nicht erblinden im Angesichte des Lichts, nicht verzweifeln in der Nacht Finsterniß.

Von keinem Einsiedler.

Eingesandt d. 16. April 1808 von unbekannter Hand.

[49] Scherzendes Gemisch von der Nachahmung des Heiligen.

Als eines Tages die Kinder mit Jesus zum Thore hinaus aufs Feld gehen wollten, da kamen sie auf einen Platz, da man Leimen gegraben hatte, und Jesus setzte sich auf denselben Platz nieder und nahm mit seinen Händen von dem Leimen und machte kleine Vögel daraus, so wie sie auf dem Felde fliegen; da die andern Kinder sahen, daß Jesus solche schöne kleine Vögel gemacht hatte, so freueten sie sich darüber und wollten auch solche Vögel nachmachen. Während der Zeit kam ein alter Jude, der sahe, daß sie mit einander scherzten und spielten, und er strafte sie und sprach: Ihr haltet den Sabbath nicht heilig, ihr seyd Teufelskinder, ihr entheiligt den Sabbath, ihr erzürnet Gott. Er sagte auch zu dem Kinde Jesus: Du bist Schuld daran, die andern Kinder machten

---

[1] Jakob Böhme, geb. 1575 zu Altseidenberg bei Görlitz, † 16. Nov. 1624 zu Görlitz. Die „Morgenröthe im Aufgang", sein berühmtestes Werk, ist 1610—12 abgefaßt. Ob das Buch wirklich schon 1612 in Görlitz gedruckt ward, wie Brunet, Manuel I, S. 1029, Graesse, Trésor I, S. 461 a und danach Goedeke, Grundrisz II, S. 441 angeben, scheint zweifelhaft. Vgl. Allg. Encyclopädie von Ersch und Gruber, XI, S. 174 a. Sicher ist, daß es 1634 s. l. in 12⁰ erschien, aber nur im Auszuge. Böhmes sämmtliche Werke gab heraus Schiebler in 7 Bänden, Leipzig 1831—47. 8⁰.

es dir nach, ihr gehet alle verloren. Jesus antwortete: „Gott weiß es am Besten, ob du oder wir den Sabbath am besten heiligen, du darfst mich nicht beurtheilen.“ Der alte Jud wurde bös und wollte sich auf der Stelle an dem Kind Jesus rächen; er ging hinzu und wollte auf die Vögel treten, die das Kind gemacht hatte. Alsbald klopfte Jesus in die Hände, als wenn er die Vögel erschrecken wollte, da wurden sie lebendig und flogen auf gen Himmel, wie andere Vögel; der alte Jud mußte sie auch lassen fliegen. Als das die anderen Kinder gewahreten, liefen sie schnelle nach Haus und riefen ihre Aeltern und Lehrer, wie sie könnten so schöne fliegende Vögel aus Leimen machen, die Aeltern strafeten sie des Muthwillens, aber sie bestanden auf ihrem Glauben. Da gingen die Aeltern und Lehrer mit ihnen heraus, und die Kinder machten Vögel aus Leimen und klopfeten in ihre Hände, es flogen aber keine Vögel auf gen Himmel von den Vögeln von Leimen, sondern blieben alle an der Erde sitzen; des straften die Aeltern sie hart, und sie merkten es sich, daß es zur Ehre unsres Herrn Jesu gehöre, daß niemand ihn nachahmen wolle, da er selbst niemand nachgeahmt habe; aber des alten Juden Trotz und der jungen Kinder Einfalt hat beydes unsers Herrn [50] Heiligkeit erwiesen, darum belehret beyde, und spottet ihrer nicht ungehört, nicht derer die des Heiligen verachten, noch derer die es kindisch nachmachen, denn höret wie es weiter ergieng: Johannes kam in jenes Dorf und machte Vögel aus Leimen, die alle flogen, es wollte aber keiner es ansehen und glauben, er zog also ein Dorf weiter und machte da alle die bunten singenden zahmen Vögel, die den Bauern ihre Häuser von Fliegen und Mücken rein halten. Ihr lieben Bauern hört darüber noch weiter ein anderes Mährchen, wenn ihr mir dies nicht verstanden, wie es mit der Nachahmung des Heiligen ergeht. Der alte Jude hätte unserm Herrn die Kunst mit den Vögeln gern nachgemacht, weil er damit viel Geld hätte verdienen können, aber es ging nicht, nun hörte er aber, daß unser Herr in der Wüste predige, da wollte er auch in die Wüste gehen, weil da alles umsonst ist und ein rechter Einsiedler werden. Da er in den Wald kam und der war dunkel, da freute er sich sehr seines Vorhabens und baute gleich eine Hütte von Bäumen, und der Wind blies durch Morgens und Abends, und wenn er seine Metten gesungen hatte und wollte einschlafen, so pfif der Wind gar saubere Melodeyen ihm in die Ohren, das mogte er nicht ertragen. Da grub er sich eine Höhle dabey, auch einen Brunnen, daß er gleich frisch Wasser haben konnte, der Brunnen war aber nur so tief, als ihn ein Mensch zu graben vermochte, sechs Fuß lang und zweye breit. Da es aber Winter ward, so war der Brunnen zugefroren, da es ihn durstete, wußte er kein Wasser zu finden. Er paßte aber auf eine Hirschin, die alle Tage kam seine Metten anzuhören, wobey sie abwechselnd bald das eine, bald das andre Ohr vorstreckte, dann ging er ihr nach zu sehen, wo sie saufe. Das wilde Gethier ging aber durch den Wald und er wußte nicht warum, bald leckte es seinen Hinterfuß, bald kratzte es in der Erde, fraß Moos von der Erden und nagte Knospen von den Zweigen und Rinden, aber gedachte nicht zu trinken, oder wollte es ihm nicht entdecken. Als er aber diese Bosheit der Hirschin sah, hat er sie gleich erschlagen und ihr warmes Blut trinken wollen, aber das wollte ihm nicht schmecken, denn er sahe sich darin und sein Bild [51] spiegelte sich so roth, er vergoß es in den Schnee und alles andre Gewild war ihm entflohen, seit er das erste erschlagen. Da öffnete er aus Durst seinen Mund zum Himmel und es kam eine dichte Schneewolke und hing sich an ihn; was trocken gefallen wäre auf die Erde, das zerfloß ihm zu Thau auf seiner Zunge und machte seinen Leib rein vom Blute. Da ging er der großen Schneewolke nach und kam in eine große Stadt, die war gerade so breit als sie lang war, und die Brunnen auch sehr tief von vielen Menschen gegraben, auch oben mit Stroh beflochten, die liefen beständig aus vielen Röhren, auch stand eine große Kirche dabey und die war leer, und er stand drin und meinte sich ein rechter Einsiedel; da war ihm aber der Hirschin ihr junges Hirschkälbchen nachgelaufen, das sang ihm einfältiglich vor: Kraut und Rüben, die haben mich vertrieben; da war er wieder kein rechter Einsiedel. Hier schloß ich meine Erzählung. Es saß aber ein alter Mann mit einem langen Barte in der Ecke, der von der Luft zweyfarbig erschien, der hatte mich nicht angesehen, so lange ich erzählte, nun richtete er sich auf und nickte mit dem Kopfe und sagte: Es hat all sein Richtigkeit, es ist voll wahr, bin selber der alte Jude gewesen, jetzt lese ich nur noch und da will ich euch auch was vorlesen, wie ihr werden sollet, denn werdet ihr nicht wie diese Frau, von der mein Buch saget, so werdet ihr wie ich, davor euch Gott behüte. — Herr, ihr kommt mir bekannt vor? fragte ihn ein hausirender Krämer, der sein Pack hinten auf seinen Stock stützte. — Ich muß ihn irgendwo gesehen haben, antwortete der Alte. Ja Herr, wißt ihr noch, sagt der Krämer, ihr habt mir einmal guten Rath gegeben wegen der falschen Kreutzer, wenn ich sie in die Luft schmeisse und sie könnten nicht wieder zur Erde kommen, dann sind sie zu leicht. — Alles lachte, ich ließ mir dreyerlei Wurst geben, das alte Wirthsweib mit den dicken Röcken und mit der aufgeschnürten Jacke sah mit solcher Demuth darauf, als sie das Frühstück brachte, daß ich meinte, sie reiche mir das Abendmahl. — Darauf las der Alte still fort.

Tauler[1] Nachfolge des armen Lebens Christi. Frankfurt 1621. S. 173.

Ein Meister der heiligen Schrift, der kam in eine Stadt; da kam eine Frau zu ihm im zwanzigsten Jahr, und fragte nach dem Meister. Da der Meister die Frau sah, da war ihm die Frau etwas unwert, denn er war nicht gewohnt worden, daß Frauen nach ihm fragten, er war viel mehr gewohnt, daß die höchsten Studenten und Gelehrten nach ihm fragten, die in der Stadt waren. Doch so sprach der Meister: Unwerthliche Frau, was wollt ihr mein? Da sprach die Frau gar demüthiglich: O Herr ich wär gern der allerhöchsten, lautersten, vollkommensten Wahrheit näher, als es den Frauen möglich ist, die alle ihr Werk nehmen ein Gezeugniß aus dem fremden Gott! — Da sprach der Meister göttlicher Schrift: Frau was sind euer Uebung? Habt ihr ein Bürger, oder habt ihr ein Ritter? Da sprach die Frau gar demüthiglich: Herr ich hab zwei auswendig Uebung und drei inwendig Uebung. Da sprach der Meister göttlicher Schrift: Frau sagt mir durch Gott, was sind nur auswendig Uebung? Da sprach die Frau demüthiglich: Herr die erst auswendig Uebung ist, daß ich alle Tag mich einsten scheide von allen Kreaturen, daß mein Seel kein Augenblick nicht zu thun hat mit keiner Kreatur, als lang bis der Dienst Gottes über alles Erdreich vollbracht ist. So geh ich denn zu der andern Uebung, so ledige ich mein Herz von allen eingezogenen Bildern, und von allen unnützen [52] Gedanken, daß der keiner bleibt zwischen mir und Gott. Da sprach der Meister der heiligen Schrift: Frau sind das nur auswendig Uebung, so sagt mir durch Gott, was sind nur inwendig Uebung? Da sprach das Fräulein gar demüthiglich: Herr die erst inwendig Uebung ist, daß ich alle Tage sehe, wie das Gott der Vater sein ewigs Wort geliebt hat, in dem keuschen jungfräulichen Leib seiner lieben Mutter Maria meiner Frauen, da er innen ist gelegen neun Monat, er wär lieber darinnen gelegen tausend Jahr, denn er that neun Monat: noch zu hundert mal lieber wohnet er in einem reinen Herzen geistlich, denn er thät in seiner Mutter leiblichen. Die andre Uebung ist, daß ich mich im Spiegel besehe des gebenedeieten Namens meines süßen Herrn Jesus, und sehe in seine Gerechtigkeit und in seine Barmherzigkeit, und in seine Sanftmüthigkeit, also tief ich immer kommen mag. So geh ich denn zu der dritten Uebung, und bad mich, und wasch mich in den blutigen rosenfarben Wunden meines süßen Herrn Jesu Christi, und hab des ganzen Zuverlaß und Zutrauen, und einen ganzen vollkommen Glauben alles dessen, das er noch an mir mit seinem

---

[1] Johannes Tauler, geb. 1290, † 16. Juni 1361 zu Straßburg.

heiligen Leiden erfüllen will. Da der Meister das gehört, da begunt er zu weinen und sprach: Habt ihr einen Mann, seid ihr in der Ehe, habt ihr auch Kind, habt ihr Gut, habt ihr Ehr von der Welt? Da sprach die Frau gar demüthiglich: Ja Herr, ich hab es alles! Da sprach der Meister: Sagt mir gute Frau, wie kunt ihr das alles gethun? Da sprach die Frau gar demüthiglich: Lieber Herr, was schadet mir das, ihr sollt wissen, ich geb den meinen ihr Nothdurft, ich ziehe sie auf ohne Uebermuth, ich thue ihn alles das ihn zugehört, Gott zu Ehre und zu einem Lob, ich thue auch weder mit Dirnen noch mit Knechten als ob ich Frau in dem Hause sey, sondern nicht anders denn ob wir alle Brüder und Schwestern sein. Wenn ich das alles gethan hab, und ich in die Kirchen komme, und ein Städtlein gehaben mag, so senk ich mich als tief in Gott, das ich nicht mein, das jemand lebe in der Zeit, denn ich allein. Da sprach der Meister: Ihr seid in einem rechten Weg, bittet Gott für mich armen Bruder, der sein Kappen hat getragen 50 Jahr und heißt ein Meister göttlicher Schrift und Kunst, und kam noch nie zu der Vollkommenheit. Ich hab auch große Sorg und Angst, daß mancher sey gangen mit dem groben Sacke funfzig Jahr nach dem Brod, der noch immer mehr zu der Vollkommenheit komme. Da machte der Alte sein Buch zu und rieb seine Brille am Bart ab. Amen, sagte ich, doch verdroß mich diese Geschichte sehr, weil ich bald Meister zu werden meinte, und schon vieles Geld darum ausgelegt hatte. Der alte Mann sah mich aber unverwandt an, schüttelte mit dem Kopfe und sprach vor sich dies wunderbar einfältige Lied.

Eine Flucht nach Aegypten.[1]

Als Gott der Herr gebohren war,
Da war es kalt!
Was sieht Maria am Wege stehn?
Einen Feigenbaum.
„Maria, laß du die Feigen noch stehn,
„Wir haben noch dreißig Meilen zu gehn,
„Es wird uns sehr spät.“
Und als Maria in das Städtlein kam,
Wohl vor eine Thür,
Da sprach sie zu dem Bäuerlein:
Behalt du uns hier,
Wohl um das kleine Kindlein,
[53] Es mögt dich sonst gereuen.
Der Bauer sprach von Herzen: ja,
Geht mit mir in die Scheuer.
Als nun die halbe Mitternacht kam,
Der Bauer und der stand auf,
Wo seid ihr dann ihr arme Leut,
Daß ihr noch nicht erfroren seid,
Das giebt mich Wunder.
Der Bauer wieder nach Hause geht,
Er weckt auf sein Weib:
Ach Weib mein liebes Weib steh auf,
Und mach den armen Leuten Feuer,

[1] Vgl. unterm Titel „Ein Wahrheitslied“ in „Des Knaben Wunderhorn. Alte deutsche Lieder, gesammelt von L. A. v. Arnim und Clemens Brentano. Dritter Band. Heidelberg, bey Mohr und Zimmer. 1808.“ 8⁰. Im Anhang „Kinderlieder“ S. 18—20, auch Bd. 17 von Arnims sämmtl. Werken S. 374. 375. Unser Text zeigt geringe Abweichungen.

Daß sie sich wärmen.
Und als Maria das Hauß hinein kam,
Maria, die war recht froh,
Joseph, der war ein frommer Mann,
Der fand sein Ecklein besonders.
Sie hingen den Kessel über den Herd,
Zu einer Habe,
Als Maria dem Kindlein den Brei gab,
Da sah man daß es Jesus war
Unter seinen Augen.

Ende.

Nun fragt ich ihn: Ob er mir denn nichts unter den Augen ansehe? Er schüttelte mit dem Kopfe, ein kleiner Bube aber, der bisher in seinem Schooße den Kopf auf dem Tisch geschlafen hatte, fragt mich: Herr, ihr müßt euch mit einem Finger voll Tinte die Augen ausgewischt haben, seht euch nur im Spiegel. — Ich sah in Verlegenheit nach dem kleinen Wandspiegel, und erblickte darin zu meiner großen Freude den Herzbruder stehn, der bisher aus Achtung gegen das Messer eines Barbiers stille geschwiegen, der den weißen Grund seines Bildes gelegt hatte. Wir umarmten uns sprachlos, wir hatten uns lange nicht gesehen, ich machte ihn mit meiner Tinte schwarz, er machte mich mit Bartseife weiß, so, daß sich die beyden Farben zum natürlichen Gleichgewichte brachten. Alles lachte, wir sah'n uns im Spiegel, und ich brach in die Worte aus: Herz am Herzen anzuschwärzen, gleich das Zeichen auszustreichen, weiß zu machen, macht mich lachen! — Das waren ja Verse, riefen wir beyde bestürzt! — Freylich, sagte ich, doch giebt es schon mehrere Beyspiele solcher wunderbar erweckten Poesie und nach mancherley unnützen Begrüßungswechselreden sagte ich: Lies einmal, was ich eben darüber abgeschrieben habe.

1. Entstehung der indischen Poesie.

Als nun Den erschlagen sah von Nishado in Ondojons Hain
Samt dem Lehrling der Einsiedler, da ergriff ein Erbarmen ihn.
Sodann darstellend sein Mitleid, begann er so und sprach dies Wort:
„O weh, daß von dem grausamen Nishado, der so arm an Geist,
„Diese unrühmliche That hier, der Welt Abscheu geschehn muste!"
Mit Seufzen klagend die Kraunchi, die dort weinende, sang er dies:
„Wohl nicht lang lebst du Nishado! Noch erreichst hohe Jahre du,
„Weil aus dem Kraunchо Paar Einen von Liebe trunken du erschlugst."
Als er gesagt dies Wort, ward tief denkend danach er gleich.
„In dem Schmerz dieses Leidgefühls, was war dies was mir da entfuhr?"
[54] Ein Weilchen nur daran denkend, laut dann sagend den Klagespruch,
Spricht zum Schüler, der bey ihm stand, Bhardvajo'n er dieses Wort:
„Weil gegliedert in vier Füssen, den Spruch vollzähliger Sylbenzahl,
„Ich im Leid klagend jetzt aussprach, drum Lied dies von nun an seye."
Als dieses Wort der Lehrling hört, des Einsiedlers vollkommnen Spruch,

Da stimmt er bey, es annehmend und
zeigt wie er den Meister liebt.

Aus dem Indischen des Valimiki
von Fr. Schlegel.[1]

2. Entstehung der neupersischen Poesie.

Nachdem berichtet worden, wie durch die Araber alle altpersische Poesie bis auf die letzte Spur vertilgt wurde, erzählt Deuletschah das Wiederaufleben persischer Poesie:

„Man sagt: Jakob, der Sohn des Leis, welcher unter den Chalifen aus dem Geschlechte des Abbas zuerst in Persien Eroberungen machte, hatte einen Sohn, welchen er zärtlich liebte. Dieser spielte eines Tages mit andern Knaben das Spiel, wo sie Nüsse in eine Grube warfen. Sieben Nüsse hatte er an das Ziel gebracht; wegen Einer hatte er schon verzweifelt, als sie dennoch zurückprallend sich auch der Grube zuwandte. Im höchsten Entzücken sprach der Fürstensohn die Worte:

„Fehlend, fehlend, kömmt sie an der Grube Rand."

Jakob, welchem diese Rede wohl gefiel, berief die Edeln seines Hofes vor sich, welche nach genauer Prüfung fanden, daß die Worte einen Vers bildeten, und zwar nach dem Metrum Hezedsch. So begnügte man sich zuerst mit Hemistichen; in der Folge fügte man noch ein Hemistich hinzu, und zu dem also gebildeten Distichum noch ein Distichum, und diese Gedichte nannte man Dubaithi (aus zwey Distichen bestehende). Hierauf zeigten die Gelehrten, daß die aus vier Distichen bestehenden Gedichte den vorigen vorzuziehen seyen, und indem dieses angenommen wurde, machten sich viele treffliche Männer um die Ausbildung der Dichtkunst verdient:

„Die Rose ward mit frischer Kraft geschmücket."

Erst unter den Sommiden erreichte die persische Poesie den höchsten Gipfel; zu ihrer Zeit lebte Rüdegi, welcher der erste war, dessen Gedichte in eine regelmäßige Sammlung (Divan) gebracht wurden."

Aus dem Persischen des Deuletschah von Fr. Wilken.[2]

3. Entstehung der heiligen Poesie.

Nicht Leyer! — noch Pinsel! — eine Wurfschaufel für meine Muse, die Tenne heiliger Literatur zu fegen. Heil dem Erzengel über die Reliquien der Sprache Canaans — auf schönen Eselinnen siegt er im Weltlauf; aber der weise Idiot Griechenlands borgt Eutyphrons stolze

---

[1] Vgl. Ueb. d. Spr. u. Weish. d. Indier. S. 265–267. Sämmtl. Werke, Bd. 10. S. 222 f. Wenig abweichend.

[2] Friedrich Wilken, geb. 22. Mai 1777 zu Ratzeburg, Professor und Bibliothekar zu Heidelberg, † 24. Dec. 1840 zu Berlin. — Der Emir Dewletschah lebte zu Ende des fünfzehnten Jahrhunderts, verfaßte ein Werk Tezkirat alschora d. h. Geschichte der Dichter.

Hengste zum philosophischen Wortwechsel. Poesie ist die Muttersprache des menschlichen Geschlechts; wie der Gartenbau älter als der Ackerbau, Mahlerey — als Schrift; Gesang — als Deklamation; Gleichnisse — als Schlüsse; Tausch — als Handel. Ein tieferer Schlaf war die Ruhe unsrer Urahnen, und ihre Bewegung ein taumelnder Tanz. Sieben Tage im Stillschweigen des Nachsinnens oder Erstaunens sassen sie und thaten ihren Mund auf — zu geflügelten Worten. Sinne und Leiden- [55] schaften reden und verstehen nichts als Bilder. In Bildern besteht der ganze Schatz menschlicher Erkenntniß und Glückseligkeit. Der erste Ausbruch der Schöpfung und der erste Eindruck ihres Geschichtsschreibers; die erste Erscheinung und der erste Genuß der Natur vereinigen sich in dem Worte: Es werde Licht! Hiemit fängt die Empfindung von der Gegenwart der Dinge an. Endlich krönte Gott die sinnliche Offenbarung seiner Herrlichkeit durch das Meisterstück des Menschen. Er schuf den Menschen in göttlicher Gestalt; zum Bilde Gottes schuf er ihn. Blinde Heiden haben die Unsichtbarkeit erkannt, die der Mensch mit Gott gemein hat. Die verhüllte Figur des Leibes, das Antlitz des Hauptes und das Aeußerste der Arme sind das sichtbare Schema, in dem wir einhergehen; doch eigentlich nichts als ein Zeigefinger des verborgenen Menschen in uns. Rede, daß ich dich sehe! Dieser Wunsch wurde durch die Schöpfung erfüllt, die eine Rede an die Kreatur durch die Kreatur ist. Reden ist übersetzen, — aus einer Engelsprache in eine Menschensprache, das heißt, Gedanken in Worte, Sachen in Namen, Bilder in Zeichen. Die Meinungen der Weltweisen sind Lesarten der Natur, und die Satzungen der Gottesgelehrten Lesarten der Schrift. Der Autor ist der beste Ausleger seiner Worte; er mag durch Geschöpfe — durch Begebenheiten — oder durch Blut und Feuer und Rauchdampf reden, worin die Sprache des Heiligthums besteht. Das Buch der Schöpfung enthält Exempel allgemeiner Begriffe, die Gott der Kreatur durch die Kreatur, die Bücher des Bundes enthalten Exempel geheimer Artikel, die Gott durch Menschen dem Menschen hat offenbaren wollen. Die Einheit des Urhebers spiegelt sich in dem Dialekte seiner Werke — in allen Ein Ton von unermeßlicher Höhe und Tiefe. Locke stellt sich die Mythologie als einen geflügelten Knaben des Aeolus vor, der die Sonne im Rücken, Wolken zum Fußschemel hat, und für die Langeweile auf einer griechischen Flöte pfeift. Wenn unsre Theologie nicht so viel werth ist als die Mythologie, so taugt unsre Dichtkunst nicht, so wird unsre Historie noch magerer als Pharaos Kühe aussehen. Gleich einem Mann, der sein leiblich Angesicht im Spiegel beschaut, nachdem aber es von stund an vergißt; so gehen wir mit den Alten um. Mythologie hin Mythologie her! sagen die Kunstrichter. Poesie ist eine Nachahmung der schönen Natur — und Nieuwentyts, Newtons und Buffons Offenbarungen werden doch wohl eine abgeschmackte Fabellehre vertreten können. — Warum geschieht es denn nicht? —

Die Natur wirkt durch Sinne und Leidenschaften. Warum soll ich ihnen nach Stand, Ehr und Würden unwissende Leser, ein Wort durch unendliche umschreiben, da sie die Erscheinungen in den Leidenschaften allenthalben in der menschlichen Gesellschaft selbst beobachten können. Jede individuelle Wahrheit wächst zur Grundfläche eines Plans wunderbarer als eine Kuhhaut zum Gebiet eines Staats und ein Plan geraumer als das Hemisphär erhält die Spitze eines Sehpunkts. Kurz, die Vollkommenheit des Entwurfs, die Stärke der Ausführung, die Empfängniß und Geburt neuer Ideen und Ausdrücke, die Arbeit und Ruhe des Weisen, sein Trost und Eckel daran, liegen im furchtbaren Schooße der Leidenschaften von unsern Sinnen vergraben. Wer ihre Werkzeuge verstümmelt, wie mag der empfinden? Sind auch gelähmte Sennadern zur Bewegung aufgelegt? Eure mordlügnerische Philosophie hat die Natur aus dem Wege geräumt, und warum fordert ihr, daß wir selbige nachahmen sollen? Damit ihr das Vergnügen erneuren könnt, an den Schülern der Natur auch Mörder zu werden. Ja ihr feinen Kunstrichter fragt immer was Wahrheit ist, und greift nach der Thür, weil ihr keine Antwort auf diese Frage abwarten könnt. — Eure Hände sind [56] immer gewaschen, es sey, daß ihr Brod essen wollt, oder auch, wenn ihr Bluturtheile gefällt habt. — Fragt ihr nicht auch, wodurch ihr die Natur aus dem Wege geräumt? — Bacon beschuldigt euch, daß ihr sie durch eure Abstractionen schindet. Zeugt Bacon die Wahrheit; wohlan, so werft mit Steinen und sprengt mit Erdenklössen oder Schneeballen nach seinem Schatten.

Die Analogie des Menschen zum Schöpfer ertheilt allen Kreaturen ihr Gehalt und ihr Gepräge, von dem Treue und Glauben in der ganzen Natur abhängt. Je lebhafter diese Idee des Ebenbilds des unsichtbaren Gottes in unserm Gemüth ist, desto fähiger sind wir seine Leutseligkeit in den Geschöpfen zu sehen, zu beschauen und mit Händen zu greifen, und den natürlichen Gebrauch der Sinne von dem unnatürlichen Gebrauche der Abstractionen zu läutern. Leidenschaft allein giebt Abstractionen sowohl als Hypothesen Hände, Füße, Flügel, den Bildern und Zeichen, Geist, Leben, Zungen. Wo sind schnellere Schlüsse? Wo wird der rollende Donner der Beredsamkeit erzeugt; und sein Geselle, der einsilbige Blitz? Fürchtet Gott und gebt ihm die Ehre, denn die Zeit seines Gerichts ist kommen, und betet an den, der gemacht hat Himmel und Erde und Meer und die Wasserbrunnen.

Hamann[1] schrieb diese Aesthetica in nuce vor 1762. Wenn wir aus Baumgartens[2] Aesthetica auf einen seichten Stand des menschlichen Gemüths schließen, so müssen wir nach jener eingestehen, daß die Tiefe des Gemüths zu allen Zeiten tief bleibt. Wir werden noch manche Einsicht Hamanns weit über seine Zeit hinaus bekannt machen, und hoffen auf eine neue Ausgabe seiner seltenen Schriften.

4. Entstehung der Verlagspoesie.

Die polnischen Juden machen nach gewissen gesprochenen Gebeten und gehaltenen Fasttägen, die Gestalt eines Menschen aus Thon oder Leimen, und wenn sie das wunderkräftige Schemhamphoras darüber sprechen, so muß er lebendig werden. Reden kann er zwar nicht, versteht aber ziemlich was man spricht und befiehlt. Sie heißen ihn Golem, und brauchen ihn zu einem Aufwärter, allerley Hausarbeit zu verrichten, allein er darf nimmer aus dem Hause gehen. An seiner Stirn steht geschrieben אמת aemaeth (Wahrheit, Gott) er nimmt aber täglich zu, und wird leicht größer und stärker denn alle Hausgenossen, so klein er anfangs gewesen ist. Daher sie aus Furcht vor ihm den ersten Buchstaben auslöschen, so daß nichts bleibt als מת maeth (er ist todt) worauf er zusammenfällt und wiederum in Ton aufgelöst wird.

Einem ist sein Golem aber einmal so hoch geworden und hat ihn aus Sorglosigkeit immer wachsen lassen, daß er ihm nicht mehr an die Stirn reichen können. Da hat er aus der großen Angst dem Knecht geheißen, ihm die Stiefel auszuziehen, in der Meinung, daß er ihm beim Bücken an die Stirne reichen könne. Dies ist auch geschehen, und der erste Buchstab glücklich ausgethan worden, allein die ganze Leimlast fiel auf den Juden und erdrückte ihn.

Mitgetheilt von Jakob Grimm[3] in Cassel.

(Die Fortsetzung künftig.)

---

[1] Joh. Georg Hamann, geb. 27. Aug. 1730 zu Königsberg, † 21. Juni 1788 zu Münster. „Aesthetica . in . nuce. Eine Rhapsodie in Kabbalistischer Prose“ bildet einen Abschnitt von Hamanns „Kreuzzüge des Philologen“. 1762. Vgl. „Hamann's Schriften. Herausgegeben von Friedrich Roth. Zweiter Theil. Berlin 1821.“ 8°. S. 255—308. Unser Text weicht in einigen Punkten nicht unwesentlich ab. Vieles ist ausgelassen und verstellt.

[2] Alex. Gottlieb Baumgarten, geb. 1714 zu Berlin, † 26. Mai 1762 zu Frankfurt a. d. O. „Aesthetica“. Traiecti cis Viadrum 1750. „Aestheticorum pars altera.“ Francof. cis Viadrum 1758. 8°.

[3] Jakob Grimm, geb. 4. Jan. 1785 zu Hanau, † 20. Sept. 1863 zu Berlin. Vgl. Kleinere Schriften von Jakob Grimm. 4. Band. Berlin 1869. 8°. S. 22. Was Bartsch, Romantiker und germanistische Studien, S. 46 an dem Artikel bei Ersch und Gruber 91, S. 195 rügt, daß nämlich die oben im Texte stehende Ueberschrift des Grimmschen Aufsatzes, wie wenn sie von J. Grimm selbst herrühre, dort mitgeteilt sei, läßt sich an dem Abdrucke in den Kleinern Schriften ebenso aussetzen; außerdem findet sich daselbst in der ersten Zeile des Artikels die falsche Lesart machten.

Zeitung für Einsiedler.

1808. — 8 — 26. April.

Heimweh des Schweizers.

Ach, wär ich daheim geblieben
In dem kleinen Felsenthal;
Würd ich so nicht umgetrieben
Von der Sehnsucht heißer Quaal.

Nichts will recht mein Herz erquicken,
Nicht der Wald und nicht die Flur.
Sterne, Blumen seh ich blicken
Doch ich werde traurig nur.

Stern und Blumen sind die gleichen
Wie sie blühn im Vaterland
Doch mein Sehnen will nicht weichen;
Dorthin ist mein Sinn gewandt.

Nicht in Sälen kann ich bleiben,
Wo die Menschen um mich sind,
Außen muß umher ich treiben
Wie ein mutterloses Kind.

Fragen Freunde was mich quäle,
Greift nur heißer mich der Schmerz
Was ich schaffe, was ich wähle,
Nichts heilt mir das wunde Herz.

Hätt' ich Schwingen, hätt' ich Flügel,
Gleich dem Adler flög ich weg
Ueber Strom und über Hügel
Bis zum fernen Felsensteeg.

Und vom Felsen stieg' ich nieder
Wo der Strom in Staub verspritzt;
Und ich säh die Hütte wieder,
Die mich einst als Kind beschützt.

Warum mußt ich fort denn gehen,
Ungetreu dem eignen Heerd,
Hier dieß fremde Land zu sehen,
Wo die Sehnsucht mich verzehrt?

Wo sind denn die schroffen Zinken
Schneeverhüllt und sonnumglänzt,
Die den blauen Aether trinken,
Von Gestirnen hoch umkränzt?

Wo der See, aus dessen Fluthen
Wolkenhoch der Berg sich streckt,
Trunken von des Himmels Gluthen
In der Nacht den Schiffer neckt?

Hörst du denn den Waldstrom brausen,
Der von Fels zu Felsen stürzt?
Weißt du, wo die Adler hausen,
Donnernd die Lawine stürzt?

Siehst du denn die Gemsen springen
Hoch die Felsenwand entlang;
Wenn die Thäler unten klingen
Von des Alphorns hehrem Klang?

Siehst du dort die Heerden weiden,
Wo die Hütt' am Abgrund hängt,
Wo sich Lenz und Winter scheiden
Und das Eis die Blume drängt?

Hirten, die im Wechsel mitten
Treu geblieben alter Zeit,
Redlich üben Väter Sitten,
Wie es laut ihr Herz gebeut.

Wär ich nur daheim geblieben,
Warum gieng ich denn hinaus?
Wer hat mich denn fortgetrieben
Aus des Vaters liebem Haus?

Wohl habt ihr in diesen Zonen
Vieles was uns dort gebricht;
Aber die auf Bergen wohnen
Tragen euer Elend nicht.

Großer Glanz und reicher Schimmer
Zeichnet diese fremde Welt!
Doch erfrischt das Herz nicht immer
Was den Augen wohlgefällt.

Und so strömt, ihr dunkeln Thränen
Wie zu Nacht ein Brunnen quillt,
Bis mich selbst mit meinem Sehnen
Freundlich still der Tod verhüllt.

J. C. Nänny.[1]

---

[1] Johann Conrad Nänny, geb. 24. Sept. 1783 zu Herisau [Appenzell], † 24. Mai 1847 zu Kreuznach „Gedichte", Frankfurt a. M. 1833. 8⁰.

[57] Der gehörnte Siegfried und die Nibelungen.

Von J. Görres.

Wilkinasaga*).

Ganz auf nordischem Boden war in den Dichtungen, die wir bisher angeführt, der Schauplatz der Begebenheiten gegründet, in jener aber, zu der wir gegenwärtig übergehen, ist die Fabel aus jenen engen Schranken hervorgebrochen, oder vielmehr noch nicht in sie eingefangen, das ganze gotische Europa ist in den Kreis [58] ihres Spieles aufgenommen, Deutschland der Mittelpunkt. Es ist das große Gedicht, von dem wir gegenwärtig sprechen, jenes, das [59] in Prosa aufgelöst, sich in der Wilkina saga eller Historien om Konung Thiderich af Bern och hans Kämpar amt Niflunga Sagan, edirt von J. Peringsskiold, Stockholm 1715 findet. Nach dem Zeugniß der Blomstorwalla Sagan ist diese Schrift ein ursprünglich teutsches Werk; Biörni Nidaros, Bischoff von Norwegen zur Zeit König Hackan Hackanson um 1250 hörte, als er die Tochter desselben Christine zu Kaiser Friederich dem zweyten, mit dessen Bruder Heinrich sie verehlicht werden sollte, begleitete, am Hofe desselben die Abentüre in teutscher Sprache lesen, und brachte sie bei seiner Zurückkunft nach Norwegen mit, wo sie in die alte scanische Sprache übersetzt, in mehreren Manuscripten sich bis auf diese Zeit erhalten hat. Es ist hier nicht die Insel Hvena, worauf Grimhildis Rache blutig spielt, sondern Heunaland bei Konig Attila, es sind die Näfelunger nicht mehr blos Näfilssöhne, ein Königsstamm eines kleinen Bezirkes Häupter, sondern jener mächtige Volksstamm, die Burgundionen, die selbst die

*) Wir Herausgeber ergreifen die Gelegenheit bey der Fortsetzung dieser Aufsätze unseres Freundes (vergl. 5. Stück) einem Vorwurfe zu begegnen, der uns leicht von denen gemacht werden könnte, die unsre Zeitung eigentlich nicht lesen, sondern nur beurtheilen; als zerstückten wir die Aufsätze, die nur in ihrem Zusammenhange verstanden werden könnten; einige Aufmerksamkeit wird jeden überzeugen, daß diese Abtheilungen nie willkührlich sind, sondern daß jedes für sich ein Ganzes ausmacht, das freilich auf eine weitere Verbindung hindeutet, wie alles in der Welt. Mit einem glücklichen Ausdrucke des H. v. Kleist sagen wir, daß es organische Fragmente sind, in denen die Lebensverbindung zum Ganzen erkennbar, so sind wir mit dem König Rother verfahren, so auch mit der Reihe dieser Aufsätze. Dem mannigfaltigen Interesse der Leser setzen wir, wie billig, unser eignes Haupt-Interesse an gewissen Untersuchungen nach, doch erkennen wir dankbar in dem mannigfaltig uns geäusserten Beyfalle über die Förderung alter deutscher Kunst, daß wenn auch in langer Erfahrung manches Hervorstechende unsrer Zeit sich vergänglich und verächtlich zeigte, doch das heimlich Grosse in ihr viel zu groß ist, um eben in Worten sagen zu können, was es wolle. Der blinde Streit zwischen sogenannten Romantikern und sogenannten Classikern endet sich; was übrig bleibt, das lebt, unsre Blätter werden sich mit beyden und für beyde beschäftigen; man lernt das Eigenthümliche beyder Stämme wie in einzelnen Individuen erkennen, achten, und sich gegenseitig erläutern, und in seiner Entwickelung erkennen: wir brauchen über diese Entwickelung unsre Leser wohl nicht erst auf Hrn. Schlegels nun erschienenes Werk über Indien [1] (Heidelberg bei Mohr und Zimmer) aus dem unsre Blätter einige Uebersetzungen mittheilten, aufmerksam zu machen.

[1] Vgl. Anm. zu S. 22.

arabischen Geographen und Geschichtschreiber unter dem Namen Burgian kennen; die, Schrecken ihrer Jahrhunderte, schon Plinius als teutsches Grundvolk aufzählt, die dann gegen die Donau hinabgestiegen, später die Alemannen am Rheine drängten, öftere Einfälle in Gallien machten, bis ihnen endlich die Römer einen Theil der gallischen Provinzen in Germania prima am Oberrhein hinauf längs dem Juragebirge, der Schweiz bis nach dem Süden von Frankreich hin einräumten, wo sie am Anfange des vierten Jahrhunderts christlich geworden unter ihrem König Gundicar oder Gundibald, das burgundische Reich gründeten, das auch nach der Catastrophe, die es auf dem großen Zuge des Attila erfuhr, wo sein König Gunthacer mit allen den Seinigen den Untergang gefunden — ein Ereigniß, in dem man historisch die Rache der Chrimhildis zu sehen geglaubt hat — sich fortbehauptete. Der eigentliche Held des Gedichtes aber, um den das Ganze sich herbewegt, ob es gleich außer diesem noch mehrere aber untergeordnete Mittelpuncte hat, ist Dieterich von Bern jener Angelpunct der alten gothischen Poesie, den alle ihre Sternbilder immerdar umkreisen. Diesem Heros der sturm- und verhängnißvollen Jahrhunderte der Völkerwanderung, hat die Z wie allen andern seiner Gattung die Nebelkappe aufgesetzt, damit er in dem Maaße, wie er der Dichtkunst zureift, der Geschichte entschwinden möge. Wie die orientalischen Romanciers einen zweyfachen Escander oder Alexander haben, einen poetischen ältern, der mit Giamschidl eins ist, der die Mauer gegen die nordischen Völker Gog und Magog, die Scythen baute, der den Zug nach Indien machte, um die Quelle des Lebens aufzusuchen, und dort die Säulen wie der alte Bachus setzte, und einen zweyten Historischen den Escander Roumi, den sie aber, und mehr noch die späteren dichtenden Occidentalen, mit jenem Ersten verwechseln: so ist es auf die gleiche Weiße auch mit Dieterich von Bern geworden. Historisch die Begebenheiten in ihrer Folge untersucht, ergiebt sich, daß der Dieterich, der in diesen Dichtungen als Zeitgenosse Attila's, dreysig Jahre an seinem Hofe lebte, nicht jener Theoderich, König der Ostgothen seyn kann, der geboren um 442 an der Spitze seines Volkes um das Jahr 480 einbrach in Italien, die Heruler und ihren Anführer Odoacker schlug, und nun König von ganz Amelungenland oder Italien wurde, und im Jahr 526 in Ravenna starb, obgleich wieder andere Gedichte, wie die Caßeler Handschrift, ihn ausdrücklich als diesen bezeichnen. Attila war nach den Geschichtschreibern der Zeit schon um 428 König der Hunnen, um 450 unternahm er seinen großen Zug nach Gallien gegen die Westgothen und die Römer, der mit der blutigen Schlacht auf den catalaunischen Fel- [60] dern endigte;

worauf nach einigen Jahren sein Tod erfolgte. Attila und Theodorich waren daher um beynahe ein halbes Jahrhundert voneinander, und zur Zeit jenes Zuges befand sich dieser als 8jähriger Knabe am Hofe zu Constantinopel. Dagegen erzählt die ungarische Chronik von Thwortz aus alten Sagen und Schriften, von einem früheren Dieterich von Bern, den das Heldenbuch den Herren von Teutschland nennt, der wahrscheinlich aber eigentlich sein Wolfdieterich ist, von dem es sagt, daß er 80 Jahre vor Dieterich gelebt, und der mit Macrinus an der Spitze eines Heeres, zusammengesetzt aus Teutschen, Longobarden, Ostgothen und vielen andern Nationen, den Hunnen, die eben in Europa eingebrochen waren, entgegenging, sie schlug, zuletzt aber selbst geschlagen wurde; dann die Parthey des Attila nothgedrungen mit seinen Völkern selbst ergriff: und nach dem Tode desselben seine beyden Söhne Chaba und Aladar, jener aus griechischem Stamm, dieser Sohn der Kremheilch aus Teutschem, miteinander entzweyte um die Herrschaft, indem er mit den teutschen Fürsten die Parthey des Letzten nahm; wo dann ein fünfzehntägiges Gemetzel unter den Hunnen erfolgte, in dem Chaba den Kürzern zog, und nach Asien flüchten mußte.*) Beyde waren aus der Amalungostgothischen Linie, die Letztere aber aus der alamannischen Nebenlinie und wie Peringskiöld in seinen Anmerkungen zu *Cochlaei* vita *Theodorici* vermuthet, sein Vater Samson etwa der Bruder [61] des Hunnimunds Königs der Ostrogothen.

---

*) Auch Jordanis in seiner Hist. de getarum origine c. 34 zählt vorzüglich die drey ostgothischen Heerführer Walamir, Theodomir und Widemir, die Cranz in seiner gothischen Chronik Brüder nennt, als Theilnehmer des grossen Zugs der Hunnen nach Gallien auf. Merkwürdig sind die Fragmente der Gesandschaftsreise, die Priscus um 448 zu Attila unternahm; sie geben einen anschaulichen Begriff von dem ganzen Leben und Treiben dieses ernsten, finstern Geistes, den er 15 Tagreisen hinter Widdin: etwa bey Jasz Biriny in Ungarn, wie Ctrolocsi in origin. Ungar. II. p. 109 aus den Umständen der Reise vermuthet, in seiner Residenz gefunden, nebst ihm auch hat er seine beyden Weiber Erca und Reeca gesehen. Bey Gelegenheit seiner Bewirthung erzählt er unter andern: wie der Abend kam und der Tisch aufgehoben worden, traten zwey Scythen vor Attila hin, und sangen Gedichte, die sie selbst verfertigt hatten, worin sie seine Siege und seine kriegischen Tugenden anpriesen. Und viele der Anwesenden erfreuten sich an den Gedichten, andere wurden froh in der Erinnerung alter Kriege bewegt, anderen flossen Thränen, weil sie das Alter geschwächt und entkräftet hatte, wodurch ihre Kampflust und ihr Eifer wider ihren Willen gelähmt worden. Nachdem der Gesang und die Declamation vorüber, trat irgend ein Scythe, unsinnig wie es schien, hervor, der seltsames, sinnloses, wahnsinniges absingend oder abschreyend, alle zum Lachen bewegte, nur Attila verzog keine Miene. — Es ist nicht unwahrscheinlich, daß sich wohl noch Fragmente dieser alten hunnischen Gesänge in ungarischen Volksliedern und Traditionen erhalten haben mögen, wenigstens hat früherhin ein ungarischer Bischof aus diesen Quellen eine fabelhafte Geschichte des Attila geschrieben, die mir aber noch nicht zu Gesichte gekommen ist. Besonders bey den sogenannten Szeklern, die eine alte Sage im Lande für unmittelbare Abkömmlinge in Europa zurückgebliebener Hunnen erklärt, würde die Nachforschung wohl am fruchtbarsten seyn. Herr von Seckendorf in Wien mögte wohl die beste Gelegenheit zu dieser Untersuchung haben, und er würde sich um die ältere Poesie ein bedeutendes Verdienst erwerben, wenn er die Resultate derselben etwa im Prometheus mittheilen wollte.

Die spätern Dichter aber, die an diese genealogischen Spitzfindigkeiten sich nicht binden mogten, brauchten bald Einen für den Andern.

In diesen Dieterich laufen alle Fäden der vorliegenden Sage convergirend nun zusammen. Sie beginnt mit der Geschichte seiner Stammeltern Samson und der Hildesvida und seiner übrigen Vorfahren, und sammelt dann fortschreitend zunächst einen Kreis von Helden und Kämpfern um ihn her, deren Abkunft und Thaten sie gleichfals episodisch immerfort erzählt. Zuerst führt sie ihm den tapfern Hildebrand, Sohn Reginbalds Herzogs von Venedig zu, und giebt Bericht von den Abentheuern, die sie miteinander bestehen, wie sie den Zwerg Alpris fangen, und durch seine Hülfe das Schwerd Nagelring erlangen, etwas abweichend von jenem dänischen Gedichte, das im Heldenbuch selbst wieder aber von seinem Wolfdieterich, nur weitläufiger und wortreicher erzählt, vorkömmt. Weiter kömmt Heimer, der Heime des Heldenbuchs, und der Ganelon von Mainz in diesem Kreise, der, ein Sohn des Studas unweit Segard, dem Schlosse der Brynhildis wohnt, auf dem Rosse Rispa über die Alpen herangezogen. Dann wird die Abkunft des Vitga (Vitigis) entwickelt, dessen Vater der Schmied Velent, der selbst vom Riesen Wada, dem Sohne den der alte König Wilkin (Wilimer) von Wilkinaland (Schweden) mit einer Meerfrau erzeugt, entsproßen ist. Diese Erzählung vom Schmied Velint oder Valund, wie er mit dem Schmiede Amilias des Königs Nidung von Wäringen um die Wette, selbst das Schwerd Mimung, dieser aber einen undurchdringlichen Harnisch schmiedet; wie Velint nun, der seine Kunst zuerst in derselben Schmiede wie Siegfried, und dann bey den Zwergen gelernt, in sieben Tagen ein Schwerdt zu Stande bringt, mit dem er in Gegenwart des Königs einen Faden Wolle, der auf dem Wasser schwimmt, in der Mitte durchhaut; wie er dann, weil die Waffe noch allzuschwer und ungeschlacht, sie mit der Säge in viele Stücke zerschneidet, mit Milch und Mehl versetzt, drey Tage lang in dauerndem Feuer peinigt, und in dreyzehn Tagen in ein ander Schwerdt umschmiedet, das nun einen ganzen Wollknäuel auf dem Wasser im ersten Hau durchschneidet; wie er dann zum Drittenmal das Werk den Feuerflammen übergiebt, alle Schlacken von dem Metalle scheidet, und nun nach sieben Wochen endlich ein edel köstlich Schwerdt erlangt, das ein schwimmend Wollbündel von drey Fuß im Durchmesser kurz und klein zerstückt; wie er endlich mit diesem Werkzeug nun den Schmied Amilias, der sich in seinem Helm und Harnisch hoffärtig zur Probe stellt, indem er auf dem Sessel sitzt, mitten bis zum Nabel hin durchhaut, und dieser nach dem Schlage klagt, es gehe ihm wie eiskalt Wasser durch die Eingeweide, wo Velint ihm dann zuruft, er solle sich nur etwas rühren und schütteln, und dieser dann dem Rathe folgend, in zwey Stücken vom Sitze herunterfällt: Diese ganze Erzählung, so wie das was ihr zunächst im Buche folgt, hat einen ganz eignen alterthümlichen Anstrich, der auch dadurch historisch bestätigt wird, daß Sämund Frode sie als Scaldengedicht unter dem Namen Völundar quida, in seine Edda dem Wesentlichen nach aufgenommen hat. Vidga nun, mit seines Vaters Schwerdt gerüstet, unternimmt gleichfalls den Zug nach Bern; der Kampf auf seinem Wege mit Gramaleif und seinen zwölf Gesellen, fängt, gleichfalls von Wolfdieterich erzählt, den zweyten Theil des Heldenbuches an, er schlägt im harten Gefechte, mit Hülfe des guten Schwerdtes Mimung, Dieterich, und tritt dann in seinen Heldenkreis. Dieterich aber, um die verlorne Ehre wieder zu gewinnen, unternimmt einen Zug, der ihm zwey neue Helden zuführt, indem er den Fa- [62] sold entwaffnet, und den Sintram aus dem Rachen eines Lindwurms rettet. Weiter schreitet die Geschichte fort, und erzählt die Thaten des Königs Wilimer, seine Kriege mit den Russen, die Abentheuer seiner vier Riesen Aspilian, Aventrod, Etgeir und Widolf, wovon der letzte vor allen stark ist, und deswegen in Friedenszeiten von seinen Brüdern immer an der Kette gehalten wird, wie sie auch im König Rother vorkommen, mit einem ganz leichten Anstriche von den Heymonskindern. Dann folgen die Kriege von Osantrix in Wilkinaland mit Attila, die Entführung der Tochter des ersten Erka durch Rodolph von Bechelar für Attila, der sie zur Ehe nimmt. Dieterichs Geschichte schreitet nach dieser, das Folgende einleitenden Episode wieder weiter fort, indem Detlefs seines sechsten Kämpfers Herkommen und Abentheuer beschrieben werden; Wildifer und Herbrand treten zur Genossenschaft hinzu, und es folgen wieder Kriege des Osantrix und Attila, in denen Dieterich mit den Seinigen auf Seite der Hunnen kämpft. Die Schweden werden geschlagen, Vidga aber gefangen, und befreyt durch List seines Freundes Wildifer, wobey Osantrix und seine Riesen getödtet werden. Jetzt tritt Siegfried in die Fabel ein, und die Geschichte seiner Herkunft fängt mit einer der Genoveva ganz ähnlichen Erzählung an. Sigmund, König von Tarlungaland, wirbt um Cäcilia, Tochter Nidungs, des Königs von Spanien, und zieht, nachdem sie seine Hausfrau geworden ist, dem König Drasolf von Polen zu Hülfe. Die Grafen Hartvin und Hermann, denen er die Sorge über Cäcilia anbefohlen, misbrauchen sein Vertrauen auf gleiche Weise wie Golo; Cäcilia wird von Sigmund zum Tode verdammt, wie aber die Treulosen sie hinausführen, kömmt sie im Schrecken am Ufer eines Flusses nieder. Hartwin und Herrmann entzweyen sich über die Todesart, der Erste wird vom Andern erschlagen, stürzt aber im Fallen das Kind, das die Mutter in ein gläsernes Trinkgefäß gelegt, in den Fluß, und Cäcilia stirbt darüber vor Schmerz und Gram. Das Kind ist nun Siegfried, hier Sigurd genannt, der Schmied Mimer fand ihn im Flusse, und erzieht ihn in seiner Schmiede. Da der Knabe aber bald über alle Massen stark wird, und beständige Schlägereyen mit den Schmiedeknechten vorfallen, fürchtet sich Mimer vor ihm, und um ihn zu verderben, sendet er ihn in den Wald, wo der Drache wohnt, in den durch Zauber zur Strafe für seine Bosheit Regin, der Bruder des Schmiedes, verwandelt wurde. Sigurd schlägt den Drachen, wobey aber die Unterredung fehlt, die er in der Edda mit ihm über mythologische Gegenstände hält. Er kocht sich alsdann ein Stück der Schlange, und steckt zum Kosten die Finger in den siedenden Topf, und wie er sie verbrannt zum Munde bringt, und einige Tropfen Schlangenbrühe ihm auf die Zunge kommen, hört er wie die Vögel auf dem benachbarten Baume sprechen, wüßte der, was wir wissen, er würde heimgehen und seinen Pflegvater Mimer erschlagen, der ihn hat tödten wollen, denn die Schlange war sein Bruder, und er wird dessen Tod an ihm rächen und ihm nach dem Leben stehen. Nachdem er mit dem Blut des Drachen sich gerieben, folgt er diesem Rathe, tödtet den Schmied, und geht zu Brynhildis auf die Burg, nachdem er alle sieben Thore an ihr eingeworfen hat. Er fängt sich dort das unbändige Pferd Grana ein, das auf ihren Weiden geht, und reitet damit zu Isung König von Angelland, der ihn als Bannerherren in seinen Dienst aufnimmt. Es ist alles hier, wie sich aus dieser Auseinandersetzung ergiebt, in sich selbst mehr zusammenhängend und besser motivitirt als im Volksbuche[1], wo dieser Theil der Erzählung mehr fragmentarisch auseinandergefallen und verstümmelt ist. Da- [63] gegen fehlt in der Sage der ganze im Volksbuche nun folgende Kampf mit dem Drachen und dem Riesen, und es lenkt dafür das Gedicht wieder in den Strom ein, auf dem es bisher fortgezogen, und spricht von den Niflungenhelden Gunnar, Gernoz, Gißler, Söhne des Königs Aldrian und Hogne ihrem Halbbruder, den einst ein geheurer Geist mit ihrer Mutter Oda erzeugt. Hogne, (der Grimme in der nordischen Sprache) wird auf eine solche Weiße hier beschrieben, daß man leicht den Hagene des Epos in ihm erkennt: schwarzes Haar, straff und etwas kraus, länglichtes Gesicht, starke Nase, breite Augenbraunen, schwarzer Bart, die Haut braun gefärbt und fest, das Ansehen wild, das eine Auge (an dem andern war er in einem früheren

[1] „Der gehörnte Siegfried“ in Simrocks Volksbüchern, Bd. 3. Frankfurt a. M. 1846. 8⁰.

Kampf erblindet) schrecklich und furchtbar anzusehen, der Körper colossal, in seiner Rüstung Ehrfurcht gebietend, kräftig, in jeder Leibesübung gewandt, im Zweykampf und in der Schlacht gleich wacker, dabey klug, vorsichtig, verschlossen, düster, zornig, in allem was er begann, entschlossen, einfach, streng und ernst, sein Schild silbern mit rothem Adler. Alle vier Helden vom Rheine ziehen gleichfalls nach Verona zu Dieterichs Hoflager hin, und so hat sich denn nun mit ihnen der Zodiacus um den Berner her geschlossen; die zwölf Kämpen, die sich zu ihm gesammelt, bilden gleichsam so viele Sternbilder des Heroisms und der Tapferkeit durch die Heracles wie die Sonne auf ihren Bahnen wandelt. Neben dem gleichzeitigen britanischen Kreise Arturs und der Tafelrunde steht hier ein anderer rein Gothischer, der später erst den folgenden Fränkischen von Carl dem Großen und seinen Paladins trägt, während er selbst wieder dem Othin und den zwölf nordischen Göttern, den zwölf Athleten und Bereserkern der nordischen Könige, Christus und seinen zwölf Aposteln; den zwölf Göttern (Consentes) der Römer und Griechen, und endlich ganz zu unterst dem uralten Naturmythus der Sonne mit ihren zwölf Häusern aufgesetzt erscheint. Und es suchen die Helden einen würdigen Gegenstand, an dem sie ihre Kraft üben mögen. Da erzählt der vielerfahrne Herbrand ihnen vom König Isung aus Bertangaland*) und seinen ihm gleichen eilf Söhnen sammt Sigurd swen, wie besser noch ihre Schwerdter, stärker noch ihre Rosse als die Eigenen seyen, und sie selbst noch heldenmüthiger als Dieterichs Schaar. Dieser beschließt den Zug, um mit ihnen sich zu messen, und nachdem Vidga den Riesen Etgeir geschlagen, der den Wald an der Gränze hüthet, wird Isung von den Helden zum Kampf gefodert, und es wird gestritten Mann gegen Mann wie zu Worms im Rosengarten, nur daß die Berner meist unglücklich kämpfen, und Hildebrand, Heimer, Hogne, Sintram, Günther gebunden werden, bis sie Detlef und Vidga glücklicher durch ihren Sieg wieder in Freiheit setzen. Zuletzt kämpft Dieterich mit Siegfried, und nur das Schwerd Nagelring verschaft ihm nach dreymal wiederholtem Streite endlich den Sieg, und Sigurd folgt als [64] Waffengenoß dem Sieger. Es kehren die Helden nun jeder in sein eigen Land zurück, Sigurd verbindet sich mit Chrimhildis im Niflungaland, er freyt Günthern dann die Brynhildis, wobey der Kampf zwischen dieser Löwenjungfrau und ihm, wie sie die Nibelungen erzählen fehlt, wohl aber die Szene in der Hochzeitnacht sich

*) Angeln ohne Zweifel zwischen Sachsen und Jütland um Schleßwig her, Altengelland genannt, weil von dort aus um dieselbe Zeit (455) die Angelsachsen ihren bekannten Zug nach Britannien unternommen, der eben Stoff zu den Gedichten über die Tafelrunde hergegeben.

findet. Weiter folgt eine Episode über die Feindschaft zweier Grafen mit Salomon König von Franken und dem Wildschaden im Walslungawald, den sie wechselseitig einander zufügen, eine Erzählung, die gleichfalls wieder einen eigenthümlichen Character ferner Zeiten trägt. Die Darstellung der Intriguen des Sifka folgt weiterhin, und seiner Rachsucht, die den König Ermenrek von Rom verleitet, daß er seine eigenen Söhne hinopfert; seine Neffen, die beyden Söhne des Orlungatrost, die unter Vidga's Hut stehen, ermorden läßt, woraus sich, verglichen das hier Beygebrachte mit dem, was die Einleitung des Heldenbuches skizirt, ergiebt, daß Vidga der treue Eckard, in der Folge Hüter des Venusberges ist, Sifka aber dort der getreue Sibich, und Trelinburg am Ufer des Rheines, Vidgas Wohnung und der Harlinge im Elsaß unweit Breysach gesucht werden muß. Endlich überzieht Ermenrek auch Dieterichen mit Krieg, und vertreibt ihn aus seinem Königreiche. Dieser sucht Schutz im Hunnenland bey Attila, und schlägt mit mehreren seiner Helden während dreißig Jahren seine Kriege mit gegen Osantrix in Wilkinaland, gegen die Riesen und alle Feinde Attila's. Ein Versuch sein Königreich mit Hülfe der Hunnen wieder zu gewinnen, mislingt, und Attila's beyde Söhne werden in der Schlacht mit Ermenrek getödtet; Erka, Attila's Gattin stirbt, und nun beginnt die Niflungasaga fortschreitend in der Fabel, wie das teutsche Epos, und im letzten Theile wie die nordischen Lioths über diesen Gegenstand: Günther in Vernieia statt Worms; der Streit der beyden Weiber, Sigurds Tod an der Quelle, Attila's Werbung um die Wittwe, die Einladung der burgundischen Helden nach Hunnenland, ihre Reise zunächst bis dahin, wo Rhein und Duna (Donau) zusammenkommen,*) die wahrsagenden Meerweiber, der Margraf Rodinger, das Gemetzel, alles hier wie dort nur hin und wieder etwas abweichend erzählt; der Tod Günthers im Kerker, Hogene durch Dieterich gefangen, aber erst nach einigen Tagen sterbend, nachdem er vorher einen Sohn Aldrian erzeugt, der in der Folge den Tod seines Vaters an Attila dadurch rächt, daß er den Habsüchtigen in den Berg bey den Nibelungenhort einsperrt, und ihn dort umkommen läßt. Den Schluß macht endlich Dieterichs Rückkehr in sein Reich nach Ermenreks Tode, und seine Bekehrung zum Christenthum.

---

*) Die Niflungen fahren nun alle ihren Weg, bis sie dahin kommen, wo der Rheinstrom und die Donau sich verbinden, „und es war sehr breit dort, aber sie fanden keine Schiffe für sich." Diese merkwürdige Stelle scheint darauf hinzudeuten, daß diese Gedichte ihren ersten Ursprung in jener alten Zeit gehabt haben mögen, wo man noch glaubte der Ister, Rhenos, Eridanos und Rhodanos seyen mit einander verbunden, und bildeten nur einen Strom, der ganz Europa der Länge nach durchschnitt.

Zeitung für Einsiedler.

An den Ufern des Mayns.[1]

Im Sommer 1806.

Hier wo um weinbegränzte Hügel
Der Strom sich schlingt,
Sanft gleitend wie des Schwanes Flügel
Erfrischend durch die Wiesen dringt,
Des Schiffleins stille Bahn, gezogen
Auf Schlangen gleich gewundnen Wogen
Sich um die Berge schwingt.

Hier wo im fruchtbegabten Thale
Der Rebe Kraft,
Genährt vom starken Sonnenstrahle,
So goldnen Weines Trank erschafft,
Der einst die Enkel noch erheitert,
In Liedern ihre Brust erweitert,
Den Muth der Sorg' entrafft.

Wo froh gesinnt die deutschen Franken,
Voll Kraft und Lust,
Am schwachen Trübsinn nie erkranken
Fröhlich des freien Muths bewußt;
Wie einzle Blumen auf den Fluren
Zeigend der alten Sitte Spuren
Der alten deutschen Lust.

Hier rührten muthig linde Lieder
Mir an das Herz,
Die alten Ströme brachen wieder
Hervor, und es verschwand der Schmerz.
Was sanft im Lied ergossen weinet,
Starrt schweigend innen dort versteinet
Wie kaltes grauses Erz.

Doch gleitend auf des Liedes Wellen
Wird alles mild,
Oft spiegelt sich in diesen Quellen
Die Sonne und der Sterne Bild;
Fort wie des Lebens Schiff gezogen
Ist auch des Unglücks Sturm entflogen
Und keine Zeit mehr wild.

Wohl muß ein ew'ger Frühling grünen
Dem seel'gen Mann,
Der seines Herzens nur erkühnen
Und sich dem Freund verbünden kann.
Euch Wellen grüß ich drum des Mayns,
Gar oft gedenken des Vereins,
Der schöner dort begann.

Friedrich Schlegel.

---

[65] Elegie aus einem Reisetagebuche in Schottland.

(Der Verfasser bittet, diese Verse nicht für Hexameter und Pentameter zu halten.)

Genua seh ich im Geist, so oft die unendlichen Wellen
Halten den Himmel im Arm, halten die taumelnde Welt;
Seh ich die klingenden Höhlen des nordischen Mohren-Basaltes,
Seh ich die Erde gestützt auf den Armen der Höll;
Dann, dann sehne ich mich in deine schimmernde Arme,
Weisser Cararischer Stein, kühlend die schwühlige Luft.
Denk ich der Treppen und Hallen von schreienden Menschen durchlaufen,
Keiner staunet euch an, jedem seyd ihr vertraut.
Fingal! Fingal! klinget so hell, mir wird doch so trübe,
Frierend wähn ich mich alt, Jugend verlorene Zeit!
Dreht sich die Achse der Welt? Wie führt mich Petrarca zu Fingal,

---

[1] Vgl. Friedrich von Schlegels sämmtliche Werke', Bd. 10, S. 138, 139. Str. 4, 6 dort] sonst, Str. 6, 5. 6 Maines: Vereines.

War es doch gestern, ich mein, daß ich nach Genua kam.
Ja dort sah ich zuerst das Meer, des nunmehr mir grauet,
Weil es vom Vaterland mich, von den Freunden mich trennt.
Damals von der Bochetta herab in des Frühroths Gewühle,
Lag noch die Hoffnung darauf, weichlich im schwebenden Bett,
Nicht am Anker gelehnt, nein sorgenlos schlummernd sie dreht sich,
Daß die Schifflein so weiß, flogen wie Federn davon;
Lässig band sich vor mir die Göttin das goldene Strumpfband,
[66] Zweifelnd daß frühe so hoch steige der lüsterne Mensch.
Und so stehend und ziehend am Strumpfe sie bebte und schwebte
Wie ein Flämmelein hin über die spiegelnde Welt.
Fiametta! ich rief, mir schaudert, sie faßte mich selber,
Ja ein Mädchen mich faßt, lächelnd ins Auge mir sieht.
Hier! hier! sagt sie und peitschte den buntgepuschelten Esel,
Daß aus dem ledernen Sack schwitzte der röthliche Wein:
Lieber, was willst du? sie fragt, du riefest mich eben bey Namen?
Wenn sie nicht Blicke versteht, Worte die weiß ich noch nicht.
Der Beschämung sich freuend sie strich mir die triefenden Haare,
Thau und Mühe zugleich hatten die Stirne umhüllt.
Wie ein Bursche der Schweiz ich schien ihr nieder zu wandeln,
Um zu suchen mein Glück und sie wollte mir wohl,
Als sie den Stein erblicket, den sorglich in zärtlicher Liebe
Auf den Händen ich trug, daß der Anbruch nicht leid,
Ey da lachte sie laut und riß mir den Stein aus den Händen,
Warf ihn über den Weg, daß er zum Meer hinroll,
Und dann spielte sie Ball sich freuend meiner Verwirrung
Mit der Granate die schnell kehrte zu ihr aus der Luft.
Nicht der schrecklichen eine, die rings viel Häuser zerschmettert,
Doch die feurige Frucht, mystisch als Apfel bekannt.
Sie verstand mich doch wohl? O Einverständniß der Völker,
Das aus Babylons Bau blieb der zerstreuten Welt,
Suchte doch jeder den Sack beym brennenden Thurme und fragte,
Also blieb auch dies Wort, Sack den Sprachen gesammt,
Also auch Zeichen der Lieb' im Blick, in guter Geberde,
[67] Scheidend sie winkten sich noch, fernhin trieb sie die Macht. —
Folgend dem trabenden Esel, sie blickte sich um so gelenkig,
Die Granate entfiel und ich grif sie geschickt.
Kühle vielliebliche Frucht, einst Göttern und Menschen verderblich,
Wohl du fielest auch mir, zaudr' ich, wo ich gehofft?
Doch ich zögerte noch, gedenkend an Helena traurend,
An Proserpina dann, beyde erschienen mir eins
Mit der Eva, da wollt ich sie stille verscharren der Zukunft,
Daß nur das Heute was mein, bleibe vom Frevel befreyt,
Daß ich dem Zufall vermach zu treiben die Kerne in Aeste,

Daß ich dem Zufall befehl, daß er die Blüthe verweht;
Aber ich mocht nicht wühlen im Boden voll zierlicher Kräuter,
Jegliches Moos noch zart, drängte sich üppig zum Tag.
Zweiflend ging ich so hin, nicht sehend stand ich am Meere,
Fern mich weckte ihr Ruf, daß ich nicht stürze hinein:
Nein zu seicht ist die Küste, sie würde nicht bergen das Uebel,
Nur die Tiefe des Meers birgt ein unendlich Geschick.
Also kam ich zum Meer und sahe die Fischer am Fischzug
Springend durch kommende Well, ziehend ein bräunliches Netz,
Roth die Mützen erschienen wie Kämme von tauchenden Hähnen,
Bräunliche Mäntler umher, schrieen als jagten sie die.
Andere stießen halbnackt ins Meer die schwarze Feluke,
Trugen die Leute hinein, die zur Fahrt schon bereit.
Auch mich trugen sie hin, ich dacht nur des Apfels des Bösen
Und des unendlichen Meers, das mich zum erstenmal trug,
Wie sie enthoben das Schiff begann in dem Schwanken und Schweben,
Daß mir das Herz in der Brust recht wie von Heimweh zerfloß,
Durch die fließenden Felsen erscholl ein liebliches Singen,
Und ich verstopfte das Ohr, bin vor Sirenen gewarnt.
Bald belehrte ich mich, es sang ein Weib in dem Kahne,
Das im Mantel gehüllt deckte vier Knaben zugleich,
Wechselnd die Händ bewegt sie wie Flügel der Windmühl
Und als Zigeunerin singt, wie sie Maria begrüßt.
Sagt die Geschicke ihr wahr des heiligen Kinds, das sie anblickt,
Wie es im Krippelein lag, Oechslein und Eslein es sah'n,
Sahn wie der himmlische Stern, wie Hirten und heilige König,
Alles das sah sie sogleich an den Augen des Herrn,
Auch das bittere Leiden, den Tod des Weltenerlösers;
Hebt er den Stein von der Gruft, von der Erde den Leib.
Alles Verderben mir schwand, ich sahe das Böse versöhnet,
Statt zur Tiefe des Meers, warf ich den Kindern die Frucht:
Engel versöhnt ihr das Herz, das tief arbeitende Böse,
O so versöhnt auch die Frucht und vernichtet sie so!
Dankend die Mutter sie nahm, hellsingend sie öffnet die Schale,
Nahm mit der Nadel heraus jeglichen einzelnen Kern;
Wie im Neste die Vöglein, also im Mantel die Kindlein
Sperren die Schnäblein schon auf, eh ihr Futter noch da.
Also sie warten der Kerne mit offenem Munde zur Mutter,
Und die Mutter vertheilt gleich die kühlende Frucht.
Wälze dich schäumendes Meer, ich habe die Frucht dir entzogen,
Nichts vermagst du allhier, schaue die Engel bey mir,
Stürze die Wellen auf Wellen, erheb dich höher und höher,
Du erreichst uns nicht, höher treibst du uns nur,
Schon vorbey dem brandenden Leuchtthurm schützt uns George,

Der im sicheren Port zähmet den Drachen sogleich.
Wie von Neugier ergriffen, so heben sich übereinander
Grüßend der Strassen so viel, drüber hebt sich Gebirg,
Höher noch Heldengebirg, da wachet der Festungen Reihe,
Schützet uns gegen den Nord und wir schweben im Süd.
Ey wie ists, ich glaubte zu schauen und werde beschauet,
[68] Amphitheater erscheint hier die Erde gesammt:
Spiel ich ein Schauspiel euch ihr bunten Türken und Mohren,
Daß ihr so laufet und schreit an dem Circus umher?
Kommen von Troja wir heim, am Ufer die Frauen und Kinder,
Kennen den Vater nicht mehr, freuen sich seiner denn doch?
Also befremdet ich wandle auf schwankendem Boden und zweifle,
Aber sie kennen mich bald, bald erkenne ich sie.
Fingal! Fingal! riefs schon, muß ich erwachen in Schottland,
Bin ich noch immer kein Held, bin ich noch immer im Traum?
Muß ich kehren zur Erdhütt, keinen der Schnarcher versteh ich,
Muß mir schlachten ein Lamm, rösten das lebende Stück,
Mehl von Haber so rauch mir backen zum Brodte im Pfännchen
Und des wilden Getränks nehmen vieltüchtige Schluck:
Wandrer Mond du schreitest die stumpfen Berge hinunter,
Nimmer du brauchest ein Haus, dich zu stärken mit Wein,
Alle die Wolken sie tränken dich froh mit schimmernden Säften,
Ja dein Ueberfluß fällt, thauend zur Erde herab.
Nimmer du achtest der gleichenden Berge und Gräser und Seen
Denn im wechselnden Schein, du dich selber erfreust;
Siehe mein Leiden o Mond durch deine gerundete Scheibe,
Schmutzig ist Speise und Trank, was ich mir wünsche das fehlt.

Ludwig Achim von Arnim.

Jenes in der Reisebeschreibung erwähnte Volkslied von der Zigeunerin, schickte der Reisende seinem Freunde Clemens Brentano, der die Gefälligkeit hatte, es für uns zu übersetzen, gegen dies heilige Lied wird freylich die profane Stimmung der Elegie verschwinden; wir sind Einsiedler und keine Geistliche, und müssen beydes verstehen.

Ich habe geglaubt, den Einsiedlern eine fromme Freude zu machen, wenn ich ihnen die Uebersetzung des schönen italienischen Volkslieds, la Zingara, mit der Abbildung einiger der ältesten und kindlichsten Kunst-

werke begleite, welche die Geburt unsres Heilands fromm und ohne Fremdes darstellen. Das oberste und unterste Basrelief, die Anbetung der Weisen aus Morgenland und der Hirten vorstellend, sind später entstanden, wie aus ihrer größern Gebildetheit hervorgeht. Sie sind beyde Basreliefs altchristlicher Särge, und in der Roma Sotteranea Cap. XXII. 615 und 617 abgebildet. Die Gemme zwischen beyden aber ist ein Basrelief von der Größe des beygefügten kleineren Eirunds, von der Art, welche pasta antica genannt wird, sie war um das Jahr 1740 im Museum des Ritter Franzesko Vettori in Rom, wie wir es allein aus der Ausgabe des Sannazar del parto della Vergine von Ant. Fran. Gori, Florenz 1740 wissen, die uns diese Abbildungen an die Hand gegeben. Gori handelt dort mit einer sehr rührenden frommen und gelehrten Umständlichkeit weitläufig über solche Denkmale ab, [69] und kehrt immer wieder mit der größten Liebe und Verehrung zu der Einfalt dieser Gemme zurück, der er vor allen damals bekannten Kunstwerken dieser Art, das höchste Alter zugesteht. Nirgends scheint ihm die große Armuth in der Herablassung unsers Heilands zu seinen Geschöpfen treuer, und von frömmerer nur an Glauben reicher Kunst gebildet. In den beyden andern Abbildungen ist sein Häuptlein bedeckt und sein Lager zubereitet, hier liegt er ohne Stroh sogar, mehr auf einer Bank als in einer Krippe, und sein Kopf ruht auf dem Kreuz seiner Glorie, als habe der Künstler die Worte des Evangelisten Matth. 8, 20 vor Augen gehabt: die Füchse haben Höhlen und die Vögel des Himmels Nester, der Sohn aber des Menschen hat nicht, wo er sein Haupt hinlege. — Nirgends auch fand er nach Vergleichung aller vorhandenen Denkmahle dieses Inhalts die Worte des heiligen Lukas von dem Künstler also treu wie hier dargestellt. Cap. 2, 6. Geschehen ist aber, als sie dort waren, daß die Tage erfüllt sind, daß sie gebähre, und sie hat geboren den Sohn ihren Erstgebohrnen, und in Tücher ihn eingewickelt, und gelegt ihn in die Krippe, weil nicht war ihnen ein Platz in der Herberge. Das Kind blickte gen Himmel nach den Worten Joh. 6, 38. Weil ich herabgestiegen bin von dem Himmel, nicht daß ich thue meinen Willen, sondern den Willen dessen, der mich gesendet hat. Weiter sieht Gori in der Art des geringen Bettleins ohne alle Betten und ohne Lehne, welches doch übrigens (das Entbehren der Lehne ausgenommen) ganz den Lagern der von Christus geheilten Kranken in den alten Monumenten ähnlich sey, die Absicht des Künstlers darzustellen, wie die Jungfrau durch Gottes Wunder ohne menschliche Noth und Hülfe gebohren habe, was er auch in ihrem heitern Aussehn, ihrem aufrechten Sitzen und dadurch, daß sie nur bis an die Hüfte eingewickelt ist, habe treulich abbilden wollen. Aehnliche

Einwicklung der Füße und Lenden hat er doch nirgends in alten Darstellungen der Gottesgebährerin, und selbst nicht in irgend einer antiken Abbildung von Gebährenden auffinden können, und hält darum dieses Kunstwerk um so älter und wahrscheinlich ägyptischen Ursprungs, da dort besonders die Sitte dieser Einhüllungen gebräuchlich war, wie aus Mumien und manchen ihrer Kunstwerke erleuchtet. Joseph aber sitzt zur Rechten, bey den Alten die geringere Stelle, auf einem schlechten viereckichten Schemel, solcher Art von geringen Leuten gebraucht, (Valerio Chimentelli de honore bisellii cap. 24 p. 118) er ist mit dem Pallium und der tunica longa nach Art der ersten Christen bekleidet (Giovanni Lami de re vestiaria Christiani primitivi, in dem Werk De eruditione [70] Apostolorum cap. IV, p. 57). Sein Erstaunen und Nachsinnen ist gar angenehm in seinem auf die linke Hand gestützten Kopf ausgedrückt, wie seine Demuth und Verehrung des geheiligten Ortes in seinen entblösten Füßen. Der geleitende Morgenstern der drey Weisen, steht über dem Kinde und der Mutter, über Joseph steht der Mond, die mitternächtliche Zeit bezeichnend, nicht voll, deutet er die Finsterniß jüdischer Zeit, welche der Herr erhellte. Ochs und Esel aber sind da nach den Worten Jesaias 1, 3: Es hat erkannt der Ochs seinen Besitzer, und der Esel die Krippe seines Herrn, Israel aber hat mich nicht erkannt, und mein Volk mich nicht verstanden. [1]

Die Zigeunerin. [2]

Liebe Frau, daß Gott dich segne,
Und daß dir sein Glück begegne!
Sey willkommen altes Männlein!
Da mit deinem schönen Kindlein!

Mutter.

Gar willkomm auf unserm Pfade,
Schwester mein, daß Gott dir gnade,
Deiner Schuld Verzeihung sende,
Der barmherzig ist ohn Ende.

Zigeunerin.

Pilger, ihr müßt wohl gar müd sein,
Und ich glaub, ihr armen Leutlein,
Mögt ein Obdach gern erreichen,
Die lieb Frau auch gern absteigen.

Mutter.

Ihr, wer seyd ihr, Schwester meine?
Ihr seyd höflich ungemeine,
Ihr seyd recht erfüllt mit Güten,
Mir die Hülfe anzubieten.

Zigeunerin.

Ich bin ein Zigeunerweiblein,
Und wenn gleich ein armes Schelmlein,
Lad ich euch zu meiner Hütte,
Nehmt's vor Liebe an, ich bitte.

Mutter.

Immer sey gedankt, gelobet
Gott der Herr im Himmel droben,
Deine freundlich lieben Reden,
Tröfteten mein Herz in Nöthen.

---

[1] Dieselbe Gemme ist wiedergegeben in dem Titelbilde zu den Kinderliedern, Anhang zum Wunderhorn, 1808.

[2] Vgl. Clemens Brentanos gesammelte Schriften, Bd. 1, S. 171—179 unter dem Titel „Die Zigeunerin“. Nur am Schlusse etwas geändert.

Zigeunerin.

Schnell, steig ab, o meine Fraue!
Eine Göttin ich dich schaue,
Ich die Creatur mit Bangen
Fühl dies Herz mit Lieb umfangen!

[71. 72] Mutter.

Wir von Nazareth herkommen,
Fanden nirgends Unterkommen,
Müd vom Weg und ohn Bekannte,
Sind wir nun im fremden Lande.

Zigeunerin.

Ich hab einen kleinen Stall hier,
Da kann stehen euer Saumthier,
Heu und Stroh will ich drin streuen,
Daß wir all uns drin erfreuen.

Liebe Frau, ist's nicht nach Würden,
So verzeiht, wie mag bewirthen
Eine Königin ich Arme,
Ach daß Gott sich mein erbarme!

Und du Alterchen sitz nieder,
Kamst zu Fuß, hast müde Glieder,
Schöne Tochter ohn Verweilen
Machtet ihr dreyhundert Meilen.

Eine Königin der Gnaden
Bist du, wie's mein Herz errathen,
Dieser ist dein Ehherr, denk ich,
Ei wie ist er gut und freundlich!

Und gefällt dir's, liebe Fraue,
Daß ich in die Hand dir schaue,
Wenn gleich arm und zu beklagen,
Will ich dir dein Glück wahrsagen.

Doch was ich werd sagen müssen,
Wirst du all schon besser wissen,
Denn es läßt dein schönes Wesen,
Eine große Weißheit lesen.

Thöricht werd ich noch vor Freude,
Glücklich war mein Ausgang heute,
Du bist, ich kann's unterscheiden,
Auserwählt von Ewigkeiten.

Du warst stets die Gott geliebte,
Reine, keusche, ungetrübte,
Du bist Mutter von dem Sohne
Dessen Vater himmlisch wohnet.

Gott zum Boten dir bestellte
Gabriel, den Glanz umhellte,
Dir im Kämmerlein verschlossen,
Hat die Botschaft sich ergossen.

Wustest, daß und wie der Willen
Gottes, sich ins Fleisch zu hüllen,
O was Trost ist aufgegangen,
Weib in deinem Gottempfangen.

Gnadenvoll bist du gewesen,
Himmelskönigin erlesen,
Als er sprach mit Worten süße,
Ave Maria, Gott dich grüße!

Und als er dich so gegrüßet,
Angst dein reines Herz durchfließet,
Deine Frucht sey benedeiet,
Die die Welt erlößt, bereyet.

Und von Demuth ganz erfüllet,
Mir gescheh, wie Gott gewillet,
Mir der Magd des Herrn, es komme,
Der Erlöser, sprachst du fromme.

Aber Joseph dort der gute
Dachte nach in trübem Muthe,
Und ob deines Leibes Segen
Thät sein Herz viel Sorgen hegen.

Doch vom Engel unterrichtet,
Ward mit Trost er aufgerichtet,
Und dich Schöne Gottbegehrte
Höher er fortan verehrte.

Und als nun die Zeit gekommen,
Hast du Joseph mitgenommen,
Um nach Bethlehem zu gehen,
Mußtest viele Noth ausstehen.

Konntest nirgend Obdach finden,
Deiner Frucht dich zu entbinden,
Ach du mußtest, Weib der Ehren,
Einsam unterwegs gebähren.

O welch arm elende Stätte,
Ohne Feuer, ohne Bette,
In dem Stall, du Gottbeschwerte,
Unter dir die harte Erde.

In der heilgen Weihnacht Thaue,
Da gebahrst du, o lieb Fraue,
Diesen schönen Gottesknaben,
Hirten ihn verehret haben.

Betetest ihn Lieb erfüllet
An, ins Schleyerlein gehüllet
Legtest du dein schönes Knäblein,
Zwischen's Oechslein und das Es'lein.

In der Krippe statt der Wiege,
Schöne Frau dein Kindlein lieget,
So gebahrst du Gott hienieden,
Krieg nahm er und gab den Frieden.

Solcher Glanz die Nacht entzückte,
Daß die Welt erstaunend blickte,
Alle Hirten sangen Lieder,
Der Erlöser kam hernieder.

Und der Engel Melodeyen,
Konnten alle Welt erfreuen,
O du Nacht der Seeligkeiten
Ganz voll Licht und Himmelsfreuden.

Hirten kamen ihn zu ehren,
Gaben groß ihm zu bescheren,
Ihr Geschrey drang zu den Ohren,
Der Messias ist gebohren.

Und weil ihr so mild und huldreich
Zeigt mir auch, lieb Frau, ich bitt euch,
Zeigt mir armen, euer Kindlein,
Den Erlöser in den Windlein.

Mutter.

Schwester, blick zum Heilandskinde,
Zum Erlöser aller Sünde,
Ach schau wohl, in seinen Blicken,
Paradisisches Entzücken.

Zigeunerin.

Ach du lieb Frau Kaiserinne,
Bin nur eine Sünderinne,
Doch wem kann geliebter seyn
Dies mein liebes Jesulein.

Ach mein Weg war wohl gesegnet,
Daß ich euch allhier begegnet,
Drum schlug mir mein Herz voll Bangen,
Da ich hier herausgegangen.

Doch weil es der Himmel wollte,
Daß ich dir wahrsagen sollte,
Ich dir mit betrübter Seele,
Des Erlösers Leid erzähle.

Schöne Mutter voller Güte,
Dultsam bist du im Gemüthe,
Deine Aeuglein nur bereite,
Weinen soll'n wir alle beyde.

Jesus beten wird im Garten,
Gottes Stärkungskelch erwarten,
Blut'ger Angstschweiß wird ihn decken,
Ach mein Herz erbebt vor Schrecken.

Dann kömmt Judas hergegangen,
Küßt verrathend seine Wangen
Und um dreysig Silberlinge
Wird verkauft der Herr geringe.

An die Säule fest gebunden
Und geschlagen voller Wunden
Und gekrönet, ich ihn schaue,
Ach mit Dornen, liebe Fraue.

Von des Kreuzes Last gebeuget,
Traurig er zum Berge steiget,
Und erschöpfet und entkräftet
Wird er an das Kreuz geheftet.

Liebe Frau, nach seinem Ende
Wird er in das Grab gesenket,
Und nach dreyen Tagen wieder
Hebt er lebend auf die Glieder.

Und zwölf Jahr nach diesem Tage,
Liebe Frau, wie ich euch sage,
Kehrt er sich zum andern Leben,
Wird zum Himmel sich erheben.

Dann o Mutter voller Leiden,
Wirst du für uns Sünder streiten,
Weil du kamst zu solchen Ehren,
Um die Schlange zu zerstören.

Liebe Frau, nun will ich schweigen,
Euch nicht länger niederbeugen.
Gebt, daß ich nach meinem Ende
Wieder schau in eure Hände.

Clemens Brentano.

(Hiebey ein Kupfer.)

[Umschlag.]

Zeitung für Einsiedler.

May-Heft

1808.

Mit zwey Kupfertafeln.

Heidelberg
bey Mohr und Zimmer.

[a] Correspondenznachrichten aus Bädern und Brunnenorten.

Eine Zeit her hat sichs zugetragen, daß die unschuldige Neugierde vieler braven Leute in Bezug auf diese gute Stadt, allzu schlecht befriedigt worden, was mit nichten gut geheißen werden kann. Dunkele Gerüchte sind wohl umgelaufen; von mancherley, was dort getrieben und unternommen würde, aber an den Thoren waren die bekannten eisernen Riesen postirt, und walkten mit den Dreschflegeln unbarmherzig auf alle Zuträger los, und es kam alles zerquetscht und zerprügelt heraus, daß nichts Rechts daraus abzunehmen war. Es hat sich aber ein Einsiedler gefunden, der mitten auf dem großen lärmenden Markte seine Siedeley sich gebaut, und dort seinen Betrachtungen obliegt; der will dem brünstigen Verlangen eines verehrungswürdigen Publicums entsprechen, und von Zeit zu Zeit einige authentische Nachrichten der Welt mittheilen, was er so bisweilen aus seiner Klause erblickt, und was sich wissenswürdiges in dieser guten Stadt zuträgt. Es ist übrigens eine harmlose fromme Natur, was die Redaction verbürgen wird, die niemand bösen Leumund machen will und üble Nachrede, nichts als Gutes und Liebes: denn über alles geht der Hausfrieden und die Sittsamkeit, und die Stille. Er giebt nie zu, daß Tobak geraucht werde in seiner Klause oder geflucht und sacramentirt; wenn die Fratschelweiber keifen und schreyen und raufen, geht er mit der größten Gelassenheit umher, und macht seine Observationen an den Thierchen, wie sie so boshaft sind und so nichtswürdig, und sich einander die Augen im Kopfe nicht gönnen, und wenn sie giftig über seine übermäßige Gelassenheit ihn auch anfallen, dann hilft er sich wohl einmal wie der Fuchs, wenn ihm die Hunde all zu sehr zusetzen, was in der Naturgeschichte nachzulesen ist.

Nachdem er seine Reverenz gemacht, muß Concipient des Gegenwärtigen sogleich bemerken, daß seine Vorgänger im Amte, sogar Hauptcorrespondenten übel unterrichtet sind. Einer, ein Schneider von Profession, hat jüngst einen kleinen Verdruß mit der literarischen Polizey gehabt, die ihn ausgestäupt, und einige Fractur in Unzialbuchstaben ihm an die Stirne geschrieben; darauf ist das Schelmchen so scheu und blöde geworden, daß es nur auf den Bergen herumschleicht, und von weitem aufschnappt, was seine Freunde inwendig ihm zugeigen oder krähen. Neulich [1] haben sie ihm ein confuses Gerede von Hundsschnautzen, Kindermährchen, gefrorner Musik, Indien, Mystik u. s. w. zugekrischen, das

[1] Morgenblatt 1808, Nr. 57. 61.

hat er ins Maul gefaßt und hat's gleich der Expedition apportirt. Matin! das war ein Fressen für die Meute der Brüder; die längste Zeit hatten sie mit hungrigem Magen und gespitzten Ohren gelaustert, der Himmel wollte keine Asung schicken, da kam das wohlriechende Futter. Alle haben sie auf einmal angeschlagen, die allerliebsten Fialettchen, die zärtlichen Fraubasenhündchen, die den eleganten Damen mit Lecken die Handschuhe glasiren; die unverschämten, zudringlichen krummbeinigten Dachse, die den Leuten hundertmal' gejagt, immer in den Häusern liegen, und den Kindern die Schlutzer mit Milch und Biscuit auf Vorrath gefüllt wegstehlen, und den buttergeröstеten Weck aus der Erbsenbrühe; die boshaften neidischen Mopse, die den übermäßigen Verdruß haben, daß der liebe Herrgott kein Mops ist, und sie nicht Herrgott sind; die plumpen Metzgerhunde, die mit zugebundenem Maule als Recensenten die Literatur abhetzen; die blonden giftigen Spitze, die unaufhörlich in den Journalen heulen, und wenn man ihnen nicht auf die Mäuler schlägt, in die Waden sich verbeißen; all das Volk, das ein tüchtiger Peitschenknall in die Löcher jagt, ist hervorgestürzt, und eine Heerde Schnattergänse aus Dummheit mit, sie meynten mit den Hundsschnautzen sey auf [b] sie gestichelt, und waren darüber so böse wie Ottern geworden. Doch muß das Publicum nicht glauben, es seyen der eidenbissigen Bullenbeißer wirklich so viele, es ist nur eine einzige Kuppel, die ein berühmter Hundeliebhaber mit den Brosamen seines Tisches füttert, der sich einbildet, alle Leute wollten ihm die Schuhe austreten, die Vögel wollten ihn durch ihr Singen foppen, die Katze mit ihrem Spinnen seine Profession nachmachen, der Wind läge übrigens heulend nach Brod vor seiner Thüre, der Donner wäre ihm in der Unachtsamkeit entfahren, und das Erdbeben entstünde durch sein zorniges Stampfen. Besagte Compagnie in dem Halsbande mit großen Messingbuchstaben bezeichnet, läuft nun immerfort auf und nieder, bellt bald zu jenem Loche heraus, bald wieder zum andern, vom kranken Könige, von der todschlagenden Philosophie, von Nonpareille[1] u. s. w. daß man glauben sollte, es wären ihrer viel hundert, und das ganze Publicum heulte zur Gesellschaft mit. Aber wie gesagt, mit einer Butterbemme könnte man sie zahm machen und wedelnd, oder wenn man herausgienge mit einer Zaze, man könnte sie einfangen und ihnen bunte Röckchen anziehen und sie abrichten zu Tanz und Kunststücken jeder Art, daß sie sich unter einander todtschießen, auf dem Kopf stehen und dergleichen. Besonders an der steinernen Musik haben sie sich unaussprechlich gelabt, sie haben schon lange gewünscht, daß ihr Geheule

[1] Vgl. Morgenblatt 1808, Nr. 106.

zu Steinen werden mögte, um damit die verhaßten Gegner zu steinigen; die Kochkunst in der Aesthetik haben sie ohngeachtet einiger Ziererey recht wohl goutirt, und die Geruchkunst war ihnen auch rechte Satisfaction, weil sie dieselbe so schön immer ausüben, wenn sie sich einander begegnen, und immer beym gleichen Gestanke sich erkennen und mit einander befreunden. In Indien aber hatten sie vernommen, verlöre das ganze Geschlecht die Stimme, darum mogten sie nichts hören davon.

Hier soll ein guter Bescheid und Aufklärung folgen über die ganze Verwirrung. Zuerst ist es allerdings an dem, daß man hiesigen Ortes von gefrorner Musik einige Nachricht hat. Der gemeine unwissende Pöbel hier herum meynt, die Berge weit und breit seyen wirklich solche gefrorne himmlische Gesänge; wo guter Wein wächst und alles schön fruchtbar ist, da haben die Engel gesungen, wo aber rauhe wilde Klippen sind, da hat der Teufel hineingebrüllt. Sie beweisen es ihrer Meynung nach damit, die Berge steigen allmählig auf, das ist crescendo, sie fallen ab, decrescendo, sind sie kuppig das ist gestoßen, oder ineinandergezogen, geschleift; der Melibocus und Königsstuhl fortissimo, dann fort herunter bis zum piano und pianissimo unten in der Ebene; die Thäler aber sind Pausen, die Cultur ad Libitum und die Cadenz. Daraus folgt: die Erde ist mit lauter großen steinernen Noten bedeckt, die Flüsse sind die Rastrirung, in der Schweiz aber hat der Kapellmeister gestanden und den Tact dirigirt und geschlagen. Es ist aber keineswegs ihre bloße dumme Meynung, die sie das weis macht, sie haben ein recht greifbares Argument; in der Nähe nämlich ist noch die ganze ehemalige pfälzische Kammermusik, in einen Spiegelpallast gestanden, als unverwüstliches Denkmal übrig. Wahrlich ein ganz herrlicher Anblick, den alle reisenden Fremden, die in hiesige Gegend kommen, durchaus nicht versäumen dürfen, am Abend mit Fackeln in das Eisschloß zu gehen; es brennt alles in den allerschönsten glühenden Farben, die Arien sind zu Regenbogen geworden, die Symphonien stehen in langen Säulengängen umher, und die gefangenen Töne seufzen in Flämmchen auf, die Tremulanten sind in Schweifungen verzittert, und die Mordanten haben die scharfen Winkel gegeben, oben hängen die Clarinettsolos wie Eiszapfen herunter, unten hat die Contrebasse brummend mit viereckten Crystalltafeln den Pallast geplättet, die Violinen haben eine Spitzenlamberie um die Säle gebildet, die Flöten zierliche hängende Eislustern zusammengezaubert, die Waldhörner haben schöne kühle Springbrunnen von steigenden [c] weiß flammenden Schneesternen hervorgelockt, die Trompete fährt mit einem langen schießenden Strahle hindurch, wie lockerer Reif hängen die schmelzenden Adagios an den Wänden, in Nischen stehen Theon und Theone und halten Zwiesprache, und liebäugeln die Duette sich zu, und die vier Heymonskinder lärmen ein Quartett, und an den spiegelnden Wänden verhundertfacht sich alles, denn das Echo ist zum Glanz geworden. Und wenn die Bedienten die Fackeln an den Wänden ausklopfen, dann ist rechter Jubel und Herrlichkeit; wie verwünschte Prinzessinnen werden dann einige Töne erlöst, weil sie schmelzen in der fliegenden Hitze, und sie quicken auf, oder schreyen, kreischen, schmachten, wüthen, je nachdem die befreyte Schöne von diesem oder jenem Temperamente gewesen. Neben dem Schlosse, aus allen erdenklichen Opern und Operetten gebaut, steht eine große Kirche aus nichts als geistlichen Motetten und Liedern zusammenmusizirt; der Kirchthurm eine einzige, schöne, große, himmelansteigende Hymne, und was mit Glocken drinn geläutet wird, muß wieder zu lauter Hagel werden, und der fällt den horchenden Leuten auf die Köpfe, und weckt sie mit Gewalt zur Andacht. Die bürgerliche Baukunst ist auch viel exercirt worden, mit Sicilianos und Pastourellen und schottischen Dudelsacksballaden hat man schöne, kleine, ländliche anspruchlose Hütten gebaut, in denen die Unschuld sicher und bequem wohnen kann, und am Ende, der gegenwärtigen kriegerischen Zeitläufte wegen, das Ganze mit einer Mauer von Janitscharenmusik umzäunt. Man ist jetzt nur noch im Begriffe, eine schöne große Brücke über den benachbarten Strom hinüber zu schlagen; eine Preisaufgabe wird gesetzt werden, zehn zusammenhängende bogenförmige Bravourarien zu componiren, und ein Geländer mit der Maultrommel dazu. Aber Eines ist die Schwierigkeit bey der ganzen Geschichte, wie's nämlich anzufangen ist, daß während die Brücke wie Stein und Bein zusammengefriert, nicht auch der unten laufende Strom mit gerinne, wodurch das Bauwerk unnütz werden würde. Dann ist noch ein schöner gemeinnütziger Vorschlag im Werke, man will nämlich, da noch immerfort bey jedem Conzerte die Masse des Eises sich häuft, und am Ende ein Glettscher im Lande sich zu bilden droht, der Schnupfen und Catarrhen und Erkältungen hervorbringen würde, einigermaßen für die Consumtion der Masse sorgen, und bey bevorstehender Sommerhitze einen kleinen Handel mit Gefrornem anlegen. Aber Eines mögte bedenklich seyn, wovor wir alle guten, wohldenkenden Einsiedler gewarnt haben wollen. Es sind nämlich unter den Musikalien, die in dem Berge stehen, auch Schlachten von Fleurus und Posaunenstöße, und Belagerungen von Jericho, und das jüngste Gericht gewesen; nun mögte es leicht seyn, wie denn der Teufel oft sein böses Spiel treibt, daß dergleichen Eisstücke käuflich an gute Leute kämen, die sie nun auf guten Glauben hinunterschluckten, wenn es aber unten in der menschlichen Wärme geschmolzen wäre, dann würde die Bescherung losgehen, als ob tausend Teufel im Leibe rumorten und viele Donnerwetter und andere Ungebührlichkeiten; und die Eingeweide würden auseinander knallen, denn nicht immer hätten die Armen gerade ein Stück Requiem

zur Besänftigung bey der Hand, und sie würden elendiglichen Todes an der innern allzu pikanten und stürmischen Musik verbleichen. Aber den obgedachten Hunden sey das nicht gesagt, die Bestien können krepiren an der musikalischen Colik, und die Carthaunenschüsse in verkehrten Seufzern streichen lassen.

Zu mehrerer Verständlichkeit dessen hat Correspondent, wie hiebey zu sehen, die ganze Sache in einen schönen Abriß gebracht; auf der Rastrirung ist eine gar anmuthige musikalische Landschaft zu schauen, die wie der Augenschein ergiebt, ein ganz vortrefflicher Canon ist, den die lieben Englein aus den Wolken heraus posaunen und der Teufel mit einem falschen Strohbaß accompagnirt, wodurch alle Uebel und alles Böse, unter andern auch die schlechten [d] Journale in das himmlische Jerusalem eingeschwärzt werden. Die solidesten viereckigten Noten sind herunter gesunken, und die Töne sind so gründlich fest und gedrungen und widerhaltig, daß sie in ihren Haufen wie Berge da stehen, und die Leute ordentlich darauf herumgehen und drin graben und pflanzen können. Dabey hat sich alles in schöner geologischer Folge und Ordnung zusammengefügt; schichtenweise liegen die Accorde, die gröblichten, körnigten Baßnoten sind, wie bey b zu sehen, zuerst niedergesunken, und haben einen groben festen Granit gebildet; ferner folgt das Uebergangsgebürge bey c, dann gehts mit Discant und Alt bis nach und nach ins zwey und dreygestrichene a hinüber, und die Kuppen werden so spitz wie Nadeln, während anderwärts ein Pizzicato eine merkwürdige Nagelfluhe gebildet hat. Und wie nun alles so fertig gewesen, da sind die Menschen gekommen, und haben fortgefahren, wo die Engelein nachgelassen, und auch musizirt und pfallirt, und da ist in der Mitte bey f die Stadt entstanden, von der oben die Rede gewesen ist, gleichwie es dann von jeher hergebracht ist, daß die Baßgeigen sich durch ihr Schnurren und Brummen ihren eigenen bauchigten Kasten zusammenbauen, wenn sie nur einmal erst zu Wort gekommen sind. Die Stadt hat sich aber bald mit der schönen Natur entzweyt, und der benachbarte Berg streckt durch ein angenehmes Naturspiel dem Neste die Zunge bellend entgegen. In der Ferne g steht das Schloß, von dem schon gesprochen, mit einem runden Thurme aus b molle etwas schadhaft, weil der Sturm von Jericho gleich nach der Verfertigung in ihm aufgeführt worden, und einigen Viereckten aus Dur. Nachdem aber die vernünftigen Creaturen so ihr Werk vollbracht, sind, was bey i zu sehen, nun die Unvernünftigen gleichfalls eingerückt, und moquiren sich über alles, und wollen etwas Besseres machen, es giebt aber wie vorauszusehen nichts als Ställe und Koven u. dgl. Es erklärt aber das recht schön den andern Theil von dem wir Auskunft geben wollten, die Hundeschnautzen nämlich: Simia, der Affe hockt in der Expedition und zeigt aufs Blatt; da stehen die Geschnautzten umher und heulen nach wie's geschrieben steht fiat Lux, aber Mohrenköpfe! es giebt nur schlechte Brühe, und alle M o r g e n werden mit neuem Gespühlig die Tröge gefüllt, und da treibt die Bande nun Völlerey mit, und schlappert sie aus bis auf den Boden. Wilt du die Gans nit lassen räuberischer Fuchs! — Schriftproben [1] — schwirrt der Zug im Hintergrunde dahin, umsonst läuft der Listige mit dem Braten davon, das Publicum nach: heysa, so lauft denn immer nur zu.

Nur eines noch ad vocem Schnautze. Man hat damit einige wenige interessante Versuche angestellt, schon vorlängst, und einer gewissen Classe von Creaturen, die alles beschniffeln, einige Gassenhauer in gutem alten Versmaaße auf die Nasen geschmiert, wie der Engländer seiner Katze mit der Butter that; darauf ist die Salbe am kalten Orte ganz steif geworden, und wie Reif im Winter, der vom Hauch am Barte beschlägt, und sie lecken seither nun immerwährend an dem nahrhaften Breychen, und füttern sich davon und werden wohl beleibt und rund wie Maden, und aller Auswurf wird immer wieder auf die Nase geschmiert, und so zirkulirt die Substanz wie das Cohobirte im chemischen Pelican. Wollen sie sich ein Fest machen, dann fressen sie die Druckfehler aus guten Büchern, oder die schiefen Füße und falschen Reime aus guten Gedichten heraus, denn überall suchen sie wie die Wiedehöpfe den Unrath, und bauen sich ihre Nester davon. Sonst würden diese Geschnautzten im Staate, wie er seyn soll, zum Trüffelsuchen applicirt werden können, oder nach einem alten Vorschlage Lichtenbergs als Gehülfen bey den Aerzten stehen, um allerley Preßhaftigkeiten herauszuwittern und anzuschlagen aus Jubel und Freude, wo sie den wohlbekannten Wildpretgeruch bemerken.

J. Görres.

(Die Fortsetzung folgt.)

(Hierzu die Kupfertafel.)

[1] S. 19.

Zeitung für Einsiedler.

May-Heft.

Inhalt.

Der Preiß dieser Zeitung ist für das Vierteljahr 2 fl. 2 kr., alle solide Buchhandlungen und die löblichen Postämter nehmen darauf Bestellungen an, man erhält sie nach Verlangen in einzelnen Stücken oder heftweise.

Gegrüßet seyst du Waldgebäu,
Ihr hochbelaubten Eichen,
O Mägdlein setz dich nebenbey,
Thu mir den Becher reichen.

Und den vielgoldnen Sonnenglanz
Laß in den Becher schauen,
Und flicht mir einen Blumenkranz
Und wolle mir vertrauen.

Und weil die Sonne heißer scheint,
Komm in die tiefen Lauben,
Allwo die wilde Rebe weint,
Da lachen die Turteltauben.

Sie bringt den Wein in Bechersglanz,
Aus Veilchen und Narcissen
Reicht sie ihm einen süßen Kranz
In Waldes Finsternissen.

Uhrmacher Bogs S. 31 (1807. Heidelberg bey Mohr und Zimmer.)

[73] Scherzendes Gemisch von der Nachahmung des Heiligen.

(Fortsetzung.)

5. Entstehung der deutschen Poesie.[1]

Zu lang, zu lang schon ist
Die Ehre der Himmlischen unsichtbar,
Denn fast die Finger müssen sie
Uns führen und schmählig
Entreißt das Herz uns eine Gewalt,
Denn Opfer will der Himmlischen jedes.
Wenn aber eins versäumt wird,
Nie hat es Gutes gebracht.
Wir haben gedient der Mutter Erde
Und haben jüngst dem Sonnenlichte gedient
Unwissend, der Vater aber liebt,
Der über allen waltet,
Am meisten, daß gepfleget werde
Der feste Buchstab und Bestehendes gut
Gedeutet. Dem folgt deutscher Gesang.

Hölderlin.

6. Entstehung der deutschen Wissenschaft.

Gewiß ist der Satz, daß die heilige Sage des Alterthums ein großes ungesondertes Ganze enthielt und enthalten mußte, das in seinem Schooße unzählbare Elemente barg, deren Totalität sich nicht in den Kunstbau Einer gesonderten Wissenschaft einschließen lassen, wenn auch je zuweilen eine Form des Mythos zu diesem Versuche anlocken mag. Der alte Fabelfluß Aegyptens strömt auch lang in Einem Bette. Ist darum seine Quelle eine Einzige? Und ist seine mythische Verbindung mit dem allgemeinen dunklen Weltstrom nicht das natürliche Bild von dem Mythos selber? Selbst darin noch anwendbar, daß dieser, wie der Nil, am Ausfluß in vielfach getheilter Richtung sich in das Meer der [74] Wissenschaft ergießet. In der Wissenschaft stehe der Bilderkreis der Vorwelt still und groß wie in der Umschließung Eines Tempels. In dem

---

[1] Vgl. „Friedrich Hölderlin's sämmtliche Werke herausgegeben von Chr. Th. Schwab. Zweiter Band. Stuttgart und Tübingen. 1846.“ 8⁰. S. 228. Schluß des Gedichts Patmos.

Hintergrunde würdiger Gedanken ordne sich das Einzelne, ein jedes an seiner Stelle und über dem Ganzen schließe sich, wie die Kuppel unter dem Gewölbe des Himmels, die Vielheit der Ansichten in der Einheit einer heiligen Betrachtung. — Das sagt Creutzer in den glücklich begonnenen Heidelberger Jahrbüchern.[1] — Und der ist wahr und sagt wahr! Sprach leise der Alte in seiner Ecke. — Frau Wirthin, einen Schoppen Wein, wir müssen seine Gesundheit trinken; auch Heidelberg soll leben, denn es muß da ein gutes Leben seyn, freye, ernst und eifrig. — Gott segne die Studien!

(Die Fortsetzung künftig.)

Von dem Leben und Sterben des Grafen Gaston Phöbus von Foix und von dem traurigen Tode seines Kindes Gaston.

Geschrieben um das Jahr 1389—91.[2]

I. Von einem starken Mann.

Zur Zeit, als ich meinen Weg zu dem Grafen von Foix nahm, kam ich in die gute und schöne Stadt Paumiers, und hier verweilte ich, um Gesellschaft zu finden, die nach dem Lande Bearn gehe. Da fand ich in diesen Tagen durch Zufall einen Edelmann des Grafen von Foix, der aus Avignon zurück kam, man nannte ihn Messire Espaing du Lion, er war ein tapfrer Mann, ein kluger und schöner Ritter, und konnte er damals in [75] dem Alter von fünfzig Jahren seyn. Ich begab mich in seine Gesellschaft, und waren wir sechs Tage unterwegs, bis wir nach Ortais zu dem Grafen kamen. Indem wir so durchs Land ritten, wenn der genannte Edelmann sein Morgengebet vollendet hatte, vergnügte er sich den größten Theil des Tages damit, sich allerley Neuigkeiten aus Frankreich von mir erzählen zu lassen, und antwortete er mir auch sehr ausführlich, wenn ich ihn um dieses oder jenes fragte. Nachdem er mir alles, was merkwürdiges hie und da vorgefallen, so wie wir an den Orten vorbey ritten, erzählt hatte, und auch von dem Kampf, den Bourg d'Espagne, ein sehr starker Mann und Waffenbruder des Grafen Gaston

---

[1] Heidelbergische Jahrbücher der Literatur. 1. Jahrg. 5. Abth. Heidelberg bey Mohr und Zimmer. 1808. 8⁰. S. 17. 19. Aus dem diese Abteilung einleitenden Aufsatze „Philologie und Mythologie, in ihrem Stufengang und gegenseitigen Verhalten" von Creuzer.

[2] Aus Froissarts Chronik. Vgl. Collection des chroniques nationales françaises par J. A. Buchon, tome IX [19], p. 245—246, 285, 286, 287—289, 312—317, 317—330, 330—335, 427—439; t. XII [22], p. 362—375, 375—381, 384—386. Vgl. Cl. Brentanos ges. Schr. 4, 479—515. Jean Froissart ist geb. 1333 zu Valenciennes, † nach 1400 zu Chimay.

gegen die vom Schloß Lourde gestritten, kamen wir auf die Stelle, wo in dieser Fehde zwey Anführer der Mangant de Lourde und Ernaulton Bisecte sich einander erschlagen hatten, und war allda ein Kreuz von Stein zum Gedächtniß der Schlacht errichtet. Seht, das ist das Kreuz, sprach Messire Espaing du Lion, und somit stiegen wir ab, und beteten jeder ein Paternoster und ein Ave für die Seelen der hier Erschlagenen. Bey meiner Treue, sprach ich, als wir weiter ritten, ich habe euch sehr gern reden hören, aber heilige Maria, der Bourg d'Espaigne ist er ein so starker Mann, wie ihr mir gesagt? Bey meiner Treu, sprach er, ja, denn in ganz Gascognien mag man wohl seines Gleichens nicht finden an Stärke der Glieder, und darum hält ihn der Graf von Foix als seinen Gesellen. Und es sind nicht drey Jahr, daß ich ihn ein schön Stückchen habe treiben sehen, das ich Euch erzählen will. Es traf sich, daß auf einen Weihnachtstag der Graf von Foix sein großes und reiches Fest mit Rittern und Herrn hielt, wie er es in der Gewohnheit hat, und an diesem Tag war es sehr kalt. Der Graf hatte in seinem Saale gegessen, und mit ihm eine große Menge von Herrn; nach der Mahlzeit verließ er den Saal, und begab sich in eine Gallerie, nach welcher man eine breite Treppe von vier und zwanzig Staffeln steigen muß. In dieser Gallerie ist ein Kamin, in welchem man gewöhnlich, wenn der Graf sich da aufhält, Feuer macht, und sonst nicht, und macht man da kleines Feuer, denn er sieht nicht gern großes Feuer. Dort ist es wohl der Ort Holz zu haben, denn ganz Bearn ist voll Wald, und hat er wohl womit heizen, wenn er will, aber kleines Feuer ist ihm gebräuchlich. Nun fror es sehr stark, und die Luft war sehr kalt; als er in die Gallerie gekommen war, sah er das Feuer, und schien es ihm sehr klein, und sagte er den Rittern, die da waren: Seht so kleines Feuer für diese Kälte. Ernaulton d'Espagne stieg sogleich die Treppe hinunter, denn durch die Fenster der Gallerie, welche [76] auf den Hof sahen, erblickte er da eine Menge Esel mit Holz beladen, die aus dem Wald für den Hofdienst kamen. Er kam in den Hof und nahm den größten dieser Esel ganz mit Holz beladen auf seinen Nacken sehr leicht, und trug ihn die Treppe hinauf und machte sich Platz durch die Menge der Ritter und Edelleute, die vor dem Kamin standen, und warf das Holz und den Esel, die Füße in die Höh, in das Kamin auf den Brand, worüber der Graf von Foix große Freude hatte, und alle die da waren; und verwunderten sich über die Stärke des Ritters, wie er ganz allein sich so schwer aufgeladen, und damit so viele Staffeln gestiegen war. Viele Freude und Ergötzung machten mir die Erzählungen des Messire Espagne du Lion, und schien mir der Weg dadurch nur all zu kurz.

So oft ich ihn aber fragte, woher es doch komme, daß ein so herrlicher Mann als der Graf von Foix keinen rechtmäßigen Sohn habe, und warum seine Gemahlin nicht bey ihm lebe, oder um die Art, auf welche sein einziger Sohn gestorben, suchte der Ritter auszuweichen, und verschob es stets auf den andern Tag. Als wir uns nun den letzten Abend der Stadt Morlai näherten, sprach ich zu ihm: Ihr habet mir viel erzählt, wovon ich nie etwas gehöret, und weil ich es weiß, so werde ich es zum ewigen Gedächtniß niederschreiben, so Gott will, daß ich zu meinem Lande zurückkehre. Aber noch um eines möchte ich euch gerne fragen, wenn ihr es nicht vor übel nehmt, nähmlich durch welchen Zufall der Sohn des Grafen von Foix gestorben ist. Da ward der Ritter nachdenklich und sprach: Die Art seines Todes ist zu traurig und will ich euch nicht davon reden, und wenn ihr nach Ortais kommt, so werdet ihr wohl jemand finden, der es euch erzählt. Ich tröstete mich bis dahin, und so ritten wir weiter und kamen zum Nachtlager in die Stadt Morlaix.

II. Von dem Grafen von Foix.

Den andern Tag kamen wir gen Sonnenuntergang nach Ortais, der Ritter stieg bey seiner Wohnung ab, und ich in dem Hause zu dem Mond bey einem Stallmeister des Grafen, der sich Arnauton du Pin nannte, und mich sehr freudig aufnahm darum, daß ich ein Franzose war. Messire Espaing du Lion ging auf das Schloß und sprach dem Grafen von seinen Geschäften, den er in seiner Gallerie fand, denn zu dieser Stunde ein wenig vorher hatte er zu Mittag gegessen, und die Gewohnheit des Grafen von Foix ist oder war damals so, und hatte er es immer also von Kindheit an gehalten, daß er gen Mittag aufstand und um Mitternacht zu Nacht aß. Der Ritter sagte ihm, daß ich gekommen sey. Es ward sogleich nach mir geschickt, denn es war oder ist wohl kein Herr auf der Welt, der lieber Fremde sähe oder Neuigkeiten hörte als er. Als er mich sah, ließ er mir gar wohl anrichten, und behielt mich auf seinem Schloß, wo ich mehr als 12 Wochen [77] blieb und mein Pferd wohl versorgt, ich auch mit allen andern Dingen trefflich versehen war. Die Annäherung von ihm zu mir war für diesmal, daß ich ein Buch mit mir gebracht hatte, welches ich auf Begehren zur Betrachtung Venzeslaus von Böheim, Herzogen von Luxemburg und Brabant gemacht habe, und sind in diesem Buche, das der Meliader heißt, alle die Lieder, Balladen, Rondeaus und Virelais enthalten, die jener kunstreiche Herzog zu seiner Zeit gemacht, und meinen Erfindungen darüber einmischen lassen. Dieses Buch sah der Graf von Foix sehr gern, und alle Nacht nach dem Abendtisch las ich ihm daraus vor, aber während ich las, durfte keiner weder mit ihm sprechen, noch ein Wort sagen, denn er wollte, daß ich wohl verstanden würde, und hatte er auch ein großes Vergnügen, alles deutlich zu vernehmen, und wenn auch irgend eine Sache vorkam, auf welche er einging, sprach er sehr gern mit mir darüber, nicht in seinem Gascognischen, sondern in gutem und schönem Französisch. Nun will ich einiges von seinem Wesen und seinem Schlosse erinnern, denn ich war lang genug dorten, um manches davon wissen zu können.

Der Graf Gaston von Foix, von welchem ich rede, war zu dieser Zeit ohngefähr 59 Jahr alt, und ich sage euch, habe ich zu meiner Zeit gleich viele Ritter, Könige und Prinzen gesehen, so ist mir doch keiner vorgekommen, der von so schönen Gliedern, von so schöner Gestalt noch von so schönem Wuchs, fröhlichem Angesicht, blutvoll und lachend war. Er hatte grünlichte Augen, die sahen gar liebreich dahin, wo er seinen Blick hinzuwerfen beliebte. In allem war er so vollkommen, daß man ihn nicht genug loben konnte, er liebte, was er lieben, und haßte, was er hassen sollte. Ein kluger Ritter war er und von hohem Unternehmen und voll guten Raths. Nie hatte er einen Zweifelmüthigen um sich, er war ein ernster Mann in der Regierung, er betete stehend täglich eine Nocturne des Psalters, eine Hora von unsrer lieben Frau, von dem heiligen Geist, von dem Kreuz und die Vigilia mortis. Alle Tage ließ er fünf Gulden kleiner Münze zu Gottes Lohn und Allmosen an seiner Thüre jeglichen Armen vertheilen. Er war prächtig und höflich in Gaben, und wußte sehr wohl zu nehmen, wo es sich gehörte, und zu geben eben so. Er liebte die Hunde über alle Thiere, und ergötzte sich in den Feldern Sommers und Winters gerne mit der Jagd. Nie liebte er tolle Verschwendung noch tolle Pracht, und wollte alle Monat wissen, was aus dem Seinigen geworden sey. Er nahm aus seinem Land, um die Einnahme zu empfangen und seiner Leute Sold zu ordnen, ansehnliche Männer, und zwar deren zwölfe, und von zwey Monat zu zwey Monat ward er von zweyen aus ihnen in seiner Einnahme bedient, die dann mit zwey andern in dem Geschäfte wechselten. Aus seinem vertrautesten Mann machte er seinen Gegenrechner, dieser nahm von den andern alle Rechnungen auf, und legte dieselben schriftlich dem Grafen wieder ab. In seiner Stube hatte er gewisse Kasten, aus welchen er manchmal Geld nehmen ließ, um es den Edelleuten, Herrn oder Hofdienern zu geben, die zu ihm kommen, denn nie verließ ihn jemand ohne ein Geschenk, und stets vermehrte er seinen Schatz, um die Zufälle und Schicksale ruhig erwarten zu können, deren er sich vermuthete. Er war herablassend und zugänglich jedermann, und redete freundlich und liebreich mit allen, kurz war er in seinen Entschlüssen und Antworten. Er hatte vier geistliche Geheimschreiber, Briefe zu schreiben und zu beantworten, und wenn es ihm beliebte, daß diese vier Schreiber sich fertig hielten, sobald er aus seinem Gemache heraustrat, rief er weder Jean noch Gauthier noch Guillaume, sondern wenn man ihm Briefe brachte und er sie angenommen, rief er sie nur Malmesert (Dienmirschlecht) entweder zum [78] Schreiben oder für alles andre, was er ihnen befahl. Also wie ich euch sage lebte der Graf von Foix.

Und wenn er aus seiner Stube um Mitternacht in seinen Saal zum Nachtmahl kam, so trugen zwölf Diener zwölf brennende Fackeln vor ihm her, und diese zwölf Fackeln blieben um seinen Tisch herum, welches in dem Saal eine große Helle verursachte. Dieser Saal war angefüllt mit Rittern und Hofleuten, und stets waren eine Menge Tische gedeckt, zu essen für die, die essen wollten. Keiner sprach zu ihm während der Tafel, wenn er ihn nicht darum anredete. Er aß gewöhnlich eine Menge Geflügel, und besonders die Flügel und Schenkel allein, und den übrigen Tag aß er und trank er wenig. Große Freude empfing er an den Tönen der Harfenschläger, denn er verstand sich wohl darauf. Gern ließ er seine Schreiber Lieder, Rondeaus und Virelais singen; er saß zu Tische ohnefähr zwey Stunden, auch sah er gern allerley wunderbare Zwischenspiele, und schickte sie, sobald er sie gesehen, zu den Tischen der Ritter und Hofdiener. Kurz, an so vielen Höfen von Königen, Herzogen, Prinzen, Grafen und hohen Damen ich auch war, gefiel es mir nirgend so wohl, und fand ich nirgend ritterliche Sitte so wohl bestehend. Man sah in dem Gemache, in dem Saal und Hof, Ritter und Ehrendiener auf und ab wandeln, und hörte man sie von Waffen und Liebe sprechen, und alle Ehre ward darin gefunden. Was nur irgend neues in einem Land oder Königreich yorgefallen, mogte man da wohl vernehmen, denn von überall trafen hier der Würde des Herrns wegen die Nachrichten ein. Da hörte ich den größten Theil aller Kriegshandlungen aus Spanien, Portugall, Arragon, Navarra, England, Schottland und von den Grenzen Languedocs, denn während meinem Aufenthalt sah ich da Boten und Ritter von allen Nationen anlangen, die mich gern unterrichteten, wie auch der Graf selbst, der mir oft davon sprach. Sehr gern hätte ich gefragt, da ich den Hof des Grafen so prächtig und im Ueberflusse fand, was aus Gaston seinem Sohn geworden und wie er gestorben sey; denn Messire Espaing du Lion hatte es mir [nicht] sagen wollen, und erhielt endlich, daß ein alter Hofmann ein sehr ansehnlicher Mann mir es sagte. Er begann auch seine Erzählung folgendermaßen.

III. Von dem traurigen Tode des Kindes von Foix.

Es ist wahr, daß der Graf von Foix und Madame de Foix seine Gemahlin nicht wohl einverstanden sind, noch es je lange gewesen, und rührt das Misverständniß unter ihnen von dem König von Navarra her, welcher der Bruder dieser Dame war, denn dieser wollte den Seigneur d'Albret, den der Graf von Foix gefangen hielt, um die Summe von 50,000 Franken auslösen. Der Graf, welcher den König von Navarra als falsch und hinterlistig kannte, wollte ihm diese Summe nicht borgen, worüber die Gräfin sehr unwillig gegen ihren Gemahl wurde, und sagte sie zu ihm, mein Herr und Gemahl, ihr traget wenige Achtung zu meinem Herrn Bruder, wenn ihr ihm nicht 50,000 Livres borgen wollt, auch wißt ihr, daß ihr mir mein Wittwengeld von 50,000 Franken anweisen, und sie zu den Händen meines Herrn Bruders stellen müßt, also könnet ihr nie übel bezahlt werden. Ihr sagt die Wahrheit, sprach er, aber wenn ich sorgte, der König von Navarra sollte die Zahlung verschieben, nie würde mir der Sire d'Albret von Ortais wegkommen, bis ich zu dem letzten Heller bezahlt wäre. Doch weil ihr mich darum bittet, so will ich es thun, nicht aus Liebe zu euch, sondern aus Liebe zu meinem [79] Sohn. Auf dieses sein Wort und das Handschreiben des Königs von Navarra, der sich für ihn verschuldete, ward Sire d'Albret frey, verheyrathete sich mit der Schwester des Herzogs von Bourbon, und bezahlte dem König von Navarra die 50,000 Livres, für die er sich verpflichtet hatte. Aber dieser schickte sie keineswegs dem Grafen; da sagte der Graf zu seiner Gemahlin: Bey Gott ihr müßt nach Navarra zu eurem Bruder gehn und ihm sagen, daß ich sehr unzufrieden mit ihm bin, wenn er mir nicht sendet, was er mir schuldig ist. Die Dame antwortete, daß sie sehr gern gehen würde, und reißte von dem Grafen mit dem Ihrigen ab, und kam nach Pampeluna zu ihrem Bruder, der sie fröhlich empfing. Da sie aber bei dem König nichts ausrichten konnte, wagte sie es auch nicht zurückzukehren, denn sie kannte die wilde Gesinnung ihres Gemahls, wenn er irgend einen Unmuth gefaßt. So blieb es. Gaston, der Sohn meines Herrn, wuchs heran und ward ein schönes Kind, und wurde er mit der Tochter des Grafen d'Armagnac versprochen. Der Jüngling mochte 15 bis 16 Jahre haben, aber er war ein sehr schöner Ritter und sah an allen Gliedern seinem Vater ähnlich. Ihm kam der Wunsch nach Navarra zu gehen, seine Mutter und Oheim zu besuchen, das war wohl zum Unglück seiner und dieses Landes. Man bewirthete ihn wohl in Navarra und blieb er eine Zeitlang mit seiner Mutter, dann nahm er Abschied, konnte sie aber mit keiner Rede bewegen, ihn nach Foix zu begleiten, denn als sie ihn fragte, ob sein Vater ihm aufgetragen sie zurückzubringen, mußte er ihr wohl sagen, daß davon keine Rede gewesen sey. Also blieb sie zurück, und er begab sich nach Pampeluna, sich seinem Onkel zu empfehlen. Der König hielt ihn sehr gut über zehn Tage lang, und machte ihm und seinen Leuten schöne Geschenke. Das letzte Geschenk aber, das der König von Navarra ihm machte, das war der Tod des Kindes, und nun hört wie und warum. Als die Zeit kam, daß er abreise, nahm ihn der König in seine Stube allein, und gab ihm ein Beutelchen voll Pulver, und es war keine lebendige Kreatur, die nicht von dem Anrühren oder Essen dieses Pulvers ohne alle Hülfe hätte sterben müssen. Gaston, sagte der König, schöner Neffe, ihr sollt thun, was ich euch sage. Ihr seht, wie der Graf von Foix mit Unrecht eure Mutter meine Schwester höchlich haßt, was mir sehr mißfällt, und das muß es euch auch thun. Vor allem, um die Sache gut zu machen, und daß eure Mutter sich wieder wohl mit eurem Vater befinde, so müsset ihr eine Messerspitze dieses Pulvers bey Gelegenheit auf das Fleisch, welches euer Vater ißt, streuen, aber hütet euch, daß euch niemand sehe, und sobald er davon gegessen, wird er kein anderes Verlangen haben, als eure Mutter, seine Gattin, bey sich zu sehen, und werden sie sich sodann dermaßen lieben, daß sie sich nie mehr trennen wollen. Alles das müßt ihr nun sehr wünschen, aber hütet euch nur irgend jemand etwas davon zu vertrauen, sonst kommt ihr um euren Anschlag. Das Kind, welches alles glaubte, was der König sein Onkel ihm gesagt, antwortete und sprach: Gar gern. Nun verließ er Pampeluna, und kam nach Ortais zurück. Der Graf sein Vater empfing ihn freudig, fragte ihn um Neuigkeiten aus Navarra, und um Geschenke und Kleinodien, die man ihm gegeben. Dieser sagte, sehr viel schöne Geschenke, und zeigte sie ihm alle, außer dem Beutlein, worin das Pulver war. Nun war es aber in dem Schlosse von Foix gewöhnlich, daß Gaston und Ivain, sein natürlicher Bruder, in einer Stube schliefen, und liebten sie sich wie junge Brüder es thun, und kleideten sie sich in die nämlichen Wämser und Kleider, denn sie waren ohngefähr von einer Größe und einem Alter, und kam es, daß sich einstens, wie bey Kindern wohl geschieht, ihre Kleider vermischten, und die Jacke des Gaston kam auf Ivains Bett, und dieser, [80] der schlau genug war, fühlte das Pulver in dem Beutlein, und fragte Gaston: Was ist das, das du immer auf deiner Brust trägst? Gaston ward dieser Worte nicht froh und sprach: Ivain gieb mir meinen Wams wieder, du hast nichts mit ihm zu thun. Ivain warf ihm seinen Wams zu, Gaston legte ihn an und war den ganzen Tag nachdenklicher als je. Nun traf es sich drey Tage nachher, da Gott der Herr den Grafen von Foix retten und behüten wollte, daß Gaston sich über seinen Bruder im Ballspiel erzürnte, und ihm einen Backenstreich gab. Der Knabe darüber erbittert, trat ganz weinend in die Stube seines Vaters, und fand ihn zur Stunde, da er eben die Messe gehört hatte. Da der Graf ihn weinen sah sprach er: Ivain was fehlt dir? Daß sich Gott erbarm mein Herr, sagte er, Gaston hat mich geschlagen, aber es ist wohl eben so viel oder wohl mehr an ihm zu schlagen, als an mir. Warum, sprach der Graf, der sogleich in den Verdacht einging. Mein Treu, sagt er, Herr seitdem er von Navarra zurück gekommen, trägt er stets auf seiner Brust ein Beutlein ganz voll Pulver, aber ich weiß nicht wozu man's braucht, oder was er mit machen will, nur, daß er mir ein oder zweymal gesagt, seine Frau Mutter werde bald wieder in eurer Gnade stehen, und viel höher als sie jemals darin gestanden. Ha, sagte der Graf von Foix, schweig still, und hüte dich wohl irgend einem lebendigen Menschen hievon weiter ein Wort zu sagen. Mein Herr, sagte das Kind, das will ich gern thun. Nun ward der Graf von Foix ganz nachdenklich und bedeckte sein Haupt bis zur Stunde des Mittagsmahls, und wusch sich und setzte sich wie an den andern Tagen in seinen Saal zur Tafel, Gaston sein Sohn hatte das Amt ihn mit allen seinen Gerichten zu bedienen, und all seine Fleischspeisen vor ihm zu kosten; sobald er seine erste Schüssel vor den Grafen gesetzt und gethan hatte was er sollte, warf der Graf, seiner Sache ganz versichert, seine Augen auf ihn, da sah er die Quasten des Beutleins an der Jacke seines Sohns, sein Blut ward erregt und sprach er: Gaston tritt näher, ich will dir etwas ins Ohr sagen. Das Kind näherte sich zu dem Tisch, nun öffnete ihm der Graf den Busen, that seine Jacke auseinander, nahm sein Messer und schnitt ihm das Beutlein ab. Das Kind war ganz erschrocken und gab keinen Laut von sich, aber ward gar bleich unter seinen Augen vor Furcht und begann sehr stark zu zittern, denn es fühlte sich schuldig. Der Graf öffnete das Beutlein und streute ein wenig des Pulvers auf ein Stück Brod, rief einen Hund und gab es ihm zu fressen; sobald der Hund den ersten Bissen verschluckt, verdrehte er die Augen und starb. Als der Graf dies gesehen, ward er gar erzürnt und hatte wohl Ursach und stand vom Tisch auf, nahm sein Messer und wollte es nach seinem Sohne werfen, aber die Ritter und Hofdiener sprangen ihm in den Weg und sprachen: Herr um Gotteswillen übereilt euch nicht und unterrichtet euch zuvor von der Sache, ehe ihr eurem Sohne übels thut. Und das erste Wort was der Graf sagte, sprach er in seiner gascognischen Mundart: Ha, Gaston Verräther, um dich und um dein Erbe zu vergrößern, habe ich Krieg gehabt und Haß gegen den

König von Frankreich, von England, von Spanien, von Navarra und von Arragon, und gegen sie habe ich mich gut gehalten und tapfer, und du willst mich nun ermorden, das kommt dir aus verfluchtem Blut und aus böser Natur, wisse, darum sollst du sterben, nun, nun. Da sprang er über den Tisch mit dem Messer in der Hand und wollte ihn tödten, aber die Ritter und Hofdiener warfen sich ihm zu Füßen und weinten vor ihm und sagten: Ach unser Herr, um Gotteswillen tödtet nicht Gaston, ihr würdet kein Kind mehr haben, laßt ihn gefangen setzen und unterrichtet euch von der Sache, denn vielleicht wußte er nicht was er trug und hat keine Schuld an dieser Schandthat.

(Die Fortsetzung im nächsten Blatt.)

Zeitung für Einsiedler.

Romanze.[1]

Klein Christel und ihre Mutter.
Wer bricht das Laub von den Bäumen?
Sie nähen die seidene Mütze.
So tritt sie den Thau von der Erde!

Die Mutter nähete den Saum so klein,
So heftig weinte das Töchterlein.

„Hör du klein Christel lieb Tochter mein,
Wie verbleicht das Haar, wie verblüht die Wang dein!“

Das ist kein Wunder, muß bleich aussehn,
Ich hab so vieles zu schneiden und nähn.

„Doch sind noch mehr Jungfrauen im Land,
Mit Schneiden und Nähen viel besser bekannt.“

Das darf ich länger nicht bergen vor dir:
Unser junger König hat gelocket mir.

„Hat unser jung König gelocket dir,
Was hat er gegeben zur Ehre dir?“

Er hat mir gegeben ein seiden Hemdlein,
Das hab ich getragen mit mancher Pein.

Er gab mir silbergespangte Schuh;
Ich trug sie mit so großer Unruh.

Er gab mir eine Harfe von Gold,
Zu brauchen wenn ich sey sorgenvoll.

Sie schlug an den ersten Strang,
Da hört der jung König im Bett den Klang.

Sie schlug an den andern Strang,
Der jung König ei! der schläft lang!

Da rief der jung König zwey Diener fein:
Klein Christel bittet zu mir herein.

Her kam klein Christel, vor der Burg sie stund:
Was will der jung König, sein Wort macht mir kund.

Da streicht der jung König am Kissen blau,
Setz dich klein Christel und ruhe darauf.

„Ich bin nicht müd, und kann wohl stehn,
Sag was ich soll, und laß mich gehn.“

Er zog klein Christel zu sich her,
Gab ihr die Goldkron und der Königin Ehr.

Nun ist verschwunden klein Christel ihr Leid;
Wer bricht das Laub von den Bäumen?
Sie schläft alle Nacht an des Königes Seit.
So tritt sie den Thau von der Erde.

Aus dem Dänischen von Wilhelm Grimm.

---

[81] Von dem Leben und Sterben des Grafen Gaston Phöbus von Foix und von dem traurigen Tode seines Kindes Gaston.

Geschrieben um das Jahr 1389—91.

(Beschluß.)

Nun dann, sagte der Graf, setzt mir ihn in den Thurm und bewacht ihn so, daß ihr mir für ihn gut steht. Da ward das Kind von Stund an in den Thurm gesetzt. Der Graf ließ nun eine Menge von jenen, die seinen Sohn bedienten, gefangen nehmen, aber er fing sie nicht alle, denn viele entflohen, so auch ist der Bischof de Lescalle noch außer Lands, der mit im Verdacht stand, wie andre mehr. Aber er

[1] Vgl. „Altdän. Heldenlieder“, S. 116—117, unterm Titel „Die Ehren-Geschenke“, wenig anders. Von klein Christel wissen noch viele dänische Lieder.

ließ ihrer wohl an fünfzehn sehr schrecklich ermorden, die Ursache davon war, daß sie seines Kindes Heimlichkeit hätten wissen und ihm hätten sagen sollen: Unser Herr Gaston trägt [82] ein Beutlein auf seiner Brust, der und der Art, aber davon thaten sie nichts, und darum starben sie schrecklich, und es war wohl ein Jammer um mehrere dieser Hofleute, denn in ganz Gascognien waren keine so wohl versehen als diese es gewesen, denn immer war der Graf von Foix von guter Dienerschaft umgeben. Gar sehr nahm sich der Graf diese Sache zu Herzen, und zeigte es wohl, denn er ließ eines Tages alle Edelleute und alle Prälaten von Foix und Bearn, und alle ansehnliche Leute dieses Landes zusammen rufen gen Ortais, und als sie gekommen waren, erklärte er ihnen, warum er sie gerufen und wie er seinen Sohn in solcher Schuld und so großem Verbrechen befunden habe, daß es sein Entschluß sey, daß er sterbe und daß er den Tod verdienet. Alles Volk antwortete auf diese Rede einstimmig: Herr, haltet uns zu Gnaden, wir wollen nicht, daß Gaston sterbe, er ist euer Erbe, und ihr habt keinen mehr. Als der Graf sein Volk für seinen Sohn bitten hörte, bezähmte er sich ein wenig und entschloß sich, ihn mit Gefängniß zu strafen, er wollte ihn 2 oder 3 [83] Monate inne halten und ihn dann auf 2 oder 3 Jahre irgend auf Reisen schicken, bis daß er seine That vergessen und das Kind zu besserem Verstand und heller Einsicht gekommen sey. So gab er seinem Volk den Abschied, aber die aus der Grafschaft von Foix wollten nicht eher aus Ortais ziehen, bis der Graf ihnen verspreche, daß Gaston nicht sterben würde, also liebten sie das Kind. Da er ihnen dieses zugesagt, verließen diese Leute aller Art die Stadt und blieb Gaston zu Ortais gefangen. Diese Sache verbreitete sich an mehreren Orten und auch nach Avignon, wo damals sich Papst Gregor XI. aufhielt. Er schickte sogleich den Cardinal von Amiens als Legat nach Bearn, aber dieser war kaum nach Bessieres gekommen, als er die Nachricht erhielt, daß es ihm nicht Noth thue, nach Bearn zu gehen, denn Gaston, der Sohn des Grafen von Foix, sey todt. Nun will ich euch sagen, wie er gestorben ist, weil ich nun einmal schon so viel davon geredet. Der Graf hielt ihn in einem Gemach des Thurms von Ortais gefangen, wo wenig Licht hinein fiel, und war er da zehn Tage. Wenig trank er und aß er, denn er wollte nicht, so viel Speise und Trank man ihm auch täglich brachte, und wenn das Fleisch kam, so schob er es bey Seite und wollte es nicht essen, und einige wollen sagen, daß man alle die Speißen, die man ihm gebracht, unversehrt gefunden, und es sey ein Wunder, wie er so lang habe leben können aus vielerley Ursachen. Der Graf ließ ihn dort ohne irgend eine Wache, die bey ihm in der Stube gewesen wäre, und ihm gerathen und getröstet hätte, und blieb das Kind stets in denselben Kleidern wie er hineingekommen, und so ward er gar traurig und tiefsinnig, denn er war das nicht gewohnt. Auch verfluchte er die Stunde in der er empfangen und geboren worden, um zu solchem Ende zu kommen. Den Tag seines Todes brachten die, welche ihn bedienten, ihm das Fleisch und sagten: Gaston sehet hier ist Fleisch für euch. Gaston achtete nicht darauf und sprach: Stellet es hin. Da sah der Diener in dem Gefängniß alle das Fleisch, welches er ihm in den vorigen Tagen gebracht, hie und da verstecket, darum schloß er die Stube und kam vor den Grafen von Foix und sprach: Herr, um Gotteswillen gebt acht auf euren Sohn, denn er verhungert sich in dem Gefängniß wo er liegt, und glaube ich, daß er noch nicht gegessen seit er darinnen, denn ich habe alles, was ich ihm noch gebracht, bey Seite geworfen gefunden. Ueber diese Rede erzürnte der Graf, und gieng ohne ein Wort zu sagen aus der Stube und kam zu dem Gefängniß wo sein Sohn lag, und hatte zum Unglück ein kleines Messerlein in der Hand, womit er sich seine Nägel schnitt und [84] reinigte, er ließ die Thüre des Gefängnisses öffnen und kam zu seinem Sohn und hielt die Klinge des Messers so nahe an der Spitze, daß er nicht mehr als die Dicke eines Silbergroschen davon außer den Fingern hervorstehen hatte. Zum Unglück, als er diese kleine Spitze in den Hals seines Sohnes stieß, verletzte er ihm ich weiß nicht was für eine Ader, und sagte ihm: Ha Verräther, warum ißt du nicht? Und hierauf begab sich der Graf sogleich hinweg, ohne weiter etwas zu sagen und zu thun, und kehrte in seine Stube zurück. Das Kind war erschrocken und erschüttert durch die Ankunft seines Vaters, auch war er gar schwach durch Fasten, und da er die Spitze des Messers sah oder fühlte, die ihn so klein sie auch war, in den Hals verwundete, aber es war in eine Ader, so wendete er sich zur Seite und starb, da der Graf war kaum zu seiner Stube zurückgekehrt, als ihm der Diener seines Sohns die Nachricht brachte, und ihm sagte: Mein Herr, Gaston ist todt, — Todt, sagte der Graf? — So wahr als Gott lebt Herr! Der Graf wollte es nicht glauben, und sendete einen seiner Edelleute hin, der an seiner Seite war; der Ritter kam zurück, und sagte, daß er wirklich todt sey. Da ward nun der Graf von Foix höchlich erschüttert, und bejammerte seinen Sohn gar sehr und sagte: Ha Gaston, welch elend Geschick ist hier dir und mir, zu böser Stunde giengst du nach Navarra, deine Mutter zu sehn. Nie mehr werde ich solche Fröhlichkeit empfinden, als ich sonst wohl empfangen. Dann ließ er seinen Bader kommen, und ließ sich sein Haar abscheeren, und kleidete sich in schwarz, und alle die seines Hauses, und ward der Leichnam des Kindes unter Thränen und Geschrey zu den Minoritenbrüdern zu Ortais getragen und dort begraben. Und so wie ich euch von dem Tod erzählt habe, so hat Gaston de Foix durch seinen Vater den Tod erlitten, aber der König von Navarra hat ihn ermordet. Die traurige Geschichte von dem Tode dieses Sohnes des Grafen zu hören, zog ich mir sehr zu Herzen, und beklagte ich ihn gar sehr aus Liebe zu dem trefflichen Grafen seinem Vater, den ich von so hoher Gesinnung so edel, freygebig und höflich erfunden hatte, und auch aus Liebe zu dem Land, das durch den Mangel eines Erben sehr betrübet war, und nahm ich nun Abschied von diesem Edelmann, und dankte ihm, daß er mir also gefällig die Sache erzählet habe.

(Die folgenden Abschnitte künftig.)

---

[85] Frontalbo und die beyden Orbellen.

Organisches Fragment eines Romans vom Ende des 17ten Jahrhunderts.

Es war eine kurze Zeit noch übrig von den zweyen Jahren, welche Orbella leben sollte, als ich einmal ausspazierete, mich zu ergötzen. Um meine Wohnung war ein schöner jung gepflanzter Wald, gleich einem anmuthigen Garten, in den ging ich hin, meine Zeit zu vertreiben, und erinnerte mich meines Wohllebens. Ich gedachte, ich wollte mit dem Kaiser nicht tauschen, und wenn der Wald, darin ich ginge, mein wäre, mich nach Recht und Billigkeit einen König nennen können.

Indem ich in solchen Gedanken wandele und hinter einer dicken Eiche ein wenig bestehen bleibe, deren Höhe zu betrachten, fällt die Orbella von der andern Seite hervor und wollte mich erschrecken. Ich nahm sie aber zur Vergeltung freundlichst in die Arme und sagte: Wo sie mich mehr würde erschrecken, so wollte ich sie strafen, nicht aber in Zorn, sondern in Güte. Sie war emsig zu wissen, wie ich sie doch strafen wollte. Hierauf küßete ich sie etlichemal, allein sie legte sich ins hohe Gras nieder und sprach sie wäre müde. Ich that dasselbige, und wir hätten schlafen können, denn wir hatten uns keiner wilden Thiere zu besorgen. Wir spielten so lang im Gras, bis sich der Himmel zum Regen anstellte; der Wind erhub sich sehr ungestüm, und zwang uns nach Hause zu gehen. Ich hatte ein kleines doch wohlgebautes Häuschen, von außen wenig angesehen, von innen aber desto gezierter. Als ich in die Thüre komme, finde ich sie unverschlossen und noch eine Orbella im Hause. Ich redete mich selber an: Frontalbo, schläfst du oder wachst du? Oder siehst du zweifach? Nein, nein, du wachest all zu wahrhaftig und gehest jetzt in dein Haus. Was wollen aber die zwey Orbellen? Dich zu fällen. So ging es mir durch den Sinn, als die andere Orbella kam, mich zu empfangen. Die aber, welche ich mit mir gebracht, wollte das nicht zugeben, daß ich der, die im Hause war, sollte die Hand reichen. Da geschah ein Gezänk, daß sich der Himmel darüber hätte verbittern mögen. Da ging es: Du Hure, du Erzhure, was hast du in meinem Hause zu suchen? Was willst du bey meinem Mann suchen? Beyde sagten: Ich wäre ihr Mann, und beyde sagten auch, sie wären meine Weiber. Ich aber als einfältiger Mensch, konnte mich in die Sache nicht schicken, denn sie sahen sich dermaßen gleich in allem, daß auch Eier nicht können gleicher seyn. Ich war verwirrt, und nahm bald die eine bald die andere, allein beyde waren an Freundlichkeit wie an Liebe zu mir nicht zu unterscheiden. Ich vermeinte zwar, daß eine nur die rechte und die andere der Schatten von jener seyn mußte, weil sie sich mit Reden, Gebärden, Lachen und Weinen gleichstelleten, daß sie im geringsten nicht konnten unterschieden werden. Zwey Weiber zu haben stund mir nicht frey, sie konnten sich auch nicht vertragen, denn sie schlugen sich, daß es abscheulich anzusehen war.

Mein Herz war hier in Wahrheit ganz verwirret; zürnte ich, so gaben sie mir so gute Worte, und eine allzeit besser denn die andere. Redete ich heimlich mit einer, so schwur sie des Theuersten, sie wäre die, welche ihren Liebhaber aus herzlicher Liebe zu mir hätte sterben lassen. Gedachte ich gegen diese, die andere zu verjagen, so gab sie allerhand Anschläge, wie ichs machen könnte. Sagte ich wieder der andern etwas, so that sie desgleichen. Und wenn ich mit einer geredt hatte, so sie zur andern ging, konnt ich schon nicht unterscheiden, zu welcher ich geredet hatte. Manchmal gab ich einer ein heimliches Zeichen, woran ich sie erkennen mögte. [86] Wenn nun die kommen sollte, welche das Zeichen hatte, so kamen sie beyde und zeigten mir die Zeichen, da ich doch nur eines ausgegeben hatte. Also mußte ich ewiglich zweifeln, welche die rechte wäre. Keine wollte die Unrechte seyn. Einesmals besann ich mich eines Zeichens, welches die Orbella am linken Fuß trug, als ich nun eine unvermerkt mir den Fuß zeigen hieß, so befand ich doch das Zeichen an beyden. Wie ich mir rathen sollte, wußte ich nicht, denn alles was eine wußte, wußte auch die andere, und alles was eine war, war auch die andere. Sie beteten gleich fleißig; sie sangen gleich emsig und andächtig, ihre Kleidung war gleich und was ich sonst nicht sagen mag.

Ich entschloß mich endlich eine wegzujagen, es wäre gleich die Rechte oder die Unrechte, denn in diesem Zweifel fortzuleben, war mir unmöglich, ich quälte mich Tag und Nacht ab, und fand keinen anderen Rath. Als ich vom wegjagen redete, war der Rechten vielleicht darum nicht bange, weil sie vermeinte, ich wüßte sowohl daß sie die Rechte wäre, als sie selbst, bekümmerte sich darum ganz und gar nicht, sondern ging und bestellte ihr Hauswesen. Die andere aber kam mir um den Hals fallen, bitterliche Thränen weinete, und versuchte mich zu überreden, die andere doch von mir zu lassen, denn sie wäre ein Teufelsgespenst, welches ihre Gestalt angenommen, damit wir in unserer herzlichen Liebe möchten verhindert werden. Was zu glauben war, wußte ich nicht.

In also ganz verwirreten Sinnen dachte ich vergeblich nach mir zu helfen. Die Rechte wollte ich nicht gerne verstoßen, weil ich sie all zu herzlich liebte, und gleichwohl wußte ich nicht, welche die Rechte war. Eine jedwede sagte, sie wäre die Rechte, allein zwey Rechte können nicht seyn. Sie untereinander wußtens wohl, allein ich konnte in diesem Irrgang nicht klug werden, wie am sichersten zu gehen wäre. Ich wurde aber letztlich so ungeduldig, daß ich sie alle beyde wegjagte, da hielt mir jede mit kläglicher Rede die Treue vor, so ich ihr schuldig wäre. Sie sagten, wie getreu sie mir in Astarinnens Schloß gewesen wären, und machten mir das Herz so schwer, daß ich hätte sterben mögen. Endlich kam die eine, welche sich die Rechte zu seyn, mit viel tausend Eidschwüren bezeugte, und sagte: Ich sollte die andere nur nackend ausziehen, und bis über die Grenze der Eichen, alwo ich sie angetroffen hätte, peitschen, bis das Blut danach ginge, so würde sie nicht mehr wiederkommen.

Herr! wenn ich gedenke, wie verstockt ich diesem Rathe gefolget bin, so gedenke ich alsobald zu verzweifeln, denn mir war nicht anders zu Muthe, als wenn mich tausend Teufel besessen hätten. Ich nahm eine vielfache Peitsche, welche von Flachs gemacht war, und desgleichen gab ich eine der Orbella, welche bey mir blieb. Die aber, welche weg sollte getrieben werden, zog ich aus und peitschete sie in kurzer Zeit, daß das Blut mildiglich den Silberleib herunter lief. Diese that so jämmerlich, daß ichs nicht sagen kann. Sie bejammerte ihre Eltern, daß sie eine so unglückselige Tochter erzeuget hätten, sie beweinete, daß sie ihren Leib an einen untreuen Menschen hätte vertraut. Sie fiel auf ihre Knie und bat mich, sie doch mit den harten Schlägen zu verschonen und ihre geringste Kleidung zu geben, so wollte sie gern mich und mein Haus ewiglich meiden. Es wollte aber bey meinem unbarmherzigen Herzen nichts haften, sie mußte denn erst halb tod gepeitschet seyn. Die Orbella, welche an meiner Seite stund, schlug ihr die zerhauene Haut vom Leibe, daß es ein Elend anzusehen war. Sobald sie über die Grenze der Eichen kommen war und mit Schlägen verschonet wurde, kniete sie nieder auf ihre Knie und rief die Götter zum Zeugen an, alle Elemente und alles was in denselben war, daß sie unschuldig leide. Endlich beschauete sie ihren Leib, der gleich als mit Messern zerschnitten war. Solchen [87] Anblick konnte sie schwer vertragen, und fiel ganz ohne Bewegung nieder. Ich sah von weitem zu, wie sie sich quälete, wiewohl ohne Erbarmen, denn ich war verstockt, und ließ mich von ihrem Jammer im geringsten nicht bewegen. Sie wollte nicht am Wege sterben, damit ihr unglückseliger Leib nicht dazu möchte verspottet werden. Als sie sich darum entfernte, sagte sie bey sich selbst:

Wie mußt du doch mit Liebesschlägen,
In deinem Fleisch Frontalbo wüthen,
Du solltest dich vor Liebe hüten,
Mich sollst du nun zu Grabe legen.

In Fleisches Lust warst du befangen,
Und jetzo bist du ihr ganz eigen,
Ein böses Alter wird dir zeigen,
Wie dir die Jugend schlecht vergangen.

Kennst du mich nun an meinem Blute,
Das sich so oft zu dir gedränget,
Das Schloß hast du nun aufgesprenget
Und mir wird nun schon leicht zu Muthe.

Dem Schatten bist du nun ganz eigen,
Das Böse faßt dich an den Haaren,
Bezwingt dich nun in spätern Jahren,
Und strafend wird sich alles zeigen.

Thät mich die Liebe so verwunden,
So sind die Furien mir willkommen,
Jetzt bin ich erst zu Wort gekommen,
Was gut an mir war dir verbunden.

Der Jugend Traum hast du vernichtet,
Und alte Wahrheit wird dich fassen,
Nun mußt du lieben, was zu hassen,
Die Seele mein mitleidig flüchtet.

So weit ging sie, bis sie diese Worte ausgesaget, hernach schickte sie sich zum Tode. Noch eines sprach sie: O Himmel behalt dem Frontalbo nicht diesen Fehler, denn er sündiget unwissentlich an mir. Laß ihn aber seinen Irrthum erkennen, ehe der dritte Tag vergeht.

Ich wollte nicht zusehen, wie sie stürbe, ging darum nach Hause, aber mein Gewissen ließ mich wenig ruhen. Die Orbella, welche ich zu Hause hatte, gab mir zwar die köstlichste Worte und suchete mir meinen Willen, wie ichs begehrte, allein es kam mir doch vor, als wenn diese eine Fremde wäre. Denn sie fragte nach Sachen, die sie doch selbst in Bewahrung hatte. Gegen Abend, als die Nacht fast hereinbrechen wollte, ging ich noch einmal zu sehen, was die halbtodte Orbella machen würde. Als ich hinkam war sie schon todt, ich trat hinzu sie zu ermuntern, aber sie war den Weg alles Fleisches gegangen. Ihr Gesicht, welches sie mit den Händen vor den Streichen geschützet hatte, war ganz blos, obwohl auch ein wenig verstellet, denn sie war fast noch nie krank gewesen, und hat also bey gesundem Leibe sterben müssen. Wie bitter ihr der Tod angekommen, ist einem jedweden leicht zu erachten. Weil ich sah, daß die Orbella todt war, so konnte ich doch nicht zugeben, daß die

Vögel sie verzehreten, denn ich war ganz geändert und hätte tausendmal gewünscht, daß sie noch leben möchte, allein weil mein Wunsch nicht thätig seyn konnte, so ging ich fort eine Hacke zu holen, damit ich sie vergrübe. Als ich in [88] mein Haus will gehen, kommt ein altes Weib daraus getreten. Die fragte ich: Ei Mutter, was wollt ihr denn? Sie sprach: Ei nun, so kennt ihr mich noch nicht? Ich sagte: Ich kenne euch nicht. Sie sagte: Es ist schon gut, so werdet ihr mich kennen lernen, wenn ihr mich nun nicht kennet. Ich ging im Hause herum und suchte meine Orbella, aber da war niemand denn das alte Weib vorhanden. Ich wollte mich stracks erstechen auf diese Begebenheit, die als ein Berg auf mich fiel, allein Orbellens Geist kam mir vor, als wenn er spreche: O Frontalbo, thue dir kein Leid, sondern geh und bestatte den Leib, den du unwissend ertödtet. Und forthin heiße nicht mehr Frontalbo, sondern Dolobert, weil deine Orbella todt ist. Wir müssen die Liebe büßen; weil wir uns so hoch gebildet. Denn sie war nicht rechtmäßig, indem wir uns vor allen Leuten haben in einem fremden Lande verbergen müssen. Eltern und Freunde haben wir mit unserer Liebe betrübet, darum werden wir auch gar recht, ich mit dem Tod und du mit der Quaal, welche unaussprechlich seyn wird, bezahlet. Geh nun eilends und beerdige mich, auch rufe mich nimmermehr hinführe mit Namen!

Als der Geist dies gesagt hatte, wich er von mir. Ich aber erwachte gleichsam aus einem Traum und machte mich auf, der Orbellen Leib zu begraben. Herr! ich habe den Leib, welcher ganz mit Blut überlaufen war, mit meinen Thränen so rein abgewaschen, daß ich nimmermehr geglaubt hätte, daß ein Mensch so viel weinen könnte als ich weinete.

Ich hatte mit dem Leichnam bis in die Nacht zu thun, und der Mond war mir noch so günstig, daß er mir Licht verlieh, bis ich einen Sarg von vier Brettern machte, den Leib darein zu legen. Die Grube war schon fertig, und der Sarg ingleichen. Ich hatte aber nicht so viel Kräfte, daß ich diesen unglückseligen Leichnam allein hätte verwältigen können, denn mein weinendes Gemüth und die halbsterbende Seele waren unkräftig, diese unseligen Glieder zu heben. Endlich, als ich mich fast todt geweinet, nahm ich doch mit Gewalt meine erstarrten Hände zu ihrem Amt an, damit meine Liebste nur unter die Erde käme, denn nach meinem Tod wäre es nimmermehr geschehen, daß sie wäre begraben worden. Und weil mir der Tod auf der Zunge saß, eilete ich, mit der Beerdigung fertig zu werden. Ich sollte ihr ein Leichenlied singen, aber die Worte zerbrachen in meinem Munde, daß nichts als ein trauriges

Ach davon erhöret wurde. Ich saß auch noch auf dem Grabe und bat den Himmel, er möchte mich doch auch zu sich nehmen und derselben zu gefallen. Es war alles vergeblich, meine Unwissenheit zu beweinen und die Mordthat zu beklagen.

Nachdem ich also mit meinen Jammerworten den Himmel angefüllet, kam die Alte und wollte mich mit zu Bette haben. Ich fragte sie, was ich mit ihr zu schaffen hätte? Sie sagte, ich hätte mit ihr zu schaffen, und ich sollte fortgehen, sonst wollte sie mich mit einem Prügel nach Hause weisen. Ich gedachte an die Worte des Geistes, allein die Thränen hatten mich so sehr ausgemattet, daß ich keinen Fuß vor den andern setzen konnte. Als ich nun auf das andere Wort der Teufelin nicht gehorsamete, faßte sie mich bey den Haaren, und schleppte mich auf der Erde so jämmerlich über Stein und alles, daß ich einem Uebelthäter gleich sah.

G — A.

Nah' ist
Und schwer zu fassen der Gott.
Und wenn die Himmlischen jetzt,
So wie ich glaube, mich lieben,
Wie vielmehr Dich,
Denn Eines weiß ich,
Daß nehmlich der Wille
Des ewigen Vaters viel
Dir gilt. Still ist sein Zeichen
Am donnernden Himmel. Und einer stehet darunter
Sein Leben lang. Denn noch lebt Christus.
Es sind aber die Helden, seine Söhne,
Gekommen all und heilige Schriften
Von ihm und den Bliz erklären
Die Thaten der Erde bis jetzt,
Ein Weltlauf unaufhaltsam. Er ist aber dabey
Denn seine Werke sind
Ihm alle bewußt von jeher. Hölderlin.[1]

[89] Der gehörnte Siegfried und die Nibelungen.

Von J. Görres.

III.

Die zwölf Säulen am Riesenwege.

Fassen wir genauer das Bild ins Auge, das wir in jener Sage eben an uns vorübergehen sehen, dann dringt sich ein merkwürdiges Resultat uns auf. Zunächst ergiebt sich, daß das Ganze auf eigentlichen teutschen Gedichten ruht, die hier nur in Prosa aufgelöst, und in Form eines Romans gebracht erscheinen. Ausdrückliche Zeugnisse dessen, der die Paraphrase unternommen, hier und da durch das Buch zerstreut, bestättigen diese Annahme. So sagt er p. 445 bey Gelegenheit des Zuges von König Isung nach Wilkinaland, wo die Königin Ostacia ein Heer von wilden Bestien durch ihren Zauber ihm entgegensandte: „Teutsche Lieder beschreiben, wie sie ein Heer von Wehrwölfen gehabt, und selbst als Drache dabey gewesen sey"; dann heißt es auch wieder p. 494 gegen das Ende der Nibelungen: „Denkwürdig sind die teutschen Berichte der Einwohner von Susa (so heißt hier Attila's Hauptstadt), die erzählen, was Alles damal sich zugetragen. Sie bezeugen den Tod Hagene's und Isungs; weisen den Kerker noch, worin König Günther starb; den Garten, der von der Niederlage noch jetzt der Nibelungen Garten heißt. Auch andere glaubwürdige Männer von Münster und Bremen haben, ohne von jenen etwas zu wissen, mit der treffendsten Uebereinstimmung alles beynahe mit denselben Umständen beschrieben.

---

[1] Vgl. „Friedrich Hölderlin's sämmtliche Werke herausgegeben von Chr. Th. Schwab. Zweiter Band. Stuttgart und Tübingen. 1846." 8⁰. S. 222, 227. Das oben Mitgeteilte bildet den Anfang und eine Stelle aus dem Schlusse des Gedichtes Patmos [1803].

Daraus ergiebt sich die unbezweifelte Wahrheit der Volkstraditionen, die man in Gedichten teutscher Sprache zur Verherrlichung der Thaten großer Männer zu singen die Sitte hatte.“ Wieder an einem andern Orte: „die teutschen Gedichte reden von dem blutigen Streite Dieterichs und der Niflungen, und wie das Schwert Eckisax auf den Helmen geklungen; endlich im Zorne sprühte [90] Dieterich Feuerfunken, daher der Ursprung der Sage, Hagens Panzer sey glühend davon geworden.“

Unter diesen Gedichten waren nun auch, wie sich aus der Vergleichung ergiebt, die Nibelungen; und andere, die sich mit etwas veränderten Formen im Heldenbuche, in den Dänischen Wiskers und der Edda erhalten haben. Betrachten wir unter dieser Voraussetzung die innere Construction der Sage, und sehen wir auf den genauen und innigen Zusammenhang, in dem alle Theile derselben ineinander greifen; wie sie keineswegs blos durch einen zufälligen äußern Faden verbunden sind, neben einander gestellt etwa durch die Willkühr des Sammlers, sondern wie ein inneres Band sie in sich selbst zu einem Organism verknüpft, in dem Jedes mit dem Andern und dem Ganzen auf eine solche Weise verkettet ist, daß immer das Erste sich auf das Letzte und hinwiederum zurück bezieht: dann steigt die Wahrscheinlichkeit uns auf, daß die Sage keineswegs auf eine Reihe nur lose untereinander verbundener Romanzen sich gründe, sondern daß ein großes colossales Gedicht ihr unterliege, in dem die Nibelungen nur ein Gesang gewesen sind, während Trümmer der Andern im Heldenbuche und sonstwo sich erhalten haben. Wir würden dann, ausgehend von dieser Annahme, und verfolgend die Spuren der Gliederung, die unverkennbar durch das Werk durchgehen, das Ganze etwa so eintheilen, daß im ersten Gesange die Erzählung von Dieterich und Hildebrand das Gedicht begonnen habe, dann IIter Gesang Velent und Vidga diesem sich angeschlossen, III Osantrix und Attila, IV Detlef und Sigurd von Griechenland, V Dieterichs Hülfszug nach Hunnenland, VI Sigmund und Sigurd swen, VII Der Zug der dreyzehn Helden nach Bertangelland, VIII Iron Jarl und Salomon, IX Sifka und Ermenrek und Dieterichs Vertreibung, X Zug nach Italien mit den Hunnen, XI die Nibelungen, XII Dieterichs Rückkehr. So würde das Ganze also in [91] zwölf Gesängen sich gerundet und geschlossen haben zur Himmelsbrücke, aus eben so viel weit gespannten Bogen gewölbt, auf der die Poesie herübergestiegen im Feyerzuge aus einem andern Welttheil in den Unsern. Und hat wirklich je ein solches Werk bestanden, dann hat die Nation in dem ein Denkmal besessen, wie kaum irgend eine Andere, und wir müßten seinen Untergang als ein öffentliches Unglück bedauern.

Aber es entsteht, wenn wir erwägen, was aus so frühen Zeiten in der Edda und der Skaldenpoesie sich gerettet hat, und dort als nordisches Erzeugniß sich ankündigt, die Frage, ob denn überhaupt dieser ganze poetische Kreis teutschem Boden eigenthümlich angehöre, oder später erst ihm zugeführt worden und in ihm angepflanzt? Es kann nicht von besondern Formen die Rede seyn, sie wandeln, wenn die Poesie noch lebt, und nicht in Büchern einbalsamirt liegt, in Tücher eingewickelt, mit Hieroglyphen beschrieben, wie die Geschlechter vorüberwandeln: aber mit dem, was unwandelbar in den Generationen durch die Formen läuft, ist auch das Urerste ihrer Poesie gegeben; von dieser Kernmasse, die das Erste und das Letzte zugleich befaßt, kann nur gesprochen werden. Da ist es denn klar, daß der Ursprung der nationellen Poesie zusammenfällt mit dem Ursprunge der Nation; wo ihre Geschichte aus der Naturgeschichte hervorgebrochen, da ist der Faden angeknüpft, und sie nehmen ihn durch alle Gänge ihrer Entwicklung mit: der Faden aber ist nicht gesponnen aus todter Faser, eine grünende Schlingpflanze umrankt er die Schreitenden, und umwindet sie schön und freudig anzusehen, wie mit grünen bunten Schlangen mit Laub und Blüten, und wächst immerfort wie das Leben weiter eilt, und welkt mit ihm und stirbt mit ihm. Wir schiffen an dem Strom hinauf, in dem die Völker sich ergießen; der eine Arm, der über den Norden zieht, führt nach Asien zum Caucasus hinüber, aber wir finden die Quelle nicht, denn die Wunde ist vernarbt, die Erde ist von ihr genesen. Weint der Stein in Jerusalem auf diese Stunde noch, der den Herren leiden sah, die Berge dort in Armenien Zeugen der Wundergeburt, sprechen in ihrer Sprache noch von den Ereignissen, und die Sage, die auf den Bergen geht, singt noch immer ferne und leise durch die dicht zu Jahrtausenden gedrängten Jahrhunderte hervor, rührend tönen die Heldenchöre durch die milde Dämpfung. In der That geht ein Geschlecht von Sagen im Orient um, das in gerader Linie von denselben Vorvätern abgestammt, den gleichen Familiencharakter mit den nordischen Traditionen trägt. Die Perser, obgleich ein östliches Volk, doch dem Caucasus eng verwandt, und aus einer Wurzel mit Jenen hervorgegangen, haben in [92] ihrer Poesie auch am meisten nordische Physionomie angenommen. Das königliche Buch, Schach Nameh, in 60000 Beits oder Distichen von Ferdoussi im zehnten Jahrhundert nach alten Traditionen und persischen Chroniken zusammen gedichtet, erzählend die Thaten der alten persischen Rokh's, (Recken) Heroen aus den ersten Dynastien feyert besonders dort die beyden gepriesensten Helden des Orients Rostam und Asfendiar. Rostam, Sohn von Zal-zer Goldhaar, dem schönen Jüngling, in den sich Roudabah aus Kablestan verliebt; unter allen persischen Kriegern der tapferste, Tchoumten der Bronzerne genannt; in vielen Schlachten und Zweykämpfen immer siegreich; besonders durch jenen großen Streit berühmt, den das Gedicht Genk duazdeh Rokh, Kampf der zwölf Helden, gleich den douze preux de la France, genannt, besingt, wo beym Einbruch der Turanier aus Turkestan über den Gihon in Persien unter Caikhosru, zwölf Helden von beyden Seiten in einem Gottesurtheil den Krieg entscheiden sollen, und Rostam nun durch seine Thaten den Persern den Sieg zuwendet. Asfendiar aber Gischtasbs Sohn, von ihm auf Zerkunbudan im goldnen Schloß gefangen; beym Einbruch Argiasbs aber in Freyheit gesetzt, seine Eisen mit den Händen brechend, greift er die Feinde an, und wirft sie schnell über den Oxus zurück, und tödtet den König der Turanier im eigenen Schloße Rouiindiz, Erzhaus. Wie sein Vater ihn aber gegen Rostam sendet, der in der Provinz unabhängig sich gemacht, da dauert der Zweykampf unentschieden einen ganzen Tag hindurch; erst am zweyten gelingt es Rostam, wie er gewahr worden, daß Asfendiar durch Zauber unverwundbar für Pfeil und Schwerdter ist, ihn mit der Keule zu erschlagen, nachdem Wunder des Muths und des Waffengeschicks von den Kämpfenden verrichtet worden. Ausserdem hat die persische Literatur eine Reihe Romane über die erste fabelhafte Heldendynastie der Pischdadier, die mit Caioumarrath, dem Kaiomorts des Zendavesta, 4000 Jahre vor der christlichen Zeitrechnung beginnend, viele Jahrhunderte befassend, durch Tahmurasb, Giamschid, den Erbauer von Persepolis, den alte Eskander Dhoulcarnein, den zweygehörnten, der die Mauer baute, von der wir oben geredet, Zhohak, Feridun und mehrere andere Könige in die zweyte Dynastie der Caianiden übergeht. Unter diesen Romanen, Namehs genannt, sind besonders Caioumarrath, Thamurath, Houschenk, Caherman Nameh im Orient berühmt. Dort sehen wir alle die Hauptmomente der occidentalischen [93] Poesie gleichsam vorbildlich angelegt. Die Riesen auf dem Gebürge Caf, denen besonders der Dritte in der Linie Thahamurath furchtbar ist, deswegen auch Devbend, Riesenbändiger, auch Pehelevan Zaman, der Held seines Jahrhunderts genannt, weil er sie geschlagen, und in unterirdische Höhlen eingesperrt. Unter ihnen besonders gräulich Safagan Semendoun mit tausend Armen, Argenk, Demrusch der schrecklichste, der in einer Höhle wohnt, umgeben von unermeßlichen Schätzen, wohin er die schöne Mergiane entführt, die Siamak befreyt. Das Schild des Gianbengian, berühmt im Orient, wie jenes des Achilles, das drey Solimans nacheinander schon gebraucht, das dann auf Kaiumarat übergieng, aus sieben Häuten verfertigt, mit sieben Kreisen umgeben, als Talisman gebildet, so daß es allen Zauber der Riesen und Dämonen zerstörte; Tigatesch das Blitzflammenschwerd, und Samsam das sehr gute Schwerd, das bis zum Khalifen Harun al Raschid kam; der Panzer Gebeh, der in jeder Schlacht Sieg verschafft; das Schlachtpferd Soham des Sam Nermans, das alle Ungeheuer schlug; die späteren Greife im Vogel Simorg anka, der sieben Weltalter gesehen, und alle Sprachen spricht; die Feen im Lande Ginistan: das alles sind gleichsam stehende Typen der Poesie, die dort noch vom ersten Guße sich erhalten haben. Man könnte glauben, daß diese Gedichte, Werke späterer Zeit, etwa aus dem Occident herübergekommen seyen, allein leichter gehen die Dinge mit dem Strome, als daß sie gegen ihn ankämpfend sich bewegten; schon im zehnten Jahrhundert lebte Ferdoussi, und später hin bey weit genauerer Berührung hat der Orient mehr gegeben, als empfangen. Aber weit hinter Ferdoussi und die übrigen neupersischen Dichter fällt auch die Entstehung dieser Sagen zurück. In Mahomets Geschichte wird erzählt, wie zu seiner Zeit im sechsten Jahrhundert, Nasser ein arabischer Kaufmann, der lange nach Persien gehandelt, bey seiner Zurückkunft von dort die persischen Romane von Afrasiab und Rostam mitgebracht, und ihre Thaten und Abentheuer seinen Landsleuten erzählt; und wie diese ihnen so wohl gefallen, daß, als sie Mahomet mit seinen Geschichten aus dem alten Testamente unterhielt, sie seine Erzählungen verachteten, und jene für weit schöner erklärten, weswegen der Prophet im Grimme daher den Märchenerzähler feyerlich verwünschte. Auch der Zendavesta, noch zwölf Jahrhunderte weiter zurück entstanden, nennt die Namen der meisten jener alten Helden, und erwähnt ihrer Kriege mit den Dews und den Turaniern.

[94] Das war die Mitgabe, die bey ihrem Zuge nach dem Westen die Völker aus dem Stammland mitgenommen, wie sie sich schaarten je nach Stämmen und Geschlechtern und Zungen, da verarbeitete jedes die Masse auf eigne besondere Weise; es siedelte die alte Fabel sich mitten unter ihnen an, und wurde immer wieder jung, und hatte Landesart und Volkessitte, und gieng mit auf allen ihren Wegen, wie ein groß mächtig Wesen, das vor ihnen her immer über die Berggipfel schritt, und Thaten auswarf wie Saamenkorn im Bogen links und rechts, das aufgieng in Gesängen, die durch die Thäler klangen. Scharf geschieden ist in frühen Zeiten jeglichen Volkes Besonderheit: ist jeglich Land mit eigenen Gebirgzügen wie mit großen Runen beschrieben, und ist das Wassernetz darüber hingeworfen, gesponnen aus Flüßen, Strömen, Bächen, Quellen,

alle aber aus dem einen und selben Element herausgebildet, dann ists nichts anderst im Leben unter diesen Völkern. Jede Brust ist auch ein Crystallgewölbe, und die Propheten schlagen mit dem Stabe an, und es quillt frisch und kühl das innere Wallen als ein feuriger Wein hervor; denn es ist Weihnacht für die Nation, und es dauert Jahrhunderte, ehe die zwölfte Geburtsstunde an der Weltuhr ausgeschlagen. Jedes Volk giebt eigene Weinesart, seine Geschichte ist die Gährung, in der sich der brausende Geist befreyt, blutroth schafft ihn der wilde Krieg, golden der Frieden und die Liebe; wäre die Zunge und das Auge fein und scharf, sie mögte die ganze Chronik der Vergangenheit in der lichten Klarheit kostend lesen, um sie in dem Rausche immer wieder zu vergessen. Sicher! hat bey irgend einem Volke ein poetisches Denkmal sich erhalten, das ganz auf seiner Geschichte ruht, das gleichsam das Herz dieser Geschichte selbst ist, das in seinem Wesen mit dem Wesen der Nation aufs innigste verflochten, ihre ganze Charakteristik trägt, wir können glauben, daß es auch auf ihrem Boden, in ihrem Gemüthe, geworden sey. Attila's Einbruch war ein schweres Verhängniß eingetreten in jene Zeit; wie ein feurig, wirbelnd sausend Meteor zog es dahin, und warf nieder alles vor sich her; die germanischen und die gallischen Völkerschaften, unter ihnen besonders die Gothen, waren mitten hineingezogen in den Sturm, die Römer aber standen wie eine versinkende Erscheinung am fernen Horizont. Mit ihnen war die griechisch lateinische Poesie auch alt geworden, aber die Naturpoesie nimmer alternd, war unter den Barbaren selbst eine Barbarin geboren, und Scalden, Barden, Seanaghies waren ihre Blutpriester und ihre Verkündiger. Germanen und Hunnen, Stahl und Kiesel: in dunkeln, glühenden Funken sprühte das schlafende Feuer auf, und schlug frey geworden seine tönenden Kreise durch die Lüfte durch. So wurde gewaltsam der innere Geist entkettet, und in den leichten, schwebenden Gesang gefaßt. In diesen Bardenliedern müssen wir die zweyte Quelle der Nibelungen anerkennen, wie wir die innerste Ader tief im Osten aufgesucht. Teutschland, wie es damal tief hinunter nach Spanien, Gallien und Italien selbst Africa gereicht, und hinauf nach Britanien und Scandinavien; all das weite Gebiet durch das Band einer Muttersprache verknüpft, war das Feld, auf dem die Stürme um den Anfang des neuen Erdenjahrs gegeneinander sich versuchten. Wie Pilger zogen in ihm nach allen Richtungen die Nationen auf Kampf und Schlachten aus; unter ihrem Tritt bersteten die Adern der Erde, sie blutete in tausend kleinen Springquellen auf, und daraus sammelte sich später erst der schöne große Strom das Epos; der Mittelpunct seines Lebens kann nur in der Mitte seiner Geschichte liegen.

Nachdem große Staaten aus dem Muttervolke, große geschlossene Sprachen aus der Muttersprache sich geschieden hatten, und die Cultur einen allgemeinen Verkehr zwischen den Organen, gleichsam wie durch ein [95] höheres Nervensystem vermittelt hatte, begann der Tausch und Wandel. Im Urbeginn war eine Poesie und eine Fabel, die bildete im Fortschritte jedes Volk auf eigene Weise sich und seinen Thaten an; im Verfolge strebte dann das individuell gebildete wieder zur Vereinigung anderer Art, wie die Flüße eins sind im Erdenschooß, und eins wieder werden wollen im Meeresschooß. Von Lande zu Lande wurde die Sage hinübergerufen, die vorher innerhalb des Bans beschränkt geblieben; es begann ein Aneignen, ein Sammeln, ein Acclimatisiren, wie in den Kunstgärten nach und nach sich die Pflanzen aller Himmelsstriche sammelten, und von dort aus die Geographie der Vegetabilien sich immer mehr verwirrte. So reißten die Isländer z. B. im zehnten und eilften Jahrhundert viel nach Teutschland; Erlangen und Cöln waren die Orte, die sie besonders häufig besuchten. Sämund Frode, der Sammler der Edda hielt sich um 1070 an dem letztern Orte auf; sie machten sich mit der teutschen Poesie bekannt, und brachten sie nach dem Vaterlande mit, und es verband dort sich mit dem, was Einheimisches erblühte, und wuchs und gedieh recht fröhlich neben dem, was des Landes war, und bald hatten die folgenden Geschlechter schon das Andenken daran verloren, wie all das sich zusammengefunden hatte. Dadurch wird indessen keineswegs die Wahrscheinlichkeit auch des ganz entgegengesetzten Ganges ausgeschlossen. Glänzend wie irgendwo war im Norden die Poesie erblüht, Dichter machten Kriegszüge der Fürsten, und ihre Pilgerfahrten nach dem heiligen Lande mit, und bildeten die Fahrten selbst in Gedichte um; von einer eigenen poetischen Wuth gleich der Beresenkerwuth, die diese Scalden ergriff, und jedesmal mit den Aspecten des Mondes zusammenhieng, die ihre Poesie eben als reine Naturpoesie bezeichnet, was man auch immer gegen diese einwenden mag, sprechen die Chroniken und Sagen aus jenem Lande: unmöglich kann es ihm daher an eigenthümlichen Dichtungen gemangelt haben, was denn auch ihre großartige schöne Mythe bis zur Anschaulichkeit beweißt. Allerdings kam wohl der Hauptstoß von Osten her, der den Stromgang der Völkerwanderung zuerst in Bewegung setzte, aber es kam unläugbar auch ein bedeutender von Norden herab, und mit den Volkssäumen schwärmte auch die Poesie von jenen Gegenden aus. Die Flora des Nordens und des Südens wurde wechselseitig gegeneinander umgetauscht, und wir dürfen uns deswegen nicht irre machen lassen, wenn wir große Gedichte, die ursprünglich auf teutschem Boden ruhen, umgebildet auf nordischem erblicken.*) Die Geschichte hat nicht Buch gehalten über das, was in jedem Lande eignes gewachsen ist, oder wißt ihr etwa auch um das Vaterland des Brodes nur, das ihr täglich esset? Behalte daher unbestritten der Norden seine Mythe, Teutschland sein Epos; jene ruht eben so unbezweifelbar auf nordischer Natur, wie dies auf gothischteutscher Historie. Sage gegen Sage gesetzt, finden wir im Codex der Annalen des Snorro, da wo er p. 75—76 die Geschichte des Wid- [96] for oder des Magus Jarl beschreibt, wie Carl der große, nachdem er so vieles von den alten Helden Dieterich von Bern, Vidgo Velints Sohne, den Niflungen Gunnar, Isung und dem nordischen Haldan gehört, begierig geworden sey, sie selbst einmal zu sehen, und wie der Magier nun durch Zauberey es dahin gebracht, daß alle bewaffnet, auf ihren Pferden sitzend, geschaart in drey Reihen dem Kayser entgegengetreten seyen. Dieterich in der Reihe der Dritte unter den zwölfen, vor allen ausgezeichnet durch Kraft und riesenmäßiges Ansehen, sey dann vom Pferde gestiegen, und alle hätten auf Sitzen um den Kayser her Platz genommen. Daraus ergiebt sich, wie weit die Tradition den Ursprung jener Dichtungen zurück versetzt, und wie sie keineswegs als eine nordische örtliche Heldensage betrachtet wurde, sondern als eine dem ganzen teutschen Europa Gemeinsame. Ein vierter Aufsatz, der was unmittelbar auf teutschem Boden sich von ihr erhalten hat, entwickeln, und die Reihe dieser Untersuchungen schließen soll, wird dies Resultat noch späterhin bestätigen.

Seelied.

Es schien der Mond gar helle,
Die Sterne blinkten klar,
Es schliefen tief die Wellen,
Das Meer ganz stille war.

Ein Schifflein lag vor Anker,
Ein Schiffer trat herfür:
Ach wenn doch all mein Leiden
Hier tief versunken wär.

Mein Schifflein liegt vor Anker,
Hab keine Ladung drinn,
Ich lad ihm auf mein Leiden,
Und laß es fahren hin.

Und als er sich entrissen,
Die Schmerzen mit Gewalt,
Da war sein Herz zerrissen,
Sein Leben war erkalt.

---

*) Das Gedichte über die Rache der Chrimhildis auf der Insel Hvena, von dem oben die Rede war, wird gleich brav wie das vorige des Dieterich von Bern von Herrn Grimm übersetzt, in einem der nächsten Blätter [Nr. 23, Sp. 182 f.] folgen. Der Uebersetzer hält den Schluß des Gedichtes von Hagenes Sohn, und dem Tod der Chrimhildis für unterschoben. Es mögte dieser Schluß, der sich auch in der Wilkinasage findet, wohl gleich ächt seyn, wie das Uebrige, beydes nur accomodirt dänischen Verhältnissen. Die Vermuthung würde vieles für sich haben, daß diese Accomodation von dem Scalden Thiodolf, Dichter am Hofe Harald des schönhaarigen, Verf. der Ynglingatal, der auch am Anfange der Snorroschen Edda angeführt ist, und selbst von der Insel Hvin (Hwen, worauf Tycho Brahes Uranienburg) gebürtig war, herrühre.

Die Leiden all schon schwimmen,
Auf hohem Meere frey,
Da heben sie an zu singen
Eine finst're Melodey.

Wir haben fest gesessen
In eines Mannes Brust,
Wo tapfer wir gestritten
Mit seines Lebens Lust.

Nun müssen wir hier irren
Im Schifflein hin und her;
Ein Sturm wird uns verschlingen,
Ein Ungeheuer im Meer.

Da mußten die Wellen erwachen
Bey diesem trüben Sang;
Verschlangen still den Nachen
Mit allem Leiden bang.

B.

Zeitung für Einsiedler.

1808. — 13 — 14. Mai.

Apoll.*)

Wenn aus Aurorens
Purpurgewölken,
Die Düfte theilend
Mit der Strahlen Gewalt,
Phöbos, der Herrliche, tritt,
Daß die goldnen Locken
Im Sturme flattern,
Daß unter dem leuchtenden Fuße
Wonnig die Erde bebt,
Und mit der Blumen thauigem Blick,
Mit den befiederten Kehlen,
Und der Sterblichen neuerwachtem, regem Gewühl,
Schmachtend, seiner Fülle sich entgegendrängt:

Sieh! Er wandelt,
Von ihr unbewegt,
Den ewigen Gang;
Sendet die glühenden Pfeile
Aus belebendem Köcher
Segnend zur Tiefe herab;
Oder verbirgt sie,
Nach seinem Gefallen,
Schlaff das Feuergeschoß,
In der Wolken dunkler Umhüllung.

Denn um der Erde
Dürftige Kinder
Lebt unbekümmert
Der Himmlischen Chor;
Ob in dem engen Busen,
Taumelnd vor Seligkeit,
Das Herz in flüchtiger Wonne rast:
Oder zum Abgrund geneigt,
In den finstern Gewalten,
Blutig die Thräne dem Aug' entstürzt:
Sie spotten seiner.
Sitzend da droben
Am schwellenden Mahl,
Wo ewige Freude den Saal durchrauscht,
Wo, von Schmerz unbedrängt,
Nicht kennend die Sehnsucht,
Hebe den Nektar vollschäumender Jugend schenkt!

Oder er tritt herab
Der Strahlen entkleidet
In der Seuche tödtender Finsterniß;
Und mit gelassener Hand
Schnellt er nächtliche Pfeile
Von wild-dröhnender Senne ab;
Daß in der Rosenröthe
Die Jugend bleich wird,
Und Greise gramvoll,
Und Mütter verlassen,
Auf die theueren Leichen gesenkt,
Zagend in Todesnoth,
Vergeblich wehklagend, die Arme wenden zum Himmel empor.

Dann über Quellen geneigt
Und anmuthige Teiche
Von Erlen umkränzt,
Bewegt er das lichtlockichte Haupt
In dem silbernen Spiegel sich schauend.
Die Bläue beschaut sich mit ihm;
Ihm duften die Fluren:
Ihm schweigen die Lüfte:
Und er verweilt lange, ruhig,
In göttlicher Seligkeit,
Staunend, verwundernd,
Seiner eigenen Schöne sich freuend,

Müde des Lenkens
Läßt er drauf die ermatteten Rosse,
Wo sie die Nacht in plätschernden Wellen tränkt;
Und am Abhang gelagert,
Stimmt er die tönende Leyer
Zu des Herzens nie schweigendem Jubelgesang:
Dann klingen die Felder
Weithin von dem wunderbaren Lied;
Staunend aus den Wäldern
Horcht das Gewild auf:
Die Felsen versuchen den Nachhall;
Der Vögel geselliger Schwarm
Ruht lauschend in der Nähe,
Die Töne saugend in die melodische Brust;
Und abseits in den Thälern
Stehn die Hirten, auf die Stäbe gelehnet,
Blicken sinnend in den Abendglanz,
Und der Friede, die Stille,
Die Ruhe, die Liebe,
Kehrt unbegriffen in ihr mühegelöstes Herz!

---

*) Dieses Gedicht ist ursprünglich bestimmt, in einen Cyklus griechisch-mythologischer Darstellungen einzutreten.

Wie du erscheinest
Phöbos-Apollon
Vor des Sterblichen trunknem Blick;
Wildstürmend, verzehrend,
Von Nacht umdunkelt,
Umflügelt von Graun:
In warmem Leuchten erquicklich:
Immer senk' ich mein Antlitz.
In Demuth gebeuget,
Vor deiner Herrlichkeit!
Aber willkommen bist du,
Wenn du der reinen Brust
Heilige Lieder vertrauest.
So beglücke mein Leben
Treu dir, von Gesängen umklungen!
Dann winke nur leise
Dem muthwilligen Gott,
Daß er um die gaukelnden Fersen gesittigt,
Den grauen, müden,
Gern folgenden Greisen
Mild leite zu des Orkus dunkelem Thor!

Christian Schlosser. [1]

[97] Golo und Genovefa,

ein Schauspiel in fünf Aufzügen vom Maler Müller. *) [2]

Der Anfang des Stückes erweckt die Burgen, wo in der Ruhe allerley Liebe sich verbunden hatte, mit [98] den Anstalten zum

*) Wir liefern hier einen Ueberblick des einzigen geendigten ungedruckten dramatischen Werks von dem allgemein geehrten [98] Friedrich Müller (bekannter unter dem Namen Maler Müller) die allgemeine Neugierde ist darauf gerichtet, aber nicht diese, sondern dramatischen Sinn wünschten wir zu befriedigen. Deutschland dankt die Erhaltung dieser Arbeit, so wie die nahe Herausgabe der Schriften Müllers, (der noch seiner Kunst in Rom lebt) dem schönen Eifer Ludwig Tiecks, [99] dessen Ruhm und Einwirkung erst die Nachwelt im ganzen Umfange ermessen kann. Müller, als Maler und Dichter zugleich eigenthümlich, ist besonders seinen Landsleuten ein herrliches Zeichen jener saturnischen Zeiten, ehe der Krieg die Länder zerrissen, die der Rhein mit steten Lustreisen verband. Das Wohlleben jener Zeit, ihre Laune, ihr Aufstreben, ihr Uebermuth und ihre Rundung zeigt sich vielleicht in keinem, außer Göthe, so bestimmt wie in ihm, die Geschichte der Pfalz hat noch ihre näheren Ansprüche, denn kein Geschichtschreiber hat diese Empfänglichkeit zum Wohlleben wie er in seinen Idyllen gefühlt und dargestellt. Wer so wie Müller, und ich berufe mich auf das Zeugniß zahlreicher Freunde, alle die ihn irgend berührten mit Achtung und Begeisterung für Kunst erfüllte, daß nach Jahren noch sein Bild wie von einem alten Meister in frischen Farben glänzt, während die neueren ergrauten, der bezeichnet auch ohne Erwähnung in Literargeschichten eine Periode, es ist ein fremdes Auge im Stamme, aus dem wunderbare Früchte wachsen müssen.

So hat auch seine Genovefa durch Ludwig Tieck schon ihre Frucht in dessen Genovefa getragen, so wie diese in den Zeichnungen der beyden Riepenhausen auch die bildende Kunst angeregt hat. Tieck wollte Müllers ganzes Werk in der Fortsetzung seines herrlichen poetischen Journals bekannt machen, als die unruhige Zeit alle Aufmerksamkeit zu dem täglich wachsenden Lebensdrange hinzog. Die Verschiedenheiten der Zeiten, die Berührungen und Entwickelungen des Geistes, der in der Welt durchdringt, und alles Entgegenstehende niederwirft, zeigen sich, wenn wir beyde Kunstwerke auch nur einen Augenblick einander gegenüber stellen: die neueren Anforderungen an Sprachherrlichkeit und strenges Zeitmaaß und Zeitkostum in Ausdruck und Gesinnung, finden wir bey Tieck erfüllt, bey Müller finden wir durchweg glückliche, behagliche Zeit, die sich selbst in der entferntesten

[1] Geb. 1782 zu Frankfurt a. M., Sohn des Hieronymus Schlosser des Bruders von Goethes Schwager J. G. Schlosser, Mediziner, im Jahre 1818 Direktor des Gymnasiums zu Koblenz.

[2] Friedrich Müller, genannt „Maler Müller", geb. 1750 zu Kreuznach, † 23. April 1825. Vgl. „Mahler Müllers Werke". Heidelberg bey J. C. B. Mohr 1825. 8⁰. Bd. 3. S. 78—84. 115—130. 5. Aufzug, S. 376 bis zu Ende. Neuerdings ist Golo und Genovefa herausgegeben von Sauer in Deutsche National-Literatur, Stürmer und Dränger 3. Berlin und Stuttgart. 8⁰.

Mohrenkriege. Es kommt die Nachricht, daß Golo zurückbleiben soll, daß Siegfried alles [99] Zutrauen in ihn setzt sein Eigenthum zu beschützen, es ist vielen nicht recht, doch vergißt sich das über dem Abschied. Carl, ein junger Ritter, scheidet schmerzlich von Julie, die bei der Genovefa als Gesellschafterin bleibt. Genovefa wünscht mitzuziehen, aber Siegfried erlaubt es nicht. Siegfried überträgt dem Golo Ring und Siegel und alle Gewalt. Heinrich, ein schwatzhafter Arzt, erheitert die Scheidescenen. Als alle fort sind, prüft Golo sein inneres Wesen im Vorzimmer der Genovefa, er liebt sie, aber er meint nicht, daß er etwas Böses wolle; ein Kammermädchen bringt ihn auf einige andere Gedanken von Genovefa, sie kommt, und in ihrer Güte und traurigen Hingebung wird er fast wider seinen Willen vorlaut mit seiner Leidenschaft. Mathilde, die heimliche Mutter Golos, öffentlich seine Erzieherin, entwickelt ihre Plane, Herzogin von Schwaben zu werden, sie ist unzufrieden, daß Golo zurückgeblieben, sie scheint eine Hausfreundin der Genovefa, und reist zu ihr. Ein Einsiedler, eigentlich ihr versteckter Liebhaber, Wallrod, der ihretwegen seiner Familie entlaufen, wird fortgewiesen und beschließt sich zu rächen. Den zweyten Aufzug beschließt Golo mit dem Liede, dessen herrliche Entwickelung in Tiecks Genovefa

Zeit wieder erkennen, uns ihre Verhältnisse und Lebensarten [100] dahin übertragen mag, und wie die Zeit ernster geworden ist, so finden wir bey Tieck geistliche Erbauung vorwaltend, bey Müller geistige Belustigung in Abwechselung des Tons. Beyde haben Shakespeare gekannt und beyde anders verstanden, so daß man wohl endlich lernen mag, daß die allgemein Bewunderten nicht eben die Verständlichsten sind. Deutschland ging in der Zwischenzeit durch eine philosophische Ausgleichung und durch eine fortschreitende gelehrte Uebung; das deutsche Alterthum, dessen Kenntniß sich zu Müllers Zeit auf einige Ritterausdrücke beschränkte, ist seitdem mit einer Energie durchsucht und ergriffen worden, die nothwendig auch in der äußern Bildung des Volks künftig Zeugniß ihrer Einwirkung ablegen wird. Hochherzig in der Uebersicht unsrer Literatur, wie sie so reichhaltig denselben Stoff zweyfach ganz verschieden darstellen konnte, während die andern Völker sich mit der Erzählung begnügen müssen, die auch in unserm Volksbuche viel schöner erscheint, wenden wir uns mit einigem Eckel zu der wüthigen Heerde im Morgenblatt,[1] in die der Teufel gefahren, und fürchten uns besudelt zu werden von denen, die von Tieckscher Be-, Ver- und Zerarbeitung alter Gedichte reden, indem sie in frecher Unwissenheit den König Rother in das Heldenbuch setzen, ihn zerarbeitet meinen, während Tieck fast nichts verändert hat, wie ihnen die Sprache sagen könnte, dem aber wohl das hohe Verdienst bleibt, dieses merkwürdige handschriftliche Gedicht, beym Lautlesen durchaus allen verständlich, seinem Volke bekannt gemacht zu haben. Doch wissen wir schon aus dem Buche vom ausgelassenen, wütigen Teufelsheer Straßburg 1586, S. 328, daß viel Teufel den Einsiedlern erscheinen, sind auch darauf gefaßt, und wenn wir nicht fürchteten, daß mancher wegen solcher elenden Streitigkeiten unser Blatt kaufen möchte, für den es nicht geschrieben, so würden wir wie Thedel von Wallmoden mit dem gehangenen Pferdediebe[2] uns einen absonderlichen Spas mit ihnen machen.

[1] Vgl. Morgenblatt 1808, Nr. 106.

[2] Vgl. „Die deutschen Volksbücher. Gesammelt . . . von Karl Simrock.“ Bd. 9. Frankfurt a. M. 1856. 8⁰. S. 414 f. Der Teufel will die Furchtlosigkeit des glaubensstarken Thedel Unverfährt versuchen und setzt einen gehangnen Dieb auf die „Heimlichkeit“. Da nun Thedel diesen findet, nimmt er ihn ohne zu erschrecken beim Schopf und setzt ihn bei Seite, beim Verlassen des heimlichen Gemachs aber wieder ruhig an den alten Platz.

uns entzückt, es macht den [100] Eindruck, wie die Mutter eines großen Menschen. Wir theilen diese Scene (No. I.) mit. Golo ist jetzt schon nachsichtiger gegen sich, und fügt sich nur unwillig dem Wunsche der Mutter, fortzuziehen, die endlich sogar nachgiebt, und aus Liebe zu ihm seine Sünde fördern will. Golo läßt vor dem Altane der Genovefa ein Chor singen, auch diese Scene theilen wir mit (No. II.). Unterdessen will Wallrod aus Eifersucht Mathilden verderben, er ist zu schwach, und wird von ihr mit Geistesüberlegenheit bezwungen. Golo sucht in allerley nachdenklichen Büchern Rettung aus der Leidenschaft, Mathilde stört ihn darin, sie will alles zu einem bestimmten Ausgang bringen, diese menschliche Lust erscheint in ihr schrecklich. Unterdessen ist Genovefa durch Dragones gewarnt worden, der ein Vertrauter des Wallrod war, es werden Wachen ausgestellt, Golo erhält den Schlüssel zu Genovefas Zimmer durch die Mutter. Zum Garten geht Genovefa, Golo erklärt seine Liebe, Dragones kommt dazu und wird von ihm verwundet, Golo entflieht, und Mathilde, die auch herzueilte, giebt den Dragones, der da wachte, den herbeyeilenden Wachen als Verführer an, und Genovefa als schuldig. Sie werden bewacht. Genovefa verachtet die [101] Freundin in ihrer Klugheit, allerley Liebe begegnet ihr von unbedeutenden Leuten, sie gebiert den Schmerzenreich. Mathilde läßt den Dragones durch seinen Freund Wallrod vergiften, um ihn in alle Schande zu verflechten. Im vierten Aufzug bringt Steffen, ein Diener Golos, dem Siegfried die Nachricht von der Gräfin Untreue ins Lager, vorher hat dieser Carln ins Schloß gesandt. — Mathilde hat einen Rath der Ritter versammelt, um über Genovefa zu richten. Vorher geht Golo zu Genovefa, er droht ihr Kind zu ermorden, sie schmeichelt es ihm ab, er geht ohne Hoffnung fort. Zum Rittergerichte erscheint Carl, er erklärt Golos Anklage für Lüge, nach welcher die Ritter sie zum Tode verurtheilt. Golo tödtet ihn im Zweykampfe. Genovefa wird von zwey Mördern in den Wald begleitet, Adam und Margaretha befreyen sie mit Gewalt und Geld, und verbergen sie im Wald, Golo verwirrt sich mit der Ueberlegung seiner Schuld, nach der Ankunft Siegfrieds; in einer wahnsinnigen Nacht verwundet er Mathilde, die ihm dann erzählt, daß sie seine Mutter, er flieht in die Wildnisse seines Schlosses. Julie stirbt, in ihren Händen findet man einen Brief Genovefas, worin sie ihre Unschuld erklärt, Siegfried wird durch diesen und die Nachricht von Mathilden, daß bey ihrer Hochzeit mit dem Herzog von Schwaben, Wallrod das Schloß angezündet und sie vergiftet habe, bestimmt, Golo bey einer Jagd auf die Probe zu stellen, Bernhart treibt ihn dazu; hier folgt No. III. der Schluß des ganzen Stücks, ausgezeichnet in dramatischer innerer Bewegung.

No. I.

Zweyter Aufzug.

Erste Scene.

(Schloßgarten zu Pfelzel. Ein Springbrunn im Hintergrunde.)

Golo mit der Laute, spielt und singt:

Mein Grab sey unter Weiden
Am stillen dunkeln Bach,
Wenn Leib und Seele scheiden
Läßt Herz und Kummer nach.
Vollend' bald meine Leiden,
Mein Grab sey unter Weiden
Am stillen dunkeln Bach.

(wirft die Laute weg) Wer sie nur einmal recht anfassen, nur ein einzigsmal recht satt an's Herz drücken dürfte, der wär's! — Ha! für dich ist's leicht sagen Mathilde: Ritter, entweich von hier, aber so wie ich, — der Hirsch [102] lechzt nach frischem Trank, muß sterben, — zieh mich weg und ich bin tod. Kann nicht, mag nicht gedenken. Nein! nein!

Mein Grab sey unter Weiden
Am stillen dunkeln Bach!

Brandfuchs der Gärtnerjunge.

Brandf. Husch! husch! wieder einen Schmetterling, dazu einen recht schönen. Glückt heut allwegs. (steckt ihn mit einer Nadel auf den Huth) Wird wieder eine Freude für Meister Adam sein, brav hinter'm Glas in seiner Sammlung floriren.

Golo. Der lustige freundliche Junge! Hat ihn gekriegt, seinen Schmetterling, hat ihn, ist zufrieden.

Brandf. Ha! auch da! freundlichen Gruß, Herr Ritter. (giebt ihm die Hand.)

Golo. Wie geht's, Brandfuchs? Wie steht's um die Arie, die ich dir jüngst gab? Hast sie bald auswendig?

Brandf. Kann nur so an Feyerabend-Stunden dran lernen, Tags über treibt mich der Meister zur Arbeit.

Golo. Meister Adam ist sonst ein Freund vom Singen.

Brandf. Das wohl, aber Arbeit, sagt er, geht doch vor.

Golo. Schon recht. — Mach, daß du die Arie bald lernst, kriegst was von mir. — Hast lange nicht vor Genovefa gesungen?

Brandf. Gestern Abend, grade als ihr der Bothe von der Armee die Briefe gebracht.

Golo. Ist ein Bothe von Siegfried ankommen?

Brandf. Wißt ihr denn das nicht? Der schwarze Jacob — gnädiger Herr, kennt doch den schwarzen Jacob? — Ja, das war auch eine Nachricht, die er mitbrachte: jetzt geht alles gut, die Mohren sind jetzt schon so gut wie niedergehauen, all, all miteinander.

Golo. Das wäre!

Brandf. Glaubt's, — mein Bruder ist glücklich bey der Armee ankommen, mein Bruder und Graf Siegfried mit all seinen Leuten frisch und eichelganz. Mein Bruder hat mich grüßen lassen und Ritter Carl hat dem alten Adolf einen Türken-Säbel zugeschickt, den er am ersten Tage gleich einem schwarzen Mohrenprinzen abgenommen. Der alte Herr drinnen hat eine absonderliche Freude drüber, will den Säbel gar nicht mehr aus Händen legen.

Golo. Hm!

Brandf. Daß ihr nur dabey gewesen anzuhören, was er all erzählt, — mein lieber Bruder Christoph — [103] schütz ihn Gott — der gute schwarze Jacob, der mir seinen Gruß überbracht, ich sah ihn zuerst die Brücke rein trotten, hab' seinen Schimmel vor Freuden geküßt.

Golo. Für wen brichst du die Sträuße?

Brandf. Einen für unsre liebe Gräfin, den andern für die schöne Fremde, die jetzt hier ist, — Gräfin, — wie heißt sie doch? Ueber sie selbst vergeß' ich's immer.

Golo. Mathilde.

Brandf. Recht, eine wunderschöne Dame, so prachtvoll und erstaunlich.

Golo. Gefällt sie dir?

Brandf. Für mein Leben. Verkriech' mich in die Hecke und schau' ihr zu halben Stunden nach, wenn sie so stolz im Garten Morgens auf und ab spatzieren geht. — Der Meister hat mich jüngst mal drum gewammßt.

Golo. Weil du guckteſt.

Brandf. Nein, weil ich zu lang blieb.

Golo. Wirst es jetzt satt haben.

Brandf. Ein wenig Schläge, — was thut's? Guck wieder, wenn's sein kann und bin wohl.

Golo. Wähl hübsch, schöne große Nelken voll Thau, Genovefa liebt's so. Würdest es schöner machen, Junge, wenn du zur Arbeit eins sängst.

Brandt. Wenn ihr meint, meinetwegen, Gräfin Genovefens Leibstück. (singt und pflückt hie und da Blumen.)

Am Berg und Hügel hin
Klimm' ich, mein müder Sinn
Schickt seufzend einen Blick
In jenes Thal zurück;
Ach jenes süße frohe Thal,
Die Lüfte ziehen,
Alle Bäume blühen
Erquickend im Thal.

Golo. Arzney für ein liebkrankes Herz. Wohin, Junge?

Brandt. Hui! bleib da nicht, die hübsche Dame, dort kommt sie, — seht! (kriecht in die Hecke davon.)

No. II. 2. A. 4. S.

Genovefa, Mathilde, oben auf dem Altan.

Math. Hurra wie frisch lieblich.

Genov. Schade, daß es Nacht ist, die schöne freundliche Aussicht ist ganz dadurch gehemmt, der grüne Gang schließt sich so traulich an jenes Tannenwäldchen. — Siegfried's Großvater legte es an.

Math. Die Luft buhlt recht mit einem.

[104] Genov. Ihr solltet diese Gegend mal so um die Heuerndte sehn, wie schön es dann ist, da waden die Mähmänner mit ihren Sensen durchs hohe Gras umher, dort zetteln es Mädchen zum Dörren auseinander und singen dabey Erndtelieder, andre häuffen's auf, dann wimmelts recht mit Menschen, alles ist fröhlich, dort im Schatten halten dann die Wagen mit starken vorangespannten Ochsen, das trockne Heu von aufgethürmten Haufen nach Hause zu führen; ein Anblick, der recht das Herz anlacht und erheitert.

Math. Ihr mahlt nach der Natur, schade, daß unser armer kranker Ritter nicht ein bischen von eurem Gefühl an dergleichen ländlichen Scenen hat, das müßte ihn bald kuriren.

Genov. Was ihm nur anliegt! Er bleibt doch ganz gewiß wieder?

Math. Wenn's seine Laune zuläßt, die ihn ganz zusammen drückt. Der Mensch ist wie umgekehrt, ich kenne ihn nicht mehr.

Genov. Woher's nur kömmt.

Math. Aus dem Herzen, dort, wett ich, steckt ihm der Pfeil. Wie's nun in seinen jungen Jahren zu gehn pflegt.

Genov. Glaubt ihr, er hab' einer Dame ein Gelübde gethan?

Math. Ganz gewiß. Der arme Narr, wie sehr er mich jammert. — Schade, daß er sich so verzehren soll.

Genov. Die Dame muß sehr grausam seyn.

Math. Was sind wir nicht, wo uns die Laune ankömmt, Harpyen, Drachen, Vipern dem einen, und schwache girrende Täubchen dem andern. Einen Trojanischen Brand könnte oft ein kluges Weib durch eine nachsichtsvolle Minute löschen. Und was ist's denn auch im Grunde, warum wir die guten Männer oft an langsamem Feuer braten? Seifenblase, die sich von unserm Hirne aufdunset, und wenn sie nur Leidenschaft ein bischen anrührt, gleich in ein Nichts zerplatzt.

Genov. Wie meint ihr?

Math. Liebe, Liebe ist doch alles, was unter Sonn' und Mond sich regt,

Was hüpft und geht
Trägt Amor's Liverey,
Was athmet und weht
Singt Amor's Melodey.

Warum nicht auch wir? — Hört einmal die Nachtigallen aus den zwey hohen schwarzen Linden drunten, wie lieblich! Hab' eine Dame gekannt, die der zärtlichste Ritter bedienet, sie war immer spröde, er immer unglücklich, der stolze schöne Ritter, manches Fräulein beneidete die Dame um ihn, — einmal so der süße Schlag einer Nachtigall durch die Dämmerung her, traf ihr Herz, der Ritter ward gesund von selbem Augenblick. — Gräfin, warum so nachdenkend?

(Die Fortsetzung künftig.)

Zeitung für Einsiedler.

Zwey Särge.

Zwey Särge einsam stehen
Tief im zerfallnen Dom,
König Ottmar liegt in dem einen,
Im andern der Sänger fromm.

Der König saß einst mächtig
Hoch auf der Väter Thron;
Ihm liegt das Schwerd in der Rechten
Und auf dem Haupte die Kron.

Und neben dem stolzen König,
Da liegt der Sänger traut,
Man noch in seinen Händen
Die fromme Harfe schaut.

Die Burgen rings zerfallen,
Schlachtruf tönt durch das Land —
Das Schwerd, das regt sich nimmer
Da in des Königs Hand.

Blüthen und milde Lüfte
Wehen das Thal entlang —
Des Sängers Harfe tönet
In ewigem Gesang.

Justinus Kerner.[1]

Die drey Lieder.

In der hohen Hall' saß König Sifrid:
„Ihr Harfner! wer weiß mir das schönste Lied?"
Und ein Jüngling trat aus der Schaar behende,
Die Harf' in der Hand, das Schwerd an der Lende.

„Drey Lieder weiß ich; den ersten Sang,
Den hast du ja wol vergessen schon lang:
Meinen Bruder hast du meuchlings erstochen!
Und aber: hast ihn meuchlings erstochen!

Das andre Lied, das hab' ich erdacht
In einer finstern, stürmischen Nacht:
Mußt mit mir fechten auf Leben und Sterben!
Und aber: mußt fechten auf Leben und Sterben!"

Da lehnt' er die Harfe wol an den Tisch,
Und sie zogen beide die Schwerder frisch,
Und fochten lange mit wildem Schalle,
Bis der König sank in der hohen Halle.

„Nun sag' ich das dritte, das schönste Lied,
Das werd' ich nimmer zu singen müd:
König Sifrid liegt in seim rothen Blute!
Und aber: liegt in seim rothen Blute!"

Ludwig Uhland.[2]

---

[1] Justinus Kerner, geb. 18. Sept. 1786 zu Ludwigsburg, † 22. Febr. 1862. Vgl. „Die Dichtungen von Justinus Kerner. Dritte sehr vermehrte Auflage. Erster Band. Stuttgart und Tübingen 1841." 8⁰, S. 321. Die erste Strophe des Gedichts hat durch Tilgung des unreinen Reims Dom: fromm eine Aenderung erfahren.

[2] Ludwig Uhland, geb. 26. April 1787 zu Tübingen, † ebenda am 13. Nov. 1862. „Gedichte", Stuttgart und Tübingen 1815. 8⁰. In „Uhlands Gedichte und Dramen", Stuttgart 1880. 8⁰. II. S. 41. Str. 5, 1 sag'] sing'. Gedichtet am 10. Nov. 1807.

[105] **Golo und Genovefa,**

ein Schauspiel in fünf Aufzügen, von Maler Müller.

(Fortsetzung.)

Genovefa. Dachte an ihn, meinen Gemahl, wo unter'm weiten Sternenhimmel der jetzt ruht. (Küßt ihre Hand, winkt vorwärts.) Flieg hin zu ihm,

Borg' Flügel vom Wind,
Den schön Lieben bald find'!

Math. Ha ha ha!

Genov. Warum —

Math. Das arme Küßchen dauert mich, solltet ihm ein Mäntelchen mitgeben, damit's nicht so weiten Weg's durch die Nacht hin friert und am Catharr oder Schnupfen wie halb flücke Vögelchen zu Grunde geht.

Genov. Wäre mir doch leid drum.

Math. Mir auch. So einem verschmähten Küßchen thut's wehe, wenn's vielleicht wärmern dort weichen muß.

Genov. Wie versteht ihr das?

Math. Wäre denn das so was Ungeheures, Unerhörtes? Wer kennt der Männer Puppenspiel ganz mit [106] uns armen Weibern? Auf Sand gebaut, wer Männern traut, ist kluger Weiber Denkspruch, darin sie den Trauring binden, und unter'm Gürtel fest am Fischbein tragen, bis ein oder der andere pfiffige Ritter das Räthsel versteht, ihn da weg zu praktiziren, dann ist es aus, und das Sprüchwort trillt um.

Genov. Was regt sich durch's Gebüsch drunten?

Math. Der Wind.

Genov. Die Sterne wie klar.

Math. Stimmen nun all auf einen Lobgesang für ihre schöne Genovefa.

Golo, Adam, Brandfuchs, Dragones und Andre, unten.

Golo. Greift euch jetzt an! daß keiner fehlt!

Chor. Klarer Liebes-Stern,
Du leuchtest fern und fern
Am blauen Himmelsbogen:
Dich rufen wir heut alle an,
Wir sind der Liebe zugethan,
Die hat uns ganz und gar zu sich gezogen.

2 Stimmen. Still und hehr die Nacht,
Des Himmels Augen-Pracht
Hat nun den Reihn begangen.
[107] Schweb hoch hinauf wie Klockenklang
Der Liebe sanfter Nachtgesang,
Klopf an des Himmels Pfort voll brünstigem Verlangen.
1. Stimme. Die ihr dort oben brennt
Und keusche Flammen kennt,
Ihr Heiligen mit reinen Zungen,
Ach benedeyet unser Herz,
Wir dulden dulden bittern Schmerz,
Wir haben schwer gerungen.
2 Stimmen. Klopft sanft mit beiden Flügeln an,
Klopft sanft und ihm wird aufgethan.
1. Stimme. Die ihr die lange Nacht
Dort unten schwer durchwacht
Ihr Seelen treuer Liebe,
Behaltet eure Flammen rein,
Der Liebesgott wird euch gnädig seyn,
Er wägt schon eure Triebe.
Chor. Wie Auferstehung klang das Wort,
Klang hoch herab von Himmels Pfort',
Drang tief hinein durch Mark und Bein.
Ach hoffet all, ach hoffet all,
Hienieden tief im Thränenthal
Behaltet Herz und Flammen rein,
Der Liebesgott will euch gnädig seyn,
Er wägt nun eure Triebe.
3 Stimmen. Wie Strahlen durch die Lüfte gehn,
Wie Wetter hoch in Wolken stehn,
Wie Summen von der Kirch-Uhr schwer,
(Herz, schauerst still und hehr)
Die Liebes-Waag am Himmel sinkt,
Die Hofnung sich zum Erdball schwingt.
1. Stimme. Die ihr die lange Nacht
Dort unten schwer durchwacht
Ihr Seelen treuer Liebe,
Behaltet Herz und Flammen rein,
Der Liebesgott will euch gnädig seyn,
Gewägt sind eure Triebe.

2 Stimmen. Was ward uns für ein Trost zu Theil?
Wo liegt der Hofnungs-Hafen?
2 Stimmen. Euch ward sehr hoher Trost zu Theil,
Fragt die da drunten schlafen.
3 Stimmen. Da regt sich's um die Gräber laut,
Wie Wogen-Schall im Windes-Wehn,
Wie's Morgens über Wiesen graut,
Wenn Nacht und Tag am Scheiden stehn. —
Es heben sich tausend Zungen:
Wir haben geduldet die lange Nacht,
Haben sie mit Schmerzen durchwacht,
Haben's schwer errungen.
[108] Chor. Nun fühlen wir auch der Liebe Genuß,
Jauchzen und freun uns am Ueberfluß,
Nun zählen wir all die Thränen,
Eine jede verweint im Perlen-Schatz klar,
Der uns in Ruh bescheeret war,
Ein Kuß ein jedes Stöhnen.
Im Regenbogen unser Gewand
Geschmückt von treuer Liebe Hand.
2 Stimmen. Die ihr auf dieser Welt das Leid
Getrennter Lieb' und Zärtlichkeit
Auch duldet treu und rein,
Brecht süsse Blüth' und Blumen ab
Und streut's herum an unser Grab
Und auf den Leichenstein,
Denn seelig ruhet hier ein Paar,
Das auf der Erde auch geschieden,
Ach ohne Ruhe ohne Frieden
In stiller Liebe Schmerzen immerdar
Ihr jung frisch Leben hingeweint,
Bis sie ein süsser Tod allhier vereint,
Laßt sachte rinnen eure Zähren,
Gedenkt an uns bei eurer Qual,
Auch eure Ruhestunde kommt einmal,
Nicht ewig können Menschenleiden währen.
Chor. Wir hoffen, ach wir hoffen all
Zur letzten Nacht im Todten-Thal!
2 Stim. Am Firmament
Hat's nun vollendt,

Dahin ist bald der Sternlein süsses Prangen,
Die Nacht beschließt nun ihren Lauf,
Die Morgenröth' zieht schon die Flügel auf
Und streicht sich froh die Thränen von den Wangen.

Chor. Ach Hofnung, ach verlaß' uns nicht,
Wenn sterbend unser Aug' nun bricht,
Halt' du uns fest umfangen.
Wir hoffen, ach wir hoffen all
In's Morgenroth im Todten-Thal,
Schon trocknen unsre Wangen. —

Genov. Dank, tausend Dank allen, herzlichen Dank. Gute Nacht! (Geht hinein.)

Golo. Da Capo.

Math. Golo.

Adam. Die Gräfin ist schon auf und hinein.

Brandf. Droben ruft's eure Gnaden.

Golo. Schade, Genovefa schon fort.

Brandf. Habt ihr's gehört, — dort oben. —

Golo. Bis morgen mehreres, werd' euch meine Erkenntlichkeit beweisen. — Brandfuchs, hast es brav gemacht.

[109] Brandf. So gut ich's gekonnt. — Gute Nacht, Herr Ritter.

Golo. Gute Nacht, Freunde. — Es ging excellent.

Adam. Man muß zu geschehenen Dingen immer das beste reden.

Golo. Meister, es ist unvergleichlich gegangen. Gewiß.

Adam. Gute Nacht, Herr Ritter. (alle ab)

Math. Bist du allein Golo? – Es ist dunkel.

Golo. Und trüb' und traurig dazu, der schönste Stern verschwunden, der diese Nacht erhellt, jetzt spürt man nichts Erfreulichs mehr.

Math. Sauber Compliment für mich.

Golo. Wie ist's? bringt ihr dem Gefangnen Futter?

Math. Kuchen und Bisquit. Sei morgen in aller Frühe bei mir.

Golo. Will bis dahin nicht schlafen.

Math. Wäre ungesund.

Golo. Alles eins, gesund oder nicht, so an der Mauer klebend, an der Seite hier, wo der Engel saß.

Math. Nichts weiter, ich sorge, man belauscht uns.

Golo. Das einzige nur: 'wie hat sie die Musik aufgenommen? hat's ihr gefallen?

Math. Ich höre jemand drinne. Adjes Ritter. — Hoffe das beste!

Golo. Hoffen! o hoffen! darf ich?

Math. Hoffen ist wenig. Gute Nacht. (ab)

Golo. Hoffen — Alles! der Vorhof des Himmels; was hielte länger Welt und Himmel aneinander, wenn Hofnung und Liebe nicht wär? Es zerstiebte ja alles; müßtet dann auch scheiden, holdseelige Lichter da oben am blauen Firmament; brennt fort, küßt noch ein Veilchen euch mit euren lieblichen Stralen!

Die ihr dort oben brennt
Und keusche Flammen kennt

Keusch — reiner Genuß ist auch keusch. — O Wesen aller Wesen, o Geist der alles umfaßt, beseelt und trägt, guck' auf und schwing mich dahin! — Sie — ich soll hoffen. — Ha, es könnte doch wohl noch möglich werden. — Möglich? daran wagt' ich alles, alles, alles was hier unter Sonne und Mond, alles was der zärtlichste Anbether vermag, alles — ob sie auch je an mich gedacht? — Vielleicht weiß Mathilde mehr noch — ah — hier will ich auf und ab die süße Luft einschlürfen, die ihre schöne Wange gekühlt, darein sie ihren balsamischen Athem ergoß; begrabt mich hier, wenn ich einst sterbe, mein Leib wird nicht in Staub zerfallen, [110] alle meine erstorbenen Adern werden in ein neues Leben zurück dringen und wie Blumen durch die Erde zu dieser Luft empor schiessen. — Du Engel, holder süsser Engel. Wo sie jetzt ruht, das Küßen das ihre Wange drückt, die Kammer die sie verschließt, — ob sie jetzt schon die Augen geschlossen? die Augen, die eine Welt von Seeligkeit umfangen. — Wer doch der Schlummer seyn könnte, auf solch einem Paar Wimpern zu ruhn, — ewiger reicher Himmel! ist es bald, eh ich verschmachte? — Dein Auge wird mich noch leiten in's Grab, in's finstre Grab, Feins-Liebchen thu nicht scheiden. — Kalter Tod, warmes Leben, alles um sie, die Welt, das Universum, um einen einzigen Druck. —

Schlaf wohl und süß, Liebchen zart,
Auf deinem Mund meine Himmelfahrt. (ab)

No. III.

Sechste Scene.

(Platz vor dem Schloß zu Rautenburg.)

Ein Röhrbrunnen hinten, worauf Brandfuchs als Schäfer sitzt und singt.

Mein Grab sei unter Weiden
Am stillen dunkeln Bach,
Wenn Leib und Seele scheiden,
Läßt Herz und Kummer nach,

Vollend' bald meine Leiden,
Mein Grab sei unter Weiden
Am stillen dunkeln Bach —
Die schöne Gräfin stirbt nun auch, bald ist's vorbei.
Mein Grab sei unter Weiden
Am stillen dunkeln Bach — —
Werde sie von nun an nicht mehr Morgens und Abends am Söller hervortreten sehn, wenn ich zur Tränke trieb und dazu ein traurig Stückchen sang. — Da war mir Winter und Sommer eins und auch der Lohn nicht gering. — Wie wenig Wochen dauert der Frühling, wie wenig alles. Ich will fort, die Gegend stirbt auch hierum, irgend in der weiten Welt den Zaun suchen, woran mein Glück ein bischen blüht.
Vollend' bald meine Leiden,
Mein Grab sei unter Weiden
Am stillen dunkeln Bach —

Golo, den Jagdspieß in der Hand.

Golo. Ein thöricht Ding, wie einem Gesang an's Herz greift, in verflossene Zeiten wieder zurück rückt, es wehet einem durch die Seele so nahe, als könnte man's nochmals zu sich ziehn, und noch ist es vorbei, auch für immer, — Wolken, Rauch und nächtlicher Nebel, — uh! was kümmert mich das all? Ist's vorbei so ist's vorbei. — Guten Tag, Brandfuchs, bist du als Schäfer immer noch so lustig, als du als Gärtner warst?

Brandfuchs. Treib' es eben so durch, wie man kann, ein Himmel ober uns, aber drunter her vielerlei Arten sich die Zeit zu vertreiben, sagt das Sprichwort.

[111] Golo. Wer's kann. — Achte, daß dir der Wolf dort nicht ein paar Schafe zerreißt, es ist mir einer im Busch begegnet. (pfeift) He drinn! heraus!

Bedienter kommt, mit einem grünen Huth,

Golo schlägt ihn.

Bed. Hülfe! o! he! der Ritter schlägt mich todt!

Andre Bediente mit grünen Hüthen.

Golo. Ist die Hölle los, daß mir heut alle grünen Hüthe begegnen? Hunde! Schurken! (schlägt unter sie)

Bed. Herr, thun's des Hubertus wegen, der heut und morgen gefeiert wird; können wir wegen der Gräfin Zustand morgen nicht mit jagen, wollen wir doch gerne grüne Hüthe tragen.

Golo. In die Hölle mit ihnen! schmeißt sie alle davon, verbrennt sie! daß mir ja keiner mehr so begegnet, wo er nicht unglücklich seyn will! Meine Augen hassen dergleichen, mein Groll empört sich tödtlich dem nach, der so mir schmäht. (Bediente schmeissen die Hüte weg) Genug. Wie ist's? Habt ihr der Zeit nichts weiteres vom Waldbruder vernommen? Meine Knechte stöbern überall, wo sie ihn fangen, an den ersten besten Baum an die Füße aufgehenkt soll er schwitzen. — Was macht die droben?

Bed. Steht äusserst schlecht mit der Gräfin, die Doctores geben ihr keine Hoffnung weiter, so lange sie bei Sinnen ist fragt sie beständig nach eurer Ankunft.

Golo. Hm!

Andrer Bed. Gewiß, gnädiger Herr, wenn ihr nicht bald hinaufgeht, trefft ihr sie nicht mehr lebendig an.

Golo. Geht auf die Seite. — Brandfuchs, hast du seit dem nichts weiteres vernommen, daß Bernhart mir auflauern läßt.

Brandf. Seit der Zeit nichts mehr.

Golo. Will aller Orten ausreiten, wohin er Mannschaft gestellt, will ihn selbst aufsuchen und überstellen, wo du etwa seiner Leute welche siehst sag's ihnen, sie sollen sich vor mir wahrnehmen.

Brandf. Will's, mit so was verdien' ich immer grossen Dank oder gar einen Krug Wein.

Golo. Sag's allen genau an, daß ich's heut um diese Stunde zu dir gesprochen, um diese Zeit, ich will nicht wie ein Schelm im Dunklen mich verstecken und im Rücken anfallen, mein Gang ist immer im Freien.

Steffen. Geschwind, Ritter, hinauf! Eure Mutter stirbt schwer, wenn sie euch vor ihrem Ende nicht noch einmal sieht, sie wartet ordentlich mit dem Wegscheiden auf euch, mein Seel.

Golo. Hat andre mit geringern Umständen fahren lassen. — Adjes Brandfuchs. (ab)

Brandf. Wunderbar! kann grüne Hüthe an andern nicht vertragen und hat doch selbst einen.

Steff. Hm, hat so seine Ursach, — weiß, warum. (ab)

Bed. O du weißt auch vielleicht zu viel.

Brandf. Aprilwetter. — Ist er zur Gräfin hinauf?

Bed. Nein, seht doch, geht erst hinunter in den Stall und sie verlangt droben doch so sehnlich nach ihm.

And. Bed. Wenig Respekt, der Sohn zur Mutter.

(Die Fortsetzung künftig.)

Ueberblick der Universitäten und des öffentlichen Unterrichts im protestantischen Deutschlande, insbesondere im Königreiche Westphalen von M. C. Villers. Nach dem Französischen zusammengezogen. *) [1] Das Werk erscheint in der königlichen Druckerei.

[112] I. Kapitel. 1. Verschiedenheit der Nationen, begründet in den Sitten, in der Religion, im Temperamente jeder; in ihrer Geschichte, die Begebenheiten die ihre Lebensweise bestimmt haben und ihre Einrichtungen; alles was endlich ihren Character und ihren moralischen Gesichtspunkt festsetzt.

2. Daher die Schwierigkeit für die Einzelnen aus einer Nazion eine andre zu beurtheilen, so lange sie nicht ihren Character und ihren moralischen Gesichtspunkt gründlich beobachten, so lange sie nicht mit Sorgfalt die Geschichte und die allmäligen Entwicklungen studieren.

3. Der Character und der moralische Gesichtspunkt der nördlichen oder protestantischen Deutschen unterscheidet sie ausserordentlich von den Franzosen, was leicht zu übereilten Urtheilen führen kann. Deutschland ist schwer kennen zu lernen, es ist eine Art von Orient für die Franzosen, sein einfaches Ansehen verbirgt große moralische und geistige Schätze. Es kann für meine Mitbürger nicht gleichgültig seyn, Deutschland aus der Vorzeit genauer zu beobachten und kennen zu lernen, jetzt wo der Vorsteher unsrer Nazion grossentheils an die Stelle der ehemaligen Vorsteher des deutschen Bundes getreten und französische Prinzen grosse Theile der deutschen Nazion beherrschen.

4. Der ganze Character einer Nazion, welchen so viele Jahrhunderte von Begebenheiten, Einrichtungen und tiefeingreifende Gedanken eingesetzt haben, bestätigt durch Temperament und Natur dieser Nazion ändert sich nicht leicht, besonders wenn diese Nazion zu einem hohen Grade von Kenntnissen und zu einem klaren Bewußtseyn dessen gekommen ist, was in ihrem Nazionalcharacter gut ist. Es geziemt nicht einmal ihn ändern zu wollen, und daher stimmen alle Einrichtungen nicht wohl mit ihm überein. Napoleon, als er den Thron Frankreichs bestieg,

*) Von dem verehrten Wiederhersteller deutscher Geschichtschreibung Johann von Müller gütig mitgetheilt. Wir geben dies als Einleitung der ganzen Untersuchungsreihe über deutsche Universitäten.

[1] Der genaue Titel der Uebersetzung, die mir vorliegt, ist „Ueber die Universitäten und öffentlichen Unterrichts-Anstalten im protestantischen Deutschland insbesondere im Königreiche Westphalen von Carl Villers. —. Aus dem Französischen übersetzt von Franz Heinrich Hagena. —. Lübeck, 1808.“ 8⁰. Das Buch ist dem Könige Hieronymus Napoleon gewidmet. Charles François Dominique de Villers, geb. 4. Nov. 1765 zu Boulay, Lothringen, † 16. Feb. 1815 zu Göttingen.

welches aus einer chaotischen Verwirrung von zehn Jahren hervorgieng, mußte alles neu schaffen. Der König Hieronimus Napoleon im Gegentheil erhielt die Herrschaft über friedliche Gegenden, er muß vieles erhalten und alles vervollkommnen.

5. Das nördliche Deutschland war gelehrt seit die Wissenschaften in Europa wiedererscheinen. Die betrachtende Ruhe, oder wenn man es so nennen will, das Flegma seiner Bewohner, sein kälteres Clima, die Abwesenheit der Vergnügungen haben das Studieren erhalten, und dieses die Liebe zu der Wissenschaft und Wahrheit.

6. Seit der Reformazion hat sich diese Neigung zum Studieren noch mehr ausgesprochen, und nazionalisirt. Die Reformation, welche durch Wissenschaft gegründet worden, konnte sich nur durch dieselbe erhalten. Die Wissenschaft gewann seitdem die Wichtigkeit eines öffentlichen Bedürfnisses, einer erhaltenden Kraft und eines politischen Hebels in den protestantischen Staaten, die Schulen wurden vermehrt, reich dotirt, mit Privilegien und Auszeichnungen ausgestattet, erhielten eine neue Organisazion, stärker, vollkommener, mehr geeignet die Kenntnisse zu verbreiten. Die Theologie besonders erhielt ein Daseyn, das bis dahin neu und unbekannt. Diese Einrichtungen wurden der Stolz und die Liebe der Nazion, ein Gegenstand der Sorgfalt und Vorliebe der Fürsten.

II. Kapitel. 1. Volksschulen. (Catechisation und Unterricht auf dem Lande, von den Fiebeln. Industrieschulen, Einfluß der Pfarrer und der Religion auf diesen ersten Grad des Unterrichts.)

2. Zweyte Art des Volksunterrichts; Schulen für Künstler, Bürgersöhne und Bestimmungen die keine höhere Bildung fordern.

3. Für den höheren Theil des Volks; für die, welche Vermögen und Beruf zur Erlangung höherer Geistesbildung bestimmt, giebt es auch zwey Grade des Unterrichts.

4. Erster Grad. Die Gymnasien für Kinder und Jünglinge übereinstimmend mit den alten Colleges und den neuen Lyceen in Frankreich; die aber einen grösseren Unterrichtskreis haben und die angesehensten Gelehrten unter ihren Lehrern aufzeigen.

5. 6. Zweyter Grad. Die Universitäten der hohen Schulen. Was diesen in Frankreich entsprechen soll, sind die Spezialschulen. Der Verfasser wird die Nachtheile dieser zeigen, die Wissenschaften von einander trennen, welche nicht vereinzelt werden können. Ausserdem muß jeder junge Franzose, der weder Arzt, noch Advocat, nicht Artillerist oder Ingenieur werden will, bey der Unterschule stehen bleiben.

7. Historische Uebersicht der Universitäten. Während die Mönche die in dem übrigen Europa zerstören, erhält die Reformazion die andern.

8. Hauptpunkte der Einrichtung einer protestantischen Universität. Diese Institute sind ausgezeichnet und privilegirt. Der Fürst ist der erste Magistrat, unter ihm und seinem Minister regiert ein akademischer Senat nach den dieser kleinen Republik eigenthümlichen Gesetzen. Hiebey die Gründe dieser besondern Gesetze und warum die allgemeinen Landesgesetze nicht in allem anwendbar sind. Wer sind die Bürger dieser gelehrten Freystaaten? Junge Leute in der ersten Hitze des frischen Lebens mit Sorgfalt erzogen aus allen Landen, selbst Prinze. Wichtigkeit der theologischen und juristischen Fakultät für die ganze Staatsverwaltung.

III. Kapitel. Uebersicht der Universitäten im Königreiche Westphalen, ihre Wichtigkeit für den Ruhm des Landes und seines Herrschers. Es sind die schönsten Früchte aus dem Mittelalter und die einzigen, die sich bewahren lassen.

Zeitung für Einsiedler.

1808. — 15 — 21. Mai.

[113] Golo und Genovefa,

ein Schauspiel in fünf Aufzügen von Maler Müller.

(Beschluß.)

Siebente Scene.

(Mathildens Zimmer. — Bett, worin Mathilde liegt, zwey Kerzen brennend, Franziskaner knieend, Doctor.)

Doct. Leise — hm — noch.

Franc. (steht auf) Vielleicht schläft sie. (Doctor rückt den Vorhang)

Math. (stöhnt) Golo! Sohn Golo!

Franc. Unruhe nach ihm, — beständig, — wie dumpf hohl, — arbeitet mit der Hand in der Decke.

Doct. Gift-Krampf.

Franc. Erstickt — schäumt — bäumt.

Doct. Der Tod liegt nun gewaltig ihr über den Nerven und spannt.

Franc. Hier geistlicher und leiblicher Rath umsonst, — seht, wie gräßlich sie jetzt knirscht.

Doct. Murmelt.

Math. Iß dein Gift allein, hab schon mein Theil verschluckt. — Oh! Oh! Helft!

Franc. Arme Seele, dir steh die Gnade bey.

Math. Ha! Dragones! Genovefa! laßt mich — helft!

Doct. Schwere Nahmen, Zentnerschwer. —

Math. Helft! Helft! O laßt mich doch nur einmal! Doch nur ein einzigmal! Oh!

Franc. Zerschlagnes Herz, Gott heile dich.

Math. Bist der Waldbruder? Kriech her unter die Decke, — wart noch! — Still drunten! — Tief drunten, bereiten sie unser Hochzeitbett, — stille, daß keine Maus hört, wenn wir beysammen sind.

Franc. Sie will auf.

Doct. Die Gicht krümmt sie.

Math. Sie haben's Kist und Kasten voll, — sie tischen's uns voll, — wenn nur deren ihr Gesicht nicht dabey wäre — deren dort — mir schmeckt nichts — fort, gebt ihr ein Stück — haltet ihr die Hände vor, mag ihre leeren Auglöcher nicht sehn, — fort, — begrabt sie, bevor es Tag wird, — stille, daß es Niemand weiß — Siegfried nichts erfährt. — Ach! Oh! Oh! (stirbt).

Doct. Zerschnitten der Faden, ausgelöscht die Lampe, todt.

Franc. Gott, welch ein Ende!

Doct. Schrecklich, wie ich kein's sah.

Franc. Der Spiegel ihres vergangenen Lebens. — Gott, du Gnadenquell, richte nach deiner großen Barmherzigkeit, fasse auf ihre sinkende Seele.

Doct. Sie hat wichtige Worte fahren lassen, sehr wichtige.

Franc. Wir stehen am Rande, sie mißt den Weg hin durch das Land der Ewigkeit, wo Gott als Richter steht, müssen Menschen schweigen. Rückt den Vorhang und zugleich auch einen Vorhang über diese traurige Scene.

Doct. Hier kommt der Ritter.

Golo. Wie steht's mit ihr dort? (zieht den Vorhang wieder weg)

Franc. Verschied so eben, sie starb eines schweren Todes, hat oft vor ihrem Ende nach euch verlangt.

Golo. Besorgt ihr Leichenbegängniß. Ich kann nicht selbst dabey seyn, habe mein Wort gegeben, drüben in Pfelzel zu erscheinen, muß jetzt dorthin. Ordinirt ihr alles, wie ihr's für gut und nöthig findet.

Franc. Ich unterziehe mich gern dieser Mühe, aber [114] eure Gegenwart dünkt mich dabey höchst nothwendig und auch anständig.

Golo. Ein andermal, im Fall wo ihr wollt — nur diesmal unmöglich, es thut sich nicht, — auf Pfelzel hinüber muß ich, wir haben nach der Jagd noch nothwendige Dinge miteinander abzumachen, Siegfried und ich — es geschieht eine Gränzabtheilung unsers Forstes.

Franc. Aber auf einen Tag, was kommt drauf an? Siegfried wird' euch gewißlich entschuldigen.

Golo. Auf eine Stunde, Herr! — ich sollte schon nicht so lange hier schwätzen. — Morgen ist Hubertus, den kein braver Jäger ungejagt vorbey läßt, meine Pferdewechsel sind schon auf diese Nacht bestellt, morgen bey guter Zeit drüben zu seyn. — Ueberrechnet die Mühe auch ihr, Doctor, und macht mir nachher Rechnung, es soll euch nichts schaden.

Franc. Bleibt diesmal von der Jagd, ich bitte euch sehr.

Golo. Unmöglich — Jagen ist für mich noch das Einzige, man vergißt so vieles darüber.

Doct. Jagen ist schon gesund, wie alle Bewegung überhaupt, die den Körper nicht zu heftig anstrengt und mit Vergnügen verbunden ist, aber auch alles mit rechtem Maaß und zur rechten Zeit.

Golo. Da werde der Henker fertig. Adies. (ab)

Doct. Im Ernst fort.

Franc. O mein Gott! Noch raucht der Leichnam der eben verschiedenen Mutter, und ihr Sohn hat sie schon vergessen! Was soll's noch in dieser Zeit? Elternliebe, Liebe zu Gott, wo find' ich die?

Doct. Wenn ihr wüßtet, was sich die Bedienten des Schlosses einander hier in die Ohren raunen, mit dem Waldbruder soll's eine besondre Bewandniß haben, er hat sich gewiß zu Trier dem Herzog offenbahrt, der ihn alsbald gegen Golo's Nachstellungen in Schutz genommen, er soll der verlohrne Sohn einer großen Familie seyn, den dieser Strudel Mathilde, die alles was ihr nahe kommt in sich zieht, verschlungen. Man spricht Dinge davon, die eines Ehrenmann's Zunge nachzusprechen sich schämt, unter dem Vorwande geistlicher Uebung trieben sie sichrer ihr unzüchtig Spiel.

Franc. O Schande! Erröthe die Erde, die solche Ungeheuer trägt! Das Gewand, das frommer Andacht gewöhnt ist, so zu entehren, so den Bußrock zur geilen unzüchtigen Buhldecke besudlen! — Ach! Ach!

Doct. Die Zeit bringt doch alles endlich ans Licht. — Laßt uns, es ist spät, die Nachtglocke wurde lange schon geläutet.

Franc. Was für ein Lärm unten? — draußen, — wer schreit?

Bedienter (stürzt herein.)

Bedt. Feuer! Feuer! das ganze Schloß in Flammen!

Doct. Wo rett' ich mich? Hülfe! (läuft ab)

Franc. Gott, woher? Wo ist Golo?

Bedt. Vor einigen Minuten fort Pfelzel zu. — Flieht! Rettet euch!

Franc. Wer kommt da?

Bedt. Oh! er ist's! der verstellte Waldbruder mit der Mordfackel, — flieht, rettet euch — bald, bald. (ab)

Franc. O Wallrod von Sponheim was macht ihr hier? Im Nahmen Gottes, steht, sagt! (hält das Crucifix vor)

Wallrod (mit Fackel und Dolch in Ritterkleidung.) — Hinweg wer Tod und Verderben nicht sucht! fort! reizt mich nicht zu neuen, habe schon zu viel Sünden auf mir.

Franc. Kehre wieder, verlohrnes Schaaf, [115] komm! Er, der am Kreutz den bittern Tod erlitt, hat Gnade für all unsre Sünde.

Wallr. (reißt sich los) Laß mich! geh deines Pfades! hier ist der meine. (die Flammen schlagen herein, auswendig kracht es und stürzt, der Fanziskaner zieht sich zurück) Wie steht's? Liegst da jetzt so ruhig? Hab' ich dich endlich einmal unterbracht, du? — Jetzt hat dein Verrath ein Ende, — du wirst mir jetzt treu bleiben; nicht wahr? — Wie's hinauf, hinunter knattert! — Juh die Hitze umringt und verzehrt mich schon. (sitzt auf dem

Bett) Her deine Hand, feins Liebchen, brennen jetzt gewiß einmal in einer Flamme. (wirft sich über sie)

Achte Scene.

(Wald vor Pfelzel, Morgengrau.)

Golo. Wenn alle abschnappen, die von der Sache wissen, bleib auf die letzt keiner der mich verräth, dann komme ich vielleicht wieder einmal zur Ruhe. — Es sollte mir jetzt der Waldbruder in die Hände springen. — Wo nur die Burschen bleiben, die ich hinein auf Pfelzel gejagt! Steffen — uh! wie mir's durch alle Rippen kracht, schwer in den Knochen als ein Gewitter. — Todt meine Mutter, von der nähmlichen Hand vergiftet, die sie selbst zu ihren Mordthaten gebraucht: es ist doch Gerechtigkeit in allen Dingen, die Geschichte predigt's vom Anbeginn der Welt. Gift mit Gift, Blut um Blut, mit richtiger Waage so viel Strafe zugewogen, als das Verbrechen galt. Wenn's denn so ist — Narr der ich bin! — hinzureiten, mich selbst meinen Beschuldigern in die Hände zu liefern. — Sie müssen mich doch erst fangen, wenn sie's vermögen, ihr Recht an meine Gewalt probiren. — Will nicht mein eigener Scherge seyn. — Höllisch!

Steffen.

Golo. Nun, was bringst du zurück?

Steffen. Sie lassen euch wieder grüßen, sagen, sie freuen sich eurer Gesellschaft auf heutiger Jagd.

Golo. Wird bald aufgesessen? — Bernhart ist da?

Steff. Freylich.

Golo. Reite nur heim zurück, bestelle meinen Pferdewechsel richtig, auf heut Nacht kehr' ich wieder nach Sandthal.

Steff. Wollt ihr meinem Rath folgen, Herr, vermeidet diesmal die Jagd, ich prophezeie euch nichts Gut's.

Golo. Warum?

Steff. Bernharts Knecht hat's verschwätzt, wir tranken ein's an der Kellerthür mitsammen, da hört' ich den Vogel von weitem; bald darauf legte er's näher los, als er's gehört, daß ihr heut gewiß herüber kämt, er trank seines Herren Gesundheit im Leben immer hoch zu Pferde, Euch aber todt und hinunter tief unter die Erde. Es ist gegen euch angelegt, ich weiß es gewiß.

Golo. Was acht' ich heimliche Anschläge, Meuchelmord und Gewalt? Ich scheue dergleichen nichts. — Ich wollte vorhin von selbst wieder zurück heim, — ist mir jetzt anders; dergleichen Fällen trotzt mein

Muth. — Ich höre schon nahe Hörner, dort unten im Thal, — ich muß dabey seyn. Geschwind meinen Fuchs hervor, mir nach, ich muß hin. (ab)

Steff. Rennt in's Teufels Nahmen hinein in euer Verderben, wenn ihr nicht hören wollt! Ich bleibe hübsch zurück, so weit professionir ich Ehrlichkeit nicht, mich selbst in die Schanze zu schlagen. (ab)

Neunte Scene.

(Im Wald.)

Bernhart, Heinrich, Förster.

Bernh. Ihr habt auch Genovefens Brief gelesen, [116] den Siegfried von Julien bekommen, daraus sieht man's nun sonnenklar, wie unschuldig diese gute Frau gestorben.

Först. Habe so was nie gehört noch, habe schon seit zehn Jahren, seit meines lieben Söhnleins Tod, kein naß Auge mehr gekriegt, — es müßte denn manchmal vom scharfen Märzwind geschehen, der einem so herb in die Nase sticht, daß es darnach wäßert, — hab flennen müssen dabey wie ein junger Bub.

Heinr. Ein Brief von Genovefa? Was ist denn das für ein Brief? Hab auch schon so etwas murmeln gehört, — nu? Was hat's denn damit? Wie ist das Ding? Bedeutung?

Bernh. Schon gut, dachte, ihr hättet ihn auch gelesen.

Heinr. Nein, gelesen hab' ich nichts, — aber was ist's denn nun? Wie? Ist's denn ein Brief von Interesse, oder etwa wie? Wo hat ihn denn Julie her? Erzählt mir's doch auch, möcht' es gar zu gerne wissen.

Bernh. Ein andermal. Kommen schon dort in hellen Haufen.

Först. Golo nahe um Siegfried.

Bernh. Da ist er! Ich zweifelte bisher immer noch, ob er auch gewiß käme, da ist er nun, gewiß. Ein Wort auf Seite, Förster. (sprechen zusammen)

Heinr. Hm, hm, ein Brief — von Genovefen, — was es damit hat, — Blitzding; — kann jetzt nicht ruhn bis [ich] es weiß. Muß mal hinter Siegfrieden her, ob ich's da heraus kriege.

Siegfried, Golo, Ulrich, andre Ritter und Jäger.

Siegf. Hier der Sammelplatz, wo unsre Pferde halten?

Jäger. Ein wenig weiter oben, gleich dort.

Siegf. Wollen sehn, wer heut am glücklichsten jagt, wer einen Bruch erbeutet. — Voran, ihr Herrn. (Golo mit Rittern und Jägern ab) Vettern, ein Wort. Haltet euch auf der Jagd immer dicht zu Golo hin, packt ihn so, daß ihr ihn nie verliert, ich will ihn nachher auf die Probe stellen, will's wagen.

Bernh. Eher meine Nase, mein Paar Augen, — wollen ihn schon halten.

Siegf. Nur keine Gewalt an sein Leben — bis —

Bernh. Nicht gleich, aber nachher, wenn ihr alles gefragt, — ich muß ihn umbringen, zittere darnach!

Siegf. Er soll euch Preiß seyn, sobald wir's genauer finden.

Bernh. Gut, gut, es wird sich gewiß.

Siegf. Auf, jetzt, frisch zur Jagd! (ab)

Zehnte Scene.

(Innerer Theil des Waldes. — Waldhörner von innen. Oberjäger, Förster.)

Först. Wo zieht sich's hin? Dem Gebirge oder dem innern Wald zu?

Oberj. Die meisten Treiber sind um's Gebirge hin vertheilt, es muß sich gewiß dem innern Theile zu ziehn. Muthig! Muthig! (stößt ins Horn)

Först. Gefällt's nur Siegfried heut, dann ist alles gut, er kriegt dann wieder Muth zur Jagd, ist Himmelsünde, so schönes Gehege und so wenig Pflegung. Hast den Grafen geseh'n?

Oberj. Den Wolf gerufen, so ist er vor der Hecke. Siehst du ihn dort? Sporenstreichs einem flüchtigen Schmalthier nach, fleckicht vorn auf dem Blatt.

Först. Däucht mich eine Rehkuh.

Oberj. Muthig jetzt, daß alles extra geht! Wollen nachher auch eins zum Hubertus stoßen, bey einer Flasche Johanskircher. — Juh! wieder einmal in's Leben!

Först. Die Hitze sticht arg, bekommen spät im Jahr noch ein Gewitter heut. Komm, hab dir noch was zu sagen.

[117] Oberjäger (singt)

So laßt uns all jagen, uns jagen und jagen,
So lang uns das Blut noch am Herzen frisch quillt,
So laßt uns all jagen, in muthigen Tagen
So lang uns den Kragen so lang uns den Magen
Vertumnus mit brausendem Most noch erfüllt,
Was giebt es dann Süßers zu thun und zu wagen
Als jagen und jagen und liebliches jagen,
So laßt uns all jagen, in muthigen Tagen
So lang uns das Blut noch am Herzen frisch quillt. (ab)

Golo zu Fuß. Verdammt! bin in des Teufels Klauen! — Wo nun durch? Wo? — Ueberall wie zwey loßgelaßne schwarze Geister sind die zwei zottigen Schelme mir beständig am Nacken, treiben mich herum zu

Pferd und zu Fuß. — Nur einmal wieder im Freien draußen, daheim! — Da hat sie der Teufel von neuem! (ab)

Bernhart, Ulrich zu Fuß.

Bernh. Bricht dort durch die Hecken, nach ihm, grad zu, Bruder, will umbeugen, ihm vor, und wenn er etwa durch will, oben an der Spitze ihn auffangen und stellen.

Ulr. Erinnre dich nur, was du Siegfrieden versprochen. Keine Gewalt. (ab)

Bernh. Nachdem er sich giebt. (ab)

Oberjäger, Förster.

Först. Sie treiben ihn, er kommt nirgend durch. Zu Pferde jetzt und Siegfried angesetzt. (ab)

Oberj. (ins Horn stoßend). Hurra! Ins freye Grüne! Die Jagd geht frisch! Lieblich! (ab)

Golo (läuft und schnauft). Verdammt! Verdammt! Wo hinaus?

Bernhart (ihm entgegen). Willst stehn!

Ulrich (hinten). Halt!

Golo. Was wollt ihr, Teufel? Ha, was jagt ihr mich?

Bernh. Steh!

Golo. Hunde! Ich scheu euch nicht. (hält den Speer vor)

Ulr. Du sollst bey uns bleiben, wollen nichts, als dich immer begleiten.

Golo. Verflucht! Schert euch davon, — weg! will euer Gefangner nicht seyn. Ha! zurück!

Bernh. Bist unser Bär, wollen dich kitzeln, wenn du nicht tanzen willst.

Golo (wirft wild den Kopf rechts und links, mit vorgehaltenem Speer ab.)

Ulrich. Immer ihm nach, bis Siegfried uns das Zeichen giebt.

Bernh. Kaum konnt' ich mich halten. — Voran! er setzt von neuem durch! Husch!

Ulr. Siegfried dort, — ihm nach! auch nach! — (ab)

Bernh. Gehetzt jetzt! Frisch! bis er fällt! (ab)

Eilfte Scene.

(Innrer Wald. Auf einer Seite eine Felshöhle, ein hölzern Kreuz vor der Höhle, wovor Genovefa kniet.)

Genov. Du allein prüfst die Herzen, siehst ins Verborgene, du allein wirst es lenken nach deinem Rath.

Schmerzenreich (bringt Holz, wirft es nieder.)

Schmerz. Bin müde, Mutter. (ißt Wurzeln) Hört mal, Mutter, trinkt das Täubchen denn immer aus Trübem, wenn ihm der Gatte stirbt?

Geno. Ja, Kind.

Schmerz. Mutter, was ist denn ein Gatte?

Geno. Hab dir es ja schon gesagt.

Schmerz. Weiß es nicht.

Geno. Jemand, den man sehr liebt.

Schmerz. Bin ich dein Gatte, Mutter?

Geno. Närrchen. — Wie perfekt er ihm gleicht.

Schmerz. Mutter was Geschrey drinn? — Hört mal — donnert.

Geno. Im Wald drinn, Jagdgeschrey.

Schmerz. Was ist's, Mutter?

Geno. Männer, die böse Kinder schlagen, wenn sie nicht schön fromm sind.

[118] Schmerz. Mutter, bin fromm. — Mutter, es donnert sehr.

Geno. Fürchte dich nicht.

Schmerz. Mutter, fürchte mich. — Sieh dort, schwarz. — Ist's Gott?

Geno. Ja, sey fromm, im Gewitter wie im milden Sonnenschein ist er immer dein freundlicher Vater und Versorger.

Schmerz. Wollen hinauf zum Himmelvater beten, daß der Weltvater bald zu uns komme.

Geno. Kniee denn zu mir, die Händchen hübsch zusammen, — mir nach: — Allmächtiger, wir knieen vor dir, groß du bist und wohlthätig, laß mich vor dir bethen, Gewaltiger, Starker, Heiliger! — Lobsingt mit mir Wälder umher! Tannen auf Felsen neigt euch herab! Starker Gott! Schöpfer! Nährer! Erhalter! wohlthuend liebend, die dir vertrauen.

Schmerz. Horcht, wie's draus regnet!

Geno. Tränkst den Erdball jetzt, daß Menschen und Thiere leben, den Hirsch auf öden Heiden verlässest du nicht, du höhlest den Felsgipfel, füllst ihn mit Nachtthau, daß dem Adler auf Klippen der Quell springt, und er von dir auch Nahrung findet.

Schmerz. Mutter, es hört auf — es ist vorbey.

Geno. Siehst du, wenn man hübsch fromm ist — die Sonne scheint auch schon wieder hinter den Bergen hervor, — Sturm schweigt, — das Wetter zieht hin.

Schmerz. Gott Lob, Vater im Himmel, laß ziehen die bösen Wetter, wollen fromm seyn, Mutter und ich. — O die liebe Sonne, wie wohl einem das nach Regen — wie Lerch und Amsel hüpfen und sich wieder freuen mit ihren Schnäbeln. — Schön Regenbogen auch noch, lieb Mütterchen, da oben.

Geno. Still' mal, — was rauscht in den Hecken drüben? hörst! (Jagdgeschrey, Hörner nahe)

Schmerz. Mutter, was ist's?

Geno. Dein Reh dort gesprungen, zur Höhle hinein, — hinten.

Schmerz. O blutig, Mutter, wer hat's geschlagen?

Geno. Hinein, hinein! (laufen in die Höhle)

Golo stürzt hervor. Nur Flügel, mich wegzuheben! — Ein Sprung über die ganze Welt! — Soll ich dort — will da hinein, mich verbergen. (geht in die Höhle)

Bernhart hervor. Hier haben wir ihn! dort in der Höhle!

Ulrich hervor. Ha! umringt, umstellt, gefangen!

Siegfried hervor. Wo ist er? — Herbey! Alle!

Jäger, Förster, Ritter, Heinrich, Golo aus der Höhle hervor.

Golo. Bin gefangen, sie haben mich. — Ha, was wollt ihr? Wen sucht ihr? Siegfried, was begehrst du von mir?

Siegf. Antwort über vieles. Kennst du diese Handschrift, diesen Nahmen?

Golo. Was soll's?

Siegf. Les't es ihm vor, Heinrich. — Genovefas Schreiben kurz vor ihrer Hinrichtung an mich.

Heinr. Recht sehr gern, — sehr deutlich geschrieben hm! — An meinen theuren, auch im bittern Tod geliebten Gemahl. — Rührend, wahrhaftig. — „Du hast mein Todesurtheil unterschrieben, was ich verbrochen, ist mir unbekannt, ich sterbe unschuldig, doch zufrieden, weil du es befiehlst, es werden Zeiten kommen, wo du dich mein wieder erinnerst, traue nicht zu tief, in Gottes Hand empfehl' ich dich und mein verwaistes Kind, in jener Welt erwart' ich dich ohne Vorwurf. Lebe wohl."

Siegf. Die Nachschrift.

Heinr. Gleich. „Auch denen verziehen, die dich fälschlich hintergangen, die mich unbeleidigt verfolgt, Mathilde, Golo, Gott gebe ihnen Gnade."

Golo. Was quält ihr mich lange? Verlangt ihr mein Blut? Setzt alle eure Schwerdt' und Gewehre auf meine Brust, mordet euch satt, ich weiß, daß ihr es wollt!

Genovefa (am Eingang der Höhle). Gott! er [119] selbst hier! verleihe mir Kraft, steh mir bey. (kommt hervor, kniet vor Siegfried) Herr, schaft Recht einer unschuldigen Mutter, einer verstoßnen Waisen.

Siegf. Weib, wie kommst du hierher, in diese Wildniß, unter diese Felsen? Wer bist du? Was willst du, begehrst du von mir?

Geno. O Siegfried, Siegfried, Gott sey mein Richter hier unter dem Himmel, hier vor diesen Menschen. (steht auf) Golo, wenn du noch einst Erbarmen und Seligkeit hoffst, so zeuge jetzt die Wahrheit! Ich bin Genovefa, die unglückliche Frau, hier steht mein Gemahl, den ihr fälschlich betrogen! Zeuge die Wahrheit, wir drey stehn hier vor Gottes Augen.

Alle. Oh, Was ist das? Genovefa! Genovefa!

Golo. Todte stehen auf mich zu richten! Weh! Sie ist es! selbst!

Siegf. Wer bist du? Was sagst du? Weib! Gott! o Gott! du.

Geno. Ach Siegfried! Siegfried! — Ach Vettern, liebe Vettern, schaut mich an, — erbarmt euch mein, — niemals hab' ich eure Flüche verdient. Falsche Zungen haben mich zu Grunde gerichtet! Ich war niemals das, was sie mich beschuldigt!

Siegf. Du solltest Genovefa — du lebendig — du — ach, bist du's?

Geno. Siegfried, ich bin's, wahrhaftig und lebend, dir treu und rein immer, so wahr meine Hand die deine faßt, drinn in dieser Höhle ist dein Sohn.

Siegf. O hervor! (Ulrich hinein) Genovefa, bist du's? O wenn's nur kein Traum ist! — Soll ich dich gewißlich wieder besitzen? — Bist du von den Todten erstanden? Bist du vom Himmel gestiegen hieher zu mir?

Geno. Ich war nicht gestorben, der Allmächtige hat mich gnädig aus der Hand derer gerettet, die grausam mein Blut vergießen sollten. Golo, ich klage dich nicht an, aber die Untreue gegen deinen Freund verdammt dich. — Er war es selbst, Siegfried, der meine Treue zu dir zu fälschen gesucht, ich hörte ihn nicht, das war meine Schuld.

Golo. Begrabt mich doch lebendig! O schlagt mich todt! — Ja Siegfried, ich war's, der alles that, dich so verrieth, gieb mir deine Rache jetzt gleich, und laß mich in Ruhe.

Ulrich führt Schmerzenreich hervor, Schmerzenreich starrt alle an.

Geno. Zu mir Lieber, zu deinem Vater! Hier ist er, sieh.

Schmerz. Ach, Mutter, haben mein Reh geschlagen, drinn, drinn — ach! weh! (wieder in die Höhle)

Siegf. Ach Herz! Herz! es weint, zerspringt, daß ich nicht mehr kann. — Unglückliche! — Ha Schlange, die ich in meinem Busen ernährt — räuberischer Uhu, der mit stinkenden Flügeln Blüthen zerschlägt, die ihm nicht duften! — Ach Gott! Gott! — Ha du sollst sterben, nieder hier! (zieht das Weidmesser)

Golo. Hier — öffne diesen Busen, — mein Blut laß abwaschen

die schweren Schulden an dir und an deiner Gemahlin, Siegfried. Gern und leicht sterb' ich, weil die noch lebt.

Geno. Gieb Gnade, Siegfried, verzeih ihm's, wie ich ihm verzeihe.

Siegf. Nein. — Zwar will ich am Tage, wo ich dich wieder fand, meine Hand nicht mit verrätherischem Blut besudeln: führt ihn weg von hier, fern dieser unschuldigen Ruhstätte, — am Bach dort lohnt ihm nach seinen Thaten.

Golo. Siegfried, lebe lange und doppelt vergnügt, des Friedens willen, den ich geraubt. — Dürft' ich dir noch zum letztenmal die Hand drücken. Lebe wohl. — Auf deinem Todesbette, in der letzten Stunde, wo man alles verzeiht, erinnre dich meiner und verzeih auch mir.

Bernh. Fort jetzt! Mein Inwendiges hüpft, daß ich dich bald abthu'! — Das Gewehr her!

Ulrich. Voran! (entwaffnen und stoßen ihn ab)

Siegf. (bey Seit) Gott! wohin kommt's [120] mit dem Menschen! Er war mir einst so lieb! Ach, ach! und nun — daß ich ihn richten mußte! — Soll ich ihn zurück rufen? — Verzeih ihm du im Himmel, wie ich ihm jetzt verzeihe. — Komm Liebe, laß uns fort, einen Ort verlassen, wo alles meinen Schmerz vermehrt.

Geno. Ein Gelübde thu' ich hier.

Siegf. Und meines dazu. (umarmt sie) Hier wollen wir einst sterben, hier der Auferstehung entgegen ruhn unter diesem Felsen. Nur so lange, Traute, laß uns zur Welt zurück kehren, bis wir unsern Sohn zu seinen Würden eingesetzt, bis er mannhaft, stark, selbst gelernt, Hirt seiner Heerde zu seyn, dann wieder hieher, und wir wollen, so wie wir geliebet, Hand in Hand wallfahrten hinauf. Dann sey mir deine freundliche Dunklung willkommen, wohlthätige Höhle, gesegnet bis dahin. — Wo ist denn mein Sohn? — Lieber, wo bist du? Komm, dein Vater ruft. Komm doch, komm. (hinein in die Höhle)

Geno. (kniet) Segen ruhe über dir, freundliche Höhle, die mich aufgenommen und bewahrt, steh immer grün zu meinem Andenken, sey ferner noch gedrückter Unschuld Freystadt, nimm vom Unglück Verfolgte in sichern Schirm auf, — meine Verbannung hat nun ein Ende.

Zwölfte Scene.

(Weidengebüsch. Von fern die Melodie vom Liede: Mein Grab sey unter Weiden — mit Waldhörnern.)

Golo, Bernhart, Ulrich.

Golo. Ha! mein Sterbegesang.

Ulrich. Drunten rauscht der Bach, sag' an seinen Tod, wie er sterben soll.

Bernh. Niedergestochen wie ein Thier, sein Blut im Bach rinnend, zerhauen die Glieder und aufgehengt in die Aeste, daß einmal des Himmels Geyer in seinen Knochen horsten.

Golo (faßt wüthig Bernhardt, wirft ihn nieder, reißt das Schwerdt ihm aus der Faust und verwundet ihn.) Noch brennt Mannheit in mir. — Verflucht neunmal die Zunge, die solch Urtheil mir sprach!

Ulrich. Ha! noch meinen Bruder erschlagen! — Blutdürstiger! Höllischer!

Golo. Bin ich nicht Ritter, so edel gebohren wie ihr? — Schlachtet ihr mich wie ein Thier?

Ulrich. Hund! wüthiger! will dir's geben!

Bernh. Halt ein Bruder Ulrich!

Ulrich. Nein, soll mir darnieder —

Bernh. Sonst bathest du mich, bitte jetzt dich. (Ulrich ficht)

Golo (schlägt ihm das Schwerdt aus der Hand.) Ihr wäret mir nichts, — ich wollte euch eh beyde Wolf und Geyern vorschmeißen, daß sie eure Glieder zerhackten, eh ihr mich zu Boden brächtet! — Ihr Niederträchtigen! Die ihr schnöde verdammt, ihr Elenden, die nicht fühlen, wie jammervoll dem Unglücklichen ist. — Ihr schmähet mich, schaut auf mein Verbrechen aber nicht auf das Schicksal, das mich bis dahin trieb. — Oh! ich wollte mich jetzt stellen gleich vor euch allen an die Spitze, — hundert Bewaffneter hinter mir, — wer wagt es, mich dann noch zu richten, wo tausend und tausend! — Aber hier, in meinem Busen, — da — ich habe Unglückliche gemacht, habe meinen edelsten Freund hintergangen, ach! (wirft das Schwerdt weg) Stehe hier unbewaffnet wieder. — Ritter-Tod und Begräbniß ehrlich, — mehr begehr' ich nicht.

Bernh. Habe mich zu sehr auf deinen Tod gefreut, habe zu sehr nach deinem Blut gelechzt, — geh deines Weges, Gott wird dich finden.

Golo. Ich bin müde, wer mir den Tod giebt mir Ruhe.

Ulrich. (faßt das Schwerdt) Unglücklicher! Sollst haben Rittertod und Begräbniß, ehrlich beydes von meiner Hand. — Steh her, ich will dein Richter seyn. (reckt das Schwerdt)

Golo. (fällt hinein) Verzeiht mir, eh ich sterbe.

Beyde. Wir verzeihen dir!

Zeitung für Einsiedler.

1808. — 16 — 25. Mai.

Wohl hab' ich solche gekannt,
Die man nennen möchte
Eigner Kühnheit gebildet:
Doch sind diese nur, wie die Perle,
Die vom Thaue blinckt,
Geheimnisschön.
Was aber dauernd ist und allen gemein,
Das Tugendreiche, die Wohlfahrt,
Das lobe ich mir.

Crisalin.[1]

Im Seckendorfischen Musenalmanache für 1808,[2] den wir allen Lesern empfehlen.

[121]

Der Ring.

Ein Gedankenspiel.

Spielende:

Vater.
Mutter.
Kind.

(Gartenplatz vor einem Hause. Morgen.)

1.

Mutter. Vom guten Morgen kommt mir dieser Gruss,
Der einz'ge jetzt, ich kann ihn ganz verstehen!
Ja wohl du stiller Gruss aus klarem Auge,
Der Schlaf sogar versteht dein süss Erhellen,
Ob schnell, ob langsam er die dunklen Hände
Hinwegzieht, die er über die Geschenke
Der neuen Welt, der hochgeschmückten hat gelegt,
Das weiss er dir am Auge abzusehen:
Zum heitern Morgen bringt ein schnell Erwachen.
Wo endet Schlaf? Wann gehet auf das Sehen?
Wie wird es Tag? Wann löschen aus die Sterne?
Wo endet Ferne, und was ist zu nah?
Was grünt zuerst, wo steigt der erste Klang?

---

1) John Frhr. von Sinclair, ps. Crisalin, geb. 1776, † 1815. Freund Hölderlins. „Gedichte", Frankfurt a. M. 1811—13. 8°.

2 Leo Freiherr von Seckendorf, geb. 1773 zu Wenfurt, lebte nach 1805 in Wien, fiel 6. Mai 1809 bei Ebersberg. Sein „Musenalmanach" erschien in den Jahren 1807 und 1808 zu Regensburg in 12°. 1808 gab er in Gemeinschaft mit Jos. Ludw. Stoll auch den „Prometheus" heraus „eine Zeitschrift der höhern Bildung d. Menschen gewidmet", welche in zwei Bänden 8° zu Wien erschien. Vgl. oben S. 73.

Unendlich tief ist Schlaf, unendlich weit der Morgen! —
So ist das Gestern nun zum Heut geworden,
Dem Auge fern, dem Geiste gegenwärtig.
Hier saß ich gestern Abend, schrieb im Sande
Und fuhr erschrocken auf, was ich geschrieben,
Der Morgenwind hat's sorglich ausgewischet,
Was unvereinbar ist mit meiner Ruhe,
Der Sonne Mahlerblick weiß alles zu verschmelzen,
Aus Meer und Wolken zieht sie helle Strahlen
In träger Nacht die Geisterwelt zu mahlen.
So unbemerkt entfaltet sich das Schöne;
Unendlich wird ein Frühling allen Sinnen.
[122] Die Tage sind nun liebliche Geschwister,
Die jüngern stets dem Mutterherzen lieber,
Sie sprechen nach, was jene ältern fragen,
Sie haben noch was Süsseres zu sagen:
O Sonne, Mutter zahllos lieber Kinder,
Warum bin Mutter ich und ohne Kind?
O Sonne, einen Augenblick zum Beten! —
Du willst es nicht, die Augen gehn mir über.

(Sie hat in Gedanken einige Blumen gebrochen, die sie ins Gesicht drückt.)

Wie verlieren sich die Blätter
Wunderbar in Flammenlicht,
Drinnen haucht ein kühlend Wetter,
Drück ich sie ins Angesicht,
Alle die Blumen sind ohne Harm,
Nur die rothe Rose nicht,
Sie sticht!
Sticht wie die liebe Sonne so warm;
May ist ohne die Rose nur Qual,
Ihr stillen Gründe, du einsam Thal.

(Sie vertieft sich abgehend in dem Garten.)

2.

(Vater und Kind, beyde in Kriegskleidern, das Kind sieht sich um und läßt den Vater oft allein.)

Vater. So ist des Unglücks Fluch,
Daß es uns unterwirft der leeren Furcht,
Wie schaudernd hält der Boden heiße Eile:
Ein Schritt, ein Druck der Hand, ein Wort wie leicht,

Wie schwer, wenn unser Schicksal daran hänget.
Tod, Leben giebt der Ueberraschung Wunder.
Kind. Es wird so schwühl, wir gehen doch nicht weiter?
Vater. Nein, lieber Sohn! — Wir sind schon allzuweit! —
Zum Ufer wallt, vom Ufer sinkt die Woge,
Was zog mich her, was weist mich nun zurück?
Mich stößt zurück, was lange mich gezogen.
[123] O Sie war schön, ich find für sie kein Bild,
Nach ihr möcht ich die ganze Welt mir bilden,
Die ohne Sie mir farbenlos und leer.
Wie räthselhaft, was unsre Jugend füllt,
Und wie so deutlich, was das Alter schwächt,
Es will vergüten, was die Jugend fehlte,
Ach Jugend macht die Jugend einzig gut.
Es ist zu viel! Die tiefe Noth ich trug,
Und schwindle, da mich trägt ein nahes Glück.
Ich steh im Vaterland, vor meiner Schwelle,
Hier eingewiegt, als Knabe eingespielet,
Mit Todesmuth als Jüngling eingeschworen,
Wo Liebe fest mich eingewurzelt hält,
Der ersten Liebe gleich durchwachsne Rosen:
Dies ewge Band aus Lust und Furcht gewoben;
Wie wird mir hier so wohl und auch so weh!
Was meine Jugend füllt ist unerschöpflich,
Das Alter kann noch klar daran sich sehen:
Ha, wo das Herz der Liebe Hauß erbaut,
Da haust es ewig, läst sich nimmer bannen.
Hier lebte ich und war ich fern und ferner,
Hier wachte ich, an dieser heilgen Schwelle,
Wie Traum bewacht der heilgen Unschuld Schlaf,
Und träumend kehr ich heim zu Jugendfreuden.
Was hilft dem Storch, wenn er sein Nest auch findet,
Und findet es erwärmt von andrer Lust,
Und fänd er's kalt; und könnt es nicht erwärmen.
Und ja, ich fühl mich kalt, indem ich glühe,
Denn zu viel Möglichkeiten sind in mir.
Kind. Du sprichst vor dir. Und mir gefällts hier wohl.
Hier eß ich Milch und Frucht für uns bereit,
Und wer's uns wehrt, mit dem will ich schon fechten.
Vater. Genieß mit Freuden, Milch und Frucht sind dein,

Und wunderlich erschöpft ein nächtlich Wandern. —
Wo hat mich Frucht von müheschweren Jahren,
Wo hat die Milch der Hoffnung mich erquickt?
Wo hat die Freude mich zum Tanz beflügelt,
Was ist Gesundheit, wo ein öder Sinn?
Nur in dem Kind allein, wie es sich nährt,
Bewußtlos in die Welt so herzhaft fühlt,
Da hol ich nach, was ich versäumte trotzend,
Ich seh ihm gerne zu, wie sich's so macht,
Und wie es reift, sich selber zu erkennen;
Ich habe viel in diesem edlen Kinde,
Ein lebend Bild von der verlaßnen Frau.
Ich bin ihr nah, es will mir ganz genügen,
Mich fühlen ganz und froh, ich kanns nicht fassen.
Was hilft ein volles Mahl dem Hungertode,
[124] Der Aeltern Seegen Liebesterbenden!

Kind. Du klagst ja Vater, kann ich dir nicht helfen?

Vater. Ich klage nicht, ich freue mich nur anders,
Verschlossen sammle ich den Schatz der Noth,
Doch helfen kannst du mir. Bist du noch müde?

Kind. Ich bin bereit, ich springe ja schon weiter.

Vater. Wo willst du hin, hast du es schon vernommen?

Kind. Ich dacht, wir müßten eilend weiter ziehen.

Vater. Noch nicht, du sollst mir etwas hier erst holen.
Du siehst den duftbelegten Wiesenplan,
Die Sonne athmet in die Welt so warm,
Das helle Meer läuft zitternd himmelan
Und scheinet mit dem Himmel schon zu leben,
Und ferne heben sich die Wolkenfelsen
Und wollen drauf gewittern heute Abend.
Gehst du zum vögelklingenden Gehölze,
Du findest dich gar bald am weißen Felsen,
Der jähe wie vom Meer zurückgeschreckt,
Halb zweifelnd ob er sich hinein soll stürzen,
Das Ende einer Welt bezeichnen mag,
Zerstörung nagt darin in Wind und Wettern.

Kind. Du warst wohl lange hier, daß du den Ort,
Der ich ihn nie gesehen, mir deutlich zeigst.

Vater. Ich war schon hier! Jetzt höre mit Bedacht:
Auf diesem Abhang steht ein Myrtenstrauch;

Erst war er klein, nun ist er sicher groß,
Den reiße aus mit allen seinen Wurzeln,
Denn unten liegt ein Schatz, den bringe mir.
Kind. Kaum halt ich mich; so ist mein Wunsch erfüllt,
Der dunklen Erde Schätze aufzudecken,
Wonach ich oft in unserm Garten grub.
Vater. Und alte Scherben heilig dann bewahrtest.
Kind. Du weist es nicht, wie ich sie angesehen.
Vater. So halte heilig, was du dort gefunden,
Du kannst nicht fehlen, ferne wirst du hören
Ein schwärmerisch entsetzlich Klagen von den Vögeln,
Die Schwarzen baden sich im Meer, um weiß zu werden,
Die Weißen baden sich darin, um sich zu schwärzen,
Vergebens, schwarz wird schwärzer, weiß wird weißer,
Die höre ja nicht an, verricht dein Wesen,
Denn mit geheimer Sehnsucht füllen sie das Herz
Der Jugend nach des Meeres fernen blauen Hügeln,
Und jede Welle glänzt im Waffenschmuck besonnet,
Den jungen Führer huld'gend zu begrüßen.
Kind. O Vater, wo du bist, da ist mein Hoffen.
[125] Vater. Recht gut mein Kind, doch hör mich jetzt auch aus.
Kind. Ich weiß schon alles, alles bring ich dir. (ab)
Vater. Fort ist er, wie er leicht den Boden rührt,
Es ist, als wär er nicht von dieser Welt.
Und doch so kindisch ist sein ganzes Wesen,
Doch immer wie in einem andern Sinn.
Der Blumenstrauß von seiner Hand gebrochen,
Er ordnet sich geheimnißvoll in Farben,
Recht wie ein Regenbogen andrer Art,
Darob die Leute staunen ohne massen,
Und wissen nicht, was sie so tief entzückt,
Ich will es nicht und muß ihn oftmals kränken,
Er sagt es nicht, und darum muß er leiden.
Mich treibt's so oft das Schmerzliche zu fühlen,
Das Bittere zu fühlen, weil das Stumme,
Das Stumpfe mich viel bittrer quälen kann,
So fühl ich mich ganz hingerissen jetzt,
Ganz lebhaft jener Vögel Ton zu denken,
Viel widriger als irgend Scharren, Ritzen;
Es ist der Mißlaut, der zum Leben worden,

Verruchte Wollust, Lachen nicht, kein Klagen.
Als ich mein Schwerdt am Hochzeittag begraben,
Da freute mich dies Schreckliche in Jugend,
Denn das vollendete zum Mann mein Wesen.
Was mich zur sicheren Gestalt umflossen,
Das hat wie Sinter eines Quells umsteinert,
Was lebender als je das Herz erregt,
Und wenig kann ich nur von allem sagen,
Das Wen'ge müssen andre wohl beachten.
Sie wirds! Sie wird entschuldgen mich und deuten,
In ihrer Sehnsucht werd ich schuldlos seyn;
O wie sie mich geliebt, so liebt doch keine.
Wer kommt da? Pochst du nicht mein ahnend Herz,
Du fühlst wohl nicht genug, bist du so todt!
Was hast du dich denn taglang so gestellet,
Als wenn nichts Schönres dir begegnen könne.
Sind's dreyzehn Jahre, daß ich sie nicht sah?
Mir ist wie gestern! Langsam gehn die Stunden,
Wenn unser Leben fiebernd stille steht,
Und doch vergeßlich wie der Glocke Töne,
Wenn Lust sie nicht zu Melodieen band:
Ein Augenblick umschloß die Ewigkeit
Und dreyzehn Jahre werden Augenblick!
Wer sieht der Flur wohl an vergangne Jahre,
Wenn sie den Frühling noch am Busen trägt;
Entgegen, entgegen, entgegen so!

(Hält inne.)

[126] Nein, so bezwingen soll mich selbst nicht Freude,
Nur wer der Liebe Kuß beherrschen kann,
Steht frey allein, der ist ein Mann.

3.

Mutter. Woher der wunderbare Knabe war?
Ach Mutterherz, ach wär' doch so dein Sohn,
Und du warst so betäubt von Angedenken,
Daß du mit keinem Wort ihn hergeladen.
Was trieb dich heute auch zum Myrtenstrauche,
Da war es geistig und erinnernd voll,
Von schmerzlich wandernden Gedankenreihen,
Da war es, wo ich mit dem Manne wanderte,

Wo er in thörigt leerer Eifersucht,
Daß ich vor ihm, eh ich ihn jemals kannte,
Schon einen Jüngling herzlich angeblicket,
Sein Schwerdt ergrif, und mir den Arm verletzte,
Den ich zum Schutze ängstlich vorgehalten.
Und als mein Blut so röthlich blieb im Schnee,
Da griff ich einen Myrtenstrauch zur Stütze,
Und flehete vom Himmel halb vergessen:
Ein Kind so roth wie Blut, so weiß wie Schnee,
Auf daß die blinde Eifersucht vergeh.
Mir ward Gewährung, doch die Eifersucht
Des harten Mannes raubte es sogleich,
Es soll gestorben seyn und dort begraben,
Auch mit dem Kind wollt er die Lieb nicht theilen.
Ach auch die Liebe wird im Schlechten schlecht
Und mit Entsetzen schied ich mich vom Manne,
Verzweifelnd gieng er in die Welt hinein.

(Sie geht zu ihrem Tische.)

Ein Wandrer hat das Frühstück mir verzehret,
Er ahndete, daß mir zu weh ums Herz.
Da steht ein Fremdling, ist der's wohl gewesen,
Es ist nicht recht, doch litt er sicher Noth.
Hör Wanderer, du scheinest zu erwarten,
Daß ohne Bitten ich dir geben soll,
Weil du schon nahmst, auch ohne nachzufragen.

Vater (vor sich.) Sie kennt mich nicht ihr himmlischen Naturen,
So hat auch Gott die eigne Welt vergessen
Und diese Anred war mir nicht die rechte:
Dem Elend steht des Elends Haus nicht offen,
Ha ich will zeigen, daß ich Herr im Hause.
(laut) Ja wohl, wir sind nur Wanderer auf Erden.

Mutter. Wie, sprachest du im Augenblick mit mir?
Wie muß ich doch dabey so weithin denken.
Du kommst zur guten Stunde, willst du bitten,
So bitte was dir gründlich könnte helfen.

[127] Vater. Ich bitte viel, ich bitte dich zurück,
Die Stimme kanntest du, verkenn mich nicht.

Mutter. Wie ist mir, nehmt ihr Büsche hier Gestalt,
Ist dies ein Seegesicht aus leerem Dunst?
O Gott! kann ich die Stunde überleben,

O nein, du bist es nicht, dein Zorn schlägt Falten
In deiner Stirn, du dürftest ja nicht zürnen.
Vater. Die Runzeln pflügte mir des Irrthums Fluch,
Doch Weisheit liegt darin mit reichem Saamen.
Mutter. O Weisheit sprich, wer soll dich denn nun erndten,
Da du so viele Jahr zum Säen brauchst.
Vater. So nimm mich hin du reiche Erndtegöttin,
Und heb die Garbe auf zur vollen Brust.
Mutter. Du rührest mich, wie bist du alt geworden,
Und suchest nun, was du vor Zeit verschmähet.
Vater. Nun bring ich dir die Liebe ungetheilt,
Die einst so reich auch mehreren genügte,
O fände ich auch deine ungetheilt.
Mutter. Du sprachst von Weisheit erst und nun von Liebe?
Vater. Ich sprach davon, nun werd ich's wohl vergessen.
Mutter. Nicht unsrer frohen Tage kann ich denken.
Vater. Ach ohne sie wär mein Gedächtniß Nacht.
Mutter. Warum bist du im Ueberdruß geschieden?
Kein lebend Band ist zwischen uns geblieben.
Vater. Vielleicht, es war des Himmels klügster Segen,
Der unser Kind entnahm im ersten Strahl,
Denn unsre Launen sind nicht zu vereinen,
Und Feuer würd' in ihm mit Wasser zischen,
Und was das Schlimmre sey, das würd sich zeigen.
Mutter. Laß uns geschieden seyn, wie du's gewollt.
Vater. Ich kann nicht, was ich will, ich will nur, was ich kann.
Mutter. Bereitet bin ich nicht so ernst zu reden.
Ich lebt in weicher Lässigkeit die Zeit.
Mein Anwald wird dir leichtre Auskunft geben.
Vater. Sey unbesorgt, ich lernte mich nun beugen,
Und beugen oder brechen muß das Herz.
Mutter. Doch ist der Trotz dir ins Gesicht geschrieben,
[128] Und was du sagst verwehet leicht der Wind;
Wer Schiffbruch litt, der trauet nicht dem Meer.
Vater. Der Kluge fährt am liebsten mit dem Strome.
Mutter. Wie lebtest du, sey dies für mich ein Zeichen.
Vater. Ein traurig Zeichen, denn ich lebte traurig.
Mutter. Dich zu verstehn, von dir verstanden werden
Es wär mir werth, du würdest dann mich ehren.
Vater. Du hättest sonst den Stolz wohl nicht gehabt,

Ich hätt den Stolz dir sonst wohl nicht verziehen,
Und du erhöhst den Preis des Buchs Sybilla,
Nachdem du immermehr davon verbrannt.

Mutter. Nach alter Art wirst du unheimlich Freund.

Vater. Erst mache heimisch mich in diesen Wänden;
Kein Stein ist von dem hohen Dach gefallen,
Als wenn kein Hausherr diesem Hause fehle.

Mutter. Wie schweifet deine Rede also fern.

Vater. Weil mich die Nähe läßt so unbequem.
Ist hier ein Hausherr, dem ich Gruß muß bringen.

Mutter. Ich wünsche jede Sorg wär so zu lösen,
Mein ist dies angeerbte Haus allein.

Vater. Vertraue mir, laß uns das Glück versuchen,
Ob es in diesem Haus sich zu uns finde.

Mutter. Vertrauen läßt sich tauschen, nicht versuchen.

Vater. So laß uns hier wie Fremde wieder hausen,
Die nur Geselligkeit zusammenknüpft.

Mutter. Die je sich nah, die werden sich nicht fremd.

Vater. O erstes Wort, das schön wie deine Lippen;
Bald wird ein Heiter um dich seyn,
Wo deine Augen hellend hingewendet!
Dem Schönen sammelt sich das Schöne gern,
In deinem Tempel sinkt der Unruh Fluch
Und diese Bäume scheinen mir die Schlangen,
Die sich hier schlummernd an die Schwell gelegt,
Und heil'ger Dienst kommt noch aus allen Landen.
Die Tauben schweben girrend noch zum Giebel,
Dann auf die Linde, die uns auch gewiegt;
Das Meer wirft seine Schätze noch ans Land,
Doch eine nur ist aus dem Schaum gestiegen,
Ihr in der Luft hab ich ein Schloß gebaut.
Du lächelst meiner künstlich feinen Rede.
Ach wie so modisch neu ist mir die Freude.

(Die Fortsetzung künftig.)

Zeitung für Einsiedler.

1808. — 17 — 28. Mai.

Des Knaben Tod.[1]

Zeuch nicht den dunkeln Wald hinab!
Es gilt dein Leben, du junger Knab'!
„Mein Gott im Himmel, der ist mein Licht,
Der läßt mich im dunkeln Walde nicht."

Da zeucht er hinunter, der junge Knab',
Es braust ihm zu Füssen der Strom hinab,
Es saust ihm zu Haupte der schwarze Wald,
Und die Sonn versinket in Wolken bald.

Und er kommt ans finstere Räuberhaus,
Eine holde Jungfrau schauet heraus:
„O wehe! du bist so ein junger Knab',
Was kommst du in's Thal des Todes herab?"

Aus dem Thor die mördrische Rotte bricht,
Die Jungfrau decket ihr Angesicht,
Sie stossen ihn nieder, sie rauben sein Gut,
Sie lassen ihn liegen im rothen Blut.

„O weh! wie dunkel! keine Sonne, kein Stern!
Wen ruf' ich an? ist mein Gott so fern?
Ha! Jungfrau dort, im himmlischen Schein,
Nimm auf meine Seel' in die Hände dein!"

Der Traum.[2]

Im schönsten Garten wallten
Zwei Buhlen Hand in Hand,
Zwo bleiche, kranke Gestalten,
Sie sassen in's Blumenland.

Sie küßten sich auf die Wangen,
Sie küßten sich auf den Mund,
Sie hielten sich fest umfangen,
Sie wurden jung und gesund.

Zwei Glöcklein klangen helle,
Der Traum entschwand zur Stund';
Sie lag in der Klosterzelle,
Er fern in Thurmes Grund.

Ludwig Uhland.

---

[129]

Der Ring.

Ein Gedankenspiel.

(Beschluß.)

Mutter. Du hast kein freundliches Geschick erfahren,
Doch ist dein Ruhm so groß, dein Wirken würdig;
Man neidet mir, den Namen dein zu tragen.
Vater. Ich wirkte auswärts um mir zu entfliehen;
Befriedgung, eigne selbst erfreute nicht,
Ach, wem das Beste fehlt, dem fehlt's an allem.
Mutter. Du sprichst wohl herzlich, doch du bist ein Staatsmann.
Vater. Der Staatsmann sey das ganze Herz vom Staate,
Doch ich war nirgends, nirgends mehr zu Hause.
Das Neue konnte mir nur herrlich scheinen,
Die goldene Alltäglichkeit war nichts,
An mir wollt' sich Gewohnheit nicht gewöhnen,
Was mir gewöhnlich ward, schien mir zuwider.

---

[1] „Gedichte und Dramen". II, 27. Str. 4, 4 im rothen] in seinem. Gedichtet 1. Juni 1806.
[2] „Gedichte und Dramen". II, 29. Gedichtet 28./29. Oktober 1806.

Mutter. Bald würde dich bey mir dasselbe quälen,
Dasselbe, wo du sonst dich nicht verstanden.
Vater. Warum ist mir denn jenes Zimmer lieb,
Das wir mit manchem Spielzeug angeordnet,
Mit mancher Inschrift, manchem kleinen Bild,
Das räthselhaft den Fremden, uns verständlich,
So daß wir stets geheime Sprache führten,
Und wunderbar mir in Gedanken lag,
Daß ich des meinen oft darum vergessen.
[130] Mutter. O sieh an dieser Gluth in meinen Wangen,
Ob ich die holde Zeit nicht ganz gefühlt.
Vater. Was ich bisher bewohnt, sind wilde Höhlen,
So ganz verhaßt durch einsam wache Nächte,
Ich mochte sie nicht schmücken und nicht ordnen,
Daß ich nicht aussen fänd', was Innen mißte.
Erinnerung lag fern und unerreichlich,
Und Reue folgte mir, daß ich's verscherzt',
Was meines wahren Lebens Ernst und Sinn.
Für wen ich sorgte, wußt' ich nicht zu sagen,
Und was ich that, das war voraus mir Sorge.
Ich hatte Furcht und sollte Zutrau'n wecken,
Verantwortung ruht schwer auf dem Gesandten,
Vertrauen darf ihn nimmer unterstützen,
Er muß es brauchen, aber nimmer theilen.
Mutter. Er muß es brauchen, aber nimmer theilen!
Und die Gewohnheit sollte dir nicht bleiben?
Vater. O lehr' mich nicht, noch an mir selber zweifeln;
Ich mußte viel schon thun, was ich nicht mochte.
Als Schlange mußt Geliebte ich belauschen,
Der Liebe Schein auch zwischendrängend nehmen.
Der Freundschaft hingegebne Worte nutzen,
Was ich für mich wohl nie gethan, nein, nimmer.
Gesellschaft, die ich haßte, mußt ich suchen,
Und die gemüthlich mir kaum heimlich sehen,
Ein Kartenspiel aus blosser Ehre suchen,
Die Nacht vergähnen, Morgen zu verfehlen,
Und reden, wo ich lieber schweigen mogte.
So wurden bess're Menschen mir zu Schatten,
[131] Die der Erscheinung regelrechte Stunde halten,
Sonst mocht' ich nichts von ihnen weiter fordern;

Der Staat allein schloß da der Herzen Band,
Für ihn mußt ich Beleidigung erdulden,
Damit nicht Streit zur Unzeit ihn verflechte,
Und dieser Staat, er liegt unendlich fern,
Und was das Nächste mußt mir fremde seyn.
Mutter. O Gott! wie elend müssen seyn die Völker,
Daß solche Schande nur ihr Leben fristet.
Vater. Stoß nichts von dir, was du so wenig kennst,
Du triffst auch mich, noch wirk' ich drin mit Eifer,
Wenn gleich mit traurig plagenden Gedanken;
Aufopfrung ist was werth! Würd' mir wie Menschen,
Wie andern Menschen wohl, nur einmal wohl,
Ich hätte nicht die Kraft mich zu erheben,
Ich bliebe ruhig, ließ der Welt den Lauf.
Mutter. Hat sie nicht ihren Lauf nach Gottes Willen.
Ich kann's nicht sagen, was ich innen fühle,
Und weiß doch auch gewiß, ich habe recht,
Nicht Menschenklugheit giebt der Welt den Frieden,
Ihr müßt begeistert seyn, es kommt von oben,
Von aussen kommt doch nur Vergänglichkeit.
Vater. Ist Menschenklugheit denn nicht Gottes Gabe,
Wie sind sie doch so altklug hier geworden,
Wo sie allein, wo blieb bescheidnes Schweigen,
Das liebe Wörtchen, ich versteh' es nicht.
Mutter. Und wie so kalt, wie steinern werden sie,
Wie hatt' ich sonst von ihrem Geiste Meinung,
Und sprach schon nach, was ich noch kaum vernommen,
Und jetzt verstehen sie mir gar kein Wort.
Vater. Ach, die sich lieben, müssen sich verstehen,
Ist dieses nicht mein Arm, die Stimme mein,
Ich bin derselbe, aber sie sind anders!
Kann Mund zum Mund sich finden, wo die Worte
Wie Pfeile sich zur dunklen Nacht durchkreuzen,
Nicht lieben, streiten läßt sich nur darin,
Käm's endlich auch heraus, wir wären Freunde,
Ich such' den offnen Arm, nicht Vorsichtswaffen.
Mutter. Was suchen sie, was sie verschmähet haben?
Vater. Ha deine Liebe trieb mich aus zur That,
Wie köstliche Musik in ferne Weite,
Sie ist gescheh'n, Sie sind zu lang allein,

Sie haben sich in der Musik vertiefet;
Vernehmen auch kein Wort, was ich hier sage,
Sie sind in eines schweren Zaubers Bann,
[132] Der Eigensinn hat sie so fest umschlungen,
Sie sind die meine nicht, sie sind nun seine Frau.

Mutter. Es ist vorbey, ja ganz vorbey auf immer,
Es war doch alles nichts, ich merkt' es gleich,
Ich bin aus ihrer Sklaverey, ich lieb sie nicht,
Aus meinen Augen fort, sie thun mir weh,
Es ist der letzte Kummer, den ich leide.

Vater. Ja wohl vorbey, ja ganz vorbey auf immer,
Nicht mehr getäuscht von dieser lieben Hülle,
Der goldne Ueberzug zerreibt sich vom Gefäß,
Ich sehe klar, daß ich damit betrogen,
Soll ich's vernichten drum, weil's mich getäuschet,
Werf' ich's in's Meer, ich könnte später zweifeln,
Es steh vor mir, daß ich mich überzeuge.

Mutter. Das wollte ich; so überwiesen ganz,
So ganz beschämt du alter Staatsmann,
So solltest du vor einem Weibe stehen,
Getäuscht zu seyn, ist deine höchste Strafe,
Ihr holden Blumen, ach verzeiht den Zorn,
Ich fühl' mich schlecht in diesem Augenblick,
Doch ist's der letzte, den ich so verbringe,
Und wie der Schall im Walde still verrauschet,
Verzeih es Luft! Genug ist zum Gewitter
In dieser Luft, daß ich kaum athmen kann,
Und bin ich schuldig, treffe mich der Blitz.
Was ihre Absicht war an diesem Tage,
Die sie so weit zu mir hieher geführt,
Es ist vergebens jegliches Bemühen,
Und mit dem Ring, den ich vom Finger nehme,
Und werf' ihn in die freye weite Welt,
Ist jedes Band gelöst, was noch Erinnrung hielt,
Wir sind geschieden und es sey für immer.

Vater. Vertrauend baut sich an der Mensch in Jahren,
Der Erde Beben zerstört's im Augenblick.
Ich fühl' mich ruhig, ich verliere nichts,
Nur der ist frey, der nichts auf Erden hat.

Kind (kommt mit einem Schwerdt und einem Mirtenzweige, und findet den weggeworfenen Ring.) O Vater! sieh den schönen Ring nur an,
Auf einer Lilie gelben Faden schweben,
Es ist ein Schlänglein, das im Schwanz sich beißt,
Ein rother Stein blitzt herrlich aus den Augen.
Ach, daß am Ring kein Anfang oder Ende,
Sonst würd das schöne Thier auch wohl noch gehen,
So kunstreich ist es durch und durch getrieben.
Du siehst so heftig Vater, und du sprichst kein Wort,
[133] Du schiltst doch nicht, daß ich so lang geblieben,
Es war kein Schatz am Mirtenstrauch zu finden,
Nur dieses Schwerdt, darf ich das Schwerdt auch tragen,
Ich will das Feindliche der Welt bestreiten.
Ach Vater sag', wer ist denn diese Frau,
Die schöne Frau, wenn sie nur liebreich wäre.

Mutter. Ist dies ihr Kind, so sind sie zu beneiden.
Es ist zu liebreich, nein sie sind nur Pfleger.

Vater (leise zur Mutter.) Gedenken sie der Schicklichkeit vor Kindern,
Wär' dies nun unser Kind das früh verloren.

Mutter. Ha, wer denkt an Schicklichkeit der Welt,
Wenn hier ein Abgrund, dort ein offner Arm,
Ich ruf' in die Natur nach Helferarmen,
Ist dies mein Kind, was ich gestorben glaubte,
Das sie aus Eifersucht von mir verbannt?

Kind. Ach ja ich bin's, ich bin gewiß dein Kind,
Ach Gott, wüßt' ich nur eine Mutter zu lieben.

Mutter. Gewißheit und ich bin dir unterthänig.

Vater. Wo soll das hin, ich kann die Folg nicht denken,
Und handelte doch nie ohn' Ueberzeugung.

Mutter. Gewißheit und dann morde mich sogleich
Mit diesem Schwerdt, das mich schon früh verwundet.

Kind. Ach, Mutter, wie wird dich der Vater lieben.

Vater. So muß mir denn das Schmerzlichste geschehen,
Und ohne Liebe sehn die Vielgeliebte,
Und wie Gewissensbisse immer sehen.

Mutter. O laß mir nur mein Kind, nur wenig Stunden,
Ich lieb dich ja in ihm, ich kann nicht mehr.

K i n d. Ich lieb euch beyd', du willst schon gehen Vater,
Hast du nicht oft die Arme ausgebreitet,
Lang über mir nach meiner Mutter seufzend.
V a t e r. Das ist vorbey, das ist nun ganz vorbey.
M u t t e r. Ist denn kein Ausweg, so verläßt mich Gott,
Ich steh hier trostlos, wo ich sein bedarf,
Und wie ein Unrecht scheinet mir mein Unglück.
K i n d. Ach Mutter, ist denn Gott nicht unter uns.
Wir sind ja drey, so sind wir die Gemeine,
Wie sprichst du so, nein er verläßt uns nie.
V a t e r. Es ist dein Sohn, es ist bedacht, es sey,
Es muß das Schmerzlichste von mir geschehen,
Ich opfere mein eignes Leben auf,
Wir leben nun für dieses Kind zusammen,
Nimm du die linke Hand, ich nehm die rechte,
Auf daß er lerne lieben und auch fechten.
K i n d. O Vater, wenn ich nur genug dich liebe,
O Mutter, wenn ich nur für dich kann fechten.
M u t t e r. Es trägt mich des Entschlusses eigne Kraft,
Mit Uebermacht hast du den Geist bezwungen,
[134] Mein Herz schweigt still, es kommen andre Zeiten,
Im Herzen dieses Kindes schlägt das meine,
Und meine Klugheit wachet über's Kind.
V a t e r. Vermagst du wohl so viel noch über dich,
So laß versuchen uns beym Mondenschein
Zu lesen, wo wir sonst nur weinen konnten:
Gefühl und Klugheit muß sich immer beugen,
Vor einer Zukunft, die sie selbst erst zeugen.
K i n d. Da hast du Mutter diese Mirtenkrone,
Da hast du Vater das verlorne Schwerdt,
O laß mir nur den Ring den vielgeliebten.
V a t e r und M u t t e r. Du bist der Ring von zweyen Vielbetrübten,
Die nun verbunden, die sich einstmals liebten.
V a t e r. Wir sind verbunden?
M u t t e r. Ich gehorche Ihnen.
V a t e r. Wohl dem, der einmal nur geliebt im Leben,
Das Schicksal will ihm goldne Hochzeit geben,
Es drückt das Gold, es zittern seine Hände,
Doch fühlet er, daß nie das Leben ende.
K i n d. So küsse doch den lieben Vater, Mutter.

Mutter. Und was der Ernst und die Vernunft geschieden,
Ein Kinderspiel auf dieser Welt hienieden.
Kind. Hörst du fern im Dorfe singen,
Luft und Düfte zu uns dringen
Aus der tiefen Himmelsstimme.
Mutter. Ach zu uns in ernstem Grimme.
Vater. Wie so oft war uns zum Spotte,
Unsrer Diener Sonntags Schmücken.
Kind. Ach so hört doch zu dem Gotte,
Der in seligem Entzücken.
Vater. Wehe nun ist eine Stille!
Mutter. Aber wie versöhnte Freunde
Tönt nun höher Gottes Wille
Aus der himmlischen Gemeinde.
Kind. Führt mich, wo die Glocken schlagen.
Vater. Das Gewissen anzusagen.
Kind. Wo die Freuden alle klingen,
Mußt du mich auch heute bringen.
Vater. Ach wie kühlend in der Hitze!
Haben wir denn da auch Sitze?
Mutter. Gittersitze wir da haben,
Wo die Aeltern sind begraben.
Vater. Und die also Gott gefunden,
Zeigen sich da Gott verbunden;
Und kein Mensch darf sie nicht scheiden,
Die geprüfet in den Leiden!

Ludwig Achim v. Arnim.

---

[135] Zur Geschichte der Poesie.

Dante mit dem Schmied, der die divina Comedia sang, und wie er den sperrbeinigen Reuter dem Richter empfahl.[1]

Der gefeyerte Dichter, dessen Ruhm keine Zukunft verringern wird, Dante Alighieri der Göttliche genannt, war in Florenz der Nachbar der

[1] Diese beiden Anekdoten aus dem Leben des großen Dante Alighieri [geb. zw. 18. u. 30. Mai 1265 zu Florenz, † 14. Sept. 1321 zu Ravenna] erzählt der Novellist Franco Sacchetti [geb. 1335, † 1410 zu Florenz], der frühste italienische Nachahmer Boccaccios, dessen Novellen zuerst zum Teil herausgab Giovanni Bottari 1724. Vgl. die neue Ausgabe Novelle, Firenze 1860, Nr. 114. 115. S. 274. 276. Vgl. ferner „John Dunlop's Geschichte der Prosadichtungen ... übertragen .... von Felix Liebrecht.“ Berlin 1851. 8°. S. 256 b, wo die eine, und „Dante's Göttliche Komödie .... Von August Kopisch. 3. Auflage ... von Paur.“ Berlin und Leipzig 1882. 8°. S. 644. 645, wo beide Anekdoten mitgeteilt sind.

Familie Adimari, und da ein junger Edelmann dieser Familie wegen irgend eines Verbrechens eingezogen worden, der Richter dieser Sache aber mit dem Dante bekannt war, so bat die Familie den Dichter, er möge den jungen Mann dem Richter empfehlen. Dante sagte, er wolle es gern thun. Als er nun gefrühstückt hatte, verließ er das Haus, und machte sich auf den Weg zu dem Richter. Bey der Porta San Pietro sah er einen Schmied auf dem Amboß schmieden, der sang den Dante ab, wie man einen Gassenhauer singt, und da er seine Verse verhunzte, und allerley gemeines Zeug darunter matschte, schien es dem Dante, als wenn ihn der Kerl höchlich beleidigte. Er sprach kein Wort, nahte sich der Werkstätte des Schmieds, wo eine Menge Werkzeuge lagen, die er zu seiner Kunst gebrauchte, nahm den Hammer, und schmiß ihn auf die Gasse, dann nahm er die Zange, und warf sie auf die Straße, dann nahm er die Wage, und warf sie auch auf die Straße, und so warf er alles Geräthe, was ihm vorkam, hinaus. Der Schmied drehte sich mit einem bestialischen Gesichte zu ihm: Was Teufels habt Ihr vor? Seyd Ihr verrückt? Dante sagte: Und was Teufels hast du vor? Ich habe meine Arbeit vor, sagte der Schmied, und Ihr verderbt mir mein Werkzeug. Dante sagte: Was du nicht willst, daß dir gescheh', das thu auch keinem andern. Verdirbst du mir das meine, so verderb' ich dir das deine. Und was verderb' ich dir? sprach der Schmied. Da sagte Dante: Du singest das Buch, und singst es nicht, wie ich es gemacht habe, ich habe keine andere Kunst, und du verdirbst sie mir.*) Der Schmied ganz verwundert, wußte nicht, was er sagen sollte, raffte sein Geschirr zusammen, und kehrte an die Arbeit zurück, und wenn er singen wollte, so sang er von Tristan, und von Lancelot, und ließ den Dante Dante seyn. Dieser setzte seinen Weg zu dem Richter, den er vorhatte, fort. Da er aber bey diesem erfuhr, daß jener junge Edelmann, von welchem die Rede, ein hoffärtiger und unartiger [136] Bursche war, der immer sehr brutal durch die Stadt zog, und besonders zu Pferd die Beine so weit auseinander streckte, daß er in engen Straßen den Leuten den Weg versperrte, oder ihnen mit seinen spitzen Schuhen Löcher in die Mäntel riß, welche Manieren ihm, der alles sah, immer mißfallen hatten, sagte Dante zu dem Richter: Ihr habt vor euerm Richterstuhl jenen Edelmann wegen der und der Sache, ich empfehle ihn euch, wenn er gleich der Art ist, daß er noch größere Strafe verdiente, denn ich glaube, das allgemeine Gut anzugreifen, ist ein tüchtig Verbrechen. Dante sagte

*) Vielleicht hat sich Dante seit der Zeit im Himmel anders bedacht und möchte viel darum geben, lieber von einem ehrlichen Schmied nach seiner Art begriffen, als von tausend Gelehrten wegen der Geschichte der Poesie durchgeblättert zu werden. Einsiedler.

das keinen tauben Ohren; denn der Richter fragte: Was ist das für ein gemeines Gut, das er angreift? Dante antwortete, wenn er durch die Stadt reitet, so sperrt dieser die Beine dermaßen auseinander, daß alle Menschen auf seinem Weg zurück müssen; der Richter sprach, scheint dir dieses eine Kleinigkeit, das ist noch ein größer Verbrechen als das andere. Da sprach Dante: Aber sehet, ich bin sein Nachbar, ich empfehle ihn euch, dann ging er nach Haus, wo ihn der Edelmann fragte, wie die Sache stünde. Dante sprach, er hat uns gesagt, recht gut. Nun war der Edelmann vorgeladen, sich zu verantworten, er erschien, und da man ihm die erste Beschuldigung vorgelesen, ward ihm auch die zweyte von seinem sperrbeinigen Reiten vorgelesen. Der Ritter, als er seine Schuld verdoppelt sah, sagte zu sich selbst, der Dante hat mich schlecht bedient, nun werde ich gar doppelt verdammt. Nachdem er sich gerechtfertigt, ging er nach Haus, und sprach zu Dante: wahrlich du hast mich gut bedient, ehe du zum Richter gingst, ward ich nur einer Sache beschuldigt, nachdem du mich empfohlen, nahm er mich doppelt in die Kur. Dann fuhr er sehr zornig gegen Dante fort: Werd' ich verdammt, ich vermag zu bezahlen, aber wer es sey, der mir dazu verholfen, dem will ichs lohnen. Da sagte Dante: Ich habe euch so sehr empfohlen, als wenn Ihr mein eigner Sohn wärt, mehr konnt ich nicht, hat der Richter es anders genommen, ich kann nichts dazu. Der Ritter schüttelte den Kopf, und gieng nach Haus. Wenige Tage hernach ward er in 1000 Lire für das erste Verbrechen und in andere 1000 wegen des weitläuftigen Reitens verdammt, was die Familie Adimari dem Dichter nie verzieh, und trug diese Geschichte nicht wenig dazu bei, daß er in kurzer Zeit als ein Guelphe aus Florenz verbannt wurde, und zu nicht geringer Schande seines Vaterlands zu Ravenna in der Verbannung starb.

Zeitung für Einsiedler.

1808. — 18 — 31. Mai.

Die Einsiedlerin.[1]

O lasse Geliebter mich einsam leben!
Dem Tode bin ich früh geweiht,
Ich kann dir nicht Friede nicht Freude geben,
Doch beten für dich in Einsamkeit.

Ich will dir Geliebte dein Zellchen bauen,
Mein Herz ist einsam und dir geweiht.
Und durch meine Augen kannst du wohl schauen
Den Himmel so nah, die Welt so weit.

Die Arme, ich will sie dicht um dich schlingen,
Wie Liebeszweige, an Früchten schwer,
Die Lippe, sie soll dir wie Echo klingen,
Wie Vöglein springen mein Lied umher.

Dein Händchen, o legs an mein Herz, es schläget
Im Busen mir ein lebend'ger Quell
Und wie sich in Liebe Liebe beweget,
Springt er dir entgegen so freudig hell.

Du kannst nicht lieben, nicht glauben, so ziehe
So ziehe nur hin in deinen Tod,
Die Sonne schien in dein Bettchen zu frühe,
Verschlafe nur nicht dein Abendroth.

Noch alle Tag ist's nicht Abend geworden,
Mir bringet die Zeit noch Rosen einst,
Ich ziehe nach Süden, leb' wohl in Norden,
Du lachst mir noch, wie du nun weinst.

Und hinter dem Berge der Freund verschwindet,
Die Sonne geht durchs Himmelsthor,
Sein Bündelchen traurig das Mädchen bindet,
Steigt mit dem Mond am Berg empor.

Es stehen die Wälder so stille, stille,
Des Berges Ströme sausen wild,
O stärke den Muth mir, stark ist der Wille,
So betet sie am Heilgenbild.

Da läutet im Winde ein Silberglöckchen,
Sie tritt in die Zelle von Rosenholz,
Und nimmt das braunseidene Klausnerröckchen,
Legt an die Demuth, legt ab den Stolz.

Und wie sie die bunten Kleider hinleget,
Schlägt ihr das Herz im Busen laut,
Die Flöte der Wanduhr so sanft sich reget,
Und singt das Nachtlied der Himmelsbraut.

„Gut Nacht, o mein Liebchen, auf seidnem Mooße,
„Ach wie so sehnend die Nachtigall singt,
„Am Fensterchen glühet die treue Rose,
„Die Rose, die einst die Zeit mir bringt."

„Ich mußte die Hütte, den Garten geben,
„Zu bauen dein Zellchen so schön und fein,
„Und muß nun wie du in der Wildniß leben,
„Mit meiner Sehnsucht so einsam seyn."

„O Liebchen schlaf wohl, von deinem Schooße,
„Fällt klingend der perlene Rosenkranz,
„Es schläft nicht der Treue auf seidnem Mooße,
„Ihm flicht wohl die Liebe den Dornenkranz."

So singt ihr die Flöte, doch verstehen
Kann Liebchen nicht des Liedes Leid,
Der Liebe Bitten, der Liebe Flehen,
Scheint ihr das Lied der Einsamkeit.

So lebt sie lange, ungeschmückt
Die Tage hin, die Nächte hin,
Und schon die Rose sich niederbückt
Sieht nicht mehr nach der Klausnerin,

Die Stürme sausen in wilden Nächten,
Wohl lauter als die Flöte sang,
Im Walde die Hirsche brünstig fechten
Die Welt wie wild, die Zeit wie lang.

Und sitzet sie traurig an der Thüre,
So eilen auf verschlungner Bahn
Die Rehe paarweiß, die scheuen Thiere
Und stehen still und sehn sie an.

„O Zeit o wolle die Rosen brechen,
„Wie einsam ist Liebchen, wie allein.
„In Sehnsucht will ihr das Herz zerbrechen,"
So schreibt sie oft auf Täfelein.

Und heftet sie dann an die Geweihe
Der Hirsche, die sie zahm gemacht,
Und mustert sie ängstlich nach der Reihe,
Ob keiner Antwort ihr gebracht.

Weint Liebesthränen, schlingt durch die Locken
So weltlich den perlernen Rosenkranz,
Und schürzt das Röckchen, schmückt ihre Socken
Mit Waldes Blumen, mögt gern zum Tanz.

---

[1] Vgl. Cl. Brentanos gesammelte Schriften, Bd. 2, S. 138—144.

Und regen die Büsche im Mond sich helle,
Und flötet die Nachtigall süß und mild,
So kann sie nicht schlafen, steht an der Zelle,
Und glaubet, sie sähe des Lieben Bild.

Umarmt die Bäume mit Liebesgeberde,
Und reicht den blühenden Zweigen die Hand,
Und kühlt sich den Busen an kühler Erde,
Und zeichnet sein Bildniß in reinen Sand.

Oft hebt sie die Füßchen, sie tanzt so gerne
Und beißt sich die Lippen, sie küßt so gern,
Am Himmel da stehen so ruhig die Sterne,
O weh mir wie einsam, die Liebe ist fern.

So eilet der Frühling, der Sommer gehet,
Es senken die Büsche das grüne Dach,
Und sie wird nicht ärndten, die nicht gesäet,
Nicht ruhig schlafen, die Reue ist wach.

„Du hast nicht geglaubt, nicht geliebt, so blühe,
„Verblühe nur hin in deinen Tod
„Die Sonne schien in dein Bettchen zu frühe,
„Verschlafe nur nicht dein Abendroth."

So wiederholt sie im Traum seine Worte
Es pochet im Herzen, ja poche nur,
Sie gehet im Traume wohl an die Pforte,
O Wehe es pochte im Herzen nur!

Sie weinet getäuschet, und bleibet stehen,
Da tönen Worte zu ihr hin,
O laßt ohn' Obdach mich nicht gehen
Gott lohnt euch, fromme Klausnerin.

Sie öfnet die Thüre in lauter Freude
Kann sie nicht reden, ihr Auge bricht
In Liebesthränen, und Freud und Leide,
Denn ach es ist der Geliebte nicht.

Und wie sie so weinet, fleht still der Alte
Das Haupt gesenket, blickt sie nicht an,
O Jungfrau verzeih', daß ich krank dich halte,
Du bist wohl der Welt noch zugethan.

So redet er zürnend, und vor ihm nieder
Kniet weinend die arme Klausnerin,
Und fleht, gieb mir den Geliebten wieder,
O führ' mich wieder ins Leben hin.

Der Alte spricht ruhig in jener Klause,
Die gestern mein Dach gewesen ist,
Ist Andacht und Friede wohl mehr zu Hause
Da wohnet wohl ein beßrer Christ.

Da wohnet ein Jüngling, fromm und stille,
Und thuet Gutes, ist ohne Tand,
Er wählte durch der Geliebten Wille
Sich also schwer betrübten Stand.

Die Klausnerin jammert und ringet die Hände,
Und will nicht bleiben, will zu ihm hin,
O sage mir Greis, wohin ich mich wende,
In welchem Thale finde ich ihn.

Es weinet der Alte, so tief gerühret
Hat ihn der ird'schen Liebe Streit,
Es schmückt sich die Holde, als Braut gezieret
Steht sie im braunen seidnen Kleid.

Und hastig zieht sie ihn von der Schwelle,
Will mit ihm nach dem Thale gehn,
Die Nacht ist so ruhig, der Mond so helle,
Der Greis bleibt bey den Rosen stehn.

Und bricht die Rosen, und knieet nieder
Ein Jüngling vor der geliebten Braut,
Sie kann ihn umarmen, und wieder, wieder,
Sie weint so stille und lacht so laut.

Schlaf' wohl, o mein Liebchen, auf seidnem Mooße,
Die Zeit bringt Rosen, o süße Zeit!
Das Einsiedlerröckchen ist leicht und ist lose,
Der Himmel so nahe, die Welt so weit.

Auf, auf o mein Liebchen, ich will uns bringen,
Zur Freude hin, geschwind wie der Wind,
Und auf die gesattelten Hirsche sich schwingen
Der Jüngling und sein getreues Kind.

Es fliehen die Berge, es fliehen die Haine,
Die Städte stehen, und sehen nach,
Dann setzt er sie nieder und küßt sie am Rheine,
O Liebchen, wer flöhe den Beyden nicht nach.

Clemens Brentano.

[137] Die geistliche Spinnerin.*)

(Hierzu die Kupfertafel.)

Groß Gnad und Barmherzigkeit sey mit der hochgelobten und weitberühmten Wittwen Elisabeth, die da gewesen ist ein Herzogin und

*) Labores suos dispersit et dedit pauperibus, ideo justitia ejus exemplaris manet in seculum seculi etc. [Steht in den alten Drucken über dem Bilde.]

Landgräfin von Hessen. Wiewohl sie eine Künigin war der Geburt, denn ihr Vater war ein Künig zu Hungarn, und kam sie doch von Gottes Gnade zu solcher Armuth, daß sie sich mit ihren eigen Händen mußt ernähren. Was sie leiblich gespunnen hat, drückt die Historie aus,

was sie aber geistlich gespunnen hat inwendig in ihrer Seel, und wie ein andächtige Seel spinnen soll, darauf will ich mein Red kehren. Und zu Beßerung, wenn ich anseh das Spinnen Elisabeth, so begegnet mir ein ander Spinnen das sie gethan hat, und ein jeglich Seel thun soll. Was ist dasselb Spinnen? Nichts anders dann ein ernstliche Betrachtung göttlicher und geistlicher Ding, wie ein Mensch die Spindel erwischet oder begreift, und sie schlägt an das Werk der Kunkel, und heftet mit seinen Fingern an. Also ein betrachtende Seel schlägt ihre Finger an zu ersuchen um zu vernehmen[1] was Gott anbetrifft. Nun wohlan: was hat gesponnen die andächtig Wittib Elisabeth? Sie hat sich selb gesponnen einen Mantel inwendig an ihrer Seel mit den Fingern ihrer Betrachtung; mit welchem Mantel sie hat bedeckt all ihre Sünd, in welchem Mantel sie[2] ist erschienen vor dem Angesicht des allmächtigen Gottes und vor allem himmlischen Heer. Was ist dieser Mantel? Es ist nichts anders dann christ= [138] liche Lieb, damit bedeckt muß werden alle Sünd; wer dies Kleid an hat, der wird fröhlich eingelassen in die ewige Seeligkeit.

Aus dem Buch Granatapfel, von Joh. Gayler von Kaysersperg.[3]

Von dem Leben und Sterben des Grafen Gaston Phöbus von Foix, und von dem traurigen Tode des Kindes Gaston.

(Fortsetzung. Vergl. 11. Stück.)

IV. Von einem Nachtkämpfer und einem bezauberten Bären.

Noch oft sah ich den Edelmann, der mir solches erzählt, auf dem Schlosse von Foix, und einstens fragte ich ihn, warum doch Messire Pierre de Bearn, der mir ein gar tapferer und reicher Herr schien, nicht verheyrathet sey. Verheyrathet ist er wohl sprach er, aber seine Frau und seine Kinder wohnen nicht bey ihm. Und warum das? sprach ich da. Das will ich euch wohl erzählen sagte der Edelmann. Messire Pierre de Bearn hat die Gewohnheit, daß er Nachts aus dem Schlaf erwacht, aufsteht, sich bewaffnet, seinen Degen zieht, um sich her kämpft, und man weiß nicht gegen wen, was denn sehr sorglich ist. Aber seine Diener, die in seiner Stube schlafen und ihn bewachen, springen dann auf, wenn sie ihn so fechten sehen und sagen ihm, was er treibt? Er

---

[1] Im Original „vnd zu nemen."

[2] Im Original „sy frölich."

[3] Joh. Geiler, genannt von Kaisersberg, geb. 16. März 1445 zu Schaffhausen, † 10. März 1510 zu Straßburg. „Das Buch Granatapfel" erschien zuerst zu Augsburg bei H. Otmar 1510, ferner zu Straßburg bei Knoblauch 1511 u. s. w. Vgl. den Augsburger Druck, Bl. aij, Sp. 1 u. 2. „Die gaistlich spinnerin . nach dem Exempel der hailigen wittib Elizabeth, wie sy an einer gaistlichen gunckel, flachs vnd woll gespunnen hat Gepredigет durch den wirdigen Doctor Johannem Gayler von Kaiserßberg . . . . ." Uebrigens ist nicht dieser älteste Druck für die Einsiedlerzeitung benützt worden, denn unser Bild gibt das der Straßburger Ausgabe wieder und nicht das bessere der Augsburger. Das Bild ist gezeichnet von Hans Burgkmair dem ältern, geb. 1473 und † 1532 zu Augsburg. Vgl. Kulturgeschichtl. Bilderbuch I, S. 205, Nr. 308. Unser Text zeigt verschiedne Auslassungen.

sagt dann aber zu ihnen, er [141] wisse nichts davon und sie seyen Lügner. Manchmal ließ man ihm auch keine Waffen und Degen in seiner Stube, aber wenn er dann erwachte und sie nicht fand, führte er ein solches Getöse und Unwesen, daß man glauben sollte, alle höllischen Teufel wären bey ihm in der Stube. Drum läßt man sie ihm lieber und achtet auf ihn; wenn er dann sich bewaffnet und wieder entwaffnet hat, legt er sich wieder zu Bett. Heilige Maria, sagte ich, woher mag wohl solche Phantasie dem Messire Pierre kommen, daß er Nachts aufsteht und solch Gefechte hält? Das sind sehr wunderbare Sachen. Meiner Treu, sagte der Hofmann, man hat ihn oft darum befragt, aber er weiß nicht zu sagen, woher ihm das kommt. Die erste Nacht, als man es ihm bemerkte, folgte auf einen Tag, an welchem er in einem Wald in Biscayen einen wunderbar großen Bär gejagt hatte. Dieser Bär hatte vier seiner Hunde getödtet und noch mehrere verwundet, so, daß die übrigen nicht an ihn wollten. Da nahm Messire einen Degen von Bourdeaux, den er trug, und machte sich sehr erzürnt seiner getödteten Hunde wegen an den Bären, stritt da in grosser Leibesgefahr lange mit ihm und hatte große Noth, bis er ihn erlegte. Endlich tödtete er ihn und kehrte dann nach seinem Schloß Langue Deuton zurück, wohin er sich den erschlagenen Bären bringen ließ. Alle erstaunten über die Größe des Thiers, und die Kühnheit des Ritters, mit der er ihn angefallen und erschlagen hatte. Als die Gräfin von Biscayen seine Gemahlin den Bären sah, fiel sie in eine Ohnmacht und bezeigte großen Schmerz darüber. Sie wurde von ihren Leuten aufgehoben und nach ihrer Stube gebracht, und war diesen Tag und die folgende Nacht und dann den ganzen folgenden Tag gar trostlos und wollte nicht sagen, was ihr fehlte. Den dritten Tag sprach sie zu ihrem Gemahl: Mein Herr, ich werde niemals wieder gesund werden, ehe ich nicht nach St. Jacob gewallfahrtet bin, gebet mir Urlaub dahin zu gehen, und daß ich Pierre meinen Sohn und Andrienne meine Tochter, mit mir nehme, ich begehre es von euch. Messire Pierre erlaubte es ihr sehr gern, und ließ sie ihren ganzen Schatz, ihr Gold, ihr Silber und ihre Juwelen mitnehmen, denn er wußte wohl, daß sie nicht wiederkehren würde, dessen man sich doch sonst nicht versah. Die Dame vollbrachte ihre Reise und Wallfahrt, und nahm sodann Gelegenheit, ihren Vetter den König von Castilien und die Königin zu besuchen, da empfing man sie sehr wohl, und ist sie noch dort, will auch nicht zurückkehren noch ihre Kinder zurückschicken, und ich muß euch sagen, daß in derselben Nacht, vor welcher er den Bären gejagt und getödtet, er sich erhoben und ihm zum erstenmal diese [142] wunderbare Phantasie angestoßen ist, und will man wissen, daß die Dame das wohl voraus gewußt habe, sobald als sie den Bären gesehen, welchen ihr Herr Vater schon einmal gejagt hatte, dem damals auf der Jagd eine Stimme zugerufen: du jagst mich und ich will dir doch kein Uebels, aber du sollst darum sterben eines bösen Tods. Da hatte dann die Dame sich daran erinnert, als sie den Bären sah und auch der Rede ihres Vaters, und gedachte sie wohl daran, wie der König Dom Pedro ihn unschuldig hatte enthaupten lassen, und darum sank sie in Ohnmacht vor ihrem Gemahl und behauptet noch immer, daß es ihm noch wunderbar ergehen werde, ehe er sterbe, und daß das alles nichts sey, was ihm auch jetzt geschehe, gegen das was noch kommen werde. Und so habe ich euch denn von dem Messire Pierre de Bearn erzählt, sagte der Hofmann, wie ihr begehrt habt, und ist die Sache wahrhaft, denn so ist sie geschehen und was haltet ihr davon? Ich, der ich ganz nachdenklich über die wunderbare Geschichte geworden war, sprach: Ich glaube das gar wohl, denn wir finden in der Schrift, daß die Götter und Göttinnen vor alten Zeiten nach ihrem Vergnügen die Männer in Thiere und Vögel verwandelten, und so machten sie's auch mit den Weibern. Es kann gar wohl seyn, daß dieser Bär ein Ritter gewesen, der einstens in den Biscayischen Wäldern gejagt, er beleidigte vielleicht einen Gott oder eine Göttin zu seine Zeit, warum er in einen Bären verwandelt wurde, und nun da seine Buße that, so wie Actäon in einen Hirsch verwandelt wurde. Actäon? antwortete der Hofmann, lieber Meister, erzählt mir davon, und ich will euch gern zuhören; da erzählte ich ihm die Geschichte von Actäon und sagte hierauf, so kann es auch mit jenem Bären gewesen seyn, und hat die Dame vielleicht noch was ganz anders erwartet und wußte, was sie damals nicht sagte, darum muß man sie für entschuldigt halten. Da sprach der Hofmann, das kann alles wohl seyn, und somit beschlossen wir unsre Erzählung.

Lehrgedicht an die Jugend.[1]

Ganz in allem gegenwärtig
Sey es Ernst und sey es Spiel,
Ist Natur des Winks gewärtig,
Der ihr zeigt des Strebens Ziel:

Gestern noch in Mädchenspielen
Gleitet Sie auf Eis mit Lust;
Frühling kommt, Sie lernet fühlen,
Fromme Milch schwellt Ihre Brust.

---

[1] Vgl. Arnims sämmtl. Werke, Bd. 22, S. 68—71, wo statt des bedeutsamen Sonnenzeichens ⊙ in Str. 14 wirklich „Goethe" steht.

[143] Sohn, Sie folget deinen Winken,
Du der Geister Auge bist,
Lasse nicht dein Auge sinken,
Irrend Sie dich bald vermißt;
Sprachrohr aller guten Geister
Sey bereit und nicht zerstreut,
Wenn der ew'ge Himmelsmeister
Dich mit mächt'gem Wort erfreut.

Willst du was, ergieb dein Leben,
Es mit ganzer Seele treib,
Vieles wird sich dir ergeben,
Vieles wird ein Zeitvertreib.
Doch das meiste wird dich fliehen,
Wo der Schein dich schnell besiegt,
Vor des Geistes Vollerglühen
Falsches Gold wie Rauch verfliegt.

Eh du kannst die Welt bezwingen,
Bilde dich mit Fleiß an ihr,
Und gar stille Freuden dringen,
Aus dem frommen Dienst zu dir,
Wer zu dienen erst verstanden
Wird zum Herrschen dann geschickt,
Nur aus vieler Formen Banden
Steigt des Gottes Bild geglückt.

Weil er alle Welt muß fühlen
Reift der höhre Mensch auch spät,
Stürme grimmig in ihm wühlen,
Ihn begeistert, was da weht.
Bis er nach dem langen Stimmen
Das Bestimmte trifft und kennt,
In der Welt verschiednen Stimmen
Dann vereinet, was getrennt.

Deine Stimme in den Chören
Klingt, obgleich es keiner weiß,
Nur dich opfern, ihn zu ehren,
Kannst du diesem höhern Kreis,
Und sein Geist wird ohn dein Wissen
Dann zu lenken dich verstehn,
Denn er ist wie das Gewissen,
Läßt sich auch nur strafend sehn.

Das Bestimmte muß er ehren,
Umriß bleibt des Schicksals Sinn,
Muß das Unbestimmte stören,
Denn der Aerger bildet drin;
Schonen darf er nicht die Kranken,
Doch Erinnrung macht ihn zart,
Wenn die Kräfte sich auszanken,
Art läßt endlich nicht von Art.

Liebe dich nicht im Verziehen,
Liebe dich in harter Streng,
Harter Stoff kann dauernd glühen,
Weicher Sinn beschließt uns eng:
Weicher Stoff kann sich verwandeln,
Harter Stoff giebt die Gestalt,
Und so herrscht im Denken, Handeln
Fest besonnene Gewalt.

[144] Denke aus, was dich erschrecket,
Also unterwirfst du's dir,
Und der böse Geist der necket
Wird zum lust'gen Diener schier.
Sey im Geiste dir getreuer
Und der Geist läßt dich allein,
Ja er ist vor dir noch scheuer,
Als du magst gewesen seyn.

Suche nie dich zu betäuben,
Horche jedem Herzensschlag,
Denn die Mühle mag wohl stäuben,
Doch zu treiben sie vermag;
Und die Räder gehn zu hörbar,
Ehe noch der jüngste Tag
Kommt Gedächtniß unzerstörbar
Aus dem Rausche dumpf und wach.

In dem Lernen sey ein Schaffen,
In der That für andre Lehr,
Stets dein Urtheil unter Waffen,
Und Gefühl zur Gegenwehr.
Muß die Sonn sich ewig drehen,
Glück ist nicht in träger Ruh,
Denn die Füße sind zum Gehen,
Geh auf eignen Füßen zu.

Scheint es auch, das Hohe falle,
Scheint es doch von Sternen auch,
Doch die Sterne wieder wallen
Ruhig nach dem alten Brauch,
Schau ihr Fehlen nicht mit Aerger
Rein versteh ein göttlich Herz,
Unter Wolken sie verbergen
Ihren Freunden nur den Schmerz.

Fühle Trost in jungen Jahren
An dem Gott im Menschenkleid,
Manche sich durch Schrift bewahren,
Einer lebt in unsrer Zeit:
Will er mild den Arm dir reichen
Drück ihn nicht wie andre Freund,
Glück, das paart sich nur in Gleichen,
Gott ist mehr als Menschenfreund.

Und erscheint als Gott dir ☉
Auf der Menschheit höherm Thron,
O so glaub der Abendröthe,
Werd nicht roth vor ihm mein Sohn;
Rüstig dann mit tücht'gen Händen,
Wirst du frisch zum eignen Werk,
Was vollendet kann nicht enden,
Zum Vollenden fühl die Stärk.

Ueberlaß dich deinem Gotte,
Fühle was du selber bist,
Was noch taugt, das trotzt dem Spotte
Roheit schlecht bestanden ist:
Laß dich gern empfindsam schelten,
Sey es wie die Weltgeschicht,
Tief empfindsam sind die Helden,
Nur der Sklav empfindet's nicht.

Ludwig Achim von Arnim.

(Hierbey die Kupfertafel von der heiligen Elisabeth.)

[Umschlag.]

Zeitung für Einsiedler.

Juny-Heft

1808.

Mit zwey Kupfertafeln.

Heidelberg
bey Mohr und Zimmer.

[a] Ein Kurzweilig Gespräch, zweier jungen Kauffherren, so in frömbde Landt gereiset, wie man sie an den Herbergen empfangen vnd gehalten habe, mit Anzeigung der Teutsch vnnd Welschen Wirdten gebreuch vnnd manier. Zur Vergleichung der deutsch- und italiänischen Sonnette. [1]

Die Personen diß Gesprächs:

Berthulphus vnnd Wilhelmus.

Berthulphus. Wie kompt es doch, das sich der mehrer theil zwen oder drey tag zu Lyon versaumen vnd aldo verharren? Ich wann ich einmal auff den weg komme, so ruhe ich nicht mehr, biß ich an das ohrt komme, dahin ich mir fürgenommen zu reisen. Wilhelmus. Ich aber verwunder mich vil mehr, wie einer dadannen gebracht werden möge. Ber. Lieber aber warum. Wil. Darumb das diß ein ohrt ist, daruon auch deß Ulysses gesellen nicht gebracht werden mochten, es wonen daselbst die Syrenen. Es wirdt niemandt daheim in seinem hauß so wol gehalten, als da in einer offen Herberg. Ber. Was beschicht dann einem aldo? Wil. Es stunde allzeit bey dem Tisch etwann ein weib, welche das malzeit mit schimpff vnnd zierlichen reden frölich machte, Es ist daselbst ein sonder glück, von schönen gestalten der weiber, Erstlich kam zu vns die haußmutter, welche vns grüssete, vnd sprach, wir solten frölich sein, vnd mit dem jenigen, so vns fürgesetzt, für gut haben, deren folgt nach die Tochter, ein schön weib, mit solchen zierlichen sitten, vnnd freundtlicher rede, das auch den Catonem selber het mögen erfrewen, Sie reden auch nicht als mit vnbekanten Gesten, sonder als mit denen die sie vor langest erkennt vnd als mit jren guten freunden. Ber. Ich lob des Welschen volcks freundtligkeit. Wil. Dieweil aber dise nicht allzeit zugegen kondten bleiben, derhalb das sie andere gescheftt im hauß zu verrichten hetten, vnd die andern Gest auch grüssen müsten,

---

[1] Dieses Stück ist die Uebersetzung eines der familiara colloquia des Erasmus von Rotterdam, welches den Titel diversoria führt. Vgl. Familiarium colloquiorum formulae per D. Eras. Rot. multis adiectis, non tantum ad linguam puerilem expoliendam utiles, verum etiam ad vitam instituendam, nuper recognitae ab autore, et locupletatae. Apud inclytam Basileam, in aedibus Joan. Frob. An. 1523. 8⁰, g 8 b — r 4 a. Die alte deutsche Uebersetzung „Durch Friederich Romberg“, Heidelberg 1683. 12⁰, welche das Gespräch S. 632—652 unter dem Titel „Diversoria . Oder Die Herberg“ wiedergibt, zeigt mit unserm Texte keine Verwandtschaft. Möglicherweise ist die altertümliche Sprache überhaupt nur Nachbildung. Jacob und Wilhelm Grimm erkannten die Herkunft des Stücks. Vgl. Briefwechsel aus der Jugendzeit S. 138. 141. Die Herausgeber des Briefwechsels haben die Bemerkung Wilhelms, daß das Gespräch „im Einsiedler“ stehe, nicht zu deuten gewußt [S. 508], obgleich doch an mehreren Stellen des Briefwechsels die Einsiedlerzeitung erwähnt wird. Vgl. ferner Morgenblatt 1809, Nr. 117. Vgl. unten Sp. 256 am Schluß.

stunde stäts zugegen ein junges Meidlin, zu allem schimpff vnderwiesen, das kondte einem jeden auff sein rede gnugsamen bescheid vnd antwort geben, erhielte also das gespräch, biß die Tochter wider kam, dann die mutter was eines gestandenen alters. Ber. Was war aber doch zugerüst vnnd gekochet, dann mit Fablen oder geschwätz wirt einem der bauch nicht voll. Wil. Fürwar gantz köstlich, also das mich verwundert, wie sie die Geste umb ein so gering gelt halten könden, Weiter nach der malzeit, belustigen sie den menschen mit zierlichen schönen Fablen, damit kein verdruß einfalle, vnd sie desto frölicher seyen, Es dauchte mich ich wäre daheimen vnd nicht vber feldt. Ber. Wie aber in den schlaffkamern. Wil. Da waren allenthalben etlich schöne Jungfrawen, die lachten, mutwilleten, spilten, vnd für sich selbs bathen sie vns, so wir etwan vnsaubere kleider hetten, die wäscheten sie vns, vnd gewäschen gaben sie vns die wider, Wz soll ich vil sagen? Wir haben aldo nichts gesehen dann schöne Jungfrawen und frawen, dann allein im stal, wiewohl dahin auch zum offtermal schöne Jungfrawen kommen, die hinreisenden vmbfahen sie, vnd mit solcher freundtligkeit schicken sie die von inen, als ob sie alle ihre brüder wären, oder sonst ire nahe verwandten. Ber. Villeicht ziemen sich solche sitten den Welschen, mir aber gefallen mehr des Teutschen Landts sitten als die Mannlicher seind. Wil. Ich hab noch die gelegenheit nie gehabt das ich hett mögen das Teutsche Landt besehen, darumb bitt ich dich, du wöllest vnbeschwerdt sein, mir zuerzelen mit [b] was weiß sie jre Gest empfahen. Ber. Ob es allenthalben einerley weiß sey, mit haltung der Gesten, das weiß ich nicht, Aber was ich gesehen, das will ich dir erzelen, den kommenden grüßt niemandt, damit man nicht gedencke sie begeren des Gasts, dann sie achten diß vnflätig vnd verwürflich sein, vnd das sichs der Teutschen ernsthafftigkeit nicht gebüre, Wann du nun lang vmb dich schreyest, so stoßt etwann zu letst einer den kopff zum stuben fenster auß, (dann darinnen ligen sie gewonlich biß in Früling), nicht anderst dann wie ein schneck auß seinem heußlein gucket, dene muß man aller erst fragen, ob er da dörffe einkeeren, wann er dirs nicht abschlecht, so merckest du alsdann dz du platz da hast, Fragt einer wo der stall sey, so zeigt er dir den mit der hand, daselbst magst du dein pferdt nach deinem willen halten, dann es legt kein diener die hand da an. Ist es aber etwann ein herrlichere Herberg, da zeigt dir ein diener den stall, vnd ein ort aber deinem pferdt ganz vnbequem, dann je den geschicktesten platz behalt man für die so hernach kommen, fürnemlich für die Edlen, Beredest du es oder straffest etwas, so hörstu von stund an, gefalt es dir nicht, so such ein andere Herberg, inn Stetten gibt man das Höw gar kümerlich, vnd dessen zumal gar wenig, Verkauffens auch nicht geringer dann den Habern selbs. Wann du dann also dein pferdt versehen hast, so zeuhest du mit aller deiner rüstung inn die stuben, mit stiffeln, bulgen, koth, vnnd dieselbig stub ist allen gemein. Wil. Bey den Welschen zeigt man ein kamer, da man sich außzeuhet, seubert, wermet, oder auch, so es jemanden gefallet, ruhet. Ber. Da ist nichts deßgleichen, In der stuben zeuhest du die stiffel auß, legst deine schuch an, verenderst, so du wilt, das hembdt, die nassen kleider henckst du in der stuben auff, vnd sitzest zum ofen, biß du ertrucknest, es ist auch ein wasser bereit, wo es dir gefalt die hende zu wäschen, aber den mehrern theil so sauber vnd rein, das du hernacher ein ander wasser suchen must, damit du diß wider abwäschest. Wil. Ich lob soliche Menner, die nicht mit solchen weibischen dingen vmbgangen. Ber. Kompst du dann in die Herberg nach mittag vmb vier vhren, so wirst du dannocht vor den neun oder auch etwann vor zehen vhren nicht zu nacht essen. Wil. Warumb? Ber. Man rüstet nichts zu, man sehe dann die Gest alle, damit in einer arbeit allen gedienet werde. Wil. Sie machens kurtz. Ber. Du sagst recht daruon, derhalben so kommen offt in ein stub zusammen, etwann achtzig oder neünzig zu fuß, zu Rossz, Kauffleut, Schiff vnn Fuhrleut, Bawrsleut, knaben, frawen, gesunde vnd krancke. Wil. Da ist wol ein Spital. Ber. Einer strält das haupt, der ander wüscht den schweiß ab, ein anderer seubert die Bawren schuch oder stiffel, ein anderer lasset ein reubtzen von knoblauch, Was darffs vil wort, da ist nicht minder der sprachen vnd personen zerströwung, als etwann bey dem Thurn zu Babel. Sihet man dann einen von frömbder Nation, der mit der zierd etwas fürtreffelichers sey, so schawen sie alle ganz ernstlich auf denselben, als ob etwann ein frömbder auß Affrica her gebracht sey, Auch so man zu Tisch gesessen, keeren sie das angesicht an rucken, vnnd sehen den stäts an, wenden auch die augen nicht von jm ab, also das sie auch der speiß vergessen. Wil. Zu Rom, Pariß vnd Venedig verwundert man sich keins dings. Ber. Es will dir auch nicht gebüren etwas zu forderen, wann es dann sehr spat ist, vnd man vermeint es werden nicht mehr kommen, so kreucht herfür ein alter knecht, mit einem grawen bart, beschornen kopff, krummen gesicht, wüsten schmutzigen kleidern. Wil. Solche solten den Cardinälen zu Rom zu Tisch dienen. Ber. Der keeret die augen hin und wider, zelet also still, wie vil in der stuben seyen, vnd je mehr er sihet darin- [c] nen sein, so vil desto mehr wermet er den ofen, ob gleich wol sonst die Sonn mit hitz vberlestiget ist, Das ist bey jnen fast der beste theil jres wohlhaltens, wenn jedermann von schweiß zerfliessen möchte, welcher dann der hitz nicht gewonet, vnnd etwann das fenster ein wenig auffthut, das er nicht ersticke, von stund an höret er, thu zu,

Sagest du dann, ich kans nicht leiden, so hörest du widerumb, Ey so such dir ein andere Herberg. Wil. Es dunckt mich aber nichts gefahrlichers sein, dann das jren so vil einen dampff in sich fassen, sonderlich so der ganz leib geöffnet, (das ist, das die schweißlöchlein von wegen der embsigen bewegung geöffnet,) vnd an solchem ort die speiß nemen, vnd etlich vil stunden da verbleiben. Ich vnderlaß jetzund das auffstossen von knoblauch, die fürtz, faule dempff, Vil seind die verborgene kranckheiten an jhnen haben, vnnd ist kein kranckheit, die nicht etwas erblichs habe: Es seind auch vil mit den Hispanischen Blatern, die man die Frantzosen nennet, behafft, wiewol dise allen Nationen gemein seind, Vor disen, glaub ich seye sich nicht minder zu hüten, dann vor den Außsetzigen, jetzund raht du, was für grosse gefahr sey zur zeit der Pestilentz. Ber. Es seind starcke Männer, so dise ding verlachen vnd verachten. Wil. Sie seind aber hie zwischen starck, mit ander leut gefahr vnd schaden. Ber. Was woltest du thun, sie habens also gewohnet, so steht es auch einem standhafftigen gemüt zu, von seinem fürsatz vnd angenommnen gewohnheit nit zu weichen. Wil. Es ware auch vor fünff vnd zwentzig jaren bey den Brabändern nichts angenemers, dann die warmen Bäder, die sind vnd ligen jetzund alle erkaltet, Dann die newe raude hat vns gelehrnet daruon abzustehen. Ber. Lieber horch doch weiter: Darnach so kompt der gebartet Ganymedes, legt die Tischtücher dar, so uil er gedenckt der zal genug sein, Aber o Gott wie rein, du sagtest es weren tücher von einem Segelbaum gerissen, er ordnet auch einem jeden Tisch zum wenigsten acht Gest, als dann welche den Landtsbrauch wissen, die setzen sich wo es einem jeden gefellig, dann es ist da kein vnderscheid zwischen den Armen vnd Reichen, dem Herren und knecht. Wil. Diß ist die alte gleichheit, welche allein die Tyranney aus disem zeyt hinweg gethan, Ich achte Christus habe also mit seinen Jüngern gelebt. Ber. Nachdem sie sich alle zu Tisch gesetzt, so kompt der schel Ganymedes wider herfür, vnd zelet abermal seine gesellschafft, bald kompt er herwider legt einem jeden ein schindelteller für, vnd ein löffel gleich auß dem selbigen silber gemachet, dar nach ein gläsin trinckgschirr, vber ein klein weil hernaher das brodt, dasselbig seubert jme ein jeder selbs für die lange weil, biß man die suppen kochet: Also sitzet man zun zeiten garnach ein gantze stund. Wil. Begert vnd fordert hiezwischen kein Gast der speiß? Ber. Keiner der des Landes brauch vnd gewohnheit in wissen hat, Zu letst setzt man auch den Wein dar, Ach güttiger Gott, wie ist der so gar nicht geschweblet, Es solten etwann vor zeiten die gelehrten kein andern Wein getruncken haben, so zart und scharpff ist er: Wo dann etwann ein Gast, auch vmb sondere bezalung begert, das man jhme anderstwo her eines anderen weins bringe, so thun sie erstlichs gleichsam, als ob sie es thun wolten, aber mit einem solchen krummen vnnd scheutzlichen gesicht, gleich als ob sie einen vmbbringen wolten, Beharrest auff deinem fürnemmen, so geben sie dir zu antwort, Es haben hie souil Fürsten vnnd Herren einkeert, vnnd deren keiner hat ab meinem wein klaget, gefalt er dir nicht, so such dir ein ander Herberg, Dann sie halten allein die Edlen ihres Landes für Menschen, vnd deren Schilt vnd Wappen zeigen sie allenthalben. Nun zum ersten tregt man für ein Suppen, welche man dem hungerigen Magen fürschüttet, gleich darnach kommen mit grossem hoffieren die teller, gemeinlich setzt man [d] zum ersten ein fleischsuppen dar, oder so es an einem Visch tag ist, ein brühe von gemüß, darauff ein andere brühe, darnach etwz von wider gekochtem fleisch, oder gewermbtem pfeffer, auff diß wider etwas in einer brühe, bald darnach etwas vesterer oder harter speiß, biß das man, wann der bauch gnug gesettiget, auch das gebrattis aufffstellet, oder gebraten Fisch, welche du gar nicht verachten kannst, aber an dem ort seind sie theuer, vnd hebt man sie auch geschwind auff. Auff diese weiß halten sie verenderung der speiß in den Zechen, gleich wie die Comedyspiler, etwann zwischen den Sprüchen ein danz einmischlen, also verendern dise die suppen, vnn gemüß oder brühen: Da sehen sie aber das die letst tracht die beste sey. Wil. Vnd diß gegehöret auch einem guten Dichter zu. Ber. Das were aber gar ein grosse sünde, wann etwann einer sagte, thu dise blatten oder teller hinweg, es isset doch niemandts, Da muß man sitzen biß zu gelegner vnd bestimpter zeit, welche, als ich gedenck, sie mit einem stundtglaß außmessen, Zu letst kompt der Barthanß oder der Wirdt selbs, welcher in der kleidung wenig vnderscheiden von seinen knechten, der fragt wie wir leben, bald bringt man ein anderley weins der vmb etwz bessers sol: Die haben sie aber sonderlich lieb, so wol trincken mögen, dieweil der jenig so vil Wein getruncken, nicht mehr zalet, als der so gar wenig getruncken. Wil. Was wunderbarlichen volcks? Ber. Es sind auch die zu zeiten zweimal sovil in wein verthun als sie sonst für die Zech bezalen: Aber ehe dann ich diß Malzeit ende, ist ein wunder zusagen, was da für ein gethümmel vnd geschrey, wann jederman anfahet des weins entpsinden vnd erwarmen, was soll ich sagen? da hört niemandt nichts. Offt mischen sich da ein schalcksnarren, wiewol nun solche leut nit genug zuuermeiden, kannst du doch nicht glauben, wie die Teutschen solche so gar gern vmb vnd bey sich haben. Dise machen mit jrem singen, schwetzen, geschrey, springen, klopffen, das man meinet die stub wölle einfallen vnnd keiner den andern kan hören reden. Vnd damit meinen sie inn gutem leben sein, da muß man auch sitzen, es wölle einer oder nit, biß in die lange nacht. Wil. Lieber mach doch der Malzeit ein end, dann es verdreußt mich auch eins so langen jmbiß. Ber. Wolan ich wils thun, Zuletst wann man den Käß uffgehebt, welcher jnen nit gefellet, er sey dann faul vnd voller würm, kompt herwider der Barthanß, bringt ein schindeldeller, auff welches er mit kreiden etliche ringlin vnd halbe ringlin gemahlet, das legt er auff den tisch, stillschweigend und traurig, du meintest es were etwann ein anderer Charon, welche die kreiden verstehn, die legen das Geld dar, vnn also je einer nach dem andern, biß das theller voll wirt. Darnach zeichnet er an welche geben haben, vnn zelets schweigendt, vnd wann nichts brist, so deuttet er mit dem kopff. Wil. Wie wann aber etwz für ist. Ber. Villeicht geb ers wider, vnnd sie thuns auch zun zeiten. Wil. Redet niemand wider vnbilliche rechnung. Ber. Niemandt der witzig ist. Dann er wurde geschwind hören. Wz bist du für ein mensch? Du must nichtst destminder zalen wie ein anderer. Wil. Wie ein freye arht der menschen zeigst du mir an. Ber. Wo etwann einer von wegen weiter reiß müd were, vnd begehrte bald nach dem nachtjmbiß an dz beht, so heißt man jhn warten, bis andere auch schlaffen gehn. Wil. Es dunckt mich ich sehe die Stadt Platonis, in welcher jedermann inn gleicheit lebte. Ber. Dann so wirt einem jeden sein nest gezeiget. Vnd warlich nichts anders dann ein schlaffkammer, dann da sind allein die beth, vnd sonst nichts das du bruchen, oder stälen kündest. Wil. Da ist alle reinigkeit. Ber. Eben wie in dem Maal die tischtücher etwann vor sechs Monaten gewäschen. Wil. was beschicht aber hiezwischen den pferden? Ber. Sie werden eben gehalten wie die men- [e] schen. Wil. Ists aber allenthalben gleich? [Ber.] An etlichen ohrten ists besser, an andern orten ists rüher dann ich erzellet, aber in gemein ists wie ich dir anzeigt hab. Wil. Wie wer jm aber wann ich dir jetz sagte, wie die Gest gehalten werden in dem theil des Italien, welches man Lombardey nennet, herwiderumb in Hispanien, so dann in Engelland und Walliß. Dann die Engellender haben an jn diß orts zum theil Welsche zum theil der Teutschen sitten, also vß disen beiden Völckeren vermi- [f] schet. So rhümen sich die Wallisser einlendische Engellender. Ber. Lieber ich bitt dich zeig mirs an. Dann ich hab nie gelegenheit haben mögen, die zu besuchen. Wil. Ich hab jetzt nicht souil weil. Dann der Schiffmann hat mir beuohlen, ich solte umb die zwey am gestaden oder port sein, ich wolte dann dahinden gelassen werden, so hat er mein plünderlin. Es wirt sich etwann gelegener zeit fügen, von disen dingen ein genügen zuschwetzen.

Zeitung für Einsiedler.
Juny=Heft.

Inhalt.

Der Preiß dieser Zeitung ist für das Vierteljahr 2 fl. 2 kr., alle solide Buchhandlungen und die löblichen Postämter nehmen darauf Bestellungen an, man erhält sie nach Verlangen in einzelnen Stücken oder Heftweise.

Zeitung für Einsiedler.

1808. — 19 — 4. Juny.

Die smaragdene Tafel des Hermes Trismegistus.[1]

1. Wahr ist es ohne Lügen, gewiß und aufs allerwahrhaftigste.
2. Dasjenige, welches unten ist, ist gleich demjenigen, welches oben ist: und dasjenige, welches oben ist, ist gleich demjenigen, welches unten ist, um zu vollbringen die Wunderwerke eines einigen Dinges.
3. Und gleichwie von dem einigen Gott erschaffen sind alle Dinge, in der Ausdeutung eines einigen Dinges: also sind von diesem einigen Dinge gebohren alle Dinge in der Nachahmung.
4. Desselben Dinges Vater ist die Sonne, desselben Mutter ist der Mond.
5. Der Wind hat es in seinem Bauch getragen.
6. Desselben Dinges Amme ist die Erde.
7. Bey diesem einigen Dinge ist der Vater aller Vollkommenheit in der ganzen Welt.
8. Desselben Dinges Kraft ist ganz beysammen, wenn es in Erde verwandelt worden.
9. Die Erde mußt du scheiden vom Feuer, das Subtile vom Groben, lieblicher Weise mit großem Verstande.
10. Es steigt von der Erde gen Himmel und wieder herunter zur Erde, und empfängt die Kraft der obern und untern Dinge.
11. Also wirst du haben die Herrlichkeit der ganzen Welt. Derohalben wird von dir weichen aller Unverstand. Dieses einige Ding ist von aller Stärke die stärkeste Stärke, weil es alle Subtilitäten überwinden, und alle Festigkeiten durchdringen wird.
12. Auf diese Weise ist die Welt erschaffen.
13. Daher werden wunderliche Nachahmungen seyn, deren Weise hier beschrieben ist.
14. Und also bin ich genannt Hermes Trismegistus, der ich besitze die drey Theile der Weisheit der ganzen Welt.
15. Was ich gesagt habe von dem Werke der Sonnen, ist ganz vollkommen, daran fehlet nichts.

Mitgetheilt von J. Görres.

---

[1] Der ägyptische Tehuti [eine Dualform = „der Doppelibis, der große Ibis"] oder Teχ [Name einer Ibisart] war ursprünglich eine lunare Gottheit. [Die Aegypter sahen anstatt unsres Mannes im Mond einen Ibis.] Die lunare Bedeutung ergibt leicht sein Verhältnis zur Zeiteinteilung und endlich zu allem Maß, aller Zahl, aller Ordnung des Kosmos. So ist er also schließlich der Vertreter des Geists und aller seiner Aeußerungen. Zur Zeit des Hellenismus sahen die Griechen in ihrem Ἑρμῆς schon den Weltgeist, den λόγος, und nun identificierten sie diesen mit dem geistigsten Gotte der Aegypter und flößten beider Eigenschaften in einander. Sie nannten ihn τρισμέγιστος, welche Bezeichnung nur etwa als „der sehr sehr große" zu verstehen ist. Diesem Hermes Trismegistos schrieb man die Abfassung der sogenannten hermetischen Bücher zu, die nach Creuzer, Symbolik I, 375 das fort und fort wachsende Erbgut der Priestergeschlechter an Weisheit darstellen. Man dachte sich den Hermes als einen längst verstorbnen Weisen. Platon erzählt von dem Aegypter Θευθ [= Tehut], Cicero schreibt Thoth, und unter diesem Namen ist Tehuti uns am bekanntesten. Die smaragdene Tafel soll im Grabmal des Hermes Trismegistos gefunden worden sein. Ueber ihren Inhalt vgl. Wiegleb. Hist. crit. Untersuchung über die Alchemie, S. 100. Vgl. ferner Pietschmann. Hermes Trismegistos. Leipzig. 1875. 8⁰. Hermès Trismégiste traduction complète par Louis Ménard. Paris. 1866. 4⁰.

Der steinerne Bräutigam und sein Liebchen.*)

Sonnet.

Die Epheustaude.

Ich muß den Todten an mein Leben binden,
Umschlingen ihn, wie wir uns einst umschlangen,
Und lebensaugend wieder an ihm hangen,
Und wieder er in mir sein Leben finden!

Der Wartthurm.

Nicht kann er meiner Fesseln sich entwinden,
Und nicht dem Schooß, aus dem er aufgegangen;
Den Steingebohrnen muß der Stein umfangen,
Und Leben muß im starren Tode schwinden.

Der Pfalzgraf.

Fest angeschmiedet hier im engen Raume
Erblick ich nichts, doch fühl ich Morgenwehen,
Und wie es mich umschlingt mit Liebesbeben!

Der Engel.

Gelobt sey Gott im Thal und auf den Höhen,
Der der Gestalt sich offenbahrt im Traume,
Und eint, was ihm entquoll, das Doppelleben! —

Werner. [1]

Die grausame Schwester.

Alt von der Schottischen Gränze. Uebersetzt von Henriette Schubert. **) [2]

Es wohnten zwey Schwestern in einem Schloß,
Binnorie, o Binnorie;

*) Am Wartthurm des Heidelberger Schlosses steht in einer Nische die Statüe eines Pfalzgrafen fast ganz von einer Epheustaude überwachsen, die sich an ihn schmiegt wie an den Liebenden die Geliebte. Und warum sollte auch nicht, was vereint dem Licht entfloß, und dann sich trennte, um unter tausendfacher Form immer herrlicher wieder ineinander zu fliessen; warum sollte es sich nicht auch finden und erkennen können, als Stein und Pflanze? — So entstand dieses Sonnet, in dem der Thurm das Fatum und der diesem obsiegende Engel der Liebe den Epilogus spielt. Nehmt es, ihr Lieben, zum Gedächtniß der schönen Momente unsers Erkennens gütig auf! — W.

**) Ueber das merkwürdige in Deutschland noch unbekannte Werk Minstrelsy of the Scoth Borders III Vol., woraus dies eine Probe: künftig einiges Historische. Einsiedler.

[1] Zacharias Werner, geb. 18. Nov. 1768 zu Königsberg i. Pr., † 17. Jan. 1823 zu Engersdorf bei Wien. „Ausgewählte Schriften", 13 Bde. Grimma 1841. 8⁰. Bd. 2. Gedichte.

[2] Henriette Schubert, geb. 1770 zu Altenburg, † 1831 zu Jena. Der richtige Titel des in der **) Anmerkung angeführten Buches von Scott lautet Minstrelsy of the Scottish Border,

Um die bewarb sich ein Ritter groß,
Bei dem muntern Mühldamm von Binnorie.
Er warb um die ältste mit Handschuh und Ring,
Binnorie, o Binnorie;
Doch die jüngste liebt er über jegliches Ding,
Bei dem muntern Mühldamm von Binnorie.
Er warb um die ältste mit Spieß und Schwerdt,
Binnorie, o Binnorie;
Doch die jüngste war ihm sein Leben werth,
Bei dem muntern Mühldamm von Binnorie.
Die älteste fühlte Verdruß und Pein,
Binnorie, o Binnorie;
Und neidete sehr ihre Schwester fein,
Bei dem muntern Mühldamm von Binnorie.
[147] Die älteste sprach zur jüngsten: „Willst gehn,
Binnorie, o Binnorie;
Des Vaters Schiffe sich nahen zu sehn?"
Bei dem muntern Mühldamm von Binnorie.
Sie nahm sie bei der Lilien Hand,
Binnorie, o Binnorie;
Und führt sie zu des Flußes Rand,
Bei dem muntern Mühldamm von Binnorie.
Die jüngste stand auf einem Stein,
Binnorie, o Binnorie;
Die ältste kam, und stieß sie hinein,
Bei dem muntern Mühldamm von Binnorie.
O Schwester, Schwester, reich mir deine Hand,
Binnorie, o Binnorie;
Und erben sollst du mein halbes Land!
Bei dem muntern Mühldamm von Binnorie.
„O Schwester, ich will dir nicht reichen die Hand,
Binnorie, o Binnorie;
Und erben werd ich dein ganzes Land!"
Bei dem muntern Mühldamm von Binnorie.
„O Schwester, reich nur den Handschuh dein,
Binnorie, o Binnorie;
Und der süße Willhelm soll dein Liebster seyn!"
Bei dem muntern Mühldamm von Binnorie.
„Sink nur, und harr nicht des Handschuhs mein,
Binnorie, o Binnorie;
Und der süße Willhelm wird mein Liebster, Bester seyn!
Bei dem muntern Mühldamm von Binnorie.

in three Volumes. Edinburgh 1803. Wie sich aus dem Briefwechsel der Brüder Grimm S. 339 ergibt, hat Scott die hier und in Nr. 30 stehenden Uebersetzungen gelesen.

Deine Kirschenwangen, dein gelbes Haar,
Binnorie, o Binnorie;
Stand mir im Wege immerdar!"
Bei dem muntern Mühldamm von Binnorie.
Zuweilen sie sank, zuweilen sie schwamm,
Binnorie, o Binnorie;
Bis daß sie kam zu des Müllers Damm,
Bei dem muntern Mühldamm von Binnorie.
O Vater, Vater, zieht auf den Damm!
Binnorie, o Binnorie;
Hier ist eine Syrene oder milchweißer Schwan,
Bei dem muntern Mühldamm von Binnorie.
Der Müller eilt, und zog auf den Damm,
Binnorie, o Binnorie;
Und fand ein todtes Mädchen das schwamm,
Bei dem muntern Mühldamm von Binnorie.
Man konnt nicht sehen ihr gelbes Haar,
Binnorie, o Binnorie;
Vor Gold und Perlen die waren so rar,
Bei dem muntern Mühldamm von Binnorie.
Man konnt nicht sehen ihres Leibes Seit,
Binnorie, o Binnorie;
Ihr goldner Gürtel, der war so breit,
Bei dem muntern Mühldamm von Binnorie.
Ein treflicher Harfner zog eben fürbaß,
Binnorie, o Binnorie;
Der sah das Gesicht so schön und blaß,
Bei dem muntern Mühldamm von Binnorie.
Und als er auf die Dirne schaut,
Binnorie, o Binnorie;
Erseufzt er tief, und stöhnet laut,
Bei dem muntern Mühldamm von Binnorie.
Er macht eine Harf aus ihrem Brustbein,
Binnorie, o Binnorie;
[148] Deren Ton konnt schmelzen ein Herz von Stein,
Bei dem muntern Mühldamm von Binnorie.
Die Saiten aus ihrem gelben Haar erkohr,
Binnorie, o Binnorie;
Deren Klang macht traurig das lauschende Ohr,
Bei dem muntern Mühldamm von Binnorie.
Er bracht sie in ihres Vaters Hall,
Binnorie, o Binnorie;
Und da war der Hof versammelt all,
Bei dem muntern Mühldamm von Binnorie.

Er legte die Harfe auf einen Stein,
Binnorie, o Binnorie;
Und gleich fing sie an zu spielen allein.
Bei dem muntern Mühldamm von Binnorie.
„O dort sitzt mein Vater der König voll Macht,
Binnorie, o Binnorie;
Und dort sitzt meine Mutter die Königin in Pracht,
Bei dem muntern Mühldamm von Binnorie.
Und dort steht Hugo, mein Bruder frei,
Binnorie, o Binnorie;
Und bei ihm mein Wilhelm, so süß und treu,"
Bei dem muntern Mühldamm von Binnorie.
Doch der letzte Klang von der Harfe Getön,
Binnorie, o Binnorie;
War: „Weh meiner Schwester der falschen Helen!"
Bei dem muntern Mühldamm von Binnorie.

Minnelied,[1]
mitgetheilt von Docen.

(Man hat den Minnesängern unter uns häufig den Vorwurf ermüdenden Einförmigkeit, im Inhalt und der Behandlung, ihrer Lieder gemacht. Dieser Tadel, in sofern er gerecht ist, kann nur von dem bei einer so großen Anzahl von Dichtern beständig wiederholten gleichförmigen Thema verstanden werden, so daß unter ihnen nur den Nachahmern ihre Armuth Schuld gegeben wird, und das Verdienst der originalen und vorzüglichsten Sänger ungekränkt bleibt. — Das folgende Lied, wiewohl aus einer Handschrift des 15. Jahrhunderts, erinnert an die Weise der Minnesänger, indessen scheint es wenigstens nicht unmittelbar nach einem andern Vorbilde copiert. Es steht auf der mittlern Linie zwischen Minnegesang und Volkslied, und schon als Beispiel dieses Ueberganges scheint es der Mittheilung nicht unwerth zu seyn.)

---

[1] Dieser Abdruck ist angeführt bei v. d. Hagen, Minnesinger Bd. 3, S. 757 a. Docens Text bildet Str. 2 und 5—9 des Texts, den v. d. Hagen, MS. 3, 207, unter Nithart XX „Ein Reie", gibt. Vgl. die Lesarten MS. 3, 765. 766. „Rosental [Str. 7] meint ohne Zweifel Riuwental." — Vgl. Neidhart von Reuenthal hg. v. M. Haupt, Leipzig 1858. 8⁰. I, 17. Die mit einem (?) versehene Stelle der Str. 4 lautet bei Haupt, I, 17, 30. 31: „er kuste mich : dô het er eine wurzen in dem munde; dâ von verlôs ich alle mine sinne." Unser Abdruck ist von Haupt wiedergegeben S. 114 f. Haupt tadelt mit Recht, daß D. die Handschrift des XV. Jh., aus der er schöpfte, nicht näher bezeichnete. Docens Text ist volkstümlich umgebildet, wozu Neidharts Lieder durch ihre ganze Art leicht Anstoß gaben.

Der arge Winter will von hin,
Die Blümlin auf der Heide
Die sind gel, braun und rot,
Mein' höchste Augenweide,
Sie sind befallen mit des Maien Thaue,
Der brech 1) wir zwei ein Kränzelein,
Sprach sich ein' schöne Jungfraue.

Der süsse Sommer will uns komen,
Der Wald hat sich belaubet,
Vil laut so ruft ein geile Magd, 2)
Meiner Sinn' bin ich beraubet,
Ich bin beladen gar mit sender Swere, 3)
Der ich diesen Sommer lang
Mit Fügen wol enbäre.

[149] „Saga 4) du mir, gut Töchterlin,
Was sind die fremden 5) Swere?
Mich dunkt wol, wie du leidest Noth,
An deiner Farbe schöne!"
Mich hat ein stolzer Reuter umfangen;
„Sage du mir, gut Töchterlin
Ist dir's nicht anders ergangen?"

Neina 6) liebes Mütterlin,
Als ich's gemerken kunde; —
Jo 7) küßt er mich, deß trage ich (?)
Ein Wort von seinem Munde;
Er tät mir, als man tut den werden Weiben,
Er fürt' mich in sein Kämmerlein,
Da begund' er 8) bei mir beleiben,

Die weil auch, die er bei mir was,
Er schwur bei seinen Eiden:
Weger 9) wär mir ein schneller Tod,
Denn unser Beider Scheiden.
Er besitzt mein Herz, und beraubt mich aller Sinne,
„Töchterlin, das sey Gott geklagt,
Dich berüret Mannes Minne!"

Ach, du liebes Mütterlin,
Nun hast du's wol beschönet.
Was sollte mir ein Fremdes 10) tun,
So du mich selber hönest?
Er ist mir lieb, und erfreut mir all mein Gemüte,
Die Liebe die wir zusamen ha'n,
Die muß uns Gott behüte.

Ich will tun, was er mich heist,
Will folgen seiner Lehre,
Rosenthal ist er genannt,
Er ist ein fein Geselle,
Er kann wol dienen den vil werden Weiben; —
„Ach du liebes Töchterlin,
So sollt du bei im beleiben."

1) brech wir, laß uns brechen. 2) Munteres Mädchen. 3) Mit sehnendem Schmerz, Verlangen. 4) Der Ausgang auf a bezeichnete vormals den Imperativ und mehrere Interjectionen. 5) ungewohnt, sonderbar. 6) Auch bei diesem Wörtchen findet sich oft das a angehängt, besonders wo es auf ein Bitten oder Abwähren gerichtet ist. 7) Freilich doch. 8) begann er. Diese Periphrase ist sehr allgemein bei den älteren Dichtern. 9) Lieber, Willkommener. 10) Statt ein Fremder; ebenfalls alte Sprachform.

Auszüge aus Briefen Schiller's an eine junge Dichterin.*)[1]

1.

— — Mit vielem Vergnügen les' ich Ihre Gedichte. Ich entdeckte darin denselben Geist der Contemplation, der allem aufgedrückt ist, was

*) Wir geben diese Auszüge nicht um mit einem berühmten Namen zu prangen, sondern um ein belehrendes Beyspiel zu geben, was Critik seyn kann, wenn sie ein frommes Geheimniß zwischen zween, keine feile Oeffentlichkeit ist. Einsiedler.

[1] Diese Dichterin ist Amalie von Imhof, geb. 16. Aug. 1776 zu Weimar, 1803 mit

Sie dichten. Ihre Phantasie liebt zu symbolisiren, und alles, was sich ihr [150] darstellt, als einen Ausdruck von Ideen zu behandeln. Es ist dies überhaupt der herrschende Charakterzug des deutschen poetischen Geistes, wovon uns Klopstock das erste und auffallendste Muster gegeben, und den wir alle, der eine mehr, der andre weniger, nicht sowohl nachahmen, als durch unsre nordisch-philosophirende Natur gedrungen folgen. Weil leider unser Himmel und unsre Erde, der eine so trüb, die andre so mager ist, so müssen wir sie mit unsern Ideen bevölkern und aufschmücken, und uns an den Geist halten, weil uns der Körper so wenig fesselt. Deswegen philosophiren alle deutschen Dichter, einige ausgenommen, welche Sie so gut kennen, als ich. — Ich habe mir die Freyheit genommen, und in Ihren Gedichten einiges angestrichen, wogegen ein strenger Aristarch etwas einwenden möchte. Sie finden vielleicht Zeit und Lust, diese Kleinigkeit zu ändern. Das beschreibende Gedicht hat besonders meinen Beyfall, nur find ich es um ein merkliches zu lang. Auch dieses ist ein Fehler, den wir alle mit Ihnen theilen, und den ich um so weniger Bedenken trage zu rügen, da ich ihn mir selbst vorzuwerfen habe.

Allen den jetzt überschickten Gedichten haben Sie einen Geist der Melancholie aufgedrückt. Nun wünschte ich auch einige zu lesen, die eine fröhlige Stimmung und einen Geist der Lustigkeit athmen. Leben Sie recht wohl und nehmen meine Bemerkungen so freundschaftlich auf, als ich sie niedergeschrieben habe. Jena den 18 Jen. 1795.

2.

Die Mühe, welche Sie auf Verbesserung Ihrer Gedichte verwendet haben, ist durch einen sehr glücklichen Erfolg belohnt. Klarheit, Leichtigkeit und (was bey Produkten der weiblichen Muse ein so seltnes Verdienst ist) Correctheit zeichnen solche vorzüglich aus. Ihre Vorliebe für jenes beschreibende Gedicht ist sehr gerecht, denn was in den übrigen Gedichten einzeln zerstreut ist, Geist, Empfindung, poetische Mahlerey

---

dem schwedischen Obersten v. Helvig vermählt, † 1834 zu Berlin. Ihr Hauptwerk ist „Die Schwestern von Lesbos“, erschienen zu Heidelberg 1801. 8°, zuerst abgedruckt in Schillers Musen-Almanach von 1800, S. 1—182. Goethe und Schiller nahmen sich ihrer vielfach an. — Die obenstehenden Auszüge sind abgedruckt im Weimarischen Jahrbuch, Bd. 2. Hannover 1855. 8°. S. 472—475. Wie der Herausgeber Hoffmann von Fallersleben angibt, ist dieser Abdruck nach einer Kopie aus der Tröst Einsamkeit von der Hand des Freiherrn W. v. Maltzahn hergestellt. Abgesehn von einigen unnötigen Aenderungen in der Orthographie ist daran zu tadeln, daß die Worte [oben S. 199] „Ihre fröhligen — widmen können“ ausgefallen sind, offenbar durch Ueberspringen des Augs des Abschreibers von dem vorhergehenden „können“ auf das diesen Satz schließende. Vgl. ferner Goedeke, Grundriß 2, S. 1008, wo übrigens wie bei Hoffmann die Tröst Einsamkeit fälschlich ins Jahr 1806 gesetzt ist.

und fliessende Sprache ist in diesem vereinigt. Was die Abkürzung dieses Gedichts betrifft, so war meine Meinung nicht, eine Auswahl unter den einzelnen Stanzen zu treffen, sondern aus einem Gedicht deren zwey zu machen, weil ich zwey verschiedne Töne der Empfindung darin zu bemerken glaubte, und mir gegen die Einheit des Geistes gefehlt schien. Nach einem zweyten Lesen fällt mir aber dieser Umstand weit weniger auf, und so wie es ist, bin ich jetzt auch vollkommen damit zufrieden.

3.

Ihre Briefe sind recht interessant zu lesen und mit [151] vielem poetischem Feuer beschrieben, sie machen mich auf das Ganze sehr begierig, und ich zweifle gar nicht, daß sie das Interesse des Publikums erregen werden. Einzelne kurze Stellen würd ich zu mildern rathen.

4.

In Ihren Gedichten finde ich sehr viel Schönes in Absicht auf den Inhalt sowohl, als auf den Ausdruck. Gegen die Erzählung in Prosa habe ich erhebliche Einwendungen, und ich wollte Ihnen nicht dazu rathen, vor der Hand einen Gebrauch davon zu machen. Lassen Sie das Manuscript noch einige Monate liegen, es wird Ihnen fremde werden, und Sie werden sich dann gewiß selber sagen, was ich oder ein andrer Ihnen jetzt darüber sagen würde. Die Charactere sind zu wenig bestimmt, die Maximen, nach denen gehandelt wird, wollen sich nicht ganz billigen lassen, die Erzählung geht einen zu schleppenden Gang, an einzelnen Schönheiten fehlt es nicht, und kann bey einer Arbeit Ihres Geistes auch niemals fehlen.

5.

Sie haben mich mit den ersten Briefen Ihres Romans gestern und heute recht angenehm überrascht, ich finde darin einen so schnellen und grossen Fortschritt, den Ihr Darstellungstalent zu einer höhern Vollkommenheit gethan hat, daß ich Ihnen recht von Herzen dazu Glück wünsche. Diese Briefe sind mit einer sehr angenehmen Leichtigkeit und schönen Simplicität geschrieben, es ist sichtbar, wie sehr Sie Ihres Stoffes sind mächtig geworden, und wie Sie sich durch eine glückliche Cultur vor manchen Fehlern, mit denen das noch nicht ausgebildete Talent gewöhnlich anfängt, und oft lang genug zu kämpfen hat, zu befreyen gewußt haben. Ich kann Ihnen nichts wünschen, meine vortrefliche Freundin, als auf diesem Wege fortzufahren, in den Sie jetzt so glücklich eingetreten sind.

6.

Der Fall, von dem Sie schreiben, ist das Schicksal so vieler, die Ihr Talent zu einer höhern Thätigkeit bestimmte, und manche vorzügliche Fähigkeit geht dadurch für das Beste der Kunst und Wissenschaft verloren. Aber glauben Sie mir, daß wenn es möglich ist, sich aus einer solchen Lage zu reissen, dieses nur durch strenge Beharrlichkeit auf dem guten Wege und durch keine Abweichung von demselben, durch keine Nachgiebigkeit gegen den fehlerhaften Geschmack geschehen kann. Man glaubt oft mit der Quantität weiter zu kommen, als mit der Qualität, aber ausserdem, daß man nur durch letztere sich selbst genug zu thun im Stande ist, so ist auch nur von dem Guten und nicht von dem Vielen ein wahrer äusserer Vortheil zu erwarten. Ich gestehe, daß ich für Sie fürchtete, sobald ich von dem vorhabenden Journale erfuhr. Eine solche Unternehmung schien [152] mir nachtheilig für Sie, und ich konnte auch keinen äussern Vortheil davon für Sie erwarten, den Ihnen eine andre Art schriftstellerischer Beschäftigung, wobey Sie mit Musse und Liebe beharrten, nicht in einem viel höhern und für Sie selbst unendlich befriedigendern Grade gewährte. Sie haben keine Ursache zu zweifeln, Arbeiten, die auf diese Art entstanden, und ausgeführet worden, auch in demjenigen Sinne zu nutzen, wie jeder Schriftsteller jetzt die seinigen nutzt. Auch Ihre Wahl ist gar nicht begrenzt, da Sie ausser Uebersetzungen, welche die leeren Stunden füllen können, Ihre fröhligen Momente poetischen Arbeiten in Versen, und Prose, besonders Erzählungen widmen können. Zu diesen Arbeiten stehen Ihnen mehrere Journale offen. Wieland wird Beyträge von Ihnen mit Vergnügen in den Merkur aufnehmen. Die Flora, eine Zeitschrift für das Frauenzimmer, wird Sie gern zur Mitarbeiterin haben, und was Sie mir für die Horen anbiethen, werde ich eben so bereitwillig aufnehmen. Der Vortheil von diesen verschiednen Journalen ist zwar nicht gleich, aber es ist auch nicht nöthig, daß die Arbeiten gleich sind. Den 23. Dec. 1795.

Gedanken: wie sich die Sagen zur Poesie und Geschichte verhalten, von Jakob Grimm.[1]

In unserer Zeit ist eine große Liebe für Volkslieder ausgebrochen, und wird auch die Aufmerksamkeit auf die Sagen bringen, welche sowohl unter demselben Volk herumgehen, als auch an einigen vergessenen Plätzen

[1] Vgl. Kleinere Schriften von Jacob Grimm. Band 1. Berlin 1864. 8°. S. 399—403.

aufbewahrt worden sind. Oder vielmehr, (da die Sagen auch die Lieder erweckt haben würden,) die immer mehr Lebhaftigkeit gewinnende Erkenntniß des wahren Wesens der Geschichte und der Poesie hat dasjenige, was bisher verächtlich geschienen, nicht wollen vergehen lassen, welches aber die höchste Zeit geworden ist, beieinander zu versammeln.

Man streite und bestimme, wie man wolle, ewig gegründet, unter allen Völker- und Länderschaften ist ein Unterschied zwischen Natur und Kunstpoesie (epischer und dramatischer, Poesie der Ungebildeten und Gebildeten) und hat die Bedeutung, daß in der epischen die Thaten und Geschichten gleichsam einen Laut von sich geben, welcher forthallen muß, und das ganze Volk durchzieht, unwillkührlich und ohne Anstrengung, so treu, so rein, so unschuldig werden sie behalten, allein um ihrer selbst willen, ein gemeinsames, theures Gut gebend, dessen ein jedweder Theil habe. Dahingegen die Kunstpoesie gerade das sagen will, daß ein menschliches Gemüth sein Inneres blos gebe, seine Meinung und Erfahrung von dem Treiben des Lebens in die Welt gieße, welche es nicht überall begreifen wird, oder auch, ohne daß es von ihr begriffen seyn wollte. So innerlich verschieden also die beiden erscheinen, so nothwendig sind sie auch in der Zeit abgesondert, und können nicht gleichzeitig seyn*), nichts ist verkehrter geblieben, als die Anmaßung epische Gedichte dichten oder gar erdichten zu wollen, als welche sich nur selbst zu dichten vermögen.

(Die Fortsetzung künftig.)

*) Wir wünschen den historischen Beweis davon, da nach unsrer Ansicht in den neuesten Poesieen beyde Richtungen erscheinen. Einsiedler.

Zeitung für Einsiedler.

1808. — 20 — 7. Juni.

Die fünfte Lieb ist die Lieb des Vaterlands von der geschrieben steht: dulcis amor patriae. Diese Lieb, wenn sie durch den Geist nicht geregiret wird, so gibt sie Ursach zu vollbringen groß Uebel; denn sie hält keinen Glauben, sie verordnet und stift viel Krieg und Uneinigkeit, sie bestellt Verrätherei und übertritt das Gesetz Gottes und auch der Menschen; sie veracht und hält wenig von der christglaubigen Kirche; sie gebiert Neid und Haß, Zwieträchtigkeit und Hoffart; Schmeichler, Zuduttler und Verräther, zeucht sie in ihre Dienstbarkeit, mit der Verkehrung aller Gerechtigkeit, und ist gewöhnlich zu wüthen und strafen ohn alle Barmherzigkeit. Denn sie niemands schonet noch und das alles zu behalten ihren zeitlichen Stand der alten Herkommen und Gewohnheit, sie seyend bös oder gut, darum denn oft zu End zerstöhrt wird das Vaterland.

Der beschlossen Gart des Rosenkranz Mariä [1] Bl. 275.

[153] Gedanken: wie sich die Sagen zur Poesie und Geschichte verhalten, von Jakob Grimm.

(Beschluß.)

Ferner ergiebt sich, wie Poesie und Geschichte in der ersten Zeit der Völker in einem und demselben Fluß strömen, und wenn Homer von den Griechen mit Recht ein Vater der Geschichte gepriesen wird, so dürfen wir nicht länger Zweifel tragen, daß in den alten Nibelungen die erste Herrlichkeit deutscher Geschichte nur zu lange verborgen gelegen habe.

Nachdem aber die Bildung dazwischen trat, und ihre Herrschaft ohne Unterlaß erweiterte, so mußte, Poesie und Geschichte sich auseinander scheidend, die alte Poesie aus dem Kreis ihrer Nationalität unter das gemeine Volk, das der Bildung unbekümmerte, flüchten, in dessen Mitte sie niemals untergegangen ist, sondern sich fortgesetzt und vermehrt hat, jedoch in zunehmender Beengung und ohne Abwehrung unvermeidlicher Einflüsse der Gebildeten.

Dieß ist der einfache Gang, den es mit allen Sagen des Volks, so wie mit seinen Liedern zu haben scheint, seitdem ihr Begriff eine etwas veränderte Richtung genommen, und sie aus Volkssagen, d. h. Nationalsagen, Volkssagen, d. h. des gemeinen Volks geworden sind. Ich wenigstens meinerseits habe es nie glauben können, daß die Erfindungen der Gebildeten dauerhaft in das Volk eingegangen, und dessen Sagen und Bücher aus dieser Quelle entsprungen wären.

Treue ist in den Sagen zu finden, fast unbezweifelbare, weil die

[1] „Der beschlossen gart des rosenkrantz marie. Gedruckt vnd volendet zu Nürnberk durch doctor Vlrichen pinter, 1505." Fol.

Sage sich selber ausspricht und verbreitet, und die Einfachheit der Zeiten und Menschen, unter denen sie erhallt, wie aller Erfindung an sich fremd, auch keiner bedarf. Daher alles, was wir in ihnen für unwahr erkennen, ist es nicht, insofern es nach der alten Ansicht des Volkes von der Wunderbarkeit der Natur [154] gerade nur so erscheinen, und mit dieser Zunge ausgesprochen werden kann. Und in allen den Sagen von Geistern, Zwergen, Zauberern und ungeheuern Wundern ist ein stiller aber wahrhaftiger Grund vergraben, vor dem wir eine innerliche Scheu tragen, welche in reinen Gemüthern die Gebildetheit nimmer verwischt hat und aus jener geheimen Wahrheit zur Befriedigung aufgelöset wird.

Jemehr ich diese Volkssagen kennen lerne, desto weniger ist mir an den vielen Beyspielen auffallend, die weite Ausbreitung derselben, so daß an ganz verschiedenen Oertern, mit andern Namen und für verschiedene Zeiten dieselbe Geschichte erzählen gehört wird. Aber an jedem Orte vernimmt man sie so neu, Land und Boden angemessen, und den Sitten einverleibt, daß man schon darum die Vermuthung aufgeben muß, als sey die Sage durch eine anderartige Betriebsamkeit der letzten Jahrhunderte unter die entlegenen Geschlechter getragen worden. Es ist das Volk dergestalt von ihr erfüllt gewesen, daß es Benennung, Zeit, und was äußerlich ist, alles vernachläßigt, nach Unschuld in irgend eine Zeit versetzt, und wie sie ihm am nächsten liegen, Namen und Oerter unterschiebt, den unverderblichen Inhalt aber niemals hat fahren lassen, als daß er die Läuterung der Jahrhunderte ohne Schaden ertragen hat, angesehen die geerbte Anhänglichkeit, welche ihn nicht wollen ausheimisch werden lassen. Daher es im einzelnen eben so unmöglich ist, den eigentlichen Ursprung jeder Sage auszuforschen, als es erfreulich bleibt, dabey auf immer ältere Spuren zu gerathen, wovon ich anderwärts einige Beyspiele bekannt gemacht habe.[1]

Auch ist ihre öftere Abgebrochenheit und Unvollständigkeit nicht zu verwundern, indem sie sich der Ursachen, Folgen und des Zusammenhangs der Begebenheiten gänzlich nicht bekümmern, und wie Fremdlinge dastehen, die man auch nicht kennet, aber nichts desto weniger versteht.

In ihnen hat das Volk seinen Glauben niedergelegt, [155] den es von der Natur aller Dinge hegend ist, und wie es ihn mit seiner Religion verflicht, die ihm ein unbegreifliches Heiligthum erscheint voll Seligmachung.

Wiederum erklärt sein Gebrauch und seine Sitte, welche hiernach

---

[1] „Von Uebereinstimmung der alten Sagen“, Aufsatz von J. Grimm in Aretins Neuem literarischen Anzeiger, München 1807. 4⁰. Nr. 23 vom 12. Sept. Sp. 568—571. Vgl. auch Kleinere Schriften. 4. 1869. S. 9--12.

genau eingerichtet worden sind, die Beschaffenheit seiner Sage und umgekehrt, nirgends bleiben unselige Lücken.

Wenn nun Poesie nichts anders ist und sagen kann, als lebendige Erfassung und Durchgreifung des Lebens, so darf man nicht erst fragen: ob durch die Sammlung dieser Sagen ein Dienst für die Poesie geschehe. Denn sie sind so gewiß und eigentlich selber Poesie, als der helle Himmel blau ist; und hoffentlich wird die Geschichte der Poesie noch ausführlich zu zeigen haben, daß die sämmtlichen Ueberreste unserer altdeutschen Poesie bloß auf einen lebendigen Grund von Sagen gebaut sind und der Maaßstab der Beurtheilung ihres eigenen Werths darauf gerichtet werden muß, ob sie diesem Grund mehr oder weniger treulos geworden sind.

Auf der andern Seite, da die Geschichte das thun hat, daß sie das Leben der Völker und ihre lebendigen Thaten erzähle, so leuchtet es ein, wie sehr die Traditionen auch ihr angehören. Diese Sagen sind grünes Holz, frisches Gewässer und reiner Laut entgegen der Dürre, Lauheit und Verwirrung unserer Geschichte, in welcher ohnedem zu viel politische Kunstgriffe spielen, statt der freyen Kämpfe alter Nationen, und welche man nicht auch durch Verkennung ihrer eigentlichen Bestimmung verderben sollte. Das kritische Princip, welches in Wahrheit seit es in unsere Geschichte eingeführt worden, gewissermaßen den reinen Gegensatz zu diesen Sagen gemacht, und sie mit Verachtung verstoßen hat, bleibt an sich, obschon aus einer unrechten Veranlassung schädlich ausgegangen, unbezweifelt; allein, nicht zu sehen, daß es noch eine Wahrheit giebt, außer den Urkunden, Diplomen und Chroniken, das ist höchst unkritisch,*) und wenn die Geschichte ohne die Menge der Zahlen und Namen leicht zu bewahren und erhalten wäre, so könnten wir deren in so weit fast entübrigt seyn. So lässig immer, wie bereits erwähnt worden ist, die Sagen in allem Aeußeren erfunden werden, so ist doch im Ganzen das innerste Leben, dessen es bedarf; wenn die Wörter noch die rechten wären, so mögte ich sagen: es ist Wahrheit in ihnen, ob auch die Sicherheit abgeht. Sie mit dem gesammelten Geschichtsvorrath in Vereinigung zu setzen, wird blos bey wenigen [156] gelingen, also, wie einerseits dieses Unternehmen unnöthige Mühe und vergeblichen Eifer nach sich ziehen müßte, würde es auf der andern Seite thörigt seyn, die so mühsam

*) Ich führe mit Freuden an, was Joh. Müller[1] in eben dem Sinn gesagt hat: Buch 1, Cap. 16, Not. 230. Buch 1, Cap. 10, Not. 115. Buch 4, Cap. 4, Not. 28.

[1] „Der Geschichten Schweizerischer Eidgenossenschaft Theil 1—5,1. Durch Johann von Müller." Leipzig 1806—1808. 8°.

und nicht ohne große Opfer errungene Sicherheit unserer Geschichte durch die Einmischung der Unbestimmtheit der Sagen in Gefahr zu bringen. Aber darum ist im Grund auch denjenigen nichts an den Sagen verloren, welche lebhaft und aufrichtig gefaßt haben, daß die Geschichte nichts anderes seyn solle, als die Bewahrerin alles Herrlichen und Großen, was unter dem menschlichen Geschlecht vorgeht und seines Siegs über das Schlechte und Unrechte, damit jeder einzelne, und ganze Völker sich an dem unentwendbaren Schatz erfreuen, berathen, trösten, ermuthigen, und ein Beyspiel holen. Wenn also, mit einem Wort, die Geschichte weder andern Zweck noch Absicht haben soll, als welche das Epos hat, so muß sie aus dieser Betrachtung aufhören, eine Dienerin zu seyn der Politik oder der Jurisprudenz oder jeder andern Wissenschaft. Und daß wir endlich diesen Vortheil erlangen, kann durch die Kenntniß der Volkssagen erleichtert und mit der Zeit gewonnen werden.

Sagen von Glocken.

Es ist bekannt, in welcher heiligen Verehrung die Glocken im ganzen Mittelalter standen, und welche Feyerlichkeiten mit ihnen begangen wurden. So stellte man, wenn die Glocke getauft wurde, Gevattern, welche das Seil halten und auf alles, was der Priester die Glocke fragt, Amen sagen mußten. Alsdann bekleidete man sie mit einem neuen Rock, und beschwur sie zur Vertreibung des Teufels und Wohlfahrt der abgeschiedenen Seelen. Auch sind die Glocken so heilig, daß man sie in einer gebannten Kirche und einem gebannten Volk nicht läuten darf.

Die große Glocke zu St. Maria Magdalena in Breslau, gehet fünfzig Schläg von selbst, wenn man vorher fünfzig Schläg gezogen hat, und allen armen Sündern, wenn sie vom Rathhaus herunter kommen, wird damit geläutet. Davon ist folgende Sage:[1]

Als der Gießer die Glocke gießen sollen, geschah es, daß er zuvor zum Essen gehen wollte, befahl aber dem Lehrjungen bey Leib und Leben, den Hahn am Schmelzkessel nicht anzurühren. Allein dieser konnte seinen Vorwitz nicht länger bezähmen und wollte versuchen, wie es aussähe, darüber fiel ihm der Hahn wider [157] Willen ganz heraus, so daß das Metall in die zubereitete Form gelaufen kam. Da nun der Jung in

[1] Wilhelm Müllers schönes Gedicht, das diese Sage behandelt, ist bekannt.

der größten Angst sich gar nicht zu helfen wußte, so wagte er es endlich doch und ging in die Stube, wo der Meister war, bekannte alles und bat um Gotteswillen um Verzeihung. Der Meister aber war voller Zorn und erstach den Jungen auf der Stelle, kam voll Jammers heraus, und als er nach der Verkühlung abgeraumet, siehe, so war die Glocke ganz vortrefflich ausgegossen, kehrte darum mit Freuden in die Stube und fand erst, was er für Uebels gethan, und daß der Lehrjung verstorben war.

Hierüber ist derselbe Meister eingezogen und zum Schwerdt verurtheilt worden. Da hat er, weil man die Glocke inmittelst aufgezogen, gar flehentlich gebeten, er möchte ihren Resonans auch wohl hören, wenn er vor seinem letzten End die Ehr von den Herren haben könnte, welches ihm auch willfahret worden ist, und dem zufolge wird allen Malefizpersonen diese Glocke gezogen.

Zu Attendorn wohnte einmal eine Wittwe, die schickte ihren Sohn nach Holland, die Handlung zu lernen. Dieser Sohn stellete sich aber so wohl an, daß er alle Jahr seiner Mutter von dem Erwerb schicken konnte. Einsmals sendete er eine Platte von klarem Gold, aber schwarz angestrichen neben andern Waaren, so daß die Mutter von dem Werth dieses Geschenks unberichtet, dieselbe unter eine Bank in ihrem Laden stellte, allwo sie stehen blieb, bis ein Glockengießer ins Land kam, bey welchem die Attendorner eine Glocke zu gießen und das Metall von der Bürgerschaft erbetteln zu lassen, beschlossen. Die, welche das Erz sammelten, bekamen verschiedentlich allerhand zerbrochene Häfen dazu geschenkt, und als sie vor der Wittwe Thür kamen, so gab sie ihnen ihres Sohnes Gold, weil sie es nicht kannte und sonst kein zerbrochen Geschirr hatte.

Der Glockengießer, der nach Arensberg verreist war, auch dort einige Glocken zu gießen, hatte einen Gesellen zu Attendorn hinterlassen mit Befehl, die Form zu fertigen und alle sonstigen Anstalten zu treffen, mit dem Guß aber einzuhalten bis zu seiner Ankunft. Als aber der Meister lang ausblieb und der Gesell gern selbst eine Prob thun wollte, so fuhr er mit dem Guß fort, und verfertigte den Attendornern eine von Gestalt und Klang so angenehme Glocke, daß sie ihm solche bey seinem Abschied (denn er gedachte zu seinem Meister nach Arensberg, ihm die Zeitung von der glücklichen Verrichtung zu bringen) so lang nach läuten wollten, als er die Glocken hören könnte. Ueber das folgten ihm [158] etliche nach mit Kanten in den Händen und sprachen ihm mit dem Trunk zu. Als er nun in solcher Ehr und Fröhlichkeit bis auf die steinerne Brücke gelanget, welches halbweges ist, so begegnet ihm auf einmal sein Meister, welcher alsobald mit den Worten: Was hast du gethan du Bestia! ihm eine Kugel durch den Kopf jagte. Zu den Geleitsmännern aber sprach der Meister: Der Kerl hat die Glocke gegossen wie ein Schelm, er wäre erbietig solche umzugießen und der Stadt ein ganz ander Werk zu liefern. Ritt darauf hinein und wiederholte seine Reden, als ob er den Handel gar wohl ausgerichtet. Aber er wurde wegen der Mordthat ergriffen, und gefragt: was ihn doch dazu bewogen, da sie mit der Arbeit des Gesellen vollkommen zufrieden gewesen? Endlich bekannte er: wie er an dem Klang abgenommen, daß ein gute Quantität Gold bey der Glocke wäre, so er nicht dazu kommen lassen, sondern weggezwackt haben wollte, dafern sein Gesell befohlenermaßen mit dem Guß seine Ankunft abgewartet hätte, weswegen er ihm den Rest gegeben.

Hierauf wurde ihm der Kopf abgeschlagen, dem Gesell aber auf der Brücke, wo er sein End genommen, ein eisern Kreuz zum ewigen Gedächtniß aufgerichtet. Unterdessen konnte niemand ersinnen, woher das Gold zu der Glocke gekommen, bis der Wittwe Sohn mit Freuden und Reichthum beladen nach Haus kehrte und vergeblich betrauerte, daß sein Gold zwey ums Leben gebracht, einen schuldig und den andern unschuldig, gleichwohl hat er dieses Gold nicht wieder verlangt, weil ihn Gott anderwärts reich gesegnet.

Längst hernach trug es sich zu, daß das Wetter in den Kirchthurm geschlagen, und wie sonst alles verzehrt außer dem Gemäuer, auch die Glocken geschmelzt. Worauf in der Asche Metall gefunden worden ist, welches an Gestalt den Goldgülden gleich gewesen, woraus man auch den Thurm wieder hergestellt und mit Bley hat decken lassen.

Becherklang.[1]

Seit nun Gott die Welt durchschnitten
Mit der Allmacht sausend Schwerdt,
Liegt in Tag und Nacht inmitten
Wer des Weines Becher leert:
  Tief und dunkel zieht der Becher,
  Licht und strahlend singt der Zecher,
  Schwingt den Huth und jubelnd singt,
  Daß der Becher schwirrend springt.

[159] So soll Wein die Welt verbinden,
Die getrennt in Licht und Nacht,
Wie die Lichter mir verschwinden
Scheinet licht, was ich gedacht,
  Daß nun alle mit mir singen
  Muß mir Herz und Mund aufspringen,
  Ja des Paradieses Baum
  Hat in diesem Keller Raum.

---

[1] Vgl. Arnims sämmtliche Werke, Bd. 22, S. 72—74.

Seht, es steigt aus mir hernieder
Lucifer, der lang verbannt,
Er und Bachus sind zwey Brüder,
Es erscheint ein neues Land,
Weingelaubt der Jünger Schaaren,
Flammen in des Waldes Haaren
Leuchten durch die Dämmerung
Alle in erhabnen Schwung.

Panter, Löw und blaue Schlangen
Liegen auf dem Rücken schon;
Faunenweibchen ohne Bangen
Säugst du Tieger ohne Lohn?
Können sie dich nicht mehr missen,
Einen hab ich abgerissen,
Der hing fest an deiner Brust,
Nimm mein Söhnlein dran zur Lust.

Was erblick ich, die Gesellen
Halten Kronen rings für mich,
Wollt ihr euch wie Menschen stellen,
Oder bin ein Gott auch ich?
Nun so kann ich euch beglücken,
Kann erschaffen mit Entzücken,
Heute schaff ich euch die Welt,
Wie ein jeder sie bestellt.

Tanzet munter, tretet Leimen,
Tretet Rosenblätter drein,
Und ich will schon tüchtig reimen,
Feuchtet an den Stoff mit Wein,
Laßt den Honig aus den Zellen,
Seht wie schlägt der Wein nun Wellen,
Macht den Kopf zur Töpferscheib.
Menschen formt zum Zeitvertreib.

Lebe jeder, ders verlanget,
Sterbe, wer nicht leben mag,
Was der Brüder Herz erlanget
Und verlanget, jeder sag,
Was der Wein jetzt offenbaret
Sinkt in Nacht, wenn Tag uns klaret,
Nur der Augenblick sey ganz
Offner Herzen Flammenkranz.

Ich, der Becher geh im Kreise,
Tausend Geister send ich euch,
Jeder bleib bey seiner Weise,
Bin ich doch für alle reich.
Wie ein Meer ich kann euch fassen
Und die Welt sie liegt im Nassen,
Jedem wird ein Schatz gezeigt,
Der sein Haupt recht tief mir neigt.

[160] Kommt ihr meine lustgen Böcke
Auf die höchste Felsenspitz,
Pflanzt mir da die schönsten Stöcke,
Daß der Wein hochtronend sitz,
Unter lichten Rebenlauben
Stoßen Ziegen sich um Trauben,
Mir zum Munde spritzt der Saft,
Alle Welt ist voller Kraft.

Ludwig Achim von Arnim.

(Die Melodie von J. F. Reichardt künftig.)

Der König ohne Volk.[1]

Ein König auf dem Throne
Mit seinem Scepter von Gold
Den Rath oft schlug zum Hohne,
War keinem Menschen hold.

Den Hunden an dem Tische
Der Rath die Teller hält,
Er füttert gut die Fische,
Sein Volk in Hunger fällt.

[1] Vgl. Arnims sämmtl. Werke, Bd. 22, S. 158. 159 unterm Titel „Der Zepter". Mit geringen Abweichungen.

Sein Völkchen war beritten,
Er ärgert sie so bas,
Daß alle sind fortgeritten,
Da ward der König blaß.

Er konnte sie nicht halten,
Sein ganzes Volk ritt fort,
Er konnt allein nun walten
An seinem Hundeort.

„Wenn mir die Hunde bleiben
„So bin ich dennoch reich,
„Die Zeit mir zu vertreiben,
„Das andre gilt mir gleich."

Die Hunde schlecht bedienet,
Die wurden falsch und wild,
Und als er sich erkühnet,
Zerrissen sie sein Schild.

Zerrissen seinen Mantel,
Da stand er nackt und bloß,
Da sah man bey dem Handel,
Er hätt einen Buckel groß.

Du must die Lehre fassen
Mein edler Fürstensohn,
Wen schon die Besten verlassen,
Der sitzt nicht fest auf dem Thron.

Ludwig Achim von Arnim.

Zeitung für Einsiedler.

1808. — 21 — 11. Juny.

Abschied.[1]

Geh' ich einsam durch die schwarzen Gassen,
Schweigt die Stadt als wär' sie unbewohnt;
Aus der Ferne rauschen nur die Wasser,
Und am Himmel geht der bleiche Mond.

Bleib' ich lang vor jenem Hause stehen,
Trin das liebe liebe Liebchen wohnt;
Weiß nicht, daß sein Treuer ferne ziehet,
Stumm und harmvoll wie der bleiche Mond.

Breit' ich sehnend noch einmal die Arme
Nach dem lieben lieben Liebchen aus,
Und nun sag ich: Lebet wohl, ihr Gassen!
Lebe wohl! du stilles stilles Haus!

Und du Kämmerlein im Haus dort oben,
Nach dem oft das warme Herz mir schwoll;
Und du Fensterlein, draus Liebchen schaute,
Und du Thüre, draus sie gieng, lebt wohl.

Geh' ich bang nun nach den alten Mauern,
Schauend rückwärts oft mit nassem Blick;
Schließt der Wächter hinter mir die Thore,
Weiß nicht, daß mein Herze noch zurück.

Justinus Kerner.

[161] Der gehörnte Siegfried und die Nibelungen.

Von J. Görres.

IV.

Die Helden vom Rheine.

Auf demselben Schauplatz, über dem die Nibelungen sich bewegen, spielen einige ihrer Helden ein anderes Gedicht, das uns mehrere Manuscripte aufbewahrt, und das von Fischer unter dem Titel: De prima expeditione Attilae Regis Hunnorum in Gallias de rebus gestis Waltharii aquitanorum principis Carmen epicum saeculi VI. Lips. 1780 und 1792, so wie auch von Molter in seinen Beyträgen zur Geschichte und Literatur, Frankfurt 1798 herausgegeben worden. Mit Attilas Lobe und seinem Heereszuge aus Panonien gegen die gallischen Könige beginnt die Dichtung. Gibicho, König der Franken, sendet ihm Hagano aus trojanischem Stamme, Sohn des Hagathies, Jüngling noch, mit Schätzen entgegen, und verspricht ihm Tribut und Unterwerfung; ingleichen auch Herrik, König der Burgunden, dessen Sitz in Cauillon, jenseits der Aar und Rhone ist, und der seine Tochter Hiltegund ihm als Geißel übergiebt; im Westen endlich schickt auch Alphere, König von Aquitanien seinen Sohn Walther, früher verlobt mit Hiltegund, gleichfals zu dem gefürchteten Hunnen als

[1] Vgl. „Die Dichtungen von Justinus Kerner". Bd. 1, 1841. S. 189. Geringe Abweichungen in Str. 1, 4; 3, 1. 3; 4, 2. 4.

Bürgen seiner Treue und Zinspflichtigkeit. Hiltegund, Hagene und Walther werden an Attilas Hofe erzogen, jener wird die Aufsicht über die Kleino- [162] dien der Königin anvertraut, die Jünglinge aber zeichnen sich in den Kriegen der Hunnen aus. Wie aber nach Gibicho's Tode sein Sohn Gunthar sich lossagt von der Dienstbarkeit, entflieht Hagano, und Walther beredet bald auch seine Verlobte zu demselben Schritte. Hiltegund füllt auf seinen Rath zwey Schreine mit goldnen Ringen aus dem Schatze, und beyde entweichen bey Gelegenheit eines Gastmahls, das er den Hunnen und ihrem Könige giebt. Er selbst gewaffnet wie ein Riese nach der Pannonier Weiße, links mit einem zweyschneidigen Schwerdte, rechts mit einem andern aber nur einschneidigen, reitend auf seinem Pferde Leo, Hiltegund mit dem Schatze auf einem andern guten Pferde. Am Tage in den Wäldern versteckt, reisen sie nur bey Nacht, und gewinnen mit Fischen und Vogelfangen sich ihren Unterhalt, bis sie endlich am vierzehnten Tage am Rheine ankommen, da wo der Königssitz Vuormatia (Worms) liegt. Walther giebt dem Fergen einige der früher gefangenen Fische, zum Lohne dafür, daß er ihn über den Rhein setzt, und wie diese am Mittage auf Günthers Tafel gebracht werden, erkennt sie der König als solche, die der Rhein und die benachbarten Flüsse nicht führen, und wie er sich deswegen näher erkundigt, wird ihm der ganze Aufzug des Helden und der Dame mit den schweren Schreinen, die einen Schall von sich gäben, als ob sie Edelsteine enthielten, erzählt, und Hagane erkennt sogleich erfreut in der Beschreibung seinen Gesellen Walther. Günther aber, von Habsucht eingenommen, freut sich, daß dieser die Schätze wiederbringe, die Gibicho nach Hunnenland gesendet, und bietet seine Kämpfer auf, daß sie mit ihm hinausziehen, um [163] dem Fremdling die Beute zu entreißen. Dieser aber hat schon den Wald Vosagus (das alte Jagdrevier der fränkischen Könige Wasagus, im Wasgau, von Trier, Metz bis Straßburg hin, wie der Ardennenwald an der Mosel und am Niederrhein, von Aachen durch die Eyfel bis zum Mayfeld und gegen Coblenz), und in ihm eine Stelle, wo zwischen zweyen nahe stehenden Bergen, von dem Gipfel der Klippen selbst gebildet, eine enge Höhle sich befindet. Dort ereilt ihn Günther mit den Seinen, und weil er mit Trotz die Zumuthung verwirft, die Schätze der Jungfrau herzugeben, beginnt nun der Streit, so sehr auch Hagane sich bemüht, das Verderben von dem König abzuwenden, von dem ihn ein Traum belehrt, und die Wissenschaft, die er von der Macht und Stärke des Helden hat. Wie aber Günther ihn deswegen der Feigheit bezüchtigen will, sagt er sich erbittert von der Fehde los, und sieht von einem benachbarten Hügel dem

Kampfe zu. Der Streit erhebt sich nun zwischen dem Aquitanier und den Uebrigen von den Zwölfen, die Günther mitgebracht; Mann vor Mann tritt zum Kampf hervor, Kamelon von Metz (Mentensis) Scaramund, Wurhard, Eckefrid der Sachse, Hadawart, Patafrid Hagenes Neffe, Gerwit, Randolf, alle werden sie der Reihe nach von Walther niedergelegt. Die übrigen, Eleuter genannt Helmnod, Trogunt von Straßburg, Thanest von Speyer greifen nun zu der Waffe, die Chronikschreiber der Zeit als den Franken eigenthümlich beschreiben; sie werfen einen Dreyzack mit Widerhacken und Stricken nach dem Aquitanier, und wie er gefaßt, ziehen sie alle gemeinsam an den Stricken, um ihn niederzuwerfen und dann zu tödten. Dieser aber steht wie ein Baum den vieren, und tödtet sie der Reihe nach, bis auf Günthern, der die Flucht ergreift. Der König versöhnt sich nun mit Hagane, der ohnehin über den Tod seines Neffen erbittert ist, und dieser giebt den Rath List zu brauchen, und durch verstellten Abzug Walthern aus seinem Rückhalt hervorzulocken, und ihn im freyen Felde von neuem dann anzugreifen. Günther billigt den Rath, Walther übernachtet in der Höhle, und wie er am Morgen weiter zieht, wird er von den Beyden überfallen. Es erhebt sich neuer Streit, der damit endet, daß der Aquitanier Günthern in einem Schlage das Schienbein nebst der Kniescheibe bis an die Hüfte spaltet; Hagane dann Walthern die rechte Faust abhaut, und dieser nun dem Franken mit dem Dolche das rechte Auge ausstößt, und das Schlafbein bis zur Lippe aufschlitzt und sechs Zähne einstößt, alles wie es Haganes früherer Traum ausgesagt. Nachdem sie [164] das nun an einander ausgeübt, versöhnen sie sich wieder miteinander, trinken auf der Wahlstätte scherzend über ihre Unfälle mitten unter den umherliegenden verlornen Gliedern, und die Franken reiten nach Worms zurück, der Aquitanier aber nach seinem Vaterlande, und regiert noch dreyßig Jahre sein Volk. Fragen wir zunächst nach dem Zusammenhange dieser Dichtung mit den Nibelungen, dann finden wir auch ihn in der merkwürdigen Wilkinasaga dargestellt. In jenem Theile der Sage, den wir als die Paraphrase des dritten Gesanges in jenem großen poetischen Kreise angegeben haben, kömmt auch S. 157 eine gleiche prosaische Auflösung und Accomodation dieses Gedichtes episodisch vor. Walther von Waskastein, (Vasconia hieß auch Aquitanien) Dieterichs Neffe, ist hier gleichfals als Geisel von Ermenrek an Attilas Hofe nebst Hildegund, Tochter des Ilias Jarl, König von Griechenland, nicht des Südlichen sondern jenes andern, das die nordischen Sagen bald nach Rußland, Polen, bald nach Ostteutschland hin versetzen, die Jungfrau daher aus dem Geschlechte des Osantrix von Wilkinaland. Beyde entfliehen auch hier mit Attilas Schätzen beladen, der ihnen Hagane mit eilf Andern nachsendet, daß sie ihm Walthers Kopf zurückbringen. Alle außer Hagane, der sich flüchtet, werden im Gefecht erlegt; Walther errichtet dann eine Hütte im Walde, um darin zu übernachten, und zündet dabey ein groß Feuer an. Wie Hagane von ferne das erblickt, schleicht er herbey und zuckt eben sein Schwerdt gegen den Waskasteiner, wie ihn Hildegund entdeckt und aufschreyt. Walther wirft darauf einen Feuerbrand nach ihm, daß er niederstürzt und das eine Auge in der Folge verliert; Ermenrek versöhnt später die Liebenden wieder mit Attila, Walther aber wird weiterhin im Verlaufe des Gedichtes von Wildifer getödtet. Abermal also haben wir in diesem Gedichte eine Gliedmaße jenes großen verschütteten poetischen Organisms aufgefunden, der nachdem das Leben aus ihm gewichen, nur in einzelnen Fragmenten sich erhalten hat.

Sehen wir uns aber nach dem Alter des lateinischen Epos um, dann tritt es uns in ferne Jahrhunderte zurück. Die Membrane, die von ihm in der großherzoglichen Bibliothek in Carlsruhe aufbewahrt wird, hat dieselben Schriftzüge, wie das Fragment des *Rabanus corbeiensis* bey Mabillon, gehört also dem neunten Jahrhundert an. Aussèrdem erwähnt ihrer die Chronik des Klosters Novalese, gestiftet am Anfange des achten Jahrhunderts am Fuße des *Montcenis* bey *Muratori* scriptor. rer. Italic. Tom. II, p. 2 C. 704 und Antiquitates Italicae Tom. III Diss. 44 Col. [165] 964. Diese Chronik, die nach *Muratoris* Meynung um 1060 geschrieben wurde, erzählt von dem Mönche Walther, der sich vor Alters in ihrem Kloster aufgehalten; dessen Vater, der König Alfer von Aquitanien mit dem König Eririk von Burgund den Vertrag um Hiltegund errichtet; wie beyde Königreiche dann aber Attila zinsbar geworden, und Walther und Hiltegund nun am Hofe desselben leben müssen; sie bringt dann eine Stelle wörtlich aus dem Gedichte gezogen, über ihre Erziehung bey, und weiterhin, wie Walther endlich in seinem Alter Mönch geworden, und was Thaten er in ihrem Kloster noch verrichtet, wie der die Räuber geschlagen u. s. w., Erzählungen, die an den Mönch Ilsam des Heldenbuchs erinnern. Auch Aventin in seinen Annalen, führt Stellen aus einem Manuscripte desselben in Rheinsberg an. Hinter das neunte Jahrhundert fällt also die Abfassung des Gedichtes zuverlässig zurück; eine andere Frage aber ist, ob sie Fischer darum mit Recht in das Sechste versetzt. Manches Einzelne erwogen, besonders aber jene Stelle, wo Hagene als aus trojanischem Blute entsprossen angegeben wird, mögten wir uns am ersten für die Zeit Pipins bestimmen, wo es nach Eckharts Angabe in commentarii de reb. Franciae orient. zuerst beliebt wurde bey den Franken, ihre Abkunft vom trojanischen Geschlechte herzuleiten, weil ihre Sagen und Chroniken von einem ihrer früheren Könige Priamus berichteten. Die äußere lateinische Form schließt sich unmittelbar an die römischen Dichtungen der ersten Jahrhunderte an, das innere Wesen aber zeigt ganz den Geist einer in diese Form verarbeiteten nordischen Romanze. Betrachten wir aber nun, wie die ganze Masse des Lichtes in dem Bilde auf dem aquitanischen Helden liegt; erinnern wir uns, daß Aquitanien jenen Strich von Westfrankreich begreift, der sich am Fuße der Pyrenaen hinzog, und den die Visigothen besassen, dann müssen wir die Fabel für eine der Ramificationen des großen gothischen Stammgedichtes erklären, das im Dieterich und dem zunächst mit ihm Verbundenen, ostgothischen Character trägt, hier aber in einer westgothischen Romanze ausgeschlagen ist.

Eines aber noch ist merkwürdig an diesem Werke, daß Günther und Hagene, offenbar die Helden der Nibelungen, keineswegs Burgundionen, sondern Franken sind, und es ist schwer auszumitteln, welches Gedicht hier das historisch treuere ist. Während nämlich die Allemannen am Oberrheine über Bayern, Rhätien und die östliche Schweiz sich verbreiteten; während gleicherweise die Burgundionen ausgegangen von der polnischen Gränze, im dritten Jahrhundert gegen [166] die Donau andrängend, später in der Gegend von Straßburg über den Rhein vorbrachen, und das ganze östliche Narbonensische Gallien besetzten; waren auf die gleiche Weiße auch die Franken vom Ufer der baldischen See, dort noch Waringer genannt — daher das Waringen in der Geschichte des Schmieds Velint — herabgekommen; unter ihrem König Pharamund hatten sie die Harzgegenden an der Bode, der Werra, und Thüringen an der Saale, so wie Oberfranken am Mayn besetzt, und drangen später dann um die Zeit des Zuges von Attila, und seines Todes, nachdem sie früher schon häufige Einfälle in Gallien gemacht, unter ihrem König Hylderich und zwölf Anführern in Masse bey Maynz über den Strom hinüber vor; schlugen die Römer, nahmen Maynz, Worms, Speyer weg, und gründeten dort fünf kleine Königreiche, denen sie Arbogast, Drogo, Geberich mit seinem Sohne Gunthar, Garovik und Hagano vorsetzten*); rückten dann weiter den Rhein abwärts gegen Cöln hin, wo Sigbert das

*) Das letztere nach *Aventinus Annal. Boior.*, der es wahrscheinlich aus verwandten verloren gegangenen Dichtungen, und nicht aus eigentlich sogenannten historischen Quellen schöpfte.

Königreich der Ripuarier errichtete; eroberten Belgien, brachen dann über Trier nach Metz bis Toul hin vor, wo Haganos Neffe Patafried, derselbe der im Gedichte vorkömmt, als König geordnet wurde; und zwangen endlich Paris zur Uebergabe, wo sich ihnen dann das ganze römische Gallien unterwarf. Später am Anfange des sechsten Jahrhunderts gelang es dem berühmten Clodovaeus oder Clovis dann, nachdem er erst die Allemannen in Teutschland, dann die Westgothen in Aquitanien, endlich die Burgundionen geschlagen und sich unterworfen, alle die einzelnen Staaten in ein großes Gemeinwesen zu verbinden, und so, nachdem er das Christenthum zuerst unter seinem Volke eingeführt, das fränkische Weltreich zu begründen. So viel ergiebt sich aus dieser Auseinandersetzung, daß die Gränzen des fränkischen und burgundischen Reiches um die Zeit, in der das Gedicht gespielt, eben etwa in die Gegend der alten Vangionen fielen, und daß sie vielleicht in unbestimmtem Wechsel häufig fluctuirten. Eben diese Unbestimmtheit rechtfertigte daher auch die Dichtung, daß sie gleichfals zwischen Franken und Burgundionen hin und herüber schwebte: denn das ist die Weiße der Poesie, daß sie, besonders wo sie eigentlich Nationelle ist, wohl liebt historische Wahrheit zum Grund zu legen, daß sie aber im Fortgange der Entwicklung den gefaßten Gegenstand aufnehmend ins Reich der Phantasie, sich nur durch das Gesetz des Schönen, nicht [167] aber durch das der Wahrheit binden will. So ruht die alte griechische Mythe offenbar auf Naturanschauung, je weiter aber sie von ihrem Ursprunge sich entfernt, um so mehr treten jene großen einfachen Naturformen in ihr zurück, und das ganze bunte Gewimmel freyer absichtloser Schöpfungen in der Götterwelt nimmt ihre Stelle ein.

Das also hat diese Untersuchung uns gewonnen, daß sie über Ort, Zeit und die wirkenden Kräfte in dieser großen poetischen Begebenheit, so viel es bey einem solchen Gegenstande möglich ist, uns verständigt hat. Der Rhein, der Nil des alten Deutschlands, der sein Delta in Holland hat, nachdem er die Schweizergebürge verlassen, durch seine Seen hindurchgeflossen, und über seine Cataracte sich gestürzt, tritt in jene schönen reichen Ebenen zwischen den Vogesen und dem Taunusgebürge und dem Hunsrück*) ein, und dort hat das Gedicht sich ersten Sitz und Stammland selbst gewählt, und fließt nun groß und herrlich durch seine Geschichte, wie der edle Strom durch seine Natur. Worms insbesondere,

*) Freher *in orig. palat.* [II. 1612. Fol.] *p.* 89 führt eine Stelle aus dem Marner einem altdeutschen Dichter aus der Zeit Friedrichs II. an, wo es heißt: „Der Imelungenhort lit in dem Lurlenburg in bey.“ Der Imelungen hort, wie es scheint, der Nibelungen Hort, und die Stelle wo er verborgen, der Lurleyfelsen oder die Lorerley bey Wesel im obern Rheinzau. [Vgl. QF. 14. S. 97.]

das alte Borbetomagus, schon dem Ptolemaeus bekannt, von den Römern besetzt, Sitz des Erzbischoffthums, das bis zum Anfange des achten Jahrhunderts selbst Maynz als Filial unter sich begriff; unter den fränkischen Fürsten Paris gleich geachtet, indem die Könige sich dort ihren östlichen, wie hier ihren westlichen Sitz gegründet, und Dagobert an einem wie am andern Orte ein Dyonisiusmünster gestiftet, und einen Pallast baute, den 791 eine Feuersbrunst in der rheinischen Stadt verzehrte: dieser Ort ist vor allem das Haus der Helden in diesem Kreise. Keineswegs war auch die Erinnerung alter Herrlichkeit in dieser Stadt bis auf die nächstverflossenen Zeiten hin ganz untergegangen. Man zeigte noch gegen das Ende des sechszehnten Jahrhunderts das sogenannte Riesenhaus und des gehörnten Siegfrieds Lanze, einen ungeheuren Wellenbaum. Eine alte Sage, erzählte die Chronik der Stadt, hatte das Andenken an seine Begräbnißstätte in der Kirche der heiligen Cäcilia aufbewahrt. Als daher der Kayser Friedrich der dritte um die Hälfte des fünfzehnten Jahrhunderts, nachdem er in Belgien Krieg geführt, in Worms verweilte, war er neugierig, die Wahrheit der durch ganz Deutschland verbreiteten Dichtungen von seiner Riesengröße, durch eigene Untersuchung zu prüfen. Er ließ daher das Grab öffnen, wie der König Franz Rolands Grab, allein, ob man gleich so tief vordrang, daß man auf [168] die Wasserquellen traf, so fand man doch keine Spur von Gebeinen. Die Vermuthung Frehers, als ob zwischen ihm und dem berühmten Sigbert, der um 539 unter dem König Theoderich major Domus gewesen, und in Worms mit seiner Gattin Crimhilde gewohnt, und viele Thaten dort verrichtet, eine Verwechselung vorgegangen, mögte wohl nicht ganz grundlos sich bewähren. Kaum wird es gegenwärtig möglich seyn, noch irgend etwas historisch Gewisses über diesen Gegenstand auszumitteln. Wie dem Untergang von Altdeutschland jene Gedächtnißschwäche vorangeeilt, in der die letzte Zeit rein vergessen, was wahrhaft Merkwürdiges in ihrer Vergangenheit geworden, ist die Sage ganz verstummt, und was die Armuth schriftlicher Denkmäler, wenn nicht unverhofft sich neue unbekannte Quellen öffnen, geben kann, mögte nicht leicht viel weiter führen, als wir bisher erreicht. Nachdem das Andenken an die Begebenheiten bis auf wenige Ortsnamen vielleicht, etwa Guntersblum, Guntramsheim, Godramstein, Hagenheim, Folkesheim und die Benennung des Rosengartens bey Worms, ausgestorben ist, hat man zuletzt auch noch das letzte Denkmal zerstört, das wohl noch Zeugniß geben konnte von jenen Jahrhunderten. Die schöne alte Capelle in Worms nahe bey dem Dome, die in einem reinen, großen Style gestaltet, mit dem Tempel, den Theoderich in Ravenna gebaut, und dessen Kuppel lange die Urne mit seiner Asche trug, in ihren Formen die auffallendste Aehnlichkeit gezeigt, und wahrscheinlich also nicht in einer viel späteren Zeit gegründet wurde, hat der eigene freywillige Entschluß des dortigen Kirchenrathes der Zerstörung hingegeben, und das Land verliert an ihm vielleicht das älteste und merkwürdigste Denkmal seiner Vergangenheit. So ist alle Geschichte doch immer nur Nomadenzug, und haben auch Jahrtausende die Erdhütten und die Steingezelte sich erhalten, endlich bricht sie doch die Zeit. Wie Sturmvögel jetzt hoch über dem Meere schweben, und dann sich niedersenken und mit den Flügelspitzen den Rand der Wellen streifen, und die weise Brust im kühlen Erdblut baden, und wieder untertauchen und unter dem Wasser durchbrechend weiter eilen: so schießt das Leben gleichfals bald eine Feuerkugel durch die Lüfte durch; fährt dann nieder an die Erde, und furcht sie dorthin schlagend und wieder an den andern Ort, und wühlt sich dann weiter unter dem Boden durch, und wirft in hohen Hügeln die Erde auf, und hat niemal bleibende Stätte an einem Puncte. Und wenn die wilde Kraft irgendwo ausgetobt, dann tritt die alte Mutter sorgsam her, und bringt die dienstbaren Naturgeister mit hinzu, daß sie langsam wieder glätten, was der Frevel zerrissen hat; und die arbeiten leise leise nagend wie das Knistern in Ruinen; jeder Augenblick hat ein Staubkörnchen abgerieben; lange Zeit besänftigt großen Aufruhr, heilt tiefe Wunden, ebnet alle Hügel. Und es ist nicht an der Natur zu tadeln, daß sie ihr Reich gegen Beschädigung wahrt, und es ist auch am Leben nicht zu schelten, wenn es zerstört, was es gebaut; denn es soll sich nicht in seiner eigenen Werke Fessel geben: wenn aber ein einzelner Privatwillen von gestern und von heute zerstört, was der Jahrhunderte ist, das muß man für frech und gottlos halten.

———

Zeitung für Einsiedler.

Der Brocktophantasmist.

Ihr seyd noch immer da! Nein das ist unerhört.
Verschwindet doch! Wir haben ja aufgeklärt.
Das Teufelspack, es fragt nach keiner Regel,
Wir sind so klug und dennoch spuckt (der Schlegel)
Wie lange hab ich nicht am Wahn hinausgekehrt
Und nie wirds rein, das ist doch unerhört.

Die Schöne.

So hört doch auf, uns hier zu ennuyiren.

Aus Göthes vermehrten Faust S. 206.

Um nicht die Leser mit Bemerkungen über einige nicht nach dem Consistorialmaas gemessenen Hexameter zu ennuyiren, während alle noch in der ersten Freude des Lesens und Wiederlesens sind, zeigen wir blos diese herrliche Erscheinung seiner sämmtlichen Werke[1] an. Dem Correktor hätten wir mehr Genauigkeit gewünscht, denn wir wissen aus eigner Erfahrung, wie schwer diese zu erreichen.

Einsiedler.

[169] Geschichte und Ursprung des ersten Bärnhäuters. Worin die Volkssage vom papiernen Calender-Himmel und vom süßen breiten Gänsefuß, nach Erzählungen einer alten Kinderfrau aufgeschrieben*) vom Herzbruder.[2]

(Mit der Abbildung des Bärnhäuters.)

I. Die Landsknechte vor der Hölle, im Himmel, und endlich zu Warteinweil.

Im Jahr dreyzehnhundert sechs und neunzig, als Kaiser Siegismundus von dem türkischen Kaiser Celapino geschlagen worden war,

*) Wenn unser Freund Grimm in dem Aussatze über die Sagen (19 u. 20 St.) das erste Verhältniß der Volkssagen zur Volksgeschichte (die genau genommen nichts anders ist als diese Sagen selbst, bald wunderbar bald listig politisch nach der Entwickelung des Volks ist, wobey das Leben der Einzelnen nur in der Beziehung auf das Ganze angesehen wird) entwickelt hat, von denen er manche der Unbekannteren aus seiner reichen wohlgeordneten Sammlung uns mitzutheilen geneigt ist, so glauben wir mit dieser heitern Anreihung alter Sagen, die dem leichtberedten Witze eines andern lieben Freundes so wohl gelungen, den scherzenden Sinn der anderen Volkssagen am besten eröffnen

[1] Goethes Werke erschienen 1806—1810 in 13 Bänden 8⁰ zu Tübingen bei Cotta. Der 8. Bd. enthält den Faust.

[2] Vgl. Clemens Brentanos gesammelte Schriften, Bd. 5, S. 447—479. Sonderbarer Weise ist die *) Anmerkung, die doch wohl von Arnim herrührt, auch in Brentanos Schriften abgedruckt. Den Namen Herzbruder hat Brentano dem Simplicissimus entlehnt, während der Anfang der Bärnhäutergeschichte wörtlich aus der Erzählung Grimmelshausens „Der erste Bärnhäuter“ [1670] aufgenommen ist. Auch das folgende Bild stammt aus dieser Schrift. Vgl. Kurz, Deutsche Bibliothek. Bd. 6, Theil 4, S. 301. Ein besserer Abdruck der Erzählung findet sich in der Ausgabe der Simplicianischen Schriften von Tittmann [Deutsche Dichter des XVII. Jahrhunderts.

wollten die erschlagenen Lands- [170] knechte auf der Wahlstatt bey den Türken nicht liegen bleiben, giengen drum miteinander zu Rath, und richteten ein Fähnlein auf, das war weiß mit einem rothen Kreuz, und zogen miteinander der Hölle zu, in der Meynung dort, wo es, wie man sagt, fein warm seyn sollte, ein gut Winterlager zu halten. Als die Teufel sie aber mit ihrem Kreuzfähnlein ansichtig wurden, wollten sie solchem Feldzeichen nicht trauen, als unter welchem die Hölle immer bestritten worden. Sie verrammelten daher alle Pforten, besetzten die Mauern, und rüsteten allerseits gute Gegenwehr an. Die frommen Landsknechte zogen solches nicht erwartend ruhig heran, aber die Teufel schossen nach ihnen, und da hierauf die Landsknechte potz Marter Gottes Wunden und dergleichen ehrbahrliche Flüche zu reden anfiengen, riefen ihnen die Teufel zu, o ihr lieben frommen Leute, ihr [171] seyd irr, ihr redet dermaßen heilig, wir laßen euch nicht ein, haltet euch rechts

und darstellen zu können, von denen wir durch Bekanntschaft und Reisen eine hübsche Menge verschiedener Gegenden zusammengebracht haben. Dieser scherzende Sinn der Volkssagen, dieser Spott ohne Ort und Datum, der alle trift und darum keinen, diese Satyre, womit keiner gemeint ist, die in einem erträumten Lande mit allerley wunderlichen Lebensverhältnissen spielt, fordert entweder große Unbefangenheit oder große Bildung um erfunden und verstanden zu werden, daher die nahe Berührung des alle Wissenschaften, Künste, Geschichten und Sprachen berührenden Jean Paul Fr. Richters mit manchen der frühesten deutschen Erzähler, so, daß jetzt fast niemand von dieser Laune ergriffen werden kann, ohne von dem classificirenden Publikum, das immer nach dem Bekanntesten die ganze Welt anordnet, als ein Nachahmer Jean Pauls angezettelt zu werden. Diese Gattung freyen Scherzes, die den Deutschen so ganz nationell ist, daß sich später und früher immerdar Aeußerungen der Art finden werden, hat in ihm bis jetzt ihr reichstes Denkmahl aufgestellt, es wäre aber wunderlich, wenn einer darum seine Einfälle verschlucken wollte, weil ein andrer auch Einfälle gehabt hat, die Menschen kämen sonst endlich auf den Einfall rückwärts zu gehen, weil man bis dahin vorwärts gegangen. Die eigentliche Originalität im Menschen ist unverwüstlich, das Gemeinsame ist aber das Organ, worin sich das Einzelne verständlich ausspricht, das Gemeinsame ist immerdar mehr werth als jedes Einzelne, die Originalitätswuth, die nichts lesen, nichts lernen will, um sich vor Nachahmung in Acht zu nehmen, giebt also das Höhere auf, und was es also abgeschieden der gemeinsamen Betrachtung giebt, wird daher mit Recht wiederum von der Gemeine aufgegeben, wir sind es gewiß, daß es diesen Sagen nicht also ergehen wird, die bekannt und unbekannt zugleich scheinen, wie jene scherzende Mahlereyen, wo mit neuen aufgelegten Scheiben von Marienglas, ein alter Landsknecht bald in einen Einsiedler, bald in einen Bärenhäuter, dann einen zierlichen Stutzer und Eydam verwandelt wird, nothwendig gehört dazu diese Abwechselung der Sprache und Umgebung, die freylich beym ersten Anblick durchaus nicht objectiv scheinen mag.

Bd. 10, 1.], Theil 1. Leipzig 1877. 8°. S. 245—253. Nahe verwandt sind die beiden Fassungen der Sage, die in den Grimmschen Kinder- und Hausmärchen [8. Aufl. Göttingen 1864. 8°] unter den Nummern 100 und 101 „Des Teufels rußiger Bruder“ und „Der Bärenhäuter“ [„Grünrock“] Bd. 2, S. 81—86 mitgeteilt sind. Vgl. die Anmerkungen dazu in Bd. 3. Wenn übrigens hier gesagt wird „In einer österreichischen Stadt soll auch noch sein Bild sich finden“, so ist diese Notiz sicher der Bemerkung Grimmelshausens entnommen „auf dem Schloß Hohenroth hat sich ein uraltes Gemäld gefunden, davon auch beigefügtes Bildnus copiert worden“ [vgl. das unsere]. Es ist also von einem Schlosse Hohenroth die Rede. Was Kurz [S. 454] und Tittmann [S. 247] dazu bemerken ist nicht ausreichend. Vielleicht ist die Neuburg bei Obrigheim, gegenüber Neckarelz gemeint, die urkundlich den Namen Hohinrot trug. — In der Anmerkung zu dem Märchen 100 ist auf die Tröst Einsamkeit und Arnims Erzählung „Isabelle von Aegypten“ verwiesen.

auf der Himmelsstraße, und wiesen das ehrbare Völklein also nach dem Himmel. Als St. Peter sie anklopfen hörte, fragte er sie, wer sie wären, sie sagten, er sollte aufthun, sie seyen fromme Landsknechte in

der erste Bärnhäuter

Kaiser Siegmunds Feldschlacht erschlagen, und hieher gewiesen. St. Petrus zeigte es dem Herrn an, der aber sprach: laß sie nicht herein,

Es sind gar unnütze Gesellen,
Die nichts als böse Händel anstellen.
Da nun die Landsknechte mußten harren,
Fingen sie an zu fluchen und scharren,
Marter, Leiden und Sakrament,
St. Peter der die Flüche nicht kennt,

Meint, sie reden von geistlichen Dingen,
Gedacht in Himmel sie zu bringen.

Er bat daher für sie, und erhielt die Erlaubniß sie herein zu lassen; als sie aber bey ihm vorbey musterten, ihre Fähnlein schwenkten und ihn auf gute Kriegsmanier mit ihren Waffen begrüßten, hatte er eine große Freude daran, und grüßt sie wieder; zuletzt aber kam einer, der hatte nach Art dieser Hünerdiebe und Bauernfeinde, einen Hahn, den er unterwegs gestohlen, an seiner Wehr hängen, und schwenkte, St. Petrum zu grüßen, diesen ihm vor die Nase herum. St. Petrus ward gar entrüstet darüber und sprach:

Du Spottvogel, jetzt merke ich,
Willst mit dem Hahn vexiren mich,
Weil er nicht eher hat gekräht,
Bis ich den Herrn verläugnen thät.

und schlug somit die Thür zu, ließ den mit dem Hahnen nicht ein. Der blieb stehn und brummlet und flucht, und zog um den Himmel herum, wie ein Vogel, ders Thürlein zum Kefight nicht finden kann, wir wollen ihn gehn lassen, vielleicht kommen wir, wenn gleich so jung nicht, wieder mit ihm zusammen.

Kaum, daß die übrigen Landsknechte im Himmel waren, so bettelten sie bey allen Heiligen herum, und als sie etliches Geld zusammen gebracht, breiteten sie ihre Mäntel aus, setzten sich darauf, und würfelten und knöchelten so lang, bis sie in Streit geriethen, da sprangen sie auf, zuckten von Leder, und hieben mit solchem Fluchen und Lärmen auf einander los, daß St. Peter die Haar zu Berg standen, er sprach:

Wollt ihr im Himmel balgen,
Hebt euch hinaus an lichten Galgen.

Da schlugen sie gar auf St. Petrus los, daß er mußt davon laufen, und seinem Herrn und Meister die Noth klagen, der ließ einen Engel mit einer Trommel vor den Himmel hinaustreten, und einen Allarm schlagen. Die Landsknechte hatten sich eben etwas verschnauft und sprachen untereinander:

[172] Wir wollen's nun gut lassen sein,
Gute Brüder sind wir insgemein,
Aber den alten grauen Falken
Wollen wir noch besser abwalken.

Da hörten sie den Lärmen schlagen, und konnte keiner seine alte Gewohnheit lassen, rannten da mit einander dem Thor hinaus. St.

Peter aber stand hinter der Thür, und schlug sie ihnen hinterm Rücken zu mit großen Freuden. Da die Landsknechte sahen, daß man sie zum Besten gehabt, hoben sie erst einen gewaltigen Lärmen an. St. Peter trat hinters Schlüsselloch und sprach: wer hat euch hier her kommen heißen, zieht fort, nur fort ihr Blutzapfen, ihr habt euer Leben den Frieden gehaßt, und sollt darum der ewigen Ruhe nicht genießen. Hierauf schrie ihr Hauptmann: „Wo bleiben wir aber heut Nacht? in die Hölle will man uns nicht einlassen, aus dem Himmel wirft man uns hinaus, wohin nun? wir müssen doch auch ein Ort haben, wo wir bleiben sollen.“ St. Peter aber sprach: trollt euch, oder man wird euch was anders weißen; ihr seyd nichts als Bluthunde, Gotteslästerer, arme Leutmacher, verfluchte, verzweifelte, gottlose Leute. Da ward der Hauptmann gar erzürnt, und sprach:

Hu Hu, fahr sacht du alter Greis!
Fein säuberlich mit der Braut auf dem Eis.
Hui, bist du nicht der kühne Degen,
Der sich seines Lebens darf erwegen,
Darf Ohr abhauen und seinem Herrn
Beistehn, mit Ernst, doch weit von fern,
Und ferner nicht, als bis zum Herde,
Und daß ihn auch keine Magd gefehrde;
Wie darf der Fuchs den Wolf wohl schmähen,
Der Hahn thut ihnen beiden krähen.
Wir sind gefallen in gutem Streit
Gegen den Türken auf grüner Heid,
Und wenn ichs recht berichtet bin,
Es dünkt mir stets in meinem Sinn,
Du seist der Schelm, der unsern Herrn
Vor allen Jüngern weit und fern
Recht greulich, als ein Mamelucks,
Ja dreimal nach einander flucks,
Verläugnet und verschwur behend,
Bei Stein und Bein, ob er ihn kennt;
Und liefst davon, fehlt auch nicht weit,
Du fielst gar auf der Juden Seit,
Gelt unser armer Kriegskumpan,
Gefiel dir nicht mit seinem Hahn,
Häst Angst, er mögt dir wieder krähn.

Und nun, du Meineyd, du willst uns nicht einlassen, nun müssen wir doch wissen, wo wir hin sollen. Petrus war über das laute Schreyen des Hauptmanns schamroth geworden, und da er fürchtete, die andern mögten den Specktakel im Himmel hören, so sprach er zu den frommen Landsknechten: „Liebe Freunde! seyd still und [173] schweigt, ich will euch ein eigen Dorf eingeben, das liegt zwischen Höll und Himmel und ist ganz neutral, es heißt Warteinweil,[1] da werden mit der Zeit noch mehr Landsknecht hinkommen, da habt ihr euer Wesen allein, könnt spielen, saufen, würfeln und singen, da wird kein Hahn darnach krähen. Auch soll euch ein appart Schicksal hinein gemacht werden. Da nahm Petrus seinen Stecken und Hut, und führte sie gen Warteinweil, da halten sie noch ihr Regiment, solcher Ort aber hat nachmals den Nahmen der große Bär erhalten, und ist der recht Bernhäuter-Himmel geworden. Wir wünschen nun St. Peter eine glückliche Reise, und wollen sehen, wo der arme Schelm mit seinem Hahn hinkommen, der das Thürlein zum Himmel suchte.

II. Der papierne Gänsehimmel. Erfindung des Biers. Spruch vom Schlaraffenland.

Der gute arme Landsknecht mit seinem Hahn irrte so lange herum, bis er an den Gänsehimmel kam, allwo eine schöne papierne Wiese, worauf die edlen Gänseseelen, die theils um St. Martins, theils um aller Schreiber willen getödtet werden, zu tausenden die Märtirkrone tragend spazieren weiden, besonders aber waren allda diejenigen ausgezeichnet und saßen jegliche auf einem Bogen Stempelpapier, welche von speißhaftigen leckermäuligen Juden mit aufgeschliztem Bauch schwebend aufgehängt, und so lang mit salzichtem Getränk in beständig saufendem Durste erhalten werden, bis ihnen die Leber so groß aus dem Leibe herauswächst, daß oft die Gans selbst in großer Melancholei nicht weiß, ob sie die Leber oder die Gans ist. Ueber solche eliseische Gänsefelder trabte der fromme Landsknecht hin, und gedacht, dieß sollt vielleicht auch sein Himmel seyn, weil er eines theils an trockner Leber viel gelitten. Zu Ende der Wieße aber lag ein schönes Wirthshaus, Kapitolium genannt, da kehrt er ein, gar müd und schier erfroren, hängte auch seinen Hahn hinter den Ofen, daß er etwas aufthauen mögte, der Wirth bracht

---

[1] Um zu zeigen wie Brentano aus dem Volksmärchen schöpfte verweise ich auf der Brüder Grimm Kinder und Hausmärchen, 8. Aufl. Bd. 1, S. 181, eine Stelle des Märchens „Der Schneider im Himmel“. Ein Schneider, den Petrus nur aus Mitleid in den Himmel gelassen, versieht vorwitzig des Herrn Richteramt und muß nun weichen, „und weil er zerrissene Schuhe hatte und die Füße voll Blasen, nahm er einen Stock in die Hand, und zog nach Warteinweil, wo die frommen Soldaten sitzen und sich lustig machen“. Das Märchen findet sich in Freis Gartengesellschaft, Kirchhoffs Wendunmuth und Wickrams Rollwagenbüchlein. [Ed. Kurz, 1865. S. 185.]

ihm da eine Sorte Gänsewein nach der andern, konnte aber des guten Bruders Geschmack nicht treffen, der saß traurig da und harrte bis sein Hahn aufgethauet; und so lang wollen wir ihn sitzen lassen und sehen, was vor gute Gesellschaft weiter hier ankömmt.

Als die Teufel den Anschlag der frommen Landsknechte auf die Hölle so leicht abgewiesen hatten, schickte Luzifer ein Paar Gesellen aus, um zu sehen, ob sie nicht irgend einen einzelnen erwischen könnten, der sich etwa dem Zug nachschleppte, solchen sollten sie als einen [174] Geißel in die Hölle führen, für die schweren Unkosten, die ihnen der Vertheidigungsstand daselbst gemacht. Als nun die beyden den Landsknecht mit dem Hahn vor dem Himmel herumschlampen sahen, zogen sie ihm so lang nach, bis er im papiernen Himmel ins Wirthshaus trat, da blieben sie stehen und wurden folgenden Anschlags einig, der eine sollt sich in die Hölle hintern Ofen setzen, der andre aber wollt sich zu dem guten Gesellen machen, ihm zutrinken, und allerley Fatzwerk mit ihm treiben; wann dann der fromme Landsknecht das Maul recht aufreiße, sollt der hinterm Ofen ihm dadurch in den Leib fahren, und ihn somit von dannen führen. Also traten sie ein, und nahm der eine die Gestalt eines andern Landsknechts an, der andre aber schlich sich unsichtig hintern Ofen. Nun war der betrübte Hühnerdieb gar froh, einen Gesellen gefunden zu haben, dem erzählte er, wie es ihm ergangen; da giengs an ein Fluchen und Schelten auf St. Peter, da ihnen aber beyden der Gänsewein nicht schmecken wollte, und dem Teufel der Landsknecht das Maul nicht allerdings weit genug aufriß, so sagt er zu ihm: Halt mein guter Gesell, ich will dem Ding besser thun, potz Cana in Gallileia, ich soll uns einen Wein machen, da sagt er zum Wirth, er soll ihm der Gänse Speiß ein Theil geben; der Wirth der bracht ihm Gersten, die schmiß er ins Wasser hinein und rührts, da ward das Bier erschaffen, und hat sich auch bis heut zu Tag erhalten, und trinkens die Gänse nicht ungerne. Während nun der Teufel braute, sprach er den Spruch vom Schlaraffenland:

Hui Bruder ich bin ein gereister Mann,
Hab neulich erst ein Zug gethan,
Da lernt ichs brauen in einem Land,
Sein Nahm der ist mir unbekannt,
Da wachsen die Plateiß auf den Baumen,
Wie anderwärts die Kirschen und Pflaumen,
Die Gäns, die haben Tanzschuh an,
Die Weiber küssen gern die Mann,
Die Störch, die stechen eim den Staaren,

Die Wölf der großen Schul gewahren,
Die Füchs, die kommen angefahren,
Die Schnecken machen glänzende Karrieren,
Die Enten Minnelieder blären,
Die Küh unter andern vielen
Mit Ochsen in dem Dambrett spielen,
Die Esel auf der Laute schlagen,
Die Fisch sich lassen in Sänften tragen,
Die Böck, die gehen botanisiren,
Die Frösch, die Physikam doziren,
Ein Krebs Finanz- und Kriegskunst lehrt,
Zwick, retirir, bleib unversehrt,
Die Esel werden Jaherrn genannt,
Die Spatzen liebreich und galant,
Der Krug, der lehrt Philosophei,
Sallat steht auch schon lang dabei,
[175] Kienöl, Pfannkuchen und Butterweck
Haben da all einen hohen Zweck,
Dreschflegel muntern sich mit Gedichten,
Das Stroh zu dreschen, die Spreu zu sichten,
Kunst, Wissenschaft, auf grünem Ast,
Ob du ihn lange nicht gesehen hast,
Den Objectiv, den Subjectiv,
Der hundert Jahr ganz ruhig schlief,
Aufwacht, Lärm macht,
Wird ausgelacht,
Hanswurst ist an der Natur gestorben,
Natur ist an der Kunst verdorben,
Und Kunst hat die Religion gefressen,
Und Religion hat den Glauben vergessen,
Und Glauben hat alles wissen wollen,
Und Wissen sitzt auf dem Eisschollen,
Und fährt hinab ins weite Meer,
Und wird zu Wasser wie vorher,
Aber die Gans ist ein Predikant,
Auch hats viel Hasen in dem Land,
Welche auf Gartenschnecken reiten,
Die für das Vaterland da streiten,
Küniglein *) die Trommel schlagen,
Eichhörnlein die Fahnen tragen,
Der Hunger ist ihr bester Koch,
Karfunkel wächst im Ofenloch,

*) Kaninchen.

Die Mäuß, die bauen dort das Feld,
Die Katz ist als Organist bestellt,
Der wilde Eber ist ihr Badknecht,
Ein Hering ist ihr Wildschütz recht,
Der Bär ist ein Informator gut,
Ungelecktes er lecken thut,
Und Reinecke Fuchs das Schemelbein,
Möcht gar zu gern der Pabst auch seyn,
Ein Schemelbein in seinem Bau
Ein Schelmenbein, liest man's genau. *)

Nun mags gut seyn, da trank er dem Landsknecht einen Trunk des neuen Biers zu, der sprach aber, gesegn es dir Gott Bruder, nach Landsknechts Brauch, das war dem hinterm Ofen gar zu wieder, konnte drum nicht in ihn fahren, der Landsknecht aber konnte nicht trinken ohne den Spruch. Der Brauer Teufel sagt, laß mir deinen Segen weg, du machst mir das Bier sauer, da antwortete der Landsknecht: laß es eine Weil geruhen, ich will uns einen Braten anrichten lassen, du hast mir so gute Schwänke erzählt, daß ich gern mit dir essen mag; da rief er dem Wirth:

He lieber Wirth mein gut Gesell,
Geht hintern Ofen in die Höll,
Den armen Teufel nehmt darin,
Rupfet und dann bratet ihn,
[176] Den wollen wir fressen und zerreißen,
Thät damit hintern Ofen weißen
Auf den hängenden todten Hahn,
Als der Wirth ging zu der Höll hinan,
Wollt den Hahn von dem Nagel schnappen,
Meint der Teufel, er wollt nach ihm tappen,
Ihn rupfen und dem Landsknecht braten,
Und thät sich da nicht lang berathen
Und stieß ein Ofenkachel aus,
Und fuhr zum Ofenloch hinaus.

Das ward ein großer Lärm im Gänsehimmel, denn die wachsamen Gänse erhoben ein gewaltig Geschrey, und da sah der andere Teufel auch, wie er davon kam, und riß ein groß Loch in den papiernen Himmel, der gut Landsknecht aber ließ seinen Hahn an Zahlungsstatt im Stich, nahm auch im Zorn das Bierglaß, und schmieß es gegen die Wand,

*) Die Einsiedler bekennen frey,
Sie wären auch gern all dabey;
Nun sitzen sie mitten in der Natur,
Bey ihrer Correctur. Einsiedler.

der Teufel hole deinen neuen Trank, sprach er, was hängen bleibt an der Wand, mag dein Bier seyn, was abläuft ist der alt Gänsewein, dies sey die ewige Bierprobe, und so machte er sich durch das Loch aus dem papiernen Himmel hinaus.

(Die Fortsetzung im nächsten Blatt.)

Die Meerfrau.[1]

Der König eine Meerfrau greifen läßt,
Und setzet in den Thurm sie fest.
Die Königin ruft zwey Gesellen zu sich:
Bittet die Meerfrau zu gehen vor mich.
Die Meerfrau kam und stand vor ihr,
Was wollt Ihr Königin, was rufet ihr mir?
Die Königin streicht übers Kissen blau,
Setz dich Meerfrau, und ruhe darauf.
„So wollt ihr verrathen den jungen Leib mein,
Hier unten liegt scharf ein Messerlein.“
Und weißt du das, auch mehr du weißt,
Sag mir von meinem Schicksal das meist.
„Weiß ich dein Schicksal und sag es dir,
Du läßt mich im Feuer verbrennen hier.
Du bringst zur Welt drey Söhne kühn,
Dein junger Leib der ist dahin.“
Soll mir's ergehen nicht besser hie,
Sag mir, welch Schicksal empfangen sie?
„Der eine wird König von Dänemark seyn,
Der andere tragen die Goldkrone fein.
Der dritte wird werden so weis ein Mann,
Für ihn mußt du dein Leben lan.“
Die Königin zog über ihr Haupt das Kleid,
Sie ging vor den König in die Stube ein.
Hört ihr allerliebster Herr mein,
Gebt mir doch diese Meerfrau fein.
Der Meerfrau Leib nicht geb ich dir,
Sie verräth meine sieben Schifflein mir.
Wie Erde schwarz wird die Königin,
Wie todt fällt sie vor den König hin.
Meine Liebste, nehmt das euch nicht so an,
Folgt ihr mit allen Jungfrauen zum Strand.

---

[1] Vgl. „Altdänische Heldenlieder“, S. 314–346 unterm Titel „Prophezeiung des Schicksals“, als Abteilung III von „Königin Dagmar“. Hier ohne die Kehrreime.

Sie kleidet die Meerfrau in Scharlach roth,
Weil sie weisagt ihren eignen Tod.
Ihren Jungfraun sagt die Königin:
Zur See folg ich der Meerfrau hin.
Auf Wellen blau wird die Meerfrau gebracht:
Die Königin weint, gar niemand lacht.
Ihr dürft nicht weinen, weint nicht vor mir,
Des Himmels Thor steht offen vor dir.
Im Himmelreich sollst du bauen und leben,
Da wird dir erst Stille und Ruhe gegeben.

Aus dem Dänischen von Wilhelm Grimm.

Zeitung für Einsiedler.

1808. — 23 — 18. Juny.

Wer bist du, armer Mann?

Der Himmel ist mein Hut,
Die Erde ist mein Schuh,
Das heil'ge Kreuz ist mein Schwerd,
Wer mich sieht, hat mich lieb und werth.
(Aus den Kinderliedern. Anhang zu des Knaben Wunderhorn.) [1]

[177] Geschichte des ersten Bärnhäuters.

(Fortsetzung.)

III. St. Peter mit dem Landsknecht, und die Vertreibung der Thiere aus dem papiernen Kalender-Himmel. Ursprung der Tapferkeit.

Nun wußte der gute Landsknecht noch immer nicht wohin, und bettelte von Dorf zu Dorf, bis er auf seinem Zug St. Peter antraf, der war zurück von Warteinweil gekommen, und hatte einen gar bößen Streit im Himmel gefunden, denn es hatte sich eine Gesellschaft gegen die lieben Thiere, die im Himmel mit den Heiligen sind, erhoben, und wurde da ein allgemeiner Gerichtstag gehalten, zuerst hat man St. Peters Geiß fortgejagt, weil sie das Gestirn des Steinbocks irre gemacht, daß er übern Zaun gesprungen, dann haben sie die zwey Mäuslein St. Gertrudis vertrieben, weil sie Marthen das Garn von der Spindel gefressen, auch die Meßbücher schier zernagten, und gab man ihnen auch Schuld, sie hätten das Loch in den papiernen Himmel gefressen, das der Teufel gerissen, und ward dies Loch zur Strafe das Thor, durch das sie alle hinaus musten, da sie aber den Palmesel nicht wohl hinaus jagen konnten, so machten sie ihm eine freundliche Vorstellung, wie im Himmel der Haber so theuer, Disteln aber gar nicht vorhanden wären, erzählten ihm auch, wie auf Erden daran ein Ueberfluß, und wie er dort ein Jaherr werden könnte, und da er gar hörte, daß des Kaminfegers aus Witzenburg Esel Feigen dort gefressen, und sie ihm nicht geschadet, so schrie er Ja, Ja, rannt davon, und riß das Loch um ein gut Theil weiter, ihm folgte St. Markus geflügelter Löwe mit großem Zorn, weil St. Marx sich seiner nicht annahm, und er als ein König

[1] „Kinderlieder. Anhang zum Wunderhorn. Heidelberg bey Mohr und Zimmer. 1808". 8⁰. S. 93.

der Thiere nicht allein im Himmel sitzen wollte, er lief gen Venedig, wo man ihm viel Ehr anthut, St. Johannes wollte auch nicht vor sein Lämmchen sprechen, und sagte gar, wie er von einem Lamm nur geistlicher [178] Weise gesprochen, und so trabte es stille zum Thor hinaus, der Hund groß und faul, mußte da auch Urlaub nehmen, denn man brauchte ihn nur in Hundstagen, und überdieß solle die Polizey in den Hundstagen keine mehr dulden, auch hätte er viel Flöh gezogen, und müßte man ihm, da er keine Fastenspeisen esse, immer appart kochen, St. Margreth aber mußte ihren Drachen auch jagen, weil man glaubt, er könnte schier des Teufels Spion seyn; St. Oswalds Rabe zog gern von dannen, denn er im Himmel als ein Galgenvogel wenig Freude hatte, und seiner Nahrung auf Erden groß Ueberfluß ist; nun kam St. Gilg mit seinem Hirsch, und bat gar sehr für ihn, aber da sich vor kurzem durch den Hirsch mancherley Jagdgedanken unter den Aebten und Prälaten, und sonderlich bey St. Huberto erhoben, ward er ausgemustert, und gieng der Jagdgedanken wegen selbst gern, nun hätte man zwar St. Genovefens Hirschkuh gern gelitten, aber sie wollte ohne den Hirsch nicht bleiben, und gieng als ein Beyspiel ehlicher Zärtlichkeit ihrem Gatten nach. St. Lukas Mastochs hatte besonders St. Georg gegen sich, der sich einen Gaul hielt, dem der Ochs das Futter theuer machte, und da das Roß nicht entbehrlich war, so mußte der Stier weichen. Nun trat St. Gallus mit seinem Bären heran, dem ward auch von der Jagd erzählt, auch müßte er im Himmel stets an den Tappen saugen, auf Erden wären Aepfel und Birnen gut gerathen, die Bienenzucht auch in gutem Flor, er könnt in Nürnberg ein Lebküchler werden, oder sich gar für Geld sehen lassen, er brummelte, kugelte sich zusammen, und purzelte hinaus.

Hinter dem Bären machte man nun das Loch zu, St. Lorenz legte seinen Rost drüber, da man nun von Hauß zu Hauß nachsuchte, ob im papiernen Kalender-Himmel noch irgend ein Thier vorhanden sey, fand man in den vier Häußern der Frau Frohnfast, an jeglichem einen Häring hangen, die wurden nach vielem Rathschlagen, weil sie viel Marter erlitten, und mit Salz gar gebeitzet worden, geduldet, so auch St. Martins [179] Gans, wie die lieben Gänse all, wegen mannichfaltigen Verdiensten, und besonders der Schreibfedern wegen, welche den ganzen papiernen Himmel entworfen, auch wurden sie getröstet, und auf doppelte Gage gesetzt, weil ihnen ein Loch in ihrem Himmel war gerissen worden, und ihnen die in Zorn und Unmuth abziehende Thiere ganze Flederwische ihrer Federn ausgerissen und mitgenommen hatten. Also fand St. Petrus bey seiner Rückkunft von Warteinweil durch seiner Geiß unordentliche

Gesinnung den ganzen Thiergarten verabschiedet, und machten ihm die Heiligen noch Vorwürfe oben drein, und zog er darum auf eine Zeitlang von dannen, bis die Sache zur Ruhe gekommen. Auf solcher Reise traf er den guten Landsknecht, und da sie beyde von milden Gaben lebten, so machten sie den Vertrag, was sie erbettelt mit einander zu theilen; da sie nun an einem Abend im Wirthshauß sich ihre Beute vorzeigten, hatte der Landsknecht einen Hasen, Peter aber drey Goldgulden gewonnen; der Hase ward an den Spieß gesteckt, und der Landsknecht verrichtete was des Kochs Sache ist, St. Peter aber suchte seine drey Goldgulden, die in kleiner Scheidemünze waren, auseinander, der Landknecht aber konnt es nicht erwarten, und fraß derweil des Hasen Herz und Leber zum voraus auf, da nun der Hase gebraten war und aufgetragen, zerlegte ihn St. Peter in zwey gleiche Theil, aber das Herz war nicht da, auch fehlt die Leber, da schwur der Landknecht hoch und theuer, daß er sie nicht gegessen habe; St. Peter glaubts, und machte nun aus seinen drey Goldgulden drey Haufen; für wen soll der dritte Haufen, fragte der Landsknecht, für den, der das Hasenherz gestohlen, sagt St. Petrus, da strich der Landsknecht die zwey Gulden ein, und sprach: ich hab das Herz gefressen, und damit lief er davon; St. Petrus sprach: so mag das Hasenherz deiner Natur werden, und kehrt in Himmel zurück, glaubt auch seit dem keinem Landsknecht mehr.

IV. Der erste Bärnhäuter, gelehrte Thiergesellschaft, böhmische Sprache.

Der Landsknecht ward der Goldgulden gar bald los, aber das Hasenherz war nicht zu verderben, und brachte es ihm große Angst, auch war die Gegend nicht allzu geheuer, und streifte der aufgelößte himmlische Thiergarten allenthalben herum, so daß der gute Gesell mit seinem Hasenherz genugsam zu zittern hatte. Als er nun einstens gar traurig in einem wilden Wald stand und schier verzweifelte, erinnerte er sich des guten Gesellen, der ihm von dem lustigen und wunderbaren Land [180] im Wirthshaus im Gänsehimmel erzählt hatte, und rief aus ganzem Herzen: ach wenn ich nur in das gute Schlaraffenland kommen könnte, ich wollte weder des Himmels noch der Hölle begehren. Da trat derselbige Teufel, der hier auf Werbung lag, zu ihm, und sprach: Nun gut Gesell, wie gehts, gelt du giebst's wohlfeil? der Landsknecht sagt: Ja Bruder, wollst du mir wohl die Straße nach dem ehrbaren Land zeigen, wo du das brauen gelernt, ich wollt mich dort für einen Lehnerich verdingen; was ist das, fragt der Teufel? Das ist eine

Art guter fauler Leutlein, die sich im Sonnenschein so an die Kirche oder das Rathhaus anlehnen, und ein fest Vertrauen auf die Mauer haben — da lacht der Teufel und sagt: Nein Bruder, trau nicht darauf, du mögst auf den Hintern fallen, so du mir aber sieben Jahr dienen willst und guten Muth hast, sollst du zu hohen Ehren kommen. Der Landsknecht sprach: gern, aber ich hab ein Hasenherz gefressen, da erwiederte der Teufel: Aufs Herz kommts nicht an, wenn die Haut nur gut ist; indem brummte ein Bär in dem Wald, der Landsknecht erschrack sehr und zittert am ganzen Leibe; da sieh, sprach er, das ist meine Haut, eine Gänsehaut hab ich übern ganzen Leib, ich muß mirs in dem verdammten Gänsewein angesoffen haben, da kam der Bär hervor, schieß ihn vor den Kopf, schrie der Teufel, dem Landsknecht gieng sein Hacken loß, und der gut Meister Bär burzelte um und um; ist er todt, fragt der Landsknecht, zieh ihm die Haut ab, sagt der Teufel, du hast einer guten Haut nöthig, das soll deine Livrei sein; wie ist dein Nahm, Bernhard, sprach der Landsknecht, so tauf ich dich Bernhäuter, so sollst du mit allen deinen Nachkommen heißen; nun zogen sie dem Bären die Haut ab und machten dem Landsknecht einen Mantel draus, und so wäre der erste Bernhäuter zur Welt. Dann sagt ihm sein Lehnsherr folgende Punkte: Deine Haare und Bart darfst du weder kämpeln noch selbige wie auch die Nägel nie schneiden, die Nase nicht schneutzen, weder Hand noch Fuß noch Antlitz waschen, überhaupt was der Mensch nur säubern und putzen nennen mag, das sey fern von dir, diese Haut sey dein Bett und Kleid, und darfst du mir auch kein Vaterunser beten; hingegen will ich dich mit Commis, Bier, Tobak und Brantewein also versehen, daß du noch Kostgänger halten kannst, nach den sieben Jahren aber, in deren jedem du eine von den sieben freyen Künsten dir und andern durchs Maul ziehen magst, will ich einen solchen Kerl aus dir machen, daß du dich über dich selbst verwundern sollst. Der Landsknecht war gar zufrieden, denn er hatte sich ohnedem nie gewaschen noch jemals gebetet. Somit nahm ihn der Teufel und führt ihn von dannen [181] in eine alte wüste Kirche auf dem Hundsrück, da setzte er ihn nieder und sprach: Nächstens sollst du gute Gesellschaft haben, ich will ausschreiben in alle Land, daß du eine Gesellschaft angelegt, und daß bey dir sieben freye Künste da sitzen und ein Hütchen auf haben, auch zeigte er ihm einen Keller, darinn lag Commißbrod, Bier, Brantwein, Tabak und Pfeifen, der gut Bernhäuter war froh, und thät sich ein Gutes in solcher Buchkammer. Es währte nicht lang, so erhielt er auch einen guten Zulauf, denn die aus dem Himmel vertriebenen Thiere konnten des irdischen Lebens nicht mehr gewohnen, und da damals die Welt voll Philister war, welchen die

Bestien die Nase zu hoch trugen, so kamen sie nach und nach alle zu dem Bernhäuter, und hatten sie da eine Gesellschaft zusammen, deren Spuren noch ewigen Tagen anhängen werden; auch sind in jener Zeit mancherley Ausdrücke und Mores aufgekommen, z. B. auf dem Hundseyn, ein ochsicher Kerl, Kraß (von St. Oswald Raben) einem einen Esel bohren, auch die Eselsohren in den Büchern, die ledernen Hosen u. s. w. die Mäuse aber hüteten der Buchkammer. Alle diese Thierlein hatten, wie oben gemeldet, den Gänsen bey ihrem Auszug einige Federn ausgerupft, und brachten sie dadurch das Recensiren auf, weil sie mündlich nicht genug mit der Sprache fort konnten. Da sich die Anstalt sehr erweiterte, wurden auch manche ordinaire Weltthiere zum Unterricht gelassen, und ist sehr merkwürdig, daß dorten nicht allein die so verschiedenen Lesearten, sondern sogar sehr viele Sprachen entstanden. Ich erwähne hier nur der Böhmischen, wie ich es in einer alten Fuhrmannstasche mit goldnen Buchstaben beschrieben gelesen habe. Eine Gans, eine Ente, und eine Taube hatten bey dem Bernhäuter absolvirt, und reisten, ihre Testimonia in der Tasche, nach Böhmen, allwo den Menschen dazumal die Sprache noch ein böhmisches Dorf war, und winkten sie sich verständlich zu machen, einander mit dem Scheuerthor. Als die drey nach Hauß kamen, ließen sie ihr Lichtlein leuchten, und fingen mit dem Bierbrauen an. Sie schleppten an Gersten und Waitzen zusammen, was sie bekommen konnten, und sotten es, da man aber kein Vertrauen zu ihnen hatte, fingen sie an, ihren neuen Trank selbst auszurufen, die Gans, wegen ihrem langen Kragen und ihrer hellen Stimme, übernahm dieses. Sie lief durch alle Oerter und schrie laut, biba, biba, d. h. Bier, die Ente wackelte eilends mit ihren kurzen Beinen nach und sprach dacke dobersse, backback, dackdack, dacke dobersse d. h. das ist gut, das ist gut. Mit der Taube aber, als der schwächsten, die unterdessen zu Hauß geblieben war, spielten sie der Untreue, und gaben ihr ihren [182] Theil in einem enghalsigen Glase, da sie aber nichts herauskriegen konnte, ward sie zornig und lief um die Flasche fluchend herum, Gepsphi corua matir, Gepsphi corua matir, d. h. deine Mutter war eine Dirne. Und also ist aus diesem und andern Gespräch in Handel und Wandel dieser drey die böhmische Sprache entstanden. Auch ist noch zu bemerken, daß der Ausruf der Schulmeister, wenn die Kinder im Geschmack der ältesten Urkunden schreiben, sie machten allerley Hünerfüße, von jenem Institute herrührt, denn die Hüner lehrten dort die Kalligraphie. Da aber bey Mangel des Papiers blos auf den schönen weißen Schnee, und in die weiche Erde geschrieben wurde, sind jene herrlichen Dokumente für die Diplomatik verlohren gegangen, im Jahr als man sang: Drey Wochen nach Ostern, da geht der Schnee weg, da heurat ich mein Schätzel, und du hast den —.

(Die Fortsetzung künftig.)

Das Lied von der Frau Grimhild.[1]

Aus dem Dänischen von Wilhelm Grimm.

Das war die stolze Frau Griemhild, die ließ mischen Meth und Wein,
Sie lud die raschen Helden all, aus fremdem Lande ein.

Sie bat sie zu kommen ohn Weilen zum Kampf wohl und zum Streit,
Das war der Held Hagen, der verlor seinen jungen Leib.

Das war der Held Hagen, der ging aus zum Strand,
Fand da den Fährmann, wohl an dem weißen Sand.

Hör du guter Fährmann, o fahr mich über den Sund,
Ich geb dir meinen guten Goldring, der wieget fünfzehn Pfund.

„Ich fahre dich nicht übern Sund all für dein Gold so roth,
Kommst du in Hunnilds Land, da bleibst du, geschlagen zu todt.“

Das war der Held Hagen, der sein Schwerdt auszog,
Das war der unseelige Fährmann, dem er das Haupt abschlug.

Er zog den Goldring von seinem Arm, er gab ihn Fährmanns Weib:
Das sollst du haben zur Liebesgabe, für Fährmann's jungen Leib.

Da wandelt der Held Hagen auf und ab an dem Strand;
Fand da eine Meerfrau, die ruht auf dem weißen Sand.

Heil dir! Heil dir! liebe Meerfrau, du bist ein künstlich Weib:
Komm ich in Hunnilds Land, kann ich behalten meinen Leib?

„Burgen hast du mächtig, auch vieles Gold so roth,
Kommst du in Hunno's Land, dort wirst du geschlagen zu todt.“

Das war der Held Hagen, der schnell sein Schwerdt auszog,
Das war die unseelige Meerfrau, der er das Haupt abschlug.

[183] So nahm er das blutige Haupt, warf es hinaus in den Sund,
Schleudert den Leib darnach, beydes einigt Meeres Grund.

Herr Grimmer und Herr Gernot, die zogen das Schifflein vom Land [mit Muth],
Zornig war ihnen das Wetter, und mächtig des Meeres Fluth.

Zornig war ihnen das Wetter und mächtig des Meeres Fluth,
Entzwey ging in des Held Hagen Hand, das eiserne Ruder gut.

---

[1] Vgl. „Altdänische Heldenlieder“, S. 3—6, wo ein etwas abweichender Text ohne den Schluß unsrer Fassung gegeben ist.

Entzwey ging das eiserne Ruder stark in des Held Hagen Hand:
Mit zwey vergoldeten Schilden steuerten sich die Herrn zu Land.

Da sie nun kommen zu Lande, da zogen sie ihr Schwert,
Da stand so stolz eine Jungfrau, die sah sie auf ihrer Fahrt.

Sie war schmal in der Mitte, von Art war sie lang,
Kurz war sie am Leibe, sie übt einen jungfräulichen Gang.

Sie gehen zu der Nordburg hin, und kommen vor die Thür:
Wo ist nun der Pörtner, der warten sollte hier?

„Hier da ist der Pörtner, er liegt zum Vogt und Schirm,
Wüßt ich woher ihr kommen wär't, eur Bottschaft trag ich gern.“

Hierher sind wir kommen wohl zu dem runden Land,
Frau Griemhild ist unsere Schwester, das sey in Wahrheit dir bekannt.

Hinein kam der Pörtner, stellt vor die Tafel sich hin,
Er war klug im Sprechen, konnt fügen seiner Worte Sinn.

Er war klug im Sprechen, konnt fügen viel gut seine Wort:
Da halten zwey so edle Mann außen vor der Port.

Da halten zwey so edle Mann außen vor der Port,
Der eine führt eine Fiedel, der ander einen vergoldeten Helm.

Er führet nicht die Fiedel irgend für leeren Lohn,
Von wannen die sind kommen, die sind zwey Herzogen Sohn.

Das war die stolze Frau Griemhild, in Tuch wickelt ihr Haupt sie ein,
So geht sie nach dem Burghof, sie läd't ihre Brüder ein.

Wollt ihr gehen in die Stube, und trinken Meth und Wein,
Ein Seidenbett, wenn ihr wollt schlafen und zwey Jungfrauen mein.

Das war die stolze Frau Griemhild, wickelt in Tuch ihr Haupt ein,
So geht sie in die Steinstube vor all ihren Mannen ein.

Hier sitzet ihr all' meine Mann, trinkt beydes Meth und Wein,
Wer will bestehn Held Hagen, allerliebsten Bruder mein?

Wer diesen Preis will erwerben, schlag Held Hagen zu todt:
Er soll herrschen in meinen Burgen, und gewinnen mein Gold roth.

Drauf antwortet ein Kämpfer ein Vogt wohl über das Land:
Den Preis will ich vereinen gewißlich mit deiner freyen Hand.

Den Preiß will ich erwerben, ich schlag Held Hagen zu todt,
So will ich herrschen über deine Burgen und über dein Gold so roth.

Da antwortete Volker Spielemann mit der starken Eisenstange:
Ich werde dich schon finden, eh du kannst zu mir gelangen.

[184] Er schlug wohl auf den ersten Schlag, fünfzehn Kämpfer die da lagen,
Hei! Hei! Volker Spielemann, wie rührst du den Fiedelbogen!

Also schlug er die Kämpfer, eine Brücke davon er macht,
Und die war beydes breit und lang, gar groß Unruhe sie bracht.

Zu oben waren die Häute, zu nieden die Erbsen klein,
Da mußt allererst zur Erden Held Hagen fallen hin.

Und da der Held Hagen wollt wiederum aufstehn:
Halt nun dein Wort lieber Bruder, du weißt wie die Sachen gehn.

Halt nun allerliebster Bruder mein, du hältst deine Treue so sehr,
Das erste du mögest zur Erde fallen, du wollst aufstehn nimmermehr.

So getröstet ward Held Hagen, er wollt nicht brechen sein Wort,
Er stand auf beyden Knieen, da er empfing die Todeswund.

Mimmering Tand.*)[1]

Aus dem Dänischen von Wilhelm Grimm.

Mimmering war der kleinste Mann,
Der gebohren ward in Königsland.
Und eh' er ward zur Welt gebracht,
Da waren die Kleider ihm schon gemacht.
Und eh' er fing zu gehen an,
Da zog er schon den Panzer an.
Und eh' er anfing zu reiten,
Band er das Schwerdt an die Seiten.
Zum ersten, da er konnt tragen sein Schwerdt,
Da war er auch ein Kämpfer werth.
So ging er aus zum Strande;
Ein Kaufmann lag am Lande.
Er sah vom Berg in die Weite,
Wo ein Ritter mochte reiten.
Da kam er geritten so schnell daher,
Wie ein Löwe sein Roß so muthig war.
„Hör du Ritter zart und fein,
Brauchst wohl ein Knabenschild so klein?
Und da du bist so jung und zart,
Trägst nicht meinen Panzer schwerer Art?"

---

*) Mimmering ist eine Allegorie auf einen jungen Kräftling, welcher seinen Gegner hier an einem der Männer Wie**) findet, die Gott für Zeitungsschreiber und biedere Hexenmeister zum Zitirtwerden erschaffen hat.

**) Männer Wie sind Männer wie *Cajus Sempronius* u. s. w.

---

[1] Vgl. „Altdänische Heldenlieder", S. 62—63 unterm Titel „Mimmering der Degen". Der Text weicht einigermaßen ab.

Nimmering erzürnt bey dieser Red,
Er wirft den Ritter herab vom Pferd.
Und dringet weiter auf ihn ein,
Er schlug sein Haupt gegen einen Stein.
So setzt er sich auf zu reiten;
Mit andern Kämpfern will er streiten.
Da kam er in einen viel grünen Wald,
Wittich Wielands Sohn begegnet ihm alsobald.
O halt hier an du Ritter gut:
Hast du zu kämpfen für 'ne Jungfrau Muth?
Dazu sprach Wittich Wielands Sohn:
Ich werf dich nieder, bin ich ein Mann.
Sie kämpften einen Tag, sie kämpften zwey,
Keiner von ihnen mocht Sieger seyn.
Da wollten sie Brüder seyn und sich hold,
Bis zum jüngsten Tag das währen sollt.
Wie immer war diese Zeit so lang,
Konnt nicht dauern bis der Abend kam. *)

*) Nimmering Tand fand endlich seinen Tod in der neuesten Jenaischen Schlacht gegen die Klingdinger.

Zeitung für Einsiedler.

1808. — 24 — 22. Juni.

Sed (quod constat) Messalinus Cotta, Messalae Oratoris filius, palmas pedum ex his torrere, atque patinis cum gallinaceorum cristis condire reperit. Plinii hist. nat. L. X. cap. 27. ed. Bip. [1]

[185] ## Geschichte des ersten Bärnhäuters.

(Fortsetzung.)

V. Auflösung der gelehrten Thiergesellschaft, Bernhäuter privatisirt, Messalinus Cotta der breite Gänsefüßler, Heurathsvorschläge.

Als die sieben Jahre beynahe um waren, kam der Teufel, seine Reitschule einmal zu visitiren, und fand allerdings alles zu seinem Vergnügen. Des Bernhäuters Haare waren lauter Höllenzöpfe geworden, sein Bart schien an Unlust ein dichter Filz (daher die Erfindung des Hutfilzes) seine Nägel glichen Adlersklauen, und war er sonstig also beschaffen, daß man ihn nur zu ackern brauchte, um auf ihn zu säen, ja das Ebenbild Gottes war genugsam verloschen, um in ihm ein geschmackvolles Kunstwerk zu bewundern. Der Teufel fand es nun für gut, den Bernhäuter, dessen er sich genugsam versichert glaubte, nebst der ganzen gelehrten Gesellschaft auseinander gehen zu lassen, damit die brodlosen Künste und Wissenschaften mehr um sich greifen möchten, und das machte er sehr einfach, indem er die Einfuhr des Tabacks verbot, und das Bierbrauen als seine Erfindung sich allein vindizirte, das Brandweinbrennen aber untersagte, und das viele zurückbleibende Commisbrod an den Meistbietenden verkaufen ließ, da verlohren sich sehr bald die gelehrten Thiere und gieng die Kunst damals zuerst nach Brod, was nachmals ein betretener Viehweg geworden. Dem Bernhäuter steckte er beyde Hosensäcke voll Dukaten und Pistolen, und befahl ihm, alles zu treiben, was ihm wohl und dem Geld weh thäte, da aber die sieben Jahre des Contrakts noch nicht um waren, durfte er in seinem Lebenswandel noch nichts verändern, und wurde darum seiner großen Abscheulichkeit wegen, von niemand aufgenommen, was ihn gar traurig machte. Da kam er endlich zu dem berühmten Wirthshaus, wo der Wolf den Gänsen predigt, und

[1] Caii Plinii Secundi historiae naturalis libri XXXVII ex rec. Joannis Harduini. Vol. II. Biponti 1783. 8°. P. 200. 201.

ward von dem Wirthe, als er ihm eine Handvoll Duplonen zeigte, unter dem Namen eines Homme de lettres aufgenommen und gut bewirthet, doch mußte er in einem besondern Zimmer essen und wohnen, um die [186] Gänse nicht aus der Predigt zu verscheuchen. Als nun der Teufel wußte, daß nächstens ein sehr edler Herr in dem Gasthaus einkehren würde, eilte er in der Nacht zu dem Bärnhäuter, und machte an die Wände seines Zimmers die Kontrafaits von allen berühmten Leuten, die gestorben, die noch lebten, und die noch gebohren werden sollten, recht vortrefflich nach der Natur. Als zum Beyspiel das Bild des Kains, Lamechs, Nimrods, Nini, Zoroastris, der Helena, der trojanischen und griechischen Helden, nicht weniger Sesostris, Nabuchodonosoris, Cyri, Alexanders, Cäsars, Neronis, Caligulä, Mahomets, Schelmufskis, des Bruder Grafen, Gottscheds, u. s. w. vor allem aber das Bild des edlen Mannes, der dahin kommen sollte selbst, worüber der Wirth sich sehr verwunderte, besonders als der Bernhäuter alles dieses für seine Arbeit ausgab. Gegen Abend kam angeregter edler Herr in dem Wirthshauße an, wo er sehr oft mit dem Wolf Geschäfte hatte, denn er war niemand anders als jener berühmte Römer Messalinus Cotta, Meßalä des Wohlredners Sohn, von welchem Plinius schreibt: Hist. nat. liber X. cap. 27. daß er die breiten Gänsefüße so wohlschmeckend und süß zu bereiten wußte, welche er im Land herum, und vorzüglich hier aufkaufte. Als er den Wirth um Neuigkeiten fragte, erzählte ihm dieser von seinem seltsamen Gast, dessen Aufzug, Mahlerkunst und großem Reichthum. Messalinus Cotta konnte nur durch den Augenschein überzeugt werden, und da er besonders sein eigenes Portrait in einer delikaten Kreidezeichnung, wie er eben einige breite Gänsefüße in der Pfanne schmort, andere an der Sonne trocknet, erblickte, wurde er mit einem panischen Selbstgefühl erfüllt, und sprach, nachdem er von seinen eignen uneigennützigen Bemühungen für die Republik gesprochen, auch mit Achtung von dem Künstler, der sich besonders in dem leichten Hauch, der über den Gänsefüßen schwebte, gezeigt hatte, denn das Ganze war eine Winterlandschaft, und sah man in dem Schnee, der Ellendicke drauf lag, die Fußstapfen aller Thiere, wie sie der Hirt zum Thor hinaus treibt. Er sprach zum Bernhäuter, du mußt eine wunderbare Kunst besitzen, daß du mich selbst aus der Einbildung so gezeichnet; freylich, antwortete der Bernhäuter, weiß ich mehr als mancher andre. — Wer bist du? — Ich bin der Obrist [187] von Berenhäuter, ein Soldat von Fortun, und habe mich neulich wieder den Türken gebrauchen lassen, sodann aber eine gelehrte Thiergesellschaft sieben Jahre lang dirigirt, jetzt lebe ich als privatisirender Gelehrter. — Messalinus fand an der Kunst und dem Geld des Herrn Christ viel Behagen, und sprach zu ihm: Ich habe drey Töchter von gleich schöner Gestalt, welche sich so ähnlich sind, daß selbst ihre Mutter sie oft nicht von einander unterscheiden kann, du sollst sie sehen, wirst du nun errathen, welches die Aelteste, Mittelste und Jüngste von ihnen ist, so magst du eine von ihnen zur Gattin erwählen, räthst du es aber nicht, so sollst du, mit deiner Kunst und deinem Vermögen, mir zum Eigenthum verfallen seyn. Da der Berenhäuter dieß zufrieden war, so nahm ihn Messalinus Cotta, nachdem er mehreren Gänsen gegen billige Bezahlung und viel Ehre die Füße abgeschnitten (sie wachsen wieder nach) mit sich auf sein Schloß, um ihm die drey Töchter sehn zu lassen. Der Teufel erschien aber dem guten Bernhäuter vorher und sagte ihm, wie die Aelteste Kuzbutzia, die Mittelste Dykia Merkelia, die jüngste aber Eudoxia Rinbeckia heiße, er sollte daher nur den Nahmen einer jeden plötzlich ausrufen, so würden sie sich bald verrathen, und so geschah. Bernhäuter erwählte die jüngste geistvolle, zartsinnige, feinschnitzige Eudoxia, und Messalinus Cotta erstaunte ob seiner Allwissenheit, versprach ihm auch als ein ehrlicher Cavalier sein Wort zu halten, Gott gebe, was Mutter und Tochter dazu sage, auch war er bereit, gleich die Hochzeit auszurichten, damit nichts dazwischen käme, aber der Bernhäuter wendete Geschäfte vor, und versprach bald wieder zu kommen, und da er einen zweytheiligen mit einer demantnen Bärentatze gezierten Goldring auseinander geschraubt, und mit Eudoxia getheilt, diese ihm aber einen ähnlichen mit einem versteinerten Gänsedreck in Gestalt eines Gänsefüßleins gegeben hatte, gieng er seines Wegs. Die Jungfrau aber kleidete sich in Schwarz, und hatte einen unerklärbaren Wiederwillen, den Unlust den Bernhäuter zu heurathen, aber dafür war kein Kraut gewachsen, denn Messalinus Cotta hatte große Spekulationen mit dieser Ehestiftung verknüpft.

VI. Der Bernhäuter wird adonisirt, Ursprung der Krämer-Messe, Ueberraschungen, die dreyerley Steinfresser, die falsche *belle Illimaz*, Abzug.

Der Geist führte nun seinen Pflegesohn ans Bingerloch, und nahm eine sonderliche Wäsche mit ihm vor, dann zog er ihn durch alle die Bäder und Gesundbrunnen, ließ ihn schröpfen und zwagen so lange, bis er [188] gar war, hieb ihm das Grobe mit der Axt herunter, und schnitt ihm nach vielen auflösenden, reinigenden, und ausleerenden Mitteln, Haare und Bart und Nägel nach der neuesten Mode, ja machte ihn zu einem gebildeten, feinen, nicht überspannten, ästhetischen Mann, und zwar äußerlich, denn nur damit war ihm gedient, aus der Bärenhaut machte er ihm eine Wildschur, und von dieser Begebenheit her stammt das ganze lustige Zeremoniel der leider ganz vernachläßigten Depositionsfeierlichkeit. Zuletzt gab er ihm noch einen so vortrefflichen Weingeistfirniß auf Kreidegrund, daß er dem artigsten Kavalier zu vergleichen war. Dann gab er ihm Geld und Edelstein, mehr als zu viel, und sprach zu ihm: jetzt ziehe hin und schreibe in alle Land, wer etwas köstliches hätte zu verkaufen, der sollte kommen, da montire dich als ein rechter Obrister, und ziehe sodann zur Hochzeit. Bernhäuter ließ sich das nicht zweymal sagen, er schrieb einen Landtag aus, allen Krämern und Juden der Welt, und ist hierdurch die Messe entstanden. Zu seiner großen Verwunderung und Freude fand er auf dieser Messe seine aufgelöste Thiergesellschaft wieder, sie hatten sich durch Mangel gezwungen gesehen, was doch gewiß sehr unrühmlich für litteratos, sich dorten für Geld bewundern zu lassen, wer kann die tiefe Rührung unsers nun durch den Zauberstab ästhetischer Bildung so sehr gefühlichen Herrn Obrist von Berenhäuter beschreiben, als er mit seinem gewissermaßen sanftgeschundenen Gemüth unerkannt sein liebes Vieh in Kasten mit eisernen Gittern eingeschlossen, und der Natürlichkeit wegen sich wilder anstellen sah, als er sie aus der segnenden Hand der Kulturgeschichte gekommen wußte, er zerschmolz in Thränen, und eine leichte Gänsehaut überzog seinen Apollowuchs. Er entschloß sich sogleich, die ganze Menagerie an sich zu kaufen, und dadurch sein neues Etablissement zu verherrlichen. Aber wie sehr war ein neuer Eindruck, den er erhielt, von dem vorigen verschieden, und erfüllte ihn mit Indignation. Er fand nähmlich in einer Bude sich selbst als Bernhäuter in Wachs pousirt für Geld zu sehen, und in einer zweiten einen lebendigen Mann in einer Bärenhaut, welcher für den Bernhäuter ausgegeben wurde, und obendrein Steine fressen mußte, in einer dritten aber, hier bebt meine Feder, fand er eine junge Weibsperson als Bernhäuterin gekleidet, auch Steinfressend, und als des Bernhäuters Schwester angegeben, an der Thüre aber saß Messalinus Cotta, und gab für das Eintrittsgeld einen süßen breiten Gänsefuß gratis, alle drei Buden gehörten sein, doch lag es in seiner Spekulation, dies zu verbergen, und jede Bude warf der andern vor, sie zeige den rechten Bernhäuter nicht, wodurch sie dreifaches Geld ver- [189] dienten. Unser Obrist faßte sich so gut er konnte, denn er wollte unerkannt bleiben, aber wie war es ihm zu Muth, als er an der Hand der steinfressenden Bernhäuterin, welche sich den Namen la belle Illimaz gegeben hatte, seinen halben Treuring sah, er suchte sie durch vieles Geld, das er dem Messalinus bot, allein zu sprechen, ihm gelangs, er erklärte ihr seine Liebe, er versprach ihr die Ehe, ach! die Arme liebte ihn, den schönen, holden, trefflichen nur zu leicht, sie erzählte ihm ihre unglückliche Verbindung mit dem Bernhäuter, er müsse ihren Vater zu bestechen suchen, sie sey bereit, und so schwäzte er ihr seinen halben Treuring ab, und steckte ihr statt dessen eine Schlange, die ein Vergißmeinnicht fraß, an den Finger. Nun suchte er den Messalinus Cotta zu bereden, aber der edle, unerschütterliche, uneigennützige Karacter des Biedermannes hielt Stich, und er sang dem Bernhäuter folgendes Liedlein vor:

Die Welt verfolgt mich nimmerhin,
Ich bin ihr eben recht,
Das macht, weil ich so edel bin,
Drum schein ich ihr nicht schlecht.

Ich bleibe bei der Redlichkeit,
Und halt es mit dem Geld,
Dies ist mein Wesen allezeit
So lang es Gott gefällt.

So bleib ich immer wer ich bin,
Hier auf der Krämer Meß,
Denk jeder, wie ers Brod gewinn,
Und sorg nicht wie ers ess'.

dann sagte er ihm, meine Tochter ist schon versprochen, und dafür kein Kraut gewachsen; doch nach vielem Zureden lud er ihn bei sich ein, um ihm zu beweisen, daß er sein möglichstes thun wolle, er hoffte ihm nähmlich bei der großen Aehnlichkeit seiner Töchter, eine andre statt dieser aufzuhängen. So schieden sie auseinander, und der Herr Obrist wäre schier vor Rührung das Zeitliche segnend, mit Tode abgegangen, wenn er nicht durch den Umgang Till Eulenspiegels etwas ermuntert worden wäre, der dazumal, wie in seinen trefflichen Memoires zu lesen ist, die Messe mit Prophetenbeeren bezogen hatte, gern hätte er sich diesen lieblichen Karacter angeschlossen, aber Herr Eulenspiegel konnte, großer kosmopolitischer Ansichten halben, und aus innerm Drang, ein nützlicher Staatsbürger zu werden, seine Unabhängigkeit nicht aufgeben. Sehr betrübt, ein so nützliches Subject nicht gewinnen zu können, rüstete er sich zu seiner Abreise, er kaufte an Equipagen, Pferden, Kleidern, Dienern, Kleinodien, [190] Sammt und Seide, Spezereyen ꝛc. was nur vorhanden war, ließ seine angekaufte Thiergesellschaft reinigen, kleiden und frisiren, und nahm sie als gelehrte Gesellschaft an, nur war im Kontract, daß sie sich gegen ein billiges Dongratuit auch auf Befehl als Menagerie sollten gebrauchen lassen, dagegen versprach er, sie nur mit todten oder zahnlosen alten Hunden oder freundschaftlich unter einander sich hetzen zu lassen; Lukas Stier kostete ihn besonders viel, weil man ihn gern zum Krönungsochsen geschlachtet hätte, so wurde er auch bei dem Ankauf des Palm-Esels sehr hoch getrieben, weil er bey dort häufig gesuchter Eselsmilch, gegen die Abzehrung, ein sehr ziehender Artikel war, woraus nebenbei erleuchtet, daß es wahrscheinlich eine Eselin muß gewesen seyn. Einen vortrefflichen dicken Trompeter debauchirte er durch

Geld, und diesen blasend an der Spitze, zog er über eine tuchene Brücke, die hinter ihm preiß gegeben wurde, unter dem Seegen aller, denen er Geld zu verdienen gegeben, ab. Große Feuerwerke wurden abgebrannt, und selbst jedes Thier seiner Menagerie hatte eine Rakete hinten angebunden, die zu guterletzt am Thore losgebrannt wurde. Vivat, Creskat.

(Die Fortsetzung künftig.)

Auf einen grünen Zweig.[1]

Zur Fremde zog ein frommer Knabe
An Gold so arm, wie Gold so treu,
Er sang ein Lied um milde Gabe,
Sein Lied war alt, die Welt war neu.

Wie Freiheit singt in Liebesbanden,
So stieg das Lied aus seiner Brust;
Die Welt hat nicht sein Lied verstanden,
Er sang mit Schmerzen von der Lust.

Das Leben leichter zu erringen,
Thut er der eignen Lust Gewalt;
Will nimmer spielen, nimmer singen,
Geht Kräuter suchen in den Wald.

Die Füße muß er wund sich laufen
Zum heißen Fels, zum kühlen Bach,
Und muß um wenig Brod verkaufen,
Die Blume, deren Dorn ihn stach.

Und wie er durch die Wälder irret,
Ein seltsam Tönen zu ihm drang;
Durch wildes Singen rasselnd schwirret,
Ein schmerzlicher metallner Klang.

[191] Der Knabe theilt die wilden Hecken,
Und vor ihm steht ein gift'ger Baum;
Die Zweige dürr hinaus sich strecken,
Mit Blech geziert und goldnem Schaum.

Und viel gemeine Vögel kreißen,
Rings um des Baumes schneidend Laub;
Und die von seinen Früchten speisen,
Sie sind des goldnen Giftes Raub.

Da rührt der Knabe seine Laute,
Er singt ein schmerzlich wildes Lied;
Und in dem Baum, zu dem er schaute,
Er einen bunten Vogel sieht.

Er sitzt betrübt, die bunten Schwingen
Senkt an der Silberbrust er hin,
Und kann nicht fliegen, kann nicht singen,
Des Baumes Gifte fesseln ihn.

Dem Knaben regt sich's tief im Herzen,
Das Vöglein zieht ihn mächtig an,
Und seines Liedes kind'sche Schmerzen
Hört gern das kranke Vöglein an.

Und weil im Wind die Blätter klingen,
So kann es nicht das Lied verstehn;
Doch er hört nimmer auf zu singen,
Bleibt treu vor seiner Liebe stehn.

Und singt ihm vor zu tausendmahlen
Von Liebeslust und Frühlingsluft,
Von grünen Bergen, milden Thalen
Und Ruhe an geliebter Brust.

[192] Schon regt das Vöglein seine Schwingen,
Schaut freundlich zu dem Knaben hin;
Des Arme um den Baum sich schlingen,
Die Liebe machet muthig ihn.

Er klimmet in den gift'gen Zweigen
Zerreißt mit Lust die Hände sich,
Das kranke Vöglein zu ersteigen,
Es spricht: Ach nimmer heilst du mich.

[1] Vgl. Cl. Brentanos ges. Schriften, Bd. 2, S. 421–424.

Und sinket stille zu ihm nieder,
An seinem Herzen hält er's warm;
Und ordnet sorglich sein Gefieder,
Und trägt's zur Sonne auf dem Arm.

Steigt auf die Berge, läßt es trinken
Des blauen Himmels freye Luft,
Und weiß zu blicken, weiß zu winken,
Bis er die Freude wieder ruft.

Die Freude kömmt, die bunten Schwingen,
Sie funkeln Liebesstrahlen gleich;
Das Vöglein weiß so süß zu singen,
Es singt den armen Knaben reich.

Wie auch zum Flug die Flüglein streben,
So bleibt es doch dem Treuen treu;
In Liebesfesseln will es schweben,
In Liebesfesseln ist es frei.

Und ich der ich dies Lied dir singe,
Bin wohl dem treuen Knaben gleich,
Vertrau mir Vöglein, denn ich bringe
Dich noch auf einen grünen Zweig.

Clemens Brentano.

Der Königssohn und die Schäferin.[1]

Erster Reihen.

[a] In dieser Maienwonne,
Hie auf dem grünen Plan,
Hier unter der goldnen Sonne,
Was heb' ich zu singen an?

Wohl blaue Wellen gleiten,
Wohl goldne Wolken ziehn,
Wohl schmucke Ritter reiten
Durchs Wiesenthal dahin.

Wohl lichte Bäume wehen,
Wohl klare Blumen blühn,
Wohl Schäferinnen stehen,
Umher in Thales Grün.

Herr Goldmar ritt mit Freuden
Vor seinem stolzen Zug,
Einen rothen Mantel seiden,
Eine goldne Kron er trug.

Da sprang vom Roß geschwinde
Der schöne Königssohn,
Er band's an eine Linde,
Ließ ziehen die Schaar davon.

Er ging zu einem Bronnen
Dort in den Büschen kühl;
Die Vögel sangen mit Wonne,
Der Blümlein glänzten viel.

Ich weiß, warum sie sangen
Und glänzten also baß:
Weil auf des Bronnens Rande
Die schönste Schäferin saß.

Herr Goldmar geht durch Hecken,
Er rauschet durch das Grün;
Die Lämmer drob erschrecken,
Zur Schäferin sie fliehn.

„Willkommen, Gott willkommen!
Du wunderschöne Maid,
[b] Wärst du ob mir erschrocken,
Mir wär' es wahrlich leid."

„Bin wahrlich nicht erschrocken,
Als ich dir schwören mag,
Ich meint', ein loser Vogel
Sei geflogen durch den Hag."

---

[1] „Gedichte und Dramen", II. 42—46. Mit manigfachen Aenderungen in Str. 5, 6, 7, 9, 10, 12, 20, 25. Die Bezeichnung Reihen fehlt und dem entsprechend ist in Str. 25 Reihe durch Gang ersetzt. Gedichtet 5.—9. Dec. 1807. Im Original dreispaltig [a. b. c.] gedruckt.

„Ach! wolltest du mich erquicken
Aus deiner Flasche hier,
Ich würd' es ins Herz mir drücken
Als die größte Huld von dir."

„Meine Flasche magst du haben,
Ich bot sie Manchem schon,
Will jeden daraus laben,
Und wär's ein Königssohn."

Zu schöpfen sie sich bücket,
Aus der Flasch' ihn trinken läßt,
Gar zärtlich er sie anblicket,
Doch hält sie die Flasche fest.

Er spricht, von Lieb' bezwungen:
„Wie bist du so holder Art!
Als wärest du erst entsprungen
Mit den andern Blumen zart.

„Und bist doch mit Würd umpfangen,
Und stralest doch Adel aus,
Als wärest hervorgegangen
Aus eines Königs Haus."

„Frag' meinen Vater, den Schäfer:
Ob er ein König was?
Frag' meine Mutter, die Schäferin:
Ob sie auf dem Throne saß?"

Seinen Mantel legt er der Holden
Um ihren Nacken klar,
Er setzet die Krone golden
In ihr nußbraunes Haar.

[c] Gar stolz die Schäferin blicket,
Sie ruft mit hohem Schall:

„Ihr Blumen und Bäume, bücket,
Ihr Lämmer, neigt euch all!"

Und als den Schmuck sie wieder
Ihm beut mit lachendem Mund,
Da wirft er die Krone nieder
In des Bronnens klaren Grund.

„Die Kron' ich dir vertraue,
Ein herzlich Liebespfand,
Bis ich dich wieder schaue
Nach manchem blut'gen Stand.

„Ein König liegt gebunden
Schon sechszehn lange Jahr',
Sein Land ist überwunden
Von böser Feinde Schaar.

„Ich will sein Land erretten
Mit meinen Rittern traut,
Ich will ihm brechen die Ketten,
Daß er den Frühling schaut.

„Ich ziehe zum ersten Kriege,
Mir werden die Tage schwül,
Sprich! labst du mich nach dem Siege
Hier aus dem Bronnen kühl?"

„Ich will dir schöpfen und langen
So viel der Bronn vermag,
Auch sollst du die Kron' empfangen,
So blank, wie an diesem Tag."

Der erste Reihe ist gesungen,
So folget gleich der letzt';
Ein Vogel hat sich geschwungen,
Laß sehen, wo er sich setzt!

Ludwig Uhland.

(Der zweyte Reihen im nächsten Blatt.)

Zeitung für Einsiedler.

1808. — 25 — 25. Juny.

Von einigen Uebersetzern.

Gesnerus [1] schreibet: Wenn man einem Kapaun Brod in starken Wein geweicht zu fressen giebt, daß er darinnen voll wird, und ihn alsdann an einen finstern Ort über Eyer setzet, das Nest mit einem Siebe bedecket, damit er nicht davon kommen kann, wenn er nun wieder zu sich selbsten kömmt, und den Trunk verdauet hat, so denkt der Narr nicht anders, als er habe die Eyer selbst gelegt und brütet sie vollends aus. *Magia naturalis* II B. S. 247.

[193] Geschichte des ersten Bernhäuters.

(Beschluß.)

VII. Messalinus Cotta wird beschämt, Trauung, gelehrte Thierhetze, hohe Todesfälle, der dunkle Riese, Geschichte von der Ratte, (indischen Ursprungs.)

Messalinus Cotta war bereits zurückgekehrt, und der Bernhäuter langte auf einem Umwege auch vor dem Schlosse an, und schickte seinen debauchirten Trompeter hinauf, den Herrn Messalinus Cotta um die Erlaubniß zu bitten, ihm und der Familie seine Aufwartung zu machen. Messalinus Cotta empfieng ihn mit offnen Armen, und setzte ihn zwischen seine beiden ältesten Töchter, die jüngste hatte er versteckt, die beyden Töchter wechselten in der Bemühung ab, ihm zu gefallen, und er küßte ihnen Hände und Füße, um zu sehen, ob er seinen Vergißmeinnichtsring nicht finde. Messalinus Cotta sprach davon, die Parthie könne zu Stande kommen, Herr von Bernhäuter, werde eine andre heurathen, dieser aber wußte wohl, daß seine Eudoxia Rinbeckia nicht zugegen war, er begehrte daher, Messalinus Cotta sollte ihm die dritte Tochter auch vorstellen, daß er sich an der Aehnlichkeit der drei ergötzen könne, Messalinus Cotta mußte sie wohl rufen, und Eudoxia Rinbeckia nahm unten am Tische Platz wie ein Turteltäublein, das seinen Gemahl verlohren, denn sie mußte sich stellen, als habe sie als eine Verlobte keine Ansprüche auf diesen ansehnlichen Herrn, die Schwestern aber triumphirten, und warfen ihr einen stechenden Blick nach dem andern zu. Bernhäuter aber gieng aus der Stube, warf seine Bärnhaut um, und

---

[1] Konrad Geßner, geb. 26. März 1516 zu Zürich, Professor zu Lausanne und Zürich, † 13. Dec. 1565. Schrieb eine Historia animalium, die zuerst 1550—1587 erschien. Vgl. in der Ausgabe Francofurti 1617. Fol. Buch 3, S. 378. Uebersetzung von Rudolff Heüßlin „Vogelbuch Darinn die art, natur vnd eigenschafft aller vöglen, sampt jrer waren Contrafactur angezeigt wirt", Zürych 1557. Fol. S. 84 b. Die Beziehung des hier abgedruckten Satzes auf Voß ist klar.

trat so wieder auf, Messalinus Cotta und Eudoxia Rinbeckia, geriethen in große Angst; ich komme, eure Tochter zu holen, sprach er, Eudoxia Rinbeckia, zeige mir den halben Trauring; Eudoxia Rinbeckia erblaßte; ich habe gehört, treuloser Messalinus Cotta, daß du deine Tochter einem andern versprochen, — da war guter Rath theuer — Messali- [194] nus Cotta kniete nieder, und schwur auf seinen gebognen Knieen nebst Eudoxia Rinbeckia, daß dergleichen Exzesse nie wieder vorfallen sollten. Des trefflichen gefühlvollen Herrn Obrist von Bernhäuters Herz konnte nicht länger wiederstehen, er verzieh, er warf den Wildschur ab, und gab sich zu erkennen, ach der Geliebte und Gefürchtete waren einer nur, und sie hatte Arme, ihn zu umarmen, nahmenloses Entzücken. St. Lukas Ochs trat herein, und gab sie zusammen, die ganze Gesellschaft der Thiere waren Zeugen, der Trompeter bließ, daß das Haus zitterte, Messalinus Cotta stellte alle Gänsefüße bei, die er vorräthig hatte, nach Tisch war Thierhetze, die gelehrte Gesellschaft biß sich untereinander selbst, und da sie sich über die maßen angriffen, verbiß sich der Hund in den Palm-Esel, daß er trotz aller Mittel nicht von ihm zu trennen war, man lief daher zum Brunnen, einen Eimer Wasser zu holen, und auf ihn zu gießen, der Eimer war ungewöhnlich schwer, und als man ihn endlich herauf brachte, sieh da, o Jammer, der Leichnam der ältesten Tochter Kuzbutzia hing daran, sie hatte sich aus Verzweiflung über Eudoxias Rinbekias Glück ersäuft, dem Hund gingen unter Jammergeschrei die Zähne auseinander, alles war sehr betrübt, man sagte Trauer an, und jeder verfügte sich in seine Garderobe, die Trauerkleider anzulegen, als Eudoxia Rinbeckia das ihrige vom Zapfenbrette loshängen wollte, griff sie an einen menschlichen Leib, Licht! Licht! Messalinus Cotta kommt mit einem Brand aus der Küche, und siehe da, es war die zweite Tochter Dyxia Merkelia, die sich aufgeknüpft hatte, neues Geschrei, doppelte Trauer. Man sammelte sich, so gut man konnte. St. Markus Löwe laß eine Abhandlung über den Selbstmord vor, und die Stunde nahte heran, in welcher nach so vielen Stürmen der treffliche Bernhäuter sich mit seiner werthen Braut in sein Kämmerlein begeben sollte. Als er von dem Schwiegervater und der Dienerschaft an seiner Thüre verlassen war, überfiel ihn ein wunderbarer Schauer, die Braut begab sich zur Ruhe. Der Obrist stand am Fenster, es pochte [195] am Fenster, Eudoxia Rinbeckia kroch bang unter die Decke, es pochte wieder, der Obrist machte auf, da stand ein dunkler Riese, an seinem Knebelbart hingen die beiden ältesten Töchter des Hauses geknüpft, mein Knecht, sprach der Riese, jetzt sind die sieben Jahre um — da spürte der Herr Obrist das einst gefressene Hasenherz sehr lebendig — und was nun, sagte er, der Teufel wird mich doch jetzt nicht holen — ei bewahre, sagte der Geist, das hieße dich auf der besten Carriere stören, ich habe mein Theil, da strich er sich den Bart, ich darf auch keinen Landsknecht in die Hölle bringen, ich will nur Abschied von dir nehmen, und befehl dir zur ewigen Gedächtniß, auf der Bärenhaut zu schlafen, kultivire die Welt, ermuntre deine Thiergesellschaft zum Schreiben. — Indem ging der rothe Mond hinter dem Riesen auf, und schien ihm durch die leeren Augen, seine Stirne war transparent und darauf zu lesen: eritis sicuti Deus u. s. w. e. g. S. V. Esel, schrie der Riese plötzlich, was stehst du da und gaffst, und läßt deine Braut allein, und schlug ihm das Fenster vor der Nase zu, und sank an der Mauer hinunter. Der gute Obrist von Bernhäuter faßte Muth, machte das Fenster wieder auf, und schrie ihm nach: leben sie wohl mein Bester, empfehlen sie mich ihrer Frau Liebsten, aber er hörte nichts, als ein leises brotzeln der Gänsefüße in der Pfanne, er sah wieder an den Himmel, und erblickte das Gestirn des nachmaligen großen Bärs besonders hell, er zog ein treffliches Perspectiv hervor, welches er auf der Messe gekauft, und schaute hinauf, da sah er seine ehemaligen Brüder, die Landsknechte, ganz besonders lustig, trinken und singen, bald hörte er sie seinen Nahmen nennen, sich seiner erinnern, seine Gesundheit trinken, da schrie er hinauf: Gesegne es euch Gott, und der Stern drehte sich herum wie ein Drehtopf, und alle schrieen großen Dank, und dabei flogen ihm so viele Gläser an den Kopf, daß er das Fenster schloß, zugleich fingen vor der Thüre seine gelehrten Freunde und Messalinus Cotta an, alte Töpfe zu zerschmeißen, wie das bei alten altvorderischen Hochzeiten Gebrauch war. Solches doppelte Bombardement brachte ihn wieder zu Sinnen, er hob seine ohnmächtige Geliebte von dem Lager, legte sie einstweilen auf den Schrank, und breitete, wie er seinem Geiste versprochen hatte, die Bärenhaut über das Bett aus, worauf er sie wieder zur Ruhe brachte, und im Glauben, sie schlummre sanft, legte er sich ruhig an ihre Seite, und entschlief, plötzlich aber erweckte ihn ein entsetzliches Auweh! welches seine Gattin zu schreien anhob, Auweh! eine Ratte, eine Ratte,*) er [196] sprang flugs mit gleichen Beinen zum Bette heraus, und suchte

*) Die Geschichte von der Ratte ist der mythische Mittelpunct der herrlichen Biographie des komischen deutschen Halbgottes Schelmufski [1], welche leider zu lange unter der Bank gelegen, ihr Ursprung ist natürlich indischen Ursprungs, wie wir auf einen blauen Montag Morgens um halb drey Uhr zu beweisen gedenken.

[1] „Schelmuffskys Warhaffte Curiöse und sehr gefährliche Reisebeschreibung“ u. s. w. o. O. u. J. [Neudruck ebenso o. O. u. J. ist bei G. Wigand. Leipzig 1848 erschienen] verspottet in gelungner Weise lügenhafte Reiseberichte. Schelmufsky ist hier schon S. 238 genannt; vgl. auch Sp. 291 f.

nach der vermaledeiten Ratte, das ganze Haus erwachte, alles suchte nach der Ratte, sie hatte in das neu seidne Kleid der Braut ein großes Loch gefressen, aber man konnte sie nicht finden, Eudoxia Rinbeckia schimpfte auch über die Bärenhaut und behauptete, darin müßte sie noch stecken. Der Bernhäuter wollte die Bärenhaut platterdings nicht wegthun, und die Braut verließ das Gemach und verfügte sich[1] auf dem Grabe ihrer verstorbenen Schwestern bei dem schönen Mondschein zu trauern; lebe wohl schönes Gemüth!

VIII. Der nackte Schicksalsbär, Bernhäuters Retirade in die Einsamkeit, Stiftung des Bernhäuterordens, Messalinus Cotta errichtet das Institut des süßen breiten Gänsefußes, Wallfahrt der Eudoxia zum Bernhäuter, Bernhäuters Selbstmord, Ursprung des großen Bärs. (Hierzu ein Kupfer.)

Als der gute Obrist von Bernhäuter abermals auf einsamer Bärenhaut entschlummert war, wurde er von einer Bewegung seines rauhen Bettuchs erweckt, er tappte um sich, und hoffte etwa die sappermentsche Ratte zu erwischen, aber er erhielt einen derben Schlag auf die Hand, und sah bei dem hellen Mondschein einen nackigten Bären vor sich stehen, der ihm mit Gewalt seine Bärenhaut unter dem Leibe wegzerren wollte. Endlich, hob der Bär an, habe ich dich und die Haut gefunden, die du mir um diese Zeit vor sieben Jahren nach einer grausamen Ermordung vom Leibe gezogen; wisse, daß ich jener Bär bin, den du mehr aus Zufall als Muth erschossen hast, da du mit dem Bösen einen schändlichen Bund geschlossen, ich bin der aus dem papiernen Himmel verwiesene Bär des St. Gallus, und irre nun schon sieben Jahre herum, dich mit meinem Felle zu suchen, als du vorhin den trinkenden Landsknechten zu Warteinweil in dem Gestirne, das gesegne dirs Gott zuriefst, habe ich deine Stimme gehört, und endlich deinen Aufenthalt erfahren, nun gieb mir mein Fell wieder, ich will dir auch etwas neues sagen, deine Braut ist deine Schwester, danke dem Himmel, daß ich sie mit der Geschichte von der Ratte von deiner Seite vertrieben, in solche Commissionen hat dich der Teufel hineinreiten wollen, gehe in dich, ziehe dich zurück, [197] thue Buße, und somit riß er ihm die Bärenhaut unter dem Leibe hinweg und verschwand. Unser Obrist krümmte sich wie ein Wurm vor Schrecken, und fing an in sich zu gehen, so weit als er hinein konnte; dann stand er auf und entschloß sich, diese Nacht noch das ärgerliche Leben im väterlichen Hauße zu verlassen, und sich in die Einöde zurück

[1] Die gesammelten Schriften, Bd. 5, S. 476 lesen „Gemach um auf dem Grabe“.

zu ziehen. Er setzte den Messalinus Cotta und die Eudoxia Rinbeckia zu Erben ein unter der Bedingung, daß sie den gelehrten Thierkreiß zu Tode füttern oder hungern sollten, dies Testament endigte er mit dem Bekenntniß, daß er für gewiß erfahren habe, wie er der Sohn des Messalinus Cotta sei, und sich jetzt wegen ärgerlichem Lebenswandel zurückziehe. Vor Tages Anbruch brach der gute Obrist von Bernhäuter auf, und zog sich unter beständigem tapfern Gefecht mit den heftigsten ihn bestürmenden Leidenschaften tief in die unzugänglichste Waldeinsamkeit zurück. Kaum hatte er dort ein wenig verschnauft, als er erkannte, daß dieß die Gegend sei, wo er einst den edlen Bären St. Galli erschossen und den bösen Bund geschlossen, er faßte den Entschluß hier zu bleiben, und als er bereits anfing, sich eine Hütte zu bauen, siehe da, da kam der Bär St. Galli mit seiner Haut daher marschirt, sie umarmten sich herzlich. Ich will hier ein Einsiedler werden, sprach der Bernhäuter, und ich will hier, wo du mich erschossen, begraben werden, sprach der Bär, sieh, wir wollen uns einander helfen, grabe mir ein Loch, so will ich dir Holz zu deiner Hütte zusammentragen, Holz tragen kann ich ganz prächtig, das habe ich einst St. Gallo auch gethan. Nun grub der gute Bernhäuter sehr ämsig, und der Bär schleppte das Holz herbei. Als es Abend war, sprach der Bär: Nun mein Freund will ich mich hinein legen, ich verzeihe dir deinen Mord an mir von Herzen, denn dadurch bin ich nicht unter die gelehrte Thiergesellschaft gekommen, sondern werde jetzt als ein Stern an den Himmel versetzt, zum Beweiße unsrer innigen Versöhnung, laß uns Kleider wechseln, ich gebe dir die Bärnhaut zurück, gieb mir deine Husaren-Uniform mit ins Grab, auch sage ich dir, daß du in Jahr und Tag, so dir geschehen ist, wie mir geschah, zu deinen Brüdern nach Warteinweil kommen wirst. Nun wechselten sie Kleider, und der treffliche Obrist bestattete seinen Freund in der schönen Husarenuniform zur Erde, da er ihn eingescharrt hatte und mit Thränen benetzt, fuhr ein Glanz nieder und wieder auf, es war die erste Sternschnuppe und sieh da, das Gestirn des kleinen Bärs schimmerte über dem Hügel. Der gute Obrist warf die Bärenhaut um, eine wunderbare Fröhlichkeit entzückte ihn, und er tanzte [198] auf dem Hügel seines Freundes, wozu die Nachtigall sang nach der Melodie:

Da droben auf dem Hügel
Wo die Nachtigall singt,
Da tanzt der Einsiedel,
Daß die Kutt in die Höh' springt.

Messalinus Cotta und Eudoxia Rinbeckia fanden das Testament, und er erinnerte sich jetzt seines Sohnes, der in Kaiser Siegmunds Feldschlacht geblieben war, er schickte ihm überall Steckbriefe nach, aber umsonst. Leider verschwanden die Schätze, sobald der Teufel erfahren hatte, daß der Bernhäuter seinen Bund gebrochen. Den Thierkreiß hatte Messalinus auf dem Hals, er begann nun, um ihn zu benutzen, eine

Die Thier Gselschaft führt den Bärnhäuter in Versuchung

Zeitschrift, welches die erste war, unter dem Nahmen der süße breite Gänsefuß (wird im 24 Guldenfuß bezahlt) sie erhielt allen gemeinen Beifall, und obschon Messalinus Cotta um die Schätze des Bernhäuters gekommen war, so hielt er als ein trefflicher edler Uneigennutz, die Verpflichtung, die Animalia scribacia tod zu füttern oder zu hungern, treulich. Sie schrieben und hungerten sich an dem Gänsefuß nach und nach zu tode, aber Messalinus Cotta zog sich immer neue unter dem

Präsidium der Füchse nach, und so hatte der Gänsefuß Bestand. Einstens machte Eudoxia Rinbeckia *) mit dem Thierkreiß eine Wallfarth nach einem Einsiedler, von dem sie gehört, und den sie in Verdacht hatte, es könne der verlohrne Bruder sein, und sie fanden ihn, und lasen ihm den süßen breiten Gänsefuß vor, aber er wiederstand ihren Lockungen, in das väterliche Haus zurückzukehren, trat doch als beständiger Mitarbeiter dem süßen breiten Gänsefuß bei. Sie verließ ihn, um ihn nie wieder zu sehen, denn nachdem sein Ruf sich weit und breit ausgedehnt, als er großen Anhang erhalten und die Bernhäuter die Welt anfüllten, aber gänzlich ohne Bärenhaut herumzogen, und seine Statuten profanirten, schoß er sich mit einer großen Hollunderbüchse, welche in seinem Garten gewachsen, tod. Ruhig zog er nun vor den papiernen Kalender-Himmel, St. Peter wollte ihm aber nicht glauben wegen der Lüge mit dem Hasenherz, und so brachte ihn dann der kleine Bär nach Warteinweil in der Landsknechte Himmel, den er zu aller Bärnhäuter Himmel erhob, und ihm den Nahmen des großen Bären gab.

---

[199] Der Königssohn und die Schäferin. [1]

Zweiter Reihen.

(Beschluß.)

Nun soll ich sagen und singen
Von Trommeten und Schwerderklang,
Und hör' doch Schallmeien klingen,
Und höre der Lerchen Gesang.

Nun soll ich singen und sagen
Von Leichen und von Tod,
Und seh' doch die Bäum' ausschlagen
Und spriessen die Blümlein roth.

Nur von Goldmar will ich melden,
Ihr hättet es nicht gedacht:
Er war der erste der Helden,
Wie bei Frauen so in der Schlacht.

Er gewann die Burg im Sturme,
Steckt' auf sein Siegspanier;
Da stieg aus tiefem Thurme
Der alte König herfür.

„O Sonn'! o ihr Berge drüben!
O Feld und o grüner Wald!
Wie seid ihr so jung geblieben,
Und ich bin worden so alt!"

Mit reichem Glanz und Schalle
Das Siegesfest begann;
Doch wer nicht saß in der Halle,
Das nicht beschreiben kann.

*) Kutzbutzia soll Merkeliam und Rinbeckiam mit der Moskowitischen Lazareth-Krankheit angesteckt haben, deren Hauptsymptom ein Bart mit einer eisernen Stirn ist.

[1] „Gedichte und Dramen", II. 46—50. Geringe Abweichungen in Str. 12. 15. Str. 19 ist zu zwei Strophen erweitert. Ferner Aenderung in Str. 25.

Und wär' ich auch gesessen
Dort in der Gäste Reihn,
Doch hätt' ich das Andre vergessen
Ob all dem edeln Wein.

Da thät zu Goldmar sprechen,
Der königliche Greis:
„Ich geb' ein Lanzenbrechen,
Was setz' ich euch zum Preis?"

„Herr König, hochgeboren,
So setzet uns zum Preis,
Statt goldner Helm' und Sporen,
Einen Stab und ein Lämmlein weiß!"

Um was sonst Schäfer laufen
In die Wett' im Blumengefild',
Drum sah man die Ritterhaufen
Sich tummeln mit Lanz und Schild.

Da warf die Ritter alle
Herr Goldmar in den Kreis,
Er empfing bei Trommetenschalle
Einen Stab und ein Lämmlein weiß.

Und wieder begann zu sprechen
Der königliche Greis:
„Ich geb' ein neues Stechen,
Und setz' einen schönen Preis.

[200] Wohl setz' ich euch zum Lohne
Nicht eitel Spiel und Tand,
Ich setz' euch meine Krone
Aus der schönsten Königin Hand.

Wie glühten da die Gäste
Beim hohen Trommetenschall!
Wollt' jeder thun das Beste,
Herr Goldmar warf sie all.

Der König stand im Gaden
Mit Frauen und mit Herrn,
Er ließ Herrn Goldmar laden,
Der Ritter Zier und Stern.

Da kam der Held im Streite,
Den Schäferstab in der Hand,
Das Lämmlein weiß zur Seite
An rosenfarbem Band.

Der König sprach: „Ich lohne
Dir nicht mit Spiel und Tand,
Ich gebe dir meine Krone,
Aus der schönsten Königin Hand."

Er sprach's, und schlug zurücke
Den Schleier der Königin,
Herr Goldmar mit keinem Blicke
Wollt' sehen nach ihr hin.

„Keine Königin soll mich gewinnen,
Das Lämmlein und den Stab.
So mög' euch Gott behüten!
Ich zieh' ins Thal hinab."

Da rief eine Stimm' so helle,
Und ihm ward mit einem Mal,
Als sängen die Vögel am Quelle,
Als glänzten die Blumen im Thal.

Die Augen thät er heben,
Die Schäferin vor ihm stand,
Mit reichem Geschmeid' umgeben,
Die blanke Kron' in der Hand.

„Willkommen, du viel Schlimmer,
In meines Vaters Haus!
Sprich! willt du ziehen noch immer
Ins grüne Thal hinaus?

„So nimm doch zuvor die Krone,
Die du mir ließest zum Pfand!
Mit Wucher ich dir lohne,
Sie herrscht nun über zwei Land."

Nicht länger blieben sie stehen
Das Eine vom Andern fern.
Was weiter nun geschehen,
Das wüßtet ihr wohl gern.

Und wollt' es ein Mädchen wissen,
Der thät' ichs plötzlich kund,
Dürft' ich sie umfahn und küssen
Ihren rosenrothen Mund.

Ludwig Uhland.

(Bei diesem Blatt ein Kupfer.)

Zeitung für Einsiedler.

1808. —⊰ 26 ⊱— 29. Juni.

De neegen oolen wisen Süstern (Musen)
De seeten vor un achter em, (Apoll)
Un schrauen dör de grooten Nüstern
Mit aapnen Hals un luder Stemm.

(Hochzeitslied von Richey.)[1]

[201] **Die Sonnettenschlacht bei Eichstädt.**

Jenaische Literaturzeitung. Junius 1808 Nr. 128—31.

Entsetzlichkeiten sind vorgefallen, haaransträubende, himmelanschreiende, höllenabfahrende, gebeinzermalmende, herzzerreißende, bluterstarrende, cannibalenwürdige, menschenwürgende, thränenvorlockende, abscheuliche Begebenheiten haben sich ereignet. Das hat Mars uns bedeutet, der so blutroth und zornig eine Weile her am Himmel gestanden, das hat der Comet uns gebracht, der auf einmal so stille wie ein Dieb fortgeschlichen, und doch haben unsere Astronomen mit ihren theuern Instrumenten nichts herauspractizirt. Ohne eine Warnung ist das ganze Geschlecht der Sonette überfallen und schmälig in die Pfanne gehauen, und mit Stumpf und Stiel in einer Action ausgerottet worden. Die Geschichte ist ausser Athem zur Expedition gelaufen gekommen, und hat die Sache folgendermaßen erzählt. Mit dem Anbruch der Morgendämmerung des Juny ist ein erschrecklich großes Heer von Hexametern und Pentametern, von Jamben, Trochäen und Anapästen, saphischen und alcaischen Oden, anakreontischen abgedankten Liedern und großen jonisch epischen Schweinkopfphalanxen ausgerückt, angeführt vom großen Mohrenkönig Tamerlano, und haben alle mit großem Geschrey das Blut der Zwerge von ihrem König verlangt, sagende es sey ein unnütz Volk, und der Vogel Phönix sey nicht unter ihnen, und sie seyen zu lang für die gehörige Kürze und zu kurz für die ordentliche Länge, und drum taugten sie nichts, und es sey schändlich von der Natur, daß sie solch unnütz Geheimniß gemacht habe. Der schwarze König hörte das recht gern, denn er hatte längst schon einen Haß auf die kleinen Tönnchen geworfen, und meinte, sie

[1] Michael Richey, geb. 1. Okt. 1678 zu Hamburg, † 10. Mai zu Hamburg. Gelegenheitsdichter. Seine „Deutsche Gedichte“ gab Gottfried Schütze heraus, Hamburg 1764—66, 3 Bände 8°. Uebrigens ist die oben stehende Strophe darin nicht enthalten wie überhaupt kein Dialektgedicht. Richey ist auch bemerkenswert als Verfasser eines Idioticon Hamburgense, welches zu Hamburg 1755 in 8° erschien.

seyen alle tieckisch, und da konnte er sie in der Seele nicht leiden, weil er selbst bekanntlich antikisch ist. Sind dann auf das Geschrey der Riesen die armen Zwerge zusammengegangen, und haben Rath geschlagen, und Gesandte geschickt, und um Pardon gebeten für sich und ihre schwangeren Weiber, beym Herrn Urian, beweglich vorstellend, sie seyen zwar nicht von [202] großer Statur und Leibesgröße, aber sonst doch von geraden und gesunden Gliedern, was ihre Gestalt beträfe, so gäben sie zu bedenken, daß sie so kunstreich ciselirt und gearbeitet wären, wie einer unter den ehrenwerthen Herrn, die nach ihrem Blute dürsteten, bäten daher schönstens, sie mit derley ungebührlichen Grobheiten zu verschonen. Die antikischen Versler aber wurden fuchswild, und haben die kleinen Abgesandten entsetzlich angefahren, und ihnen gesagt, sie wollten sie dreymal in Schubsack stecken und wieder heraus, dazu seyen sie capabel, und es habe sie der Heidengott geschickt, sie sollten Session halten und Landgedinge, und das kleine Geschmeiß ausrotten. Es sey demnach keine Barmherzigkeit, und sie sollten über ihr Zeitliches und Ewiges Vorsehens haben, waren also die Zwerge in großer Angst und Noth, und schickten um Succurs ins romantische Land, dort waren sie aber alle in der Traubenlese begriffen, und mußten die Weinberge hüthen gegen Hasen und Füchse, kamen also die Deputirten unverrichter Sache zurück. Beschlossen also sich zu wapnen, und ritterlich sich zu wehren für ihr theures Leben, ehe sie sichs aber versahen, war der Wüterich schon mit seiner Schaar von Fliegdrachen eingetroffen, und hat nun ein dermaßen Blutbad unter den unbewehrten Kleinen angerichtet, das vom Widerschein der rieselnden Ströme am Himmel Seebrand entstanden, den man sogar hiesigen Orts auf der Sternwarte gar deutlich vernommen, sammt dem Geröchel der Sterbenden. Vier Tage dauerte das Gemetzel, wie Schneeflocken hat man die Leichen nicht zählen können, und es ist ein Berg geworden, aus dem von nun an das rothe Meer seinen Ursprung nehmen wird. Augenzeugen versichern, daß die Begebenheit mit nichts als dem bethlemitischen Kindermorde verglichen werden könne, so groß sey das Gewimmer gewesen, und das Zetergeschrey, und wie Herodes habe der Entsetzliche Herzen verhärtet und gewüthet und geschlachtet als ein Türke. Aber nicht ungerochen sind die armen Unschuldigen gefallen, gleich anfangs ist dem Feldmarschall sein bester Läufer, ein Moloßus unterm Leibe erschossen worden, darauf wie des Blutes [203] immer mehr geworden, das um Rache schrie, hat der Himmel sich erbarmt, und es ist groß Wunder zu sehen gewesen. Alle die zu Stücke gehauenen Sonette, sind wieder lebendig worden, als Epigramme, ein einzig Klingding hat oft tausend Stechdinger gegeben, und die erboßt und erbittert im Herzen, sind nun alle auf den grausamen Fetzer losgefahren, und haben ihn dermaßen mit ihren Stacheln accomodirt, daß er seinem Moloßus nachgefahren ist. Haben sich dann auf die saphischen Oden geworfen, und sind lästerlich mit ihnen umgegangen, und nehmen die Bestien nun gar keine Raison an, und wüthen fort unter den Feinden, und ist zu besorgen, daß nun der all zu vielen Leichen von beyden Seiten wegen, eine Pestilenz entstehen möge. Aber die Nation der Sonette ist ein für allemal ausgerottet. Nur ein Einziges ist davon gekommen, ein armes Waysenkind, dessen Vater ein Grieche vor zweytausend Jahren gestorben ist, während die Mutter glorreich in der Schlacht sich verblutet hat. Das arme Kind, die wundersame Creatur, ist ganz nackt und erfroren, und zitternd vom Schlachtfeld weggelaufen, und ist in einer Guitarre oder Korset glücklich durch die Vorposten gekommen.

Der Einsiedler und das Klingding, nach der Schlacht bei Eichstädt.

Ein Clairobskür für die Lesewelt, Seitenstück zu Fritzchens Reise durchs ABC.

Der Schauplatz ist bey Eichstädt in Thüringen.

(Inneres einer Einsiedlerzelle, deren Architektur nach der Ballenschnur aus Makulatur, seine Kutte besteht aus Korrectur, sein Betstuhl aus Litteratur, und er selbst aus Natur, man hat die Aussicht durch sein Fenster auf ein entferntes Schlachtfeld, und hört das Getöse einer Schlacht, welches jedoch ganz wie das regelmäßige Geräusch einer mähenden Sense (alt Zense censeo recensiren) klingt, dann und wann wird die Sense gedengelt, während dem hört man unsäglich viel zerbröckelte Jammerstimmen von lauter sterbenden Vierlingen und Drillingen, meistens Mädchen, sie reimen sich alle unter einander, und klingt das ganze wie ein kunterbunder Wunder-Zunder, der in einer Dunstkunst Brunst zerzischet, dann erhebt sich wieder der Sensenstrich mit Juchhei und Heiderlei, Schwärme von Klingding Singer Seelchen ziehen durch die Luft, die Sonne neigt sich zum Untergang, das Ganze [204] ist alles von Stuckatur, und wer am letzten lacht, der lacht am besten.)

(Der Einsiedler tritt von seinem Fenster.)

Sonnet.

Klingdinger Seelchen seh ich gleich ägyptschen Plagen
In Mückenwolken, die er scheut, die Sonn umspielen,

Als wollten sie schon todt, den Punschwunsch doch erzielen,
Die Morgenröthlichkeit der Zukunft anzusagen.

Zu viele fraß der Feind für seinen schwachen Magen
Die Seelen zwicken ihn von tausend Gänsekielen,
Die am Heuschreckenstag durch seine Sense fielen,
Sich steifling geistlos mat der Heiden Schach wird schlagen.

Last das Gypskrokodill still am Idyllennile
Herodisch schlummersteif im Mückenmord erstarren,
Beim Heumondneumond schleicht Ichneumon ihm in Rachen.

Zu den perplexsten Aexten finden sich auch Stiele,
Wir stilisiren sie aus Knarrer Pfarrer Sparren
Und wachen, lachen ob dem schwachen zachen Drachen.

Sonnet.

Aber ich will noch nicht ganz verzagen
Es werden die kleinen Reimdinger,
Die süßzuckerichten Gedankenzwinger,
Diese Karfunkel mit Honigseim Schlinger,
Wohl nicht all von einem Krankenfinger,
In einem Tage seyn erschlagen.

Ich will ein Siegesliedlein ins Hackbrett schlagen
Damit die winzigen Martyrkronenringer,
Die Reimgeleimten drei Königsbohnensinger
Die Glaubtraubschraubenden Kreuzthyrsusschwinger,
Wie ächte Kreuzluftsvögeleinsluftspringer, [1]
Sich die Klingdinger in dem Tod betragen.

Kein klein Gebein soll unbegraben ragen,
Daß wenn ein Fabelknochen pochen wollt und fragen:
Welch Sönnlein hat dich Froschleichleichenbein gebleichet?
Solch Klingding nie schamröthlich Antwort reichet:
„Ich war Sonnet, und sonnte mich so nette
„Weil ich ein Sonnensohn und so ohn Bette.“

(Er spielt das Hackbrett und singt:)

Auf Triumph es kömmt die Stunde, Die Betrübte hoch erfreut,
Da sich Zion die Geliebte, Babel aber geht zu Grunde

[1] Vgl. Morgenblatt 1808, S. 137.

[205. 206] Daß sie kläglich über Jammer,
Ueber Angst und Kummer schreit.

Diese Dirne hat beflecket
Ihr geschenktes, schön geschmücktes,
Jungfräuliches Ehrenkleid.

Und mit Schmach und Hohn bedecket,
Die dem Lamme auf die Hochzeit.
Ist zum Weibe zubereit.

Stolze Dirne nicht verweile
Die da auf den vielen, vielen,
Vielen großen Wassern sitzt.

(Es pocht an der Thüre.)

Einsiedler.

Griechisches Sonnet.

Es pocht, ich fasse Muth, wer da? mir will schier grausen
Μῶν οἶσθα κεῖνον ἵμερον κράτιστον
(Aristokratensohn, sagt er) aus welchem Lande?
Τοῦ παιδιώδους φιλτάτου τ᾽ ἀγῶνος.
(Er sagt, bei dich, o thus, viel da) — gewiß die Heidenbande
Ἔρωτος οὗπερ πλεῖστός ἐστιν ὦνος
(Herodes nennt er sich) mein Herr o bleib er draußen.
Καρπουμένοισι χαρμάτων μέγιστον.

(Er klagt er sei gar matt) Hier giebt's kein Kind zu schmaußen
Φιλημάτων γὰρ εἰ δίδωσι μισθόν.
Ja Mißton viele matt Ton zierknarrt er im Sande
Οὐ 'γὼ φθονήσω τῷ κλέει Πλάτωνος.
Oft äß' er und sein Kleeblatt Kleie ich verstande
Οὐ 'γὼ φθονήσω τοῖς θεοῖς αἰῶνος·
Ich mische mich nicht drein, drum weicht von diesen Klausen.
Παῖς γὰρ φίλη πάντων καλῶν ἄριστον.

Ja ja, gar viele Band ohn, kahl ohn, er ist ohne,
Φεῦ· πρόσθ᾽ ὁ ποῦς ἄγει με, πρόσθεν ἀεί·
Ja prost! ich kenn dein bieder Prost, dein kindlich Eiei,
Τῶν ἡδονῶν ἔτ᾽ οὐδέν ἐστι καλόν·
Im Weinachtskuchen schnappst du nach der Königsbohne.
Ἄλλως δὲ πῦρ τὴν καρδίαν με κάει.

In derlei Heuderlei leg Osterhaas dein Maien,
Ἐν οὐ λυτοῖς δεσμοῖσι κάρθ᾽ ἑάλων·
Des Moisis Garten selbst trägt keine Wünschelruth dir
Ὦ 'νερ, τί καυχᾷ ταῖς φρεσὶν ματαίαις,

O närrscher Matheis, Glatteis ist, sei auf der Huth hier.
Εἰλημμένος ταῖς φροντίσιν κραταιαῖς;
Eisbrei sei Reisbrei! ei, Breieis reiß schnell von hinnen,
Greep Mücken Hempken greeper mit den andern Spinnen.

[207. 208] (Das Griechische Sonnet lacht hier über laut auf deutsch, der Einsiedler erstaunt, und bittet es herein zu kommen, er öffnet die Thüre, das Griechische Sonnet hat einen Wolfspelz um, hält sich die Augen mit den Händen zu, und geht rückwärts herein, während es sich übersetzet.)

Einsiedler.

Sonnet.

Ei seht mir doch den tollen Schelm von hinten
O kennst du jenes mächt'ge Sehnsuchtsleiden
In Wolfshaut will das Böcklein sich verhüllen,
Nach tändelhaftem allerliebsten Streiten,
Und weiche Reime ihm die Zipfel füllen
Worin des Eros Sold und Minnebeuten,
Ei! Ei! der erste Vierling will sich finden
Des Freudepflückers aller Seligkeiten.

Komm her, du Maskenäffchen, laß dich schinden,
Und will der Küsse Lohn er mir bereiten,
Ja, schlage nur nicht aus du griechisch Füllen,
Mag Platons hohen Ruhm ich nicht beneiden,
Sprich nicht so golden, Fließ, du bist ja wüllen,
Und nicht der Götter seelge Ewigkeiten,
Den zweyten Vierling seh ich her sich winden,
All Gut schwindt an geliebter Mägdlein Seiten.
Ach liebes Kind wie schön steht Eigenlob dir!
Ach vorwärts treibt der Fuß mich immer vorwärts!
Doch dreh dich erst herum, sonst gehst du Thorwärts,
Den Freuden alle Schönheit ist vergangen.
Glaubs gern, wenn erst ein Drilling sich entschob dir,
Umsonst in Feuer loderst du empor Herz!
Der artge Drilling trillert süßen Ohrscherz,
Unlößlich harte Banden mich umfangen
O trillre dich herum, trill mich nicht weiter,
O Mann, was rühmst du dich mit eitlen Sinnen,
Der zweite Drilling, ach du bist's mein Christian Schneider.
Da mächt'ge Sorgen fesselnd dich umspinnen.

Und der Schelm drehte sich herum und umarmte den Einsiedler. Es war seine Geliebte, sie hatte sich von Christian Schneider in Berlin ein griechisches Sonnet (eine Art Corsett) und zwei Vierlinge und zwei Drillinge machen lassen, um in diesem Costüme sicher über das Schlachtfeld von Eichstädt zu kommen, wo die Klingdinger am — — — in die Pfanne gehauen wurden, und so hat das kühne Mädchen ihren frommen Geliebten überrascht, sie sind jetzt verheurathet, und alle ihre Kinder sollen wieder Vierlinge und Drillinge werden, und jedes ein Klingding seyn, da nun jed Klingding zwei Vierlinge hat und zwei Drillinge, so wird in dem ersten Wochenbette der Staat einen Gewinn von acht Vierlingen und sechs Drillingen und etzetera haben.

Buchhändler-Anzeige.

In wenigen Tagen erscheint die Geschichte des Herrn Sonnet und des Fräuleins Sonnete, eine Romanze von L. A. von Arnim[1], sie ist ein Anhang zu den Sonneten in der letzten Ausgabe von Bürgers Werken, und erzählt in neunzig Sonneten, wie Herr Sonnet die Sonnete kennen lernte, wie er zu dem Vater in die Lehre ging, und um sie warb, wie ihm Herr Ottav in die Quer kam, und auch um sie warb, wie dieser abgewiesen ward, wie Herr Sonnet sein Freulein Sonnete aus dem Feuer rettete, und sie darauf heurathete, wie Herr Ottav sich mit der Schwester der Sonnete, Fräulein Terzine begnügte, und sie förmlich heurathete, wie diese unglücklich und jene glücklich, nachdem Herr Sonnet sich das viele Trinken abgewöhnt, lebten, und endlich allesamt starben, worauf sie begraben wurden.

---

[1] Erschienen als „Beylage zur Zeitung für Einsiedler.“ Sieh unten.

… # Zeitung für Einsiedler.

1808. — 27 — 2. July.

Willst du dich ganz zurücke ziehen,
Du kannst dir selber nicht entfliehen;
Willst du selbst eigen andre führen,
Du mußt mit Schöpfungskraft regieren

Ganz unbemerkt und ohne Plan,
Ein jeder Augenblick macht Bahn:
In schlechter Zeit thu nur was recht,
Dir ist dann diese Zeit nicht schlecht.

L. A. v. A.

[209] Scherzendes Gemisch von der Nachahmung des Heiligen.

(Fortsetzung. Vergl. 10. Stück.)

Die Welt ist voll Geist, Herzbruder, sie braucht uns nicht, das ist die wahre Freiheit! — Der Wein ist gut, trink aus. — Es ist alles recht gut, sagte der Herzbruder, es giebt noch gute Leute in der Welt, und gute Wissenschaft und gute Kunst, ich habe nichts dagegen, das Wetter und der Weg wird doch davon nicht besser, gerührt mag ich nicht werden von den Trefflichkeiten der Welt, denn an der Grenze ist mir alles durchgerührt und durchgesucht, daß ich hätte weinen mögen. — Wenn du nicht gelacht hättest. — Muß ich mich denn für einen Spitzbuben halten lassen, weil die Leute nicht an meiner Ehrlichkeit glauben wollen, es ist entsetzlich, wie ich bin mishandelt, in jeder Tasche haben sie gesucht. — Kritik, nichts weiter, muß es sich doch die Religion gefallen lassen, daß sie alle Tage visitirt wird, und Christus und die Unsterblichkeit der Seele und das Absolute, ob es nicht Conterbande führt. Unser Zeitalter ist ein armer Teufel, der alle Augenblicke in die Tasche faßt, ob er seine Paar Batzen noch hat, und vermißt er sie endlich, so wagt er nicht in die letzte Tasche zu fassen, um seines Verlustes nicht gewiß zu werden. — Mir haben sie in alle Taschen gefaßt, komm mir nicht mit Trost, den hab ich lange durcherlebt, so viel du davon erfinden magst; ich habe dich vorher kaum sehen können, und soll mich nun im Zeitalter umsehen, das fehlte mir noch, dazu hat mein Barbier Zeit, der mir einen geheimen Plan zur Verbindung aller Religionen und Völker mitgetheilt hat, in dem keiner etwas merkt, bis er in der Haut des andern steckt und sie gern behält, weil ihm seine abgezogen. — Der treibts doch nicht mit schwarzer Kunst, sondern mit weisser, ich treibs mit schwarzer, und habe mein Studium aus der Verzweiflung gemacht, so wie ich ein Unglück in der Welt sehe, denke ich mir ein ärgeres, und es gefällt mir dann in der Welt viel besser als in meinem Kopfe; sieh das Pa- [210] ket, lauter Verzweifelte, ich steh dafür, du lachst, ehe du zur Hälfte gekommen: Sag kein Wort und hör zu; sieh der Alte ist wie ein Hund, wo zwei Menschen essen, schleicht er heran und fängt Fliegen. — Der Alte brummte aber verdrießlich: Wir sagen nicht umsonst, der hat Einfälle wie ein altes Haus, wenn nichts mehr hält, da bleibt noch Witz, wir finden nicht umsonst einen Gallapfel, wo ein grünes Blat zerstochen, und es giebt keinen Knoten, der nicht ein witziges Leben führt. — Das ist zu allen Zeiten gewesen, wo ein Knopfloch nicht mehr hält, da lacht das Fleisch hinaus, und wir sind aus den alten Kleidern heraus gewachsen. Macht Kinderzeug aus dem abgelegten Zeuge, es muß doch jeder die ganze Weltgeschichte durchmachen. — Der Alte brummte wieder: Wenn die spanischen Fliegen nicht mehr ziehen, dann ists aus mit den Kranken, die Jugend ist immer eine gute Krankheit, denn sie vergeht gewiß. — Ich hab nichts gegen, wären wir nur jung. Lies zu.

Der an seinem Witz verzweifelte Jupiter.

„Weisse Metis, saugend Süsse,
„Ach vor Lieb möcht ich dich essen,
„Und was deuten anders Küsse?"
Also fraß in Lieb vergessen
Jupiter sein Weib, die Gute
Mit dem Wurf, der nicht geboren.
Aber von dem milden Blute
Hats in seinem Kopf gegoren,
Daß den Kopf ein schwängernd Fieber,
Jenes Kindlein ungeboren
Eingenommen, alles trüber
Ihm da brauste vor den Ohren.
Und die Götter musten lachen,
Was er da zusamm geschaffen,
Die Centauren thät er machen,
Und statt Helden macht er Affen.
Faustendick ists ihm geschwollen,
Vor der Stirne, und vor Schmerzen
[211] Thät er scherzen, thät er grollen,
Daß es ging Vulkan zu Herzen,
Der am Aetna mit dem Beile
Honigwaben schnit vom Stocke,
Es nicht abgewischt in Eile,
Sondern in dem Schmiederocke
Eilt er zu dem alten Götzen,
Hieb ihm ein die hohe Stirne.
Gleich gepanzert zum Ergötzen
Sprang da eine hohe Dirne
Die Minerva weise leuchtend,
Aus dem Hirn, ganz unverdrossen,
Von des Vaters Stirn verscheuchend,
Runzeln die von Schmerz geflossen.
Honig hat den Kopf geschlossen,
Doch ein Bienchen ist geblieben,
Klebend an dem Beil, verstossen
Blieb es in dem Kopf dem trüben.
Legt da seine tausend Eyer
Und die kommen aus zum Schwärmen,
Und dann treibt ein neues Feuer,
Mancher Einfall tausend Lärmen.
Neues kann daraus nicht steigen,
Eingeschlossen sind sie immer,
Aber anders alles zeigen,
Alle Dinge umziehn mit Schimmer,
Wenn sie zu dem Auge fliegen,
Aehnlich scheinen sie den Dingen,
Wenn am Ohre sie in Zügen,
Scherzend wird ein Klingding singen.

Doch von Jeder kommen tausend,
Sich zu todt die Götter lachen,
Wie beim Bettlermantel lausend
Mehren suchend sich die Wachen,
Die in seinem Kopfe schwärmen.
Ueber die zu todt gelachten
Möcht er sich recht bitter härmen,
Aber seine Seufzer krachten,
Was noch lebt muß todt sich lachen.
Er beschließt, nun einzurennen
Seinen Kopf, ein End zu machen,
Da kein Feuer ihn mag brennen.
Steine fallen von dem Himmel,
Schädelstücke, große kleine,
Von den Wolken wie mit Schimmel
Ueberzogen; also keine
Götter mehr, kein Witz auf Erden
Als so altes aufgesammelt Wesen
Von des seelgen Manns Beschwerden.
Kann kein Antiquar uns sagen
[212] Wo der Bienenstock geblieben?
Mit dem Schädel um sich schlagen,
Heist den Witz noch gar nicht üben!
Schweigt drum still, ihr Antiquare,
Sind die Bienen weggezogen?
Nun so achtet eure Jahre,
Stellet euch nicht ungezogen,
Achtet Jugend, auch ihr Irren
Ist noch wahrer als Verachten,
Laßt manch Klingding um euch schwirren,
Bienlein, die nach Arbeit trachten.

Irion, der an seinen Studien verzweifelte Dichter.

Sausend gerissen am
Rade der Zeiten
Aufwärts zur Höhe,
Wohl mir und Wehe!
Sinkend noch rascher
Tiefer und tiefer,
Schäumende Wasser
Sticken den Muth;
Schwindelnd die Augen
Löschen im Funken,
Thränen versunken. —
Ach ich gemeiner
Kerrel versuchte
Ewiger Schönheit
Göttliche Hoheit
Niederzubeugen
Mir zum Genuß,
Mir zum Besitz:
Weil ich geduldet
War bei dem seligen
Mahle der Götter,
Possen zu reißen,
Glaubt ich mich Gott!
Als mir der Nectar
Kitzelt die Nase,
Engert den Hals und
Flügelt das Blut,
Göttliche Lüge! —
Glaubt ich mich Gott!
Nimmer ich konnte
Lange ertragen sein
Mächtiges Streben,
Mußt es verschlafen
Und dann erwachend
Mußt ich mich speien,
Daß mir das Herz
[213] Saß an der Zungenspitz,
Trocken die Gaumen,
Daß ich verfluchte
Göttliches Leben
Und mir gelobte
Nimmer zu trinken,
Wenn mir auch Hebe
Reichte den Becher,
Wüsche die Füße,
Salbte die Haare.
Also geschah's oft!
Als mir der Nectar
Kitzelt die Nase
Wieder einmal,
Mehr als Kronion
Selber zu trinken

Ich mich vermaß;
Aber die Augen
Sanken bald zu,
Und aus dem Munde
Floß mir der Neckar,
Kühlend zum Nabel.
Stille einander
Winkten die Götter
(Wie ich erfahren
Als es zu spät.)
Spottend im Kreise,
Löschten die brennenden
Haare des Morgens,
Daß sie die Träume
Sähen, die heimliches
Lusten entlockte
Trügender Pforte!
Ward mir so wehlig,
Ward mir alleinig,
Fühlt mich bald zweyig,
Juno sie strich die
Locken im Nacken,
Küßte die Augen,
Küßte die Brust mir.
Ja ich umfaßte heiß
Hungernd die Göttin —
Ach nur die Wolke! —
Schon mich erweckte
Schluchsend Begehrenden
Donnergerassel,
Lachen und Grinsen
Aller der andern
Lieblinge Jupiters.
Bebend ich schaute sein
[214] Antlitz, ein Augenblick;
Schrecklich die Braunen
Drängt er zusammen
Und in der Augen Blitz
Mußt ich erblinden.
Alle die Götter
Hielten die Nase, die
Augen sich zu!
Da war kein Halten. —
Alle die Stufen der
Himmlischen Feste,
Die ich erstiegen
Ohne zu grüßen,
Schritte der Götter, der
Hohen nachahmend,
Fast zum Verkommen;
Alle die Stufen, wie
Fallende Kiesel vom
Felsen hinunter,
Schneller und schneller
Wurd ich geworfen, aus
Händen in Hände,
Nieder zur Tiefe, denn
Gut ist Bedingung,
Waltender Götter!
Wo ach wohin! Wie
Bin ich verworfen!
Oftmals ich höre den
Anstoß der Becher
Seliger Götter,
Wenn ich am Rade
Schaudre zur Höhe;
Läuft mir das Wasser im
Munde zusammen,
Träum ich sie reichen mir
Neigen vom Nektar, —
(Sonst ich sie ausgoß
Ueber die Erde,
Machend ein Glücksspiel
Sterblichen Menschen
Wo sie erzögen
Irdische Lieder,
Meinten dann stolz, sie
Hättens errungen. Nun
Lechs' ich nach Neigen!)
Nichts mir! Und gar nichts!
Uebergangsschauer! —
Schon in das Wasser
Sink ich verhöhnet,
Weil ich gemeiner
[215] Kerrel versuchte
Ewige Schönheit zu
Fassen besitzend, zu
Ziehen herab.

Habe nach Ewgem
Nimmer Gelusten
Kannst du nicht greifen ins
Rad der Zeiten, es
Halten im Sinken,
Tragen das Endende
Gleichen Gemüths und
Freundlicher Seele! —
Meine Gespielen auf
Erden, die jubeln noch,
Trinken sich Brüderschaft,
Kennen den Nektar
Nur aus Gedichten
Knap zugemessen
Recht wie die Sylben,
Nimmer zum Mahle der
Götter sie kamen,
Immer sie warten der
Blicke Kronions, die
Nimmer sie sehen,
Wartend sie freun sich des
Mahles der Arbeit, der
Mäßigen Höhe, sich
Freuend des Wartens.
Sinckend erinnernd
Sehn sie die Höhen sich
Spiegeln im Mühlbach, wie
Sträuche die Blumen,
Bäume die Sträuche,
Sommer die Bäume,
Alle einander sich
Drängen und treiben bis
Eine der Sonnen
Alles vertreibet:
Treibt sie die Zeit
Nennen sie's Zeitvertreib.

Der an seinen Schülern verzweifelte Philosoph auf verschiednen Standpuncten.

1.

Lehrer.

Weiter hinauf ins spitze Haus
Treiben mich Schüler-Schlüsse
Ueber das Gewisse.

Schüler.

Schließet fest zusammen
Folgt auf Feuerleitern,
Hört wie er entflammet
Spricht von Sternenzeit.

[216] Lehrer.

Wie sie in mich dringen!
Herr bin ich im Hause,
Lasse mich nicht zwingen,
Halt's der Kukuk aus.

2.

Lehrer.

Schüler-Klatschen, einzge Lust!
Muß wohl höher singen,
Muß ich auch zerspringen.

Schüler.

Seht wie schön er steiget,
Wie ein Luftball schnelle,
Widerspenstig zeiget,
Blendet erst, was hell.

Lehrer.

Bin ich in der Hölle?
Steig ich mein vergessen?
Teufel mir am Felle
Hängen sich noch fest.

3.

Lehrer.

Neidend seh' ich euer Glück
Kleine Schwalben-Nester,
Ihr hängt doch viel fester.

Schüler.

Er will sich besinnen,
Stoßet ihn doch weiter,
Jugend könnt verrinnen
Eh wir noch gescheidt.

Lehrer.

Ach hier bey der Spitze
Kann ich kaum noch stehen,
Ach vom Göttersitze
Schwindet Hören, Sehn.

4.

Lehrer.

Unter mir die Nebel, der Blitz,
Seht ich trag die Welten,
Das muß Höchstes gelten?

Schüler.

Springen sie ein wenig,
Daß wir sicher werden,
Ob sie auch der König
Von der tiefen Erd.

Lehrer.

Ey sie sind zu gütig,
Springe, wer da wolle,
Ich bin sehr vollblütig,
Nein, das wär zu toll.

5.

Lehrer.

Unten bald in meinem Stuhl
Pflegen mich liebe Kinder,
Das ist viel gesünder.

Schüler.

Schaut er kommt zurücke,
Schaut nun stehn wir höher,
Leer war all sein Glücke,
Er sey nun versöhnt.

Lehrer.

Spottet mein dadrüben
Wo ihr hin entzücket,
Wo ihr hin mich trieben,
Ihr könnt nicht zurück.

6.

Lehrer.

Wer sitzt da im Vaterstuhl,
Wer sind diese Kinder,
Sind vielmehr als minder?

Kinder.

Kennet ihr den Alten,
Der so zornig scheinet,
Fest den Stuhl möcht halten,
Und sein Auge weint?

Lehrer.

Vater bin ich von Weisen!
Sagt wo blieb die Mutter?
Ach der Stein der Weisen
Ist der Grabstein nur.

Ludwig Achim von Arnim.

(Die Fortsetzung künftig.)

Zeitung für Einsiedler.

1808. — 28 — 6. July.

[217] Von dem Leben und Sterben des Grafen Phöbus von Foix.

(Fortsetzung. Vergl. 10. Stück.)

V. Von dem Geist Orthon, einem schnellen Zeitungsbothen.

Sehr wunderbar und nachdenklich ist eine Sache, und ich werde, so lange ich lebe, sie nicht vergessen, welche mir ein Hofmann erzählte, der mir auch die unglückliche Schlacht bey Juberoth erzählt hatte; es ist ganz wahr, wie er mir sagte, daß den Tag nach dieser Schlacht der Graf von Foix schon darum wußte, und war ich höchlich erstaunt, wie das möglich sey, und den ganzen Sonntag und den Montag und den folgenden Dienstag war er auf seinem Schloß zu Ortais so still und betrübt, daß man kein Wort aus ihm bringen konnte, auch wollte er in diesen drey Tagen seine Stube nicht verlassen, noch mit einem Ritter oder Hofdiener sprechen, so vertraut er ihm auch gewesen sey, und ließ er deren welche zu sich kommen, aber redete nicht mit ihnen. Den Dienstag Abend ließ er seinen Bruder Arnauld Guillaume rufen, und sagte ihm ganz leise: Unsre Leute haben zu schaffen gehabt, worüber ich gar traurig bin, denn dieser Heerzug ist ihnen so bekommen, wie ich es ihnen bey der Abreise wohl vorher gesagt habe. Arnauld Guillaume, der ein sehr kluger Mann ist, und die Art und Beschaffenheit seines Bruders wohl kannte, schwieg ein wenig, und der Graf, der seinen Muth aufheitern wollte, denn nur gar zu lang hatte er seinen Verdruß mit sich herum getragen, nahm das Wort von neuem und sprach lauter als vorher: bey Gott, Messire Arnauld, so ist es, wie ich euch gesagt, und werden wir bald Nachricht davon hören. Aber niemals noch hat das Land Bearn seit hundert Jahren an einem Tag so viel verloren, als diesmal in Portugall. Mehrere Ritter und Hofdiener die zugegen waren, und diese Rede des Grafen hörten, getrauten sich nicht zu sprechen, und machten ihre Anmerkungen im Stillen darüber. Zehn Tage nachher hörte man die Wahrheit wohl von denen, die dabei gewesen waren, und die gern jedem erzählten, der es hören wollte, wie es zu Juberoth hergegangen war. Da erneute sich die Trauer des Gra- [218] fen und aller derer, welche dabei ihre Brüder, Anverwandte, Kinder oder Freunde verloren hatten. Heilige Maria, sagte ich zu dem Hofmann, der mir die Geschichte erzählte, aber wie ist es nur möglich, daß der Graf von Foix eine solche Nachricht so schnell wissen oder errathen kann, als von heut auf Morgen? Meiner Treu, sagte er, er wußte es wohl, wie es sich zeigt. So muß er denn ein Wahrsager seyn, sagte ich, oder er hat Boten, die auf dem Wind reiten, oder er hat irgend eine Kunst. Der Hofmann lachte und sagte: Wahrscheinlich muß er es durch irgend Zauberey erfahren, aber wir wissen eigentlich hier zu Land nicht, wie er es macht, und haben darüber nur eine Vermuthung. Da sagt ich zu dem Hofmann: Und diese Vermuthung, wollt ihr mir sie wohl sagen, und wenn es eine Sache ist zum Verschweigen, so will ich sie wohl verschweigen, und niemals, so lang ich auf der Welt oder in diesem Land bin, den Mund darüber aufthun. Ich bitte euch drum, sagte der Hofmann, denn ich wollte nicht gern, daß man es wüßte, wie ihr es von mir erfahren, doch spricht man wohl unter seinen Freunden davon. Nun zog er mich in einen Winkel der Kapelle im Schloß Ortais, und begann seine Erzählung folgendermaßen:

Es sind wohl ohngefähr zwanzig Jahre, daß in diesem Lande ein Baron lebte, der sich Raymond Seigneur de Corasse nannte, Corasse, damit ihr mich recht versteht, ist eine Stadt sieben Stunden von dieser Stadt Ortais, der Seigneur de Corasse hatte damals einen Prozeß zu Avignon vor dem Papst, wegen der Zehnden der Kirche in seiner Stadt, gegen einen Pfaffen von Castellogne, der sehr reich fundirt war. Dieser klagte, daß er ein groß Recht auf die Zehnden von Corasse habe, die wohl eine Einnahme von 100 Gulden betrugen, und das Recht, das er darauf hatte, zeigte und bewieß er. Denn durch ein letztes Urtheil vor dem ganzen Konsistorium verdammte der Papst Urban der V. den Baron, und entschied für den Pfaffen. Dieser nahm eine Abschrift des Urtheils, und ritt so schnell als möglich nach Bearn, zeigte seine Bullen und Briefe, und ließ sich kraft derselben in Besitz des Zehenden setzen. Der Baron, der sich wohl der Geschäfte des Pfaffen vermuthete, ging ihm entgegen und sagte zu ihm: Meister Peter oder Meister Martin, wie er dann hieß, denkt ihr dann, daß ich durch eure Briefe mein Erbe verlie- [219] ren soll, so viel Muth traue ich euch wohl nicht zu, daß ihr irgend eine Sache nehmet oder aufhebt, die mein ist, und thut ihr es, so komm ich euch ans Leben, drum geht und suchet anderswo Gefäche, ich sage euch einmal für allemal, von meinem Erbe werdet ihr nichts kriegen. Der Pfaffe hütete sich vor dem Ritter, denn er war grausam, und bestund nicht weiter darauf. Doch entschloß er sich, nach Avignon zurückzukehren, und kam vor seiner Abreise zu dem Seigneur de Corasse und sprach: Mit eurer Gewalt und nicht mit Recht, nehmet ihr mir die Gerechtigkeiten meiner Kirche, wodurch ihr euch in eurem Gewissen schwer versündiget, ich bin in diesem Lande nicht so stark als ihr, aber wißt, daß ch euch, so bald als möglich, einen solchen Gesellen schicken will, den ihr mehr fürchten sollet als mich. Der Sire de Corasse gab nichts auf seine Drohungen und sprach: Geh mit Gott, geh, mache was du kannst, ich fürchte dich mehr tod als lebendig, und um deine Reden werde ich mein Erbe nicht verlieren. So reißte der Pfaffe ab und vergaß nicht, was er versprochen hatte. Denn als der Ritter am wenigsten dran dachte, ohngefähr 3 Monate nachher, in seinem Schloß zu Corasse, wo er in seinem Bett neben seiner Gemahlin schlief, ließen sich unsichtbare Gäste spüren, welche alles, was sich in dem Schlosse befand, umzuwenden anfingen, und schien es, als wollten sie alles zusammen schlagen, und gaben sie solche Schläge an die Kammerthüre des Herrn, daß die Dame, die darin schlief, höchlich erschrocken war. Der Ritter hörte das alles recht gut, aber er wollte kein Wort davon sagen, um nicht den Muth eines furchtsamen Menschen zu zeigen. Auch war er muthig genug, jegliches Abentheuer abzuwarten. Dieser Lärm und Unruh dauerte in verschiedenen Theilen des Schlosses eine ziemliche Zeit, und hörten denn auf. Den folgenden Morgen kamen alle Diener des Schlosses zusammen, und begaben sich zu dem Herrn, als er aufgestanden war und fragten ihn: Herr habet ihr nicht gehöret, was wir heut Nacht gehört haben. Er verstellte sich und sagte nein, was habt ihr dann gehört? Da erzählten sie ihm, wie es die ganze Nacht im Schlosse gelermt, alles umgekehrt, und in der Küche alles Geschirr zerbrochen habe. Er lachte und sagte: Es sey ein Traum und nichts als der Wind gewesen. Um Gotteswillen, sprach die Dame, ich hab es wohl gehört. In der folgenden Nacht machten es die Ruhestörer noch ärger als vorher, und schlugen dermaßen an die Thüre und Fenster vor des Herrn Stube, daß der Ritter aus dem Bett sprang, und sich nicht enthalten konnte, zu fragen: Wer ist es, der also zu dieser Stunde an meine Stube anpocht. Da antwortete es ihm sogleich, ich bins, und [220] wer schickt dich, sagte der Ritter, hierher zu mir; mich schickt der Pfaffe von Castellogne, dem du groß Unrecht gethan und ihm das Seinige entzogen, auch werde ich dich nicht eher in Ruh lassen, bis du ihm alles wieder ersetzet. Wie heißt du denn, daß du ein so guter Bote bist? Man heißt mich Orthon. Orthon sagte der Ritter, der Dienst eines Pfaffen taugt dir nicht, wenn du mir glauben willst, er wird dich gewaltig plagen, ich bitte dich, lasse ihn laufen und diene mir, ich werde dir es gar wohl gedenken. Orthon hatte sich bald entschlossen, denn er hatte sich in den Ritter verliebet und sagte: Wollt ihr das? Ja, sagte der Ritter, aber du darfst niemand von nun an Leides zufügen. Ey bewahre, sagte Orthon, auch vermag ich niemand übels zu thun als nur, daß ich die Leute aufwecke und im Schlaf turbire. Thue nur was ich dir sage, sprach der Edelmann, wir wollen uns gut zusammen stehen, und laß den bösen Pfaffen laufen, bey dem du nichts holen kannst als Müh und Arbeit. Weil du es dann willst, sagte Orthon, ich bin es zufrieden. Da verliebte sich dieser Orthon dermaßen in den Seigneur de Corasse, daß er ihn sehr oft Nachts besuchte, und wenn er ihn schlafend fand, so zupfte er ihn am Kopfkissen, oder schlug an das Fenster an die Thür mit großen Schlägen. Der Ritter, welcher erwachte, sprach zu ihm: Orthon, laß mich schlafen; nein, sagte Orthon, ich muß dir erst was neues erzählen. Da hatte die Gemahlin des Ritters solche Furcht, daß ihr alle Haare zu Berge standen und wickelte sie sich in ihre Decke. Da fragte ihn der Ritter, was hast du dann gutes neues Orthon? Orthon sagte: Ich komme von England, oder von Ungarn, oder irgend einem andern Ort, gestern bin ich da weggereißt und dieses und jenes ist allda geschehen. So wußte der Sire de Corasse durch Orthon alles, was auf der Welt geschah. Und blieb er wohl fünf Jahre in diesem sträflichen Umgang, konnte es auch nicht verschweigen, und entdeckte sich dem Grafen de Foix folgendermaßen: Das erste Jahr traf er den Grafen zu Ortais oder anderswo und sagte ihm da, dieses oder jenes sey in England oder Schottland oder sonst wo geschehen. Der Graf, der nachher erfuhr, daß es wahr gewesen, drang ihm einstens sein Geheimniß ab. Da war der Graf sehr froh und sagte zu ihm: Sire de Corasse, haltet ihn ja lieb, ich wollte gar gern einen solchen Boten haben. Er kostet euch nichts, und ihr erfahret alles wahrhaftig, was geschieht. Der Ritter sprach: Herr so will ich thun. Ich weiß nicht, ob Orthon mehr als einen Meister hatte, aber er erschien dem Ritter nur alle Woche zwey oder dreimal, und dieser schrieb die Neuigkeiten dem Grafen. Einstens sprach dieser zu dem Seigneur de Corasse: Ha- [221] bet ihr noch niemals euren Diener gesehen? Meiner Treu, niemals, habe es auch nicht begehrt. Das wundert mich, sagt der Graf, und stünde er so gut mit mir als euch, so hätte ich ihn längst gebeten, sich mir zu zeigen, auch bitte ich euch, bemüht euch drum, ihn zu sehen und erzählt mir, wie er gestaltet ist. Ihr habt mir auch gesagt, daß er so gut Gasconisch spricht, als ich und ihr. Das ist die Wahrheit, sagte der Ritter, und weil ihr es wünscht, will ich mich bemühen, ihn zu sehen. Nun befand er sich die Nacht wie sonst in dem Bette neben seiner Gattin, die schon gewohnt, den Orthon zu hören, sich nicht mehr fürchtete. Dann kam Orthon und zupfte am Kopfkissen des Ritters, der fest schlief. Wer ist da, fragte er, erwachend. Ich bins, sagte Orthon, und wo kommst du her, von Prag in Böhmen. Wie weit ist das wohl, sechszig Tagreisen, sagte Orthon, und du bist so geschwind gekommen? Ey ja doch, ich gehe so schnell als der Wind und wohl noch schneller. Bist du geflügelt? Nicht doch, sagte er. Wie kannst du denn so schnelle fliegen? Orthon antwortete: Was kümmert euch das zu wissen. Das kümmert mich wohl, sagte der Ritter, denn ich möchte gar zu gern sehen wie du gestaltet bist, und wie du aussiehst. Orthon antwortete: Was kümmert euch das, es zu wissen, seyd zufrieden wenn ihr mich hört, und ich euch allerley Neuigkeiten bringe. Bei Gott, ich würde dich vielmehr lieben, wenn ich dich gesehen hätte, sagte Corasse. Orthon antwortete, wenn ihr es denn wollt, die erste Sache, die ihr Morgen sehen werdet wenn ihr aufsteht, das bin ich. Das ist gut, sagte Corasse, nun gehe, es ist genug für heute Nacht. Als der Morgen kam, stand er auf, seine Gemahlin aber hatte solche Furcht, daß sie die Kranke machte und sagte, sie werde heut nicht aus dem Bette aufstehn. Der Ritter wollte aber, sie sollte aufstehn. Sire, sagte sie, ich werde Orthon sehen, ich will ihn nicht sehen, so Gott will, auch niemals antreffen. Da sagte der Sire de Corasse: Ich will ihn gar gern sehen. Da sprang er ganz lustig aus dem Bette und setzte sich auf den Rand, und dachte, wie er nun Orthon in seiner eigentlichen Gestalt sehen werde. Aber er sah gar nichts, wobey er hätte sagen können: Sieh da Orthon. Der Tag ging herum und die Nacht kam, als der Ritter in seinem Bett lag, kam Orthon und sprach wie gewöhnlich: Geh, sagte der Ritter, du bist ein Lügner, du solltest dich mir zeigen, und du hast es nicht gethan. Nein, sagte er, ich habe es gethan. Du hast es nicht gethan; und saht ihr nicht, sagte Orthon, als ihr aufstandet, Etwas, und der Ritter dachte ein wenig nach und sagte dann: Ja, als ich auf meinem Bett saß, und an dich gedachte, sah ich zwei [222] Ratzen auf dem Boden, die sich miteinander drehten und spielten. Das war ich, sagte Orthon, diese Gestalt hatte ich angenommen. Das ist mir aber nicht genug, sagte der Ritter, und ich bitte dich, nimm eine solche Gestalt an, in der ich dich sehen und kennen kann. Orthon sagte, gebet acht, ihr werdet mich verliehren, denn ihr treibt es zu weit mit mir. Du wirst nicht von mir gehen, sagte Corasse, wenn ich dich einmal gesehen, würde ich dich nicht wieder sehen wollen. Orthon sagte ihm da: Gieb Morgen acht, was du zuerst siehst, wenn du die Stube verläßt, das bin ich. Gut, erwiederte der Ritter, ich gebe dir Urlaub, ich will jetzt schlafen; Orthon verließ ihn. Den andern Morgen stand der Ritter auf, kleidete sich an, verließ die Stube, und gieng auf einen Platz, der in den Hof sah, da warf er seine Augen hinab, und das erste was er erblickte, war die größte Sau, die er jemals gesehen, aber sie war dabei so mager, daß man nichts als Haut und Knochen an ihr sah, und hatte sie lange, hängende und gefleckte Ohren, ihr Rüssel war lang und spitzig und gar ausgehungert. Der Sire de Corasse verwunderte sich sehr über diese Sau, aber er sah sie nicht gern, und befahl seinen Leuten: Nun lasset die Hunde loß, ich will, daß diese Sau getödet und gefressen werde. Da eilten die Diener und öffneten die Hundeställe, und hetzten sie auf die Sau, welche einen lauten Schrei that, und zu dem Sire de Corasse in die Höhe sah, der oben an einem Fenster stand, und nie sah man sie wieder, denn sie verschwand und weiß niemand, was aus ihr geworden. Der Ritter begab sich wieder in seine Stube ganz nachdenklich, denn er gedachte an Orthon. Ich glaube, Orthon meinen Diener gesehen zu haben, es reut mich, daß ich meine Hunde auf ihn gehetzt. Es sollte mich sehr wundern, wenn ich ihn je wieder sähe, denn er hat mir oft gesagt, ich würde ihn verlieren, wenn ich ihn erzürnte. Er sagte die Wahrheit. Nie kehrte er mehr in dem Schloß Corasse ein, und der Ritter starb ein Jahr darauf. Nun habe ich euch von Orthon erzählt, der dem Sire de Corasse die Neuigkeiten brachte, sagte der Hofmann. Ja, sprach ich, aber ist der Graf von Foix auch von einem solchen Boten bedient. Meiner Treu, sagte er, das glauben viele Leute, in dem Lande Bearn, denn er erfährt und weiß alles was vorgeht, wenn man es sich am wenigsten versieht. So ist es auch mit den Nachrichten, die er von den zu Juberoth erschlagenen Rittern dieses Landes hatte. Diese Gabe und der Ruf derselben bringt ihm manchen Nutzen, denn man verlöre hier nicht den Werth von einem goldenen oder silbernen Löffel, daß er es nicht gleich wüste. Nun nahm ich Abschied von dem Hofmann und dankte ihm für seine Erzählung und gieng in andre Gesellschaft, mit der ich mich vergnügte, doch aber prägte ich mir diese Geschichte, so wie ich sie hier erzählt, fest in das Gedächtniß ein.

VI. Von dem wunderbaren Tod des herrlichen Grafen Gaston Phöbus von Foix 1391.

In dieser Zeit starb auch der edle und treffliche Graf von Foix, auf eine gar wundersame Weise; ich will euch sagen wie: Es ist die Wahrheit, daß er vor allen Leibesübungen die Jagd und seine Hunde liebte, und mit [223] diesen war er sehr wohl versehen, denn er hatte ihrer zu seinem Vergnügen mehr als sechs hundert. Der Graf befand sich in Bearn, in der Mark von Ortais, und trieb und jagte in den Wäldern von Sanneterre [1] auf dem Weg von Pampeluna, und hatte er den Tag, an dem er starb, den ganzen Morgen einen Bären gejagt, welcher endlich gefangen wurde. Da er den Fang angesehen und das Waidrecht vollzogen worden war, näherte sich der Mittag. Da fragte er die, welche um ihn waren, wo man ihm die Tafel bereitet habe? Man antwortete im Hospital Rion, zwei kleine Stunden von Ortais, und so war es auch. Sie ritten alle nach diesem Dorf. Der Graf und seine Leute stiegen an dem Schloß ab, dann begab er sich nach seiner Stube, welche er ganz mit frischem jungem Laubwerk ausgeschmückt fand, und die umliegenden Säle waren alle mit grünen Zweigen umstellt, um Kühle und Wohlgeruch darin zu verbreiten, denn die Luft war draus sehr drückend und schwül, wie sie es in dem May ist. Als er sich in dieser frischen Stube befand, sprach er: Die kühlen grünen Mayen thun mir gar wohl, denn der Tag ist sehr heiß, und da setzte er sich auf seinen Sitz, und plauderte ein wenig mit dem Messire Espaing de Lion, und sprachen sie davon, welcher Hund am besten gejagt habe. Während dieser Unterredung traten Messire Ivain, sein natürlicher Sohn, und Messiere Pierre de Cabestan in die Stube, in welcher selbst die Tafeln schon gedeckt waren. Jetzt begehrte er das Wasser, um sich die Hände zu waschen, zwei Hofleute eilten darnach, Raymonnet Lane und Raymonnet de Compone, und Cayenton d'Espaigne nahm das silberne Waschbecken, und ein andrer Ritter, der sich Messire Thiebault nannte, nahm das Handtuch, er erhob sich von seinem Sessel, und streckte die Hände aus zum Waschen, sobald das kalte Wasser auf seine Finger herabfiel, welche gar schön und gerade waren, erblaßte sein Gesicht, erbebte ihm das Herz, wankten seine Füße unter ihm, und sank er hin auf seinen Sessel sagend: Ich bin des Tods, Gott der Herr sey gelobt! Er redete kein Wort mehr, aber er starb noch nicht gleich, sondern litt noch Noth und letzte Kämpfe. Die Ritter, die um ihn standen, tief erschrocken und sein Sohn nahmen ihn in ihre Arme gar freundlich, und trugen ihn auf ein Bett und legten ihn nieder und deckten ihn zu, und glaubten, es habe ihn nur eine Schwäche angewandelt. Die zwei Ritter aber, welche das Wasser gebracht hatten, damit man nicht sage, sie hätten ihn vergiftet, gingen zu dem Waschbecken und der Gießkanne, und sprachen also: Sehet hier das Wasser, in eurer Gegenwart haben wir es gekostet, und wollen es von neuem vor euch kosten, und da thaten sie es so oft,

[1] Richtig Sauveterre.

daß alle mit ihnen zufrieden waren. Man gab ihm Brod und Wasser, Spezereien und alle stärkende Sachen in den Mund, und alles dieses half ihm nichts, denn in weniger als einer halben Stunde war er todt und gab seinen Geist auf gar sanft. Der gnädige Gott sey ihm barmherzig!

Ihr müßt wissen, daß alle gegenwärtige sehr betrübt und erschrocken waren, und schlossen sie die Stube recht fest, damit die Leute im Schloß nicht sobald den Tod des edlen Grafen erfuhren. Die Ritter sahen den Messire Ivain seinen Sohn an, welcher weinte, jammerte und die Hände rang und sagten zu ihm: Ivain, es ist geschehen, ihr habet euren Vater und Herrn verloren, wir wissen wohl, daß er euch über alles liebte, macht euch fort, sitzt auf, reitet nach Ortais und setzt euch in Besitz des Schlosses und Schatzes, der darin, ehe ein andrer euch zuvorkömmt und die Sache bekannt wird. Messire Ivain verbeugte sich auf diese Rede und sagte, [224] meine Herrn, große Liebe und Freundschaft erzeigt ihr mir, die ich euch noch zu belohnen hoffe, aber gebt mir die wahren Merkzeichen meines Herrn Vaters, denn ohne diese werde ich nicht in das Schloß eingelassen werden. Ihr habt recht, antworteten sie, nehmt dieselben, da nahm er die Merkzeichen und waren sie ein Siegelring, den der Graf an seinem Finger trug, und ein Messer, dessen er sich öfters bei Tisch bediente, dieses waren die wahren Merkzeichen, und ohne sie zu sehen, hätte ihm der Vogt des Schlosses zu Ortais, der sie wohl kannte, nie die Pforten geöffnet.

Messire Ivain verließ das Hospital von Rion nur mit zwei Reutern, und ritt so schnell, daß er nach Ortais kam, ehe man noch etwas von dem Tod des Grafen wußte. Er sprengte durch die Stadt, sagte niemand nichts, auch hatte niemand einen Verdacht auf ihn, so kam er auf das Schloß und rief den Burgvogt hervor. Dieser antwortete ihm: Was beliebt euch Monsigneur Ivain, wo ist mein Herr Graf? Er ist in dem Hospital, sagte der Ritter, und schickt mich einige Sachen zu holen, die in seiner Stube sind, dann werde ich wieder zu ihm zurückkehren, und damit du mir glaubst, siehe hier die Zeichen, seinen Siegelring und sein Handmesser. Der Vogt öffnete ein Fenster, nnd sah die Zeichen, denn er hatte sie schon öfters gesehen; dann öffnete er das kleine Pförtchen des Thores, und sie ritten ein, und die Knechte versorgten die Pferde und führten sie in den Stall. Als Messire Ivain darinnen war, sagte er zum Vogt, schließe die Thore. Als er sie geschlossen hatte, nahm Ivain ihm die Schlüssel ab und sprach: Du bist des Tods. Der Vogt ganz erschrocken, fragt ihn warum. Dann sagte er, weil mein Vater verschieden ist, und ich über den Schatz will, ehe ein andrer über denselben kömmt. Der Vogt gehorchte, wie es ihm zukam, auch war es ihm lieber, dem Messire Ivain als einem andern zu gehorchen. Messire Ivain wußte wohl, wo der Schatz war, und begab sich dahin, er war in einem dicken Thurm, in welchen man durch drei starke eiserne Thüren mußte, welche man aber jede mit einem besondern Schlüssel zu öffnen hatte, ehe man hinein konnte. Diese Schlüssel aber waren nicht so leicht zu finden, denn sie lagen in einem kleinen ganz stählernen Coffer verschlossen, und dieser war wieder mit einem kleinen Stahlschlüssel geschlossen, welchen der Graf von Foix, wenn er verreißte, mit sich trug, und fand man ihn auf einem seidnen Wamms hängen, den er über seinem Hemd trug, und wurde er erst gefunden, als Ivain bereits hinweg war. Die Ritter, welche den Leichnam des Grafen bewachten, wunderten sich sehr über diesen kleinen Schlüssel, und konnten sich gar nicht denken, wozu er diente, da war aber der Capellan des Grafen, Messire Nicole de L'Escalle, der nun alle seine Geheimnisse wußte, und den er oft mitgenommen hatte, wenn er an seinen Schatz ging, der sprach, als er den Schlüssel sah: Messire Ivain wird seine Mühe verlieren, denn ohne diesen Schlüssel kann er nicht an den Schatz, weil er einen kleinen Stahlkoffer mit allen andern Schlüsseln verschließt. Da waren die Ritter gar betrübt und baten den Capellan, den Schlüssel dem Messire Ivain zu bringen, und er setzte sich zu Pferd und ritt nach Ortais. Messire Ivain war ganz betrübt in dem Schloß, und suchte die Schlüssel überall und konnte sie nicht finden, auch wußte er nicht wie er die eisernen Thüren aufbrechen sollte, da gar keine Instrumente dazu da waren.

(Die Fortsetzung künftig.)

Lebensweise.

An den Federn kennt man Vögel,
An der Arbeit auch die Hand;
Wie du hast gespannt die Segel
Fährst du über Meer und Land.

Unsre Alten auf den Bergen
Bauten sich ein sichres Haus;
Nicht sich vor der Welt zu bergen,
Nur die Frechheit blieb heraus.

Sie allein den Geist verstanden
Der sich in dem Fels versteckt,
Zwangen ihn in enge Banden,
Daß er seine Schätz entdeckt.

Aus den Steinen eine Blume
Wuchs hervor in üppger Pracht,
Zu der Meister ew'gen Ruhme
Die so tiefen Sinn erdacht.

Kraut und Stamm, und hohe Zweige
Steigen aus dem Felsen auf;
Bleiben nun ein ew'ges Zeichen
Von des Geistes kühnem Lauf.

Hoch auf eines Berges Spitze
Thürmten sie den Wohnpallast,
Drangen zu der Wolkenspitze
Ohne Ruhe, sonder Rast.

Näher an den blauen Himmel
Schlug empor das kühne Herz,
Fern vom irdischen Getümmel
Sah das Auge himmelwärts.

Ihr Gebet zu Gott gewendet;
Demuth, Liebe, tiefe Reu
Gottes Kirche gern gespendet,
Ihr, und ihrem Kayser treu.

Schwebten mit so edlen Schwingen
Adlern gleich, in Lüften rein,
Und wenn Erd und Welt vergiengen
Schlummerten sie ruhig ein.

Nieder zu dem tiefen Grunde
Stiegen sie in Kriegsgewand,
Wachten mit dem Schwerdt die Stunde
Daß die Freiheit noch bestand.

Keine Fluten mochten brechen
Diesen mächt'gen Felsen dann;
Jeden Feindes Hohn zu rächen
War bereit der edle Stamm.

Unter seinen goldnen Zweigen
Blühten Freiheit, Ehr und Recht;
O! wer mag sich doch vergleichen
Diesem edelen Geschlecht.

An den Federn kennt man Vögel,
An der Arbeit auch die Hand:
Wie du hast gespannt die Segel
Fährst du über Meer und Land.

Jetzund am bequemen Orte,
Still im Thale, eng und klein,
Ohne Joch und breite Pforte
Nützlich muß die Wohnung seyn.

Wenig Holz, und keine Steine,
Nur ein niedlich Kartenhaus,
Kleine Fenster, nur zum Scheine
Füllen alle Wünsche aus.

Ob es heute schon und morgen
Wiederum zusammenstürzt,
Dieser halb sey ohne Sorgen,
Wenn man nur die Zeit verkürzt.

Spielend leben, spielend sterben,
Ist gescheuten Bürgern gleich;
Weiß man doch nicht, ob erwerben
Man dort wird ein Himmelreich.

Leben, nur so wie zum Spaße
Nicht gehärmt, und nicht gegrämt,
Denn wie bald liegt unterm Grase
Jede Lebenslust gelähmt.

Was von Glaub und Gott zu halten
Muß ein jeder klärlich sehn,
Nur Vernunft muß stets obwalten
Dann ist alles leicht geschehn.

Was Vernunft nicht will, zu hassen,
Ist ja Pflicht dem Menschenfreund;
Leben, und auch leben lassen
Es mit allen gut gemeint.

Nur nach Stunden abgemessen
Dieses edlen Lebens Ziel,
Schnell versprochen, schnell vergessen
Alles ist doch nur ein Spiel.

Also auch mit Wehr und Waffen
Nur im Scherze angethan,
Mit dem Schwerdt im Ernst zu schaffen
Hat kein kluger Biedermann.

Feinde schlägt man nicht mit Thaten,
Denn da flösse Menschenblut;
Fürst und Vaterland verrathen,
Ist die Kunst, und die ist gut!

Diese Fahrt die Anker lichtet
Ehmals in ein enges Land,
Wo drei Säulen sind errichtet,
Doch die hat man nun verbannt.

Nein, so edle Thaten helfen
Jetzund zu der Menschheit Glück!
Heulen muß man mit den Wölfen,
Keiner bleibe da zurück!

An den Federn kennt man Vögel,
An der Arbeit auch die Hand;
Wie du hast gespannt die Segel,
Fährst du über Meer und Land.

Rostorf.[1]

[225] Von dem Leben und Sterben des Grafen Phöbus von Foix.

(Beschluß.)

VII. Die guten Männer von Ortais.

Während dem wurde in Ortais, Gott weiß wodurch, ob durch Weiber oder durch Diener, die vom Hospital gekommen waren, bekannt, daß der Graf gestorben sey. Das war wohl eine harte Nachricht, denn sie liebten [226] ihn alle sehr. Die ganze Stadt kam in Bewegung, die Bürger versammelten sich auf dem größten Platze der Stadt und unterredeten sich, da sprachen einige: Wir haben Messire Jvain ganz allein nach dem Schlosse reiten sehn, und sah er wohl sehr erschrocken aus. Da antworteten die andern, gewiß muß etwas vorgefallen seyn, denn nie ritt er allein vor seinem Herrn Vater her. Als die Männer von Ortais sich so versammelt hatten, und auf dem Markt miteinander redeten, seht, da ritt ihnen der Capellan grad in die Hände. Die umringten ihn und sagten: Messire Nicole, wie gehts mit [227] unserm Herrn? Man hat uns gesagt, er sey gestorben, ist es wahr? Behüte Gott, sagte der Capellan, aber er ist gar sehr krank, und ich komme nur, um ihm etwas zurecht machen zu lassen, was ihm sehr gesund seyn wird, und dann will ich wieder zu ihm. Mit diesen Worten machte er, daß er davon kam, ritt auf das Schloß und ruhte nicht, bis er drinnen war. Da war Jvain gar froh, daß er die Schlüssel hatte. Nun will ich euch aber sagen, was die Männer von Ortais thaten. Sie machten sich allerley Gedanken über den Grafen, und sprachen untereinander: Nun ists bereits Nacht, und wir haben noch gar keine sichere Nachricht von unserm Herrn, und ist Jvain mit dem Capellan, der um alle Geheimnisse des Herrn weiß in dem Schloß, laßt uns diese Nacht das Schloß bewahren,

[1] Karl Gottl. Andreas von Hardenberg ps. Rostorf, geb. 13. Mai 1776 zu Oberwiederstett, † 28. Mai 1813 zu Weissenfels. Novalis' Bruder.

morgen werden wir mehr hören, wir wollen heimlich nach dem Hospital schicken, um zu hören wies steht, denn wir wissen wohl, daß der größte Theil des Schatzes auf dem Schloß ist, und würde er gestohlen, so machte uns das große Schande, und brächte uns gar in Schaden, drum dürfen wir diese Sache nicht übersehen. Das ist die Wahrheit, sprachen die andern, da hielten sie Rath, und seht, sogleich werden alle Männer von Ortais geweckt, und gehn sie alle nach dem Schloß, und schicken sie die ersten der Stadt an alle Pforten zur Wache, und waren sie da die ganze Nacht bis zum Morgen. Ach da hörte man die Wahrheit von seinem Tod, da konnte man wohl großes Wehklagen, Schreyen und Trauern von allen Leuten, Frauen und Kindern in der guten Stadt Ortais hören, denn sie hatten ihn alle sehr lieb. Da verstärkte man die Wache und alle Männer der Stadt waren auf dem Platz vor dem Schloß unter den Waffen. Als Messire Ivain dieses in dem Schloß sah, sprach er zu dem Capellan: Messire Nicole, mein Anschlag geht verloren, ich werde hier nicht heraus können, denn die Männer von Ortais wissen um die Sache und bewachen das ganze Schloß. Ich werde wohl gute Worte geben müssen. Da sprach der Capellan: Redet mit ihnen, denn nur mit guten Worten könnt ihr hier noch etwas ausrichten. Messire Ivain begab sich also in einen Thurm, aus dessen Fenster er mit den Leuten gut reden konnte. Da öffnete er ein Fenster und redete mit den ansehnlichsten Leuten der Stadt ganz laut: Ihr guten Männer von Ortais, ich weiß wohl, warum ihr versammelt seyd, nun aber bitte ich euch, haltet mir es nicht vor übel, um der Liebe willen, die mein seliger Herr Vater für mich trug, daß ich mich vor jedem andern in den Besitz des Schlosses und Schatzes zu setzen gesucht. Ich will damit nichts als alles Gutes. Nun aber ist er nach Gottes Willen gestorben, ohne irgend eine Einrichtung zu treffen, mich [228] wie er doch gewollt in sein Erbe einzusetzen, und hat er mich unter euch, unter denen ich herangewachsen, als einen armen Ritter den natürlichen Sohn des Grafen von Foix zurückgelassen, wenn ihr mir nicht helft und rathet. Achtet darauf um Gotteswillen und aus Mitleid, ihr thut damit ein Allmosen, und will ich euch das Schloß öffnen und mögt ihr hereinkommen, denn gegen euch will ich es nicht halten noch verschließen. Da antworten die besten Männer von der Stadt also: Messire Ivain, eure Rede gefällt uns wohl, wir wollen mit euch halten und wollen das Schloß und die Güter, die darinnen sind, auch bewachen helfen; und sollte der Vicomte de Castillon euer Vetter, welcher der Erbe des Landes zu Bearn ist, herankommen, und sich in Besitz des Schatzes setzen wollen, so wollen wir wohl wissen, mit welchem Recht, und wollen euer und Messire

Gracien euers Bruders Recht wohl beachten, und alles dieses betheuren wir und wollen es euch aufrichtig halten. Mit dieser Antwort war Messire Ivain sehr wohl zufrieden, und that er die Thore des Schlosses auf, und gingen die Männer von Ortais hinein, so viel ihr wollten. Man stellte da genug und gute Wachen hin. An diesem Tag ward der Leichnam des Grafen von Foix nach Ortais gebracht und in einen Sarg gelegt. Alle Männer, Frauen und Kinder von Ortais gingen ihm unter bittern Thränen entgegen, gedenkend seiner Stärke, seines edeln Lebens, seiner mächtigen Regierung, seines Verstands, seiner Tapferkeit und großen Freygebigkeit. Vor allem aber des Friedens, dessen sie unter diesem trefflichen Herrn genossen hatten. Denn weder Franzosen noch Engländer hatten es gewagt, ihn zu erzürnen. Da sprachen sie also: Ach Gaston, schöner Sohn, warum hast du je deinen Vater erzürnt, wärst du uns geblieben, der so schön und in so großem Beginnen war, du wärst uns ein großer Trost geblieben, aber wir haben dich allzujung verloren, und dein Vater hat uns zu früh verlassen. Er war ein Mann erst von 63 Jahren, das ist kein groß Alter für einen solchen Fürsten, der einen so starken Willen hatte, und alles was er begehrte. Land von Bearn trostlos und verwaißt, ohne einen edlen Erben, was wird immer aus dir werden, so trefflichen und edlen Herrn wirst du nie wieder gewinnen! Unter solchen Klagen und Thränen ward der Leichnam von sieben Edelleuten durch die Stadt getragen, ihm folgten sechszig Ritter, welche sich aus dem Lande versammelt hatten, und trug man ihn wie ich euch sage mit entblöstem Angesicht nach der Barfüßerkirche. Da ward er einbalsamirt, und in einem bleyernen Sarge bis zu seiner feyerlichen Bestattung bewahrt, und brannten Tag und Nacht vier und zwanzig große Wachsfackeln um den [229] Leichnam, die wurden abwechselnd von acht und vierzig Dienern getragen.

An dem Tag der Bestattung des herrlichen Grafen Gaston de Foix, des letzten dieses Nahmens, welche in der Stadt Ortais in der Barfüßerkirche in dem Jahr unsers Herrn 1391 den 12ten October an einem Montag gehalten wurde, war viel Volk aus dem Lande Bearn und sonst woher, Baronen, Ritter, Prälaten und drey Bischöffe in Ortais. Der Bischof de Palmes las das Todtenamt, da brannten eine Menge Lichter und alles war sehr prächtig angeordnet, und hielten während der Messe vor dem Altar vier Ritter vier Fahnen, mit den Wappen von Foix und Bearn. Die erste hielt Messire Raymond du Chatelneuf. Die zweyte Messire Espaing du Lion. Die dritte Messire Pierre Degmer. Die vierte Messire Menauld de Novalles. Den Degen hielt Messire Roger d'Espagne. Den Schild trug der Vicomte de Bruniquel. Den Helm trug der Sire de Valentin, das Pferd führte der Sire de Corasse. Die ganze Bestattung wurde prächtig nach Landesgebrauch vollzogen und wurde nach der Messe der Leichnam aus dem Sarge genommen, in gutes neues Wachstuch eingewickelt, und vor den großen Altar des Chores bey den Barfüßern beerdigt. Des Seinen ist nichts mehr, Gott verzeihe ihm!

Von den Machandel Bohm.

Ein Kindermährchen in der Hamburger Volkssprache, nacherzählt von Ph. O. Runge. *) [1]

Dat is nu all lang her, woll twee Dusent Johr, do was dar een rick mann, de habde eene schoine frame Frou, un se habden sik seer leef, habden averst kene Kinner, se wünschten sik averst seer welke, un de frou bedt so veel dorum Dag un Nacht, man se kregen keen un kregen keen, — vor eerem huse was een hoff, darup stund een Machandelboom, ünner den stün de Frou eens in'n Winter, un schalt sik eenen appel — un as se sik den appel so schalt, so snet se sik in'n finger, un dat blot feel in den snee — ach! sed de frou, un süft so recht hoch up, un sach dat bloot för sik an, un was so recht wehmödig, had ik doch een Kind so roth as Bloot un so witt as Snee — un as se dat sed so [230] wurd eer so recht frölich to mode, eer was recht as sull dat wat warden, dar ging se to den huse un ging een Maand hen, de Snee vörging, un twee Maand dar was dat groin, un Dree Maand da kemen de Bloimer ut de Erde, un Veer Maand dar drungen sik alle Boimer in dat Holt un de groinen twige weeren all in eenanner wussen dar sungen de Vägelkens dat dat ganze holt schallt, und de Blöten felen von de Boimes dar was de fyfte Maand weg, un se stand ünner den Machandelboom de rook so schoin do sprang eer dat hart vör freuden un se feel up eere Knee un kande sik nich laten, un as de seste Maand vörby was dar

---

*) Wir machen mit dieser Erzählung am liebsten den Anfang der aus verschiedenen Gegenden erhaltenen, theils ihrer eigenthümlichen Wunderbarkeit und Häuslichkeit wegen, theils auch um in Göthes neuem Faust (letzte Scene) einige in Clärchen [2] wiedererweckten alten Verse zu kommentieren.

Einsiedler.

---

[1] Ph. Otto Runge, geb. 23. Juni 1777 zu Wolgast, † 19. Dec. 1810 zu Dresden. Maler, Aufzeichner der als Zierden der Grimmschen Sammlung bekannten Märchen „Von den Machandelboom" und „Von den Fischer un syner Fru". Seine hinterlassenen Schriften erschienen Hamburg 1841. 8⁰. — Vgl. „Kinder- und Hausmärchen gesammelt durch die Brüder Grimm." 8. Aufl. Göttingen 1864. 8⁰. Bd. 1, S. 232—241.

[2] D. h. Gretchen.

warden de früchte dik un stark da ward se gans still, un de söbende Maand da greep se na de Machandelbeeren un att se so nidsch, da ward se trurig un krank, dar ging de Achte maan hen, un se reep eeren Mann un weende un sed, wen ik starve so begrave my ünner den Machandelboom, da wurde se gans getrost un freute sik bett de neegte maand vorby was dar kreeg se een Kind so witt as Snee un so root as bloot un as se dat sah so freute se sik so dat se sturv.

Dar begrob eer Man se ünner den Machandelboom, un he fung an to weenen so seer, eene Tyd lang, da ward dat wat sachter, un dor he noch wat weend hat, da heel he up, un noch eene Tyd, do nam he sik wedder eene frou.

Myt de tweete frou kreeg he ene dochter, dat Kind äverst von de eerste frou was een lüttje söhn un was so root as Bloot und so witt as snee, wenn de frou eere dochter so an sach so had se se so leef, averst den sach se den lüttjen jung an und dat ging eer so dorcht hart, un eer ducht as stund he eer allen wegen in'n weeg, un dacht den man jümmer wo se eer dochter all dat vormögent towenden woll, un de Böse gav eer dat in dat se den lüttjen jung gans gram wurd un stöd em herüm von een Ek in de anner, un buft em hier un knufft em dar, so dat dat arme Kind jümmer in Angst war, wenn he den ut de schol kam so had he keene ruhige stede.

Eens was de frou up de kamer gan, da kam de lüttje Dochter ok herup und sed, Mutter giv my eenen appel! ja myn Kind sed de frou un gav eer eenen schoinen appel ut de kist, de kist averst had eenen groten swaren Deckel mit een groot schaarp ysern slott, mutter! seed de lüttje Dochter schall Broder nich ok eenen hebben, dat vördrot de frou, doch sed se ja wen he ut de school kummt, un as se ut dat finster gewaar wurde dat he kam so was dat recht as wen de Böse äver eer kam, un se grapst to un nam eerer Dochter den appel wedder weg un sed du sast nich eer eenen hebben as [231] Broder dar smeet se den appel in de kist und makt de kist to, dar kam de lüttje jung in der dör dar gav eer de Böse [in] dat se früntlich to em sed, myn Söhn wist du eenen appel heben, und sach em so hastig an, Mutter! sed de lüttje jung, watt sühst du gresig ut, ja giv my eenen appel, dar was eer as sull se em toriten, kum mit my, sed se un makt den Deckel up haal dy eenen appel herut, un so as sik de lüttjung henin bükt so reet eer de Böse. Bratsch — sloog se den Deckel to' dat de kop af sloog un ünner de roden appel feel dar äverleep eer dat in de angst un dacht kund ik dat von my bringen, dar ging se baben na eere stuve na eeren Dragkasten, un halt ut de bävelste schuuflade eenen witten Dook, un sett den kopp wedder up den hals und band den halsdook so um dat man niks seen kund, un sett em vör de Dör op eenen stool und gav em den appel in de hand.

Dar kam dar na Marleenken to eere Mutter in de köke de stand by den führ un had eenen Putt mit heet water för sik, den rührt se jümmer um, Mutter segd Marleenken Broder sitt vor de Dör un süht gans witt ut, un het eenen appel in de hand, ik hev em beden he soll my den appel geven averst he antword my nich da ward my gans grau-lig, ga noch mahl hen segd de Mutter un wenn he dy nich antworden will so giv em eens an de Ohren, da ging Marleenken hen un sed, Broder giv my den appel averst he sweeg still, dar gav se em eens up de Ooren, da feel de kopp herün, daräver vorschrack se sik un füng an to weenen un to rauren, un leep to eere Mutter un sed: ach! Mutter ik heb minen Broder den kopp af slagen! un weend un wul sik nich to freden geben, Marleenken! sed de Mutter wat hest du dahn — äverst swig man still dat keen minsch markt dat is nu doch nich to ännern, wy willen em in suhr koken, dar nam de Mutter den lüttjen jungen un hakt em in stücken, ded de in den Putt un kockt em in suhr, Mar-leenken averst stun darby un weend un weend un de tranen feelen all in den Putt, un se bruksten gar keen solt.

Dar kam de Vader to huus un sett sik to disch un sed wo is den min söhn? dar drog de Mutter eene grote grote schöttel up mit swart suhr, un Marleenken weend un kund sik nich hollen da sed de Vader wedder, wo is den myn söhn, ach segt de Mutter he is avert Land gahn, na Mütten eer groos Oem, he wull dar wat bliven, wat deit he den dar? un het my nich mahl adjüs segd, o! he wuld geer hen un bed my ob he dar woll sechs Weken bliven kun, he is jo woll dar up-haben, ach sed de man my is so recht trurig, dat is doch nich recht he had my doch adjüs seggen schullt, mit des fung he an to eeten un sed Marleenken watt weenst du? Broder [232] wart woll wedder kam ach frou sed he don wat smekt my dat Eten schoin giv my meer, un je meer he ath je meer wuld he hebben, un sed geot my meer gy sölt nix darof hebben dat is as wen dat all myn weer, un he ath un ath, un de knoken smeet he all ünner den Disch, bet he allns up had, Marleenken averst ging hen na eere Commode un nam ut de ünnerste schuuf eeren besten syden Dook, un haalt all de beenken un knoken ünner den Disch herut, ut bund se in den syden Dook, un droog se vör de dör un weente eere blödigen tranen, dar led se se ünner den Machandelboom in dat groine graß, un as se se dar hen legd had so was eer mit een mahl so recht licht un weente nich meer, do füng de Machandelboom an sik to bewegen, un de Twyge deden sik jümmer so reecht von een anner un wedder to hope so recht as wen sik eene so recht freut un mit de handen so deit, myt des so ging dar so'n Nebel von den Bohm un recht in den Nebel da brennt dat as führ, un ut dat führ dar floog so'n schoinen Vagel herut de sung so herlich un floog hoch in de Luft, un as he weg war dor war de Machandelboom as he vorheer west war, un de Dook mit de knoken war weg — Marleenken averst war so recht licht un vergnoigt, recht as wen de Broder noch leeft, dar ging se wedder gans lustig in dat hus by Disch un ath.

De Vagel averst floog weg un sett sik up eenen Goldsmit syn huus un füng an to singen

Mein Mutter der mich schlact't — Mein Vater der mich aß — Mein Schwester der Marleenichen — Sucht alle meine Beenichen — Und bind't si in ein seiden tuch Legts unter den Machandelboom.

Kywitt! kywitt! ach watt een schoin fagel bin ik.

De Goldsmidt satt in syne Warkstede un maakt eene goldne kede, dar hörd he den Vagel de up syn dak sat un sung un dat dünkt em so schoin dar stun he up un as he aver den süll ging, so vörloor he eenen tüffel he ging äver so recht midden op de strate eenen tüffel un een sok an, syn schortfell had he vör un in de een hand had he de golden kede un in de anner de tang un de sünn scheint so hell up. de strate dar ging he recht so stahn un sach den vagel an „vagel! segd he do, wo „schoin kanst du singen sing my dat stück noch mahl" — Nee segd de vagel twee mahl sing ik nich umsünst, giv my de golden kede so will ik dejt noch mahl singen, da segd de goldsmidt hest du de golden kede nu sing my dat noch mahl, dor kam de vagel un nam de golden ked so in de rechte krall, un ging vör den goldsmitt [sitten] un sung:

Mein Mutter der mich schlact't
Mein vatter der mich aß &c.

Dar flog de vagel weg na eenen schoster un sett sik up den syn Dak un sang:

Mein Mutter der mich schlact't &c.

(Die Fortsetzung künftig.)

Zeitung für Einsiedler.

1808. — 30 — 12. July.

Graf Richard.

Schottische Gränze, alt.

„O wiege länger dein Söhnlein jung,
Nicht länger nun für mich;
Ich hab' ein Liebchen anderswo
Das lieb' ich mehr als dich.

„Die Sohle selbst von ihrem Fuß
Ist weißer als dein Gesicht.“ —
„Graf Richard! ihr verschmäht zur Nacht
Mein Gast zu sein doch nicht?“

Und da sie sich zum Mahl gesetzt,
Schenkt sie ihm wacker ein;
Als Lebender ging er zu Bett,
Bald wird er's nicht mehr seyn.

Dann auf und sprach der Papagei,
Ihr Haupt umfliegend fein:
„Wohl haltet euer grünes Kleid,
Von Richards Blute rein!“

„O! besser halt ich mein grünes Kleid
Von Richards Blute rein,
Als du kannst halten dein scheltend Wort,
Und nicht geschwätzig sein.“

Sie rief die Dirnen all' herbei,
Die Dirnen in ihrem Schloß:
„Hier liegt ein todter Mann,“ sprach sie
„Ich wünscht', ich wär' ihn loß!“

Sie stiefelten und spornten ihn
Wie er gewohnt zu reiten:
Ein Jagdhorn hing um seinen Hals,
Ein Schwert an seiner Seiten;
Sie warfen ihn in den bleichen See,
Wohl unter des Ufers Weiden.

Dann auf, und sprach der Papagei
Der saß auf einem Baum —
„Was hast du mit Graf Richard gemacht,
Warst noch sein Liebchen kaum?“

„Herab, herab auf meine Hand,
Herab mein Vogel fein;
Ein goldner Käfig soll für dich
Da jetzt ein Zweig nur dein.“

„Hinweg, hinweg du böses Weib,
Kein goldner Käfig mir;
Wie du es mit Graf Richard gemacht
Würd'st du es machen mit mir!“

Kaum war sie über einen Rein,
Nur über einen Rein.
Als sie traf seinen Vater alt,
Der kam geritten allein.

„Wo warest du noch, Fräulein schön,
So spät nach Tageslicht?“ —
„Graf Richard haben wir gesucht,
Doch finden wir ihn nicht.“

„Er kennt die Wege durch den See
Wenn es auch tob' und schäum!
Und ob die Nacht so dunkel ist
Wird er doch kommen heim.“

Und eines Tages auf die Jagd,
Der König wollte reiten;
Und er vermißt Graf Richard gleich
Ihm sonst zur rechten Zeiten.

Das Fräulein kehrt sich rund umher,
Und sprach mit Trauer-Klang:
„Ich fürchte sehr, Graf Richard fand
Im See den Untergang.“

„Wer taucht! wer taucht!“ Der König rief
Wer taucht für Geld und Gut?
Wer taucht für Richard in den See,
Wer hat für mich den Muth?“

Sie tauchten ein, sie tauchten aus
Wo tief das Wasser sehr;
Sie tauchten für ihn in den See
Als wenn's ihr Bruder wär!

Es traf sich in des Fräuleins Schloß,
Im Bett der König liegt,
Und auf und sprach der Papagei,
Der um das Haupt ihm fliegt.

„Stell ein das Tauchen bei der Nacht,
Stell es bei Tage ein,
Und wo der Ritter erschlagen liegt
Wird glühn der Kerzen Schein.“

„O! 's ist ein Vogel in diesem Schloß,
Der süß und traurig singt;
O! 's [ist] ein Vogel in euerm Schloß
Der um den Schlaf mich bringt."

Das Tauchen stellten sie bei Nacht
Und auch bei Tage ein;
Und wo der Ritter erschlagen lag
Da glüht der Kerzen Schein.

Wo tief in Fels der See gewühlt,
Zog man den Grafen hervor;
Ein Rasenstück auf seiner Brust,
Daß er nicht käm empor.

Dann auf, und sprach der König selbst,
Als er erschaut die Wund —
„Wer schlug ihn der zur Rechten mir
Hielt treulich Falk und Hund?"

„Dann auf und sprach der Papagei
„Was braucht es ach und Weh?
Den Tod gab seine Buhle ihm,
Und barg ihn in dem See."

Sie schwor, daß sie seit Montag früh,
Hab' nicht gesehen ihn:
Sie schwur es, bei dem reifen Korn,
Und bei dem Gras so grün.

„Was Kätchen, meine Dirne that,
Legt mir nicht bei," sprach sie —
Und aufgehäuft werd Dorn und Strauch,
Daß Käth' in Flammen glüh'.

Es wollt nicht ihrer Haut sich nahn,
Nicht ihrer Wange schön,
Und auch nicht ihrem gelben Haar,
Daß es die Sünd' versöhn.

Die Dirn berührt die Leiche kalt,
Kein Blut entquillt der Wund;
Das Fräulein legt die Hand darauf;
Und bald wird roth der Grund.

Man nahm die Dienerin heraus
Gab die Gebieterin Preis:
Die Gluth naht sich der Wange schnell,
Naht sich der Haut so weiß,
Naht schnell sich ihrem schönen Leib —
Sie flammt wie dürres Reis.

Henriette Schubart.

[233] Von den Machandel Bohm.*)

(Beschluß.)

De Schoster hörd dat un leep vor syn dör, in [234] hemdsarmel un sach na syn dak un must de hand vör de oogen holln, dat de sünn em nich blend't, vagel segd he wat kanst du schoin singen — da reep he in sin dör herin, frou kum mahl herut dar is een vagel, sü mahl der vagel de kan mahl schoin singen, da reep he sin [235] dochter un kinner un gesellen, jung un magd, un keemen all up de straat, un segen den vagel an wo he schoin weer, un he had so recht rode un groine feddern, un um den Hals was dat as luter Gold, un de ogen blickten em in kopp as steern, vagel sed de Schoster, un sing my dat stück noch mahl, nee segd de vagel twee mahl sing ik nich umsünst, du must my wat schenken, frou sed de Mann ga na den Böhn up den bövelsten Boord, da stan een paar rode Schö, de bring herün, dar ging de frou na un halt de Schö, da vagel sed de Mann, un sing my dat stück noch mahl, dar kam de vagel un nam de Schö in de linke klau un flog wedder up dat dak un sung:

*) Durch einen Schreibfehler steht Hamburgisch statt Pommerisch im vorigen Blatte.

Meine Mutter der mich schlact't ꝛc.

un as he ut sungen had so floog he weg, de kede had he in de rechte un de Schö in de linke klau un he floog wiit weg na eene mähl, un de mähl ging klippe klappe — klippe klappe — klippe klappe, un in de mähl dar seten twintig mählenbursen de hauten eenen steen un hakten, hik hak — hik hak — hik hak, un de mähl ging dar to klippe klappe — klippe klappe ꝛc. Dar ging de vagel up eenen Lindenboom sitten de vor de mähl stün un sung:

„Meine Mutter der mich schlact't

da hörte een up

„Mein Vater der mich aß

da hörten noch tween up un hörten dat

„Mein schwester der Marlenichen

dar hörten wedder veer up

„Sucht alle meine benichen

„Un bindt si in ein seiden tuch

und hakten noch man acht

„Legt's unter

un noch man fyve

„den Machandelboom

un noch man een

„Kywitt, kywitt ach watt een schoin vagel bin ik.

dar heel de letzte ok up un had dat letzte noch hörd — vagel segt he wat singst du schoin, laat my dat ok hören sing my dat noch mahl, nee segt de vagel twee mahl sing ik nich umsünst, giv my den mählensteen so will dat noch mahl singen, ja segt he wenn he my alleen hörd so sust du em hebben, ja seden de annern wenn he noch mahl singt so sall he em hebben, dar kam de vagel herün un de Möllers fat'ten all twintig mit böm an un börten den steen up hu uh up! hu uh uhp — hu uuh uhp, dar stak de vagel den Hals dör dat lok un nam em üm as eenen kragen un floog wedder up den boom, un sang:

Mein Mutter der mich schlact't ꝛc.

[236] un as he dat ut sungen had da ded he de flünk von eenanner und had in de rechte klau de kede un in de linke de Schö un üm den hals den mählensteen un floog wyt weg na sines Vaders huse. —

In de stuve satt de Vader, de Moder un Marleenken by Disch, un de Vader sed ach wat wart my licht, my is recht so goot to mode — nee! sed de Moder my is so angst so recht as wen een swar gewitter kümmt, Marleenken awerst satt un weend un weend dar kam de vagel anflegen, un so as he sik up da dack sett — ach! segd de Vader mi is so recht freüdig un de sünn schiint buten so schoin, my is recht as süll ik eenen ollen bekanten wedder seen, — Nee! sed de frou my is so angst, de teene klappern my un dat is my as führ in de adern un se reet sik eer liffen up un so meer, averst Marleenken satt in een ek un weende un had eeren platen vor de oogen un weende den platen gans meßnatt, dar sett sik de vagel up den Machandelboom un sung:

Mein Mutter der mich schlact't

dar heel de Mutter de ooren to un kneep de ogen to un wuld nich seen un hören aver dat bruste eer in de ooren as de aller starkst storm un de ogen brennten eer un zacken as blitz

Mein Vatter der mich aß

Ach Moder sed de Mann dar is een schoin vagel, de singt so herlich, de Sünn schiint so warm un dat räkt as luter zinnemamen

Mein schwester der Marlenichen

dar led Marleenken den kopp up de knee un weende in eens weeg, de Mann äverst sed ik ga herut, ik mut den vagel dicht by sehn, ach ga nich sed de frou my is as bevt dat ganze huus un stün in flammen, äver de Mann ging herut un sach den vagel an

Sucht alle meine Benichen
Und bindt si in ein seiden tuch
Legts unter den Machandelboom
Kywitt, kywitt ach watt een schoin vagel bin ik.

Mit den leet de vagel de golden kede falle, un se feel den Man jüst um den Hals, so recht hier herüm dat se recht so schoin past, dar ging he herin un sed sü wad is das vor een schoin vagel, hat my so ne schoine goldne kede schenkt, un süht so schöne ut, de frou aver was so angst un feel langst in de stuve hen un de Müz feel eer von den Kopp — dar sung de vagel widder:

Mein Mutter der mich schlact't

ach dat ik dusent fuder unner de Eerde weer, dat ik dat nich hören sull

Mein Vatter der mich aß

dar feel de frou vor doot nedder

Mein schwester der Marlenichen

ach sed Marleenken ik will ook herut gan un sehn op de vagel my wat schenkt, dar ging se herut,

Sucht alle meine benichen
Und bind si in ein seiden tuch

dar smeet he eer de Schö herün

Legts unter den Machandelboom
Kywitt, kywitt ach watt een schoin vagel bin ik.

Das was eer so licht un frohlich, dar truk se de nei- [237] en roden Schö an un danst un sprüng herin ach segd se ik was so trurig as ik herut ging un nu is my so licht, dat is mahl een herlichen vagel, het my een paar rode Schö schenkt, nee sed de frou un sprang up un de har stunden eer to barge as führs flammen, my is as sull de welt ünner gan, ik will ok herut op my lichter warden sull, nu as se ut de dör kam — bratsch! — smeet eer de vagel de mählensteen up den kop dat se gans tomatscht [wurr], de Vader un Marlenken hörden dat un gingen herut, dar ging een damp un flam un führ up von de sted, un as dat vorby was, da stand de lüttje Broder un he nam sinen Vader un Marleenken by de hand un weeren all dree so recht vergnoigt, un gingen in dat huus bi disch un eeten.

Des Riesen Langbein und Wittich Wielands Sohn Kampf. [1]

Aus dem Dänischen von Wilhelm Grimm.

König Dieterich sitzet dort in Bern, seine Macht rühmt alle Welt
So manchen hat er bezwungen, beides Kämpfer und raschen Held.
Dort steht eine Burg, die heißet Bern, drin wohnet König Dieterich.
König Dieterich stehet bei Bern, schaut weit hin in die Ferne,
Gott gebe, ich wüste den Helden stark, ich zöge zum Kampf so gerne.
Da sprach zu ihm Meister Hildebrand: Ich weiß wohl Krieg und Streit
Dort liegt ein Kämpfer beim Birtingsberg, bist du ihn zu wecken bereit.
Hör du Meister Hildebrand, du bist ein Kämpfer so gut,
Du sollst ausziehen zur Stund in den Wald, führ unser Schildzeichen mit Muth.
Dazu sprach Meister Hildebrand, er war ein Held so weiß:
Herr heut führ ich euer Schildzeichen nicht, denn mir geziemt nicht der Preis.
Da rufet Wittich Wielands Sohn mit guten Sinnen gar bald
Ich will der erste im Haufen seyn, noch heut gegen Birtings Wald.
Das verkündiget Wittich Wielands Sohn, zornig sprach er zur Hand:
Mein viel gutes Schwert, das schneidet so scharf, zerfrißt wohl Stahl und Gewand.
Es waren an dreihundert Kämpfer, die drangen in Birtings Land
Sie suchten nach Langbein dem Riesen, bei dem Walde man ihn fand.
Da sprach Wittich Wielands Sohn, wir wolln spielen das wunderlich Spiel,
Ihr laßt mich reiten zuerst in den Wald, wenn ihr mir traut so viel.
Bleibt allzumal ihr Königes Mann beim grünen Berg hier stehn
Die weil ich reit' in den Wald hinaus, nach dem Wege mich umzusehn.

---

[1] Vgl. „Altdänische Heldenlieder", S. 17—23. Abweichend.

Nun reitet Wittich Wielands Sohn wohl zu dem Walde hinweg
Herunter hingen die Reiser tief, da fand er so enge den Steg.
[238] Da sprach also König Dieterich: Ich sage dir das von mir,
Findest du Langbein den Riesen, verbirg das nicht vor mir.
Da kam Wittich Wielands Sohn in den Birtings Wald,
Dort fand er Langbein den Riesen, er lag da schwarz und ungestalt.
Das war Wittich Wielands Sohn er stieß den Ries' mit dem Schaft:
Wach auf Langbein Riese, mir dünket du schläffst gar hart.
„Hier hab' ich gelegen manches Jahr, und geruht in der wilden Heide
Hier kam nimmer ein Kämpfer herein, der mich wecken durfte zum Streite."
Hier halte ich Wittich Wielands Sohn, mein gutes Schwerdt an der Seite,
Ich will aus dem Schlaf dich wecken auf, das soll dir werden leide.
Das war Langbein der Riese, die Augen zur Höhe er richt't.
Woher kommt dieser junge Gesell der solche Worte ausspricht.
Wieland hieß der Vater mein, ein Schmid war er so schön
Bodild hieß meine Mutter, ihr Vater trug Königes Kron
Strenving heißt mein viel gutes Schild das mancher Pfeilschuß traf
Blans wird genennet mein stolzer Helm so manches Schwert er brach.
Skimming heißt mein edles Roß, erzeugt aus wilder Brut,
Mimmering nennt man mein Schwert, taucht sich's in Helden Blut.
Selbst heiß ich Wittich Wielands Sohn, von Eisen ist mein Kleid.
Stehst du nicht auf! bei deinen Beinen lang, ich bring dich gewißlich in Leid.
Hörst du Langbein Riese, ich will dich nicht belügen,
Der König hält außen vor dem Wald, du sollst ihm Schatzung geben.
„All mein viel rothes Gold, das bewahr ich mit großer Ehre
Das gewinnt mir kein Stallbub ab und kein Mann nimmermehre."
So jung und klein als ich auch bin sollst du mich finden hier,
Dein Haupt schlag ich wohl ab und gewinne das Gold von dir.
Zu schlafen Langbein dem Riesen nicht länger da mehr gefällt:
„Gelüstet dich fürder zu leben, reit von mir du junger Held."
Skimming sprang auf in Muth mitten in des Riesen Seite:
Entzwei ging ihm das Rippenbein, und so begann er zu streiten.
Da nahm Langbein der Riese seine Stahlstang recht in die Händ,
Er schlug einen Schlag nach Wittich, daß die Stang im Berge sich wend't.
Das sieht Langbein der Riese, er wendet sich ab zu klagen;
„Nun liegt meine Stang im Berge fest wie vom Hammer geschlagen."
[239] Wittich wollt sich nicht versäumen, da war so muthig sein Sinn
Wohl auf! Skimming, wend dich um, taugst du noch Mimmering?
Er faßt Mimmering in beide Hände, zum Riesen er hin rannt,
Er schlug so tief in die Brust, daß die Schärf sich im Eingeweid wand't
Da empfing Langbein der Riese vom ersten Schlage die Wund,
So gern hätt ers vergolten, die Kraft er nicht gewinnen kunnt.
„Verfluchet seyst du Wittich, darzu das Schwert an deiner Seite:
Du hast geschlagen die Wund in meine Brust, darum so bin ich in Leide."

Ich will dich hauen du Riese so klein, wie die Luft den Staub aufweht,
Oder du zeigst mir wo dein gesammeltes Gold im Walde verborgen steht.
„O lasse das Wittich Wielands Sohn, o schlag mich nicht zu todt,
Ich will dich führen zu dem Haus, gedeckt mit Gold so roth.“
Wittich reitet mit dem Riesen fort, so weit in den Wald hinein,
Sie fanden das Haus mit Gold gedeckt, das glänzt in hellem Schein.
„Darinnen ist viel mehr rothes Gold, als in diesem Land mag seyn,
Du hebe hinweg den großen Stein, die Thür in den Hacken häng ein.“
Da sprach zu ihm Wittich Wielands Sohn, er fürchtet die Listen sein:
Es übt kein weiser Held seine Kraft, begraben zu werden vom Stein.
„Das ist wohl deine kleinste Kunst, du kannst dein Roß wohl wenden,
Ich wills thun mit zwei Fingern, und du mit beid' deinen Händen.“
So hob er auf den großen Stein, und schob seinen Herd daran,
Wohl sah da Wittich Wielands Sohn wie böslich er dies gethan.
„Mehr als bei fünfzehn Königen, mag hier des Goldes stehn,
Hör nun du Wittich Wielands Sohn du sollst zuerst eingehn.“
Da sprach Wittich Wielands Sohn, er kannte wohl seinen Sinn:
Du sollst selbst zuerst eingehn, denn solches ist Kämpfer Sitt'.
Das war Langbein der Riese, der blickt nach der Thür hin ab,
Wittich hieb mit beiden Händen, das Haupt hieb er ihm ab.
Da nahm er von des Mannes Blut, sich und sein Roß er bestrich,
So reit't er zum König Dieterich spricht: Schand ist dieß für mich.
Dann fasset er den todten Leib, stellt ihn an die Eiche kühl,
So reitet er wieder zurück, und treibt ein wunderliches Spiel.
Hier haltet alle am grünen Berg ihr guten Stallbrüder mein
Langbein Riese hat mich geschlagen heut; das ist meine erste Pein.
[240] Erlittst du beides Hieb und Schlag, das ist so bös gethan,
Wir wollen reiten nach Bern zurück, verlieren keinen Mann.
Du wend dich König Dieterich, du wend dich schnell mit mir,
All das Gold das der Riese hat, das will ich zeigen dir.
Hast du geschlagen den Riesen am Tag, das verkünd über Land so weit,
Der Held wird nicht geboren auf Erden, der gegen dich vermag mit Streit.
Das waren König Dieterichs Mann, die begehrten den Riesen zu sehn:
Mit ihnen zu lachen ermüdet man, läßt sie an dem Walde stehn.
Sie meinten der Riese werde gewiß nach ihnen die Beine lang strecken,
Und keiner getraut bei ihm zu seyn, und keiner auch wollte ihn wecken.
Das war Wittich Wielands Sohn, der ihnen da Schimpf erbot:
Wie mögtet ihr bei dem Lebendigen sein, dürft ihr ihn nicht sehen im Tod.
Wittich berührt den Leib mit dem Schaft, zu der Erde das Haupt hinfällt
Das sage ich euch in Wahrheit hier, der Ries' war ein starker Held.
Sie zogen heraus viel rothes Gold, erbeuteten was da stand,
Dem Wittich gehörte der beste Theil, erworben mit seiner Hand.
Die Beute, die war ihm nicht so viel, den Sieg hat er im Sinn
Wie Langbein Ries' überwunden sey, erschalle in die Lande dahin.

Sie reiten so freudig nach Bern zurück, König Dieterich erfreut am meist
Führt mit sich Wittich, Wielands Sohn, muß ihm folgen zu allernächst.
Dort steht die Burg vor Bern, drinn wohnt König Dieterich.

Dieses Aufrichten eines todten Leichnams erinnert auch an die Erzählung vom Cid[1] (S. 225)

Mitternacht wars und man setzte
Auf sein gutes Pferd Babieça,
Grad und vest den todten Herrn.
Dies gesehn erschracken alle
Sechs und dreißig Mohrenkönge.

Und wie sich die Fantasie überall wunderbar gleich und ungleich zugleich gestaltet, so fanden wir schon eine Berührung dieser Art wieder in dem vorhergehenden Kindermährchen. Manche Vermuthungen werden dadurch zweifelhaft wie einzelne Lehren, besonders religiöse gewandert seyn sollen durch Mittheilung, während einzelne Zaubermittel der Fantasie und wissenschaftliche Entdeckungen in bestimmten Zeitaltern meist von vielen annähernd zugleich gemacht wurden, wahrscheinlich weil der Himmel dem gebrechlichen Einzelnen nicht seine Offenbarung anvertrauen wollte. Im thätigen Leben der Geschichte ist es offenbar, daß nie etwas Grosses durch einen einzelnen Menschen geschah, sondern immer durch die Entwickelung vieler, an deren Spitze freilich immer der Thätigste stand, zuweilen auch der Göttlichste. Einsiedler.

[1] Herder's Cid erschien Tübingen 1805. Vgl. J. G. v. Herder's sämmtl. Werke. Zur schönen Literatur und Kunst. Fünfter Theil. Stuttg. u. Tübingen. 1827. 12°. S. 204. 206.

Zeitung für Einsiedler.

Fräuleinswache.[1]

Ich geh' all Nacht die Runde
Um Vaters Hof und Hall,
Es schlafen zu dieser Stunde
Die trägen Wächter all.
Ich Fräulein zart muß streifen,
Ohn' Wehr und Waffen schweifen,
Den Feind der Nacht zu greifen.

O weh des schlimmen Gesellen!
Nach Argem steht sein Sinn:
Würd' ich nicht kühn mich stellen,
Wohl stieg er über die Zinn.
Wann ich denselben finde,
Wie er lauert bei der Linde,
Ich widersag' ihm geschwinde.

Da muß ich mit ihm ringen,
Allein die Nacht entlang;
Er will mich stets umschlingen,
Wie eine wilde Schlang.
Er kommt vom Höllengrunde,
Wie aus ein's Drachen Schlunde,
Gehn Flammen aus seinem Munde.

Und hab' ich ihn überwunden,
Halt ihn im Arme dicht:
Doch eh' die Sterne geschwunden,
Entschlüpft mir stets der Wicht.
Ich kann ihn Niemand zeigen,
Muß meinen Sieg verschweigen,
Und mich in Trauer neigen.

Ludwig Uhland.

[241] Alte Briefe eines Einsiedlers und einer Mohrin, die Nonne wurde.

1.

Das edle Saitenspiel des heiligen Geistes, der Prophet David, ward einsmals ertrunken in der Stille des göttlichen Schauens, und sprach das edle Wörtlein: Mir ist gut, daß ich Gott anhange. O wohl mir, zarte Kinder, was mein Mund euch oft begreiflich gesagt hat, da ich bei euch war, das rufet zu euch mein Herz. Das ist gut, und ist besser und ist das allerbeste! Der Gott anhänget wird ein Geist mit Gott, und verschwimmet in das Einige ein. Das begehrte der Widerglanz des ewigen Lichtes an dem letzten Nachtmahle, das er hatte mit seinen Jüngern: Heiliger Vater ich begehr, daß sie Eins mit uns seyn, als ich und du Eins und Eine sind. Und welche also mit der Allheit in Einigkeit worden sind, alle ihre Sinne kommen in solche Eingezogenheit und ihr Verständniß ist ein Schauen der bloßen Wahrheit. Ach hebet auf euere Augen, sehet was freuen sich jetzund Berg und Thal, Laub und Gras, wie lachet jetzt die schöne Heyde? Nicht anders denn

---

1 Vgl. „Gedichte“ Stuttgart. Bei Henne. 1840. 8⁰. S. 232. 233. Also ist Gödekes Angabe, Grundriß III, 1, S. 332, wonach „Fräuleins Wache“ in den neueren Ausgaben der Gedichte seit 1826 fehlen soll, zu berichtigen. Allerdings fehlt das Gedicht in der Cottaschen Ausgabe von 1839 u. s. w.

von der klaren Sonne. Ach darum mein Kind, erschwinge dich in die wilde stille Wüste der Gottheit, leide und wisse, daß ein schwacher Leib und ein starkes Gemüth mit Gott alle Ding überwinden möge. Nehmet wahr, wer der schönen Rosen Augen wieder tugentlich haben will, und wonnigliche Früchte der Balsamen [242] genießen, der muß ihre natürliche Art erwarten in Gemach und in Ungemach, bis daß der fröhliche Tag kommet, daß er sie in spielender Wonne fröhlich genießen wird nach aller seiner Herzenslust. Der Einsiedler.

2.

Ich danke euch für euer Schreiben, so weit ich es verstehe, und auch was ich nicht verstehe tröstet mich göttlich. Heiliger Vater! Ich bin erst einige Tag von euch entfernt und meine, es wäre eine Ewigkeit, ich werde euch wohl nicht wieder sehen! Wie war ich so traurig, als ihr mit einem Segen von mir geschieden, die Schwestern sahen mich alle so neugierig an und befühlten meine Hand, ob die schwarze Farbe darauf säße oder darunter; meine Seele umzog bald ein so trübes Dunkel, daß ich nicht schlafen konnte, sondern an das Fenster ging, und mich über den Mond verwunderte, wie er so helle durch die Linden schimmerte, die Linden rauschten ihm entgegen, und ich fühlte mich umfaßt, von der kranken Schwester Therese, die auch nicht schlafen konnte. Sie ist auch so gut, beinahe so gut wie ihr, und klagt nur immer, daß sie mich nicht genug lieben könne. Die andern Novizen denken alle noch weit hinaus in die Welt, und wissen alles was da geschieht, wir beyde denken nur an euch, und wie wir gerne mit euch lernen und lehren möchten, so weit ihr uns Kraft gebet, und könnten wir nicht lehren die Heyden, so könnten wir doch eure Füße salben, für euch [243] sorgen, aber wofür braucht ihr zu sorgen, da Gott mit euch, ihr sorgt für uns und für die Welt. Alle Heiligen denken wir uns wie euch, und die Jugend gefällt mir nicht, da ihr alt seyd, euer weißer Bart ist das Ruhekissen aller Andacht, wie war die Sandwüste, wo ich darauf ruhen durfte, als ihr sorglich waret für mein Leben; kein Obdach wäre mir da willkommen gewesen, so stark auch das Unwetter; ich hörte euer Herz schlagen, ich fühlte euern Athem wie Thau an meiner Brust, ich war euch so nahe und nun bin ich euch so fern, ich liebe euch wie meinen Himmel, und liebe den Himmel, wenn er so wie ihr fortwandelt in aller Güte. O möge euch für die Treue Maria die Mutter Gottes ihr Kindlein eine Stunde in die Arme geben, daß es euch anlächle in der Wüste.

Die Mohrin.

3.

Da der König David seine Jugend im Gottesdienste hatte vertrieben, da er begann zu alten, da begann er zu kalten, und das sahen seine getreuen Diener und die zogen durch alles Land, und suchten ihm eine züchtige Jungfrau und fanden ein ausnehmend schönes Mädchen, und führten sie ihm zu, daß sie ihn wärmete und ihm dienete. Wer nun Wunder will schauen, der sehe nicht an, daß das beschah in den alten Tagen. Er soll sehen das klägliche Ding, daß neues geschehen ist, da der volle Mond gebrochen ist, daß die spielende Sonn erloschen ist, der liebe Ostertag zu dem stillen Freitag worden ist, ach und die heiße Sommerwärme zu dem kalten Reife gerathen ist. Das seyd traurig ihr wohlsingenden kleinen Vögelein, die den Sommer in lachender Freude empfinget und euch gegen den schönen Sonnenglanz erschwingetet. Ach zartes Kind, nun kehre dein Angesicht herzu und höre, was ich meine. Es sind jetzund viele Menschen, die tragen einen geistlichen Schein und haben Gott nie scheinbar erzürnet, aber sie sind laulich, lieblos und gnadeleer geworden, schließe dich an sie zu erwärmen die Kalten, und Reif wird herabfließen in Thränen, und die Flur wird heller und grüner seyn denn jemals. Also geschiehet auch nur durch deine heilige Wärme. Ein liebendes Herz spricht zu tausend andern. So thut als wilde Falken einen freien Schwung, daß die natürlich edlen Herzen inne werden der göttlichen Heimlichkeit. Wahrlich es ist ein freies Leben, Gott dienen, wie ich es meyne. Manche Rose, die sich dem Himmelsthaue lange verschlossen, gehet im kalten Reife auf, denn es spricht die liebhabende Seele von ihrem Geliebten, laß mich hören deine Stimme, denn deine Stimme ist süß, und dein Angesicht lieblich. Mein [244] Kind! ich bitte die ewige Wahrheit, daß sie in deinem Herzen zu hauße komme, und alles das kräftiglich daraus stosse, das je darinnen sich gesetzte. Wie wäre es möglich, daß alles Gerümmele das zwanzig Jahre an einem Orte sammlen, sich alles bald lasse ausstossen. Niemand ist Gott zu jung oder zu alt, er giebt und thut, was er will. Es muß noch manches wandelbar Wetter in uns aufstehen, ehe daß die bleibende Heiter in uns bestattet wird. Des lieblichen Liebhabers Zürnen ist doch besser denn aller Liebhaber Kosen. Darum läßet Christus sein Antlitz leuchten über die, daß du sehen mögest, wo es noch dunkel und unrein in deinem Herzen.

Der Einsiedler.

4.

Heiliger Vater! Ich habe mein Gelübde gethan, mein Haar ist nicht aufgegangen vor der heißen Sonne, ich konnte kein Haar verlieren und abschneiden lassen wie die andern, ich habe nicht getanzt wie die andern den Tag vorher, ich habe nicht geweint wie die andern den Tag nachher, als die Thür zuschlug und ich in die dunkle Zelle eingeführt wurde, ich fühlte mich nicht verändert, und schreibe es der Trockenheit meines fremden Himmels zu. Ihr seyd mein Himmel, ihr hörtet mich, als ich im Schandhause ein frommes Lied sang, ihr tratet herein und fürchtetet nicht das Gespötte der wilden Seeräuber und sagtet: Hier ist noch eine arme Seele, die gerettet werden kann, denn sie wendet sich zu Gott, und Gott gab euren Worten Gewalt, und erschreckte die Männer, und ich folgte wie ein junges Kindlein der Mutter. Ich war einer großen Sünde recht nahe und wußte es nicht, nun ich es weiß, habe ich mich gebessert durch euch, ihr habt mich an den Himmel abgegeben, ich wage aber nicht hinauf zu sehen. Sehet hinauf und betet für mich.

Die Mohrin.

5.

Die Weinstöcke haben Augen genommen, und geben ihren Geruch, die Turteltaub läßt sich hören in unserm Land. Mit welchen Freuden meinet ihr, daß sich der Herr in den schönen Weingärten ergienge, ach ihr jungen schönen Weinstöcke des himmlischen Vaters, ihr schönen, holdseligen Turteltäubelein des göttlichen Gemahls, gedenket wie lange Zeit ihr wüste seyd gelegen, wie manchen schönen Tag ihr müßig und unfruchtbar seyd gelegen. O wehe ihr kalten Winde unnützer Worte. Mein zartes Kind! Was soll ich mehr schreiben? Denn daß meine Augen manchen fröhlichen Augenblick gethan, so ich ginge über die schöne Haide, floriren all durch [245] die Blumen hin, und ich hörte die himmlischen Harfen der lieben Vögelein ihren zarten lieblichen Schöpfer loben, daß es durch die Luft aufdrang, ich sah sie nicht, und hörte sie doch, ich hörte euch im Chore, und sah dich nicht und hörte nicht dich, sondern dich in allen, so verfließt ein seliges Leben über alle die es vereinet. Es freuet sich mein Herz über euer angefangenes heiliges Leben, ehe ihr aber erstarket seyd, so solltet ihr euch umzeunen als ein junges Bäumlein gegen das grasende Vieh. Eines Dinges sollest du auch gewarnet seyn, so die schönen Weingärten aufblühen, daß auch dann die Bremen und die leidigen Käfer beginnen stürmen, und da der böse Geist mit sich selber nicht kann zukommen gegen einen wohlgesitteten Menschen, da reitzet er sein Gesinde mit bittern Worten, mit falschen Weissagungen in Lieb oder im Leide. Und darum mein junges Kind, mein zartes auserwähltes Kind stehe fest in Gott, denn er läßt dich nicht.

Der Einsiedler.

6.

Heiliger Vater! Ich bin demüthig, und meine Freude ist allen zu dienen, und doch werde ich verschmähet. Wer wagt doch mich zu verachten, da ihr mich gewürdiget habt der Lehre. Bei der Pfingstprozession traf mich die Reihe eine Fahne zu tragen; aber die weißen Schwestern rissen mir die Fahne aus der Hand, und ich wie eine Aussätzige mußte nebenher gehen, und ich konnte vor Scham nicht roth werden, ich bin schwarz und von Gott zur Nacht verstoßen. Heiliger Vater! ich kann nicht schreiben, ich bedarf euren frommen Trost, daß ich auch hier nicht tauge, wo ich meinte selig zu werden, ich muß weinen um andrer Leute Stolz, und weine aus Hochmuth, und habe euch und den himmlischen Brautigam zu denken, und denke immer meiner Mitschwestern und zwinge mich wohl, zu beten für sie, aber mein Herz wird vom Zorn überwältigt, umsonst geißle ich mein Fleisch, es ist gewohnt der Schläge und fühlt nicht, wir hatten einen schlimmen Herrn auf der Insel. Hörte ich nur ein Wort von euch heiliger Vater.

Die Mohrin.

7.

Ich bin schwarz, aber gar schön ihr Töchter Jerusalems wie die Teppiche Salomos. Also stehet geschrieben in dem lieben Buch von der liebenden Seele. Die Töchter Jerusalems hatten ein Angaffen, daß König Salomos auserwählte Frau schwarz war, und ihm doch wohl unter vierzig und hundert Frauen die liebste war. Da antwortete sie ihnen tugendlich und sprach also: [246] Ich bin schwarz, und bin doch holdselig. Mir ist lieber eine gnadenreiche holdselige Schwarze, denn der Schein einer gnadenlosen Weiße. Ach nun höre, du liebe schwarze Tochter, was meinet der heilige Geist hier inne? Wer ist die schwarze holdselige Mohrin, die dem himmlischen Salomo so gar lieblich ist? Siehe, das ist eine gottleidende Seele, welche die ewige Sonne mit grossem bitterlichen Leiden entfarbet, aber den inneren Menschen mit gnadenreicher, lieblicher Holdseligkeit kleidet. Wer sich auf der himmlischen Heyde ermayet hat, der achtet nicht viel auf das zeitliche Mayengewand, was sollen ihm rothe Rosen, Violen, Lilien, so sein Herz davon in keiner Weise kann ruhig seyn. Mein Kind, mein Kind! warum schreibe ich dir schöne Worte, da mein Auge voll Wassers, mein Herz voll Feuers ist. Lieber Gott, es ist gar leicht zu sprechen und zu hören, es thut aber gar wehe, ein Gegenwärtiges empfinden. O wehe, schöne Zarte, wie bist du verhöhnet worden wegen deiner Schwärze von den scheinheiligen Weißen. Siehe in die schöne Allheit der Welt, siehe an die schönen Gemäuer des himmlischen Jerusalem, wie die Steine glänzend gefärbet sind mit den schwarzen Leiden der Erde. Welch ein schöner Wind daher strömt! Ach alle liebende reuige Herzen empfinden diesen Wind. Also geschah auch der lieblichen Reuerin, da sie zu den milden zarten Füßen der geliebten Weisheit knieete, und mit diesem göttlichen Winde durchwehet war, ach und ihm seine göttlichen Füße mit ihren herzlichen Thränen durchgoß. Die goß aus eine edle Salbe, die alles Haus erfüllete mit ihrem Geruche, Reue, welch ein edel Ding bist du, wie selig ist der, dem der wahre Grund einer rechten Reue wird. Denn ihm werden seine Sünden lauterlich vergeben, und wären ihrer so viele als Sand am Meere, und aus einer aufgenommenen Sünderin wird eine auserwählte Liebhaberin. Mein Kind! wir sind nicht allein die Verschmähten, die Verstoßenen in der Welt, die Mehrzahl des himmlischen Hofes sind unsre Gesellen. Sind wir den Leuten unnütz? Das Weidenholz ist unnütz, man schnitzet aber gar holdselige Bildnisse daraus, die man werther hält als Zedernholz. Wenn arme Dürftige, die in Hungersnoth sind, zusammen kommen, so erlangen sie ein Kurzweil, daß sie ihres Kummers vergessen. Ach mein Kind, ich muß dir eins sagen, daß du deines Leidens vergessest. Siehe, es geschahe einmals, da war ich in großem verschmähetem Leiden, da saß ich in meiner Zelle und sahe einen Hund, der lief mitten in dem Kreutzgang, und schleifte da ein Gebetbuch und warf es nieder und biß darein und spielte damit. Also Herr bin ich in der Brüder Mund. Das Gebetbuch läßt sich behandeln wie der [247] Hund will, ich legte es in mein Käppelein neben meinen Stuhl, und schicke es dir nun zum Troste, höre an diese edle Trutznachtigall (von Spee [1]) meines Bruders, die irdische Nachtigal muß dieser himmlischen schweigen, die dich immerdar mahnt: Hast du ein Herz wie das meine, so schwinge dich auf durch die Nebel und Schlossen. Der Himmel leite dich. Der Einsiedler.

8.

Heiliger Vater! Ihr wandelt wie die seligen Engel herum, und beglücket wunderbar alle Menschenkinder und taufet sie im Geiste, sehet aber nicht zurück auf die, welche beglückt sind durch euch, sondern strebet

[1] Friedrich Spee von Langenfeld, geb. 1592 zu Kaiserswörth, Jesuit, † 7. Aug. 1635 zu Trier als Märtyrer der Krankenpflege. Seine „Truz Nachtigal“ erschien Cöllen 1649. 12⁰. Cl. Brentano gab das Buch neu heraus: „Fr. Spee's Truz Nachtigal, ein geistlich-poetisches Lustwäldlein, desgleichen noch nie zuvor in deutscher Sprache gesehen worden. Wörtlich treue Ausgabe, vermehrt mit den Liedern aus dem güldenen Tugendbuche desselben“. Berlin 1817. 12⁰. Das „güldene Tugent Buch“ war auch Cöllen 1649 in 12⁰ erschienen. Cl. Brentano gab es ebenfalls neu heraus Coblenz 1829. 12⁰.

immer weiter wie die Gnadensonne. Lasset mich aus der Ferne euer Gewand anrühren, wendet euch um, es ist auch christliche Milde den frommen Dank anzuhören. Mir ist der Frieden geworden, ja es scheinet Gottes Auge über mir zu weilen, und mich mit einem Meere lichter Wolken zu erfüllen. Kein Unfall störet mich mehr, und die Schwelle über die ich falle wird mir zum Altar, dem ich den Anstoß danke, mich wieder von ihm höher erheben zu lassen. Ich bin ungeschickt es euch zu sagen, mag auch meine Seligkeit nicht sträflich unterbrechen durch Nachsinnen, mir ist oft, als wenn ich flöge wie eine Biene, und sammelte den seligen Honig ein, ja der Himmel erscheint mir mit seinen Heiligen, wie ich an ihn denke. Die ungläubigen Schwestern spotten über meine Gesichte, weil mein Angesicht schwarz ist, aber mich schmerzt das nicht, ich weiß was ich gesehen habe, sie haben mich dem Bräutigam vermählt, ich fühle noch an meinem kleinen Finger den Druck des Ringes. Ich war oft so entzückt in seliger Anschauung, daß ich das Geläute der Metten nicht hörte, sie schickten mir den frommen Abt, um mich ermahnen zu lassen, und ich sagete ihm, was ich sehe, und ihm war wie einer schwebenden Taube, er kniete vor mir; heiliger Vater kommt zu mir, es wandelt mich oft eine Furcht an vor meiner Seligkeit und Vollkommenheit, als wenn ich damit nicht leben könnte, als wäre ich schon im Himmel wie eine rothe Abendwolke, die alle Gesichter der Menschen röthet. Heiliger Vater! wäre ich noch eine Magd, so stände ich in schwerer Arbeit, die mir die selige Zeit nehme, wäre ich eine Frau, so hätte ich eine Sehnsucht nach meinem Manne, ihr habt mich geführt zur heiligen Freiheit, laßt euch führen von mir zu der Seligkeit, die ich allein angeschaut, die ihr verstehen könnt und verdienet, und nicht schmähen werdet wie meine Schwestern. Schon kommen Bedrängte aus ferner Gegend, die von mir gehört haben und wollen, daß ich die Hand auf sie lege, und ich lebe so selig in meiner Klause, daß mir die Welt rings dunkel und öde erscheint, und um euch trauert, daß ihr noch darin wallet. Ich werde von einer innern Kraft getrieben, wie ein Samenkorn, und wage nicht umzuschauen, ob ich Raum habe, meine Blätter zum Himmel zu treiben, ich sehe die Säulen an unsrer heiligen Kirche und trauere, daß ihre Knospen nicht blühen, wenn sich mein Samenkorn entwickelt, da wird es einen Säulenwald geben, und auf jeder ruhen eine Wolke eigen und ein Stern, und ich habe die heilige Kirche wie einen Stein an den Baum gehangen, ihn nieder zu drücken, aber er hebt mit Frühlingskräften die Steine, und sie belasten ihn nicht mehr. Kommt zu mir heilger Vater und [248] vereinigt euch mit mir, wie soll ich mich halten gegen die Wunder.

Die Mohrin.

9.

Liebe Tochter! Sage meinen Geliebten, daß ich vor Liebe krank liege. Es scheinet wohl, daß die Liebe trunken machet, daß ein Mensch nicht weiß, was er thut. Säße ein Mensch vor einem Keller in einem sommerlichen Tage, schön bedeckt mit des gelaubten Waldes grüner Saat, mit der Blumen mannigfaltigen Schönheit, und man ihm da heraus einen Ziperwein in dem durchleuchtenden Gläslein vortrüge, und ihn nach seines Herzens Begierde tränkete und ein andrer Mensch auf der dürren Haide unter einer rauhen Wachholderstaude säße und Beeren ablese, daß er kranke Menschen gesund machte. Entbeute jener diesem, wie er zum süßen Saitenspiele sollte tanzen, er spräche, der mag wohl trunken seyn, er meynet, daß jedermann sey wie ihm, mir ist ganz anders zu muth, wir sind ungleich geführet. Mein Kind! das mag ich eigentlich zu dir sprechen von der Botschaft, die du mir hast gethan, wie eine inbrünstige Fackel entbrennet sey in deinem Herzen von rechter inherziger Liebe zur ewigen Weisheit, und von dem neuen Lichte und unbekannten Wundern, die sie in dir wirket, und wie dein Herz hat darin empfunden ein süßes Wehn und ein liebliches Zerfließen und ein überschwengliches Empfinden, davon du mich gefraget hast, und begehrest wie du dich ihm allerlieblichst hierin sollst erzeigen, und gegen die Wunder halten. Mein Kind! es steht eine unmäßige Freude auf in meinem Herzen, daß sich der Liebliche so lieblich erzeiget, und daß er giebt zu empfinden, was ich dir mit Worten sagte. Ich wollte gern dürsten, wenn alle, mein Kind, so getrunken. Mein Kind! es ist ein groß Wunder, daß du in so kurzen Jahren hinzu bist kommen, das macht dein grundloser Ernst, dein Kehr zu Gott, deine Abkehr von der Welt. Mein Kind! ein Mensch, der nie zu dem Wein kam, dem ist der Wein empfindlicher als der schon oft getrunken, und gedenke, daß dir also geschehen sey von der klaren süßen Liebe der ewigen Weisheit, die dich urkräftlich hat überwunden. Oder es meynet aber, daß Gott dich reitze, und dich bald von hinnen will nehmen in den grundlosen Brunnen, woraus du ein Tröpflein versuchet. Oder es meynet aber, daß er seine Wunder hieran dir will erzeigen, und den Ueberfluß seiner Güte, und sollt dich also halten, daß du dich neigest unter seine Füße mit der Selbstverworfenheit in einem Schauen seines Willens ohne Lust suchen dich selbst, du darfst dabei nicht Furcht haben, du sollest deiner leiblichen Kraft wahrnehmen, daß du nicht zu viel darinnen verzehrt werdest. Es mag sich im Lauf fügen, daß drinn diese Lockung dir zu dermaßen benommen wird, und daß du auf ein Geringes gesetzt wirst, denn nach der langen Hitze und Dürre leuchten die Wetter prächtig und tränken die Gefilde mit Himmelsduft, aber dann ist es oft lange kalt. Fülle in Demuth deine Zisterne, daß es dir an Wasser nicht mangle und theile es allen mit, die da dürsten, ich lebe hier an einer sanften Quelle, die immerdar in Tropfen fließet und habe ich ein Stündlein mit ausgestreckter Hand gebetet, hat sich gesammelt so viel des Trankes, als mir gut thut im Alter. Liebe Tochter! versäume nicht andre über mich in deiner Frommheit. Der Einsiedler.

Ludwig Achim von Arnim.

Bruder Claus.[1]

O Herr nimm von mir,
Was mich wendt von dir,
O Herr gieb mir,
Was mich kehrt zu dir,
O Herr nimm mich mir,
Und gieb mich ganz zu eigen dir.

So betet ein und zwanzig Jahr,
Der Bruder Claus, alltäglich zwar
Bei Melchthal in der Cellen,
Die er sich thät erwählen,
Als er war sechzig Jahre alt,
Da ging er in den wilden Wald,
Sein Weib und seine Kinder verließ,
Sie oft und freundlich wieder grüßt,
Doch lebet er für sich allein,
Von Wurzeln und von Kräuterlein.

Sein Leib war grad und wohlgestalt,
Doch dürr und mager, weil er alt,
Fast nichts als Adern, Haut und Bein,
Ganz schwarz und klar die Augen sein,
Sein Bart nicht lang von wenig Haar,
In zween Spitzen getheilet war,
Sein Farb war braun, das Haar vermischt
Mit schwarz, auch graues drunter ist,
Sein Adern, so er redt, waren gleich
Als ob die Luft sie füllte reich,
Und nicht ein Blut nach Menschenart,
Ein Kleid von ihm gebraucht nur ward,
Ein langer Rock bis auf die Füß,
Und Haupt und Fuß er bloß stets ließ.

Mit männlich Stimm, in langsam Red
Viel künst'ge Ding weissagen thät,
Verkündigt Buß und Besserung,
Und manchem es zu Herzen ging.
In seiner Lehr Gottes Wort er traf,
Ob er gleich nie Geschriebnes las,
Bescheidentlich er disputirt,
Und nie in seiner Rede irrt.

Den Eidgenossen gab er Rath,
Zum Frieden sie ermahnet hat;
Der ist der Eidgenossenschaft
Ringmauer wider Feindeskraft.
Der Schweizer Stier mit seinem Horn
An einem Ort würd seyn verlor'n,
Doch bleibt ihm noch sein Rosenkranz,
Dreizehen Rosen drin voll Glanz,
Die werden blühen Tag und Nacht,
Wenn sie mit allem Ernst bedacht
Und folgen Bruder Clausens Lehr.
Zur Handarbeit mahnt er sie sehr,
Ausländ'schen Dienst sie meiden sollen,
Gerechtigkeit und Freiheit wollen,
Die Freiheit, die mit fester Hand
Vorzeit erhielt bei hartem Stand.

Der Weihbischof von Kostanz fragte,
Einst was die größte Tugend sey,
Der Bruder Claus zur Antwort sagte:
„Auf recht Gebot Gehorsam frey."
Der Bischof gab ihm drei Biß Brod,
Und sprach: Gehorche dem Gebot,
Und esse dieses Brod vor mir,
Das ich gesegnet reiche dir.
Der Bruder nahm und brach das ein
Noch in drei Bis und Stücklein klein,
Fing an zu essen so beschwerlich,
Daß jedermann vergnüget sich
Der Tugend, des Gehorsams seyn.
Der Bischof reißt in Sorgen heim,
Doch in der Nacht es sich begeben,
Daß Claus im Bette thät erbeben,
Die Sternen leuchten schön und klar,
Ein Bildniß an dem Himmel war,
Des Papstes Haupt mit seiner Kron
Sah Bruder Claus am Himmelsthron,
Doch das viel Schwerdt mit ihren Spitzen,
Ihm um die hohe Krone blitzen;
Tausend fünfhundert und zwei Jahr
Zählt man, da er gestorben war.

Sein Weib und Kind sah oft der Greis
Besucht sie oft mit ganzem Fleis,
Und zehen Kind hat er verlassen,
Die alle Leibesmängel hatten,
Damit sie ja stolzierten nicht,
Wie sonst wohl ist der Menschen Sitt,
Ob ihres Vaters Heiligkeit,
Der demüthlich zu seiner Freud
Im Schnee zum Bruder Ulrich kam
Und seiner Kirchen sich annahm,
Hochzeitlich Tagen nicht veracht,
Da er das Sakrament empfaht.

---

[1] Vgl. J. v. Müllers Geschichten der Schweizerischen Eidgenossenschaft, Bd. 5. Leipzig 1808. 8⁰. S. 245–258, auch Morgenblatt 1807. Nr. 184. 185. Vgl. die Einleitung.

[251] Von Sante Otilien Leben.

In den Zeiten des Königs von Frankreich, genannt Hilderich, war ein Herzog, genannt Adelreich, der war so edel von Geschlechte, daß sein Vater der Würdigste war an des Königs Hofe. Wiewohl daß dieser Adelreich äußerlich wohl seiner Ritterschaft wartete, doch war er in allen seinen Werken gerecht gegen Gott, davon so gab ihm unser Herr einen guten Sinn, daß er mit Fleiße begehrte ein Kloster zu bauen, da Gottesdienst innen würde vollbracht. Darum empfahl er allen seinen Freunden, daß sie wahrnehmen, wo er diesen Bau möchte anlegen, daß sein Kloster von den Leuten unbekümmert bliebe. Also kam sein Jäger und sagte ihm von einer wilden Wohnung[1], die so hoch wäre über den Leuten, daß es Hohenburg wäre genannt. Dieser Märe war er froh, und fuhr dahin und beschauete die Stätte, die gefiele ihm so wohl, daß er Gottes Gnade dankete, und bauete da zur Stund eine große Kirche mit allem dem Gemach, was zu einem Kloster nothdürftig war. Dieser Herzog hatte eine Frau, Berswinda genannt, die dienete unserm Herren allerzeit mit großer Andacht. Diese Frau ward eines Kindes schwanger, und genas zur rechten Zeit einer blinden Tochter. Da dies der Vater erhört, da ward er so sehr betrübt, daß er das Kind begehrte zu tödten und sprach zur Mutter: Nun erkenne ich, daß ich sonderlich wider Gott muß gesündigt haben, daß mir an meiner Frucht ist mislungen, das keinem von meinem Geschlechte nie geschah. Da sprach die Mutter: Herr du sollst dich um diese Sache nicht also sehr betrüben, wenn du wohl weißt, daß Christus von einem gebornen Blinden sprach: dieser ist geboren blind, nicht durch seiner Vorderen Missethat willen, er ist blind geboren, daß Gottes Gewalt an ihm erscheinen sollte. Dieses verfing alles nicht in dieses Herzoges Herzen, alle seine Begierde war, daß das Kind getödtet wurde. Davon sprach er zu seiner Frauen: Schaff, daß dies Kind von unsrer Freunde einem heimlich getödtet werde, oder also ferne werde von uns gethan, daß wir sein vergessen, anders ich werde nimmer [252] froh. Des Gebotes betrübete sich die Mutter gar sehr, und bat unsern Herren mit Andacht um Rath und um Hülfe in dieser Sache. Also gab ihr Gott an ihren Sinn, daß sie gedachte an eine Fraue, die war ihre Dienerin, nach der sandte sie und sagte der

[1] Das Original S. 516 [vgl. die Anmerkung am Schlusse] fügt hier bei „do hette der keyser Maximinianus vor langen ziten durch eine enthaltunge vor den figenden ein hus gebuwen das wer so hoch" —. Ich berücksichtige fernerhin in den Anmerkungen nur solche Stellen, die Arnim mißverstand oder willkührlich änderte; Auslassungen, deren nicht wenige gemacht sind, übergehe ich ganz.

des Herren Sinn wider das Kind. Da tröstete die Dienerin die Fraue und sprach: Liebe Fraue, ihr soltet euch nicht also sehr betrüben, denn Gott, der das Kind blind gemacht[1], der mag es wohl wieder sehend machen. In diesen Zeiten war ein heiliger Bischof in Bayerland, Sankt Erhard genannt, dem kam ein Gebot vom Himmel, daß er über Rhein sollte fahren in das Kloster Palma, da wäre ein Mägdlein blind von Geburt, die sollte er taufen und nennen Otilia, so würde sie in der Taufe gesehend. — Dieser Meinung war der Bischof gehorsam, und da er dies Kindlein taufte, da schlosse es seine Augen auf, und sah den Bischof an. Da sprach er: Nun begehr ich liebe Tochter, daß wir einander in dem ewigen Leben müssen ansehn! — Also offenbarte der Bischof den Klosterfrauen, wie ihm das von dem Himmel wäre verkündiget, darum so empfahl er ihnen das Kind und fuhr wiederum heim in sein Land. Danach zogen die Klosterfrauen das Kind viel zärtlicher[2], und lehrten es die heilige Schrift. Also bot sich dies Mägdlein mit großem Ernste zu allen Tugenden und verschmähete alle Hochfahrt, und begehrte allein dem zu dienen, der sie erlichtet hatte. Da nun Sankt Erhard wieder in sein Land war kommen, da entbot er dem Herzoge alle Geschicht und entbot ihm, daß er dies Kind wieder in seine Gnade empfinge, das ohne seine Schuld in seine Ungunst wäre kommen. Dazu antwortete der Herzog nicht. Also geschah, daß Sankt Otilie erfuhr, daß sie einen Bruder hätte, der in ihres Vaters Hause in Hulden war, dem schrieb sie einen Brief und bat ihn, daß er ihr Gnade erwürbe an ihrem Vater, daß sie ihn einmal mit Freuden möchte ansehen. Da der Bruder diesen Brief empfing, da ging er vor den Vater und sprach: Gnädiger Vater, ich begehre, daß du die Bitte deines Sohnes wollest erhören. Da antwortete der Vater und sprach: Bittest du unziemliche Ding, so ist es unbillig, daß ich dich erhöre. Da [253] sprach der Sohn: Es ist eine ziemliche Bitte; ist es anders gefällig deinen Gnaden, denn ich begehr nichts anders dann, daß deine Tochter meine Schwester, die in dem Elende lange ohne Trost ist gewesen, nun wieder zu deinen Hulden werde empfangen, und deine gnädige Gegenwärtigkeit genieße. Da hieß ihn der Vater der Rede schweigen. Da hätte der Jüngling so großes Mitleiden mit seiner Schwester, und hieß heimlich einen Wagen bereiten mit aller Nothdurft, und sandte nach seiner Schwester. Also geschah, daß der Herzog mit seinem Sohne und mit seiner Ritterschaft saß auf Hohenburg, und sah einen gezierten Wagen kommen; da sprach er: Wer da komme. Da sprach sein Sohn, seine Tochter Otilie komme

---

[1] J. O. „der dis geploget hat". [2] J. O. „zerteclîche".

da. Da sprach der Herzog: Wer ist so frevel oder so thöricht, der sie ohne mein Heißen hätte herberufen. Da merkte der Sohn, daß dieß nicht möchte verholen bleiben und sprach: Herr, ich dein Diener betrachtete, daß es Schande war, daß sie in so großer Armuth wohnete, und habe sie hergesandt aus großem Mitleiden, dessen begehre ich deine Gnade. Vor Zorne hob der Vater seinen Stab auf und schlug den Jüngling so sehr, daß er sich wandt[1] und starb. Des betrübete sich der Vater so sehr, daß er sich bis an seinen Tod in ein Kloster zur Busse legt[2], gedachte auch seiner Missethat und sandte nach Sankt Otilien und empfahl sie einer andern Klosterfrauen und hies ihr nicht mehr geben als einer Magd[3], damit ließ sie sich wohl begnügen. In diesen Zeiten geschah es, daß ihre Amme starb, da gedachte sie an den Ernst, den sie zu ihr hätte gehabet in ihrer Jugend, und begrub sie selber mit ihren Händen. Darnach über dreißig Jahr sollte man einen andern Menschen an derselben Stelle begraben, da fand man, daß dieser arme[4] Leichnam gar verfaulet war, ohne allein die rechte Brust, damit sie Sankt Ottilien hätte gesäuget. Es geschah einmal, daß dem Herzoge Sankt Otilia begegnete im Kloster, da überwand er sich und sprach: Tochter, was[5] gehst du? Da sprach sie: Herr ich gehe und trage ein wenig Habermeles, davon will ich den armen Menschen ein Müslein machen. Da sprach er: Vielliebe Tochter! dich soll nicht beschweren, daß du bisher ein arm Leben hast geführet, es soll nun alles besser werden. Also gab er ihr das Kloster mit allem seinem Gute und begehrte, daß sie mit Fleiße mit ihren Klosterfrauen ewiglichen Gott für seine Sünde betete. Danach kürzlich starb er, da ist ihr erschienen in dem Geiste, daß ihr Vater in großen Peinen wäre um seine Sünde, die er noch nicht[6] auf Erden gebüsset hätte, darum büßte sie mit Fasten und mit Wachen so lange für ihren Vater, daß zu jüngste eine Stimme [254] mit einem Lichtscheine kam und sprach: Otilie du Auserwählte Dienerin Gottes, nicht peinige dich mehr um deinen Vater, denn der allmächtige Gott hat dich erhöret, und führen die Engel deines Vaters Seele gen Himmel.

Diese heilige Jungfrau hätte unter sich hundert und dreißig Jungfrauen in ihrem Kloster, die versorgte sie leiblich und geistlich mit guter Lehre und gutem Bilde, das sie ihnen vortrug. Und war ihre Speiße Gerstenbrod, ihr Bette eine Bärenhaut und ihr Kissen ein harter Stein. Die heilige Otilie merkte, daß wenig armer Menschen zu dem Kloster kamen, an denen sie Werke der Barmherzigkeit möchte üben, weil der

---

[1] Lies „siech wart“. [2] J. C. „in eime closter busse leit“. [3] J. O. „megde pfrune“. [4] Lies „amme“. [5] J. C. „war“. [6] J. C. „nit gerwe“.

Berg zu hoch war, darum thät sie bauen unter dem Berge eine Kirche zu Sankt Martins Ehre, und dabei eine Herberg. Da Sankt Ottilie in diesem Baue sehr bekümmert war, da kam zu ihr ein Mann, der brachte drei Zweig von einer Linden und gab ihr die, daß sie die sollte pflanzen ihm zu einem Gedächtnisse. Also hieß sie drei Gruben machen und setzte den ersten Zweig im Namen des Vaters, und den andern im Namen des Sohnes, und den dritten im Namen des heiligen Geistes. Die drei Zweige wurden große Bäume, und[1] stehen noch heutiges Tages da. Danach sammelte sie alle ihre Frauen, und hieß sie erwählen, was Regeln sie wollten empfahen, ob sie wollten ein offen Kloster haben. Da sprachen sie alle: Dies sollte in ihrer Ordnung liegen. Da sprach sie: Ich erkenne euch alle in Christo, daß ihr wohl ein beschlossen strenges Leben führet, doch weiß ich, daß unsere Nachkommen die Härtigkeit nicht mögen erleiden, und daß ihnen das ein Fluch würde, was uns ein Heil sollte seyn. Darum ist meine Begierde, daß wir unter der offenen Regel bleiben. Diese Sankte Otilie hatte besondere Andacht zu Sankte Johann dem Täufer, eine Nacht lag sie in ihrer Andacht, da erschien ihr Sankt Johann und zeigte ihr eine große leere Stelle, wo sie eine Kirche sollte bauen. Des Morgens ordnete sie den Bau an. Einmals fielen vier Ochsen mit einem beladenen Wagen, die Steine zu der Kirche führten, den Felsen herab über siebenzig Schuh Höhe; die wurden doch von Sankt Otilien aufgehalten, daß sie unversehret blieben, und denselben Wagen mit Steinen zu derselben Stunde zur Kirche brachten. Neben der Kirche hieß sie eine Kirche bauen, da wohnete sie mit wenig Frauen in Andacht. Sie hatte einen Bruder Adelbert genannt, der hatte drei Töchter: Eugenia, Attala[2] und Gundelinde, die hörten so groß Lobsagen von ihrer Base, daß sie begehrten ein geistlich Leben. Da das Sankt Otilie empfand, nahm sie diese Jungfrauen mit großen Freu- [255] den. Einesmales stand sie im Gebete, da kam die Kellerin und klagete, daß sie nicht Weines genug hätte den Frauen zu geben. Da sprach sie: Der Gott der mit fünf Broden und fünf Fischen fünf tausend Menschen speisete, der mag auch uns von dem wenigen Weine tränken. Darum so geh hin und vollbringe deine Andacht in der Kirche, wenn Christus hat gesprochen: Ihr sollet fürs erste suchen das Reich Christi, so fallen euch zu alle zeitliche Ding nach eurer Nothdurft. Da nun die Zeit kam, daß sie essen sollten, da fand die Kellerin das Faß voll Weines, das sie vor hatte leer gelassen. Also nahm die Sankt Otilie in allen Tugenden zu, und übete sich in großen Gotteswerken, darum wollte sie unser Herr

---

[1] „wurden große Bäume, und“ fehlt i. O. [2] J. O. hier S. 519 „Attilam“.

aus diesen Arbeiten erledigen. Da sie empfand, daß die Zeit ihrer Hinfahrt nahete, da ging sie in Sankt Johannes Kirche und hieß alle ihre Frauen vor sich kommen, und ermahnete sie, daß sie allezeit Gott vor Augen hätten, und seine Gebote nimmer übergingen und für sie und ihren Vater und alle ihre Vorderen mit Fleiße beteten. Also hieß sie die Frauen alle gehn in unser Frauen Kirche, und da eine Weile den Psalter lesen. Dazwischen fuhr ihre selige Seele von ihrem Leibe in die ewige Freuden. Da ward ein so süßer Geruch, daß ihn wahrnahmen die Frauen in der anderen Kirche. Darum gingen sie hin und fanden ihre selige Mutter todt, und knieend in der Kirche; des betrübeten sich die Frauen gar sehr, daß ihre selige Mutter ohne das heilige Sakrament war verschieden, und riefen alle die Gnade unsres Herrn an, daß er seinen Engeln geböte, daß sie die heilige Seele wieder in den Leichnam führten. Zur Stund ward Sankte Otilie wieder lebendig und sprach: O ihr lieben Schwestern, warum habt ihr mir solche Unruhe gemacht, daß ich aus der seligen Gesellschaft Sankt Lucien wieder mußte in diesen arbeitseliger Leib kommen: Also hieß sie, ihr biethen einen Kelch mit dem heiligen Sakramente, das nahm sie selber, darnach schied die heilige Seele wieder von ihrem Leibe. Durch dies Wunder ist derselbe Kelch behalten in der Kirche: Also nahmen die heiligen Frauen den Leichnam, und begruben ihn vor Sankt Johannes Altar, da blieb der süße Geruch acht Tage in der Kirche, da wirkete der Herr seiner Dienerin zu Lobe, viel große Zeichen und Wunder ob ihrem Grabe. Bei dem Begräbniß waren Sankt Attala mit ihren Schwestern, denen schrieb Sankt Attala mit der Hand[1]: Gottes Friede, guter Friede, Zeitenlehre tödtet.

(Nach *Lombardica Historia*[2] *Msc.* S. 101. Königshoven[3] Straßburgische Chronik her. von Schilter. Straßburg 1698 S. 515.)

---

[1] Die Worte „Bei — Hand" fehlen i. O. Der folgende Spruch findet sich S. 523.

[2] Von Jacobus a Voragine, bekannter unter dem Titel Legenda aurea, in vielen frühen Drucken verbreitet. Argentine 1479. 4⁰. Cap. CLXXXIX de sancta odilia. Neue Ausgabe von Graesse, 2. Aufl. Lipsiae 1850. 8⁰. S. 876. 877.

[3] Jacob Twinger von Königshofen, geb. 1360, † 1420. Der vollständige Titel der Chronik lautet: „Die Alteste Teutsche so wol Allgemeine Als insonderheit Elsassische und Straßburgische Chronicke / Von Jacob von Königshoven / Priestern in Straßburg / —. Anjetzo zum ersten mal heraus und mit Historischen Anmerckungen in Truck gegeben von D. Johann Schiltern. Straßburg Verlegt und getruckt durch Josias Städel. 1698". 4⁰. Die Umschrift der Kapsel gibt Arnim hier in der Auslegung Schilters S. 523. Aber am selben Orte ist auch von einer Abbildung des Ganzen begleitet der authentische Wortlaut angeführt. Danach ist zu lesen GOTHEFRIT GOTHEFRIT CIDELERE DŎDA. Wir haben es also hier mit einem Gottfried Zeidler zu thun, der vermutlich die Fassung der Reliquienhand anfertigte oder anfertigen ließ; ob mit jenem Cidelarius, der als vermeintlicher rotularius von Straßburg spuckte, muß ich dahingestellt sein lassen.

[256] Diese Worte stehen als Umschrift der Kapsel über der heiligen Reliquien Hand der heiligen Attala, denn warum sollte uns das nicht heilig seyn, was an ein heiliges Leben erinnert, wie uns die Trümmern Roms groß sind, weil sie an ein großes Leben erinnern. Zur Vergleichung fällt uns hier eine sehr schöne Erzählung Ottilie in den neuen Volksmährchen [1] (Leipzig Weygand 1789—92 4 Bände) in ganz anderm Sinne, minder ehrwürdig aber zierlich und tiefsinnig in Ergreifen des flachsten modernen Treibens, sie will fast nie eigentlich alterthümlich seyn. Diesen neuen Volksmährchen, die vielleicht durchaus keinen Fehler als eine allzu geregelte breite Sprache haben, ist das gewöhnliche Schicksal trefflicher Bücher begegnet aus Nachsprecherey irgend eines tonangebenden Kritikers immerdar verachtet worden zu seyn. Noch neulich giebt ihnen ein guter Schriftsteller schuld, daß sie dem Musäus [2] nicht glücklich nachgeahmt sind; unbegreiflich ist dies Verkennen einer reichen Eigenthümlichkeit, an die Musäus, ungeachtet seines Talents nie anreichen konnte, nicht zu gedenken, daß sie rein sind von den widrigen literarischen Anspielungen der Zeit, die zu den Zeiten des Musäus für Witz gelten mußten, sie sind ein unbenutzter Stoff für Singspieldichter und Romanzensänger. Nie ist Kindergefühl so dargestellt worden wie in der Otilie, im Hiolm, in Walther und Maria, im St. Georg, nie der Ernst des schrecklichen Lebens wie im Ottbert, kein Heiligenkampf, wie im Julian, kein Familienwesen wie im stillen Volke — ich bin unerschöpflich in dem Lobe dieses Buchs, das mir sehr traurige Nächte erhellte. Aus Dankbarkeit hoffe ich noch oft die Rechte des Sinnes gegen die Anmaßungen der Kritik zu verfechten, deren Richtigkeit ich endlich ganz zum eignen Bekenntniß bringe, die Kritik wird eingestehen, daß sie ihrer Natur nach Mysterie gewesen, daß es ohne diese Mysterie (wir brauchen das Wort um den Bock im Morgenblatt ein wenig zu stutzen) bloße Täuschung sey, wo wir stille stehen, wohin wir fortschreiten mit einem universalhistorischen Gefühle für alle anzunehmen und der Welt also ganze Klassen Eindrücke aufzubürden — oder in ihrem Namen aufzugeben, was doch alles nur für den einen mückentanzenden Sonnenradius ohne Breite und Tiefe gilt, den der Kritiker in sich darstellt. Es wird sich zeigen, daß alle Kritik über das Mitlebende Scherz ist, es giebt darin nur ein Anerkennen, ein Hinführen zum Anerkennen, und doch ist dies selbst meist überflüssig, die Würdigung ist nicht die Wirkung der Schrift, die immer ein Wunder

---

[1] Neue Volksmärchen der Deutschen [von Th. Mt. Müller und B. Naubert]. 8°.

[2] Joh. Karl Aug. Musäus, geb. 1735 zu Jena, 1770 Prof. am Gymnasium zu Weimar, † daselbst 28. Okt. 1787. Seine „Volksmährchen der Deutschen" erschienen zuerst in 5 Bänden 8° zu Gotha 1782—1787.

bleibt, man mag sie nach Pestalozzi oder nach Olivier lernen, ein Wunder wie alle Ansicht der Natur in ihrer Neuheit bei jeder Entdeckung, beim ersten absichtlosen Verse, den wir machen, wir erstaunen über uns, Indier und Perser erkannten das auch, wie wir gesehen haben, uns sucht die Erziehung das Wunderbarste gewöhnlich zu machen, weil sie keine Wunder thun kann. Um die Leerheit der Kritik darzuthun, die mit einem Paar Einfällen ausstaffirt, alles Wunderbare übersehen, und die Bemühungen ganzer Völker berichtigen will, haben wir auf dem Umschlage des vorigen Hefts ein altes Gespräch über deutsche und welsche Wirthshäuser zur Vergleichung deutscher und italiänischer Sonette abgedruckt, nicht als wenn das wirklich paßte, nur um zu zeigen, wie alles in der Welt durch Kritik und zur Kritik abgenutzt werden kann.

Einsiedler.

Zeitung für Einsiedler.

1808. — 33 — 23. July.

[257] Offenbarungen des Neuen.

1.

Warum muß ich den ungeheuern Drang
Der flammenheißen Brust verschließen?
Kann nicht den Sturm des tobenden Gefühls
In ungeheurer That ergießen!

Gebürge, Erden, Himmel will ich tragen,
Das Firmament, ich reiß es ein!
Heraus, heraus, wer sich mit mir will schlagen,
Und will die ganze Welt es seyn!

Ihr alle Ungeheuer, alle Drachen,
Ihr alle Satanshöllenbrut!
Mit euch mich fürchterlich herumzuschlagen,
Im Herzen siedet mir das Blut!

Und bäumt euch, bäumt euch nur; sperrt eure Rachen
Vom Orkus bis zum Himmel auf!
Und wenn ich einen Kopf euch abgeschlagen,
Setzt hundert fürchterlicher auf!

Bei meinem hohen Zorn! Bei Gottes Haupte!
Todt schlag ich euch, dennoch todt!
Denn ich bin eisern, ich unüberwindlich,
Mit mir sind Engel, Himmel, Gott!

Die Welt erlösen von den Riesensünden,
Womit sie schrecklich sich befleckt;
Ein neu Geschlecht und Reich wollt' ich dann gründen,
Weil dieß so unermeßlich schlecht!

Und kann ich neues Leben nicht entflammen,
Ha dann, so stürz ich sterbend hin;
Und reiß im Sturz das Schlechte mit zusammen,
Noch furchtbar groß in dem Ruin!

2.

Ich hasse euch, ich kanns und will's nicht bergen,
Ich haß euch ewig unermeßlich,

Ihr Sclaven ihr, ihr Zwergen!
Denn eure Sünd ist unerläßlich!

Gebürge wollt' ich stürzten ein und Länder,
Und schlügen Millionen todt:
[258] Ein Neues werd! Verlassen und vergessen
Ist dieß Geschlecht von Gott!

Entzünden möcht ich mich zu Weltenbrande,
Möcht eine ärgre Sündfluth seyn!
Zu strafen diese tiefe Höllenschande,
Das Weltgericht, könnt ich es seyn!

Wer ihn nicht auch im Donner und im Blitze
Erkannt, ihn nicht in Grimm und Tod,
In Nacht und Sturm der fürchterlichsten Schlachten
Hat ihn noch nicht erkannt, den Gott!

Schmach.

Schon wiederum hast du mich furchtbar gereitzet,
Den Stolz mir wild kochend empört!
Ha wenn ich es litte, ha wenn ich nun schwiege,
Wie wäre ich Bayerns noch werth!

Du hast mich beschimpfet, den Handschuh den warfest
Voll Uebermuth mir zu;
Daß ich nicht so eiskalt erstarret im Wissen,
Im todten Buchstaben wie Du!

Ha wo ist denn adliches Thun oder Wissen?
Das schlecht Gemeinste weißt Du!
Was groß ist und herrlich und himmlisch und göttlich,
Mit flammendem Muthe ich thu.

Doch dieses veracht' ich, so schändlich zu prahlen,
Wenn Großes, selbst Wunder ich thu;
Doch ihr, wenn ihr auch nur ein Körnlein gefunden,
Der ganzen Welt kräht ihr es zu!

Was ihr nur mit sauerem Schweiße erjaget,
Dem niedern Geschlechte so gleich;
Das haben schon längst mir die Geister verkündet,
Viel göttlicher, tiefer als euch!

Und habet Verstand! Es versagte die Gottheit
Euch hoher Begeisterung Drang!
Mir aber verlieh sie, euch nieder zu schlagen
Mit glühendem kühnen Gesang!

An die Anderen.

Wenn von Versorgung und Brod, von der dicken Materie die Rede;
Von Kartoffeln und Mehl; und von dem fettesten Mist,
[259] Räumen wir Euch das Gebiet; — doch wo die Geister regieren
Still ihr Bestien da! Da lasset uns das Geschäft!

Herausforderung.

Ha warum, warum verachtest du mich
Du kalte Brut, du der anderen Zone;
Heraus du kalte, heraus will ich dich
Auf den Sand hier des bayerschen Bodens.

Ich schlage dich nieder bei allen Göttern!
Dich nieder in röthlichen Sand!
Da liegst du schon ha! von meinen Wettern
Gestürzet, da liegst du im Sand!

Wer will die Fehde noch mit mir wagen?
Heraus nur! Tausend an Wissenschaft
Schlag ich; werd alle alle euch schlagen
Mit des Willens allmächtiger Kraft!

Nun krönet mich Freunde mit grünendem Laub,
So wie es dem Sieger gehört;
Und also schlage ich jeden in Staub,
Der Bayerns Söhne nicht ehrt!

Nepom. Ringseis. [1]

Die vier Jünglinge.

Die Sonne gehet auf mit Pracht
In königlicher Majestät,
Es steiget thürmend aus der Nacht,
Das stolze Schloß am Berg erhöht.

Und klirrend sprang auf das eherne Thor,
Die schimmernden Flügel beide zugleich;
Vier hohe Jünglinge halten davor
Auf schwarzen Rossen, geschmücket reich.

---

[1] Johann Nepomuk Ringseis. Geb. 16. Mai 1785 zu Schwarzhofen, Oberpfalz, studierte 1805–1812 zu Landshut Medicin, ward Leibarzt des Königs Ludwig I. von Bayern, † 22. Mai 1880 zu München als Medicinalrat. Schrieb ein „System der Medicin", das Görres recensierte. In mehreren Auflagen erschien seine Schrift „Ueber den revolutionären Geist auf den deutschen Universitäten". Vgl. die Einleitung.

Wie glänzet ihr silbernes Panzergeschmeide,
Wie prangen hoch oben die Helme von Gold!
Die Jünglinge glühen von muthiger Freude,
Die Locke schwarz zu dem Harnisch rollt.

Und von des Thurms metallnem Gitter,
Das Schwerdt zur tiefen Erd' herab,
Der altergraue ernste Ritter,
Den Jünglingen das Zeichen gab.

[260] Da sprengten sie auf geflügeltem Rosse
Mit Kampfes Begierde hinaus zum Thor,
Sie flogen hinfort wie schnelle Geschosse;
Doch keiner es that den andern zuvor.

Wie der blendende Schwan durch Fluten gezogen,
Die Furche im Lichtschein lasset zurück:
So zeichnete im hellleuchtenden Bogen
Ihre Bahn ein strahlender Sonnenblick.

Und wie verlischen glimmende Funken,
Und Sternlein verschwindend untergehn,
Die Jünglinge so hinunter sunken,
Das trunkene Aug' möcht' lange sie sehn.

Sebastian Ringseis. [1]

Der Fluß.

In der Felsen Tiefen bin ich erzogen,
An dem Gewalt'gen hab ich lang gesogen:
Sah, wie dem Himmel göttliche Mächte entsteigen,
In der heiligen Nacht,
In den tiefesten Schacht
Und der Erd in Liebe sich neigen.
Drum aus der Felsen kräftigen Schoos,
Riß ich mich jugendlich los,
Die Wunder der Welt zu verkünden,
Die ich sah in der Erden untersten Gründen.
Auf den crystallen leuchtenden Wellen
Schon die Lichtgeister spielen,
Scherzend die Fluthen durchwühlen,
In heißer Liebe sich kühlen;

---

1 Bruder des Joh. Nep. Ringseis, geb. 1787 zu Schwarzhofen, Oberpfalz, studierte 1806–1812 zu Landshut, † 9. Feb. 1814 zu Regensburg als Opfer seines ärztlichen Berufs.

Sich gatten und mischen,
Und wie glimmende Funken erlöschen.
Aber aus blauer, tief sich wölbender Ferne
Schauen herauf, wie Geister, die ewigen Sterne:
Und es ziehet den Geist ein inniges Sehnen hinab,
Wie zur Geliebten ins heilige Grab:
Doch aus dunkelem Grunde
Vernimmt er die göttliche Kunde;
Im Wasser, im Wasser wohnet die Liebe,
Gesättigt sind hier alle irdischen Triebe,
Was entbrannt im verzehrenden Hassen,
Muß glühend und heiß sich umfassen,
Und der Liebenden brennende Wuth
Schmilzt in der heiligen Fluth. —
Da erhebt sich der Schwan mit hellem Gefieder,
[261] Läßt ertönen süß die unsterblichen Lieder;
Und der Geist sich lösend sinkt unter
Zur himmlischen Braut in die Tiefe hinunter.

Fluth und Ebbe.

Auf Wellen spielt
Der Mondschein mild,
Wie Blüthenkeime
Entblühen Wunderträume
Von Liebe angezogen
Den dunklen Meereswogen:
Im Mondschein prangen,
Zum Monde nur verlangen.
Das Meer vor Sehnsucht schwillt,
Das Meer in Liebesfarben spielt.
Und sieh! mit Einemmal
Dehnt sich ein blauer Strahl
Bis tief zum Grund hinein:
Im bunten milden Schein
Schwimmt ein crystallnes Hauß,
Da gehen Geister ein und aus;
Sehnsüchtig in die Himmelsauen
Zum Monde auf die Geister schauen.
Die goldne Harfe klingt,
Die Wasserfee verborgen singt:
„O süßer, süßer Bräutigam!
Wo weilest du so lang?
Der Braut ist weh und bang.
O süßer, süßer Bräutigam!
In Lust und Schmerz
Verzehret sich das Herz:
Ach, sieh in goldner Hall
Auf Perlen und Cristall
Das Brautbett duftend steht
Von süßer Lieb umweht;
Die Wasserlilie blüht
Die Braut voll Liebe glüht.
O süßer, süßer Bräutigam!
Wo weilest du so lang?"
Wie so die Stimme singt,
Der Klang das tiefe Meer durchklingt;
Da schwellen hoch die Wogen,
Von Liebe angezogen;
Dem Wunderharfen Spiel
Die Sterne horchen still,
Die Geister heimlich lauschen,
Voll Wollust Küsse tauschen,
In Wellen brünstig fließen,
[262] In Wasserblumen sprießen.
O Mondschein mild
Gieb hin der Braut dein Bild! —

Doch ferne zieht der Mond erbleicht,
Das Meer in Trauer rückwärts weicht.
Das Harfenspiel nicht mehr erklingt,
Die Welle tief und tiefer sinkt:
In Wolken sich der Mond verhüllt,
Die Sehnsucht bleibet ungestillt. —

So wieget ewiglich das Leben,
Der Lust und Sehnsucht hingegeben,
Nie währt im Liebeskuß
Der süße Brautgenuß.

Jos. Löw.[1]

Die Physiker.

Wie der Hebel sich beuget,
Artig Hanswurst sich da neiget,
Schwerpuncte gar zierlich sich drehen,
Wie das Feste nur immer will stehen,
Und nur durch Stöße kann weichen,
Zeigt ihr mit Worten und Zeichen.
Jaget das Flüssige durch Pumpen,
Lasset es laufen durch Röhre und Humpen,
Soll euch schwimmen und fallen:
Müssen die Lüfte erschallen,
Lasset alles in Wärme und Dünste sich lösen
Wie in Büchern ihr es gelesen.
Wie es oft kracht, und knallt und leuchtet,
Daß vor Angst euch die Stirne sich feuchtet,
Die Studenten Specktakel es nennen,
Vor Neugierde einander sich rennen;
Wenn die Körper anfangen zu brennen
Will schon alles das Feuer erkennen,
Da wird's dann in Büchern erjaget,
Wer und wie lange davon man gesaget.
Wenn es so rappelt und klappert und klettert,
Durch Maschinen und Gläser es wettert,
Preiset die Kräfte der Welten ihr trefflich,
Die durch euch sich verkünden so greiflich,
Wenn ihr recht drehet und reibet und schreyet,
Alles des Lebens und Treibens sich freuet.
Hölzern wie die Werkzeuge da stehen
Sollten die Geister den Maschinengang gehen.
Man soll die Naturen in Schränken erschauen,
Schreiner und Schlosser noch immer dran bauen,

---

[1] Joseph Löw, geb. 5. Febr. 1783 zu Eßlarn, † 1809 zu Landshut. In Goedekes Grundriß 3, 171 findet sich 1806 als sein Todesjahr angegeben; dies ist wohl Druckfehler. Löw unterzeichnete noch am 22. Aug. 1808 den in der Einleitung erwähnten Brief der zehn Landshuter Studenten an Görres. Vgl. Görres Briefe, Bd. 2, S. 32.

Zierlich Maschinchen und Dingchen da schimmern,
[263] Göttliches Streben hört man da wimmern,
Weil nur in Nutzen, Sorge und Brod
Und in Worten bestehet ihr Gott.
Glauben selbst die Natur zu erschaffen,
Meynen, man müßte die Dinge nur gaffen,
Frühers Denken man gar nicht verstehet,
Drum das Alte so schlecht auch da stehet.
Neue Beschauung die Zeitungen melden,
Stoffe erstreiten die Helden,
Pappen aus ihnen die Welt,
Fabriziren mit diesen ums Geld.
Dieß sind die Physiker heutiger Tage,
Daß bald der Teufel den Plunder erschlage!

Karl Aman.[1]

Zauberformel des Arztes.

Misce, Detur, Signetur.

Ihr Geister, die in Grüften
Im Wasser und in Lüften,
Und in des Feuers Tiefen,
In allen Hyrogliphen
Unendlicher Gestalten
Euch regt im tiefen Walten!
Kommt, ich beschwöre euch
Zurück ins Formenreich:
Denn eure ew'ge Kraft
Ist's, die das Leben schafft.
Mischet euch
Formen reich,
Daß ichs reiche,
Und die bleiche
Krankheit fort
Aus des Lebens Ort
Jage und bezeichne
Eure eigne
Geister Kraft,
Die Gesundheit wieder schaft.
Denn wo der Geist den Stoff durchdringet,
Und ihn beseelt, nur da gelinget
Des Arztes heißes Thun und Müh'n,
Und solche Arzeney gereicht
Mit Glauben und mit frommen Sinn,
Ist's, die das Leben neu erzeugt.

Karl Loe.[2]

---

[264] Rundgesang gegen Unterdrücker des Werdenden in der Literatur.[3]

Auf ihr meine deutschen Brüder
Feiern wollen wir die Nacht,
Schallen soll der Trost der Lieder
Eh der Morgenstern erwacht,
Laßt die Stunden uns beflügeln,
Daß wir aus der dunkeln Zeit,
Wie die Lerchen von den Hügeln
Flüchten in die Göttlichkeit.

Alter Glanz ist nun verflogen,
Gestern ist ein leeres Wort,
Scham hat unsre Wang umzogen,
Doch der neue Tag scheint dort.
Unerschöpflich ist die Jugend,
Jeder Tag ein Schöpfungstag,
Wer mit froher reiner Tugend
Fördert was sein Volk vermag.

---

1 Physiker.

2 Friedrich Karl von Loe, geb. 22. Juli 1786 zu Eichstätt, † 30. Juli 1838 zu München, studierte bis 1809 in Landshut Medizin, ward Obermedicinalrat und kgl. Leibarzt.

3 Vgl. Arnims sämmtliche Werke, Bd. 22, S. 109. 110.

Eine Erndte ist getreten
Von dem Feinde in den Koth,
Eh ihn unsre Schwerdter mähten,
Doch wir wuchsen auch in Noth,
Eine Saat ist aufgestiegen,
Drachenzähne setzt die Brut,
Mag es brechen, wills nicht biegen,
Jugend hat ein heißes Blut.

Bei gestürzten Edeltannen
Steigt die Saat viel freier auf,
Als wenn seltne Strahlen rannen
Durch der Wipfel Säulenknauf;
Ruhmessäulen setzen Gränzen,
Unsrer Jugend frischem Glück,
Frischer Lorbeer soll dich kränzen,
Deckt kein alter Kranz den Blick.

Hebt die Hüthe auf zur Sonne,
Lüftet euch im frischen Wind;
Athmet ein die Segenswonne,
Erster Athem sey dirs, Kind;
Bade rein vom alten Staube,
Heb dein Aug in Morgenglück,
Und es kommt der alte Glaube
Mit dem neuen Muth zurück.

Ludwig Achim von Arnim.

Zeitung für Einsiedler.

1808. — 34 — 27. July

Sehnsucht.

Senken die Sterne
Die Kinderblicke
Zum stillen Mond:
Hüllt er sich enger
In den Flammenschleier,
Möchte gern Kühlung athmen,
Wollust saugen,
In die schmachtende Brust.

Treibt ihn die Liebe
Doch tagtäglich,
Auf der blinkenden Bahn.
Wo er dem Geliebten
Mit Innbrunst nachsieht,
An seinen Blicken hängt,
Von seinem goldenen Lächeln,
Von dem Hauche des Mundes,
Heiliger Sehnsucht Leben trinkt.

Sonne, Fühllose,
Was fliehst du?
Könntest hier weilen
An seinem Busen,
Könntest die knospende
Blüthe lösen
Mit glühendem Kuß,
Deine Männerkraft tauchen
In jungfräulicher Unschuld Schooß!

Doch nirgend rastet sie!
Und jener wandelt
Unstät, stets bleicher vor Gram:
Nur die Sterne
In helljauchzender Anmuth
Spielen ihm leise
Lust in die Seele,
Lindern ein Weilchen
In seinem Herzen
Mit fremdem Ergötzen
Die Wehmuth.

Licht der Welt.

Aus goldnem Bronn
Helllichte Sonn,
Führst mich zurück
Zu ihrem Blick.

Dein stäter Gang
Des Herzens Drang,
Deine Gluth und Kraft
Liebesleidenschaft.

Dein Morgengrus
Bräutlicher Kuß,
Dein heiter Licht
Ihr Angesicht.

Deiner Strahlen Gewalt
Ihre junge Gestalt,
Dein lauterer Schein
Ihre Seele rein.

Dein nimmer Ruhn
Ihr segnend Thun,
Dein seliger Trieb
Ihre Huld und Lieb.

Dein Fliehen der Nacht
Ihrer Liebe Macht,
Dein Frühlingsdrang
Liebes-Ueberschwang. —

Dein ewiger Lauf
Thut die Himmel auf,
Segnet, erhält:
Sie, mir die Welt.

Fassung.

Einst war ich ein Fremdling!
Und an der Schwelle
Empfing mich der Genius,
Lächelte heiter,
Trug mich auf wechselnden
Liebesarmen,
Den überseligen Knaben,
Durch das spielende Leben hin!

Jetzt fleht es finster,
Und er verstummt:
In den Busen greif' ich
Trotziger Mannheit voll,
Dulde das Duldbare,
Unverrückt mit dem Blicke
Innbrünstiger Andacht,
Nach deiner Schönheit,
Natur, unentweihbare Göttin!

Christian Schlosser.

[265] Scherzendes Gemisch von der Nachahmung des Heiligen.
(Fortsetzung. Vergl. 27. Stück.)

Der arme Philosoph thut mir leid, rief der Herzbruder, darin bist du viel unmenschlicher als ich, ihn so zwischen Thür und Angel stecken zu lassen. — Gut, daß du mich daran erinnerst, da greif ich in die Tasche B, die enthält alle Recepte zur Heilung der Verzweifelten, sieh hier das philosophische:

Mittel gegen das Kreutzweh.

Viel Knaben und Mädchen im Laufe hinauf
Am Berge wie Lerchen,
Sie singen: Nun ringelt den Rosenkranz
Auf Mayen, im Reihen, im Morgenglanz.

Die Mädchen bringen viel Rosen im Schoos
Zum Binden und Winden.
Sie binden und winden den Rosenglanz,
Zusammen sie stecken mit Dornen den Kranz.

Die Knaben bezwingen die Mayen mit Schreyn,
Sie brechen und flechten,
Die Aeste zum Kreutze im Sonnenglanz,
Sie hängen darauf auch den Rosenkranz.

Von Knaben und Mädchen der Wald erschallt,
Sie reihen mit Schreyen,
Ja Ringel, Ringel, Rosenkranz,
Sie singen und tanzen im Morgenglanz.

Da sehet die Kreutze auf Höhen hell stehn
Zu freuen am Mayen:
Die Knaben und Mädchen auf Rasen grün,
Sie ringeln und reihen, sich niederziehn.

Ein Ritter sie schauet, die Brust voll Lust,
Sie lobt und gelobet,
Zu bauen ein Kloster dem Rosenkranz,
Da sollten sie beten bei Ampelnglanz.

„Ein Kreutz in die Welt zu hauen, ja schauet,
„Mein Schwerdt es euch lehrt
„In östlichem, westlichen sonnigen Glanz,
„Darum ich es hier in die Erde euch pflanz.“

„Das wurzelt und treibet wie balde zum Wald,
„Es glühet und blühet,
„Die Rosen umsprossen die Klinge mit Glanz,
„Sie knüpfen am Hefte den ewigen Kranz.“

Die Knaben darauf es so schöne ansehn,
Sie sagen und klagen:
„Das blühet ja nimmer in Rosenglanz,
„Wir sehn nur vier Spitzen und blutigen Glanz.“

Der Ritter will tanzen, der Stahl zur Quaal
Drückt nieder die Glieder;
Die Kinder dir singen zum Rosenkranz:
„Du steifer Geselle bleib weg von dem Tanz.“

Ein Weiser das Kreutz von ferne sieht gern,
Er lehret: „Ja höret!
Vier Temperamente und Element,
Die zeigen sich klar in vier Kreutzesend.“

Die Kinder sich halten, sie lachen der Sachen,
Sie springen und singen:
„Der Mantel der hat doch vier Zipfel ich mein,
„Gieb uns nur den Mantel, die Zipfel sind dein.“

Der Ritter nun geht an die Quelle gar schnell,
Und schüttelt und rüttelt:
Da fallen die eisernen Schienen hinein,
Gesund wird der Brunnen den Kranken allein.

Der Weise den Mantel aufschürzet und kürzet,
Die Falten zu halten,
[268] Er trinket erst frisch aus dem Brunnenglanz,
Wird frisch und gesund zu dem Rosentanz.

Der Ritter, der Weise, sie springen und singen
Mit Kindern geschwinde:
Ja Ringel, Ringel, Rosenkranz,
Sie tanzen nun mit in dem Morgenglanz.

Da legte der Alte seine Arme kreutzweis über die Brust und rief laut: Wenn ihr es nicht falsch meinet, so kann es doch leicht falsch verstanden werden, denn wie der Himmel nicht überall heiter ist, so kann es auch nicht die Religion seyn, erstreiten und erarbeiten sollen wir uns den Himmel. — Bewahre sie Apollon, redete uns ein ärmlicher eleganter Mensch an, der eben zu uns getreten war, welche trübe mönchische Religion beschränkt noch ihre Sinne, sie scheinen mir das Heydenthum noch gar nicht recht zu kennen, ich bin eigentlich ein Heyde und führe ein ganz göttlich Leben. — Sind sie etwa von der Lüneburger Heyde. — Ho, ho! sagte ein vazierender Puppenspieler, der Kerl ist ja eben erst mit mir aus dem Lazaret gekommen. — Nein, nein! sagte der Elegant, ich bin so ein Heyde von der alten griechischen Rasse, ich muß alles plastisch haben — lassen sie uns einmal die Mutter Maria untersuchen. — Ey Saperment, warum tragen sie denn einen Rock wie andre Leute, sie könnten sich ja als ein Heyde für Geld sehen lassen, mit Hefen beschmirt auf einem Kärchen möchten sie tragisch genug aussehen. — Ja meine Herren, das wäre nicht übel, ich sammle wirklich hier eine Kollekte zu einem heydnischen Centraltempel für ganz Deutschland, aus christlicher Liebe pränumeriren sie doch mit etwas, haben wir nur erst die obern Götter in guten Gypsabgüssen beisammen, die untern wollen wir dann schon kriegen, ich will mich selbst der Reise nach Italien unterziehen, nach den Korkmodellen läßt sich doch schwer bauen, ich muß den klassischen Boden betreten, ich habe mich ganz dem Heydenthum gewidmet. — Guter Freund! da haben sie etwas auf den Weg, aber glauben sie mir das, können sie ihre Götter noch nicht selbst fühlen, in sich und außer sich bilden, müssen sie noch immer an den alten Bruchstücken zusammenflicken, so mag sie das immerhin amusiren, aber ein Heyde sind sie darum noch nicht, überhaupt wird darum noch keiner ein Heyde, weil er aufhört ein Christ zu seyn. — Aber wie soll ich ohne Heydenthum zur Kunst gelangen? — Die Kunst ist ein Basilisk, der sich selbst vernichtet, wenn er sich im Spiegel sieht, schweigen wir von der Kunst, wenn uns die Kunst lieb ist. — Das war ein harmloser Kerl, sagte der Herzbruder, er gehörte recht zu dem Prediger, der sich neulich bei der [269] Taufe entschuldigte, daß er noch so alte Gebräuche mitmachen müsse. — Nun, meinte der Alte, ihr gefallt mir jetzt schon besser, wir blieben bei dem frommen Dienen, Arbeiten Streiten, lest davon.

Die an der Arbeit Verzweifelten.

Ich ruhte vom Streite im Tannenhayn,
Viel Ameisen bald mich bedecken;
Mit Kneifen mich boshaft erwecken,
Und laufen dann irrend feldein.

Ihr Haufen an einer der Tannen lag,
Den Weihrauch verlassen ich sehe;
Da klagete Nachtigall wehe,
Und klagt, was der Unglaub vermag.

„Im Haufen da sah's sonst wie Ordnung aus,
„Da bauten sie dunkele Gänge;

„Sie schwitzten im ew'gen Gedränge,
„Nur davon noch duftet das Haus."

„Sie schmetterten manchen mit Lasten todt,
„Und keiner von allen durft muchsen;
„Verstohlen nur mochten sie schluchsen,
„Das Dunkel ließ munkeln von Noth."

„Die Königin müßig erdacht den Bau,
„Sie wust nur allein um die Gänge;
„Wozu ist die Länge der Gänge;
„Wozu der gewaltige Bau?"

„So fragen die Männer, die denkend sind,
„Die anderen alle nachsinnen;
„Sie glauben es schon zu ersinnen,
„Einhaltend mit Arbeit geschwind."

„Ach wohl wer die Zukunft ersinnen will,
„Der siehet die Gegenwart schwinden;
„Ey wisset sie sollten sich winden,
„Die Gänge zum Brautgemach still."

„Die Königin selbst war die künft'ge Braut,
„Von einem Schicksal gebunden;
„Zur Liebe erst schlagen die Stunden,
„Wenn herrlich die Kammer erbaut."

„Die Königin ärgert zu tode sich,
„Die Ameisen frierend verschmachten,
„Ja weil sie zu viel sich bedachten,
„Ja weil sie nur dachten an sich."

Da legt ich mein Fähnlein im Haufen ein,
Im Streit soll es duftend mich stärken:
Zu allen gewaltigen Werken
Stärkt himmlischer Glaube allein.

[270] Brav, brav! winkte der Alte. — Wo sind denn die großen Werke die noch zu thun, lachte der Herzbruder, ich will was Bittres; hui was mir über den Kopf schaudert, das Reich der Liebe soll aus seyn, lies einmal von einem, dessen Liebe aus ist, aber wild muß es seyn und flüchtig, ich versteh mich drauf, ich könnt auch davon schreiben, aber ich mein immer, du hättest in deinen dicken Taschen schon die ganze Welt registrirt. — Das Register fehlt noch, mach das dazu, gieb einmal die Tasche A her, da muß es drein stecken: sieh da fällt mir eben ein verzweifelter Naturalist in die Hände, der paßt besser zu dem eleganten Heyden.

Der an der ganzen Natur verzweifelte Naturalist.

Rauchen und rieseln die Winter vom Scheitel,
Fühl mich getauchet im spiegelnden Teiche;
Knaben, Gespielen den Zitternden necken,
Rauschend und stäubend hindurch die Fluth.
Größer im Wasser
Scheinen die Schenkel.
Also erscheinen die Winter auch länger
Nun sie versunken!
Wer hat die Sohlen vom Ufer gestohlen?
Möchte mich wieder
Sonnen am Ufer,
Kühlend am Herzen
Wellet das Wasser,
Ach und die springenden Steine der Knaben
Können mich treffen!
Weichlich so nennen sie mich,
Schütteln die goldenen Aepfel auf mich!
Tapfer, so war ich einmal,
Hätte die glänzenden Thore des Waldes betreten,
Aber nun schäme ich mich,
Möchte im Schilf mich verstecken.
Hör ich die schwebenden Welten,
Cimbeln wie Sterne,
Seh ich den langsamen Wagen der Göttin,
Seh ich die ziehenden Löwen,
Beissend die Zügel,
Beiß ich die Zähne zusammen,
Daß mir in Flammen sich alles verwirret,
Daß ich nur selber nicht brenne, das schmerzet! —
Unter mir freveln die Kräfte der Erde,
Ueber mir heil'gen die Kräfte des Himmels,
Alle die Kräfte,
Männliche Stärke,
Regten sich gährend
Sonst in dem Busen,
[271] Wenn ich nur hörte das Brüllen der Löwen,
Aber ich habe sie alle zerrissen,
Daß ich die Göttin
Einzig erblickte,
Ach nun fehlt mir auch Kraft sie zu schauen,
Schnell wie die Spuren der Schiffe im Wasser,

Schwindet auch mir des
Göttlichen Eindruck.
Heilig und rein
Find ich doch nimmer die Opfer die lieben.
Heilige Eichen
Ueber dem Meere
Feiern in Ruhe,
Aber ich fürchte die Ruhe,
Muß zu den sausenden Wipfeln der Erde
Zu den beschneiten
Scheiteln der Riesen
Flüchten wie der
Nachtigal hebende sinkende Schall-Fluthen verflattern verflimmern,
In den Höhen,
Wo die rosigen Finger Aurorens
Mich nicht halten,
Stehe ich drinnen im Glutberg,
Seh ich, es ist all
Wäßriger Hauch,
Athem des Nichts!

* * *

Fort mit dem, erzähl von der Liebe! —

Der an der Liebe Verzweifelte auf verschiednen Poststazionen.

I.

Ueber Stock, über Stein
Drein, drein
Ohne Bewußtseyn,
Knackt's, bricht's, wirft's um,
Ich sitze stumm.
Der Schweisfuchs trabt,
Der Braune hinkt,
Das Sattelpferd springt;
Ein Heimchen noch singt:
Halt still wie mirs das Herz erlabt!
Der Schwager sagt:
„Wir sind gleich da,
„Wir sind gleich da!
Das Posthorn klagt:
„Die Hände
„Riß ich auseinander,
„Die Herzen zerreiß ich elende,
„Und wandre
[272] „Hin und zurück;
„Das ist Geschick.
„Berge ihr hemmenden
„Neblig beklemmenden,
„Berge, ihr trennenden,
„Abendlich brennenden
„Seyd mir nun nah,
„Und wir sind da!
„Und wir sind da!

II.

Die müden Pferde
Ausgespannt werden,
Sie gehen matt und dürr zum Einbrechen,
Bleiben stehen,
Lassen die Fliegen stechen,
In den Brunnen sie sehen.
Verlassen stehet
Der Wagen, es wehet!

Und wenig Bewegliches,
Mitleidig Klägliches,
Bleibt nach dem Reisenden,
Sorgenvoll Greisenden.
Hier ein Paar Blasen im Teich,
Luftbälle der Unterwelt
An der Sonne zerschellt,
Dort trockner Blätter Geflügel,
Sonst ist alles gleich,
Der Schnee schmilzt noch vom Hügel,
Und rieselt zu nähren
Die Zähren
Und ich trink ihn aus meiner Hand!
Brand, Brand!
Er fließet zum Munde,
Da schreiet die Wunde
Vom Herzen zum Himmel,
Sie schließet sich nimmer.
Das Herz, das bewegliche,
Urleidend, klägliche,
Läßt sich der heiligen Stille
Enthüllen.

III.

Wie bin ich zur Küste des Meeres gekommen hier?
Oder kam das Meer zu mir?
Ich seh mich im Spiegel des Meeres an,
Ein jeder über sich selbst wohl lachen kann,
Ich meinte das Glück,
Mir lächle zurück.
Wie Stoßvögel drüber,
Die Sorgen viel trüber
Sie bringen hernieder
Und weichen nicht wieder.
Die Narben und Falten
Sich zeigen und halten,
Selbst von den Todten nicht scheiden;
Doch spurlos sind Freuden.
Ein gleitender Strahl
Hin übers zerrissene Felsenthal.

(Die Fortsetzung künftig.)

Zeitung für Einsiedler.

1808. — 35 — 30. July.

Einige Worte der Warnung, des Trostes und der Hofnung.

Betrachtet man diese Gegenwart mit reinem Auge, so scheint in ihr schlechthin eben so viel Drang nach Wirksamkeit und Thätigkeit als Drang nach Ruhe zu herrschen, und weil beide Pole ziemlich gleich stehen, und jeder in dem Widerstand des andern seinen Untergang fürchtet, so thut sich eine furchtbare schwangere Stille dar, die wie ein herannahendes Gewitter alles, hinsichtlich der Dinge, die da kommen sollen, in ängstliche harrende Stimmung versetzt, ein Schritt vorwärts oder rückwärts wird schon in der Idee zum Widerspruch, und kaum mag es jetzt einen denkenden Menschen geben, der da bestimmt zu bürgen vermöchte für das Ereigniß des nächsten Augenblicks.

Wehe also denen, die vorlaut und gegen ihre innere Ueberzeugung des Vermögens das Maas der Kraft, die ihnen ist, zu steigern sich bestreben.

Schon scheint die Zeit da zu seyn, welche schaudern läßt den Gerechten, weil sie verkündiget, daß auch ungestraft Verträge gebrochen, Meineyde geschworen werden können, daß, was Unrecht ist, Recht erkannt, Aeußeres das Innere genannt, Gott in der Sünde verehrt, und das Erhabenste zum Niedrigsten herabgezogen werden dürfe. Doch — gehet noch nicht zur Ruhe ihr Wenigen, die ihr lieber dahin sterben, als solch einen Gräuel ertragen wollet, das Maas des Gegensatzes aller Wahrheit scheint bald vollendet zu seyn, Lichtstrahlen brachen schon mit Macht durch das schauervolle Dunkel, das Ungeziefer verkriecht sich und — nur wenig Augenblicke werden noch dazu erforderlich seyn, um unbesiegbar zu begründen, was da seyn solle und könne, oder nicht.

Eingesandt von unbekannter Hand. Von keinem Einsiedler.

---

[273] Scherzendes Gemisch von der Nachahmung des Heiligen.

(Fortsetzung.)

Der an der Liebe Verzweifelte auf verschiednen Poststazionen.

IV.

Du heller Orient,
Den keiner so kennt
Wie ich,
Hast du schon vergessen mich?
Wer sitzt an meiner Stelle
Auf der Schwelle,
Umflattert von Fledermäusen,
Umkrochen von Ameisen,
Und doch schien's so schön
Wie das Land von den Höhn,
Wer darinnen haust,
Der weiß, wo es graust!

Warum muß ich fliehen,
Woher sie all ziehen
Die Strahlenden,
Die Mahlenden,
Die luftig Zerstreuten
Im Leuchten Erfreuten?
Des Unbedeutenden Macht
Hat keiner gedacht,
Und des Bedeutenden Blick
[274] Ist voller Tück.
Was riß mich fort?
Was hielt mich dort?
Mich hielt ein Blick
Es hat sich weggewendet mein Glück!
Es rissen vier Stricke
Mich weg von dem Glücke,
Den Wagen sie ziehen,
Die Steine erglühen:
Wär einer gerissen,
Wir hätten bleiben müssen!
Wer sind wir? —
Ich und die Luft hier!

V.

Der Lüfte lieb Wort
Der Vogel zieht fort,
Wer war der erste im Flug,
Ihn treff mein Fluch,
Sie liebte ihn nie!
Flieh, wie ich, flieh!
Sie liebt keinen andern,
Ich muß doch wandern! —
Herr, da liegt eine Leiche im Weg! —
Schwager! fahr stille weg,
Er mußte auch wandern
Mit den andern.

VI.

Der hat das End der Welt erreicht,
Der von der Liebsten weicht!
[275] O Erde, nenne sie mir,
Du schweigest vor dir,
Bist frostig verschlossen
Und ich bin verdrossen.
Ach meine Lieb war mehr als ich,
Denn sie bezwang mich.
Ach meine Lieb ist nun für immer aus,
Sie fand kein Haus!
Wie ein verspätet Kind
Ausgeschlossen in Regen und Wind,
Der Regen läuft ihm übers Angesicht,
Es stehet vor dem Hause dicht,
Es möcht noch klopfen an,
Und es nicht wagen kann.
Wenn vieles ich nicht sagen will,
So sag ich nichts und schweige still.
Ich bin kein Kind,
Mir ums Gesicht wehte scharf der Wind,
Daß mir der Bart aufging;
Die Jugend verging,
Ich hab sie nicht genossen,
Die süßen Gedanken sind alle zu Nichts verflossen.

VII.

Ich wandle weiter voraus
Vor des Wagens dunkles Haus,
Ich seh ihn nicht, ich hör ihn klirren
Mit den Geschirren,
Und wie das Schicksal folgt er mir nach.
Hier steh ich am Bach,
Im kleinen Haus
Gehet die Mühle mit Braus.
Der Bach verrinnt,
Der Stein zerreibt,
Und nichts gewinnt
Und keiner bleibt.
Ich schwanke zwischen Bäumen
Und möchte träumen,
Im schwarzen Meer die Masten
Sie ziehn ohn Rasten,
Kein Schiffer will mehr grüßen,
Die tiefe Still wird büßen.
Die Segel herunter,
Es geht bald bunter!
Ich bin auch einer der Euern,
Ihr müßt nicht feiern!
Die Segel hernieder
Ihr Brüder!
Die bestimmten
Die erklimmten
[276] Wolken am Waldhang sich senken,
Wer kann noch denken!
Wir machen im Dunkel große Augen
Und keiner kann sie brauchen.
Ihr Wirbel des Meeres
Ihr füllet das Leere,
Ihr Augen, Leuchtthürme, Eingänge der Unterwelt,
Neulebend möchte hinaus der Held,
Ihr seligen Erinnerungen,
Ich leb in euch und bin von euch durchdrungen.

VIII.

Müde sink ich in die Kniee,
Soll ich beten, weil ich glühe,
Viele Tropfen fallen kühl,
Keine Thränen, kein Gefühl!
Dieser Schritt ist nun der letzte
Und ich sink der Selbstgehetzte!

Der sich selber hat gejaget,
Selbst zerrissen, nicht geklaget,
Und die keusche Jagdgöttin
Sinkt in Strahlen auf mich hin.

IX.

Meine Mütze voll von Trauben,
Nüsse, die am Boden rollen,
Pfirschen röthlich weich in Wolle,
Frischen meinen schwachen Glauben
Und ich denk an andre Zonen,
Wo die dunklen Menschen wohnen,
Wo ein Goldlack Mädchenblicke,
Schwarze Locken ohne Tücke.
Stille wirds in meinem Herzen
Und im Hirne wird es wach,
Liebe, süße Liebesschmerzen
Lasset ihr doch endlich nach.
Und die Fluthen, die zerstörten
Lassen mich den Tiefbethörten
Hier im Grünen einsam stehn.
Ach wo war ich doch so lange,
Kühlend wehet ein Vergessen
Und mir wird nun endlich bange,
Daß ich gar nichts hab besessen,
Hab ich niemals doch gesessen
Meinem Glücke in dem Schooß,
Und hier sitz ich nackt und blos
Neun Monat lag ich im Mutterschooß
Und hab ihn mit Weinen verlassen;
So ließ mich die Liebe nackt und blos,
Am Berge in Nebelmassen,
[277] Die Schwalben streifen nur daran
Wie um das Grab des Geliebten,
Sie hören mich singen und wissen nicht wo,
Und verlieren sich im Klaren.

X.

Mögen alle Gläser springen,
Alle Lippen davor erblassen,
Ja ich will die Wahrheit singen,
Muß ich auch die Wahrheit hassen.
Warum die Schönheit so flüchtig ist,
Daß will ich euch verkünden,
Sie ist ein Gift das um sich frist,
Die Augen davon erblinden,
Warum die Liebe so thöricht ist,
Daß will ich euch verkünden,
Weil sie mit aller ihrer List
Sich selbst nicht kann ergründen;
O wohl uns, daß so viel Schönheit todt,
Daß wir sie nicht brauchen zu lieben,
O weh uns, daß in der Thränennoth
Mehr Glück als in der Ueberlegung:
Könnt ich von meinen Augen
Noch eine Thräne erpressen,
Könnt ich von ihrem Hauche,
Die Seligkeit vergessen!

Unerwartet fiel hier der Alte mit entsetzlichem Weinen ein, seine Züge zogen sich traurig zusammen, wie von einem Krampfe, der unter der Oberfläche der Haut wie ein unterirdischer Strudel die Oberfläche des ruhigen breiten Stromes plötzlich zusammenzuziehen und auseinander zu reißen strebt, aber mit den beyden Strömen aus seinen Augen spielte er und sprützte er damit dem schlafenden Knaben ins Angesicht, dazwischen rief er: Schnell was Lustiges! Da las ich weiter.

Die an ihrem Glücke verzweifelte Mutter.[1]

Mutter.

Wer klopft so spät? Kein Schwefelfaden,
Kein Kiehn ist mehr in meinem Laden!

Sohn 1.

Nein Mutter, hört es an dem Ton,
Vor eurer Thür ist euer Sohn.

Mutter.

Nachts kommst du, Tagdieb, im Gewitter!

[1] Vgl. Arnims sämmtliche Werke, Bd. 22, S. 172—176 unterm Titel „Der Verdienstadel“.

Sohn 1.

Ihr irrt, ich bin nun reich und Ritter
Und bring euch mit die Fraue mein,
Des Fürsten schönes Töchterlein,
Steht immer auf, macht auf den Laden,
Das Ungewitter war mein Wagen.

Schwiegertochter.

Frau Schwiegermutter, ihr verzeiht,
Ich komm zu euch bestäubt und weit.

Mutter.

Frau gnäd'ge Tochter, muß mich schämen,
[278] Sie müssen hier vorlieb schon nehmen,
Ich hab erst heute ausgekehrt,
Doch hat sich keiner dran gekehrt.
Mein lieber Sohn, dich zu empfangen,
Ich bin zu arm und voller Bangen,
Das gehet nimmermehr hier an,
Hier war noch nie ein Rittersmann.

Sohn 1.

Macht liebe Mutter auf das Zimmer,
Von meiner Jugendzeit voll Trümmer.
Da ist der Helm, den ich gemalt,
Mit Schlägen ward er mir bezahlt.

Schwiegertochter.

Frau Schwiegermutter seyd geküsset,
Der edle Zweig, der aus euch spriesset,
Ich häng an ihm wie eine Frucht
Und freu mich eurer guten Zucht.

Mutter.

Ach gnäd'ge Fürstin zu viel Ehre,
Da klopfts, daß uns nur keiner störe,
Wer ist schon wieder vor der Thür?
Jetzt ist die hohe Fürstin hier!

Sohn 2.

Dem jüngsten Sohn macht auf die Thüre,
Lieb Mutter, daß er zu euch führe
Die Beute aus dem Mohrenland,
Viel Demant und viel goldnen Sand.

Mutter.

Mein Gott, was soll ich nun beginnen,
Ich kann mich gar nicht mehr besinnen
Wenn das ein Traum! Ich wäre froh,
Ich brenn vor Freude lichterloh.
Wie soll ich für so hohe Leute,
Wie soll ich zu so großer Freude
Die Schüssel kriegen, die versetzt,
Die Speise, welche müde letzt.

Sohn 2.

Lieb Mutter seyd doch unbekümmert,
Seht doch wie hell das Silber flimmert,
Die Speisen, wie sie riechen schön,
Ihr Sklaven macht ein schön Getön'.

Mutter.

Wie soll ich hier so ruhig sitzen,
Kann ich nichts putzen? Wie sie blitzen,
Die Teller, seyd ihr sicher auch,
Denn Stehlen ist hier gar sehr Brauch.

Sohn 2.

Seyd unbesorgt! Wollt ihr von diesem?

Mutter.

Es ist zu fein, hab's abgewiesen.

Sohn 2.

Frau Schwägerin, habt ihr gehört,
Was Mahomed im Koran lehrt?

Schwiegertochter.

Ja daß wir Christen wollt ihr zeigen,
Ihr laßt im Glase keine Neigen.

Sohn 2.

Ich danke für den frischen Trank;
Dies zu der Mutter hoch erklang.

Mutter.

Was soll ich sprechen, das sich schicket,
[279] Wenn ich die Kostbarkeit erblicket,
So hilft nun all mein Sparen nicht,
An beiden Enden brennt das Licht:
Zwey Ritter sind die Lümmelsöhne,
Mein Töchterlein die Fürstin schöne,

Und so viel Köstlichkeit ist mein,
Als nimmer kam zur Stadt hinein.

Ein Bedienter.

Da ward sie's Teufels vor Vergnügen,
Ein Sohn sie sah im Rauchfang fliegen,
Sie sahen sich bestürzet an,
Wie sich's so traurig enden kann.

Sohn 1.

Wo ist die Mutter hingeflogen?
Auf ihrem Besen weggezogen?

Sohn 2.

Und durch den Rauchfang, daß es kracht,
Des Teufels Heer darüber lacht.

Sohn 1.

Hohläugig sahn mich an die Fenster,
In jeder Scheibe viel Gespenster.

Sohn 2.

Die Tage sinds, die wir versäumt,
Hier eingesperrt, da alles keimt.

Sohn 1.

Wohl wie ein unbewohntes Zimmer
Sehr schleunig fällt in Staub und Trümmer,
Wenn drin erscheint ein Menschentrit,
So rissen wir die Mutter mit.
Und alt in einem leeren Leben
Und jung in frischer Freude Schweben,
Sie hielt nicht aus den Mißverstand,
Den Besen nahm sie gleich zur Hand.

Schwiegertochter.

Ach sieh doch wie die Katzen jammern,
Am Feuerhacken aufwärts klammern,
Ach lieber Mann, mir wird so bang,
Du machst doch nicht denselben Gang?

Sohn 1.

Du mußt doch folgen, wo ich gehe,
Gedenke an die heilge Ehe,
Trau meinem Glück, es löst mich aus
An deinem Arm von Stamm und Haus.

Der an seiner Heiligkeit verzweifelte Einsiedler.[1]

Dreißig Jahr im hohlen Stamm
Saß der alte Einsiedler,
Bis die reine Andachtsflamm
Durch und durch gedrungen wär,
Und nun fühlt er sich so rein,
Keine Luft mehr athmen konnt,
Er vergeht in heil'gem Schein
Und kein Mensch sich drinnen sonnt.
Und vor dieser Heiligkeit
Kriegte er nun eine Scheu,
[280] Meinte sich von Demuth weit
Und begann sein Werk aufs neu.
Sonntags ging er in die Stadt,
In der Kirch zur Kanzel klomm,
Dort mit faulen Aepfeln hat
Er beworfen, die nicht fromm.
Welch ein Lermen, mancher Schlag,
Doch das trug der Einsiedler,
Andre Thorheit er vermag,
Um zu büßen hart und schwer.
Bei dem Juden sich verdingt,
Der am Markte Fleisch verkauft,
Ihm dann alles Fleisch verschlingt,
Daß der Jud sein Haar ausrauft,
Wird dann stumm und bleibet stumm
Bis er sich erst taufen läßt,
So geht er mit Juden um,
Um zu sorgen für ihr Best. —
Sieben Räuber, die er fand
Speist er köstlich auf der Heyd,
Daß sie Christum zugewandt
Alle ziehn in Einsamkeit. —
Einen Teufel trieb er aus
Der ein Weib besessen hielt,
Als er einsmals kam ins Haus,
Und mit ihren Kohlen spielt,

[1] In Arnims sämmtlichen Werken, Bd. 22, S. 111. 112 unterm Titel „Der Einsiedler“.

Und die Finger nicht verbrannt,
Und das Kleid auch nicht versengt,
Alles hat sie ihm bekannt,
Buße hat er ihr verhängt. —
Hofnarr wurd er alsobald
Und bekehrt den Komödiant,
Denn er zeigt in der Gestalt,
Daß er mehr im Spaß verstand;
Seinen Fürsten er blamirt,
Wenn der will recht vornehm thun,
Bis er recht mit Fleiß regiert
Läßt er ihn auch gar nicht ruhn;
Alles das ganz heimlich hielt,
Bis er endlich heimlich starb,
Jeder bei dem Narren fühlt,
Daß er höhre Gnad erwarb,
Als so manche ernste Seel,
Die mit Anstand und Moral
Nie verschuldet einen Fehl,
Auch nichts Gutes that zumal,
Und da ging es zum Bericht,
Jeder rühmt sich einer Gnad,
Schlug er einem ins Gesicht,
War es immer Gottes Rath,
Wer ihn sonst belächelt hat,
Ihn mit Kerzen nun verehrt,
Doch ein Windzug kommen that,
Löschet aus, die ihm nichts werth.

Der Alte ward heiter, seine Wangen hatten sich gefärbt, sein Auge leuchtete, er ging mit klingenden Schritten umher und schien zu befehlen: Ihr seyd gute Kinder, lest was zum Schluß, woran ich denken mag, wenn ich von euch bin. Gut dann, fast bin ich des Tages müde.

Ludwig Achim von Arnim.

(Die Fortsetzung künftig.)

Tells Kapelle

bey Küßnacht.

Sieh diese heil'ge Waldkapell!
Sie ist geweiht an selber Stell,
Wo Geßlers Hochmuth Tell erschoß,
Und edle Schweizer Freyheit sproß.

Hubertus habe Dank und Lohn,
Des wackern Waidwerks Schutzpatron!
Tell klomm, ein rascher Jägersmann,
Die Schlüft' hinab und Alpen an.

Den Steinbock hat er oft gefällt,
Der Gems' in Wolken nachgestellt;
Er scheute nicht den Wolf und Bär,
Mit seiner guten Armbrust Wehr.

Da rief ihn Gott zu höherm Werk
Und gab ihm Muth und Heldenstärk.
Vollbringen sollt' er das Gericht,
Das Geßlern Todes schuldig spricht.

Hier in dem Hohlweg kam zu Roß
Der Landvogt mit der Knechte Troß;
Tell lauschet still, und zielt so wohl,
Daß ihn sein Volk noch preisen soll.

Die Senne schnellt, es saust der Pfeil,
Des Himmels Blitzen gleich an Eil:
Es spaltet recht der scharfe Bolz
Des Geßlers Herz, so frech und stolz.

Gepriesen sey der gute Schütz,
Er ist für manches Raubthier nütz.
Sein Aug' ist hell, sein Sinn ist frey,
Feind aller Schmach und Drängerey.

Sein bestes Ziel ist ein Tyrann,
In aller Menschen Acht und Bann.
Kein Forstrecht, kein Gehege gilt
Zu Gunsten solchem argen Wild.

Drum ehrt die heil'ge Waldkapell,
Allhier geweiht an selber Stell',
Wo Geßlers Hochmuth Tell erschoß,
Und edle Schweizer Freyheit sproß.

A. W. Schlegel.[1]

Alte Aufschrift in Basel.

Demuth hat mich lieb gemacht,
Lieb hat mich zu Ehr gebracht,
Ehre hat mir Reichthum geben,
Reichthum that nach Hochmuth streben,
Hochmuth stürzt in Elend nieder.
Elend gab mir Demuth wieder.

Mitgetheilt vom Hrn. Hofr.
Blumenbach.[2]

Ausfoderung.

Spanisch.

„Wenn so wacker ist dein Herz,
„Zaide, als dein Hochmuth prahlend,
„Und nach Maaßen deiner Hände
„Du den Worten gönnst zu flattern;
„Wenn du in der Vega kämpfest,
„Wie du redest bey den Damen,
„Und auf deinem Rosse wendest
„So den Leib, als in der Zambra;
„Wenn den Anstand aus Turnieren
„Du bewahrst im Spiel der Lanze,
„Und, wie tanzend schön die Toca,
„Schön auch mit dem Säbel tanzest;

---

[1] August Wilhelm von Schlegel, geb. 5. Sept. 1767 zu Hanover, † 12. Mai 1845 zu Bonn. „A. W. Schlegels poetische Werke" erschienen Heidelberg, 1811. 8⁰, seine sämmtlichen Werke gab heraus Ed. Böcking, Leipzig 1846. 8⁰. Bd. 1 Gedichte.

[2] Joh. Friedr. Blumenbach, geb. 11. Mai 1752 zu Gotha, † 22. Jan. 1840 zu Göttingen. Zoologe.

„Wenn gewandt du bist im Kriege,
„Wie zu sprengen durch die Strassen,
„Und wie du auf Feste sinnest,
„Gleichen Eifer's sinnst auf Schlachten;
„Wenn du so wie höf'schen Zierrath
„Tragen magst den lichten Panzer,
„Und auf's Schallen der Trompete
„Hörst wie auf der Flöte Schallen;
„Wenn, gleichwie bei lust'gen Spielen
„Rüstig du die Röhre warfest,
„Auch im Felde du den Gegner
„Niederstürzest und mishandelst;
„Wenn in's Antlitz du erwiederst,
„Wie du hinterm Rücken sprachest,
„Komm heraus, ob du dich schirmest,
„Wie du schmähest im Alhambra.
„Und wofern du's nicht allein wagst,
„Wie es der thut, der Dein wartet,
„Komm mit Einem deiner Freunde,
„Daß er helfend dich bewahre.
„Nicht ist's guter Ritter Weise,
„So im Pallast, als bey Damen
„Sich der Zunge zu bedienen,
„Denn es schweigen dort die Arme.
„Aber hier, wo Arme sprechen,
„Komm und sieh nun dessen Sprache,
„Der in König's Gegenwart
„Schwieg, von Ehrfurcht still gehalten."
Dies des Mohren Tarfe Schreiben,
Welchen Zorn und Wuth so fassen,
Daß, wo er die Feder hinsetzt,
Er das zarte Blatt zerspaltet.
Einen seiner Pagen rufend,
Sagt er ihm: „Geh' zum Alhambra,
Gieb geheim dem Mohren Zaide
Dieses Blatt von meinen Handen.
Sag ihm auch, ich warte seiner
Dorten, wo die schnellen Wasser
Des cristallenen Xenil
Den Generalife baden.

Pellegrin.[1]

[281] Scherzendes Gemisch von der Nachahmung des Heiligen.[2]
(Fortsetzung.)

Wer nie mit wilder Faust
An die ehrne Glocke geschlagen,
[282] Worin der Geist gefangen haust,
Dem wird nimmermehr Ruhe zusagen,
Der hört noch nicht,
Der sieht kein Licht,
Er wähnt sich Gott,
Weis viel von sich zu sagen.

[283] Wem nie das Herz zu schnell
In den forschenden Geist eingeschlagen,
Der sieht am lichten Tag nicht hell,
Der wird über die Zeiten hinjagen,
Der hört noch nichts,
Der sieht noch nichts,
Er wähnt sich Gott,
Bis er sich überschlagen.

Wem nie mit Liebesmacht
Beyde glühende Arme gezogen,
Bis Sie entwichen, er verlacht,
Von stockfinsteren Nächten umzogen,
Der hört mich nicht
Aus Zuversicht,
Der meint sich Gott
Und hat sich Lieb gelogen.

Die blinde Leidenschaft
Ehre klagender Mensch in dem Staube,
Sie führt dich an mit deiner Kraft
Auf Klippen den Vögeln zum Raube
Du hörst dich nicht
Du siehst dich nicht,
Du fühlest Gott
Und betest nun mit Glauben.

Ich hatte dies kaum ausgelesen, so fiel der Alte mit schrecklicher Stimme in einen Gesang, den ich nimmermehr vergessen werde:

[1] Fr. Baron de la Motte Fouqué, ps. Pellegrin, geb. 12. Febr. 1777 zu Brandenburg, † 23. Jan. 1843 zu Berlin. „Gedichte", Stuttgart. 1816—1827. 5 Bände 8°.

[2] Vgl. das folgende Stück in Arnims sämmtlichen Werken, Bd. 22, S. 113. 114 unterm Titel „Die Bekehrung". Die Strophen sind verstellt.

Wem nie ging aus die Lust,
Wo er stürmend vieltausend mitrissen,
Wo Leichtsinn zu den Waffen ruft,
Der bleibt immerdar ohne Gewissen,
Der hört nur sich,
Der sieht nur sich,
Der wähnt sich Gott,
Bis er die Welt zerrissen.

Der sonst der Welten Lauf
Auf der eigenen Fährte sich dachte,
Steht nun verwundert auf
Wieviel größer sich alles rings machte,
Der hörte nicht,
Der sahe nicht,
Der meinte Gott,
Daß er das Glück verachte.

Wer lernen kann, der lebt,
Der nur immerdar leben wird bleiben,
Und der in allem wieder lebt,
Du Herr wirst ihn nun höher noch treiben,
[284] Er hört in sich
Nun dich, nur dich!
Er schauet Gott,
Und wird in Gott verbleiben. —

Ihr schreit zu einander wie ein Paar Contraversprediger auf den entgegengesetzten Enden der Kirche, meinte der Herzbruder, ich aber will meiner Ohren wegen den Religionsfrieden und allgemeine Ausgleichung! — Das sey aber auch die letzte Vorlesung.

Ausgleichung.[1]

Der Pfalzgraf von dem Rheine
Saß in dem Abendscheine
Der Berg und Thal umfloß
Am Heidelberger Schloß,
Auf einer hohen Platte
Von Gallerien umringt.
Da sah der Lebenssatte,
So weit sein Auge dringt,
Des Glückes Purpurthau,
Der Rhein erblinket blau,
Der Neckar kommt gewunden,
Rechts, links von Lust gebunden.

Tief unter Wallnußbäumen
Des Alten Blicke säumen
Bey einem weissen Haus,
Wo Klara schaut heraus,
Die seinen Leib erfrischet,
Daß er den Geist erträgt,
Und sein Getränk ihm mischet
Das ihm den Frohsinn regt,
Wenn er nach Herrscherlast,
Sucht Abends frohe Rast,
Jezt sieht er sie da spinnen
Auf neu Liebkosen sinnen.

Dann sieht er unten sitzen,
Bey Wein und guten Witzen
Und bey dem lieben Weib,
Die frommen Arbeitsleut,
Doch wenn sie wollen singen
Da kommt ein groß Geschrey
Daß alle Ohren klingen
Dort von der Sakristey,
Der Theologen Schaar
Drein sitzet schon ein Jahr,
Die preßen ihren Glauben
Aus den unreifen Trauben.

Der Pfalzgraf die Doktoren
Läst kommen, die wie Thoren
Voll Bosheit sind für Gott,
Sich hassen auf den Tod:
„Heut müst ihr euch vereinen
„Weil still die Welt heut ruht,
„Wie Gold die Berge scheinen,
„Ihr Schatten frischen thut,

[1] Vgl. Arnims sämmtl. Werke, Bd. 22, S. 115–121 unterm Titel „Der Pfalzgraf, Romanze“.

„Der Strom rauscht hier noch toll,
„Wo er recht tragen soll,
„Muß er still eben fließen,
„Da werden Schiffer grüßen.“

Die Calvinisten rufen:
„Die Berge sind nur Stufen
„Zum reinen Himmelssaal,
„Sein Bild ist da zumal,
[285] „Kein irdisches Gepränge
„Wie in dem Lutherthurm,
„Das hält Vernunft gar enge;
„Vernunft sey unser Ruhm,
„Bestimmung unser Gott,
„Kein Blut hat er zum Spott,
„Trinkt ihrs im Abendmahle,
„So klebt ihr an der Schale.“

Die Lutheraner schreien:
„Ihr wollt uns hier entweihen
„Die große Gottes Welt
„Mit eurer Herzenskält,
„Wozu hat Gott geschaffen
„Der grünen Wälder Pracht,
„Der Wolken helle Waffen,
„Und ihrer Blitze Macht,
„Wollt ihr nicht sehn um euch,
„Doch wir verstehen euch gleich;
„Denn wir verstehn die Welten,
„Ihr könnet sie nur schelten.

„Das Wort ist Fleisch geworden,
„Wer will das Wort ermorden?
„Der Geist ist in dem Blut,
„Es treibt in Gottes Fluth!“
Da schrein die Calvinisten:
„Ihr seyd ein Pantheist,
„Wir sind allein nur Christen,
„Wir kennen eure List!“ —
Der Lutheraner tobt
Und Gott im Himmel lobt,
Daß er nicht blos im Geiste,
Daß Wahrheit hier das Meiste.

Den Graf bewacht ein Leue
Der meynt bey dem Geschreie
Den Herren in Gefahr,
Sprengt seine Kett fürwahr
Und springt zu seinem Herren,
Sich auf die Schulter legt,
Den Rachen thut aufsperren,
Die Tatze drohend trägt,
Die Doktors werden still:
„Der euch vereinen will,
„Das ist des Papstes Schrecken,
„Der möcht euch beyde strecken.“

Der Pfalzgraf sagt mit Lachen:
„So stehn nun eure Sachen,
„Wer hält nun Stich im Tod,
„Doch streitet ihr ohn' Noth,
„Nun mag der Streit nur währen,
„Der Leue sieht euch zu,
„Wollt ihr ganz ruhig lehren
„So läst er euch in Ruh,
„Ich bind ihn wieder an,
„Was ich sonst nicht mehr kann;
„Der weltlich Arm soll streiten,
„Der Geist in Lieb fortschreiten.

„Wenn einst dies Schloß verfallen,
„Aus Ritzen Bäumlein wallen
„Statt Fühnlein auf dem Thurm,
„Als einzge Wach im Sturm,
„Manch steinern Bild der Ahnen
„Nur schwacher Epheu hält;
„Den Weg sich Wandrer bahnen
„Zu schaun die öde Welt,
„Mit Graun durch Säle ziehn
„Wo wilde Blumen blühn;
[286] „Seht wie die Berge grauen,
„Ich mein das all zu schauen.

„Seh mein Geschlecht verdränget,
„Die Löwen all versprenget,
„Die in dem Graben brülln,
„Das Faß will sich nicht fülln,
„Die heilge Lind gehauen
„Am Wolfsbrunn und kein Tanz
„Find ich mehr anzuschauen
„Bey der Forellen Glanz,

„Der Glaub wird überall
„Ein später Wiederhall
„Vom Spruch der lang vergessen:
„So wird er neu besessen.

„So wird in allem Trauern
„Was Liebe schuf doch dauern,
„Und aller euer Haß
„Ist dann der Leute Spas,
„Drum wollt ihr ewig leben
„Ihr Herren nun wohlan,
„So müsset ihr aufgeben
„Des blutgen Hasses Bann,
„Drauf gebt euch Hand und Mund
„In dieser ernsten Stund,
„Auf, sondert fromm die Lehren,
„Ihr sollt euch lieben, ehren."

Die Doktors gar in Nöthen
Sich gern die Hände böthen,
Da legt der Graf aufs neu
An seine Kett den Leu:
Doch wer kann Teufel ketten,
Kaum waren sie bergab,
Sich von dem Schwerdt zu retten,
Da schrie — Dickkopf — ein Rab,
Den Lutherischen zum Trutz
Aus war der ganze Nutz,
Auf zweye thäts nur würken,
Die wurden gar zu Türken.

Nur Klara weiß zu lohnen
Des Grafen liebreich Schonen,
Sie schmückt der Jungfraun Schaar
Mit Blumen in dem Haar,
Mit Blumen um die Leiber,
Mit Blumen um den Hals,
Und drey der schönsten Weiber
Hochfroh des Stimmenschalls
Zum Schlosse gehn empor
Mit diesem frohen Chor,
Beym letzten Sonnenscheine
Sie singen ihm so feine:
Die Neigung nur kann freye Mädchen binden
Zu einem Kranz sich tanzend zu umwinden,
Daß Arm und Fuß zugleich gezogen
In ihrem sanften Bogen
Den lieben Fürsten leicht umringen,
Ein Loblied ihm zu singen.

Ehrwürdger Greis, du suchtest auf die Gassen,
Daß unsre Noth dich bittend konnt erfassen,
Die Noth hast du geendet weise,
Nun hör auf frohe Weise,
Tritt mit in unsern frohen Reihen,
Beglückend ihn zu weihen.

Wir preisen hoch dein Silberhaar in Locken,
Dein helles Aug macht unsre Augen trocken,
Dein Lächeln ist der schönste Segen,
[287] Die Furcht vor dir zu legen,
So mögen wir in liebendem Vertrauen
Dich alle gern anschauen.

Heil dir, du hast des Tages Müh getragen
Mit Geist und Muth den Feind geschlagen,
Mit Kunst geschmückt der Kirche Hallen,
Du bist des Volkes Wohlgefallen,
Du bist zu unserm Glück geboren,
Dein Glück hat uns erkoren.

Heil uns! Laß dir von dreien edlen Schönen
Die lichte Stirne rosig krönen,
Und lüfte dich im Abendtanze
Im letzten Sonnenglanze,
Du bist nicht alt, du wirst verjünget
Wenn dich der Kranz umschlinget.

Gleich schön sind wir, die schönsten drey von allen,
Gleich Seiten von Kristallen,
So sind wir gleich und fest verbunden
Zu deinen frohen Stunden,
So gleich sind wir, dir eifrig zu gefallen,
Des Volkes Wohlgefallen.

Der Alte tanzte am Schlusse vor Vergnügen, ein kleines Mädchen reichte ihm einen Kranz von Kornblumen, er setzte ihn auf sein Haupt und sprang mit der Kleinen herum. Als er müde war sagte er im Verschnaufen: So gut ist mirs nie geworden, ich will meinen Ton hören, etwas Mildes, daß ich ins Gleiche komme. Ich hatte meine besondere Freude an ihm, eine solche Wirkung von Versen war mir nie vorgekommen; doch erschöpfte es ihn sehr, er weckte seinen Jungen, der in der Ecke schlief, ließ ihn einen Diener vor uns machen, darauf drückte er mir die Hand mit seiner breiten Faust und sagte: Ihr seyd sonderbare Leute, erst habe ich euch für thöricht gehalten, weil ich den geheimen Gang eures Spiels nicht einsahe, da liegt nun für andre Leute, die da meinen alles Verständniß sey ihnen angeboren, alles so unter einander, daß sie euch selten trauen werden. — Das mag jeder mit Gott verantworten, wenn ich aber etwas scheinen möchte, so ist mir ein Frevler lieber als ein Scheinheiliger. — Für euch mögt ihr recht haben, antwortete der Alte, nicht für andre, die euer Beyspiel statt zu stören erwecken könnte, es wird eine Zeit kommen, wo sich alles Gute zeigen muß, und laut auf seine Brust schlagen, daß wir es an dem Ton im Innern ermessen. — Aber sagt mir lieber Alter, jetzt sprecht ihr ja wie alle andre Menschen, sonst redet ihr so eigen? — Mein Sohn, als Siegfried den Drachen erlegt und sich im Blute gebadet, da verstand er aller Vögel Stimmen, wer aber den rechten Drachen erlegt, der kann sie auch reden, ohne sie nachahmen zu wollen, er lebt in allen und mit allen, er gedenkt der großen Einwirkung eines äußerlich durchdringenden ernsten Lebens und wollt ihr es kennen lernen, so kommt einmal zu mir ins Gebürge, wo ich mit meinen beyden [288] Brüdern wohne und wo wir schreiben mit Adlers Federn, damit du sie kennst, nimm unser Bild, wie es dies gute Jünglein aufzeichnete. — Hiebey schlug er seine Kappe über und stieß sich beym Herausgehen nachdenklich fortschreitend heftig den Arm, wir sahen auf das Bild. (Siehe die Kupfer-Platte.) Also war das Severinus Boezius! rief der Herzbruder, ähnlich, sehr ähnlich! — Gott weis es, wer der gute Kerl ist, er wird sehr geschoren, er hat mit zwey andern durchaus Einsiedler werden wollen und kann nicht dazu kommen, bald laufen alle Leute zu ihm, weil sie ihn für heilig halten, wenn er irgend ein Stück Vieh kurirt hat, dann halten sie ihn wieder für einen Hexenmeister, weil er viel rechnet und werfen mit Steinen nach ihm und jagen die Kinder hinter ihm drein, die müssen ihm nachsingen: So treiben wir den Winter aus durch unser Dorf zum Thor hinaus. Der Alte ließ sich das alles gefallen, das ärmste von den Kindern nahm er zu sich, du sahst es in seinem Schooße schlafen, er bettelt nie, er verdiente sich auf allerley Art was er braucht, den alten Baum, worin er seine Einsiedeley im Gebürg erbaute; die beyden Körbe, worin seine beyden Brüder wohnen, hat er geflochten und also verdarb er der Policey den Spas, ihn ins Zuchthaus zu sperren. Die Prediger sind aber des Teufels gegen ihn, sie meinen, daß er groß thun wolle mit seiner Tugend, wenn er ihnen vom Glauben spricht, so wissen sie nicht recht, was sie für ein Gesicht dazu machen sollen, sie mögen doch nicht geradezu sagen, daß sie keinen haben und mögen auch nicht gern ihren Ruf als aufgeklärte Leute einbüßen, da sehen sie aus als wenn ihnen im Spiele mit einem Strohhalm in der Nase gekitzelt wird und sie sich das Lachen verbeissen müssen; sie begreifen nicht, warum er nicht leben könne wie andre Menschen im Dorfe, er brauche ja niemand zu besuchen, dann brachten sie aus, wenn die Leute meinten er bete; da sey er knüppeldick besoffen! — Das gefällt mir sehr gut, ein besoffener Kerl in einer unendlichen Einöde; der mag da wie ein wildes Thier brummen und die alten Weiber erschrecken, die trockne Reiser lesen! — Aber es ist nicht wahr. Neulich haben sie ein Paar Liebesleute beredet, die auf die Alpe zogen, daß sie Nachts in seine Einsiedeley eingebrochen, haben ihm ein Stück Bart abgeschnitten um die Milch durchzuseigern, dann haben sie sich in sein Stroh gelegt. Wie sie aber auf der Alpe waren, da fanden sie einen sonderbaren Milchsegen und machten viel Käse, dann aber ist ein Berg auf sie gestürzt und hat sie verschüttet und da liegen große gelbe Steine umher wie die Käse, weil sie die Milch durch seinen Bart geseigert. So wirds erzählt.

(Die Fortsetzung folgt.)

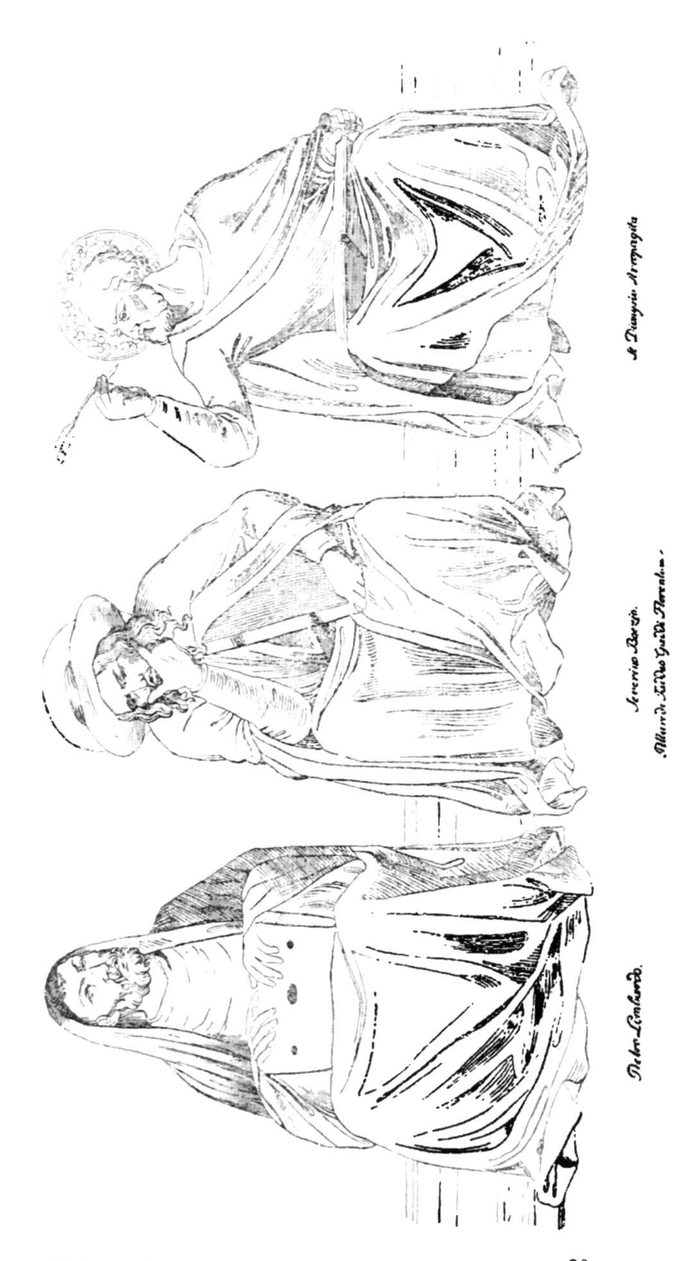
Pietro Lombardo.
Severino Boezio.
S. Dionysio Areopagita

[289] Scherzendes Gemisch von der Nachahmung des Heiligen.
(Schluß.)

Noch heute war hier ein wunderlicher Streit zwischen dem alten Einsiedler und einigen Bauern, den ich durch allerley Gleichnisse zu schlichten suchte, als der Herzbruder von mir entdeckt wurde. (Wir lassen diese Geschichte aus, so wie einen Streit der sich am Schlusse mit einem Reisenden erhob, der sie durchaus publiciren wollte um das Land aufzuklären, der aber endlich, da es sich fand, daß er alle falsche Ansichten hatte, die ein flüchtiger Anblick giebt, seine Papiere zu zerreissen und die Urfehde zu schwören gezwungen wurde.) Der Herzbruder hatte während der Zeit das Zimmer verlassen, ein junger Mensch, den ich bis dahin nicht bemerkt hatte, sprang auf ihn zu und erzählte unsern Streit mit tausend belustigenden Uebertreibungen. Das war mir doch zu arg, über etwas, das ich selbst gethan fast im selben Augenblicke so verdrehten Bericht zu hören, was soll da aus der Welthistorie werden. — Um der Wahrheit willen, fragte ich ihn, glauben sie denn an allem dem, was sie eben erzählen oder halten sie es etwa für eine Kunst so zu lügen, fühlen sie denn nicht daß diese gewöhnliche Wirklichkeit der Geschichte in ihrer mannigfaltigen Verbindung reicher ist, als alle fremdartige Erfindung; doch nein, Sie sind sicher kein Poet. — Kein Poet, sagte der Herzbruder, er ist der eins und alles unter den Poeten, denn er macht alles, was irgend einer gemacht hat. — Aber wenn es nicht so war, so wäre es doch leicht so geworden, sagte der junge Mann! — Nun das ist einmal wieder ein Gedanke deiner Art, so etwas sagt kein andrer, meinte der Herzbruder; ich stelle dir hier meinen Reisegefährten, einen jungen Mystiker vor, der nächstens wird katholisch werden, doch unter Bedingungen. — Wenn wir geschichtlich den jetzigen Zustand von Europa untersuchen, so . . . der junge Mann wollte fortfahren, aber der Herzbruder unterbrach ihn: Um Gottes Willen, deine Geschichte ist mir viel lieber, als deine ganze Weltansicht aller fünftausend Jahre, du hast mir unterwegs die Geschichte deines ersten Gedichts erzählt, wie du eingeschneit gewesen, das Gedicht schien mir dein Bestes, sag es noch einmal, es wird dir gewiß gefallen Herr Bru- [290] der! — Der junge

Dichter setzte sich nahe an des Herzbruders rechtes Ohr und sagte ihm laut her:

Blind blinket heller Schnee
Mit weissem Sternenscheine,
Es thut mir alles weh,
Aus Langeweil ich weine.
Mich trübet trübe Luft,
Ich mag nicht um mich sehen,
Da sinkt in mir der Duft,
Viel Lämmer seh ich gehen,
Es scheint ein Purpurlicht,
Lau Leben Luft umfließet,
Doch liegt der Schnee noch dicht
Und keine Blume sprießet.
Weiß hebt aus dürr Gebüsch
Ein Glöcklein sich ohn Klingen,
Jezt Sonn nicht mehr erlisch,
Dir will sie sich ja bringen.
Die Sonn' verwundert stille steht
Und weilt und kanns nicht lassen:
„Daß ich so hübsche Kinder sä't
„Das kann ich selbst kaum fassen.
„Doch weil dies also freundlich ist
„Will ich mir viele treiben,
„Will treiben sie mit Lust und List
„Und will hier länger bleiben."
Der Schnee verschmilzt, das Glöcklein trinkt,
Ertrinkt in seinen Fluthen,
Die Sonne da schon traurig sinkt
Und schämt sich ihrer Gluthen.
Des Flusses Arm den Schnee führt ab,
Grün unser Gärtchen scheinet,
Die Rose schießet übers Grab,
Wo's Glöckchen sich verweinet.
Die Sonne freut sich still und stumm;
Auf Strahlen bin ich flogen
Ums Antlitz unbemerkt herum,
Wo nie die Vögel zogen.
Der Anfang wohl beklommen ist,
Der Uebergang beklommen,
Doch wer geduldig wie ein Christ,
Der ist zu Gott gekommen.

In der Zeit hatten sich einige zu uns gesetzt. O Sapperment, rief mein Herzbruder, es ist mir ordentlich, als hätte ich in den Schnee gesehn, da hat mein Freund Schelmufsky einen ehrenvolleren Anfang in der Poesie gemacht. — Wer weiß noch, wer das beste Ende nimmt? fragte der junge Dichter. — Wärst du nur nicht so unverständlich, die Unterschriften und die Beziehungen sind wie ein ungeheurer Weichselzopf auf einem schönen Kopfe. — Der darf aber nicht abgeschnitten werden, sonst stirbt der poetische Kopf daran und er will doch auch leben? — Ich weiß nicht warum und kann es dir versichern, es sagen sehr viele gute Leute, Menschen von Sinn, sie erkennen deine Gedichte gedruckt gar nicht wieder, du müßtest dich mitverkaufen. — Wie viel giebst [291] du? — Gerade so viel weniger für dich, jemehr du Gedichte hast, ich sage dir, die meisten verstehen sie gar nicht. — Versteh ich doch auch die meisten Leute nicht. — Warum schreibst du sie denn, du bist wohl wie der Mensch, der jährlich seine Haut abstreifen muß, um jung zu bleiben? — Ich will dir noch ein Paar verlegene Vergleichungen sagen, damit dich meine Poesie nicht weiter zu bemühen braucht, die Perlen sind ja auch eine Art von Krankheit der Austern und Perlen vor die Säue geworfen, ist doch durchaus nicht viel anders, als Gedichte abdrucken lassen. — Kein Mensch kann eigentlich deine Gedichte so lieben wie ich, sie gehen dir wie Spuhlwürmer ab. — Oder wie ein Fischrogen, Welt an Welt und das Ganze doch wie ein Chaos. — Oder wie ein Trödelmarkt von lauter Familienbildern, da kommen lauter Hacknasen; besonders mit Spinnen und Nachtigallen hast du viel zu thun, aber sieh, das must du nicht so ernsthaft nehmen, um deiner Freundschaft ist mir auch deine Poesie lieb. — Jeder muß was er kann und will; meine Freundschaft ist unabhängig von meiner Poesie. — Mir ist deine Freundschaft lieber als meine Poesie, entgegnete der Herzbruder fast ernst. — Es sind beydes gute Kammeraden, sagte der junge Mann, laß sie zusammen liegen in einer Kammer, was willst du den einen wegdrängen um den andern aufzunehmen, sie vertreiben sich einander die Zeit und so lang denn immer meinen glücklicheren Nebenbuhler her, von deinem Beurtheilen habe ich so nichts: Es ist wunderlich in mir, jede Art Tadel verletzt mich und doch macht mir das Lob wenig Freude! Wenn ich verstanden werde ists mir lieb, aber daß ich verstanden werde, darum mag ich auch nicht das Kleinste ändern, lieber möchte ich meine Zuhörer bekämpfen und bezwingen. — Sacht an, rief der Herzbruder, daß es dir nicht geht wie dem Prediger jener Gemeine, die ihn absetzte, weil er sie alle Sontag so entsetzlich schelten thäte, da sie ihn doch bezahlten und ihren rauhen Zehnten richtig abtrügen. — Das ist alles recht gut, meinte ich, aber wisse, es ist besser an der ganzen Welt zu verzweifeln, als an sich selber und dazu könntest du manchen gutmüthigen Anfänger bringen, du weist wo es dir selber weh gethan hat und da berührst du andre. — Ey zum Teufel, rief der Herzbruder, wenn zwey mit einander spassen und der dritte hält es für Ernst, so werden sie am Ende selbst ernsthaft, laß uns drum lieber nach unserm Schelmufsky umsehen, wie er seinen Anfang in der Poesie gemacht hat mit dem berühmten Gedichte vom Klapperstorche, welches er aus dem Hosenfutter herausgezogen. O Sapperment, was war da für Aufsehen unter den Leuten.

(Hier folgt diese berühmte Stelle aus Schelmufs- [292] kys Reisebeschreibung zu Wasser und Lande nach der Ausgabe von 1750 S. 60—70, bey der nahen Erscheinung dieses deutschen Donquichote lassen wir sie aus.) Der junge Dichter war beruhigt, als er nach der lustigen Geschichte den Tadel wie einen Scherz ansehen lernte, aber in allem Scherze liegt doch immer ein kleiner aber sehr harter ernsthafter Kern, wer mag gern zufällig darauf beißen, besonders wer einen hohlen Zahn hat, wenn das oft kommt, so meinen auch wohl die Leute, daß der andre das

Fleisch von den Kirschen alle für sich nimmt und dem andren die Kerne ins Gesicht wirft. — Alle andern husteten fast vor Lachen, wischten sich die Augen oder hielten sich die Seiten, was noch vermehrt wurde, als die Wirthin die Hände in beyde Seiten gestemmt ihrem Mann erzählte, das Gänsemädchen, die am Ofen ihre Schürze getrocknet hätte, als der kleine Herr seine Versche vorgelesen, sey ganz toll; sie gehe mit einem langen Stabe in der Küche umher und sage alles in Verschen, ihre Augen die blitzten wie nichts guts, sie thät aber niemand etwas zu leide, wüste auch noch von allem und sie sagte, es hätte sich erst heute von der Brust gelöst. Der Schulmeister meinte, der hätte er so eine Vorwitzigkeit wohl voraus gesagt, sie hätte zwar schnell gelernt, wär aber immer so dummlich gewesen, manchmal auch superklug. Der Herzbruder und ich beobachteten sie erst neugierig durch die aufgeschlagene Thüre. (Hier folgt ihre Beschreibung, ihre Unterredung die wir an einem andern Orte nachzuholen denken, da wir genöthigt sind zu dem scherzenden Gemische in der Bauernschenke zurück zu kehren.) Der haben sie es wohl recht gegeben, sagte der Schulmeister zum Herzbruder, es hat mich vorher recht gefreut, wie sie den kleinen Dichterling abgefertigt haben, ich habe ihn sonst wohl gekannt, als er noch Candidat war, es war ein sehr artiger Herr, aber seit er das Versemachen in den Kopf gekriegt, bekümmert er sich nicht um einen und das werden sie besser wissen als ich, er sollte lieber Schuhe machen, ich mag nichts von seinen Versen behalten, ich mag auch nichts von ihm hören, mir liest er auch nichts vor. — Hör zu, sagte mir der Herzbruder, hier ist die ganze Journalistik schon in die Bauernschenke gedrungen. Nun Herr Schulmeister, wo haben sie denn soviel Freyheit in ihrem Urtheil her, machen sie auch Gedichte. — Ich habe auch welche gemacht, Schnurren auf andre Gedichte, Uebersetzungen. — Solche Leute müste es eigentlich viel geben, wo Kritik recht zum Leben geworden, so würde kein Mensch die Kritik mehr mögen, und wie weit würde die Welt kommen. Sie müssen eine erstaunliche Uebersicht haben, weil sie eigentlich alles übersehen, viel Verstand, weil sie sich in ihrem Stalle verstehen, viel [293] Urtheile, weil ihnen das Ganze fehlt, wenn sie keine Kinder haben, so ist es unmöglich für etwas so Ungereimtes wie sie eine Aehnlichkeit zu finden. Was ist ein schiefer Spiegel gegen sie, der alles Gerade krumm, alles Krumme gerade sieht. Sie sind gar nichts und gelten doch für den Besten jetzt in der Welt, kommen sie mit mir, werden sie Mitarbeiter in Journalen, machen sie dem Unwesen in der Literatur ein Ende, daß sie immer anders wird! — Werden sie nur nicht böse! — Was ich sollte böse werden um solchen Parnassuskläffer, führe ich nicht den Schäferstab, ich spreche ja nur mit ihnen weil sie der lächerlichste Repräsentant für das Caput mortuum des gesammten Publikums sind, nicht wegen ihrer manchesternen Hosen. — Das müssen sie mir doch auch nicht sagen, ich bin Schulmeister und könnte sie wohl noch in die Lehre nehmen. — Ja lehrt nur immerzu, so lang ihr Kinder oder Narren findet, die es euch nicht auf der Stirne lesen, wie ihr zum bösen Feinde überführt gleich jenem Schulmeister Roms, doch wartet nur, der wird euch eben so die Hände binden und den Kindern die Ruthe in die Hände geben. — Der Streit schien sich zu erhitzen und ich konnte nicht begreifen was die beyden mit einander zu reden hätten, ich setzte mich zwischen und sprach: Der Herzbruder erhitzen sich zu sehr mit sich selbst, da dero Gegner eigentlich wenig Feuermaterial in sich führt, so wird das nicht viel helfen, seine eiserne Stirn ist außerdem ein guter Blitzableiter. Auch sagt schon Tieck, so wenig es sagen will ein Gedicht hervorzubringen, so viel hat es zu bedeuten, wenn man eine Abhandlung über ein Gedicht zu verfertigen im Stande ist und dazu haben wir auch die alten Classiker. — Euren Spott weiß ich auswendig, schrie der Schulmeister dazwischen, macht mir einen König von Thule, und ich will schweigen. — Die Anforderung ist von ihrer Seite bescheiden, denn sie haben nichts dabey zu thun, auch bin ich gewiß wenn der König von Thule nicht gemacht wäre, sie würden ihn gewiß machen, aber wie machen wir es nun, da er einmal gemacht ist. — Ich halte meine Schule und bilde Menschen, habe auch keine Zeit Gedichte zu lesen, wenn ich aber welche machen wollte, die stehen vor mir wie eine Mauer. — Armer Gefangner. — Aus der Idee hat sich jedes Gedicht entbunden, aber wer Menschen bildet, der bildet tausend Ideen auf einmal und was ich jetzt mühsam zusammenbrächte, das ist künftig ein Spiel für meine Jungens. Menschenbildung ihr Herrn! — Hier erfolgte eine lange sehr verwickelte Unterhaltung über die Gefahr der Menschenbildung, über Erziehung, von Dichtern die geboren und ungezogen wären; der junge Dichter versicherte seit drey junge Mädchen bey offnen Fenstern seine Lieder sich abgeschrieben, sey er von Gott geweiht. Der Schulmeister kam immer noch mit dem Zaunpfahl seiner Menschenbildung dazwischen und hielt ihn für einen Zahnstocher, wir erinnerten ihn an Prometheus und da es sich fand, daß ich noch ganz andre Dinge von Prometheus wüste, als in den alten Schriftstellern stehn, so ließ ich mich nicht lange bitten, ihm ein Stück aus der Tasche A. vorzulesen.

Der entfessel'te Prometheus.

Prometheus. Augenblicks Kraft sprengt mir die Kette der Jahre! O Herkules, götternde Kraft wandelst du von mir, ohne ein Umschaun?

— Felsen erschallen unter den Tritten, Aeste sie streifen kühl um dein Antlitz, soll ich ersticken hier in dem Danke, Wohlthatvernichter warum die Geyer hast du erschossen, zehret der Gram tief in der Leber.

Herkules. Was ich gethan ist mir vorbey und viel noch zu thun! Viel ist des Dampfs, steigend aus Klüften, mehr noch des Jammers unter den Menschen, wohnend da drunten; hörst du den Jammer, ende ihn schnell.

[294] Prometheus. Laß sie doch jammern, die ich geschaffen, Schönre zu schaffen schick ich mich an.

Herzbruder. Will der Kerl gleich wieder loslegen und ist kaum frey von der Strafe.

Herkules. Diese vernicht erst! — Frierend und schwitzend in dem gestohlnen heiligen Feuer, haben sie nimmer reines Mitleben in der Natur; diese vernicht erst.

Prometheus. Meine Gebilde soll ich vernichten, fehlt dir nicht alles während du herrschest, da dir im Innern fehlet der Sinn: warte ich schaff jetzt dir nach dem Sinne.

Herkules. Schaff nicht mit Worten, schaffe ich diene.

Prometheus. Tritt mir den Leimen!

Herkules. Nimphen holt Wasser.

Prometheus. Ey wie geschwinde, Nimphen dir tragen eilend das Wasser werfen die Augen hin auf die wogenden, tretenden Muskeln.

Herkules. Wie mir so wohl wird hier in der Arbeit, wie in die Leiber gräßlicher Riesen tret ich vergnüglich hier in den Leimen; zieht's mich doch hin, wie allem vergessen wüth ich im Leimen, bis sich nun alles ähnlich durchdrungen. Wollüstig ritzte mir noch dies Steinchen blutig den Fuß, weil es das letzte. Nun ists vollendet, ganz nun vorbey. Fort mit dem Drecke, klebts nicht wie Pech! Schaff nun, ich diente. Nimphen ihr wascht mich, die das am zierlichsten machet, umfang ich.

Prometheus. Nimmer so schönen, gleichen und glatten, ruhenden, bildsamen Thon ich besaß, ja und das Herrlichste muß nun entstehen, weil ich nicht frevelte; mich nun die Götter achten gesamt. Möchte was finden, das wie der Morgen alle die Sterne also die anderen Bildungen löschte, was nimmer so da war! Einzelnes gar nicht, will alles vergessen, will nun die Welt mir bilden, die Ganze, mein Universum, wie ich sie schaute, tief in den Schrecken, alles selbst Jupiter. Sage mir Hand, du machst es wie ehmals, künstlerisch bildend soll es ja werden.

Die Hand. Bin nur dein Sklave, muß dir mit gleicher Treue den Mund abwischen und Nimphen streicheln, die glatten.

Prometheus. Ey du gemeine Hand, die mir Worte im Munde verdrehet, geh nur zur Arbeit. Aber ich irre zwischen Gestalten, keine will bleiben, all im Verwandeln, weil sie mir immer zeigen des Besseren endlose Folgen. Aber das Auge kann es nicht halten.

Das Auge. Immer den Klumpen graulichen Thones vor mir zu schauen, ist mir verdrießlich, was du zu sehn glaubst sind doch nur Worte, Schatten und Lappen um Funken gewickelt, elende Puppen.

Prometheus. Ey du gemeines Auge, was hält mich, das ich dich nicht vom himmlischen Busen der Stirne losreisse, wo du dich angesogen, du Wechselbalg. Sieh nur das Ohr fängt grimmig zu klingen an über dein Reden.

Das Ohr. Wisse ich rühre die Trommel um nimmer zu hören den Mißlaut deines Geredes.

Prometheus. Ey du gemeines Ohr, wie das Pack nun alles zusammen hängt, bindend das Köstlige, was ich erfinde. Nun ists verschwunden wirds noch erscheinen was ich vermag jetzt. — Ach doch wie leer!

Wiederhall. Er!

Prometheus. Wird auch das Endlose allen gefallen?

Wiederhall. Fallen!

Prometheus. Wie an dem Ende der Welt mit dem Fusse tret ich auf Nichts, fühle nur mich. —

Zufälliger Ton, der sich aus dem getretenen Thone drängt! Nichts!

Prometheus. Wahr und zu wahr nur! Ach in den Schmerzen war mir doch selger, Wohlseyn verschwommen war ich als erste Menschen mit Mühe endlich gefertigt. Sieh wie so freundlich kommt da ein Mensch her, auch ein Gebilde schmerzlicher Zeiten.

Der Mensch. Must nicht verzweifeln, hab dich belauschet, wisse nicht allen Stunden gehorchet der helfende Genius.

Prometheus. Was sind das Stunden, was ist das Genius? Das sind Geschenke von Göttern, die schwächligen. Hab ich wohl je der Stunden geachtet, Götter verachtend. Was ich vollbringe, thu ich alleine, geb mich auch selber in den Gebilden, darum so schmerzlich, darum so schmerzlich, darum zerstörts mich, darum so steh ich immer alleine.

Der Mensch. Bilde mich täuschend nach in dem Thone, dir zur Gesellschaft, dir auch zum Ruhme.

Prometheus. Bist du nicht lebend mir schon zuviel.

Der Mensch. Wisse ich sterbe, wenn nicht der Genius, ewigt mein Bildniß.

[295] Prometheus. Auf denn so stirb nur.

Der Mensch. Darfst du mich tödten, hier ist der Landfried.

Prometheus. Ach um die Jammersaat straf mich Kronion, nichte mein Schaffen. Auch das Vergängliche Schmerzen und Lüsten hab ich mit himmlischen Feuer durchgossen, leben und sterben kann es zugleich.

Der Mensch. Ewige Liebe und kräftige Menschheit kann nicht vergehen.

Prometheus. Fieber ist diese, jene ist Geilheit. Ach und das mehrt sich ewig und immer. Ach nur das wenige Feuer von oben theilt sich in vielen, dünner und dünner. Träumte ich oftmals ängstlich wie etwas besserlos Schlimmers, daß mir ein Knäul rolle vom Schoße, ach und ich konnte ihm doch nicht folgen, schien mir gebunden, zog an dem Faden, — ängstlich und schneller rollte der Knäuel, kleiner und dünner! Ach und der köstliche Faden der hing an Sträuchen des Waldes. Ach nun versteh ichs, Menschlein ich bitte, hier auf den Knieen, mach dir nicht Kinder, stirb mit dir aus.

Der Mensch. Sey nur beruhigt, lange vermählt der reichen betagten Wittwe des Vorgängers drunten im Pfarrhaus hab ich kein Kind.

Prometheus. Hat denn die Eine alle dein Hoffen also erkaufet? Eckelt dich nimmer, täglich zu säen niemals zu erndten?

Der Mensch. Schlecht wär die Untreu, dumm wär die Folge, vieles würds kosten das Scheiden, und vieles kosten der Kinder ständisch Erziehen.

Prometheus. Menschlein nun geh nur, oder ich pfropf dich hier auf den Zwergbaum.

Der Mensch. Nein erst belehren wollt ich dich alten grimmigen Sünder.

Prometheus. Schweig oder stirb!

Der Mensch. Tödte was dein ist, irdischer Vater, nimmer den Funken himmlischen Lichts den du gestohlen, nicht dir erworben. Kannst du vergessen selige Stunden die uns empfangen; nimmer es steigen wieder die Strahlen geistig auf dich wie damals, die nimmer, nimmer verloren.

Prometheus. Weh mir es lebet was ich gebildet, ich nur vergehe, der ich mich bildete.

Der Mensch. Eingebildeter. Als du noch kranktest, ewige Nächte wachend und lechsend, gab dir einst Jupiter bildende Stäblein dir nur zum Spiele daß dir die Zeiten lieblicher schwänden, spielend im Schaffen. Ach und du meintest ihn zu bestehlen, heimlich zu rauben sein himmlisches Feuer. Wisse er sah dich, wollte dich prüfen, ließ dir gewähren, dir zu beweisen, daß dein Gebilde doch nicht getaugt. Siehe du hast mich also gemachet mir nur zur Qual, daß sehnlich ich hoffe auf anderes

Leben. Nur für den Glauben, daß du gestohlen, bist du gestrafet, niemals aus Neide.

Prometheus. Weh mir auch das noch, nun bin ich gar nichts.

Der Mensch. Immer derselbe! — Trag dich wie andre, schau nicht mit Tücke, stolz und verlegen, hast du zu vielem auch das Geschick nicht, thue das Wenige ganzen Gemüths und tadle nicht Fremdes. Menschen sey Wohlthun, Göttern sey dienend. Merk dirs, ich geh jetzt.

Prometheus. Ach ich versteine, Schwächen und Stärke stürzen zusammen.

Herkules. Ach Dejanira, letzter der Küsse, ach wie so schmerzlich! schmerzlich ich wandle, ist es der Abschied, ist es der Mantel? Sieh mich Prometheus.

Prometheus. Fest in dem Leimen steck ich o Herkules, kann ihn nicht zwingen, muß hier versteinen. Siehe den Weidenkranz der mir das Haupt drückt. Sanftlich der wolkige Himmel sich leget an die felsigten Glieder, Ströme zu senden.

Herkules. Brechend durch Wüsten, schiffen die Menschen bildend hinein; bauen die Wüsten.

Prometheus. Also sie bessern während sie schlecht nur künftigen Gebilden den irdischen Boden. Herkules hilf mich los aus dem Thone.

Herkules. Kann dir nicht helfen, fühl mich jetzt müde. Wohl dir Gebesserten, weh mir der Schmerzen. Giftig ich nenne den Mantel der Nimphe, brennend im Blute ach und die geistigen Flammen der Menschen spielen mir unbekannt schmerzlich im Hirne. Weh mir, der Menschen Liebe vernichtet, ach und ich steige Freund nun zu dir. Vater komm sende die Stürme, daß mir die Wälder stürzen zusammen, sende die Blitze daß sich der Holzstoß zünde geschäftig: was mich vernichtet warnt dich Prometheus.

Prometheus. Ja ich zerfliesse nieder in Gluthen brennend in Bächen glühender Lava; neuer Gestalten Bildung entquellet [296] mir aus dem Tode der götternden Kraft! Wohl dir mein Herkules schlägst schon die Wogen glühnder Lüfte hoch an den Himmel.

Herkules. Sie freundlich schon die Flammen mich umwinden aus hoher Cedern leichten Wonnedüften, zu mir die Gluth, zu mir der Drang in Lüften, du willst noch weit der Erde mich verkünden. Die Räuber blicken schon hervor aus Klüften, denn meine Hand nur konnte sie da binden, die Menschen werden schlechte Wege finden, nun Blut und Kraft entschwindet meinen Hüften. — Ich schau Kronion dich! Mit Vaterhänden bewegst du rasch des Blitzes schnelle Flammen, mit leisem Druck die harte Qual zu enden. Und Dejanirens Mantel fällt zusammen, zurück zur Erde alles Gift zu senden, nur da kann Gift aus Himmelslüsten stammen.

Also wieder nichts, rief der Schulmeister verzweiflungsvoll, weder Prometheus noch Herkules ist der wahre poetische Messias, der eine verfliest zu Lava, der andre verfliegt in Rauch, warum habe ich mir nur die Mühe gegeben zuzuhören. — Seyd ihr denn ein Jude? — Warum toben doch die Heyden? — Ja warum sind sie solche Narren! — Ich will ganz erlöst seyn, rief der Schulmeister, mir soll auf einmal ganz wohl werden, dann will ich an euch glauben. — Der heftige Hauch dieser Worte blies alle Schmerzenssegel des jungen Dichters auf; er deklamirte mit gebrochener Stimme: Ach wie sitz ich auf dem Grabe ganz in mir versunken, keiner hebt mein Haupt. Warum bin ich gegeisselt worden? Für wen ist mir der Dornenkranz tief eingedrückt in meine Stirn, die Nägel mir durch Hand und Fuß geschlagen; die Seite mir vom Speere aufgerissen, da keiner will mein Innres sehn. Ach Gott, warum ist mir solch Weh geschehn, denn keiner glaubt, daß er wird auferstehn. — Die jammervolle Ueberzeugung dieser Rede zog alle Hände der Bauern gefaltet unter dem Tisch zusammen, ich hatte genug Besonnenheit um zu denken, was daraus werden sollte, in dem Augenblicke kam ein Wagen blasend angerollt, es stieg ein Courier aus in kurzer grauer Plüschjacke, nahm sich nicht Zeit seine Pelzmütze abzunehmen, überreichte ein Paket gedruckter Blätter und eilte fort. Wir lasen alle darin. — Es muß wohl alles Gute gestört werden, klagte der junge Dichter, die Weltgeschichte wäre sonst zu schnell vorbey. — Das Blatt enthielt eine Einladung zur großen Weinleseversammlung für alle Einsiedler, deren Gelübde angenommen, daß sich keiner aus der falschen Gesellschaft einschleiche, sollte jeder eine Probe seines Barts mitschicken, eine warnende Hyeroglyphe aus dem Tempel zu Sais stund dabey, die erklärte der Schulmeister: Sieben Vögel sind durch einen Faden so aneinander gekettet, daß er in den Schnabel des ersten hinein, aus ihm von Sterz zu Schnabel, durch alle sieben hindurch läuft. Die Vögel scheinen Enten; auch wissen lose Gesellen, die sich darauf verstehen die Naturtriebe ihrer weniger schlauen Mitgeschöpfe zu ihrem Zwecke zu benutzen, daß wenn man ein Stückchen Speck an einen Bindfaden gebunden, unter einen Haufen Enten wirft, es sogleich von einer gierig verschluckt wird. In kurzer Zeit giebt sie es nach Entenart unverdaut auf natürlichen Wege wieder von sich. Eine zweyte wiederholt den Proceß, und so geht es fort so lange noch eine Ente da ist, die noch nicht von dem Leckerbissen gekostet hat. Der Speck, welcher von der nunmehr geschlossenen Gesellschaft unter immerwährendem Schnattern und Watscheln durch alle Pfützen geschleppt wird, geht natürlich verloren, aber der mit Hülfe seiner vermittelte Verein besteht durch reinen Bindfaden zu großer Belustigung des Stifters und der Zuschauer. — So erklärte der Schulmeister dieses Bild.

Ludwig Achim v. Arnim.

Beylage
zur
Zeitung für Einsiedler.

[1] Geschichte des Herrn Sonet und des Fräuleins Sonete, des Herrn Ottav und des Fräuleins Terzine. Eine Romanze in 90 + 3 Soneten.

Von Ludwig Achim von Arnim.

Anhang zu Bürgers Soneten in der letzten Ausgabe seiner Schriften.
(Mit einer Kupfertafel.)

1. Der Sänger an die Gitarre.

Der Reime schwer zu reimend Bienensummen,
Der Jamben schwerer dumpfer Wellenschlag,
Was der Trident des Dactylus vermag,
Das brachte mich im Dichten zum Verstummen.
Da wars als fühlt ich eines Gottes Schlag
Mir in die Ohren neubelehrend brummen:
„Für immer sollt der hohe Baum verkrummen,
„Daß leicht du pflückst die Frucht an einem Tag?"
„Fühl erst unbänd'ge Freud und bänd'ge Klagen,
„Wie gern wirst du sie messen nach den Saiten,
„Wie leicht wirds nun sie drauf hochtanzend schreiten."
„Laß Reime ihnen goldne Schwingen breiten,
„Im Gleichgewicht die Schwebenden zu tragen,
„Weil schön sie sind und wie die Schönen zagen."

Rec. Schlag zu Herr Gott! Sieh doch drey Jen bey einander in jedem Drilling, das lob ich mir, daß nicht zu viele Een mit diesem Klingding sind gemacht.

2. Der Sänger an seinen Freund Sonet.

Weil schön sie sind und noch viel Schönres sagen,
So trit denn auf Sonet mein lauter Freund,
Wie dir so hell die ganze Welt erscheint,
Wie es schon früh dir in den Schlaf mocht tagen.
Dein stolzes Roß dich heut zu warnen scheint,
Wird stätisch als es dich zur Stadt soll tragen,
Laß ab mit deinem herrisch trotz'gem Schlagen,
Es war von deinem Rosse wohl gemeint.
Nun geht es folgsam, doch es senkt sein Haupt
Und donnert aus dem Stein beim Tagslicht Funken,
Und graue Wolken in dem Sande staubt.
[2] Sieh doch darauf, du bist so ganz versunken
Dem Erdgeist offen, der an Liebe glaubt,
Und hast vom Altan einen Blick getrunken.

Rec. Welch albern Wortspiel mit der Stadt und stätisch, so war's gerade beim Verfall der Wissenschaften in Griechenland und Rom, ein schiefer Einfall galt da für Gesinnung. Was ist das für Gesindel, was zu Pferde reist, wohl gar ein Musterreiter aus Loretto?

---

3. Der Sänger schreibt der Sonete an die Wand ihres neuen Zimmer.

Ein Zimmermeister will so eben richten
Sein liebstes Werk, er fügt es hoch und fein
Ohn Winkelmaaß im Ebenmaße rein,
Ob's streng nach dem Modell, das soll ich schlichten.
Des Meisters Kunst mag dieses Zimmer seyn,
Im engsten Raum die zierlichsten Geschichten,
Die Gallerie davor vier Fuß im Lichten,
Es wirft sich Licht in Spieles Lust hinein.
Wirft sich auf Blumen und auf Angedenken,
Die jeden Winkel weihen zur Kapelle,
Vergeßne Heil'ge sehn sich da voll Schimmer.
Recht schön! Doch Meister, ehe wir einschenken,
Gesteht, daß schöner drinnen im Modelle,
Die Frauenzimmer, als der Frauen Zimmer.

Rec. Eine Semmel freuet sich über die andre. Da liegt der Haas im Pfeffer, wieder ein Wortspielchen: Ja Spieler spiel nur dein Spiel, bis spielend der Spülig sich abspült.

---

4. Sonete verwundert sich über die gefundene Inschrift.

Wer schlich sich ein, wer schrieb die art'gen Zeilen,
Was drängt mich doch, ich möcht ihm gerne danken,
Was ärgert mich, ich möcht ihn gern auszanken,
Ich seh nicht ein, warum er nicht mag weilen.
Erwachsen bin ich nun, hab Nachgedanken,
Und möchte gern auch andern mich mittheilen,
Der Vater will mit meiner Hochzeit eilen,
Ich kenn ihn nicht und möcht vor Furcht erkranken.
[3] Ich habe solche Angst davor bekommen,
Seit Sapho ist so krank und häßlich worden,
Auch macht mich das Geheimniß sehr beklommen.
Ich möcht die Welt auch sehn, eh ich zum Orden
Der strengen Eheweiber bin gekommen;
Wär ich nicht lustig könnt ich mich ermorden.

Rec. scheut das muckende E, doch ermorden die Ehe fürchtend, das ist zu viel? Das gab der Reim auch ein, entfliehen würde besser stehen. Doch kommt man übern Hund, so kommt man übern Schwanz. [1]

---

5. Sonet giebt sich in die Lehre bei dem Vater der Sonete.

Ich hab's, ich hab's, ich hab es nun vernommen,
Sonette heißt sie und ist mutterlos,
Der Vater malt und ist die Freude groß,
So wird sie mir doch wieder gleich benommen.
Der Vater hat geworfen schon das Loos,
Ein junger Maler soll sie bald bekommen,
Sie liebt ihn nicht sie ist uneingenommen,
Sie ist ein Kind auf ihres Vaters Schoos.

---

1 Vgl. „Jenaische allgemeine Literatur-Zeitung". 4⁰. 5. Jahrgang, Nr. 128–131, Den 1–4 Junius, 1808, Sp. 418.

Gedacht, gethan, ich geb mich in die Lehre,
Ich hab gemalt, die Liebe giebt Geschick,
Ich werd wohl lernen, denn ich such nicht Ehre.
O wunderbares neues Lebensglück,
Am Nagel hängt nun meine gute Wehre,
Und mich verwunden täglich tausend Blick.

Rec. Ich möcht wohl wissen, wie der Vater hieß und wie die Mutter von solchem Töchterlein? Gewiß war er ein Trouvadour, und sie kam von des Papstes Pantoffeln pilgernd, Corallen brümmelnd vor dem feisten Glatzkopf.

---

6. Der Sänger erzählt die Genealogie der Sonete.

Wohl dem der frommen Stamm entsprossen ist,
Wer sich bekehrt der ist auch lieb und werth,
Hexameter als Vater wird geehrt,
Er war ein Heyde, wurde dann ein Christ.
Die Frau, die ihm darauf von Gott bescheert,
Die hieß Pentameter, er hat sie lang vermißt,
Denn seine Elegie kein alter Mann vergißt,
An dieser Eh hat sich die Zeit bewährt.
Die beiden einz'gen Kinder, die zu hause,
Sonete und Terzine, beide jung,
Verachten schon des Vaters toll Gebrause,
[4] Der schweren Steine Poltern auf der Zung,
Sie weilen gern bei einem Ohrenschmause,
Statt Sylbenstecherey sie lieben Schwung.

Rec. überläßt dem Verfasser sich eine Mücke zu fangen, die ihm eine Trall prall schall sum brum Sonate [1] vorsingen mag; er wird sich keine Mühe geben, ihm die Kunst beizubringen, gute Verse zu drehen.

---

[1] 410.

7. Sonet findet die Sonete und ihre Schwester Terzine, wie sie singen.

Als kleiner Knabe ist mir heiß geworden,
Wenn man vom Fräuleinneste scherzend sprach,
Auch klang es mir noch lang im Ohre nach,
Es träumte mir gar oft von jenen Worten.
Kein Baum war mir zu hoch, zu tief kein Schacht,
Zu strenge war mir auch kein Nonnenorden,
Ich zog auf dem Kammeel mit wilden Horden,
Und war bedächtig immer auf der Wacht.
Ich fand es nicht, wo ich konnt Futter bringen,
Ins rothe Mäulchen gierig ausgestreckt,
Bis ich vernahm auf einer Kammer singen.
Zwey Mädchen saßen da ganz aufgeweckt,
Wie Kinder aus dem Chor die Stimm verschlingen,
Und haben mich mit manchem Lied geneckt.

Rec. Ja wohl geneckt. Das mag ein schönes Pinkepank gewesen sein, was so ein Liebhaber für Sphärenmusik hält.[1]

---

8. Sonet beschreibt den Fleiß der beiden Schwestern Sonete und Terzine.

Nie müßig kann sie in die Hände gaffen,
Zu einem schönen Kranz sind sie verbunden,
In ew'ger That kann Schönheit nur gesunden,
Wie leicht den Busen hebt ein stilles Schaffen.
Sie leuchtet hell in aller Spiele Waffen,
Ihr ist Musik und Zeichnung gleich verbunden,
Nichts kann darin die Bildende verwunden,
Der Zeichnung Zeichen muß Musik ihr schaffen.
Die Kleine ahmet nach der Schlanken Leben,
Gestützt auf ihrem Arm sie denkt vereinet,
Und tausend Verse ihr zu helfen streben.
Wie erstes Licht dem Blinden wieder scheinet,
Wie Frühlingsluft den Krankenden gegeben,
So wird dir wohl wenn dir dies Paar erscheinet.

---

[1] 409.

Rec. Gestrebt habe ich, wie irgend ein andrer nach dem Innern der Verskunst [1], aber ich habe nie [5] das bekannte Räthsel lösen können: Eine Jungfer, die mir bekannt, hat zehen Finger an jeder Hand, fünf und zwanzig an Händen und Füßen, wenn du es räthst, sollst du die Schönste küssen.

---

9. Sonet dienet fröhlich seinem Meister.

Das geht schon gut, der Meister ist zufrieden,
Ich helf ihm schon an seinen eignen Bildern,
Wer kann dies Glück und diese Angst mir schildern:
Will sie mir wohl, ist sie mir nicht beschieden?
Der stumme Dienst will mich allmählig mildern,
Mein Rappe ist verkauft, ich bin geschieden
Vom Ritterthum, was ist hinieden
Wohl schöner als der Wünsche schönsten schildern.
Sie sitzet mir Modell, was soll es werden,
Sie ist doch mehr als die Göttinnen all,
Sie schwebt mir vor zu allen in Geberden.
Der Meister lacht, wenn er es sieht einmal:
„Es fehlt noch Phantasie, es wird schon werden,
„Und alles machst du mir noch zu egal."

Rec. Man entkleide den Gedanken seines krausfaltigen Talars mit dem Glöcklein am Saum, und betrachte, was hervorschlüpft [2] — ein Modellchen.

---

10. Sonet will Fräulein Sonete beschreiben.

Ha wo beginnt die Welt, wo kann sie enden,
Nicht Tag, nicht Nacht kann ihren Reitz beschränken,
Wenn Tage leuchtend, Nächte thauend tränken,
Des Weltgeists Ström wie Fäden kann sie wenden.
Zu ihr, aus ihr sich alle Freuden senden,
Die durch das Thal den Frühlingswagen lenken,
Aus ihr die süssen Träume stammend denken,
Sie webt den Lebensschleyer mit den Händen.

---

[1] 410. [2] 415.

Wo find ich sie, umfaßt ich euch Naturen
Der bunten Welt, dich weite Muttererde,
Ich fühl in Luft und Wasser ihre Spuren.
Wo find ich sie, daß ich ihr Priester werde,
Verkünde was Propheten nur erfuhren,
Und mich verbrenne auf dem heil'gen Heerde.

Rec. Leicht kann, wer vom Handwerk ist, ihm nachweisen. Hier hast du, wo der Gedanke überschwoll, ihn gestutzt, und hier, wo er nicht ausreichte, ausgeflickt.[1]

---

11. Sonet verzweifelt das Bild der Sonete malen zu können.

Ihr reinen Bildner stiller Luft in Tönen,
[6] Fern hallende Musik, wo Jungfrau'n spielen,
Nur ihr könnt klar dies holde Werk erzielen,
Wozu kein Wort, das reine Bild der Schönen.
Nicht farbenlos im Stein darf ich mich fühlen,
Nicht flachen Schein der Farben ihm gewöhnen,
Auch nicht den Spiegel mit dem Antlitz krönen,
Nur in Musik da weiß ich es zu fühlen.
Fänd ich Musik, ich wollte dich vergöttern,
Daß alle Völker deine Gottheit schauen,
Der Ton verklingt und sie versinkt in Wettern.
Ist aller Liebe Sinnbild nicht zu trauen,
Den Tönen nicht, den leichten Flügelgöttern,
Doch mag ich nur für dich ein Luftschloß bauen.

Rec. Aus so mancherley wesentlichen Abweichungen des Sonets, die keiner gemeinsamen Melodie fähig sind, erhellt wohl genugsam, daß schon zu Petrarkas Zeit das alte truvaburische Lieblingstönchen verschollen war.[2]

---

12. Der Sänger an die Leser.

Verkündet ist das Spiel, die Hörer warten,
Die Sehnsucht spielet zuckend durch die Glieder,

---

[1] 415. 416. [2] 417.

Sie träumen schon die nahen neuen Lieder,
Vergebens sie die lange Stunde harrten.
Der Andacht Flamme brennet endlich nieder,
Die Füße fast aus Ungedult schon scharrten,
Die Augen unverwandt zum Vorhang starrten,
Er regte sich, nun hängt er stille wieder.
Die Füße pochen und die Lippen pfeifen,
Es reißt Gedult, mag auch der Vorhang reißen,
Wie in dem Tempel nach des Gottsohns Sterben.
Mein Leser willst du schon das Fest verderben,
Ich muß ein böses Wort mir hier verbeißen,
Du bist zu leicht, schwer läßt sich Lieb erwerben.

Rec. Ey sag Kamerad: wozu denn Sonete, da sie nicht mehr nach altem Tone zur Viole getönt werden sollen?[1]

---

13. Sonet beneidet eine Freundin der Sonete.

Wie freust du dich, wie lachst du im voraus
Mit deiner blonden Freundin heut zu schlafen,
Ihr Götter wollt ihr nicht den Frevel strafen,
Wie sie ihn mir erweckt mit Saus und Braus.
Wie füllt mit Rosenduft sich schon das Haus,
Ich saß ihr nah und hört den Athem schaffen,
Ich lieg hier einsam, soll hier einsam schlafen,
Wie streck ums Kissen ich die Arme aus.
Ich Armer, ach, was hält mich denn so strenge,
[7] Wie oft wollt sie mein Arm von selbst umschlingen,
Dann hört ich über mir gar heil'ge Klänge.
Sie sehn den Mond und aus dem Bette springen,
Sie sehn ihn singend, drücken sich so enge,
Ich seh ihn auch und kann zu euch nur singen.

Rec. Ich kann auch singen. Mein Haupt des Siegers krönt mit Ros' und Lilie' des Rhythmos und des Wohlklangs holde Charis, achtlos, o Kindlein eures Larifaris. Euch kühl ein Kranz hellgrüner Petersilie! Von schwülem

---

[1] 418.

Anhauch wird euch das Gemüth heiß, und fiebert ach!
in unheilbarem Südschweis.[1]

---

14. Sonet ist auf eine Freundin der Sonete eifersüchtig.

O dieses süße lispelnde Vertrauen,
Mit ihrer Freundin dies zweistimmig Lachen,
Und dies Umschlingen, dies Bedeutsammachen,
Ach muß ich alles das ich Aermster schauen.
Und diese Blumen, die sich dir nur brachen
Muß ich an deiner Freundin wieder schauen,
Und wie sie jetzt in Lauben sich verbauen,
Und jetzt allein sich rudern in dem Nachen.
Du möchtest wissen, was du selbst gedacht,
Indem du falsch des Strumpfes Rand gestrickt,
Ich möchte wissen, was du hast gelacht,
O wäre es einmal rathend mir geglückt,
Daß ich entdeckend dich hätt roth gemacht;
Erhaben hast du mich nun angeblickt.

Rec. Wie muthiger Entschluß am kräftigsten in lauter männlichen Reimen trotzt, also scheint die schmelzende Empfindung oder die spöttelnde Ironie, manchmal den sanftschwebenden Gang durchaus weiblicher Reime zu verlangen.[2]

---

15. Sonet findet die Sonete in seinem Gärtchen.

Was war mir das, ich fand sie in der Laube
Aus bunter Wicke und aus Feuerbohnen,
Die ich erzogen mir, um drin zu wohnen
In Sommersgluth mit meinen Turteltauben.
Ganz heimlich mochte sie den Blumen lohnen,
Den stillen, heil'gen, innern, ew'gen Glauben,
Wie sie sich selbst in Duft das Leben rauben,
Und wollte unter ihnen einmal thronen.
Ein Gießkännlein hat sie auch mitgenommen,
Die Nelken stolz der schönen Perlen Feyer,
Und neue Veilchen waren aufgekommen.

---

1 440. 2 436.

Ich zog mein Netz hellrauschend durch den Weiher,
Sie hat die Silberfischlein angenommen,
Dann ward sie roth und hüllte sich im Schleier.

---

[8] Rec. Bel, unser Gott, ist groß und mächtig, sein Antlitz leuchtet hell und prächtig, doch gleicht ihm unser Belsazar.[1]

---

16. Sonet findet die Sonete viel zu reizend um an ihren Besitz denken zu dürfen.

Viel Schönere hab ich gesehn mit Ruhe,
Doch diesen Reitz! O lösche diese Gluthen,
Ich lauf umher und meine Füße bluten,
Ich ging im heißen Sande ohne Schuhe.
Recht wie ein Büßender ich treib und thue,
Daß ich solch Glück mir wagte zuzumuthen,
Es war nicht bös gemeint, es war im Guten,
Doch weg ist nun Vertrauen, Muth und Ruhe.
Mit Blumen dien ich, kann kein Wort erpressen,
Und meine Kirschen magst du niemals essen,
Ach was ist mein, der ich dich nie besessen.
Für andre fließt der Honig aus den Zellen,
Und schlaflos muß ich meine Zeit vergällen,
Die Hähne krähen schon, die Hunde bellen.

Rec. Für Geistesnahrung beut dies Buch ein dreimahl
Mit flauem Spülicht aufgewärmtes Breymahl.[2]

---

17. Leidenschaft hält in Sonets Munde den Ausdruck zurück.

Leutselig leis hinaus aus dunkler Freye,
Ich tret ans Licht, wie dräuen mir die Wände,
Ein banger Chor wohin den Schrit ich wende,
Daß ich der Angst die schnellen Schritte leihe.
Ich war ihr nah, sie konnte alles enden,
Nun ist sie fern und hört nicht, wenn ich schreie,

---

[1] 438. [2] 438.

Wie ist Vertrauen denn so fern von Treue,
Wie kann der Liebe Macht so Ohnmacht senden.
Wie wenn sie mich geliebt, nun heimlich schmälet,
O Isis ach wozu der sanfte Schleyer,
Ich sterbe doch, so fühl ich mich zerquälet.
Sie schläft wohl auch und denkt der künft'gen Freyer,
Ihr Vogel sagt was das Geschick verhehlet,
Und auf dem Busen singt die alte Leyer.

Rec. Aus Moor Gewimmel und Schimmel hervor
Dringt Chor dein Bimmel Getümmel hervor.[1]

---

18. Sonet steht auf dem Gipfel der Leidenschaft, da faßt ihn die heilige Anziehung.

Wenn in der heißen Zeit von Regen satt,
Die Erde zu der hellen Sonne schwitzt,
Und neuer Regen von dem Himmel spritzt,
Und alles fühlt sich schwühl und dumpf und matt.
Mein Kopf sich so von wüster Lieb verhitzt,
Und stets das langbedachte noch zu denken hat,
[9] Ein fruchtbar Wetter für die junge Saat,
Doch was in Blute steht wie Wein verhitzt.
Beym heil'gen Bild glaubt ich in dunkler Nacht,
Ein klein Laternlein dunkelroth zu sehn,
Mir ward dabei so wohl, daß ich wohl dacht:
Wär stets dir so zu Muth, mag Lieb vergehn,
Kein Heilgenbild war da, es ward gemacht,
Ein Brunnen, warnend mußte sie da stehn.

Rec. Abab, baba, abab, baab (schnarcht.)

---

19. Meister Hexameter erklärt dem Sonet das Wesen der Kunst.

Wer wagt zu schaun, was einer Welt verborgen,
Der Künstler ists, daher wohl manches Leiden

---

[1] 440.

Bis ihm geglückt der ew'gen Bildung Freuden,
Denn von der Zeit muß er das Ew'ge borgen.
Er zündet Licht der Liebe dunklen Freuden,
Er wachet in des Lebens frischem Morgen,
Indessen flieht ihn Liebe oft in Sorgen,
Bis sein der Himmel ganz, muß er ihn meiden.
Ja wer am Ziel der Lust nicht kann verweilen,
Verliere willig sich in That und Leben,
Der Künstler weiß sich fassend mitzutheilen.
Und was vorüberblitzt ganz hingegeben,
Das weiß er allen Zeiten zu vertheilen,
Der Liebe Kuß und inniges Verschweben.

Rec. Unsers verehrten Mannes Adjudant, wird hier die Recension fortsetzen, weil unser verehrter Mann eingeschlafen.

---

20. Sonet beschreibt das Bildniß von Meister Hexameter in seiner Jugend.

Im Mantel halb mit schnellem festen Schritte,
Ich streiche vorwärts durch den Wald zur Höhe,
Nur einmal ich noch rückwärts um mich sehe,
Es schleichen da so leise Mädchentritte.
Sie ist's und wär sie's nicht ich nicht vergehe,
Auch andre würde rühren rasche Bitte,
Schon haucht mirs fern begeisternd in die Mitte
Der Stirne Locken, daß ich trotzend stehe.
Sieh wo ich traf die Spur zu schönen Zügen,
Gestaltete Begeistrung rein und klar,
Doch bleibt noch mancher Weg da vor mir liegen.
Du Mädchen halte mich, so wird es wahr
Aus Adams Pinsel Eva ist gestiegen,
So reich mir Schöpfungslohn die Aepfel dar.

Rec. wird gewiß bald anfangen.

Sonet beschreibt das Bildniß der verstorbenen Mutter der Sonete.

Wär ich nicht schon verliebt, die möcht ich lieben,
Wie liegt so offen da ihr ganz Gemüthe,
Viel Kinder deutet an die ernste Güte,
Wie würd ich mich in treuer Pflege üben.
Ich denke mir, daß sie mein Weibchen hüte,
Und freue sich belauschend uns von drüben,
Wie wir uns doch so herzensfreundlich lieben,
Und daß auf dieser Welt ein Menschenpaar geriethe.
Doch sie ist todt, und ob die Tochter danket,
Daß ich Gebet und Leben zu ihr wende,
Recht wie die Zitternadel auf ihr schwanket.
Hell glänzen oben die Rubinenbrände,
Versteckt die Spitze in dem Haare ranket,
Und was mir wird, entscheidet erst das Ende.

Rec. erinnert sich, daß der Schlafende einmal gesagt hat, er wisse einige viel künstlichere Reime, als lieben und üben, hat sie aber leider vergessen.

---

22. Sonet beschreibt die Hebe vom Meister.

Ist in der nackten Nacht nicht Sinnenkühlung,
Sinkt nicht ein Thau des Busens Labung mir,
Im Spiegelmeer ich mondlig mich verlier,
In leisen Wellen kühlt der Luft Umspielung.
Zum blauen Himmel ich die Blicke führ,
Hüllt Wolken bald Kronions Bettumwühlung,
Dann rauscht sein Adler fort zu meiner Kühlung,
Es blitzt! Er naht, er naht und ich bin hier.
Mein Adler sieh dein harrt die Nektarschale,
Verstohlen nahm ich sie vom Göttermahle,
Dein Liebesmahl mit Liebesgluth bezahle.
In deinen Flügeln mir nur Kühlung rauschet,
Du beißest mich, so Küsse sind vertauschet,
Zu unserm Spiele Amor drohend lauschet.

Rec. weiß gar nicht, wie alle die Bilder hier herein kommen, doch will er den Schlafenden nicht wecken.

---

23. Sonet beschreibt Neptun und die Ueberschwemmung vom Meister.

Als goldne Zeit von dieser Welt vertrieben,
Da theilten sich die Söhne in dem Reich,
Nach ihrer Macht nicht recht und auch nicht gleich.
Dem Feuer ist die höchste Macht geblieben.
Neptun erwütet über den Vergleich,
Kronion läßt sich nicht dadurch betrüben,
Sein Tagewerk ist ein gewaltig Lieben,
Die Sterblichen nur trift der Streiter Streich.
In Blitz und Wasserfluthen zu verderben,
[11] Ist ihres Lebens schwer erkämpfter Preis,
Des dritten Bruders Reich sie also erben.
Das ist nicht kalt, das ist nicht eben heiß,
Da lebt man nicht, man kann da auch nicht sterben,
Und daß es gar nichts sey, das sagt man leis.

Die Redaktion bittet recht sehr, wenn Recensent sich nicht selbst mit dem Recensieren abgeben kann, einen unterrichteten Adjudanten zuschicken.

---

24. Sonet's Entschuldigung.

Mein Meister seht in solchen schönen Bildern,
Hat dargestellt die mannigfache Welt,
Ich Wandrer hatte mich zu ihm gesellt,
Und wollte gern was der gethan hier schildern.
Doch wie er Bild und Lied zusammenstellt,
Da will es mich im Augenblick verwildern,
Wie farbelos die armen Worte bildern,
Für einen Fuscher er mich nun wohl hält.
Das ist des Lebens wie der Künste Preis,
Für die wir spenden unsern sauern Schweiß,
Daß uns die Scham am Ende machet heiß.
Nein nimmer laß uns rückwärts wieder schauen,
Nur diesem einen Glauben laßt uns trauen,
Daß besser heute wir als gestern bauen.

Der zweyte Adjudant bittet die geehrte Redaktion um Entschuldigung, er ist aber in dieser Zeit mit vielen eigenen Werken beschäftigt.

---

25. Sonet hat die Sonete im Kahne gefahren.

Der Kahn hat sie umschlossen, heilig Holz,
Von deinen Splittern kann die Welt genesen,
Nein nimmer dienst du wieder niedern Wesen,
Nur ihr, du bist in deinem Glücke stolz.
Sie drückte dich wenn hoch der Schwung gewesen,
Mein Blut bei jedem Druck nachgebend schmolz,
Es drängte sich zu fließen in dem Holz,
Zu seyn der Tropfen von dem Wind erlesen.
Er trieb zu ihr von einer Ruderwelle,
Ach alles feiert, sehnet sich zu ihr,
So trieb die Welle uns zur Blütenstelle.
Der Flieder blauer wölbte über ihr,
Im Dunkel spielte spiegelnd Wellenhelle,
Und sie war hier und sie ist nicht mehr hier.

Die Redaction will die Fortsetzung der Recension dem mindest fordernden überlassen.

---

[12] 26. Sonet findet am heißen Abend die Sonete mit einer Triangel in der Hand eingeschlafen.

Wie alles still, nur Fliegen muthig schwärmen,
Im Schlaf sie störend, die zu träg zum Fangen,
Die Winde um sie wilde Reben schlagen,
Zum Blühen sie an ihrer Stirn zu wärmen.
Wie kann dein Sinn o Sonne uns so härmen,
Als wenn zwei Feinde in dem Kampfe rangen,
Bis Schwerdter Herzen, Herzen Schwerdter zwangen,
So sinkest du, wir sinken in der Wärme.
Sie sang im Traum, Triangel ruht in Händen,
Er schwebt und kann im Traum nicht Ruhe finden,
So malt den Schatten ich an Felsenwänden.
Als schwebt ich über ihr im Traum auf Winden,

Und klimperte durch des Triangels Enden:
Da schwand der Traum, doch ich will nicht verschwinden.

Rec. findet diese Dichtung so hold und lieblich, daß er ordentlich gewaltsam in die Mayblumentage seines Lebens zurückgerissen wird. O Natur! Liebe! Gottheit! ich drückte euch alle zugleich an mein Herz wie einen Freund, aber wo ihr mir nun selten genug begegnet, immer gehet ihr einzeln und ich vermisse die andern.

---

27. Sonet's Nachgedanken über einen Ball, den der Zufall wohlgelenket hat.

Wenn Feuerkugeln droben tobend springen,
Eh sie den Arm dem hohen Sterne reichen,
Wenn vor die Sonne schwarze Wolken streichen,
Mit Widerwille all erlöschend ringen!
Wenn falsche Töne sich der Luft vergleichen,
Die Blüthen still im Grünen untergingen,
Die Nächte zierlich lange Schatten bringen,
Muß starkes Denken schwachem Schlafe weichen.
Wie fühl' ich selig mich herunterstimmen
Zum Kinderspiel, wenn Sonne schnell versunken,
In hoher Oede Schwindel nüchtern trunken.
Ich sah den Ball so rastlos aufwärts klimmen,
Bis er im Busen ihr verirrt gesunken,
Da fühlt er Gleichheit, fühlt der Freiheit Funken.

Rec. Wie artig, wie mahlerisch, wie fällt mir dabei ein hundert Romanzen in den Sinn.

---

28. Sonet beschreibt einen glücklichen Abend.

Es kreist das ganze Jahr für einen Abend,
Und wer ihn nicht genießt, der hats verloren,
Ich hab ihn ganz, er hat mich ganz erkoren,
Und für ein Jahr voll Schlossen wär er labend.
O dieser Duft vom sanften Wind geboren,
[13] Nach schönem Weihrauch wie die Ameis grabend,

Orangenbaum wie bist du doch wohlhabend
An Blüthen, da so viel dir schon verloren.
Und diese Bank entgegen steht dem Leuchten,
Das an des Himmels Rand neugierig strahlt,
Dem jungen Tag die Schwingen zu befeuchten.
Und dieser Sang, den er so hoch bezahlt,
Ich weiß nur einen Tag den holdbezweigten,
Wo mir ihr Kranz dies kurze Glück einst malt.

Die Redaktion findet, daß diese bewundernde Art gar nicht der Geschmack des Publikums ist, sie hat schon für einen strengern Recensenten gesorgt, für eine frische Ruthe.

---

29. Sonet argwöhnt, daß die Sonete ihn nicht liebe.

Ich seh's ihr ab, ich hab es wohl gemerket,
Sie will mich schonen, will es mir nicht sagen,
Doch zieht sie sich zurück, ich darf nichts wagen,
Allmählig bricht sie, eh ich mich verstärket.
Ich seh dich durch und durch und dein Betragen,
Denn was ich liebe sich umsonst verberget,
Ich komme dir zu Hülf', ich bin gestärket,
Und will die Last zur Hälfte selber tragen.
Ich sitz nicht mehr bei dir und will doch scherzen,
Will mich verkleiden, spotten deiner,
Doch du wirst bös das gehet mir zu Herzen.
Wie, wenn du heimlich doch gedachtest meiner,
Wenn du verstecktest mir die innern Schmerzen,
Dann wär ich glücklich wie auf Erden keiner.

Rec. Des Menschen Geist und Leben treibt ihn unaufhaltsam vorwärts in objectiver und subjectiver Hinsicht, und auf dieser voraus bestehenden Kraft ruht das Gedeihen aller Wissenschaft und Kunst, ja des Lebens selbst in höherer Potenz.

---

30. Sonet findet im Bräutigam seinen Freund Ottav, er wendet sich zur Kunst.

Er ist gekommen, weh mir, wehe, wehe,
Der Bräutigam, mein ärgster, schlimmster Feind,

Es ist Ottav mein alter guter Freund,
Und wo ich nun vor mir und rückwärts sehe
Die Erde wie herabgestürzet scheinet,
Ich stehe einsam auf der öden Höhe,
Ein grüner Strauch steht nur in meiner Nähe,
Die Kunst ist mit dem grünen Strauch gemeint.
So muß ich dich, die mir nur Mittel war,
Herzinnig aus der ganzen Seele ehren,
Hängt über mir das Schwerdt an einem Haar.
Ich will's vergessen, lasse mich nicht stören,
[14] Nur schenke mir der Hochgedanken Schaar,
Daß ich mich selbst in meinem Werk kann ehren.

Rec. Ehret die Frauen, sie flechten und weben himmlische Rosen ins irdische Leben.

---

31. Sonet giebt aus Liebe zur Kunst die Kunst auf.

Wie gräßlich sehn mich an die Schreckensbilder,
Vom Blocksberg und vom Räuber Pape Döne,
Der seinen Schädeln sang: Tanzt liebt Söhne!
Die er zum Rosenkranz gezogen milder,
Die er erschlagen, daß die Schreckenstöne
Ihm an das Herz noch schlagen um so wilder,
Das sind mir jetzt die einzig lieben Schilder,
Doch mahnt mich Gott, daß ich mich des entwöhne.
Die fromme Kunst soll ich nicht frech mißbrauchen,
Die mir der Herr hat in die Hand gegeben,
Und lieber mich in meinen Lethe tauchen,
Nicht sie erniedern zu dem schnöden Leben,
Das meine Stimm erstickt mit bösem Rauche,
Der wie ein Nebel rings mich hat umgeben.

Rec. meint, daß hier eigentlich der Indifferenzpunkt des ganzen Kunstwerks liege, der heiligen Drey von beiden durchdrungenes Wesen.

---

32. Sonet sucht in seinem Garten Trost.

Ich flücht in meinen Garten wie in Wüsten,
Und büße da im bunten Blumenflore,

Sie steigen aus dem schwarzen Höllenthore,
Und locken mich und strafen mich in Lüsten.
Es flüstert klagend in dem grünen Rohre,
Und Grabeshügel schien ich auszurüsten
In dieser Erde ausgegrabnen Brüsten,
Unkraut erwächst wo Blumen einst zuvore.
So bleib ich dumpf in heller Sonne liegen,
Bis mich die Fledermäus unsichern Fluges,
Wie die Erinnerung den fernen Freund umfliegen.
So haltet doch, ich kenn die Macht des Zuges,
Mich werden noch die tausend Fröjch besiegen,
Die mich umhüpfen voll Aegypt'schen Truges.

Rec. findet hier den wahren Uebergang des Idealen in das Reale, hier müssen alle Hypothesen untergehen. Er würde das Wort zuvore nicht billigen, warum nicht lieber wo Blumen ich verlor eh: Eh für Ehmahls.

---

33. Sonet will sich zerstreuen und fühlt, daß er an Sonete gebunden.

Wo ist ein Meer, die Hände mir zu reinen,
Und meine Lippen von dem falschen Kusse,
[15] Den ich dir gab, ich komme aus dem Flusse,
Und schäm' mich noch, daß ich schier möchte weinen.
Ich meinte zu zerstreun in dem Genusse,
Der Sehnsucht Pein, die meine Lippen meinen,
Mit einem guten Kind mich wollt vereinen,
Das oft im Pfänderspiel mich bracht zur Buße.
Wir saßen ganz allein, sie ward verlanget,
Das gute Kind war träg, ich mußte gehen,
Als ich zurück die Hand sie dankbar langet.
Daß ich sie küste war wie nichts geschehen,
Da fühlt ich erst wonach mein Herz verlanget,
Gefühl gab wen'ger hier, als dort das Sehen.

Rec. beweist hieraus, wie die Natur immer das Individuelste zu erreichen bemüht ist.

---

34. Sonet erzählt von einem Lustritt, der traurig war.

Es war ein schwüler Tag und lang der Ritt,
Und die Ermüdung macht den Kopf so leicht,
Ein frischer Wind den goldnen Abend zeigt,
Mein Pferdchen machte manchen falschen Tritt.
Ich irrte bald, ein Weg dem andern gleicht,
Mir in die Seele jeder Vogel schnit,
Der mich mit jubelndem Gesang bestrit,
Da hört ich Glocken, eine Heerde streicht.
Doch hirtenlos sie schien im Paradiese,
Ich war da fremd und konnte niemand fragen,
Ach blieb ich doch auf dieser grünen Wiese.
Nie sah ich solches Grün und nimmer schlagen,
Die Nachtigallen so wie diese, wie diese;
Ach wär sie todt, da lebt ich ohne Klagen.

Rec. findet diesen Fortgang der Entwickelung seiner dritten Periode ganz unangemessen, und doch so natürlich, daß er eine ganze Nacht mit sich selbst gerungen, ob er sich oder dieses Sonet aufgeben soll. — Es giebt sich selbst auf! —

---

35. Sonets Liebe zu der Sonete wird durch Haare von ihr sonderbar bewegt.

Wie schlecht hab ich gedämpft das alte Feuer,
Es schmolz in mir, was fest noch stand zusammen,
Es kommt der Sturm, ich stehe ganz in Flammen,
O stieg ich auf zu ihrer Schönheit Feyer.
Nichts gab sie mir, woraus die Gluth kann stammen,
Doch nahm ich etwas und das kommt mir theuer,
Ich holt ihr Haar aus einem Kohlenfeuer,
Wozu sie es mit Leichtsinn wollt verdammen.
Gelöscht an meinem Munde, was am Kopfe
Dir hat gehorcht wohl jegliche Gedanken,
Es muß mich noch wie Epheu ganz umranken.
[16] Ich pflanzt es gern, mein Herz nicht klopfe,
Es war so sicher in den schönen Schranken,
Hier wächst es nicht bei dieses Meeres Schwanken.

Die Redaction beklagt sich und entschuldigt sich, der vorige Recensent hat auf einmal solche Achtung gegen seinen Autor bekommen, daß er davon gelaufen ist, vergebens ist bis jetzt alles nachsetzen gewesen, sobald er eingeliefert wird, soll er gleich fortarbeiten.

---

36. Sonet sieht eine Ruhestätte seiner Leiden.

Ich kenne wohl ein Sommerschloß für immer,
Da stäubt kein Schnee durch die gebrochnen Scheiben,
Auch will kein Ungewitter uns vertreiben,
Dem Reisenden versagt es sich auch nimmer.
In weiten Säulen, schwerlich zu beschreiben,
Lebend'ge Pflanzen treiben weißen Schimmer,
Hoch um den Säulenschaft sie ringeln Flimmer,
Worin die Arabesken sich beweiben.
Und liegst du einmal auf dem harten Kissen,
So magst du nimmer wieder auferstehen,
Und magst du nicht, du wirst es doch schon müssen.
Kein Wunsch ist da, da ist auch kein Vergehen,
Und kein Vergessen, wie so gar kein Wissen,
Und wie die Luft, man fühlt dich ungesehen.

Die Redaktion hat wieder einen andern alten Menschen angenommen, der sehr gute Zeugnisse mitbrachte, er ist ihr aber von der Nachbarredaktion abspenstig gemacht worden. Nun ist guter Rath theuer. Ach die glücklichen Zeiten, wo der Krüppel immer vortanzte, jetzt gehört zum Tanze mehr als ein Paar rothe Schuh.

---

37. Sonet in Verzweiflung, daß er nicht geliebt wird.

O Herzensangst, du Gram, daß ich verloren,
Aus feuchter Höhle starren auf die Augen,
Was soll ich noch auf dieser Erde taugen,
Es hat die Welt sich gegen mich verschworen.
O Seele weg mit meinem nächsten Hauche,
Die ich geliebt, die hat den Freund erkoren,
Und die mich liebt, die geht durch mich verloren,
Was soll ich thun, der ich zu nichts mehr tauge.

Ich kann nicht fort aus diesem Lebensnetze,
Und mein ichs gut, das Gute bleibt nicht meine,
Und es erliegt in dieser wilden Hetze.
Es trägt mich Stolz, daß ich gern kalt erscheine,
Warum muß euch der beste Freund verletzen,
Und die ich liebe ist doch ganz die Seine.

---

[17] Ein reisender vornehmer Herr hat bei der Redaktion einen ansehnlichen Preis auf die beste Beantwortung der Frage niedergelegt: Wie ist dem jetzigen Verderben der Recensenten und des Gesindes zu steuern?

---

38. Sonet scheint zu verzweifeln.

Hast du Verzweifelung schon scherzen hören,
Wenn tagelang sie über sich gesessen,
Wie ätzend innen alle Sorgen fressen,
Du mußt das Schreckenbild im Werk nicht stören.
Was soll ich denn noch schlafen oder essen,
Geht nicht der Gram mit ein aus allen Lehren,
Und Hofnung blieb nur außer meinen Thören,
Ich hab ja alles schon beynah besessen.
Ein Stückchen fehlt nur an der Quadratur,
Auch das Perpetuum mobile zu finden,
Fehlt es doch einzig an Bewegung nur.
Wie will ich nicht die heilge Kunst ergründen,
Der Meister meint mich schon auf rechter Spur,
Hält mich nur für verrückt aus vielen Gründen.

Die Redaktion macht mit großer Freude bekannt, daß sie ein Paar Adjudanten des alten Recensenten und den frisch gemietheten alten Menschen in ihrem Jagdrevier glücklich in Sprengseln gefunden, es war ein Sonntag Morgen, die Sprengseln waren mit etwas Butterbrod aufgestellt, die Delinquenten etwas an den Füßen beschädigt, doch nehmen sie bei Brod und Wasser allmählig genug ab, um bald rezensiren zu können.

---

39. Sonet gedenkt aus Verzweiflung an seine Abreise.

Und wenns ein Schicksal giebt ists Leidenschaft,
Der Kinderglaube lügt sich Gegenliebe
Nothwendig, daß das Schicksal übe
Die ewige vernichtend heil'ge Kraft.
Wozu ist's, daß ich mich stets nur betrübe,
Ich muß doch fort aus dieser süßen Haft;
Nichts ist verloren, was das Herz sich schafft,
Und ewig bleibt mir Trauer dieser Liebe.
Gedächtniß hat die Liebe wie die Wunden,
Und wie die Säge schneidet ahndend Wetter,
Ein neuer Zahn reißt ein mit jeder Stunde.
Und wie der Selbstmord ist des Lebens Retter,
Stech aus die Augen, die der Schmerz verbunden,
Ich reise fort und bin des Schicksals Spötter.

Rec. kann diesmal mit keiner Parodie zu stande kommen, er läßt also das Original unverändert abdrucken, das giebt eine göttliche Komödie, kostet keine Nachgedanken, kein Kratzen hinter den Ohren, kein Stampfen mit den Füßen, bringt sein Honorar ein, und die übrigen Leser, die nicht lachen können, die lernen manches Gute kennen.

---

40. Sonets Abschiedstage bei der Sonete.

Der Abschied ist genommen, doch ich bleibe
Von dem geheimen Gotte festgehalten,
Der gerne heilet, was er hat zerspalten,
Ich bleibe noch und nicht zum Zeitvertreibe.
Nun laß ich ihn in meinem Innern walten,
Wohin mich Lust und Leichtsinn wieder treibe,
Und nahe dir, er dreht vielleicht die Scheibe,
Vorher mein Herz in Gluthen zu erkalten.
O diese Gluth, o diese Abschiedstage
[18] Sind wie des Arztes zürnendes Nachgeben,
Sprach er dem Kranken doch schon ab das Leben.
„Kein Mittel hilft, so lasset nun das Plagen,
„Ihr könnt ihm alle Lieblingsspeisen geben!"
Du stößt mich fort und giebst mir neues Leben.

Rec. läßt auch dieses abdrucken.

---

41. Sonet holt die Sonete von einem Balle ab.

Wie heiß erwacht an einem glühen Tage,
Aus unruhvollem Mittagsschlummer blickend,
Da liegt ein trüber Flor auf allem drückend,
Und Mondschein wird des hellen Glanzes Plage.
Ists Mondschein jetzt, es ist doch nicht entzückend,
Ists Mittag ach wohin mein Aug ich wage,
Klar, trüb, kein Schatten mehr und ich verzage;
Nun weiß ich, wo ich bin, es war beglückend.
Ich holt sie ab von einem heitern Tanze,
Wir gingen ganz allein in leeren Straßen,
Der Mond stand hinter uns in hellem Glanze.
Es feierten der Säulen helle Massen,
Doch wars ein Schatten, der verklärt das Ganze,
Die Schlanke ach, die ich am Arm thät fassen.

Rec. kann es nicht billigen, der alte Recensent will sich gar selber darüber machen, eine Comödie gegen das neue Unwesen zu schreiben, wenn ich es ihm nur könnte zu verstehen geben, der Alte hat kein Geschick dazu, es wird zu steif, und geistlos, auch kennt er vom Neuen eigentlich nichts, als was wir ihm so zugetragen haben, ich muß es ihm in einer guten Stunde beibringen, sonst könnte es mir bei ihm schaden.

---

42. Sonet macht mit der Sonete Spaziergänge, als er ihre Liebe für verloren hält.

Ich wandle um mit dir in deiner Jugend,
In deiner wilden Kindheit frohen Tagen,
Hier wo die wilden Reben uns umhagen,
Da sassest du nach schwarzen Beeren suchend.
In dieses Baches einsam stiller Tugend,
Da liessest du mit frischendem Behagen,
Die leichten Wellen um den Busen jagen,
Nach jedem Fußtritt fernhin furchtsam lugend.
Auf diesen Wiesen ohne Zaum und Zügel,
Bestiegest du die Pferde die da weiden,
Und wustest nichts und niemand noch zu meiden.

O warum muß ich denn alleine leiden,
Zutraulich jeder Lust mit buntem Flügel,
Legst du nur meinen Wünschen an die Zügel.

Rec. hat eben einen Schwarm Mücken zum Alten durchs Schlüsselloch geblasen, das wird ihn vielleicht abhalten, ach Gott, könnte ich nur wenigstens Jamben schreiben, so hätte doch der Alte vor mir Respekt, so geht er aber nicht anders mit mir um als mit einem Hund.

---

43. Sonet sieht sich vor seiner Abreise in dem Zauberpallaste seiner Liebe um wie in Trümmern.

Wie muß ich doch in dem zerstörten Hause,
Voll goldner Träume Hoffnungsmalerey,
Noch bleiben, fort ist Liebe-Zauberey,
Wo ist der Becher, alles fehlt zum Schmause.
Hier sollt sie sitzen Frühlingmorgens frey,
Wo tausend Blumen drängen glat und krause,
[19] Und wo ich in den Kelchen summend hause,
Das blieb mir noch, das löschet mein Geschrey.
O diese Steine, die da oben hängen,
Sie fallen einzeln mir schon auf das Haupt,
Wie alle diese, die den Boden engen.
Der Epheu hält sie nicht, der sie belaubt,
Der Hoffnungsbogen sprang, ich sprenge,
Was nun noch bleibt, weil es mir Aussicht raubt.

Rec. hat eben ein Paar Schriften gebracht, worin sein Feind gelobt wird, der Alte ist aber wie besessen, er hats beiseit geschoben, es zieht all nicht, da schmiert er an seiner Komödie.

---

44. Sonet betet zu Gott.

Auf meinen Knieen lag ich, bat um Zeichen
Zu Gott, was ich nun sollt beginnen weiter,
Da ward mein Zimmer hell, der Himmel heiter
Und über mir die wilden Kranich streichen.

Könnt ich zu euch, o hätt ich eine Leiter,
Hoch oben Augenblicke euch zu gleichen,
Ihr habt kein Vaterland in allen Reichen,
Euch zieht es sicher fest und weiter weiter.
Wo ihr den Winter bleibt kann niemand sagen,
Ihr frieret nicht, euch höret niemand klagen,
Zu eurer Höh kein Büchsenschuß kann tragen.
Als gestern ich von ihrem Hause kehrte,
Hat Gott geschützt, den nahen Schuß ich hörte,
Die Kugel pfiff ihn aus den schnell Bethörten.

Rec. Ach Gott, ach Gott! das hat er uns gestern vorgelesen, und nun müssen wir lachen, wenn er lacht, ich habe ihm umsonst noch einige gute Einfälle gesagt, die dem schwerfälligen Ganzen hätten Leben gegeben (das war ein Reim) er hört nicht darauf.

---

45. Sonet muß für Ottav um die Sonete feierlich werben.

Er hat es mir gestanden der Bethörte,
Es war Ottav, er wollte mich ermorden,
So bin ich denn auch freundelos geworden,
Wie alles doch die einz'ge Liebe störte.
Wie bin ich doch in einem strengen Orden,
Er warf sich auf die Knie, den ich sonst ehrte,
Ich war so kalt, daß ich es nicht verwehrte,
Aus Stolz bin ich sein Brautbewerber worden.
Gar menschlich ist doch sein Versehn gewesen,
Nur das Gebet hat mich hier rein erhalten,
Nur im Gebet werd ich von Schmerz genesen.
Es muß geschehn für ihn nun anzuhalten,
Um diese Hand, in der mein Glück zu lesen,
O Tugend, du willst mir das Herz zerspalten.

Redaction. Herr, was soll daraus werden, statt diese Sonettengeschichte zu rezensiren, spricht er immer von unserm werthen Freunde, was nennt er ihn schwerfällig, frachte er erst so viel Lorbeeren, dann wird er aufhören, leicht und geschickt zu seyn.

---

46. Sonet erfährt, daß Sonete den Ottav nicht liebe.

Sie liebt ihn nicht, heut hat sie's mir gesaget,
Was hilft es mir, daß ihm die Sonn gesunken,
Seh ich darum in Amors Fackel Funken,
Ich leb in Nacht und nimmermehr es taget.
Zwar ist sie jung und was sie heute klaget,
Hat Morgen sie vergessen und versungen,
[20] Des Geistes Wachsthum ist dann eingedrungen,
Das alte Kleid sich nicht mehr schicklich traget.
Doch ich bin fest in ihrer Lieb versteinert,
Ein Lavastrom hat mich so hart umschlossen,
Ein Harnisch ist mir also selbst vereinet.
Ich bin so hart und schmeichelnd die Genossen,
Die Lieb macht fest, mich so im Wuchs verkleinert,
Und herrlich größer ist sie fortgeflossen.

Rec. versichert seinen größten Respekt gegen den hochverdienten Veteran, er meint nur, daß der ruhig sitzen bleiben könnte, aus seinem Wörterbuche allerley kräftige Ausdrücke zusammen zu leimen, da würde in einem Jahre schon etwas Tüchtiges zusammen kommen, wir Adjudanten wolten indessen schon Ordnung halten.

---

47. Sonet trägt dem Ottav die abschlägige Antwort der Sonete vor.

Wie glücklich ist Ottav in seinem Leichtsinn,
Mit Sorge sammelte ich tausend Trost,
Ihn zu erquicken auf dem Marterrost,
Eh ich die Nachricht ihm noch gebe hin.
Sie liebt mich nicht! So rief er dann erbost,
Sie liebt mich nicht! weil ich zu gut ihr bin,
Spinn Mädchen spinn, so wachsen dir die Sinn,
So bin ich frei und schwärm wie junger Most.
Ich mag sie nicht und wenn sie jetzt noch wollte,
So fuhr er fort, sie ist wie alle andern,
Und will nur nicht, was sie so eben sollte.
Nimm du sie Bruder, ich will lustig wandern,
Wenn dich indeß der Arbeitsteufel holte,
So leb ich lustig noch mit tausend andern.

Rec. scheint wieder das Beste zu seyn, dies zur allgemeinen Warnung abzuschreiben.

---

48. Sonet erzählt die thörigte Verblendung plötzlicher Eifersucht.

Vergebung heil'ger Geist, ich konnt sie lästern,
Ich meinte heimlich ihn noch hier verstecket,
Sie schien so ängstlich, als ich sie genecket,
Ich dachte sie wie ihre andern Schwestern.
Und da ergrifs mich in der Nacht von gestern,
Ich hatt nicht Ruhe bis die Sonn erwecket,
Da hab ich mich in Waffen schnell gestecket,
Ich wußt nicht wie mir war, da ist kein Bessern.
Und durch die heiße Sonn' bin ich gelaufen,
Bis zu der Quelle unter frischen Erlen,
Sie liebt den Ort, wo gern die Rehe saufen.
Da glaubt ich beide (Schweiß stand mir in Perlen),
Da wollt ich mich mit ihm ganz eilends raufen,
Der Sitz war leer, mich zischten aus die Erlen.

Rec. will wieder gar nichts einfallen, Ursach warum, er ist jetzt mit der Erfindung von Flöhfallen beschäftigt.

---

49. Der Sänger erzählt wie Meister Hexameter, der Vater der Sonete umkommt, als er sein bestes Bild Pausias aus dem Feuer retten will.

Wie flammend eilt die Zeit in Lieb- und Freundschaftarmen,
Bei deutscher Künstler denkendem Vereinen,
Der Meister läßt Italien erscheinen,
In Mitternacht erinnernd zu erwarmen.
Sein Töchterlein Sonete will vereinen,
[21] Der Blumen Kunst zu Pausias Umarmen,
Das jetzt vollendet, jetzt verbrennt dem Armen,
Er ahndet nichts bis hell die Funken scheinen.
Durch seinen Himmel, durch die Mahlerstube,
Sieht er in Flammen rothe Knoten schürzen,
Die seinen Liebling schleifen in die Grube.

Ganz unaufhaltsam fühlt er hin sich stürzen,
In seines Lebens glühe Arbeitsstube,
Wie Indiens Wittwen ihre Trauer kürzen.

Rec. Ach weh, ach weh! unser alter Veteran fällt immer aus dem Ton, das Schauspiel wird ganz unverständlich, und leer bleibt's, und wenn er auch noch so viel Späße von andern hinein stiehlt. Er kann den Styl nicht finden. Ach weh, und die Parodieen enthalten auch nichts, als was man Retourchaisen nennt. Das wird uns allen schaden.

---

50. Sänger erzählt wie Sonet die Sonete aus dem Feuer rettet.

Die Lieb ist glücklicher als jede Kunst,
Die Kunst verbrennt, doch aus der Asche hebet
Der Genius die Liebe und entschwebet,
Ein Phönix sucht er in den Gluthen Gunst.
Sonet mit thränennassen Kleidern strebet,
Die Hochgefeyerte zu tragen aus der Brunst,
Wer kennet nicht die alte schwarze Kunst,
In jedem reinen Herzen sie noch lebet.
Das Feuer wagt nicht Jungfraun zu berühren,
Sonete hält die Feuerprobe aus,
Der Feuerkranz muß herrlich sie verzieren.
Der Junggesell trägt sie aus diesem Haus,
Dann stürzt es ein, er muß die Liebe führen
Ins eigne Haus, läßt sie nicht mehr heraus.

Redaktion gebietet dem Recensenten ein für allemal zu schweigen, wenn er sich so wenig mäßigen kann.

---

51. Sonet erfährt, nachdem die Sonete aus der Ohnmacht erwacht ist, die ihr der Brand zuzog, daß sie ihn stets geliebt.

Wo seh ich was, vor mir mag nichts bestehen,
Unbänd'ger Freuden voll will alles springen,

Und ich muß schrein und möchte lieber singen,
Und die Gestirne selbst sich flimmernd drehen.
Als meine Werke all in Rauch aufgingen,
Muß ich mein höchstes Hochzeitfest begehen,
Am Sarg des Meisters muß ich jubelnd stehen,
Die Trauerglocken mir so lieblich klingen.
Mein Wanderstab ergrünt von schönem Laube,
Mein Liebchen zieht es dichter um mich nieder,
O sag's noch einmal, daß ich endlich glaube.
Du liebtest stets nur mich so tönt es wieder,
Daß mirs kein Sturm von deinen Lippen raube,
Und du bist mein, wir Götter sind all Brüder.

Rec. bittet doch um der guten Sache willen nur zu überlegen, ob nicht durch Verdrehung solcher Schriften in den beliebten Zeitungen mehr gewirkt werden kann, wir setzen uns da Abends zusammen freundschaftlich hin, schneiden die Sätze in Stücken, da sehn sie ganz anders aus, darum machen wir dann die Regierungen aufmerksam, wie gefährlich sie aussehen; durch eigne Schriften wird unsre Armuth all zu sichtbar.

---

52. Sonet erfreut sich seines Glückes im Vergessen des Vergangenen.

So sey mir denn aus meinen innern Sinnen,
Erinnerung des Lebens Band verloren,
So sey mein Herz denn frei und neu geboren,
Im Morgenstrahl ein spiegelnd Meer darinnen.
Da ging das Schiff mit tausend tausend Thoren,
[22] Da soll der schwache Schaum der Spur verrinnen,
Und tiefe Klarheit soll das Meer gewinnen,
Dann seh ich auch den leichten Schritt der Horen.
Ich schaue dann in den verwischten Zeilen,
Mein eignes Leben wie ein fremdes Wähnen,
Und kann beim Schmerz mit Wohlgefallen weilen.
So sah einst Herkules mit Freudenthränen,
Der Vorzeit folgereiche Thaten eilen,
Dann schaut er vorwärts, fühlt zurück kein Sehnen.

Rec. frägt an, ob es nicht gut thäte, einmal wieder ganz kurz zu sagen, es wäre unsinnig und gar nicht zu verstehen?

---

53. Sonet bemerkt die Liebe des Ottav zur Terzine.

Wie wird mir alles lieb, was dir verbunden,
Wie küß ich gern dein Schwesterchen Terzine,
Sie macht so eine stolze kalte Miene,
Und doch mag ihr so mancher Kuß schon munden.
Weist du wie jüngst mir der Ottav erschienen,
Er hatte ihr ein Kettchen umgebunden,
Und macht so lang und hat das Schloß nicht funden,
Da schnitt er ihr ein Löckchen ab so kühne.
Und jüngst als ich bin eilend zu ihm kommen,
Da macht er sich aus diesen lichten Haaren
Ein schön Geweb, recht wie ein Stern vollkommen.
An einer Tuberros' die Enden waren,
Wie Spinngeweb so hat sichs ausgenommen,
Ein Herz gebrochen hing darin im Klaren.

Die Redaktion verbittet sich das, der Kunstgriff ist seit einiger Zeit zu sehr abgenutzt worden, in einem Vierteljahre kann er wieder gebraucht werden, jetzt halten schon die Leute ihre Tasche zu, wenn sie gefragt werden, was die Glocke ist.

---

54. Ottav erzählt seinen Vorsatz, Terzine zu heirathen.

Ich hab gefunden, was ich niemals glaubte,
Ein Mädchen das ganz ohne Wissen liebte,
Die sich um mich so heimlich oft betrübte,
Gleich heirath ich, daß nichts sie wieder raubte.
Die suchte ich in jeglicher Geliebte,
Und höher sich mein Sinn für Schönheit schraubte,
Hier schling ich an, wo ich so dicht belaubte,
Die Ranken mein der Lieb und Lustgeübte.
Auf manche Probe werde ich sie stellen,
Und selber sie zu lieben muß ich lernen,
Ich werde oft so grimmig sie anbellen.

Und dann gleichgültig mich von ihr entfernen,
Ich habe Uebersicht von tausend Fällen,
Und will sie mir auf tausend Arten körnen.

Rec. frägt an, ob mans nicht ganz ignoriren könnte?

---

55. Ottav besingt sich selbst zu seiner Hochzeit als einen heimkehrenden Apollo.

Als der Olymp und Delphos ward zerstöret,
Da zog Apoll und mit ihm alles Schöne
Zur Sonne sich, da klangen alle Töne,
Von wo sie Morgens Memnon nur gehöret.
Doch Herkules, daß er sein Leben kröne,
Ein neues Reich den bangen Musen schwöret,
Und führet sie, daß nicht Gewalt sie störet,
Selbst mit Gewalt durch wilde Musensöhne.
Und keiner kennt sie von den fremden Horden,
Zu Amazonen scheinen sie geworden,
Sie lenken heimlich den geheimen Orden.
Und als die Welt befreyt von Haß und Tücke,
Da dringen durch die Maske Götterblicke,
Apollo kehrt zu seinem Reich zurücke.

---

[23] Die Redaktion findet nur die Schwierigkeit wegen der Anzeigen.

---

56. Der Sänger beschreibt die Doppelhochzeit des Sonet mit der Sonete und Ottavs mit der Terzine.

Was Liebe heißt ist gar verwickelt Wesen,
In zweien scheint es nicht allein zu wohnen,
Nur viere kann es ganz und voll belohnen,
Doch sind zur Liebe jede zwei erlesen.
In zweien Jungfern mag Vertrauen wohnen,
Zwei Junggesellen Freunde sind gewesen,
Wenn jeder eine jener hat erlesen,
So wirkt im Kreis das Licht aus allen Zonen.
Die Jünglinge sind zweierley Metalle,
Die Jungfern ganz vertraut im Wasser blieben,
Bis jener Ring hinein sinkt hell im Schalle.

Nun fängt sich gleich das Wasser an zu trüben,
So scheiden sich in Sauer=Wasser=Stoff dann alle
Zum Manne hin: Nur Männer Freunde blieben.

Rec. erinnert daran, daß die Zeitung für Einsiedler auch nirgend angezeigt worden, nachdem sie erschienen, auch kann man in den befreundeten Zeitungen darauf halten, daß es möglich spät und in ganz abgelegenen Winkeln der Intelligenzblätter abgedruckt wird.

---

57. Sonet begrüßt die Sonete den Morgen nach der Hochzeit.

Und es ward Licht, aus ihrer Augen Bläue
Erheben sich der Zeiten leere Wogen,
Die Züge frei einander und verflogen,
Sie ziehn die Blicke auf zu ew'ger Treue.
Du klare Jungfrau, die mich hat gezogen,
Mich hinzuknien, du zeigst mir freiste Freie,
Ich ahnd' in dir der Menschheit neue Reihe,
In dir du hast den reinen Keim erzogen.
Denn jedes Weib das unbewußt empfangen,
Das schmückt ihr heil'ger Geist mit Unschuldwangen,
Und allen Wohl zu thun sie fühlt Verlangen.
Sie weiß es nicht wie ihr so ist geschehen,
Hat Lust zu Früchten, die sie nie gesehen,
Und ich ertrüge gern für sie die Wehen.

Die Redaktion ist damit zufrieden.

---

58. Sonet am ersten Abende nach der Hochzeit mit der Sonete.

Mein bestäubtes Trauerzimmer leuchtet,
Wie das Meer zur Nacht von tausend Fischen,
Kühle Abendlüfte es erfrischen,
Trocknen meine Augen die befeuchtet.
Köstlich ist ein Mahl an goldnen Tischen,
Aus Rubin ein Becher wird gereichet,
Voller Duft der Hiazinthen streichet,
Und Musik will jeden Sinn erfrischen.

Kleine Zwerge laufen wie die Mäuse,
Und bereiten mir ein breites Bette,
Alles machen sie nach stiller Weise.
Doch es klingt wie goldne Ehrenkette,
Ihre Stimme mir so klar und leise,
Himmelan dem der uns segnen thäte.

Rec. ist plötzlich Nachts um zwölf Uhr bei sternklarem Himmel eine witzige Recension eingefallen, ach Gott was nun für Noth:

Dieses Buch
Geht zu Wasser also lang,
Wie der Krug,
Bis jed Klingding bricht mit Klang;
Und von allen neunzig
Bleibet auch kein einzig.

---

[24] 59. Sonet gedenket als er seine Frau Sonete schlafen findet, der vergangnen Zeit.

Sie lag gewickelt in dem blauen Schleyer,
Und schlief so ängstlich wie die schwüle Welt,
Ein Alp hätt sich auf ihre Brust gestellt,
Träumt sie von mir? Das litt nicht dieser Freyer.
Wenn sie erwacht sieht mich des Traumes Held,
Ich jag den Alp und werd ihr dadurch theuer,
Vertrauen ist zu ihr mein stilles Feuer,
Das in die Tiefen wie ein Leitstern fällt.
Ich trat zurück und dachte jener Stunden,
Die mich gequält, dem Auge fern entschwunden,
Wie gut sie sich auch ohne mich befunden.
Was wär ich ohne sie, ich hab gewonnen,
Und meiner Liebe tausend strahlender Bronnen,
Erquicket mich im Mondschein, in der Sonne.

Faust's Geist.

Such er den redlichen Gewinn,
Sei er kein schellenlauter Thor,

Es trägt Verstand und rechter Sinn
Mit wenig Kunst sich selber vor;
Und wenns euch Ernst ist was zu sagen,
Ists nöthig Worten nachzujagen?
Ja eure Reden, die so blendend sind,
In denen ihr der Menschheit Schnitzel kräuselt,
Sind unerquicklich wie der Nebelwind,
Der herbstlich durch die dürren Blätter säuselt.
Blitz, Donner! der Vorhang fällt, Ende der göttlichen Komödie.

---

60. Sonet erzält, wie seine Gewohnheit zu trinken entstanden.

Was mir aus jener Zeit, wo meine Aeste
Fast brachen von der Frucht und von dem Schnee,
Von hoher Wonn und immer frischem Wehe,
Geblieben ist, erscheint wie heil'ge Reste.
Das Böse selbst, was ich so an mir sehe,
Aus jener Zeit, es hängt mir an so feste,
Und wie ich damals trunken ging zum Neste,
Damit ich nicht erschreckt mich einsam drehe,
So trink ich gern noch jetzt, lösch aus die Lichter,
Mein Weib ist dann schon lang zu Bett gegangen,
Dann kommen mir die alten Schreckgesichter.
Ich geh zum Bett halb wankend ohn Verlangen,
Da werd ich hell, da werd ich plötzlich nüchtern,
Ich fühle sie, mein Schrecken ist vergangen.

61. Sonet beschreibt die Helena, die er zur Preisbewerbung mahlt.

Was flüstert Amor leise mir ins Ohr,
Wer zieht mich an der Hand zum offnen Bette,
Wie Neigung schlingst du also starke Kette,
Die unverbrüchlich selbst dem feigen Thor,
O wär ich halb so stark wie du ich hätte,
Die Feinde all erlegt vor unserm Thor.
Wer war es denn, der mir erdrückend schwor,
Im Bette schwor: Das Vaterland ich rette!
Ja wär' Achill ein weiches schwaches Weib,
Dir wäre wohl die kühne That gelungen,
Die Lanze hätte ihm durchbohrt den Leib.

Du hältst den Mund, hast siegend mich umrungen,
O wage nicht Gefahr zum Zeitvertreib,
Ich bin gar böse fühl' ich mich bezwungen.

62. Sonet vertieft sich bei einigen bachantischen Bildern.

1) Göttlicher Rausch.

Du rother Schein, ihr helllebend'gen Reben,
Ihr zittert wohl in blanker Cimbeln Klang,
Mir wird der Athem taumelnd wild und bang,
Zu Locken meine Haare schaudernd schweben.
[25] Wie ist im Hirn, im Schooße mir ein Drang!
Ist meine Braut mir weich im Schooß gegeben?
Gefleckte Panter lieb zu kosen streben,
Mir tanzt die Welt in Melodieenzwang.
Mit heil'gem Ernst dich Becher zu erheben,
In deiner Gluth sich löset Zwang und Kraft,
Ich fühle mich unendlich aus dir leben.
Befreyt mich Blitz aus Mutterleibes Haft,
Sprengt auf den Himmel einer Flamme Beben!
So Lieb' im Schooß zerstörend Schön'res schaft.

2) Gräßlicher Rausch.

Der Gott löst die bestaubten Sohlenschuhe,
Ariadne liegt auf einem frischen Rasen,
Die Leoparden rings zur Wache grasen,
Den Gott umfängt die Nacht mit wacher Ruhe.
Das thierisch Volk der Menschen muß noch rasen,
In ihnen hat der Gott noch keine Ruhe,
Wie er sie auch mit Götterglück umthue,
Sie treiben's doch zu nichtig leeren Phrasen.
Sie schlagen sich mit ihren Thyrsusstäben,
Im Tanzen die Centauren sind verlachet,
Des Tages Pferde vorzudringen streben.
Mit Fackeln schlägt die Nacht, der Wagen krachet,
Und trübe wird der Tag hernieder schweben,
Und wüst und leer und überall verwachet.

3) Läppischer Rausch.

Wie läppisch der den Leopard läßt springen,
Hoch übern Stock als wär er nur ein Hund;

Wie fällt der andre übern Weinschlauch, und
Er möcht mit allen Vieren aufwärts ringen.
Der alte Sünder wird geschleppt im Rund,
Mit Lust sie seine Laster alle singen,
Und kitzeln ihn und lassen ihn hoch springen,
Das ist dem alten Dicken recht gesund.
Ganz bänglich schmachtend steht ein Jüngling da,
Und weiß mit seinem Mädchen nichts zu sprechen,
Ein dummres Bild ich nimmer mehr noch sah.
Die Faunchen eifersüchtig stoßen, stechen,
Dem karessirenden Centauren nah,
Sieht einer durch die Bein und will sich rächen.

4) Selbsteigner Rausch.

Es ist so eigen mir, ich kanns nicht sagen,
Nur wer es fühlt, dem Mittler ist es eigen,
Des Geistes Fürst muß sich nur selten zeigen,
Ihr könnt den Anblick nimmermehr ertragen.
Im Innern wird dies Wühlen schon ein Reigen,
Gestalt und Ton, ich lüfte meinen Kragen,
Dem frischen Morgenroth drängt michs zu sagen,
Doch von dem dunklen Herzen wills nicht steigen.
Was will ich in gemeinem Lebenskreise,
Ihr duldet nicht des Götter Wagens Gleise,
Die ich an unsichtbarem Faden ziehe.
Wie schwer! daß ich von Schöpfer Mühe,
Daß ich an meiner Nasen glühe,
Ich trank zu viel und dehne mich nun leise.

66. Sonet beschreibt seine Bachantin.

Die Wolken ziehn, der Bachusstab entsinket,
Das Tambourin ruht unterm Arme stille,
Vom Nacken sinkt herab die Panterhülle,
Ihr Auge scheu vor fernem Schimmer blincket.
O hebt dich nicht ein eigner innrer Wille,
Wenn nicht in dir ein klarer Himmel winket,
Aus dir Natur den ewgen Rausch sich trinket.
Gar bald wird dann die Welt um dir so stille.

Der Kindheit Spiel, wie bald ist es verklungen,
Verdrängt sich selbst, als dient es nicht zum Heile,
Hat Liebe Jugend sättigend verschlungen.
Den Fels voll Lust erklettert sie in Eile,
[26] Der Rausch verfliegt, von Schnee und Eis durchdrungen
Sie schwindelt, Lust und Schmerz wird Langeweile.

67. Sonet entwöhnt sich des Trinkens und Händelmachens.

Der Faden ruht vom schönen gelben Linnen,
Was deutet uns dies frohe Horchen an,
Sie hört den Tritt von ihrem lieben Mann,
Und kann aus Ungeduld nun nicht mehr spinnen.
Was nicht die Liebe Wunder wirken kann,
Stockt auch die Sanduhr lang im fleißgen Rinnen,
Sie will noch an dem Schlaf die Zeit gewinnen,
Die vor dem Tag schon wirthlich früh begann.
Der Mann fühlt sich von Ordnungsgeist besieget,
Und ahmet ihre stille Sitte nach,
Und trinkt nicht mehr, daß er nicht Händel krieget.
Er ist auch früh bei seinen Farben wach,
Und der Erfindung Quell ihm nie versieget;
Halb offen steht das Bett mit heilgem Dach.

68. Sonet und Sonetens Stillleben.

Die Flammen scheinen dir wie Kinder munter,
Die höher springen, wenn sie fallend sinken,
Begierig kühler Lüfte Düfte trinken,
Dann auf dem eignen Fuß sich schwenken bunter.
Ja wohl du Kind, wie deine Augen blinken,
Wie deine Haare wallen hell hinunter,
Der Füße Sprung im Schattenspiel noch munter,
Im Schatten noch die Hände fliehend winken.
Wie leicht du möchtest goldne Flüglein schlagen,
Von dir zum einsam hohen Blau getragen,
Ich fühle wonnig mich auf Winden jagen.
Und einsam doch mir haben nichts zu sagen,
Wie kann doch leicht so Welt als Wort entsagen,
Die in einander fanden ein Behagen.

69. Sonet saß einmal mit der Sonete am Kaminfeuer.

Wie wacht mein Herz, wenn du den Flammen schauest
Begierig nach, die sich im Rauch verlieren,

Den Fuß nicht schonst behend sie anzuschüren,
Und der Erneuung in dem Wechsel trauest.
  Wie die Gedanken dann sich so verlieren,
O sag noch einmal wie du drin vertrauest,
Wie du die Welt aus starren Flammen bauest,
Die frei in Nacht sich aufwärts zukend spüren.
  O wohl uns Flammen, die bald frei entkommen,
Aus dunkler Haft von dem Tirann dem Herzen,
Zum Himmel spielen in den ew'gen Schmerzen.
  Doch löst die Flamme sich mit Blendung Schmerzen,
Der Freiheit Sieg ist blutlos nie bekommen,
Sey denn ihr Lohn mit Treu in acht genommen.

70. Sonete weckt den Sonet auf daß er fleißig mahle.

  Du stiller Raum, ihr hellenden Gedanken,
Du kalte Luft, worin die Lust erkranket,
Du Blitz des Stahls, worin mein Liebchen schwanket,
O zündet nicht, ich muß sonst mit euch zanken.
  Wie kann die Liebe solchen Streit entzünden,
Die aller Herzen Eintracht lind verkündet.
Der Widerspruch ist mit dem Weib verbündet,
So mußte Psyche Tod der Lieb erfinden.
  O Schwefelblau wie enge wird der Athem,
Versinke Auge, Ohr, du Athem stille,
Die Welt vergeht, wenn nur ein fester Wille.
  Doch Liebe bläst mit ihrem ew'gen Athem,
Des Dochtes Funken hell vom frischen Lichte,
„Ob ich nicht todt?" mir stechend ins Gesichte.

71. Ottav beschreibt ohne es zu wissen das Erkalten seiner Liebe.

  Ich kann zu dir, ich kann auch an dich schreiben,
[27] Dir pflücken schicken, Kirschrubinen süße,
Verflechten sie, dann fehlten nicht die Küsse,
Doch bleibe ich und kritzle in die Scheiben.
  Was hält mich denn, was ich nicht gern verließe,
Vergebens zünd ich Licht, ich kann nicht schreiben,
Und Ungeduld will schlecht die Zeit vertreiben,
O gieb Natur mir Zeichen, das ich schließe.
  Kein Klingen in dem rechten, linken Ohre,
Sie denkt nicht mein, sie kann nun ruhig sticken,
Und düster wart ich starr vorm Glückes Thore.

Wie wirds so hell, der Glanz fast zum Ersticken,
Sie denket mein, sie ist mir nie verloren!
Was ist's? Ein Dieb will hell am Lichte blicken.

72. Ottav schwärmt im Zwielichte.

O starrend harrend, ärmlich härmend Leben,
Ihr Blätter rauscht in meines Jammers Regen,
Zum Wipfel lauschend mit des Herzens Schlägen,
Doch könnt' ihr Aeste nicht zum Himmel heben!
Will Zwielicht nie ans Grün den Schimmer legen,
Ihr Arm ein Abendwind den Zweig nie heben?
Nie saust ins Ohr sein glühend trunknes Beben,
Die Vögel nur des Baumes Dämmer regen.
Rothkehlgen bleib! Weißkehlchen dir die Fallen,
Die mein Gefallen, mir umfangen fangen,
Mit Armes Schlinge um den Hals ihr fallen:
Daß sie gezähmt bequemet mein Verlangen,
Wenn Sehnen Schämen, Kusses Schall Mißfallen,
Der Augen Zwielicht Zweyer Licht verschlangen.

Rec. (Erwachend) Gräuliches Zwiebel — Sonet — noch ärger — Klangvoll entsteigt mir ächtem Sohn von Mana, Geläut der pomphaft hallenden Campana[1] — Er fängt an zu schnarchen.)

---

73. Ottav treibt in sich ein Prunkwesen mit seiner Liebe zu Terzinen.

Wer schleichet dort so langsam still hinunter,
Die Sonne ist's, sie zieht die blauen Kleider
Der Schönen mit, die nackt nun ruhet leider,
Doch friert sie nicht, ihr Herz schlägt wärmend munter.
Ein Knabe fühlt darauf, er zeigt die Kleider,
Als Fahne hoch, als Regenbogen bunter,
Es lispeln in ihr Ohr die Winde munter,
Wie Ohren klingen, die sind keine Neider.
Die Fahne winkt, der Knabe winkt dem Krieger,
Der kehrend heim schon Siegesfahnen bringet,
Durch Nacht sein Auge glühet wie vom Tieger.

---

[1] Jen. a. Lit. Z. 1808. Nr. 131. Sp. 440.

Denn neu der Stern der Schlachten ihn durchdringet,
„Zwei Fahnen, ruft er warten stets der Sieger;“
Der Knabe händeklatschend hoch sie schwinget.

74. Ottav rühmt sich seines Vertrauens.

Ist dies des Fußsteigs nächtehelles Gleiten,
Der Hecke Dunkel durch die dunklen Schatten,
Der Ulmen viele die in Nacht sich gatten,
Vereinet schwarz durchs Nebelthal zu leiten?
Hier Felsenabgrund, schwindelndes Ermatten,
Wo ich begeistert athemlos im Schreiten,
Nur auf zu Sternen sah mein Glück zu deuten,
Nun trau ich ewig die geführt mich hatten.
Ich traue euch ihr trotzend starren Pfäle,
Die mich wie Geister oft vom Traume weckten,
Ich traue Dornen, weil ich Rosen wähle,
Den wirren Glocken, die voreilend neckten,
Dem Irlicht, daß ich nicht ihr Licht verfehle:
Leicht können trauen, die Vertrauen weckten.

75. Ottav denkt sich, wie ihn die Terzine erwartet.

Ihr rechter Arm in kühlen Rosen fingert,
Als spielte sie darin des Lichtes Töne,
[28] Ihr nackter Leib verklärt so jedes Schöne,
Des Blickes Klarheit nicht den Glanz verringert.
Ein kahles Haupt von ihrem Glanz verjüngert,
Wähnt, daß es braune Locken wärmend kröne,
Dem Kinde selbst giebt plötzlich Herz die Schöne,
Vor seinem Ohr die Christnacht täuschend klingert.
Er fühlte mündig sich an ihrem Munde,
Sie aber hält die Rosen viel geringer,
Seit sie die Dornen fühlt an ihrem Munde.
Entzündung zeigt ihr angeglühter Finger,
Mit jedem Athem steigend fühlt die Wunde,
Natur zeig ihr [die] Heilung heilger Finger.

76. Ottav erzählt von drei schönen Tagen bei der Terzine.

Drei Tage waren mir gegönnt zur Freude,
Im Lerchenklang Vermessenheit sie weckte,

Die Fledermaus mit süßem Traum sie deckte,
Leb wohl du Lerche, Fledermaus ich scheide.
Nicht Sturm, nicht Wolke Himmelsklarheit schreckte,
Mond, Sonne sah ich wechseltanzend beide,
Wie leiser Wind so sanken sie zur Heyde,
Der wendend sich mit meinem Segel neckte.
Noch einmal rauschet mir der Buche Schatten,
Gleich Wolkenschatten, die wie Riesen schreiten,
Wo soll mich hin der Brücke Bogen leiten.
Hier Luft und Erde sich dem Herzen gatten,
Des Wassers Arme sich wie Aeste breiten.
Und ferne Hofnung muß davor ermatten.

77. Ottav beschreibt das Erwachen seiner Terzine, als er früh auf die Jagd gegangen.

Sie staunt erwachend mit den Funkelaugen,
Wie dunkler Glanz die Palmen rings umflimmert,
Die Aloe ergießend sich zertrümmert,
Der Kelch verglühend glaubt dem Aug zu taugen.
Auf ihrer Hand still trunken unbekümmert,
Sie sieht geröthet Mückenschaaren saugen,
Die haben heut für Morgenglanz nicht Augen,
Von Unruh sonst zu Tanz und Sang umschimmert.
Als halb sie schlief, die Sänger sie beschlichen,
Die Vögel bauten da in ihren Haaren,
Vom Busen ist das Eichhorn nicht entwichen.
Aus einem Baum so Morgens Vögelschaaren,
Der Jäger auch zum Tagesanstand strichen,
Sein Horn weckt fern, ihr Blick will ihn bewahren.

78. Ottav zieht die Terzine ein wenig auf.

Geruht auf weichem Lager, halb erhoben,
Sie sieht dem bunten Schmetterlinge nach,
Der aus dem Schooß ihr flog als sie noch lag,
Ey die Geburt den Blumenkelch wird loben.
Wer ist der Vater dieses Kindes sag,
Wer hat dies Seelchen dir so eingewoben,
Das ewig spielend flattert hell noch oben,
Sie sieht mich an und zählt am Finger nach.

Das Rechnen macht dich finster, Kenner können
Den Meister schon in seinem Bilde kennen,
Doch diese Farben wunderbarlich brennen.
„Ey lächelt sie, er malte nicht alleine!“
So wird das Kunstwerk reine dieses Lebens,
Verwandlung nur in zweyer Kunstvereine.

79. Ottav erzählt das Ende seiner Leidenschaft zu Terzinen.

Hier ist des Fußsteigs nächtehelles Streifen,
Der Hecken Dunkel, dunkeles Ermatten,
Der Ulmen viele, die einander gatten,
Ans Haar nicht mehr begeisternd schnell sie streifen.
Sind das die Nachtigallen die gesungen hatten
[29] Ihr Lied ist aus, vergebens sie noch pfeifen,
Auf meine Brust sie schweres Gähnen häufen,
Und Husten bringt der feuchten Nächte Schatten.
Nichts winket mehr im Taumel durch den Himmel,
Die Fluth zog fort, das Schiff liegt fest am Strande,
Und ferne nur entrauscht der Fluth Gewimmel
Sie kommt wohl wieder schreibe ich im Sande,
Das Herz ist still, jagt dir mit fremder Stimme
Die Worte zu mit Staub aus fernem Lande.

80. Ottav befindet seine Terzine als Frau ganz anders denn vorher als Geliebte.

Die Brunst ist schon gelöscht, die kaum entglommen,
Was lief ich denn, wie war mir denn so gach,
Was träumt ich denn von Lust, ich denke nach,
Mich riß ein Strom zu dir, ich bin nicht schwommen.
Doch dieses Feuer löschte auch der Bach,
Es ist all gut, doch was ist hier vollkommen,
Was hätt ich auf der Welt nicht mitgenommen,
Nun bindet mich die Eh so tausendfach.
Nun fühl ich wohl, daß es der Teufel war,
Der mir dies Bild so in die Seele fügte,
Er fürchtet mich und ahndete Gefahr.
Ein Weibsbild mich den Simson auch besiegte,
Ich bin ihr gut, sie gleicht der auf ein Haar,
Die ich geliebt und weh ihr, daß sie trügte.

81. Sonet beschreibt die Wirthschaft des Ottav.

Behexet ist das Haus, ich schwör's Sonete,
Und nichts bleibt stehn an seiner rechten Stelle,
Und weint Terzine, ist Ottav recht helle,
Und will sie scherzen, gehet er zu Bette.
Von Wirthschaft weiß sie nicht, er geht auf Bälle,
Und gern in seinem Hause Freunde hätte,
Sie säh ihn lieber liegen an der Kette,
Und ahndet Böses gleich in den Gesellen.
Und die Gesellen alle von ihm weichen,
Denn ein Gedächtniß hat er, kanns nicht lassen,
Die Ehstandsnoth lebendig anzustreichen.
Der eine hat schon seine Braut verlassen,
Weil er ihm gab der Weiber böse Zeichen,
Und alle andern ihn darum schon hassen.

82. Ottav beschreibt die Wirthschaft des Sonet.

Ich fühl es wohl, ich hab mich ganz vergriffen,
Nur aus der Aehnlichkeit liebt ich Terzine,
Ob ich Sonete nicht so gut verdiene,
Wie der Sonet, der nimmer sie begriffen,
Wie sitzt sie da mit einer stillen Miene,
Wie hätt ich sie mit Scherzes Spiel ergriffen,
Jetzt legt sie Weißzeug, mir hätt sie gepfiffen,
Die brummt zu allem wie die fleiß'ge Biene.
Im Grunde will sie es nicht anerkennen,
Wie glücklich sie mit mir gewesen wäre,
Darum möcht absichtlich sie mich verkennen.
Und der Sonet sitzt da bei meiner Ehre,
Und möcht vor purer Arbeitslust verbrennen,
Das ist nicht Kunst die solcher schweren Lehre.

83. Sonet kündigt dem Ottav die Freundschaft auf.

Lang sind wir Freunde, noch seit jenen Jahren,
Wo alles sich gleich Freund und Feind genennet,
Die Zeit ist aus, ich habe dich erkennet,
Vor aller Lüge mag die Freundschaft wahren.
Du hast mein Weib von deinem Weib getrennet,
Das stört mich nicht, doch ist es nicht im Klaren,

[30] Du plagst dein Weib mit leerer Träume Schaaren,
Und hast dann gegen mich dich weiß gebrennet.
Ich sag's heraus, ich find dein Leben gräulich,
Es hindert dich an allem, führt zu nichts,
Daß du noch lachst, das find ich unverzeihlich.
Und was uns band zerreißt's zerbrichts?
Lern Demuth, wandle als ein Pilger treulich,
Werd etwas, daß du fühlst, wie du noch nichts.

84. Ottavs Gedanken über die Sonne.

Wenn Morgen weht, das Meer vom Abend blinket
Vorahnend hell ein rother Stern erscheinet,
Und zwischen Tag und Nacht die Schlange einet,
Sie nun zum ew'gen Kreis vereinet winket.
O schaut den ew'gen Freistaat der erscheinet,
Die Gleichheit zeigt der Stern, wo Dämmrung winket,
Wo Tag und Nacht zur leichten Hülle sinket,
Und Freiheit, wo hindurch da beides scheinet.
So aus dem Nebelbett die Wolkenzüge
Durchdringet Sonne, Lächeln spielt im Heine,
Ein lauer Wind der Träume Morgenflüge.
So steigt die eine Sonne, sie alleine,
Und wer sie schaut, dem bleiben lang die Züge,
Wär sie nicht allgemein, o wär sie meine.

85. Ottav neiget sich zu der Ichliebe.

Gestreckt vom Pfeil der Unlust auf den Rücken,
Begann ein Traum mich leise zu umspinnen,
Aus beiden Pforten schien er zu beginnen,
Aus Wahrheit wollte Lüge mich berücken.
Sie sagte einst (es blieb mir in den Sinnen,
Ich sah im Spiegel ihres Schmucks Entzücken,
Noch jetzt füllt dieses Bild der Tage Lücken)
„Die Locken dein den meinen ähnlich rinnen."
Nun schien es mir im Traum als saugt in Funken,
Mein Haar der Lieben Lichtgestalt in sich,
Ich ward ihr gleich, sie war in mich versunken,
Jetzt liebte ich mit ganzer Seele mich,
Und schmückte mich mit Kränzen wonnetrunken,
Erwachte, sprang zum Bach, verfluchte mich.

86. Ottav erinnert sich des Werthes der Dichtung.

Still müde von des Wissens wildem Streite,
Ging wandernd ich zu einer ew'gen Quelle,
Der Qualen Ende sucht ich an der Schwelle,
Die ihr aus Fels ein heil'ger Sänger weihte.
Der Brombeerstrauch zieht noch zu dieser Stelle,
Die Quelle rieselt noch, die ihn erfreute,
Und treibet noch das kleine Mühlrad heute,
Und keiner ahndet noch, woher sie quelle.
In ew'gem Strome tränket sie die Blumen,
Und Geister steigen perlend auf in Blasen,
Zu Eichenwipfeln frei im Heiligthume.
Es grünet noch der Erde Haar, der Rasen,
Und wilder Lorbeer wächset ihm zum Ruhme,
Wo schöne Mädchen oft mit Thränen sassen.

87. Ottav findet sich durch sein früheres Leben zur Poesie verdorben.

Der Weihe Schlummer floß um meine Augen,
Ich mußte von dem heil'gen Weiher träumen;
Aus frischem Rogen neue Welten scheinen,
Die all aus ihm die erste Nahrung saugen.
Die Fische nur als stumme Zeugen taugen,
Mit Moos am Haupt wie an den alten Bäumen,
Des Moos entflammt zu hellen Nordlichtsräumen,
Das alles sah ich mit des Traumes Augen.
Nur ich blieb still in weichem Grase liegen,
Und keiner wollt mit mir zum Himmel ziehen,
Erschracken all vor meinen wilden Zügen.
[31] Was hab ich all erlebt in schweren Mühen,
Ich kann euch nicht der Jugend Unschuld lügen,
Fern ab von mir der Dichtung Freuden blühen.

88. Terzine muß Ottavs Briefe verbrennen.

Verbrennen soll ich deine Feuerzeilen,
Nein Feuer kann das Feuer nicht zerstören,
Die Probe wird den reinen Sinn beschwören:
Gefährlich doch bei mir die Blätter weilen.
Soll ich Kleopatra bethöret hören,
In Thränen aufgeweicht die Blätter theilen,

Die Perlen also auszutrinken eilen? —
Dann so wie ich sie Wohlgestalt verlören!
  Die Thräne schließt mein Auge! wie noch immer
Ihr Hyrogliphen all' im Herzen bleibet,
So löse dich denn todter Stoff in Schimmer!
  Ihr bleibt mir einverleibt bis ich entleibet,
In Asche schon verläuft der letzte Schimmer;
Er denkt jetzt mein? — Ein neuer Funken treibet!

89. Sonet bei seiner Abreise wird vom Argwohn gehalten.

  Es ist nun aufgepackt, trüg mich ein Stern,
Ich möcht in einer Nacht zur neuen Welt,
Doch ziehts mich nach als wär ein Garn gestellt,
Was wird sie thun, betrauert sie mich gern.
  Ich möchte mich im Hause noch einsperrn,
Doch etwas fällt mir ein, was mir gefällt,
Alltäglich schifft sie übern Fluß, bestellt
Ist da vielleicht der Schönste aller Herrn.
  Ich mag sie nicht, doch das darf ich nicht leiden,
Ist gegen Ehr, sie trägt noch meinen Namen,
Sie sollt erwarten bis uns Richter scheiden.
  So hab ich doch noch etwas hier zu kramen,
Und die Gedanken gehn auf frische Weiden,
Ists giftig Kraut? Wer kennet alle Namen.

90. Der Sänger erzählt: Ottav ermordet die Terzine, die er nicht mehr liebte aus Eifersucht, und wie er aus Ueberdruß starb.

  Sie suchet ihn, den wilde Nacht verborgen,
Und über Fluthen schwankt ihr Schicksalsnachen,
Wie Drachen öffnen schäumend sie den Rachen,
Doch kämpft sie muthig bis zum neuen Morgen.
  Terzine willst du denn für ihn nur wachen,
Der von der Ehre will die Liebe borgen,
Die reiche Liebe lacht so armer Sorgen,
Die Myrthe lehrt dem Lorbeer Kränze machen!
  Ottav steht an dem Ufer, sieht sie winken,
Sie zeigt dem Kahn die Bahn mit Liebesgluthen,
Und küßt sein Bild im Wiederschein der Fluthen.

Er meint sie kenn ihn nicht, sie wolle sinken,
In fremden Arm, und Wuth hat ihn befangen,
Er tödtet sie und stirbt von ihr umfangen.

Schluß.

91. Der Sänger füllt eine Lücke in der Geschichte aus.

Ich trat einmal zu jenen Felsenklüften,
Wo sich der Rhonestrom so wunderbar verliert,
Recht an die Schärfe, wo man Schwindel spürt,
Und sah zwei Leichen in den tiefen Grüften.
Der Frommste selbst sie nicht zu Grabe führt,
Es herrscht der Strom in diesen engen Klüften,
Sie sind sein Eigenthum aus frohen Triften,
Ein Augedenken ihm doch wohl gebührt.
So tritt das Glück! Doch sieh nun auf Sonet,
Er ist der Strom wohl selbst, der sich getrieben,
Der mit Soneten fließt in einem Bett.
[32] Doch die Geschicht ist aus, daß beide lieben,
Ist Alles, jeder Tag sich gleichen thät,
O höchstes Glück, fürs Meer sie vorzuüben.

92. Sonete stirbt im Wochenbett.

Der Schwan in seines Todes tiefem Ringen,
Erhebt die Stimme, daß die Sterne dröhnen,
Die Liebe fühlt sich nun mit ihm versöhnen,
Der stumm in Lust er nimmer wollte singen.
Da schickt sie ihm den Tod noch zu versöhnen,
Ein einsam Mädchen dem die Knospen springen,
Es hörte Klang und will ihn ganz durchdringen,
O arme Braut der Liebe Tod erkoren!
Sein Augenlied versinkt im Schwanenliede,
Aus heißer Lust zum kühlen Strome sinket,
Die tief bewegte Brust, die über müde.
Ach wie sie Lethe's Becher gierig trinket,
Sie zieht ihn an sich, saugt mit jedem Gliede:
Wird still ein Lied, euch sie zu sehen dünket.

93. Sonet übersicht sein Leben.

Der Liebe Lust und Tod, des Lebens Wähnen,
Des Weines engbegrenzte Ewigkeit,

Manch Funkenspiel indem es drückend schneit,
Vorüber zog das alles Lust und Thränen.
Zu einer Harmonie zieht Freud und Leid,
Der Panter Schmeicheln und die Wuth von Schwänen,
Gewitterdruck ist hier in Blitzes Sehnen,
Daß in uns außer uns wir sehn gleichweit.
Ein göttlich Auge ewig offen bleibet,
Wir schließen auf und zu des Lebens Scenen,
So scheint zerstückt was dem das Ganze treibet.
Begeisterung nur sieht in Götterthränen,
Den Strom der Welt zur höchsten Schönheit stäuben,
Den Regenbogen strahlt hindurch das Sehnen.

Zur Kupfererklärung ein Sonet obenein.

Sag du Kleiner in dem Stülchen,
Sag was klinget da dein klein Ding.
Ist das etwa auch ein Klingding,
Ich verbitte mir dies Spielchen.
Spielst du an auf mich du Leichtschwing,
Ey so mach ich dich zum Zielchen,
Mache dir ein schlecht Gefühlchen,
Schieß dich todt mit deinem Spitzding.
Schieß nur Alter, sieh den Bogen,
Warf ich weg, weil er gebrochen,*)
Und du stahlst ihn ungezogen.
Amor wird an dir gerochen,
Mit der Klapper ungelogen,
Schleudr' ich nieder all dein Pochen.

---

*) Die Art, wie dieser berühmte Bogen gebrochen, ist von einem Augenzeugen in Keilschrift erzählt; ich erhielt den Stein vor ein Paar Tagen, und übersetzte die Inschrift in einer müßigen Viertelstunde, einige Sprachfehler des Verfassers habe ich verbessert: Homer war gestorben, er hatte drey Söhne, die beiden ältesten gaben sich mit Kritik der Schriften ihres Vaters ab, der jüngste las sie zu seiner Freude. Der Vater vermachte dem die Leyer, welcher in seinen todten Körper dem Herzen am nächsten mit seinem Pfeilgeschoß treffen würde, denn er meinte, es wäre nur einer von den dreien sein rechter Sohn. Die beiden Aeltesten ergriffen ihr kritisches Pfeilgeschoß, und schossen in die Brust. Der Jüngste hatte noch kein Geschoß, da gab ihm Amor das Seine, als er aber losdrücken wollte, übernahm ihn die Wehmuth, er zerbrach den Bogen auf seinem Knie und entsagte lieber allem Antheil an der köstlichen Leyer. Da gab Apollo sein Urtheil: Daß dieser jüngste Sohn die Leyer allein besitzen sollte, denn er hätte seines Vaters Herz getroffen mit seiner Liebe, die anderen aber wären unechte Söhne und sollten auf die Erde gejagt werden, wo mehr ihrer Art wären, die ihr lebelang kritisirten. — Der Bogen war aber ganz entzwei.

[33] **Des Dichters Krönung.**

Eine dramatische Idylle.

von J. Görres.

Ein Duckmäuser, Lebküchler von Profession, zugleich Wirth aus Nro 2. in Pompeyi mit dem bekannten Schilde, zwey Pflastertreter, eine Lumpenpuppe und ein aus dem Griechischen übersetzter Bauernbube, hatten sich vereinigt, dem Publikum auf ihre Unkosten ein Schauspiel zu geben; sie kündigten es unter dem Namen divina comoedia an, und nahmen zum Thema das Kupfer mit den Hunden, die heulend Musik mauzen, im Einsiedler. Es schien das Bild der edlen Gesellschaft in den

Magen gefahren zu seyn. In der That wars, wie in jenem Versuche, den man mit Truthühnern angestellt, der silbernen Kugel zu vergleichen, mit zwölf hinausstehenden eingelöteten Federmesserklingen bewaffnet, die man den guten Thieren eingegeben, um zu versuchen, wie weit ihre Verdauungskraft wohl reiche. Sie schluckten die Kugel, obgedachte Comödianten, und Wunder! in jener Comödia gaben sie dieselbe wieder von sich, und alle Spitzen waren abgebrochen, und ihre Därmchen waren unverletzt geblieben, es hatte nicht einmal wie Speck auf eine Ente gewürkt, denn der Versuch dauerte zwey Monathe. Unterdessen war der Geburtstag des Directors eingefallen, die Gesellschaft vereinigte sich, ihr würdiges Haupt mit einer Feyer zu überraschen, die ihre Zärtlichkeit an den Tag legen, und ihr ein gutes Douceur abwerfen sollte, ohne sie in all zu große Unkosten zu versetzen. Sie nahmen also die Knackwurst aus seinem eigenen Rauchfange, und verfuhren damit wie folgt, und daraus entstand jene empfindsame Scene, die ein unpartheyischer Zuschauer in gegenwärtiger Idylle schildern wollte.

Schauplatz, die bekannte Aussicht. Fern im Hintergrunde der Carfunkelberg angenehm leuchtend, ein Regenbogen wie eine Halskrause lose darum geknüpft, oben Calderons Kreutz aufgepflanzt, an den vier Weltgegenden vier goldne Waldhörner, die sich selbst blasen, der Ton schießt unten in einem feurigen Strome, in dem Gold- und Silberfischgen schwimmen, und Wasserlilien duften, und auf dem in crystallnen Schiffchen liebreizende Feen schaukeln hervor, fährt dreimal schlängelnd um den Berg herum, und fährt dann wieder brausend zum Mundstücke herein. Am Ufer sitzen Siegfried, Genoveva, Hagene und die andern, und werfen Vergißmeinnicht in die Wellen oder angeln; die seligen Sonette in ganzen Haufen wie goldne Wölkchen ziehen am Berge auf und nieder, und fallen zuweilen in einem erfrischenden Regen herab; viele romantische Dichter herumirrend, tanzend, auf der Laute spielend, schöne Jungfrauen führend, Minnelieder zur Laute singend, alles ganz fern aber deutlich, niedlich, wie in einem Strahle spielend und funkelnd. Im Vordergrunde große Haide, einige Wachholderbeerbüsche, an denen die Beeren reizend schmoren, mit Sprenkeln belegt für Droßeln; Flachsmädchen am Pfuhle, brechen Flachs und legen ihn in zierliche Knocken und singen dabei: Plauderinnen regt euch straks, brecht den Flachs, daß die Leinwand scharf gebeucht, und gebleicht, Hemd und Lacken gebe.[1]

Ich citiere nach der Ausgabe „Sämmtliche Gedichte von Johann Heinrich Voss. Theil I Luise. II Idyllen. III–VI Lyrische Gedichte. VII Zeitmessung der deutschen Sprache. Beilage. Königsberg 1802". 7 Bände 8⁰.

[1] IV. 138, 110.

Daneben eine Tenne, Drescher flegeln, singen wieder nach der Melodie des Krautschnitters: Klip und klap, dröschet auf und ab, lustig hucke=back, eilet Sack auf Sack.[1] [34] Weiter hinten Heuernte, die Heu=schrecken schrillen, dazu die Bursche: am Giebel, Dalderaldei, stehen wir und raßeln im Heu, Juchei, wir Burschen schlafen im Heu.[2] Schön=mädchen und Blüming brummen am Troge, und lassen sich krauen;[3] der Metzger Gumprecht zieht mit seinem Hunde vorüber auf den nächsten Viehmarkt, und brummt in Bart: mit Schrot gemästet wird das Schwein, und als der Winter dränget, geschlachtet, abgebrüht und rein, an eine Wand gehänget.[4] Am Wege ein Bauer in der Cartoffelerndte schmunzelt: O die schön gekerbten Knollen, weiß und roth und dick geschwollen, immer mehr je mehr man gräbt.[5] Weiterhin Pux der Teufel, den Schwanz in den Palmbaum gekeilt, heult erbärmlich Aabaku. Lurian steht an seiner Seite und streichelt ihn gegen den Strich und exorcisirt den Teufel, daß er ausfahre, Tuki maladescho, Zalka Kerutschi misrai[6]; man hört fern das Meer knacken, dazwischen der Frösche anmuthiges Geröchel[7], der Küster beiert[8] mit allen Glocken zum Geburtstage. Ganz im Vordergrunde eine hohe Warte, oben auf dem Firste sitzt der hyperborische Horribiliscribifax in einem Nest von fönum graecum auf 24 Eyern, und um ihn sind zwölf Feldschlangen aufgepflanzt, die zwölf Pairs von Frankreich; darunter ein sehr großer Carolus, oder der Vogel Greif genannt, seit sieben Jahren geladen, Messalinus Cotta sitzt als Adebar am Zündloch mit einer Lunte, und einem Teleskop, und klappert viel, daneben ein Teller mit Milch und Pfeffer, um die Mücken zu ver=giften[9], die Mücken aber sitzen alle in der Ecke und bereden sich, sie wollten nichts anrühren von der Jauche und lachen.

Der Hyperb. Weiblein leg unter dem Neste einige Klötze noch nach, daß es Hitze giebt, ich brüte zehn Jahre schon an dem Rabenaas, und es will nicht ausgehen, Notabene nur die Unhexameter machen mich verdrießlich, lokres Brod ein kühler Trunk, zwischen durch ein Ehren=sprung, hält mich frohes Muthes.[10] Adebar! was machen die Mucker, den Muckern ruf doch zu, was Mucker muckerst du?[11] Adebar richtet das Teleskop auf den Carfunkelberg. Die Mucker mucken fort, ich sehe schlängelndes Pfaffengezücht[12], braunroth, gemäntelt, goldgekappt[13], Halbmönch und Barbar dort angesiedelt, all überdeckt von Pfaffennacht[14], fleuch o fleuch Jüngling, wie des Turbanträgers und des knoblauch=

---

[1] IV, 147. [2] IV, 113, [3] II, 280, 281. [4] VI, 147. [5] V, 28. [6] II, 252, 263, 264. [7] II, 23. [8] II, 22, 338. [9] I, 17. [10] V, 110, 108. [11] V, 232. [12] III, 269. [13] VI, 244. [14] III, 226.

duftigen Rabbis Messer, fleuch Gebetabkugelnder Glatzenpfäfflein Tand und Bethörung.[1] Der Hyp. Wohl gesprochen, lieber Adebar, aber die Mucker mucken fort[2], sie sitzen im Barbarthum der Neuern[3], aber laß dich nicht niederschlagen, als rechtschaffner Kerl geh dreist nach Schwerin, und verklage sie, daß uns Gerechtigkeit wird von unserm gnädigsten Landesherrn[4], sprich nestorgleich Kraftred in Honig[5] wackerer Klapperer, dudel, dudel, dudel dum, dudel, dudel dum dum dum![6] — Man hört von ferne Hundechöre heulend singen: Schöne grüne gelbe Farb und veiliblau, schwarz, schwefelgelb und eisengrau, wau, wau, wau. Der Hyp. Was Lermes was Geschwirres, von Aufruhrschniffeley, was will der Schniffler wirres, und heiseres Geschrey[7], wollen mich die Hunde mit der Serenade äffen? —

Eine Stimme unten. Doch rühmt ein Schalk uns Kloster, Tonsur und Paternoster! Chor: Frisch, trommelt auf den Tisch![8] wau, wau, wau.

Der Hyp. Juchheysa Dalderal, es sind die Freunde, die zum Geburtstag kommen, Frau du bist so [35] gut, gib mir meinen Huth, heute nur zum Feste, daß die lieben Gäste, uns nicht misverstehen, barhaupt mich zu sehen.[9]

Adebar. Zeuch aus den Flausrock deiner Drangsal, und putze dich und eile flugs, dorthin wo bald den hellen Klangsal, durchströmt Erz und Darm und Bux.[10]

Der Hyp. Ach hör, wie im Heerd das Heimchen zirpt, wie das Spinnrad rummelt, soll ich den Flausrock lassen, ha im alten Nest entgürtet, dehnt man sich mit Trank bewirthet.[11]

Das Heimchen im Heerde. Geh doch lieber Mann, geh hin, eh Bläschen uns erkranket, und halt den alten Flausrock an.[12]

Der Hyp. Nein den Flausrock zieh ich aus, und wer von Liebe girrt und gurrt, wird abgeschnurrt.[13]

Die Hundechöre sind indessen herbeigekommen, und haben sich in einen Kreiskreis[14] um die Warte geordnet nach den Weltgegenden, im Osten die Pudel, im Westen die Mopse, nach Norden die Metzgerhunde, nach Süden die Spitze, die Damenhündchen, die Doggen, die Windhunde und die Dachse in die zwischenliegenden Puncte alle singen:

---

[1] III, 239. [2] V, 65. [3] III, 144. [4] II, 30. [5] III, 269. [6] IV, 57. [7] V, 267. [8] IV, 136. [9] V, 52. [10] VI, 109. [11] V, 249. [12] VI, 161. [13] VI, 24. [14] V, 320.

Da droben auch bei Engelmanna, grübeln wir gesanglos nie, Halleluja und Hosanna, tönt in Sphärenharmonie[1], wau, wau, wau!

Die Doggen. Will jemand einen Sparren, zu viel ins Dach uns narren. Chor: Frisch, trommelt auf den Tisch![2]

Die Fraubasenhündchen tanzend. Tanzen wir den Weiberschritt, nach der Weise, tanzet leise, auch das fromme Männchen mit.[3]

Ein Metzgerhund zu seiner Liebsten. Tanz einmal mit deinem Bengel! wart ich werd dich mal koranzen, heisa lustig nun komm her, unten oben, kreutz und queer.[4] Du Liebste, heda lustig, Stich um Stich, willst du besser seyn als ich?[5]

Die Spitze. Doch raunt man von St. Petern, und unbekannten Vätern. Chor: Frisch, trommelt auf den Tisch![6]

Ein erzgebirgisch Birkhuhn kömmt stolz einher, als Führer des Ortolanengeschwaders, sein rothkämmiges Haupt mit feuriger Wimper am Rande, zeigend auch im Tod ehrwürdig den Sultan edles Geflügels[7]; daran schließt sich ein andrer Zug, wo des Putervolks Gekoller rothe Kämme schwellt[8], sie gehen siebenmal um die Warte, den Schweif ausbreitend, mit den Flügeln die Erde streifend, sprechend gullerullerull, gullerullerull und neigen sich schweigend, denn wenn sie reden, breit ausziehend zerkauderwelschen sie Alles.[9]

Adebar oben. Die haben Kämme und Halskrausen, die kann ich delicat bereiten.

Chor der Gänse waschelt heran, geführt von der Martensgans, aber es flattert die schreiende Gans mit erhobenem Fittig, weit vor den Andern voraus, die schwer arbeitend und langsam wanken, die Arme gestreckt, und scheu in die Winkel entfliehen sie.[10]

Die Martensgans. Meister stopf uns mit Ca- [36] rotten und Mais und Opuntien,*) wir fressen dann uns dick und satt, und werden dran fett, dann kannst du zu Martini mit Castanien uns füllen, und süßen Rosinen, und ein niedlich Bißchen uns schluken, verzeih unserm schlechten Verstande die ungebundne Rede, versuchs nur, ob wir nicht treuer sind, als die treuesten Pudel.[11]

---

*) Eine Art Feigen, wahrscheinlich Ohr-Feigen.

---

[1] VI, 72. [2] IV, 133. [3] V, 78. [4] IV, 56. [5] V, 17. [6] IV, 133. [7] II, 228, 229. [8] IV, 252. II, 253. [10] II, 323. [11] II, 141.

Also spricht die herrliche Gans, mit alles Hennenvolks Gegacker, ja selber mit der Gänselein, des Entrichs und der Entelein, herzhaftem Billigungsgepacker.[1]

Der Hyperb. und Adebar lächeln beifällig, die Gänse schreyen, ahi, ahi nun lächeln sie.[2]

Die Unken im Teiche. Kunter, bunter, Wunder, Lunten, Zunder, hundert Hunde sungeln, lungern, flunkern, junkern, stunkern, schlumpern, munkeln, humpeln und rumpumpeln um und um.[3]

Alle Chöre zusammen. Großmächtigster und gnädigster, Patronus der Gelehrten, neig miltiglich dein hohes Ohr aus deiner Felsenburg hervor, und horche dem Geklimper, von manchem armen Stümper[4], wir alle gratuliren schön, dem werthesten Herrn Oehm.

Der Hyp. lächelt gnädig, Adebar klappert, der Affe Rindbock mit seinem Stäbchen tritt herein in den Kreiskreis und meldet einen Fremden an.

Hyp. Frag ihn ob er teutsch mit hartem oder weichem T schreibe?

Rindbock geht heraus und kömmt wieder, mit Hartem, hat er gesagt.

Hyperb. Dann soll er sich zum Teufel packen, der Schimmeletymolog wills von Teut herleiten, geht absolut nicht an.

Der Affe geht, und kömmt zurück: er hat sich besonnen, er meynet mit weichem.

Der Hyperb. Nun dann mag er kommen.

Rindbock bringt einen Romantiker, dieser macht seine Reverenz gegen die Warte und spricht: Herr ich bin der Uhrmacher der Bogs, deputirt zum Heerlager Schach Roks, vom Carfunkelberg thät man mich schicken, ich trete in die noble Gesellschaft mit Bücken. Euch lassen die Sonette freundlich entbieten, ihr solltet nicht länger mehr gegen ihren Samen so wüthen, sie wollten ja gern Schatzung euch geben, und fortan euern Ruhm helfen erheben, wärt ihr nur nicht gar so curios, und . . .

Adebar klappert heftig, die welschen Hahnen setzen rothe Kämme auf und kollern, die Frösche röcheln anmuthiger, es wetterleuchtet vom Thurme herab, der Hyperb. erhebt sich und spricht: Was du Hurensohn von Teut und Mana, willt du welschen mit tückischer Tofana[5], du Witz-

---

[1] VI, 250, 251. [2] IV, 30. [3] V, 111. [4] VI, 125. [5] V, 46.

kumpan, der nur gekt und neckt und sprudelt mit gefletschtem Zahn, nicht zum Menschen, nein zum Affen, hat dich Gott der Herr erschaffen, Pavian, Pavian![1]

Ein melancholischer Hund ächzt, noch seufzet trautes Liesel, unten am Quellgeriesel.[2]

Rindbock schleicht sich fort, weil er glaubt, er [37] sey mit dem Pavian gemeynt, Bogs ist höchlich verwundert. Bello steht auf, ich bin der Vetter Michel ich, und du Herr Uhrmacher Bogs, sollst dem werthen Herrn nicht so unangenehme Sachen sagen, das verschnupft ihn ja, thust du's fort, ich beiße dich.

Bogs. Bello was heulst du? Kusch kann die Pez e dur nicht vertragen? Bestie schweig, dir schieß ich den jaulnden Rachen voll Kugeln[3], bis sag ich noch einmal und heulst du Mordio und Zetter.

Bello kuscht sich und bewegt so wie ein Möpschen den Schweif, dem Manteltorte gezeigt wird.[4]

Der Hyperb. in höchster Entrüstung. Stehst du noch zweyzüngiger Judas, abschwörst du Licht und Wahrheit, Dünkling, Finsterling, Weltling, Schimpfling, Witzling, Pfäffling, Söffling, gottlos Gezücht heb dich von hinnen, auf ihn dar meine Freunde, reißt ihm den Wanst auf, spießet das Herz an den Pfriem, und dreht im Brodel es linksum![5] Die Hunde heulend auf den Uhrmacher los, dieser zieht eine Karbatsche hervor, fährt unter sie, die Hunde gehen ehrerbietig ab Loca. Bogs an die Warte hinauf: Ey du Ausbund drolliger Purzel, Wenzel von Schmurlach, Herr auf Schmurlachbüttel und Hundsau[6], was willst du von mir?

Der Hyperb. Ja Schinken von rasendem Hunde, mit spanischer Fliege gepfeffert, schäumende Priestergall und geläuterter Katzengeifer, Otterneier in Hexenbutter geschmort[7] das ist Leckerbissen für dich! Gebt mir meine Feder von Erz, den will ich horribel zu Schanden hauen.

Der Uhrmacher. Was schierts mich, er ist von Sinnen gekommen, ich geh in meine Werkstatt und richte die Uhren, im Abgehen: Kunz dem Kerl komm ich nicht mehr, der brummte wie ein Zeiselbär, die Augen glühten ihm so gierig, und seine Klauen waren schmierig, und scharf und krumm wie Katzenklaun, Beisriemen hangen da von Leder, auch kaut er eine Gänsefeder, der Racker ist ein Wehrwolf.[8]

---

[1] IV, 80. [2] V, 142. [3] II, 140, 141. [4] II, 133. [5] II, 186. [6] II, 133, 128. [7] II, 261, 262. [8] VI, 112.

Der Hyperb. Das ist ein Cujon, den haben wir abgefangen, wer mich schmarrt und streifet, und an die Nase greifet, den putz ich wieder Ich.[1]

Chor der Hunde. Den putz du wieder, du! Eine Stimme. Du ein Edler durch dich selber, brauchst nicht Ahnenstolz, nicht die Ueppigkeit der Kälber, und des Schlagebolds.[2]

Adebar. Sieh da schummelt er vorbei[3] wieder nach dem verfluchten Berg hin, hör Meister laß mich losschießen, ich will den Greifen einmal auf sie hetzen, die Ladung verdirbt mir ohnehin in den langen Jahren.

Der Hyperb. Hagel! das ist wahr wir wollen sie uhlen[4], richte das Stück, indessen halt ich den Sermon an die Freunde, daß sie sich wahren.

Adebar zielt scharf, der Hyperb. spricht herunter viermal nach den vier Weltgegenden mit vernehmlicher Stimme: Hört ihr Herrn was will ich euch sagen, die Glock hat alleweil geschlagen, daß man läßt den Vogel Greifen los, drum gebt euch nicht übelm Schaden blos, geht ins Haus, hebt die Fenster aus, tausend Meilen in die Runde, gehen alle Scheiben sonst zu Grunde!

Die Gutgesinnten in 900 Städten laufen zusammen, sehen sich einander bestürzt an, fragen was die Stimme doch zu bedeuten habe, einige meynen, es sey [38] der Posaunenengel gewesen, andere, der Carfunkelberg solle in die Luft gesprengt werden, wieder ein anderer, es solle ein künstlich Erdbeben gemacht werden, um die Festigkeit der Häuser zu versuchen, alle geben sich wechselsweise recht, man müsse sich verwahren auf jeden Fall, und die Fenster ausheben und ins Heu legen, man geht frisch an die Arbeit, und alles ist voll Zagen. Unterdessen hat Adebar gerichtet und schießt loß, er und der Hyp. rufen, das für die Romantiker! man hört dumpfen Knall, oben in den Lüften schallts, o Tag des Zoren![5] die Kugel fährt aus, gerade auf den Carfunkelberg zu, es erschallt ein großes Gelächter von da, dadurch wird die Kugel stutzig, kehrt auf halbem Wege um, und verkriecht sich wieder in die Kanone, Adebar geräth in hohen Zorn, du Racker willt du heraus, ruft er der Kugel zu, ich will dir neu Feuer unter den Hintern machen, die Kugel brummt: Na, — geh nit — bin schamroth — mich ausgelacht. Wart Bestie, sagt Adebar, ich will dich kützeln, reißt eine Pistole vom Gürtel, schießt herein zur

[1] VI, 188. [2] IV, 274. [3] II, 99. [4] II, 272. 382. [5] Vgl. die Einleitung.

Canone, die große Kugel wirft die kleine zurück, diese fährt Ad. an den Kopf, und nimmt ihm den untern Schnabel weg, er jammert: O weh! nun kann ich nicht mehr Kinder bringen.

In den Städten entsteht indessen großes Gemurre, die Philister meynen, das sey den Lärm wohl werth, es sey nicht anderst wie eine Schweinsblase gewesen, auf die Mine hätte man mit bloßem Hintern sich setzen können, kein Spinnweb sey gerissen davon, alle heben mit Verdruß die Fenster wieder ein. Auf der Warte sind indessen vom nahen Knalle die Schalen der Eyer gesprungen, vier und zwanzig Käuzchen treten heraus, mit Kurierstiefeln und Sporen, Bäffger am Halse, die Adelung mit Unrecht Läppcher nennt.[1] Sie verneigen sich artlich und fein, wie sie's die Mutter geheißen, und sagen alle gesammt: Eya Papachen, was hast du schöne Verse gemacht, wir haben Wunder gehört, unten im dunkeln Verschluß, ey Altpapa lern uns auch so pfeifen, so wählig und führig. Sie geben ihm einen kußlichen Kuß.[2]

Der Hyperb. Schweigt doch Naseweise, thut das Ey doch klüger als die Henne, schlaft Kindlein, schlaft artig ein, lu, lu, lu, Aeuglein zu, oho reckt und streckt euch rund[3], eya wi — wi, wachs und blüh.[4] Die Kindlein schlafen ein, d. H. zu Adebar: Kindlich rede mit Kindlein, durch einfältiges Wort, nur wie belustigend.[5]

Unten im Kreiskreis kommen Isac und Töffel tragend eine große Schüssel mit einer Knackwurst, und einer Lorbeerkrone herum, sie gehen auf die Warte und treten vor das Nest und sprechen:

Isac. Sieh Töffel sieh, da sitzt der Adebar, kannst du den Adebar wohl leiden?[6]

Töffel. Was ist das Adebar?

Isac. Das ist der Storch, der bringt den Leuten, das ist dir keine Fabel, Burr! Kind auf Kind im Schnabel.

Töffel. Und legt er in die Wiege dann, uns eine große Tutte, voll Mandeln und Rosinen dran, auch eine blanke Ruthe.[7]

Isac. Ey sieh, der hat wohl auch die allerliebsten Käuzlein, hier-hin gelegt ins Nestlein.

Töffel. O fi mit solchem Schnacke, wird ja unnütz die Zeit ver-schwendet, zum Glückwunsch hat Mama [39] uns Beide hergesendet. Gott mög euch Beiden im ganzen Leben, immer Wein und Knackwurst geben, im Glück und Unglück frohen Muth, und immer volle Fässer,

[1] I, 222. [2] III, 258. [3] V, 287. [4] VI, 50. [5] III, 177. [6] VI, 131. [7] VI, 132.

denn volle Fässer sind sehr gut, Zufriedenheit ist besser, nehmt so vorlieb, wir hätten gern, ein bischen mehr gesungen, allein ihr Damen und ihr Herren, wir sind nur dumme Jungen.[1]

Chor unten. Sie sind nur dumme Jungen.

Sie setzen dem Hyperb. die Krone auf, die Käuzchen erwachen und fallen über die Knackwurst her, und schnabuliren sie, Adebar, dem sie gehört, wird darüber zornig, und beißt sich mit ihnen herum, der Hyperb. besieht sich im Mückengift und schmunzelt: o da lächelte die Gestalt mir mit dem Kränzlein im Crystallborn, und ich schaudere mit Entzückung in dem Tonfall des Gesangs.[2]

Chor unten. Er hängt, er hängt der blanke Kranz, beginnt ihr Hunde Reihentanz.[3]

Der Hyperb. Töffel ich kriege dich, piek rothbackiger Bube versteckst dich? Komm ich gebe dir auch was Prächtiges, höre wie schön doch klimpert das Leyerchen, und es drehen sich oben die Lämmelein.[4]

Chor. O wie hold, seht den Schlagebold, seht ihm zu, er ist noch Ba und Bu.[5]

Der Hyperb. zum Chor. Ich danke euch Freunde für den süßen Gesang und das liebe Herz. Zerpflückt die Krone und wirft die Blätter hinunter: werthen Genossen, das verehr ich euch als treffliche Gabe, jedem ein Blatt, hebt es auf, es ist köstlich zum Ferkel im halbdurchsicht'gen Gallert.[6] Traulich auf ein schmal Gericht, seyd ihr eingeladen, auf ein freundlich Angesicht, und auf süßen Fladen, hält man nur den Fladen feucht, dann verdaut und schläft man leicht.[7] Auch guten Wein zum guten Schmauße von Winterkohl[8], dann köstlicher Blumenkohl mit Artischocken und Krebsen, frische Heringe, reizend den Gaum, Meerhummer und Elblachs, Schinken aus Paderborn und treffliche Göttinger Mettwurst, Hahnenkamm (Adebar schmunzelt) und Zunge von Lämmern, knorpelicher Ochsengaum, und zu niedlichem Kälbergerissel Schnautz und Ohren vom Schwein mit Pfefferkörnern und Kappern.[9] Freylich erhitzt das Gemisch der Weibelein muntere Jugend, doch der Gemahl dämpf ihnen die Gluth [40] mit Salpeter und Weinstein.[10] Nur auf ein Gerichtlein gerngesehen, ich bin so ein Freund von ländlicher Mahlzeit.[11]

Die Hunde unten geifern vor Lust, alle Bäuch um die Warte erschüttern, alles Gefieder bebend vor Lust, und es straft ernst der Nachbarin Fächer den Kernwitz.[12]

---

[1] VI, 132, 133. [2] III, 257. [3] II, 93. [4] II, 209. [5] V, 189. [6] II, 223. [7] V, 21, 22. [8] IV 247. [9] II, 227, 228. [10] II, 226. [11] II, 213. [12] II, 227.

Alle Chöre heulend vor Freude. Das ist prächtig, wir kommen allesammt.

Chor der Mopse. Uns den Marzipan.

Chor der Metzgerhunde. Wir nehmen den Schinken aus Paderborn, und die Mettwurst.

Chor der Dachse. Uns Kälbergerüßel und Schweinsohren.

Windhunde. Das Ferkelchen wir, Aal und Kapaun und geräucherte Zungen.

Bologneserchen. Hör Lieber, bereit uns ein südlich Rebhuhn.[1]

Alle. Das ist prächtig, ziehen singend ab, schöne grüne gelbe Farb und veiliblau, wau, wau, wau.

Peter Hammer als Epilog. Das waren Püffe, lieben Freunde, wenn ich recht versteh, lang geborgt ist nicht geschenkt, es war ein kleines Pröbchen nur, steht glaub ich noch mehr zu Diensten. Ja so ist Dieser von Natur beschaffen, ruhig, bescheiden, freundlich, keinem Kinde übel thuend, läßt man ihn ungeirrt auf seinen Wegen gehen! nimmer seit ich ihn kenne, hat er Streit gesucht. Wollen sie aber mit Gewalt den Krieg, wohl, er kann ihn geben, sie mögen sich versichert halten, daß er gute scharfe Schneide führt, zu Wehr und Ausfall gleich geschickt; er ist zerreißend und erbarmungslos, wenn ihn frecher Angriff reitzt. Will das Alter, daß mans ehre, so seys auch wie sichs dem Alter ziemt, ernst und würdig und vor allem liebreich, mild; wills aber die schlaffen Sehnen unbesonnen noch zum Kampfe gürten, hohneckts raschere Jugend unverständig, dann nehm's auch was abfällt ruhig hin. Drum werdet künftig klug, ihr pflegtet sonst doch billig, und besonnen noch zu seyn, und jetzo tappt ihr willig, in Albernheit hinein[2], man wird achten wieder dann an euch, was achtbar ist, jetzt belacht man was belachbar.

[1] II, 225. [2] V, 58.

Namenregister.

Nachträge und Berichtigungen.

Zu Körtes, S. 10, Z. 6 des Texts von unten: Wilhelm Körte, Gleims Neffe, Schwiegersohn von F. A. Wolf, war mit J. H. Voß wegen der Ausführung von Gleims letztwilligen Verfügungen in Streit geraten. Voß griff Körte heftig an in der Schrift „Ueber Gleims Briefsammlung und letzten Willen. Ein Wort von Johann Heinrich Voß.“ Heidelberg, bei Mohr und Zimmer, 1807. 8°. Körte verteidigte sich maßvoll in „Johann Heinrich Voß. Ein pragmatisches Gegenwort von Wilhelm Körte.“ Halberstadt 1808. 8°. Vgl. Herbst J. H. Voss, II, 2. S. 319. Vgl. ferner Charlotte v. Schiller und ihre Freunde, Bd. 3. S. 212. 216.

S. 47, Z. 3 v. oben lies Näfill.

S. 72, Z. 18 l. Zeit.

S. 77, Z. 15 l. Beresenkern. Vgl. S. 123, Z. 28.

S. 79 in Schlegels Gedichte Str. 6, V. 6 l. gedenkend.

S. 86, Str. 14, 4 l. befreyet.

S. 135, Z. 2 l. vom.

S. 147, Z. 7 v. unten l. den.

S. 155, Z. 25 v. o. l. gelobet.

Zu Minnelied, S. 195: Docens Quelle hat F. Keinz in Clm. 3576, Pp. 4°. 15. Jh. Bl. 170 b nachgewiesen. Vgl. Germania, 15 [N. R. 3]. S. 431. 432.

S. 243 In „Der Königsohn und die Schäferin“, Str. 1. V. 2 l. Hier.

Zu Anm. *) S. 251: „Doctor Bahrdt mit der eisernen Stirn, oder die deutsche Union gegen Zimmermann. Ein Schauspiel.“ Schändliche Schmähschrift von Kotzebue, unter falschem Namen erschienen. Vgl. Kobersteins Grundriss [5], Bd. 3. S. 477 f., Bd. 4. S. 217 f. Vgl. ferner „Briefe von Heinrich Voß“, 2. Bd. Heidelberg 1834. 8°. Briefe an Trußseß, S. 91.

S. 253, Anm., Z. 1 l. † 10. Mai 1761.

S. 268, Z. 5 l. ich.

S. 280, Z. 25 l. swaren. Z. 30 l. fast.

S. 293, Z. 6 v. u. l. dir.

S. 331 „Scherzendes Gemisch . . .“, V. 2 l. eherne.

S. 334 b, Z. 2 v. u. l. sind.

Zu S. 337: Taddeo Gaddi, geb. um 1300, † 1366, bedeutender Florentinischer Maler, Sohn des Mosaicisten Gaddo Gaddi, Schüler des Giotto.

S. 363, Sonett 26, V. 3 l. schlangen.

S. 368, Rec., Z. 4 l. Er.

S. 385, Sonett 4, V. 5 l. schon.

S. 388, Sonett 72, Rec., Z. 4 Klammer vor Er zu setzen.

S. 389, Sonett 75, V. 6 l. Locke.

S. 395, Sonett 89 ist in der Ueberschrift wohl Ottav für Sonet einzusetzen.

S. 400, Z. 5 v. u. l. muckest.